中国学术流派研究丛书

周群 主编

蕺山学派研究

张天杰　张瑞涛　著

商务印书馆
创于1897
The Commercial Press

总　序

《易·系辞》云："天下同归而殊途，一致而百虑。"中国学术史的长河是由不同时期、不同地域、形态各异的万派支流汇注而成的。学术流派是以相似的学术宗旨或治学方法为特征的学术群体，是因应一定社会政治文化要求，体现某种学术趋向，主要以师承关系为纽带，与古代教育制度、学术传承方式密切相关的历史存在。

以学派宗师为代表的共同的学术宗旨或治学方法往往是学派的主要标识和学派传衍的精神动力。学派的开派宗师往往是首开风气的学术先进，他们最早触摸到了时代脉搏，洞察到学术发展新的进路。这必然会受到敏锐的学人们的应和，他们声应气求，激浊扬清，去短集长，共同为学派肇兴奠定了基础。师承是学术流派传衍的重要途径，盟主宗师，振铎筑坛，若椎轮伊始；弟子后劲，缵绪师说，如丸之走盘，衍成圭角各异的学派特色。学派后劲相互切劚、补益，使得该流派的学术廊庑更加开阔、意蕴更加丰厚，是学派形成理论张力的重要机制。高第巨子既有弘传师说的作用，同时，还需有不悖根本宗旨前提下学术开新的能力。没有学派后劲各具特色、各极其变的发展，以水济水，并不能形成真正的学派。家学因其特有的亲和力，是学派传衍的重要稳定因素，克绍箕裘以使家学不坠，这是学术之家的共同祈向。书院讲学便于学派盟主宣陈学术思想，强化了同道的联系，为形成稳定的学派阵营以及学术传衍提供了重要平台。民间讲会、书牍互通促进了学派成员之间的交流与学术的传播。中国古代学术大多以社会政治、道德文化为研究对象，往往随着时代的脉动而兴衰起落，观念史的逻辑演进过程之中必然带有时代的烙印。时代精神与社会政治是推进学术演进的重要动因。

中国古代学术传统的源流色彩极浓，学术源流，先河后海，自有端绪。学术的承祧与变异形成的内在张力是推进学术发展的重要动因，学派间的争鸣竞辩、激荡互动及不同学派的因革损益、意脉赓续，书写了中国古代色彩斑斓的学术发展史。尽管学术史上不乏无待而兴、意主单提之士，取法多元、博采汇通而自成其说的现象也在在可见,学者对学派的认识也每每歧于仁智。但中国学术史上林林总总的学术派流仍然是学者们展示各自学术风采的重要底色。因此,对各个学派进行分别研究,明乎学派源流统绪,梳理流变过程,呈现其戛戛独造的学术风采,分析其对于中国学术思想发展的价值,厘定其地位,对于揭示中国古代学术思想因革发展机制,推进中国学术史研究具有重要意义。这是我们组织编撰《中国学术流派研究丛书》的根本动因。

为了实现这一目标,我们将力求客观厘定学术流派在中国学术史上的地位,以共时比较与历时因革相结合。别同异,辨是非。不为光景所蔽,努力寻绎其真脉络、真精神。从历史情境与学理逻辑等不同的维度评骘分析其价值。同时,由于学术流派风格不同,内涵殊异,《丛书》在体例上不泥一格,以便于呈现学派各自的特色为是。

南京大学中国思想家研究中心是因已故南京大学校长匡亚明先生主编《中国思想家评传丛书》而成立,本人有幸躬逢这一盛举,跟随匡亚明先生参与了《评传丛书》的编撰出版工作。《评传》传主是中国学术思想史上二百多个闪光点,这些传主往往又是学术流派的盟主或巨子。从这个意义上说,《中国学术流派研究丛书》是在《评传丛书》基础上,对中国古代学术思想史上以杰出思想家为核心的不同学术集群的研究,是对色彩斑斓的中国古代学术思想历史画卷中最具特色的"面"的呈现与"线"的寻绎。《中国学术流派研究丛书》不啻是《中国思想家评传丛书》的学术延展。每每念此,倍感责任重大。幸蒙一批学殖深厚、对诸学术流派素有研究的学者们共襄其事,他们以严谨的治学态度,做出或将要做出对学术、对历史负责的研究成果。对他们为了一个共同的学术宏愿而付出殚精竭虑的劳动表示由衷的敬意。南京大学社科处处长王月清教授欣然首肯《丛书》规划,使其得以付诸实施,对他的支持与付出表示衷心的感谢。

热诚欢迎学界同仁不吝指谬,以匡不逮。是为序。

周　群

2021 年 3 月于远山近藤斋

目　录

序

黄宗羲《明儒学案》以《蕺山学案》殿后，也即表达以刘蕺山为宋明理学殿军的识断。这一识断也大致为今人所认同。因此，自20世纪80年代摧破宋明理学研究的禁区以来，关于刘蕺山的研究便成为学术的一个焦点，不断地有新的成果出现。但是，以蕺山与蕺山学派的比较而言，蕺山学派的研究相对于蕺山本人的研究总体上显得薄弱一些，大多数的蕺山学派研究主要呈现为蕺山研究的一个延伸性补充，或点到即止，或仅限于数人。一般而言，这也是很正常的现象。闪亮的灯塔不仅容易吸引观察者的注目，而且也容易造成灯下黑。不过，就蕺山学派而言，却又因其复杂而另当别论。

复杂之一在于蕺山学派之诸儒身处时势的巨变之中。人们常常会自以为自己所处的时代是多少年来未遇的变局，其实这未尝不是一种以矜持来掩饰倨傲下视古人的自我标榜。事实上，对于每一个身处变局中的人来说，只要一种变化足以影响当事人的境遇而引发心境的跌宕，这种变化对于当事人都可谓是巨变。何况蕺山及其门人所处的时势对他们的逼问，竟然直接是选择生还是死？蕺山选择了死，而且是以绝食的形式承受生命的终结；他的众多门人追随而去，其中既有"殉难忠臣"如吴麟征、金铉、祁彪佳、彭期生，也有节义的平民弟子如祝渊、王毓蓍、潘集、傅日炯、周卜年。因为生命的戛然终止，这些门人的学思似未能彰显，其践行则随岁月而流逝。其实以近年整理出来的祁彪佳的材料看，蕺山学派仍是值得研究的。不仅于此，生与死的选择伴生着更为纠结的问题。选择死，临难赴义，壮烈而可歌可泣；选择活，以及如何活，也是艰难的过程。黄宗羲从起初的严拒清廷，"刀绳俱在，无速我死"，到间接地参与明史馆的工作及其他，便引来"不免声华征逐之累，持身亦时见瑕类"的讥评。时势巨变下的个体生命的多样性存在，理解与评判的多重性标准，彼此之间构成的复杂关系使得蕺山学派的研究往往面临顾此失彼的窘境。

复杂之二在于蕺山门人多，成色杂。蕺山讲学活动从万历到崇祯历时三朝，其思想与身份，加之晚明的讲学风习，使他吸引了众多门人弟子。按照黄宗羲的判识,蕺山的大多数弟子才识浅锢,只是习得口耳之学,故而蕺山逝后未及 30 年,知其学者不过一二人。全祖望私淑黄宗羲,也着意指出蕺山弟子多为声气之借,未必皆真儒。但是,尽管如此,全祖望在专论蕺山弟子配享问题的《子刘子祠堂配享碑》中,议定的“学行之不愧师门者”,也还是有 35 人,外加 1 名再传弟子。且不必讨论全祖望议定的名单是否存在问题——事实上全祖望的名单不仅存在着严重的门户问题,而且由于他抱有非常强烈的价值标准,故于取舍上是极可商榷的——即便限定此 36 人,对于一个学派的研究而言,实已可谓人数众多了。当然,由于全祖望的议定标准是“学行之不愧师门者”,以今日的学派研究专注于“学”而论,可以将“行”的部分作搁置,从而将人数尽可能减少。只是,这样的取舍一方面将极大地影响到对蕺山学派的真正认识,另一方面将面临更复杂的挑战。所谓影响到对蕺山学派的真正认识,是因为如上所言,蕺山学派原本就是在时势的巨变中形成与演化的,其思想的呈现固然在学,但却无法完全脱离行,因为其行在极大的意义上表征着其学。至于面临更复杂的挑战,则正是要接着指出的复杂之三。

复杂之三在于蕺山门人之学的分离与自主。蕺山门下,即以黄宗羲、张履祥、陈确三人而言,其学不仅已呈现出根本的分歧,而且也更不复蕺山之学所能笼罩。这便带来了一个非常明显的挑战:在怎样的意义上来阐述他们的思想才足以表征具有统一性的蕺山学派? 抑或完全不作此虑,只是将蕺山学派视为基于同一师门的事实而系于老师名下以为标识,对门人思想的特质作充分彰显,从而呈现蕺山学派的丰富性? 如果取前者,自然意味着对蕺山门人各自独特的思想做极大的筛滤,甚至是极大地遮蔽他们的思想创发;如果取后者,无异于近乎消解蕺山学派。黄宗羲在整个明清之际的思想世界所呈现的内涵与价值,长期以来作为重要的对象获得关注,而不是置于蕺山之学的范畴中讨论,便佐证了这一事实。事实上,这也不完全是现代研究才有的处理。黄宗羲之所以判定蕺山逝后未及 30 年,知其学者不过一二人,全祖望议定的名单中之所以没有张履祥,其原因正在于“学”上的分歧;以张履祥而言,其学不仅在理学的意义上专宗朱子,痛斥阳明,而且更将理学的内涵向民生日用之学做极大的推拓,对于蕺山而言,可以说已完全转向了。

毫无疑问,尽管蕺山学派如此复杂,但终究还是能够进行研究的,而且唯因复杂,才更值得研究。张天杰教授研究蕺山多年,早有专著行世,后又用心于其乡贤前辈张杨园，今与张瑞涛教授合作，直面蕺山学派的复杂性，在前人研究的基础上，取类型学的方法对蕺山学派做出了进一步的深细梳理与分析。尽管类型学的方法不可避免地会遮蔽一些东西，但在充分自觉与节制的情况下，终究仍是取得清晰认识而又保持足够丰富性的可行方法。就蕺山学派的认识而言，两位张教授的这一研究无疑是迄今为止最好的成果。天杰因我二十多年前尝涉论蕺山，故于蕺山学每有研究心得，都不吝分享于我。今新作将刊，又嘱我序之，诚一乐事。

　　是为序。

何　俊

2021 年 3 月 31 日于湘浙旅次

引　言

宋明理学发展至明清之际,出现了自觉总结整个宋明理学发展历程的学者与学派,这就是刘宗周(蕺山,1578—1645)及其所开创的蕺山学派。

一、蕺山学之定位

关于刘宗周蕺山学之定位,前辈学者多有讨论。唐君毅先生称周敦颐为宋明理学的"开山祖",而刘宗周则为"最后之大师":"宋明理学以濂溪之为《太极图说》,以人之主静立人极以合太极始,而以蕺山之《人极图说》之摄太极之义于人极之义终也。"①牟宗三先生则在其著名的"三系论"中指出,刘宗周为学直接承继两宋之际的胡宏,有别于程朱、陆王,而成为宋明理学的嫡系,其学术兼言心宗与性宗,"以心著性",而以《人谱》明实践,实现了内圣之学与成德之教的完备;牟宗三先生甚至还说:"明亡,蕺山绝食而死,此学亦随而音歇响绝。此后,中国之民族生命与文化生命即陷于劫运。"②杜维明先生说:"他(刘宗周)的明代氛围很强,但同时他又有跳出明代,继承整个宋明儒学乃至整个儒学大传统的气魄。"③张学智先生则称刘宗周为明代最后一位大儒,上承东林、阳明,下开黄宗羲,代表了明清鼎革时期第一流思想家对明代理学的总结。④此外,劳思光、蔡仁厚两先生则称刘宗周为宋明理学的"殿军"。⑤

由此可知,将刘宗周看作继朱子(朱熹,1130—1200)、阳明(王守仁,1472—

---

① 唐君毅:《中国哲学原论·原教篇》,中国社会科学出版社 2006 年版,第 320 页。
② 牟宗三:《从陆象山到刘蕺山》,上海古籍出版社 2001 年版,第 377—378 页。
③ 杜维明、东方朔:《杜维明学术专题访谈录:宗周哲学之精神与儒家文化之未来》,复旦大学出版社 2001 年版,第 40 页。
④ 张学智:《明代哲学史》,中国人民大学出版社 2012 年版,第 426 页。
⑤ 劳思光:《新编中国哲学史》(第 3 册下),广西师范大学出版社 2005 年版,第 428 页;蔡仁厚:《宋明理学的殿军:刘蕺山》,《中国文化月刊》1995 年第 192 期。

1529)之后宋明理学的最后一位大家，当是合适的。所谓"上承濂、洛，下贯朱、王"①，刘宗周的一生，虽多次出仕为官，但四处碰壁，空有经邦济世之心，而无力挽救时局于万一。他的主要精力都用于为学与讲学，其蕺山学具有总结整个宋明理学的宏伟气魄。

故本书上编"刘宗周及其蕺山学研究"，在说明刘宗周之生平及其出仕与讲学之后，便展开对蕺山学与朱子学、阳明学关系的讨论，其中涉及蕺山学与高攀龙以及东林学派、陶奭龄以及姚江书院派的关联等问题，我们将蕺山学放入朱、王之争的时代思潮，再联系诸如生死观等时代热点问题而加以讨论；然后研究蕺山学的内圣外王之学以及《人谱》之本体工夫论如何展开等问题，重点阐明蕺山学的学术主旨、体系构成等。总之，本书的落脚点为蕺山学之学术史。

二、何为蕺山学派

刘宗周讲学于北京以及故乡山阴（今绍兴），培养了众多弟子，形成了明清之际最有影响力的儒学学派——蕺山学派。蕺山学派的代表人物黄宗羲（梨洲，1610—1695），承继刘宗周而开创清代浙东经史学派。他延续刘宗周已经开始的儒学史编撰大业，编著成了著名的《宋元学案》与《明儒学案》，而在后者之中将《蕺山学案》放在最后，具有以刘宗周及其蕺山学派总结一代学术之意味。黄宗羲还说：

> 有明学术，白沙开其端，至姚江而始大明。盖从前习熟先儒之成说，未尝反身理会，推见至隐，此亦一述朱，彼亦一述朱。高景逸云：薛文清、吕泾野语录中皆无甚透悟，亦为是也。逮及先师蕺山，学术流弊，救正殆尽。向无姚江，则学脉中绝；向无蕺山，则流弊充塞。凡海内之知学者，要皆东浙之所衣被也。②

---

① 刘汋：《蕺山刘子年谱序》，载吴光主编：《刘宗周全集》第 6 册，浙江古籍出版社 2007 年版，第 51 页。
② 黄宗羲：《移史馆论不宜立理学传书》，载沈善洪主编：《黄宗羲全集》第 10 册，浙江古籍出版社 2005 年版，第 221 页。

也就是说,王阳明的心学虽是明代学术的巅峰,但其后学却产生了诸多流弊,为此东林学派的顾宪成(泾阳,1550—1612)、高攀龙(景逸,1562—1626)就以朱子之学加以救正,然而依然带有流于禅学的弊病,只有到了蕺山学派,方才将流弊"救正殆尽"。此外,刘门高第承上启下者还有张履祥(杨园,1611—1674)倡导"尊朱辟王"开创清代浙西朱子学派;陈确(乾初,1604—1677)则逸出理学而证伪《大学》,重辨天理人欲。因此,梁启超说:"明清嬗代之际,王门下唯蕺山一派独盛,学风已渐趋健实。"①然而想要将此一学派之来龙去脉解释清楚,则先要说明何为学派,以及蕺山学派之形成等问题。

何为学派? 黄宗羲在《明儒学案》中讲述其编撰的宗旨时指出,"以有所授受者,分为各案"②,他所分"各案",大致就相当于后来所说的"学派"。黄宗羲还曾引同门陈之问(令升)的观点,对于什么是学派做出说明:"学在天地,有宗有翼,宗之者一人,翼之者数十人,所谓后先疏附也。"③所谓"宗"就是"宗主",学派的开创者、领袖人物;所谓"翼"就是"附翼",也即学派的传承者、追随者,领袖人物的弟子或友人,传承"宗主"学术大旨。有"宗"有"翼"相得益彰,方才构成有宗旨、有影响的学术团体。就儒学而言,从北宋开始就出现了濂、洛、关、闽等地域性的儒学学派,明代阳明学兴盛之后,则浙中、江右、泰州等王门学派纷纷而立。通过对学派的梳理,可以更好地认识儒学的发展脉络。当然,学派一般都不是其开创者自己所标榜的,而是由其后学认定的,通常依据诸如是否行过拜师之礼,是否听过老师讲学,是否有过会面或书信往还等标准,分为入室弟子、听讲弟子、问学弟子,以及转相传授的再传弟子、无缘亲见亲闻的私淑弟子,等等。蕺山学派也不例外,刘宗周自然是蕺山学派的"宗主",他的弟子如黄宗羲等人则是"附翼",又因为刘宗周主要讲学之地位于浙江山阴之蕺山,影响范围也以两浙为主,故而也可以说蕺山学派是明清之际南方儒学的代表,正好与代表北方儒学的夏峰学派遥遥相应。

"蕺山学派"形成于何时,前人有两种观点。其一,衷尔钜先生认为:"(蕺山

① 梁启超:《中国近三百年学术史》第5章,载梁启超:《梁启超全集》第12集,汤志钧、汤仁泽编,中国人民大学出版社2018年版,第347页。
② 黄宗羲:《明儒学案发凡》,载黄宗羲:《明儒学案》卷首,沈芝盈点校,中华书局2008年版,第15页。
③ 黄宗羲:《陈令升先生传》,载沈善洪主编:《黄宗羲全集》第10册,第600页。

学派)无论从它的学说体系特色看,还是从围绕其代表人物刘宗周有一批宗信者来看,它在明代末年就已经形成。""从时间上看,蕺山学派自明万历末年酝酿,到天启五年首次提出标宗的慎独学说,标志着这个学派正式形成。"①其二,何俊、尹晓宁两先生的《刘宗周与蕺山学派》一书认为蕺山学派的成立是在崇祯二年(1629)到崇祯四年(1631):"刘宗周的学术宗旨和学术特色已经基本形成。……他已经开始独自讲学,并且在他的周围聚集了大量弟子……'蕺山学派'在证人社分裂时实质上已经创立了。"②综合这两种观点,刘宗周讲学之初期,也即万历末年到天启五年(1625),已经有了第一批刘门弟子;到了崇祯初年,刘宗周再次独立讲学之时,身边围绕的弟子更多,而学派之特色也更明显了。本书系统地梳理整个"蕺山学派",故介绍刘门弟子从万历末年的第一批开始,而重点展开讨论的则是崇祯初年之后的弟子。

三、谁传蕺山之学

刘宗周的讲学活动,持续了三十多年,登堂入室、行过拜师之礼的弟子人数众多,而未行过礼的听讲弟子、问学弟子则人数更多,那么哪些人才可以算是传承了蕺山之学呢?

在众多的蕺山后学之中,诸如董场(无休,约 1615—1692)等弟子,曾作《蕺山弟子籍》,对哪些弟子可以算是刘门弟子的问题有过一番梳理。③ 然而最为重视师门问题的,还是黄宗羲以及黄宗羲的弟子万斯同(季野,1638—1702)、私淑弟子全祖望(谢山,1705—1755)。或者说,黄宗羲这一系对于师门的看法,方才是对后世影响最大的,因此他们的观点成为本书下编展开讨论的重点,也是主要依据之所在。

刘宗周去世多年之后,黄宗羲逐渐成为整理、补编先师遗书的最为重要的弟子,他还应邀为多位同门撰写寿序或墓志铭等文章,故而对于师门之兴衰,关注最多、了解最深。他在《先师蕺山先生文集序》中说:

---

① 衷尔钜:《蕺山学派哲学思想》第 3 章,山东教育出版社 1993 年版,第 64—65 页。
② 何俊、尹晓宁:《刘宗周与蕺山学派》第 8 章,中国人民大学出版社 2009 年版,第 218 页。
③ 关于董场《蕺山弟子籍》等几种弟子名录的相关考证,参见本书附录一。

昔者，阳明之良知与晦翁之格物相参差，学者骇之，罗整庵、霍渭崖、顾东桥龂龂如也。然一时从游者，皆振古人豪，卒能明其师说，而与晦翁并垂天壤。先师丁改革之际，其高第弟子如金伯玉、吴磊斋、祁世培、章格庵、叶润山、彭期生、王元趾、祝开美一辈，既已身殉国难，皋比凝尘。曩日之旅进者，才识多下。①

黄宗羲指出，阳明学兴盛的关键有二：一是与王阳明论辩的学者众多，如罗钦顺（整庵，1465—1547）、霍韬（渭崖，1487—1540）、顾璘（东桥，1476—1545）等；一是因为师从王阳明的弟子众多，而且都能够发明师说，所以能够光大阳明之学。刘宗周生前尚有高攀龙等人相与论学，然其死后，诸多取得功名、有一定影响的高第如金铉（伯玉，1610—1644）、吴麟征（磊斋，1593—1644）、祁彪佳（世培，1602—1645）、章正宸（格庵，？—1646）、叶廷秀（润山，？—1650）、彭期生（观我，？—1646）、王毓蓍（玄趾，？—1644）、祝渊（开美，1614—1645）等人都已经殉节。故而与阳明后学相比，蕺山后学确实显得门庭冷落。还有，在黄宗羲看来"才识多下"的，大概是指入清之后蕺山学派其他弟子诸如刘宗周之子刘汋（伯绳，1613—1664）以及张履祥、吴蕃昌（仲木，1622—1656）等偏向程朱之学的刘门弟子。黄宗羲在《答恽仲升论子刘子节要书》中感慨："嗟乎！阳明身后，学其学者遍天下。先师梦奠以来，未及三十年，知其学者不过一二人……"②论及那些未能知先师之学的同门，黄宗羲说：

方欲求同门之友，呈露血脉，环顾宇下，存者无几。突如而发一言，离经背训之讥，蹄尾纷然。③

环视刘门，知其学者亦绝少。徒以牵挽于口耳积习，不能当下抉择，浅识所锢，血心充塞，大抵然矣。④

也就是说，在黄宗羲看来，当时的刘门之所以如此冷清，关键还是因为幸存的

① 黄宗羲：《先师蕺山先生文集序》，载沈善洪主编：《黄宗羲全集》第10册，第55页。
② 黄宗羲：《答恽仲升论子刘子节要书》，载沈善洪主编：《黄宗羲全集》第10册，第225页。
③ 黄宗羲：《恽仲升文集序》，载沈善洪主编：《黄宗羲全集》第10册，第5页。
④ 黄宗羲：《陈乾初先生墓志铭》（二稿），载沈善洪主编：《黄宗羲全集》第10册，第362页。

同门背离了老师的宗旨,甚至为"口耳积习"所禁锢,没有形成自得之学,勉强能够入得黄宗羲的法眼的,在世的也就只有恽日初(仲升,1601—1678)与陈确二人了。

黄宗羲的弟子万斯同,虽然并未参与蕺山学相关文献的整理,但他与陈确的侄儿陈惕非曾有交往,他论及刘门的时候,观点便与黄宗羲极为相似:

> 往山阴刘忠正公绍明绝学,四方士多从之游,其卓然可传于后者,大都以忠义表见,如吴磊斋、叶润山、祁世培、金伯玉、王玄趾、祝开美诸君子,其尤也。其后死而坚岁寒之操,以学问表见者,不过盐官陈乾初、毘陵恽仲升,及吾师姚江黄太冲三先生而已。恽先生又逃之方外,其学不专于儒。黄先生余所亲炙,信哉为山阴之嫡传。陈先生则闻其名而未识其人,然稔知先生学最深,品最高,为乡人所矜式。……而先生有子敬之及从子惕非,克承家学,力敦行谊。①

万斯同也将刘门弟子分为两组,一组是以"忠义表见"的吴麟征、叶廷秀、祁彪佳、金铉、王毓蓍和祝渊,他们大多在明亡之际殉节;另一组是以"学问表见"的陈确、恽日初与黄宗羲三先生,其中恽日初因为逃禅,为学不专门于儒学,其所传师门之学便不够纯正,只有黄宗羲为刘宗周蕺山学的嫡传。至于陈确,万斯同也说是"学最深,品最高",然而并未说其为蕺山学的传人,似也与黄宗羲一样,仅将陈确归为学有自得之人而已。由上可见,万斯同对于蕺山后学的评价,基本也是沿袭了黄宗羲的观点,这也可以作为当时浙东学者的一般意见。

四、九组人物

乾隆十三年(1748)九月,黄宗羲的私淑弟子全祖望应绍兴知府杜甲(号补堂)之邀,出任蕺山书院山长。他在讲学之余,搜集蕺山学派之遗书、遗物,并重建了祭祀刘宗周的专祠,撰写《子刘子祠堂配享碑》。碑文是对于哪些刘门弟

---

① 万斯同:《题松菊图为陈惕非八旬初度寿》,载《石园藏稿》,清抄本。

子有资格获得配享的专题讨论。他所议定的刘门弟子配享名单,受到了黄宗羲的较大影响。关于配享的标准,全祖望说:

> 顾其弟子之见于遗书者甚多,盖残明讲学,即以为声气之借,未必皆真儒,勿敢滥也。若其后人所称为弟子者,又多不审,如刘公理顺、熊公汝霖,皆非受业者,而滥列之。乃谛定其学行之不愧师门者三十五人,再传弟子一人,或反不甚为世所知者。……乃仿《家语》弟子行之例,撮其大略,为文一通,存之祠中,以志见知之统。①

刘门弟子虽多,但是因为刘宗周讲学已是在"残明"之际,师事于刘宗周之人难免出于"声气之借",浮慕刘宗周之事而已,故未必都是"真儒"。所以,宁缺毋滥,除区分是否真儒之外,全祖望将曾听刘宗周讲学、一般被认为是刘门弟子的学者如倪元璐(鸿宝,1594—1644)、刘理顺(复礼,1582—1644)、熊汝霖(雨殷,1597—1648)等排除在外。其实他们与刘宗周都是亦师亦友的关系,特别是倪元璐,对刘宗周在绍兴士人之中的声望,有着重要的推动作用,据邵廷采记载:

> 天启时,蕺山直声已震天下,而同里士大夫未有以真儒相推者。公每向人言:"念台,今之考亭。"及崇祯五六年,又言:"刘先生,当今第一人物。"又数年,谓:"此老真大贤。曩止信为清孤,今乃知其无所不有。"②

故正是倪元璐等在师友、士人之间对刘宗周的推举,其他士人才渐渐认识到刘宗周不只是一名直臣,更是一名真儒、大贤。

《子刘子祠堂配享碑》一文中,全祖望在最后认定刘门弟子"学行之不愧师门者三十五人,再传弟子一人",具体可将之分成九组。

第一组是与刘宗周亦师亦友的八人:

---

① 全祖望:《鲒埼亭集》卷二四《子刘子祠堂配享碑》,载全祖望:《全祖望集汇校集注》,朱铸禹汇校集注,上海古籍出版社 2000 年版,第 443—449 页。以下简称《配享碑》,引文同此出处则不再注明。

② 邵廷采:《思复堂文集》卷二《明户部尚书死义倪文正公传》,载邵廷采:《邵廷采全集》,陈雪军、张如安点校整理,浙江大学出版社 2018 年版,第 111 页。

海盐吴先生麟征,字磊斋,甲申殉难忠臣也。

顺天金先生铉,字伯玉,甲申殉难忠臣也,详见《明史》。伯玉之学颇近禅宗,虽累论学于子刘子,不甚合也。而子刘子以其人雅重之。

山阴祁先生彪佳,字虎子,乙酉殉难忠臣。

海盐彭先生期生,字观我,丙戌赣州殉难忠臣也。

会稽章先生正宸,字格庵,详见《明史》。

润州叶先生庭(廷)秀,字润山,详见《明史》。子刘子长京兆时,方为推官,因问学。丙戌,官闽中,至侍郎,事败为僧,以忧死。

山阴何先生宏(弘)仁,字书台,在证人讲社中最深造,予今求其书,未得见也。丙戌以后,行遁如格庵,然实令终,而江右魏禧志其事,以为死节,伪也。书台以故侍御入桃源,完节而终,何必死乃足重? 予别有辨。

关右董先生标,冯恭定公弟子也。晚官兵马司使,始从子刘子受业。读其问答,醇如也。甲申前卒。

以上八先生,皆执弟子之礼,而子刘子则但以朋辈待之者,如蔡季通例,故有疑祁虎子、章格庵非受业者,伪也。

吴麟征、金铉、祁彪佳、彭期生四人都是"殉难忠臣",于甲申(1644)、乙酉(1645)前后殉节。金铉崇祯十七年(1644)任兵部主事,于李自成破北京时投金水河而死。[1] 彭期生曾任兵部郎中、湖西兵备佥事、太常寺卿等职,隆武二年(1646)清军破赣州时自缢而死。[2] 关于章正宸、叶廷秀、何弘仁三位的记载不一,全祖望认为他们都隐迹于僧,其中章正宸与叶廷秀还参与过抗清的斗争;何弘仁则中进士之后,历任建平县令、高要县令,鲁王监国时任御史,浙东义军溃败后投崖自尽不死,入陶介山而隐于僧。[3] 至于董标,则生平不详,曾为冯从吾弟子,于崇祯十五年(1642)任南城兵马司之时向刘宗周问学,并有"心意十问"之辨。[4]

---

[1] 《明史》卷二六六《列传》第一五四,中华书局1974年版,第4538页。

[2] 《明史》卷二七八《列传》第一六六,第4689页。《明史》的记载有含糊之处,未指明其死于清军。参见米丁:《潮声远落星月现:关于盐邑的阅读札记》,浙江人民出版社2013年版,第217页。

[3] 嘉庆《山阴县志》卷一四《乡贤二》,徐元梅等修,朱文瀚等辑,台湾成文出版社1983年版,第490页;李元度:《国朝先正事略》卷四五《遗逸》,易孟醇校点,岳麓书社2008年版,第1171—1172页。

[4] 刘宗周:《答董生心意十问》,载吴光主编:《刘宗周全集》第2册,第337页。

全祖望在此提及了殉节与隐迹二者孰重孰轻的问题，强调"何必死乃足重"，他另有辨析说："百年以来，诸公或死或生，不必尽同，而其趋则一。"①这八位与刘宗周同朝为官，虽曾向刘宗周执弟子之礼，然刘宗周都以朋辈待之。本书下编讨论的则是其中学、行皆有可述的代表人物吴麟征、祁彪佳、章正宸和叶廷秀。

第二组是四位师事刘宗周较早的所谓"服勤最久"，且都在甲申之变前去世的弟子：

> 山阴陈先生尧年，字敬伯；会稽章先生明德，字晋侯；山阴朱先生昌祚，字绵之。服勤于子刘子最久者也。
>
> 余姚王先生业洵，字士美，阳明先生之宗也。
>
> 四先生皆以甲申前卒。

陈尧年、章明德、朱昌祚（绵之，1577—1644）三人是刘宗周最早的弟子，也是其得力助手。陈家在蕺山之右、朱家在蕺山之左，这两位弟子家是刘宗周最早的讲学之地，特别是朱家的解吟轩，当是刘宗周万历、天启年间讲学最多的地方。陈尧年是刘宗周天启年间遭遇党祸时托孤之人；而朱昌祚是"白马别会"一事的关键人物，关于这一点其他文献少有提及，此处值得重视。相似的还有王业洵，是阳明后裔，但他也是"白马别会"的"刘氏功臣"。

第三组是四位"殉难义士"：

> 海宁祝先生渊，字开美，乙酉殉难义士也，详见《明史》。开美受业归即死难，赠检讨。
>
> 会稽王先生毓蓍，字元趾，乙酉殉难义士也，详见《明史》。赠检讨。元趾先尝学于倪文正公。
>
> 山阴潘先生集，字子翔，乙酉殉难义士也。
>
> 诸暨傅先生日炯，字中黄，丙戌殉难义士也。

---

① 全祖望：《鲒埼亭集》卷三〇《访寒崖草堂记》，载全祖望：《全祖望集汇校集注》，朱铸禹汇校集注，第 584 页。

祝渊、王毓蓍、潘集(子翔,1621—1645)、傅日炯(中黄,？—1646),其实还当加上周卜年,他们只是明朝诸生或连诸生都不算,却能在明亡之际为朝廷殉节,并且在节义上的表现又各有特色,故都值得加以表彰。特别是祝渊被称为刘门之"颜回",其"本心"之学亦极有特色。

第四组是四位在晚明虽仅为诸生、不曾为官,但却参加了抗清斗争的弟子:

> 鄞华先生夏,字吉甫;王先生家勤,字卤一。皆由敬伯来讲堂,归而筑鹤山讲舍,以昌明子刘子之教。吉甫通乐律,卤一精于礼,卓然不与先儒苟同。乙酉,起兵参江上事;戊子,二先生谋再举,不克,同死之。

> 慈溪张先生成义,字能信。有异材,丙戌后起兵,不克,行遁。毕生不返,莫知所终。

> 慈溪刘先生应期,字瑞当,子刘子称其静密。丙戌后以愤死。

华夏(吉甫,？—1648)、王家勤(卤一,？—1648)二人一样,曾致力于弘扬蕺山之学,不过时间不长即遭遇明清鼎革之变,随后两次参与抗清斗争,最后失败被杀。全祖望专门撰有《华氏忠烈合状》《王评事状》等文论及二人抗清的忠义事迹。华夏有《过宜言》等著作传世。而刘应期(瑞当,？—1648)则与黄宗羲、黄宗会兄弟交游较密,也曾参与过抗清。黄氏兄弟为其撰有传文。此组四人可作为参与抗清的刘门高第之代表。

第五组是刘门之中学术趋向于程朱之学的弟子。全祖望表彰的只有恽日初、叶敦艮(静远,1617—1689)、沈昀(朗思,又字甸华,1617—1680)三人:

> 武进恽先生日初,字逊庵,尝上书申救子刘子,其风节近开美,丙戌以后,累至山阴哭祭,为之行状,几十万言。独于子刘子所言"意为心之所存"有未然者,故行状中略之,尝为梨洲黄氏诘难。晚披缁,颇以嗣法灵隐,为世所讥,然其人终属志士也。

> 西安叶先生敦艮,字静远,笃行君子也。予尝谓三衢学者,徐逸平称杨龟山大弟子,是程学;徐径畈称汤晦静大弟子,是陆学;而静远则子刘子大弟子,堪鼎足。既弃诸生,能昌子刘子之教于里塾。

> 仁和沈先生昀,字甸华,独行之士。

全祖望在文中表彰恽日初的"风节"近于祝渊,也提及了关于"意为心之所存"的观点上恽日初与刘宗周的差异,以及恽曾被黄宗羲诘难之事。事实上,恽日初与东林学派关系甚大,故本书下编将之与张玮(二无,? —1643)一起单列一章,以明晰蕺山、东林二系入清后之学术关联。关于叶敦艮的学术,全祖望并未提其与刘宗周的观点差异,只是表彰其在衢州一带倡导蕺山之学的功绩。其实叶氏也转向程朱理学,且有浙西一行,与陆世仪、张履祥、吕留良以及陈确有过交流。至于沈昀,全祖望肯定其为特立独行之士,而他也与浙西同门多有交流。其实与叶敦艮、沈昀二人学术最相近的是在黄宗羲和全祖望所列谱系中缺失的张履祥、吴蕃昌,故后文将他们四人放在一起讨论。

第六组是入清以后重建证人书院的张应鳌(奠夫,1591—约1681)与编辑《刘子全书》的刘门守护者董玚等人:

> 山阴张先生应鳌,字奠夫,服勤于子刘子最久者也。南都匆匆,宵人尚赫奕邸舍,作承平态,子刘子署独萧然,奠夫一人侍之。其人笃实自修之士也,在南都作《中兴金鉴》,欲上之,不果。丙戌后尝嗣讲山中。

> 会稽董先生玚,字无休,故倪文正公弟子也。有高行,晚披缁,然有托而逃,稍与恽逊庵不同。老寿,手辑《子刘子遗书》。

张应鳌是师事刘宗周时间最久的弟子之一,也是重建越中证人书院的功臣,黄宗羲对张应鳌的讲学有详细记载,但全祖望却比较忽视,原因当是黄宗羲对张氏讲学评价不高。董玚也曾参与越中证人书院的重建,而且还是参与《刘子全书》编辑工作最为重要的功臣,但全祖望没有提及其讲学之事,关于《刘子全书》也只是简单提及。

与张应鳌、董玚所做工作相关的还有刘宗周之子刘汋,以及周之璵,故合成一组加以专门讨论。

第七组表彰的是通常不被关注的刘门四位弟子:

> 山阴戴先生易,字南枝,遗民中之奇者。其葬吴人徐枋事,最为世所称,然莫知其为子刘子门人也。予晚始知之,乃表而出之。

> 余姚张先生应煜,乙酉之夏,子刘子绝食。应煜劝以拥诸藩起兵,子

刘子谢以事不可为。曰："然则是降城,亦非先生死所也。"子刘子瞿然曰:
"子言是也。"遽出城。予过姚江求所谓张先生后人,莫有知者。然即此一
言,不愧为子刘子之徒矣。

会稽赵先生甸,字禹功。少极贫,学啬以养亲,艺绝工,时称为赵孝子。
长而游子刘子之门,得其学。丙戌后,有高节,隐于缁,时卖画以自给,世所
称"壁林高士画"者也。晚讲学稽山,子刘子少读书地也。

萧山徐先生芳声,字徽之。通兵法,其论学则亦微于师门有转手者。

其中戴易,全祖望在绍兴之时曾寻访其遗迹,在《过戴高士南枝宅》一诗的注中
说:"亦尝从事念台,顷议刘祠配享弟子,偶失之,当补入。"[1]此处提及他参与吴
中高士徐枋(1622—1694)安葬一事,为人称道。戴易善书画,故于徐枋极为相
得,徐死后,他卖字画为其敛葬。[2]张应煜的事迹也少有记载,全祖望在此表彰
的是他在清军即将进入绍兴之际,力劝刘宗周出城一事。关于赵甸,全祖望则
一是表彰其为孝子,一是表彰其讲学稽山,弘扬蕺山之学。所谓讲学于稽山,
黄宗羲在为赵甸所修的《稽心寺志》所做的序中说:"吾闻禹功之在寺也,因于
内衡法师。朝则挝鼓聚众,衡师上堂讲相宗;暮则挝鼓聚众,禹功上堂讲《四书》
《周易》。一时龙相帖帖坐位下,恐不卒得闻。"[3]故其所讲学是儒佛会通之学。
关于徐芳声,"其论学微于师门有转手者",全祖望仅特别指出其学术上的差
异。可惜有关这几位的文献缺失,本书不作专门讨论。

第八组则是行为比较特别的三人,所谓"畸士":

海宁陈先生确,字乾初,畸士也。说经尤謷謷,详见梨洲黄氏所作
墓志。

山阴周先生之璚,字敬可,世勋籍。证人之会或以敬可为右班官子弟
忽之,不知其苦节过人也。

---

① 全祖望:《鲒埼亭诗集》卷八《过戴高士南枝宅》,载全祖望:《全祖望集汇校集注》,朱铸禹汇校集
注,第 2245 页。

② 参见李亨特、平恕:《绍兴府志》卷五四《人物志》一四《文苑》,台湾成文出版社 1975 年版,第
1318 页。

③ 黄宗羲:《稽心寺志序》,载沈善洪主编:《黄宗羲全集》第 10 册,第 3 页。

> 诸暨陈先生洪绶,字章侯。……蕺山弟子,元趾与章侯最为畸士,不
> 肯帖帖就绳墨。元趾死,章侯不死,然其大节则未尝有愧于元趾。故予定
> 诸弟子中,其有负盛名而不得豫配享,而独于章侯有取焉,详见予所作传。

全祖望说陈确"说经尤谔谔",当指《大学辨》与《性解》等书中涉及经学的部分,特别指明"详见梨洲黄氏所作墓志",则是以黄宗羲为陈确所撰写的墓志铭之是非为是非。在刘门弟子中,有功于师门的还有周之玙(敬可,？—1652),全祖望表彰其与刘汋一起保护"刘氏遗书"之艰辛,也正因此,本书下编将他与张应鳌、董玚、刘汋放在一起讨论。比较独特的还有晚明著名画家陈洪绶(章侯,1599—1652),与王毓蓍"最为畸士",全祖望有取于配享,主要是出于他自己的赏识,故曾另外作传。

第九组是《配享碑》表彰的重中之重,就是放在最后的"余姚三黄",其处理方式与《明儒学案》将刘宗周放在文末殿后是一致的:

> 若余姚三黄先生宗羲、宗炎、宗会,同受业子刘子之门,其所造各殊。
> 而长公梨洲最大,予为作墓碑甚详;次公晦木,予亦有墓表;泽望则见予所
> 作《缩斋集序》。

黄宗羲、黄宗炎(晦木,1616—1686)、黄宗会(泽望,1618—1663)兄弟三人,共同师事刘宗周,但时间都不长,他们的学术也各有特色。全祖望另有文章表彰他们,其中关于黄宗羲与黄宗炎的文章收录在现存文集之中,为黄宗会写的《缩斋集序》未曾收入,现不可考。另外在全祖望编纂《续甬上耆旧诗》之中有另一篇黄宗羲的小传。黄宗炎的小传即墓表文。而黄宗会的小传则是黄宗羲为其所撰的墓志铭[1]。

比较特别的是《配享碑》一文竟然将万斯选(公择,1629—1694)作为刘宗周再传弟子,"独举"进入配享之列,全祖望对此有特别说明:

> 而梨洲之徒,有曰鄞万先生斯选,字公择,其父户部郎泰,故尝游子刘

---

[1]　全祖望:《续甬上耆旧诗》,杭州出版社 2003 年版,第 139、198、219 页。

子之门。公择兄弟并从黄氏称私淑，其最有功于子刘子之遗书，偕梨洲而左右之者曰公择，纯笃邃密，故吾于子刘子之再传不能遍及，而独举公择者，以遗书也。

万斯选可以列入，但更加著名的黄宗羲的弟子万斯大、万斯同却并未列入，全祖望提出的理由有二：一是万斯选"并从黄氏称私淑"，也就是说万斯选通过黄宗羲进一步钻研蕺山之学，于刘门可谓"私淑"；二是因为万斯选曾参与《刘子全书》的编辑工作，协助黄宗羲编纂《明儒学案》等。就黄门弟子而言，万斯选是一位真正继承蕺山之学的学者，而万斯大与万斯同的学术路径和刘宗周相比差异较大。因为本书仅讨论刘宗周的一传弟子，万斯选虽特别也不再展开讨论了。

五、门户之争

历代学者，对于全祖望《配享碑》所列之名单，也即哪些才是刘门的大弟子，曾有不少争议。最关键问题是说全祖望有门户之见，完全以黄宗羲所论为准，而其中最典型的例子便是未将张履祥列入，而诸如董玚的《蕺山弟子籍》等，都收录有张履祥。① 稍后于全祖望的杨凤苞（傅九，1754—1816）说：

谢山之学私淑梨洲，当时与梨洲讲学不合者，皆有微词。……蕺山大弟子在遗民中，莫如杨园先生。杨园之学专宗朱、程，痛斥陆、王，虽于师门为转手，然其践履敦笃，粹然无疵，固国初大儒，即起蕺山于九原，当亦所深许也。②

还有严元照（修能，1773—1817）也说：

蕺山门下，以桐乡张杨园先生为最醇……谢山承梨洲之学，此文绝不

---

① 董玚：《蕺山弟子籍》，载吴光主编：《刘宗周全集》第6册，第615页。
② 杨凤苞对碑文的批注，参见全祖望：《鲒埼亭集》卷二四《子刘子祠堂配享碑》，载全祖望：《全祖望集汇校集注》，朱铸禹汇校集注，第448页。

　　道及杨园,殆门户之见耳。顾此何典礼,尚可以门户之见行之哉?①

　　从杨凤苞与严元照二人对于全祖望的质疑,可以推测在全祖望的时代,学者认为张履祥也是刘门的重要弟子,并非如后来某些学者所认为的直到同治年间张履祥从祀孔庙后,张履祥才被学界所知。因此,全祖望是在完全知道张履祥学行影响的情况下,故意不将其列入配享碑。换言之,已将张履祥算作“有负盛名而不得豫配享”“以为声气之借,未必皆真儒”之列。关于张履祥的重要性,钱明先生在分析蕺山弟子所属浙东、浙西之比重后曾指出,若就学术统治力而言,恐怕只有余姚的黄宗羲和桐乡的张履祥当之无愧了,这两人可以说是由蕺山学派而开新学派的创始人。②

　　再者,配享碑列入了吴麟征,为什么不列入同样师事于刘宗周的吴氏之子吴蕃昌? 当是因为吴蕃昌的学术趋向与张履祥较为接近,且二人多有交游。严元照说:“谓磊斋是弟子,其言出自谢山。磊斋之子蕃昌,字仲木,实是蕺山门下,《静志居诗话》云然。”③严元照这一批注,指出了全祖望的缺漏。当时包括朱彝尊(锡鬯,1629—1709)在内的学者,都认为吴蕃昌是刘门高第,那么全祖望列入吴麟征是为了表彰其“忠义”,不列入吴蕃昌恐怕就与不列入张履祥一样,就是出于门户之见了。

　　所以说,刘门弟子之中在学术上明显趋向于程朱之学的张履祥与吴蕃昌,全祖望在《配享碑》中都没有提及,有所表彰的只有叶敦艮与沈昀,而且都未提及他们转向程朱理学的问题。这主要是因为全祖望所建构的“王阳明—刘宗周—黄宗羲—全祖望”这一浙东学术谱系的门户之见。

　　与此相似,也有门户之见的是疑为沈冰壶所作的《国初人传》,李慈铭说其论学“颇左右于阳明、蕺山”:

　　　　蕺山门下多气节之士,而契其微旨者寥寥。如祁彪佳世培、吴麟征磊

－－－－－－－－－－

① 严元照对碑文的批注,参见全祖望:《鲒埼亭集》卷二四《子刘子祠堂配享碑》,载全祖望:《全祖望集汇校集注》,朱铸禹汇校集注,第 443 页。

② 钱明:《王学的跨江传播与两浙的地位互换》,《浙江学刊》2013 年第 6 期。

③ 参见全祖望:《鲒埼亭集》卷二四《子刘子祠堂配享碑》,载全祖望:《全祖望集汇校集注》,朱铸禹汇校集注,第 443 页。

斋、刘理顺湛陆、祝渊开美、王毓蓍玄趾，皆仗义死难，炳炳国史，而于学术无所阐扬。

章公正宸、何公弘仁、叶公廷秀则韬光灭响，以肥逐终身，故语言风旨，不见于天下。

其斐然有文者，莫如黄宗羲太冲、恽日升仲初、董玚无休，又不免声华征逐之累，持身亦时见瑕类。

甚且操戈反射，如张考夫、吴裒仲之徒者，尤不足论。

其笃信敬守，始终不渝者，则仁和沈先生、海昌陈先生，岿然为鲁灵光云。[1]

此处分为五组人物：其一，甲申、乙酉殉难的祁彪佳、吴麟征、刘理顺、祝渊、王毓蓍，他们的节义彪炳史册，然学术上却无所阐扬；其二，章正宸、何弘仁、叶廷秀，因为隐遁，学术上也没有声息；其三，黄宗羲、恽日初、董玚，或本人有著作，或为刘宗周编过书，还有从事讲学，则"不免声华征逐之累"，修身也有瑕疵；其四，张履祥与吴蕃昌，所谓"操戈反射"当指其转向朱子学；其五，沈昀、陈确，李慈铭最为推崇，因为他们对蕺山学"笃信敬守"。这一分类当源自全祖望，但对黄宗羲则多有批评。

关于蕺山学派的分化问题，刘师培《近儒学术统系论》也有过讨论：

明清之交，以浙学为最盛。黄宗羲授学蕺山，而象数之学兼宗漳圃，文献之学远溯金华先哲之传，复兼言礼制，以矫空疏。传其学者数十人，以四明二万为最著，而象数之学则传于查慎行。

又沈昀、张履祥亦授学蕺山，沈昀与应㧑谦相切磋，均黜王崇朱，刻苦自厉。履祥亦然，而履祥之传较远。……吕留良从宗羲、履祥游，所学略与履祥近，排斥余姚，若放淫词。

别有沈国模、钱德洪、史孝咸，承海门石梁之绪，以觉悟为宗，略近禅学，宗羲虽力摧其说，然沈氏弟子有韩孔当、邵曾可、劳史，邵氏世传其学，

---

[1]　李慈铭：《越缦堂读书记》，商务印书馆 1959 年版，第 430 页。恽日初名字有错，另吴蕃昌（仲木）误作了吴谦牧（裒仲），吴谦牧并非刘门弟子。

至于廷采,其学不衰。①

刘师培将黄宗羲以及二万等看作一支,而将沈昀、张履祥以及吕留良等看作一支,还有就是姚江一系的沈国模及其弟子是第三支。由此亦可知,转向朱子学的张履祥以及沈昀一系,在蕺山学派乃至整个浙学之中非常重要。

还有必要说明的是刘师培提到的沈国模(求如,1575—1656)、史孝咸(子虚,1582—1659)以及管宗圣(霞标,1578—1641)、史孝复(子复,?—1644)、王朝式(金如,1612—1640)、秦弘祐(履思)、钱永锡(钦之),这几位确实与刘宗周关系密切,听讲、问学都较多,故可以算作宽泛意义上的刘门弟子。但他们主要传承的却是周汝登的弟子陶奭龄(石梁,1571—1640)一系的阳明心学,并且多杂禅学,故而如钱茂伟先生等都将其作为姚江书院派,列入阳明后学谱系而非蕺山学谱系。② 黄宗羲、全祖望都不把他们列为重点表彰的刘门高第,也当是因此之故,本书也如此处理。不过在讨论刘宗周讲学,以及诸如祁彪佳等相关人物之时,对他们有所讨论。

虽说从黄宗羲到全祖望,这一系的学者对于"学行之不愧师门者"的论述,包含一定的门户之见,但他们的概括是最为精准、最具代表性的,影响后世也最大。故本书下编"蕺山后学研究",以他们所撰写的各种碑传之中的评定作为主要的参照,再略作增补而分章分节。具体对恽日初、陈确、叶敦艮、张应鳌等的讨论,则又将黄宗羲、全祖望的相关评定略作辨析。各章节的排列,则并非按照人物生卒之年,而是大致以弟子们的拜师之期,以及参与祭祀、遗书整理等与师门相关事件的时间先后,也即以学术史之展开为序,如有不明,亦可参考附录二之《蕺山学派学术年表》。

具体而言,本书增补《配享碑》未收者仅有五位:论及潘集、傅日炯处补入周卜年,使得刘门殉节义士叙述更完整;论及恽日初处补入张玮,以便进一步明晰蕺山学派与东林学派之关系;转向朱子学的刘门弟子中补入张履祥、吴蕃昌,以便说明蕺山学如何由浙东而向浙西传播以及他们为何转向了程朱理学;

<hr />

① 章太炎、刘师培:《中国近三百年学术史论》,上海古籍出版社 2006 年版,第 145 页。
② 钱茂伟:《姚江书院派研究》,中国社会科学出版社、文化艺术出版社 2005 年版,第 24—35、80—94 页。

还补入了刘宗周之子刘汋，并调整了周之璿的次序，用于说明刘宗周著作的保护与整理、越中证人社的重建等相关的问题。其他还有众多未及展开的弟子，其事略请参考附录一之《蕺山弟子考》。

六、创新之思

最后就本书所力求之创新，赘述三点如下：

其一，问题的探索。关于刘宗周之蕺山学，将之放入晚明诸多学派发展的历史潮流之中，阐明其思想体系之建构、特征，及其与朱子学、阳明学以及东林、姚江等学派之关联等问题；关于蕺山后学，以呈现刘门众弟子的整体风貌为主，除了祁彪佳、恽日初、张履祥、陈确、黄宗羲等著名学者之外，增加了吴麟征、章正宸、叶廷秀、陈尧年、朱昌祚、王业洞、祝渊、王毓蓍、华夏、王家勤、刘应期、吴蕃昌、沈昀、叶敦艮、张应鳌、董玚、刘汋、周之璿、陈洪绶、黄宗炎、黄宗会等二十多位尚缺专题研究的蕺山后学，阐明他们各自的学术历程、著述及其与"师门"之交游、与"师说"之关联。

其二，文献开拓。一则是文本的细读与对照，将刘宗周、陈确、张履祥、恽日初、祝渊、陈洪绶等人的著作细读并相互对照，发现相关年谱未曾提及而有助考辨刘宗周与弟子论学的材料极多，诗则尤多；二则全面检索清初两浙地方志，以及黄宗羲、黄宗会、董玚、张岱、全祖望、邵廷采等所撰相关碑传文，再与正史等互校异同，则在补充论证的同时又发现不少值得深思的问题；三则点校整理《祁彪佳日记》，其记载从崇祯四年（1631）到顺治二年（1645），恰逢刘宗周讲学最为重要的时期，故可借此而将证人社相关的人、事与时间连缀起来。

其三，六大新见。第一，刘宗周与高攀龙、陶奭龄，以及与二十多个弟子交游的详考，例如刘宗周与祁彪佳在朝则惺惺相惜与在野则同舟共济乃至先后殉节，共铸一组师弟子楷模。第二，证人社之别会，当有崇祯五年（1632）、崇祯十一年（1638）两次，于是分化为"古小学-证人书院派"与"白马山房-姚江书院派"。第三，黄宗羲因其高寿及与刘家姻亲关系等，成为谱写蕺山学史的关键人物，然其记载先后多有异同，诸如参与证人社"别会"一事，经辨析而可知其当年并非"左右师席者"，类似还有黄氏关于越中证人社重建的记载以及对恽日初、陈确、张应鳌的评价等，皆可看出其越到晚年则越强化"刘黄学脉"。第四，恽日初曾多次前往山阴且居住有年，与各支刘门高第皆有通信，再因其出身东林之故，《刘子节要》及其附录《行状》《高刘两先生正学说》等体现出折中高攀龙、刘宗周二子以及折中朱子、阳明二学的意图。第五，衢州叶敦艮、杭州沈昀皆有多次浙西游学，由张履祥与陈确以及陆世仪、吕留良的文献记载，可补上蕺山学西传以及被重新诠释的相关研究，更可见蕺山学脉之一贯与多元。第六，刘宗周身后蕺山学派当分化为四支：倾向王学、忠于刘氏原旨的黄宗羲及其后学；折中朱、王的恽日初以及张玮；转向朱学的张履祥以及沈昀、叶敦艮、吴蕃昌；对朱、王都持批判态度的陈确。①

---

① 王汎森先生提出蕺山学派分为五派：自认忠实于蕺山学的黄宗羲一派、走入狂禅一派、恽日初与刘汋所代表的修正派、张履祥所代表的由王返朱派、陈确为独立一派。（王汎森：《清初思想趋向与〈刘子节要〉——兼论清初蕺山学派的分裂》，载王汎森：《晚明清初思想十论》，复旦大学出版社 2004 年版，第 249—289 页。）李纪祥先生也将恽日初与刘汋视为一派，黄宗羲、陈确、邵廷采则为另三派。（李纪祥：《清初浙东刘门的分化及刘学的解释权之争》，载《第三届华学研究会论文集》，台湾中国文化大学 1992 年版，第 703—728 页。）刘汋之朱学倾向较为明显而近于张履祥，张应鳌、董玚固守师说而无发明近于黄宗羲，事实上他们个人的学术著述几无传承，故不必多论。至于王朝式、秦弘祐等人则不适合列入蕺山谱系讨论，故不列"狂禅"一支。后学之中有必要说明的则是邵廷采，虽始于姚江一系，然受董玚、黄宗羲影响更深，当列入黄宗羲一支。

上　编
刘宗周及其蕺山学研究

第一章　刘宗周的出仕与讲学

刘宗周(1578—1645)，字起东、启东，号念台，学者称蕺山先生，浙江山阴（今属绍兴市）人。刘宗周为遗腹子，母娠五月而父卒，故而自幼家道中落，曾跟随其母居于外祖父家，外祖父南洲公章颖(1514—1605)便是其启蒙老师。17岁时又师从鲁念彬学习科举之业，20岁中举，24岁成为进士。此后，他的人生便在出仕为官与居乡讲学之中度过。

第一节　出仕："知其不可而为之"

出仕为官，图谋有一番大作为，也是刘宗周一生的梦想。他曾说："臣束发受学，窃从遗经，慨慕古先哲王之化，辄欲见之行事。"①然而刘宗周"通籍四十五年，立朝仅四年"②，从24岁考中进士，一直到明亡殉节，前后共45年，在万历、天启、崇祯、弘光四朝都曾出仕，但真正在朝为官的日子却极少。对于刘宗周，王夫之非常称道，认为他有"匡济之才"③；毛奇龄却对李塨说："予少尝闻刘蕺山讲学，后怀宗召问平寇方略，对以舞干羽两阶，殊叹其迂。"④此处怀宗即指崇祯帝。王夫之与毛奇龄，略晚于刘氏，从他们的评价可知，对于刘宗周的为官之道，当时已有两种完全不同的评价。再看100多年之后四库馆臣的看法：

> 立朝之日虽少，所陈奏如除诏狱、汰新饷、招无罪之流亡，恩义拊循以收天下涣涣之人心，还内廷扫除之职，正懦帅失律之诛诸疏，皆切中当时

---

① 刘宗周：《敬循使职咨陈王政之要恳祈圣明端本教家推恩起化以神宗藩以保万世治安疏》，载吴光主编：《刘宗周全集》第3册，第17页。
② 黄宗羲：《子刘子行状》卷下，载沈善洪主编：《黄宗羲全集》第1册，第258页。
③ 《搔首问》，载王夫之：《船山全书》第12册，岳麓书社1996年版，第645页。
④ 冯辰、陈调赞：《李塨年谱》，陈祖武点校，中华书局1988年版，第61页。

利弊,一厄于魏忠贤,再厄于温体仁,终厄于马士英,而姜桂之性介然不改,卒以首阳一饿,日月争光。在有明末叶,可称皎皎完人。非依草附木之流所可同日语矣。①

在晚明这个特殊的时世之中,文官想要有所作为原本就难,更何况作为一名儒者,在道德原则之下的事功,必然会遭遇"内圣"与"外王"之紧张。故刘宗周虽数度为官,其政治主张与当时的皇帝、宰辅不合,还因顶撞皇帝而三次被革职为民;再加之自身体弱多病,也曾特意辞官休养,故其立朝时间极短。

一、万历朝的出仕

万历三十二年(1604),刘宗周赴京谒选,被授予行人司行人。第二年,刘宗周便有奏疏弹劾权相沈一贯等人,友人见之而问:"君亦曾为老亲计乎?"家中尚有祖父在堂,"身非我有",因此这封奏疏并没有上报,报上去的是第二封关于"告终归养兼峰公"的奏疏,最后获准回乡侍亲。② 后来刘宗周在与友人的书信中说:

> 不佞少而读书,即耻为凡夫。既通籍,每抱耿耿,思一报君父,毕致身之义。偶会时艰,不恤以其身试之风波荆棘之场,卒以取困,愚则愚矣,其志可哀也。然且苦心熟虑,不讳调停,外不知群小,内不见有诸君子,抑又愚矣,其志尤可哀也。嗟乎! 时事日非,斯道阻丧。亟争之而败,缓调之而亦败,虽有子房,无从借今日之箸,直眼见铜驼荆棘而已。③

刘宗周一方面希望"一报君父"而"不恤以其身试之风波荆棘之场",另一方面又忍不住感叹"时事日非","亟争之而败,缓调之而亦败","一报君父"的志向始

---

① 永瑢等:《四库全书总目提要》卷一七二集部别集类二五《刘蕺山集》,中华书局 1965 年版,第1514—1515 页。
② 姚名达:《刘宗周年谱》,27 岁条,载吴光主编:《刘宗周全集》第 6 册,第 234 页。
③ 刘宗周:《与周生》,载吴光主编:《刘宗周全集》第 3 册,第 394 页。

终无法实现,即使有张良这般的贤才,也无从下手,"直眼见铜驼荆棘而已"。更何况当时的士大夫阶层也极其腐朽,"至于吾辈出处语默之间,亦多可议,往往从身名起见,不能真心为国家"①。这还是在万历年间,不得不佩服他的眼光之深刻、独到。

二、天启朝的出仕

等到了天启朝,刘宗周有机会再度出仕之时,外祖父南洲公章颖和祖父兼峰公刘燉(1525—1605)早已相继去世,在他看来,此时没有什么后顾之忧,可以有一番作为了,可惜当时的政治风气却并未有所好转,故刘宗周还是空走了一遭。

天启元年(1621)三月,朝廷起用刘宗周,任礼部仪制司添注主事,十月到京赴任。他敏锐地察觉到魏忠贤(1568—1627)与客氏(1587—1627)对于国家的危害,上任才九天,就上疏弹劾魏、客二人,成为第一个弹劾二人的官员。当时疏入而不报,被罚俸半年。其后,关于师道、吏治等方面,他又多次上疏,树立了清正刚直的个人形象。② 天启二年(1622)六月升任光禄寺丞;天启三年(1623)五月升尚宝司少卿。之前刘宗周曾回乡省亲,尚在路上就接到升职的任命,便以"未任连擢,义不自安"为由而拟疏请辞,因天津巡抚李邦华(1574—1644)告以"小臣无辞官礼"而作罢。③ 八月到任,九月又升太仆寺添注少卿。"一岁三迁",这在他人看来是无比的荣光,但在刘宗周看来却是"义难拜命",拜疏固辞。当时同僚争相挽留,又以无辞官礼相劝,他说:"进退之义不明,而欲正君匡俗,未之有闻,异日借口君父而托身权门,将自吾侪开之耶?"④最后,刘宗周以病固辞,接着又连上三疏,于是吏部尚书赵南星(1550—1628)提议让刘宗周"以新衔回籍,病痊即与起用",终于得到了天启帝的许可。⑤

天启四年(1624)十月,朝廷再度起用刘宗周,任通政司右通政。但是当时客、魏弄权,气焰嚣张,群贤毕逐,所以他坚决请辞。刘宗周的"固辞"很少有人

① 刘宗周:《与周绵贞年友》,载吴光主编:《刘宗周全集》第 3 册,第 400—401 页。
② 刘汋:《蕺山刘子年谱》,66 岁条,载吴光主编:《刘宗周全集》第 6 册,第 74 页。
③ 刘汋:《蕺山刘子年谱》,46 岁条,载吴光主编:《刘宗周全集》第 6 册,第 78 页。
④ 姚名达:《刘宗周年谱》,46 岁条,载吴光主编:《刘宗周全集》第 6 册,第 288 页。
⑤ 刘汋:《蕺山刘子年谱》,46 岁条,载吴光主编:《刘宗周全集》第 6 册,第 79 页。

理解,甚至反被认为是"以退为进"的一种要挟。最后,惹得天启帝大怒,降旨:"刘宗周藐视朝廷,矫情厌世,好生恣放。着革了职为民当差,仍追夺诰命。"①这是刘宗周第一次被革职为民。刘宗周对于当时形势可以说看得十分透彻,进退之间也都依于道义,不为高官所动而轻易冒进,宁可退居乡野修德、修学。

三、崇祯朝的出仕

崇祯年间,刘宗周曾三次为官。

第一次,崇祯元年(1628)十一月至崇祯三年(1630)九月。崇祯元年十一月,刘宗周被任命为顺天府尹,二年(1629)元月、三月各上疏因病欲辞,不准,二年九月就任,三年九月辞职。

在顺天府尹任上,刘宗周一心为国家排忧解难,很好地处理了"己巳之变"清军围困时期京城保卫战相关的事务,为京城的安定做出了巨大贡献,此事可以看出刘宗周有极高的政治才干。但是因为身体的原因,以及对于政局的"无可作为",他还是辞职还乡了。

第二次,崇祯八年(1635)七月至崇祯九年(1636)六月。崇祯八年七月,吏部推在籍官员堪任阁员者,刘宗周被征,十月二十日入京。九年元月二十四日,刘宗周被任命为工部左侍郎,元月二十四日、二月五日、二月六日各上疏因病欲辞,不准。二月十一日就任,六月辞职。九月,因上疏弹劾温体仁,再次被革职为民。刘宗周一度有机会进入内阁,终究因为他的政治主张与崇祯帝有着较大出入而作罢,最后被任命为工部左侍郎。不过也因为崇祯帝的召对,对于刘宗周来说也算是一种君臣知遇之恩,所以他有了即使面临"真如牵羊入屠肆"的危险,也要"以老病之身许之君父"的决心。他在与其子刘汋的家书中说:

> 余之心亦有不自安者,勉强拜命,真如牵羊入屠肆耳。及既拜命,则不便再容易抽身,只得以老病之身许之君父,意欲得当以报君恩,以了生平耿耿之怀。②

---

① 刘宗周:《天恩愈重疏》附录,载吴光主编:《刘宗周全集》第3册,第46页。
② 刘宗周:《与子汋八》,载吴光主编:《刘宗周全集》第3册,第433—434页。

刘宗周又一次汲汲于"致君尧舜"，多次上疏指出崇祯朝的种种弊政。可惜崇祯帝非但不听，还一味为自己辩护。刘宗周再次感到"无可作为"，再加之身体等原因，不久便请辞回乡。在返乡路上，听说国家危难，他便停留下来关注时局。过了一月，清兵退却，刘宗周才继续南行。

第三次，崇祯十四年（1641）十一月至崇祯十五年（1642）十一月。崇祯十四年十一月，刘宗周被任命为吏部左侍郎。十五年五月、七月各以病疏辞，未就任。七月十六日发布，升都察院左都御史（总宪），七月二十六日、十月初三日各疏辞，不准，十月十二日报到，十一月二十九日免职，因为中间有个闰十一月，故共掌宪 68 日。

先时崇祯帝曾言及"大臣如刘宗周清正敢言，廷臣莫能及"，"慨叹久之"，于是就再度起用刘宗周。① 当时刘宗周患了癃闭之症，只能继续上疏请辞，之后接到圣旨："佐铨亟需真品，刘宗周着作速赴任，不得固辞。"②由此看来，崇祯帝真心欣赏刘宗周的"清正敢言""真品"，用人之心非常急迫。此次出仕，刘宗周在左都御史任上做出了非常不错的成绩，最后却在"申救姜埰、熊开元"的问题上，再三顶撞崇祯帝。崇祯帝说："愎拗偏迂，朕屡次优容，念其新任，望其更改。今乃貌徇私，大负委任，本当重处。辅臣奏其年老，姑着革了职。"③刘宗周第三次被革职为民。

四、弘光朝的出仕以及最后的殉节

明崇祯十七年（1644）五月初，门人董玚奔告北变。④ 得知京城陷落、崇祯帝自尽之后，刘宗周大哭不已，由此可知他对崇祯帝有着深厚的感情。接着，刘宗周就大会绅士于绍兴的城隍庙，倡议勤王，他还说："身虽老，敢为众先

---

① 刘汋：《蕺山刘子年谱》，64 岁条，载吴光主编：《刘宗周全集》第 6 册，第 132 页。

② 刘宗周：《微臣再荷恩纶力疾终难赴任恳祈圣慈俯容在籍调理疏》附录，载吴光主编：《刘宗周全集》第 3 册，第 152 页。

③ 刘宗周：《恭承圣谕感激时艰敬矢责难之谊以图报称疏》附录《召对纪事》，载吴光主编：《刘宗周全集》第 3 册，第 241 页。

④ 董玚：《刘子全书抄述》，载吴光主编：《刘宗周全集》第 6 册，第 678 页。

驱。"①几天之后,南京的福王政权建立,接着就是短暂的南明弘光朝。

朝廷起复刘宗周原官的诏书到来,于是他参加义军之事作罢。刘宗周参与弘光朝,总处于一种进退维谷的彷徨状态。当时关于福王种种劣迹的传闻很多,所以他在去往南京的路上迁延近 3 个月之久,仅仅在丹阳就待了差不多20 天。在这些天里,各种消息传来:"一日传闻皇太子、二王凶问,不胜号涕,曰:'雠耻若此,北伐无期,将何以见先帝于地下乎?'疾绕室中,移时遂决意趋阙。"②最后为了报效国家,他还是决定再试一试,到南京任职了。这期间,刘宗周也给福王上了几封奏疏,其中一些还是借病请辞的,另一些则探讨了明亡之因与中兴之政,甚至还曾准备呈上他与弟子张应鳌等人编撰的《中兴金鉴录》。③ 可惜,最后还是极度失望而退。

顺治二年(1645)六月初,清军攻陷南京,福王政权灭亡。六月十三日,杭城失守,潞王请降,刘宗周开始绝食,"前后绝食者两旬,勺水不入口者十有三日",于闰六月初八日去世,享年 68 岁。④ 关于绝食殉节与图谋恢复之间的选择,刘宗周曾说:"先帝之变,宜死;南京失守,宜死;今监国纳降,又宜死。不死尚俟何日? 世岂有偷生御史大夫耶?"还留下绝命辞:"留此旬日死,少存匡济意。决此一朝死,了我平生事。慷慨与从容,何难亦何易。"⑤刘宗周的殉节,一般认为是"殉明",但从根本上说当是"殉节",殉的是"道义","食人之食者,死人之事",为国而死是臣子的"分"内之事,这种道义感也就是儒家的精神传统。

回顾刘宗周一生的出处抉择,在其背后起到支撑作用的就是"知其不可而为之"的精神。早在他进入仕途之初,就判断在当时的政治环境之中,自己几乎无可作为,然而每逢家国危难,他仍挺身而出,排除千难万险,试图力挽狂澜。刘宗周曾说"一旦受事,百冗交集,仆亦捐七尺以报君父已耳"⑥,"此身一出门,便属之君父,死生利害与君父共之而已"⑦。故而每次出仕,他都抱有为国捐躯的决心,即使早就知道"受事"就会"百冗交集",也不顾及自身的"死生利

---

① 刘汋:《蕺山刘子年谱》,67 岁条,载吴光主编:《刘宗周全集》第 6 册,第 150 页。
② 刘汋:《蕺山刘子年谱》,67 岁条,载吴光主编:《刘宗周全集》第 6 册,第 157 页。
③ 刘汋:《蕺山刘子年谱》,68 岁条,载吴光主编:《刘宗周全集》第 6 册,第 163 页。
④ 刘汋:《蕺山刘子年谱》,68 岁条,载吴光主编:《刘宗周全集》第 6 册,第 172 页。
⑤ 刘汋:《蕺山刘子年谱》,68 岁条,载吴光主编:《刘宗周全集》第 6 册,第 172 页。
⑥ 刘宗周:《与族侄二》,载吴光主编:《刘宗周全集》第 3 册,第 481 页。
⑦ 刘宗周:《与子汋七》,载吴光主编:《刘宗周全集》第 3 册,第 432 页。

害"。当时的士大夫即认为,就出处而言,刘宗周的言行可谓典范,曾听过他讲学的东林学者陈龙正(几亭,1585—1645)就说:"先生一生学力,验于进退之间,可以无憾,足为后世模楷。"又说:"先生三揖而进,一辞而退,使天下见儒者真有铢视轩冕之致。宁谔谔而为氓,毋默默而为臣,于以维士气、感人心,有益于世道不浅也。"①刘宗周一生的出处、生死与其学术思想密切相关,最终则成为晚明士大夫的楷模。还有当时的学者章凤梧曾说:

> 神庙以来,吾越冠进贤者趋富贵如骛,言及国家安危,人品邪正,则掉臂而去之,能免于贤哲之诟厉足矣,敢进而语古人之名行乎?自先生以贞介之操倡明圣学,士大夫后起者翕然宗之,争以救时匡主为务,直言敢谏为忠,一时显名朝右者若而人,下至委巷鄙儒,亦斤斤寡过好修、尚行谊、绌耻辱焉。……向非先生诚笃之教渐磨以数十年之久,乌能使有位无位,咸知幸生为耻、殉国为正,视一死如饴蜜哉?且不见逆珰之祸,称功颂德者通郡至十余人,而死诏狱者止一姚江之黄忠端也耶?则今日安得不归功于先生哉!甚矣!先生明道觉人之泽,在百世之远也。②

章凤梧提到了倪元璐、施邦曜(1585—1644)、周凤翔(?—1644)、祁彪佳、王毓蓍、潘集、傅日炯、熊汝霖、孙嘉绩(1604—1646)、章正宸、何弘仁等越中士人,他们大多为刘宗周的弟子,或殉明,或抗清,或隐遁,无一人出仕清廷,都是人品高洁的一时人杰。由此可知,刘宗周的人格气象对于其众多的弟子,以及世道、人心有着深远的影响。

第二节　讲学:"人便是圣人之人,圣人人人可做"

刘宗周30、31岁时,曾应宗人戚属之邀,讲授举子业于大善寺僧舍,"教学

① 刘汋:《蕺山刘子年谱》附卷《刘子年谱录遗》,载吴光主编:《刘宗周全集》第6册,第194—195页。
② 刘汋:《蕺山刘子年谱》附卷《刘子年谱录遗》,载吴光主编:《刘宗周全集》第6册,第195—196页。

者一准规矩,出入进退俱有成度,课督甚勤",当时之人见其严毅之风,"咸惊异焉"。① 因为当时所授的乃是举子业而非道学,所以还不能算是真正意义上的讲学。从 38 岁开始正式讲学,讲授的已是自己的学术了。直到 54 岁"证人社"创立之前,都可以算作其讲学的早期阶段。崇祯四年(1631)越中"证人社"的创立,标志着刘宗周后期讲学的开始,此时他的讲学便倡导"慎独"之教了。然而"证人社"原由刘宗周与陶奭龄(石梁,1571—1640)合作创办,因为对"证人"之旨的不同理解,两人不久便产生了分歧。崇祯五年(1632)陶奭龄及其友人、弟子的"白马别会"为"证人社"的第一次"别会";崇祯十一年(1638)末刘宗周的弟子提出"及门",后来刘宗周主要讲学于"古小学",此为"证人社"的第二次"别会"。最终由于"证人社"的活动而形成了明清之际浙东最为重要的两大心学学派:蕺山学派与姚江书院派。

一、前期讲学

刘宗周前期讲学,集中在两次辞官回乡之时,可以分为两个阶段。第一阶段:万历四十三年至四十五年(1615—1617)。第二阶段,天启五年至六年(1625—1626)。这两个阶段时间都不长,但是已经有了初步的影响。刘宗周真正开始讲学在万历四十三年(1615)38 岁之时,当时"教授于朱氏之解吟轩"。其子刘汋描述此时蕺山之侧的讲学盛况曰:

> 先是,壬子,先生北发,陈尧年率先执贽问道于门下,及给假归,望益隆隆起,国人无不信先生为真儒。于是尧年复率诸生二十余人纳贽北面,讲授于解吟轩。先生谓:"德行,本也;时艺,末也。"教学者先行谊后文章,本经之外,兼举一经,旁阅子、史、性理诸书,有暇则令习礼歌诗。……设教一以严肃为主,盛暑未尝去冠服,有荡简者则摈诸门墙之外,大约规模视丁未更宏阔云。朔望考课毕,或尚论古今人物,或商榷坐下工夫,间一命酒,登蕺山之巅歌古诗,二三子和之,声振山谷,油然而归。②

---

① 刘汋:《蕺山刘子年谱》,30 岁条,载吴光主编:《刘宗周全集》第 6 册,第 64 页。
② 刘汋:《蕺山刘子年谱》,38 岁条,载吴光主编:《刘宗周全集》第 6 册,第 70—71 页。

这是刘宗周正式讲学的开始,陈尧年等 20 多人纳贽拜师。讲学内容是以道学为主而不讲举业,即德行为本、时艺为末。讲学的规模也与讲授举业之时大不相同,颇为"宏阔",而且还有"尚论古今人物"的东林讲学气息。由饮酒、登山、歌诗等等可知,刘宗周的讲学并非一味俨然,反有"舞雩浴沂"之意,与王阳明之讲学颇有几分相似之处。

第二年,刘宗周讲学于陈氏石家池,著"酒、色、财、气"《学戒四箴》以示学者。其中说:"善则相传,过则相规。值月轮掌,美恶必书于册,闻过不举者,罚之,轻重与犯者同科,仍责首座生提领。无忽。"①可见这个讲学团体已经开始重视改过,当是后来的证人改过之学的先导。值得注意的是,此时刘宗周还主张将"美恶"都记录,与《功过格》有点类似,而后来的《人谱》则只讲改过、只记过错了。第三年三月,讲学转移到绍兴城外的韩山草堂,该地是刘宗周族兄的别业。刘宗周当时开讲《论语》,并著有《论语学案》一书。天启元年(1621),刘宗周离乡为官,讲学中断。

天启五年(1625),刘宗周被革职为民,开始前期讲学的第二阶段。从夏至冬,最终辍讲是因为高攀龙劝其韬晦。关于这一阶段讲学,刘汋说:

> 逆阉大兴钩党之狱,缇骑四出,削籍遍天下。先生曰:"天地晦冥,人心灭息,吾辈惟有讲学明伦,庶几留民彝于一线乎?"会诸生相继请,遂于五月朔会讲于解吟轩。先生痛言:"世道之祸酿于人心,而人心之恶以不学而进。今日理会此事,正欲明人心本然之善,他日不至凶于尔国,害于尔家。"座中皆有省。每会,令学者收敛身心,使根柢凝定,为入道之基。……于是有慎独之说焉。②

由此可知,天启五年的讲学持续时间较长,并且已经揭示"慎独"之说。

到了天启六年(1626)发生了著名的"七君子之狱",魏忠贤大肆逮捕东林党人,高攀龙、黄尊素、周起元(1571—1626)、缪昌期(1562—1626)、周顺昌(1584—1626)、周宗建(1582—1627)、李应昇(1593—1626)七人被逮。其中高

---

① 刘宗周:《学戒四箴》,载吴光主编:《刘宗周全集》第 4 册,第 344 页。

② 刘汋:《蕺山刘子年谱》,48 岁条,载吴光主编:《刘宗周全集》第 6 册,第 80 页。

攀龙与黄尊素都是刘宗周的重要友人，三月十七日，高攀龙自沉而死；闰六月，黄尊素死于监狱之中。在这种风声鹤唳的气氛之中，刘宗周无法讲学，"携沨课读于韩山草堂，专用慎独之功。……每日晨，取有明诸儒文集、传记考订之"，期间偶有弟子问学，"秋日，诸生十余辈拿舟来谒，座中问孔孟大旨。先生告以求仁之说……"①；讲学不多，而编著较多，完成了《孔孟合璧》《吃紧三关》，开始编撰而未完成的有《五子连珠》《皇明道统录》等。该年另一件重要事情就是黄尊素命黄宗羲等三子师事刘宗周。黄尊素被逮，至郡城绍兴，"刘念台先生（讳宗周）饯之于萧寺，忠端公命公从之游"②。黄宗羲当时 17 岁，兵荒马乱之际估计听讲机会不多，他正式参与刘门讲会已在刘宗周讲学的后期。

二、证人社之举

崇祯四年（1631），刘宗周与陶奭龄共举"证人社"于陶文简公祠，陶文简公即陶奭龄之兄陶望龄（1562—1609），号石篑，兄弟二人并称"二难"。当时讲会的地点并不完全固定，除陶文简公祠外还有古小学、阳明祠、泠然阁等处。前来听讲的缙绅有 200 多人。会后刘宗周又著有《证人会约》，包括了《学橥》《会仪》《约言》《约诫》四个部分。关于"证人社"兴起的学术背景，刘宗周之子刘沨在年谱中说：

> 海内自邹南皋、冯少墟、高景逸三先生卒后，士大夫争以讲学为讳。此道不绝如线，惟先生肖然灵光，久而弥信。家居之暇，门人谋所以寿斯道者。先生于三月三日率同志大会于石篑先生祠，缙绅学士可二百余人，同主事者为石梁先生。石梁，石篑先生之介弟也。初登讲席，先生首谓学者曰："此学不讲久矣。文成指出良知二字，直为后人拔去自暴自弃病根。今日开口第一义，须信我辈人人是个人，人便是圣人之人，圣人人人可做。于此信得及，方是良知眼孔。"因以"证人"名其社。③

---

① 刘沨：《蕺山刘子年谱》，49 岁条，载吴光主编：《刘宗周全集》第 6 册，第 82—83 页。
② 黄炳垕：《黄梨洲先生年谱》，17 岁条，载沈善洪主编：《黄宗羲全集》第 12 册，第 20 页。
③ 刘沨：《蕺山刘子年谱》，54 岁条，载吴光主编：《刘宗周全集》第 6 册，第 101 页。

邹元标(南皋,1551—1624)、冯从吾(少墟,1557—1627)讲学于首善书院,高攀龙讲学于东林书院。天启五年(1625),七月诏毁首善书院;八月诏毁天下东林讲学书院。关于"证人会"的背景,还有必要再补充刘宗周的一个说明:

> 吾乡自阳明先生倡道龙山时,则有钱、王诸君子并起为之羽翼,嗣此流风不绝者百年。至海门、石篑两先生,复沿其绪论,为学者师。迨二先生殁,主盟无人,此道不绝如线,而陶先生有弟石梁子,于时称二难,士心属望之久矣。顷者,辞济阳之檄,息机林下,余偶过之,谋所以寿斯道者,石梁子不鄙余,而欣然许诺,因进余于先生之祠,商订旧闻,二三子从焉,于是有上巳之会。[1]

刘宗周将讲学之风溯源于王阳明以及钱德洪(绪山,1496—1574)、王畿(龙溪,1498—1583)等阳明弟子的讲学,之后还有周汝登、陶望龄曾在万历二十七年(1599)秋创立"证修社"。[2] 刘宗周一心想要救正王学之偏,却又主动邀请王门三传陶奭龄一同主事"证人社",其中的原因有二:一是因为越中本是王学重地,讲学就不得不顺着"良知之学"加以开展;二是因为陶奭龄在越中士人之中颇有声望。刘宗周奋起而讲学于越中,并阐明王阳明的"良知"之学与"证人"之旨的关系,希望通过证人社讲会对阳明学加以修正;然而陶奭龄则希望沿着王畿、周汝登的学术理路发展,故其学说有着援佛入儒的色彩。

　　在该年的几次讲会过程中,刘、陶二人以及他们的弟子之间时有诘难。二人虽然都认同"证人"之旨,但在如何"证人"这一问题上,却有很大的差异:一则曰"坐下",刘宗周修正王学而"专揭慎独之旨";一则曰"自家",陶奭龄则坚持王学原旨而"专揭良知为指归"。[3]"坐下"与"自家"之争,也就是"证人"工夫论的分歧,是导致后来"别会"的主要原因,二人具体的学术异同详见下文。

　　崇祯四年(1631)六月,陶奭龄就提议"别会",对此刘宗周曾有书信劝说,于是讲会便维系到了该年年底前后,共举行 11 次,也即从三月到十二月每月初三

---

[1]　刘宗周:《会约书后》,载吴光主编:《刘宗周全集》第 2 册,第 497—498 页。

[2]　周汝登:《周海门先生文录》卷二《越中会语》、卷四《证修会讲序》,载周汝登:《周汝登集》,张梦新、张卫中点校,浙江古籍出版社 2012 年版,第 38、117 页。

[3]　刘宗周等:《证人社语录》,载吴光主编:《刘宗周全集》第 2 册,第 552 页。

各举行一次,因外地学子韩位(参夫)前来而举行了一次特别讲会,这 11 次之中陶奭龄有半数缺席,故该年的讲会实际以刘宗周为主盟。讲会的具体记录则在第二年八月,经刘、陶二人分别题词后,以《证人社语录》的名义加以刊行。①

三、证人社的第一次"别会"

崇祯五年(1632)三、四月间,陶奭龄与其友人及弟子王朝式、秦弘祐、钱永锡等,另立讲会于"白马岩居",即"白马山房",这就是"白马别会",也即证人社的第一次"别会":"诸生王朝式、秦弘祐、钱永锡等奉石梁先生为师模,纠同志数十人别会白马岩居,日求所谓本体而识认之。先生间尝过从。"②此时刘宗周则继续讲学于阳明祠与古小学。这是"证人社"分化的初期,"白马别会"只是作为"证人社"活动的一支,二处的讲学并无大的冲突。刘宗周则表现得更为主动,虽然此时他与陶门师弟子之间关于学术宗旨等问题,依旧往来论辩不断,但仍不时过往于白马岩居参与讲会。

这一阶段城内、城外的讲会,都没有留下如《证人社语录》类的文献,故而有必要参考一下证人社的发起人兼主要参与者之一的祁彪佳(1602—1645)的日记。

其实早在崇祯四年(1631),祁彪佳及其兄弟、侄儿就积极参与证人社的讲会,《证人社语录》中对此有明确记载。崇祯四年的下半年祁彪佳外出为官,崇祯八年(1635)返乡后,他又开始参与证人社讲会。③ 从崇祯八年十二月到崇祯十一年(1638),其日记中共提及十次讲会,然已足以说明两处证人社讲会的具体情形了。讲会有八次在白马山房,两次在阳明祠。先看白马山房的讲会活

---

① 这 11 次讲会的记录,参见刘宗周等:《证人社语录》,载吴光主编:《刘宗周全集》第 2 册,第550—584 页。

② 刘汋:《蕺山刘子年谱》,载吴光主编:《刘宗周全集》第 6 册,第 103 页。

③ 祁彪佳从明崇祯四年(1631)至清顺治二年(1645)的日记基本完整,故是非常难得的研究晚明浙中士大夫日常生活的重要文献,其参加证人社以及与刘宗周、陶奭龄等人的交往多有记载。参见《祁彪佳日记》之《前言》,载祁彪佳:《祁彪佳日记》,张天杰点校,浙江古籍出版社 2017年版。

动,其中刘宗周未到,仅陶奭龄一人到的共七次:

> (崇祯八年十二月)初四日……闻讲会仍在白马山,移舟去,诸友毕集。迟午,陶石梁方至。时沈求如以"人须各知痛养"为言,王金如因申习知、真知之辨,石梁称说因果。有陈生者辟其说。求如为言过去、现在、未来刻刻皆有,何疑于因果。诸友共饭,石梁别予去,沈求如、管霞标、史子虚同至九曲,诸友定七日静坐之期,予登舟归。[1]

> (崇祯九年四月)初四日……归寓,陶石梁先生与诸友次第集座中,拈士君子立身功名,当以致君泽民为事,勿徒徙利禄起见。时得观刘念台先生《召对记注》,因共叹致君之难。王金如拈"遇主于巷""纳约自牖"义。[2]

> (崇祯九年九月)初四日,微雨。赵应侯与季超兄赴证人社会,予不及预。[3]

> (崇祯九年十月)初四日,与诸兄弟及郑九华将入城……至寓,陶先生与诸友至,举圣贤各有受用处,令学人自为寻绎。[4]

> (崇祯十年闰四月)初四日……赴白马山会,予询以学问须鞭辟向里,学人每苦于浮动如何? 石梁先生言入手如此,若论本体则动静如一也。[5]

> (崇祯十年五月)初四日,雨。季超兄与邹汝功入白马山听讲学,予以内子临盆不能预。阅《楞严经》。……午后,沈求如先生至,此君出自山中粹养之余,言言合法,其于指点尤为圆透,听之娓娓忘倦。[6]

> (崇祯十年七月)初四日,与沈、管两先生及季超兄同舟入城,舟中,极荷两先生规勉,管霞老又畅言格君、信友之道。将抵城,夏孔林来晤。至白马山房,陶石梁先生已至,讲"三月不违仁"一章。予问难数语,大约言:"心无不在,所谓至者何处又添一仁?"三先生为之首肯,散归。[7]

---

[1]　祁彪佳:《归南快录》,载祁彪佳:《祁彪佳日记》第5卷,张天杰点校,第188页。
[2]　祁彪佳:《林居适笔》,载祁彪佳:《祁彪佳日记》第6卷,张天杰点校,第212页。
[3]　祁彪佳:《林居适笔》,载祁彪佳:《祁彪佳日记》第6卷,张天杰点校,第230页。
[4]　祁彪佳:《林居适笔》,载祁彪佳:《祁彪佳日记》第6卷,张天杰点校,第234页。
[5]　祁彪佳:《山居拙录》,载祁彪佳:《祁彪佳日记》第7卷,张天杰点校,第267—268页。
[6]　祁彪佳:《山居拙录》,载祁彪佳:《祁彪佳日记》第7卷,张天杰点校,第272页。
[7]　祁彪佳:《山居拙录》,载祁彪佳:《祁彪佳日记》第7卷,张天杰点校,第281页。

这七次之中,有三次祁彪佳到白马山房听讲,且多以陶奭龄为主讲;另有四次祁彪佳本人并未到白马山房,然有三次,白马诸友陶奭龄、沈国模、管宗圣等人约在讲会结束后到祁彪佳寓所,往往还会继续讲会。从沈、管两先生的规勉等语可知,祁彪佳在白马诸友心目中有着重要的地位。该讲会明显以阳明学为主旨,论及"人须各知痛养""论本体则动静如一也"等问题时,陶奭龄"称说因果"亦可见白马山会的特色。至于说到"士君子立身功名,当以致君泽民为事,勿徒徙利禄起见",又可见他们并非袖手空谈者,多有经世致用之心,故而证人社成员也是诸如赈灾等地方事务的重要参与者。① 白马诸友自然十分重视刘宗周,在其未参与之时,也会拜读其书信,或在讲会后前去拜访。还有一次白马山会,刘宗周与陶奭龄都在场,具体记载为:

> (崇祯十年三月)初四日……随至白马山房,刘念台、陶石梁两先生皆至。张芝亭举"廓然太空,物来顺应"之义,王金如问心学入门用功之要。两先生辨难良久,刘以渐,陶以顿,各有得力处。②

可见白马山房的讲会,偶有刘、陶二人共同主事且相互辩难良久的情形。在祁彪佳看来,刘宗周之学为渐修,陶奭龄之学为顿悟,各有各的得力之处,故而他两方皆有所学习,而又以"悟入"为主,经常习静。

再说城中阳明祠(王文成祠)偶有举行的证人社讲会,祁彪佳日记中记载有两次:

> (崇祯十年闰四月)初三日……至王文成祠,诸绅至者,陶石梁之外,有董黄庭、徐檀燕、倪鸿宝,主会者为王士美,举有用道学为说,石梁先生阐明致知之旨。③

> (崇祯十一年十一月)初三日……出于阳明书院,听刘先生讲学。④

---

① 证人社成员作为公众知识分子,担当社会的研究,参见吴震:《"证人社"与明季江南士绅的思想动向》,载吴震:《明末清初劝善运动思想研究》,台湾大学出版中心 2009 年版,第 320—336 页。
② 祁彪佳:《山居拙录》,载祁彪佳:《祁彪佳日记》第 7 卷,张天杰点校,第 258 页。
③ 祁彪佳:《山居拙录》,载祁彪佳:《祁彪佳日记》第 7 卷,张天杰点校,第 267 页。
④ 祁彪佳:《自鉴录》,载祁彪佳:《祁彪佳日记》第 8 卷,张天杰点校,第 357 页。

后一次,刘宗周在阳明祠讲学,然陶奭龄并未赴会。前一次,陶奭龄有参加,然
当时刘宗周在家却并未赴会;主持者为王业洵(士美),认为道学当以经世致用
为旨归;陶奭龄则阐明致知之旨,此致知似可理解为致良知,也即以王阳明的
良知学说来探讨经世致用的问题。

　　崇祯五年(1632)五月,古小学之享堂落成,古小学也即尹焞(1070—1142)
祠,亦即后来的证人书院:

> 　　古小学者,祀宋儒尹和靖先生也。先是,天启间周海门盛标良知,游
> 其门者率流于放逸,先生思表彰和靖以救正之。……享堂落成,迎和靖先
> 生神位入祠,行释奠礼,乃大会生徒,发明伊、洛"主敬"之旨。自此去石篑
> 祠,递会于小学、阳明二祠。[①]

刘宗周重建古小学一事,当与"白马别会"有一定关联,表彰程门弟子尹焞,并
"发明伊、洛'主敬'之旨",有区别于浙中王门之意;至于"自此去石篑祠,递会于
小学、阳明二祠"则代表了刘宗周一方也默认了证人会因为宗旨不同而分化为
两派的事实。

　　此阶段还有部分零散的听讲记录被收录于《会录》之中,其中有"廿五条,
甲戌八月秦弘祐记"[②],也即记于崇祯七年(1634),这20多条中偶有刘、陶二人
问答的,以及秦弘祐、王朝式发问的记载。这些也可以补充祁彪佳日记的相关
记载,从而证明在此期间,刘宗周与陶奭龄共同主事的讲会还有多场。

　　关于白马别会之后的证人社活动状况,刘汋曾说:"先生自解司空职归,遇
会讲,多逊谢不赴。盖白马诸友以所见自封,不受先生裁成,而流俗之士又旅
进旅退,无洁己请事者,遂听诸生自相会聚矣。"[③]白马别会之后,特别是崇祯九
年(1636)结束工部侍郎任返乡以来,刘宗周总感觉陶奭龄一系"不受裁成",而
其他的证人社员则"旅进旅退",故而无论白马山房,还是阳明祠、古小学,各处
的讲会"多逊谢不赴"。这一点也可以从崇祯十五年(1642)刘宗周的一通书信

---

① 刘汋:《蕺山刘子年谱》,载吴光主编:《刘宗周全集》第6册,第102—103页。
② 《会录》,载吴光主编:《刘宗周全集》第2册,第512页。
③ 刘汋:《蕺山刘子年谱》,载吴光主编:《刘宗周全集》第6册,第125页。

中看出来：

> 窃念学会一事，以陶先生主盟，固将偕同志诸君子共衍文成公良知一
> 脉也。……今法堂草深，每月闲会文成祠，少存饩羊，而诸君皆裹足不至。
> 公私起见乎？异同起见乎？贤否相形起意乎？
> 异同之见，自古而然……愿诸君子深绍前哲惓惓之心，来月之三，齐
> 赴文成祠，再订初盟，胡越一家，幸甚！①

在刘宗周看来，证人社其实是以陶奭龄为"主盟"，以传承王阳明"良知一脉"为
主，每月诸生还会"闲会"于王阳明（文成）祠，然因"异同之见"而多有"裹足不
至"，故希望证人社诸生能够放下成见，"再订初盟，胡越一家"。

还有必要补充刘宗周晚年的重要弟子董玚为沈国模、王朝式二人所写传
记之中的相关记载：

> 崇祯辛未，郡中祁中丞彪佳、王文学毓蓍兄弟，山阴征士王朝式、诸生
> 秦承佑等，启请刘子与陶石梁先生讲学于陶文简祠。已集阳明书院，间集
> 白马岩居，名证人社。
> 辛未，刘子家居，征士与祁中丞彪佳，文学王毓蓍、秦弘祐等启请，于
> 上巳主学会，名证人，月之日如之。已复请四日为证人小会，与及门最亲
> 近者，细商订。越中讲会之盛，自此始。②

关于证人社讲会的发起者，刘汋所编年谱只是说"门人谋所以寿斯道者"，并未
明确列出发起者姓名。③ 然董玚的记载则非常明确，作为浙中士绅领袖、官至
巡按的祁彪佳，因其地位与影响，故当之无愧成为证人社的主要发起人。此外
则是倾向于刘宗周的王毓蓍与倾向于陶奭龄的王朝式、秦弘祐等人。据上文
所引的祁彪佳日记，以及这两条文献，则证人会又分为两种：一是每年上巳日

---

① 刘宗周：《与陈纪常书》，载吴光主编：《刘宗周全集》第 3 册，第 371—372 页。
② 董玚：《姚江书院志略》卷下《沈聘君传》《王征士传》，载邵廷采：《邵廷采全集》，陈雪军、张如安
　点校整理，第 871—872、892 页。
③ 刘汋：《蕺山刘子年谱》，载吴光主编：《刘宗周全集》第 6 册，第 101 页。

（三月初三）开始，然后每月的初三日举行的证人会，起先在陶文简祠，后在阳明书院（阳明祠、文成祠）或古小学；另一是每月的初四日举行的证人小会，地点则主要在白马山房，偶尔也会到祁彪佳寓所等处。应该说无论是初三日的证人会，或初四日举行的证人小会，从现有文献来看二者之间并不存在冲突。

崇祯五年（1632）的"白马别会"之后，证人社的变化有两点。其一，城外的白马山房的讲会，与城中的阳明祠、古小学一样，分别为证人社之分会，或可说只有活动大会、小会之差别，时间则有每月初三或初四之分。其二，刘宗周偶过城外的白马山房，大多时间则在城中的阳明祠与古小学讲学；陶奭龄也偶到城中的阳明祠，大多时间则在城外白马山房讲学。刘宗周与陶奭龄以及白马诸友虽有学术分歧，然而交游关系则始终都是和谐的，故若说证人社成员"别会"之后有所分化则尚可，说"分裂"则并不恰当。当然，在"别会"之后，刘宗周的积极性并不高，无论城内城外的讲会都参与得越来越少，这也是一个事实，其原因当是白马诸友的援佛入儒，从而又引发了第二次的"别会"。

四、证人社的第二次"别会"

对于刘、陶之间的分歧，刘宗周一直认为救正阳明学之弊病，必须在讲学之中慢慢进行，所以不能将分歧看得太重。然而忠实于刘宗周的那些弟子，则要求将刘门与陶门分别得更加清楚一些。忠实于刘宗周的弟子，纷纷对陶奭龄一系的异端之说表示不满，他们虽然多有参与白马山会，但出于对陶氏主盟的讲会的不认同，及希望刘氏出来单独主盟新的讲会，因而提出再次"别会"。

崇祯十一年（1638）十二月，"时王业洵偕毓蓍十七生及门，先生固辞不受"[①]。刘门弟子十多人正式提出"及门"，即另辟讲学之地，并重新执弟子之礼，此事件可以看作是证人社第二次"别会"的标志。然而刘宗周并未答应弟子们的请求，于是崇祯十二年（1639）正月，诸弟子又一次请求"及门"，刘宗周有书信回复说："今而后，愿诸君子允仆累请，终削门生之籍，姑与以不肖之诲，听其徐而自艾焉。苟其寸心终可以自遣，不难复出，而请事于诸君子，则侍教尚

---

① 刘汋：《蕺山刘子年谱》，61 岁条，载吴光主编：《刘宗周全集》第 6 册，第 125 页。

有日矣。"①一方面,刘宗周不愿以师道自任,另一方面则希望刘、陶二派依旧保持良好的关系。直到崇祯十三年(1640)正月古小学的修复完成之后,刘宗周方才同意开启新一阶段的讲学活动,故而证人社的第二次别会,若仿"白马别会"例以讲学场所计,则可称之为"古小学别会":

> 天启甲子,宗周因具言之前抚台王公,遂下檄山阴令马公鼎新之,且首捐俸镪,为各属倡。无何,逆珰贤乱政,诏毁天下书院,禁师徒之讲学者,用是工未半而告寝。迨今上御极四年辛未,郡诸生复具状上台,时太守黄公欣然任之,为设处公费,诸大夫后先在事,咸有同心。暨前学台刘公、今令君汪公、会稽周公厚厥终,次第建各堂庑如旧制。距今岁庚辰,通计前后十七载而告成事。盖几几乎其艰哉!于是吾侪士大夫暨二三子衿,岁时有聚讲其地者,而风规已不逮西涼时远甚。②

"古小学"之重修上文已有提及,天启年间刘宗周就倡议重修,因为魏忠贤乱政"诏毁天下书院"而作罢,崇祯四年(1631)再次倡议后正式开始重修,第二年则享堂落成,直到崇祯十三年方才全部完工。这也就是证人书院,"古小学尹先生祠后之堂为证人书院"③,此后便成为刘宗周一系蕺山学派活动的重要场地。刘宗周除了作《重修古小学记》,还陆续编撰了《古小学集记》与《古小学通记》等书教示学者,于是有了较为稳定的一个讲学阶段。此时讲会的记录在《会录》之中有部分保存,主要是来自祝渊与董玚二人的记录。④

为了避免证人社"分裂",刘宗周除了写信劝说,他还在该年正月初三日讲会之后,作了《会讲申言》一文,其中说:

> 春正月之会,聆诸友日新之说,不觉戚戚。……昔海门先生开讲郡中,其后有一二败类者,或言清而行浊,或口是而心非,致为陶文简公厉声

---

① 刘宗周:《答诸生》,载吴光主编:《刘宗周全集》第 3 册,第 451 页。
② 刘宗周:《重修古小学记》,载吴光主编:《刘宗周全集》第 4 册,第 150 页。
③ 董玚:《姚江书院志略》卷下《沈聘君传》,载邵廷采:《邵廷采全集》,陈雪军、张如安点校整理,第 872 页。
④ 《会录》,载吴光主编:《刘宗周全集》第 2 册,第 523—544 页。

举发，其人遂自窜去，而学会亦从此告罢，至今以为口实，令人不敢举"道学"二字。前车之覆，亦可戒也。不肖敢终勖诸君子以久要之谊，姑从今日始，各各取新者机。先正有言，此日闲过一可惜。念及此，宁不凛凛！①

刘宗周再次出来正式讲学，还是因为王业洵等人的"久要之谊"，故正月初三便开始讲会，这次讲会的主题为《大学》之中的"日新之说"，正好契合"别会"之后"各各取新者机"的意思。他还论及周汝登当年的讲会，与会者之中有"或言清而行浊，或口是而心非"的败类，虽被陶望龄举发而"窜去"，但还是影响了学会，使得学会"告罢"，之所以提及此"前车之覆"则是希望现在证人社的成员能够将学与行统一，同时也希望避免"分裂"之危机。

崇祯十一年（1638）末刘门弟子提出"别会"之后，刘宗周因为一开始就强调浙中阳明后学的流弊必须在讲学之中化解，所以为了证人社成员们的情绪，他便分别向双方弟子，也即刘门的王业洵与胡岳、朱昌祚、张应鳌，陶门的王朝式与秦弘祐等人分别去信，劝说他们放弃儒、佛异同之见，主张通过讲学慢慢辨析得失。

刘宗周给刘门弟子的信以及相关讨论详见第八章，此处简略提一下给王业洵的信中的基本观点："吾辈于此姑且从容商订，时取其有益于坐下者，而韦弦配之，且徐用涵育熏陶之法，以听其自化。"也就是说，对于那些儒、禅混杂者，应当保持足够的耐心，以从容的态度、熏陶的方法来对待，慢慢就能够有所感化，渐渐引导其进入儒门正学。

需要重点分析的是刘宗周给陶门的王朝式与秦弘祐信中的观点。据上文可知，王朝式一直是越中证人社讲会中的活跃人物，早年曾拜师周汝登，后来又盘桓于陶奭龄、沈国模与刘宗周之间。早在崇祯三年（1630）十二月，刘宗周就与王朝式有四通书信，其中有拒绝为其生母题主之请，以及讨论丧礼等。崇祯十一年（1638）末的"别会"，刘宗周也有长信与王朝式，表明自己的态度：

　　仆生也晚，不及事前辈老师大儒，幸私淑诸人焉。于吾乡得陶先生，学有渊源，养深自得，不难尊为坛坫，与二三子共绎所闻。每一与讲席，辄

---

① 刘宗周：《会讲申言》，载吴光主编：《刘宗周全集》第 2 册，第 499—501 页。

　　开吾积痼，退而惘然失所据也。一时间者兴起，新建微传，庶几有托。其他
　　若求如之斩截、霞标之笃实、子虚之明快，仆皆自视歉然，以为不可及，因
　　而往还论道，十余年如一日，不问其为儒与禅也。

刘宗周对于能够在绍兴的士人群体之中，找到陶奭龄这样的"学有渊源，养深
自得"的学者，感到非常高兴，还认为其能传承越中之王学。故而通过与陶奭
龄共同主持的讲会，也就能够化开积痼，故也颇有所得。至于沈国模（求如）、管
宗圣（霞标）、史孝咸（子虚）等人，也认为他们各有优长，所谓"求如之斩截、霞标
之笃实、子虚之明快"，都有己所"不可及"之处，故不必苛求"为儒与禅"。至于
王朝式本人，刘宗周的评价更高：

　　　　至仆之于足下，私心期望，更有不同于泛泛者。足下志愿之大，骨力
　　之坚，血性之热，往往度越后进，由其所至，成就正未可量，不敢遽问其为
　　儒与禅也，其余诸子可知矣。

王朝式其人"志愿之大，骨力之坚，血性之热"，故成就"正未可量"，所以相与论
道，也不必急于问其"为儒与禅"。接着还说：

　　　　然而世眼悠悠，不能无疑矣，曰："诸君子言禅言、行禅行、律禅律、游禅
　　游，何以道学为哉？且子而与其从学佛之士，宁若从吾流俗士？"仆闻之，笑
　　而不答。诸君子自信愈坚，其教亦愈行，而其为世眼悠悠愈甚。噫嘻！今
　　而后将永拒人于流俗之外，不得一闻圣人之道者，是亦诸君子之过也。①

至于如王业洵、胡岳等刘门弟子指责陶奭龄一系"言禅言、行禅行、律禅律、游
禅游"，刘宗周说自己其实并不以为然，故"笑而不答"。因为在他看来，指责别
人为禅学则"拒人于流俗之外，不得一闻圣人之道"，拒人太深反而是过。所
以刘宗周自从讲学以来对于秦弘祐、王朝式等喜好禅学的学者从不拒绝。可
惜之后不久王朝式便去世了，刘宗周撰有《祭王生金如》一文，回顾其人之为

───────────

① 　刘宗周：《答王金如三》，载吴光主编：《刘宗周全集》第 3 册，第 346—347 页。

学,依旧赞叹有加。

崇祯十一年(1638)底,刘宗周在与秦弘祐的书信中也讨论了"王士美诸兄",也即王业洵等人想要"别会"之事:

> 吾辈只是埋头向切身处痛切鞭策,莫管异同不异同。即偶见以为异为同也,亦足以相证而相劘,无往非受益之地。如是者,日有就而月有将,久之而意见尽融,藩篱尽化,行到水穷山尽,点点滴滴,消归当下,何处是异? 何处是同? 近来朋友中稍稍有作异同见者,弟深病其务外好名,每为切切言之,亦有闻之而知警策者矣。兄幸无虑焉。
>
> 王士美诸兄,初发心向道,政当嘉与而奖借之,亦不必先虑其异同而阻之也。目下机括,正此学绝续之关,愿诸君子仔细培养,如育婴儿,作多方照顾想,方是也。[1]

与给王业洵等人的信相似,刘宗周此处也强调了作为士人,关键只是"向切身处痛切鞭策",而不必苛求于学术之异同;更进一层,即便偶然见有异同,若用来"相证而相劘"也还自身受益,等到磨合完成则意见、藩篱都融化尽,也就分辨不出异与同了。此外,刘宗周还认为近来朋友当中分辨异同之见者,往往有着"务外好名"之心,这才是应当切切批评的。至于王业洵等人的"别会",因为他们也是"发心向道",故而也不必因考虑他们的异同之论而加以阻拦。最为重要的就是对于圣人之学本身的"仔细培养"与"多方照顾"。

总之,崇祯十一年(1638)末的这次"古小学别会",使得刘宗周一系以古小学为基地的讲会进一步完善,此后刘宗周的影响便越来越大,两浙士人纷纷而来。刘宗周基于晚明儒释道"三教合一"的思潮,不管是对刘门的王业洵、胡岳、朱昌祚、张应鳌还是陶门的秦弘祐、王朝式,始终都在强调若想要使得儒释分辨,则先要接受儒释混杂的事实;为了更好地接引学者,也必须以阳明学为过渡,同时不苛求学者的"为儒与禅",慢慢救正阳明学之弊病,再接引到孔、孟正学上来。

崇祯十二年(1639)九月,陶奭龄的友人与弟子创"义学"于余姚,也即后来

---

[1]　刘宗周:《与履思十七》,载吴光主编:《刘宗周全集》第 3 册,第 352—353 页。

的"姚江书院",而刘宗周则继续在"古小学",也即越中的证人书院讲学,一直持续到顺治二年(1645)清军入浙。

五、"证人社"讲会之影响

晚明浙中"证人社"的讲会活动,形成了两大学派:刘宗周及其弟子形成了蕺山学派,亦可叫作"古小学-证人书院派";陶奭龄及其友人、弟子形成了姚江书院派,或"白马山房-姚江书院派",其实也即浙中王门王畿、周汝登的嫡派。十多年间,两派弟子分别在绍兴的城内、城外以及余姚的姚江书院讲学不辍,两派师弟子的讲学与论辩,既有分歧又有交融,从而使得浙中的王学讲会在明清之际繁荣一时,吸引了两浙一带的众多士人前来受学。证人社活动期间,陶奭龄及其姚江书院派对于讲会表现得更为积极;然而随着时间的推移,因为学术上的发明较多,故刘宗周及其蕺山学派影响则更为深远。因此,梁启超说:"明清嬗代之际,王门下唯蕺山一派独盛,学风已渐趋健实。"①当然也有学者肯定姚江一派,如萧一山就将其与孙奇逢、李颙并称:"而其时承姚江余绪,为之收拾残局者,尚有孙奇逢、李颙及姚江书院一派,如沈国模、史孝成、管宗圣、王朝式、韩孔当、邵曾可、邵廷采等。"②

上文对于证人社的两次"别会"及其背后的诸多问题,作了较为细致的考辨,主要涉及下列六个方面。

第一,关于证人社的发起,祁彪佳因其地位与影响当之无愧被推为主要发起人,此外分别有刘门的重要弟子王毓蓍与陶门的王朝式、秦弘祐等人。

第二,崇祯五年(1632)三、四月间,陶门师友坚持"白马别会",于是证人会分成了两个,一是延续前一年在每月的初三日举行的证人会,地点在城内的阳明书院或古小学,以刘宗周为主事;另一是每月的初四日举行的证人小会,地点则主要在城外的白马山房,以陶奭龄为主事。

第三,两个讲会进行之时,刘宗周与陶奭龄也会相互往来,特别是刘宗周,

---

① 梁启超:《中国近三百年学术史》第 5 章,载梁启超:《梁启超全集》第 12 集,汤志钧、汤仁泽编,第 347 页。
② 萧一山:《清代通史》卷上,中华书局 1962 年版,第 993 页。

起先到白马山房参会较多,后来则对于两个讲会的积极性都不高了,其原因则是陶奭龄以及白马诸友的讲学总带着王畿、周汝登以来浙中王学援佛入儒的特点,故而又引发第二次的"别会"。

第四,崇祯十一年(1638)十二月,刘门高第发起第二次的"古小学别会",捍卫刘门师席作用最大的是王业洵,于是被全祖望看作"刘氏功臣";其次是王毓蓍以及胡岳、朱昌祚、张应鳌,共约有 17 人向刘宗周提出"及门"。刘宗周推辞再三,直到崇祯十三年(1640)古小学(证人书院)全部落成,方才开启新一轮的讲会。

第五,刘宗周对于陶门弟子之中广泛存在的喜好阳明学,又假借佛、禅的情况表示理解,甚至说"阳明子之道不著,佛、老之道不息"[1],也即通过阳明学将喜好佛、老的学者引导到圣人之道上来。他还说:"盖己之取途不可不正,而待人不可不宽;己之儒、释不可不辨,而人之儒、释可姑置之不问。"[2]儒、释之辨当分为对己与对人,对己其实也以就切身之处加以鞭策为主。

第六,刘宗周与陶奭龄以及白马诸友始终存在学术分歧,但一直保持着良好的交游,相互之间则是亦师亦友的关系;还有后来蕺山、姚江两派学者之间也依旧有着良好的交游,刘宗周与董玚对姚江书院的发展有着重要的影响;而黄宗羲在姚江书院的讲学则代表了二派的重新汇合;邵廷采则是总结、汇合二派学术的关键人物,受黄宗羲的影响更大。故而证人社虽有分化,然不可算作"分裂",证人社作为晚明浙中王学讲会的代表,大致处于有分又有合的状态。

---

[1]　刘宗周:《答胡嵩高朱绵之张奠夫诸生》,载吴光主编:《刘宗周全集》第 3 册,第 350 页。
[2]　刘宗周:《答王生士美》,载吴光主编:《刘宗周全集》第 3 册,第 352 页。

第二章　蕺山学与朱子学

刘宗周的蕺山学"上承濂、洛,下贯朱、王"[1],也就是说,他毕生所做的工作就是统合朱子学与阳明学,朱子与阳明对刘宗周蕺山学的形成具有重大的影响,故先要来说明刘宗周是如何认识朱子学的。刘宗周师事许孚远是其进入"圣学",也即儒家心性之学的关键;而晚年的许孚远则特别倾向于朱子学,也有学者评说甘泉学派的后学即为"新朱子学派"。再者,刘宗周学术的形成期又深受东林学派气氛的影响。在晚明学界,高攀龙与刘宗周并称大儒,刘宗周与高攀龙交游,也使得刘宗周对朱子学的认识更加深刻。高攀龙也是刘宗周最为重要的友人,前者在人格与学术两方面深刻影响了后者。但是,二人的思想却是同中有异,其中主要关涉朱王之辨与儒释之辨两大问题。以上多个方面的原因,使得蕺山学与朱子学的关联,成为特别值得讨论的问题。

第一节　刘宗周与朱子学以及许孚远的甘泉朱学

目前学界关于刘宗周与朱子学关系的研究少有涉及,其实刘氏所做的儒学史的梳理工作,就包括了对朱子学的评判。刘宗周对朱子学的接受与他的老师许孚远有关。许孚远越到晚年越倾向于朱子学,而刘宗周师事于他正好在其晚年。许孚远在"天理人欲之辨""主敬"以及《大学》学上的朱学倾向对刘宗周有着至关重要的影响。

一、对朱子学的认识

刘宗周曾系统梳理宋明理学史,他对朱子等先儒的看法主要体现在《五子

---

① 刘汋:《蕺山刘子年谱》序,载吴光主编:《刘宗周全集》第 6 册,第 51 页。

连珠》《圣学宗要》等著述之中。《五子连珠》辑录论说有：周敦颐 10 则、程颢 13 则、程颐 17 则、张载 15 则以及朱子 20 则，从数量上亦可见朱子地位的重要。刘宗周对"五子"有一个总的看法：

> 昔人谓周子至精，程子至正，而予谓纯公尤至醇云。若张子可谓敦笃矣，朱子几于大矣。论地位，濂溪尽高；论学术，晦翁卓立天下之矩；然以言乎学以求仁，则五子如一辙。①

这"五子"中，刘宗周最为推崇的是周敦颐与朱子，周子是理学的开创者，在整个宋明理学发展史上地位最高，故刘宗周称之为"再生之仲尼"；但是就学术成就而言，则是朱子最大。②《五子连珠》选录朱子论说有 20 则，数量上最多，这 20 则选自《朱子语类》，而且主要集中于工夫论方面。在《五子连珠》的最后刘宗周说："紫阳之学，切近精实，亦复展开充拓去。循累而进，居然孔子下学上达法门。"③他认为朱子之学切近、循累，将孔子"下学上达"加以展开，重在具体的工夫与践履，所以才能"卓立天下之矩"。

《圣学宗要》的编撰主旨则与《五子连珠》有所不同，其目的是统合朱、王，收录有王阳明的《良知答问》与《拔本塞源论》，因为其"合于阳明子之与程、朱相发明者"；《圣学宗要》还收录有周敦颐的《太极图》与《图说》、张载《西铭》与《东铭》、程颢《识仁说》与《定性说》、朱子"中和四说"。《圣学宗要》在朱子"中和四说"的每一说之后都有一条按语，这些按语后来被黄宗羲收录于《宋元学案》的《晦翁学案》之中。④ 其第一说后刘宗周就说"说得大意已是"，第二、三说"端的""最为谛当"等表示非常认可。第四说后有大段的按语，其中说："合而观之，第一书言道体也，第二书言性体也，第三书合性于心言工夫也，第四书言工夫之究竟处也。见解一层进一层，工夫一节换一节。孔、孟而后，几曾见小心穷理

---

① 刘宗周：《五子连珠》，载吴光主编：《刘宗周全集》第 2 册，第 190 页。

② 刘宗周对周敦颐思想的吸收，详见张慕良：《虚位之体：刘宗周"慎独"哲学研究》，中国社会科学出版社 2019 年版，第 40—50 页。

③ 刘宗周：《五子连珠》，载吴光主编：《刘宗周全集》第 2 册，第 190 页。

④ 黄宗羲原著，全祖望补修：《宋元学案》卷四八《晦翁学案上》，陈金生、梁运华点校，中华书局 1986 年版，第 1506—1507 页。

如朱子者!""愚按朱子之学本之李延平,由罗豫章而杨龟山,而程子,而周子。……朱子不轻信师传,而必远寻伊洛以折中之,而后有以要其至,乃所为善学濂溪者。"①刘宗周对朱子"中和四说"做了自己的处理并重新诠释②,认为朱子通过二程等人而寻绎源头至周敦颐那里,这才很好地处理了"静"与"敬"的关系,所以说朱子才是真正善学周敦颐。刘宗周在诠释朱子的时候,也十分关注周敦颐与朱子的关系。周敦颐的《太极图说》《通书》,朱子都做了重新诠释,周敦颐在理学史上的"道统"地位也是朱子确立起来的,刘宗周显然也看到了这一点。在上面提及的《五子连珠》的第一条关于"心之所为"之后,刘宗周的按语是"此是朱子得统于濂溪处"。

刘宗周对于朱子,不只是一般的推崇,而是比晚明的大多数理学家更多、更深地回归朱子之学,甚至还有以朱子自比之意。有这样一个事例,刘宗周68岁之时,曾梦见朱子,并将此梦与弟子张应鳌讲起:

> 先生早觉,谓张应鳌曰:"比夜梦朱文公来此。"应鳌曰:"先生固文公后身,窃谓先生学问精切入微处当轶文公而上之。"③

当然刘宗周应该不是真的以朱子自比,但此可为其学力精进的象征。刘宗周颇具朱子之气象,倪元璐曾对绍兴士大夫们说:"刘念台,今之朱元晦也。"④

朱子与刘宗周,都是一生向道的大儒,在学术上竭力于疑难之辨析,"自始至终都在'自信'与'自疑'的紧张心理状态下进行"⑤。而且,二人都特别重视疑难众多的《大学》一书,朱子临终还在修改《大学》"诚意章";刘宗周也是如此,

① 刘宗周:《圣学宗要》,载吴光主编:《刘宗周全集》第 2 册,第 243—244 页。
② 钱穆先生指出刘宗周此论"随处皆可商榷",概括钱先生所论则主要问题有四:混合"中和说"与"旧说"为一、颠倒次第、漫加删节、妄肆曲解。参见钱穆:《朱子新学案》第 2 册,九州出版社 2011 年版,第 251—252 页。
③ 刘汋:《蕺山刘子年谱》附卷《刘谱录遗》,载吴光主编:《刘宗周全集》第 6 册,第 192 页。
④ 刘汋:《蕺山刘子年谱》附卷《刘子年谱录遗》,载吴光主编:《刘宗周全集》第 6 册,第 181 页。此事全祖望也有记述,其中说倪氏每见学者辄语之曰:"勿坐失此大儒",推原证人之学得倪氏始光,倪氏遣其弟倪元瓒(号朗斋)从事证人之社等,见《鲒埼亭集》卷二四《明太保倪文正公祠堂碑铭》,载全祖望:《全祖望集汇校集注》,朱铸禹汇校集注,第 441 页。
⑤ 余英时:《朱熹的思维世界》增订版序,载余英时:《史学研究经验谈》,上海文艺出版社 2010 年版,第 182 页。

"宗周读书至晚年，终不能释然于《大学》也"①。当然，刘宗周的理学并没有彻底回归朱子，只是在反复调整以求更好地统合程朱与陆王。

二、师事许孚远

许孚远（敬庵，1535—1604）是唐枢（一庵，1497—1574）的弟子，由唐枢则可再上溯湛若水（甘泉，1466—1560）以及陈献章（白沙，1428—1500）。对于这一系的师承关系，刘门弟子黄宗羲非常重视，他说："蕺山子刘子以清苦严毅，疏通千圣之旨，其传出于德清许司马敬庵，敬庵师吴兴唐比部一庵，一庵师事南海湛太宰甘泉，甘泉则白沙陈文恭之弟子也。"②刘宗周对陈献章的学术较为倾心，对湛若水也评价甚高。通过许孚远，刘宗周间接受到了湛若水的影响，湛若水的学术虽然也属于心学的范畴，但是比王阳明更强调天理，其主旨为"随处体认天理"，曾说："儒者在察天理……圣人以天地万物为体，即以身在天地万物内，何等廓然大公，焉得一毫私意，凡私皆从一身上起念。"③刘宗周还与许孚远另外的两个弟子冯从吾（1556—1627）、丁元荐（1563—1628）也有所交往。

越到晚年，许孚远在学术上就越倾心于朱子学，对于王学良知现成的观点很不赞同，在任建昌县令时，与郡人罗汝芳（1515—1588）讲学不合。后来在南京任南都大理寺少卿，和周汝登（海门，1547—1629）有过一次有名的辩论：周汝登发明"天泉证道"之旨，许孚远作《九谛》相辩难，指出"窃恐《天泉会语》画蛇添足，非以尊文成，反以病文成"，对"无善无恶"大加批驳；周汝登作《九解》以回应。④ 关于许孚远与周汝登这两位浙籍学者，刘宗周曾说："仆平生服膺许师者也，于周师之言，望门而不敢入焉。"⑤

刘宗周问学于许孚远共有两次。万历三十一年（1603），刘宗周26岁时，通过浙江杭州人陈植槐的引见，到浙江德清师事许孚远。关于第一次问学的情况，刘汋有详细记述：

---

① 刘宗周：《大学古文参疑》，载吴光主编：《刘宗周全集》第1册，第624页。
② 黄宗羲：《蕺山同志考序》，载沈善洪主编：《黄宗羲全集》第11册，第58页。
③ 黄宗羲：《甘泉学案一》，载黄宗羲：《明儒学案》卷三七，沈芝盈点校，第892页。
④ 黄宗羲：《泰州学案五》，载黄宗羲：《明儒学案》卷三六，沈芝盈点校，第861—868页。
⑤ 刘宗周：《与履思十》，载吴光主编：《刘宗周全集》第3册，第320页。

> 先生问为学之要,许先生告以"存天理,遏人欲",遂执贽北面师事之。请为太夫人传。许先生载笔而书,终以敬身之孝勖先生曰:"使念念不忘母氏艰苦,谨身节欲,一切世味不入于心,即胸次洒落光明,古人德业不难成。传所谓求忠臣于孝子之门,乃刘子所以报母氏于无穷也。"先生终身守之不敢失。①

这一次刘宗周在德清许孚远家住了一月有余,之后对于"存天理,遏人欲"的师说,终身守之而不敢失。刘宗周请许孚远为其母作传,在传文之中,许孚远发挥的也是天理人欲之辨的思想,叮嘱刘宗周不能忘却母亲的艰苦,要"谨身节欲,一切世味不入于心",最终实现的就是内圣,修身功夫达到"胸次洒落光明"的境界;而且内圣是外王的根本,即"求忠臣于孝子之门"。德业之成,圣贤之学,其进路即是"敬",从念虑之微、私意之起处入手,刘宗周后来以《人谱》为主的学术,也是沿着许孚远晚年的道路在前进,所以说其一月问学、终身守之,是符合事实的。

万历三十二年(1604)春三月,刘宗周第二次问学许孚远。这一年刘宗周赴京谒选,特意再过德清,拜别许孚远。二人相与论学:"许先生论为学不在虚知,要归实践,因追溯平生酒色财气分数消长,以自考功力之进退。先生得之猛省。"②经过这次论学让刘宗周猛省的是,要进一步做好"天理人欲之辨",看自己在酒色财气诸方面的分数消长、功力进退,这样就不会沦为阳明后学留恋光景、流入玄虚而荡的地步。刘宗周两次拜谒许孚远,都有重大收获,可惜这年七月许孚远就逝世了。

师事许孚远,对刘宗周一生影响重大。许孚远晚年转向朱学,在刘宗周师事许孚远之时,其学术已经转向,所以刘汋在《年谱》中说许孚远"学宗紫阳,敦笃真儒也"③。拜师许孚远之后,刘宗周对于圣学,即宋明理学产生了真正的信

---

① 刘汋:《蕺山刘子年谱》,26 岁条,载吴光主编:《刘宗周全集》第 6 册,第 61—62 页。
② 刘汋:《蕺山刘子年谱》,27 岁条,载吴光主编:《刘宗周全集》第 6 册,第 62—63 页。
③ 刘汋:《蕺山刘子年谱》,26 岁条,载吴光主编:《刘宗周全集》第 6 册,第 61 页。对于刘汋此断语,有许多学者不认同,甚至认为刘汋完全不知许孚远的学术传承而闹了笑话。其实,要从刘汋当时的看法与用意来理解,这话是从许孚远晚年,即刘宗周师从之时的学术特征来评价,刘汋不可能不知道许孚远曾师从唐枢,再传湛若水之学这一学术经历。

仰，决心从事心性之学，随后出离于阳明后学泛滥的浙东，找到了自己的治学路径。全祖望曾说："念台之学，本于敬庵，敬庵出于甘泉，甘泉出于白沙，白沙出于康斋，其门户盖与阳明殊。世之混而为一者，非也。"①

《明儒学案》的《师说》，也即刘宗周所编的《皇明道统录》的断语部分②，将许孚远放在最后，与《明儒学案》黄宗羲将刘宗周放在最后一样，都是表示对于老师的特别尊重。其中说：

> 余尝亲受业许师，见师端凝敦大，言动兢兢，俨然儒矩。其密缮身心，纤悉不肯放过，于天理人欲之辨，三致意焉。尝深夜与门人弟辈杳然静坐，辄追数平生酒色财气、分数消长以自证，其所学笃实如此。③

他认为许孚远的气象为"端凝敦大，言动兢兢，俨然儒矩"，这种气象在之后的刘宗周本人身上也有所体现。许孚远学术的宗旨为"天理人欲之辨"，如果从其晚期学术面貌来看则基本符合。而且，刘宗周自己从老师的论学中感觉得力的也是关于酒、色、财、气的警戒，其后来发展出"证人改过"的学术路径，与许孚远之教有重大关系。

第二节　刘宗周与高攀龙以及东林学派

在晚明之学界，高攀龙与刘宗周并称大儒，黄宗羲在《明儒学案》中说："今日知学者，大概以高、刘二先生，并称为大儒，可以无疑矣。"④高攀龙也是刘宗周一生之中最为重要的友人，刘宗周之子刘汋说："先生生平为道交者，惟周宁宇、高景逸、丁长孺、刘静之、魏廓园五人而已，而景逸洎静之，尤以德业资丽泽，

---

① 全祖望：《鲒埼亭集外编》卷五〇《蕺山讲堂策问》，载全祖望：《全祖望集汇校集注》，朱铸禹汇校集注，第 1851 页。
② 关于《师说》与《皇明道统录》，参见陈祖武：《清儒学术拾零·明儒学案杂识》，湖南人民出版社 2002 年版，第 30 页。
③ 刘宗周：《师说》，载黄宗羲：《明儒学案》卷首，沈芝盈点校，第 13 页。
④ 黄宗羲：《蕺山学案》，载黄宗羲：《明儒学案》卷六二，沈芝盈点校，第 1509 页。

称最挚云。"①刘宗周与高攀龙的交游从万历四十年(1612)至天启六年(1626)，十多年之中二人一直保持交往，惺惺相惜。高攀龙在"德"与"业"，人格与学术方面都对刘宗周有着深远的影响。尽管如此，他们的思想却不尽相同，其中牵涉宋明理学之中的朱王之辨与儒释之辨这两个重要问题，以及东林学派与蕺山学派两者之间的学术关联。

一、高、刘之交游

万历四十年(1612)，35岁的刘宗周起程北上复职，特意过梁溪拜谒高攀龙，自此二人之间书信往来，论道不止。② 二人之间的早期通信，刘宗周的早期文稿基本遗失，但在高攀龙的集子中还保存有三通，《高攀龙年谱》系于二人交游之初的万历四十年，讨论的问题则有"所以居方寸者""格物""穷理"与"佛儒之辨"③。由此可知，高攀龙与刘宗周在学术上多有交流。

高攀龙对刘宗周的人品特别推崇，曾在《答刘石闾中丞》中说："浙之贤者，湖州朱平涵、长兴丁慎所、山阴刘念台。平涵，旷怀穆穆；慎所，正气浩浩；念台，清风凛凛。又嘉善吴迸斋，今之黄叔度也。四君一时首出，千古名流。"④高攀龙认为刘宗周与朱国桢(平涵，1558—1632)、丁元荐等四人是当时浙江士人的表率。对于刘宗周的学术，高攀龙也多有肯定，还曾约请刘宗周至东林讲学，在与刘宗周的书信中说："当今师道不立，故人才不成，道丈则真人师矣，能过东林，使锡士一沾化雨否？"⑤

天启五年(1625)，东林人士杨涟(1572—1625)、左光斗(1575—1625)、魏大

---

① 刘汋：《蕺山刘子年谱》，35岁条，载吴光主编：《刘宗周全集》第6册，第67页。关于刘宗周的友人情况，黄宗羲本人的记载与刘汋略有不同："砥砺性命之友则刘静之、丁长孺、周宁宇、魏忠节、先忠端公、高忠宪。"他特别加上了其父黄尊素，见黄宗羲著，沈芝盈点校：《明儒学案》卷六二《蕺山学案》，第1514页。

② 刘汋：《蕺山刘子年谱》，35岁条，载吴光主编：《刘宗周全集》第6册，第66页。

③ 高攀龙：《高子文集》卷五上，载高攀龙等撰：《高忠宪公诗集等》，《无锡文库》第四辑，凤凰出版社2012年版，第250—251页。

④ 高攀龙：《答刘石闾中丞》，载高攀龙：《高子遗书 高子遗书未刻稿》之《高子遗书》卷八下，《无锡文库》第四辑，凤凰出版社2011年版，第189页。

⑤ 高攀龙：《与刘念台》，载高攀龙：《高子遗书 高子遗书未刻稿》之《高子遗书未刻稿》，第439页。

中(1575—1625)等人为阉党所杀。刘宗周极为悲痛,作《吊六子赋》,其中流露出一同赴死以殉道义之意。这时高攀龙来信说:

> 向得丈所寄王侍御书,当此时,侍御有此心,是于漫天杀局欲一转生机,真仁人也。……杜门谢客,正是此时道理。彼欲杀时,岂杜门所能逃?然即死是尽道而死,非立岩墙而死也。况吾辈一室之中,自有千秋之业,天假良缘,安得当面蹉过?大抵现前道理极平常,不可著一分怕死意思,以害世教;不可著一分不怕死意思,以害世事。想丈于极痛愤时,未之思也。[①]

这也就是刘宗周后来所概括"吾辈有一毫逃死之心,故害道;有一毫求死之心,亦害道"。贪生怕死固然违反道义,一味"不怕死"亦违反道义。道义所在,真正到了当死之时,也不能横竖只求一死而不负责任,不顾及"君亲之念",高攀龙的见识比一般的儒者更深一层。天启六年(1626),高攀龙自沉而死。高攀龙的殉节及其学术与政治活动,都对刘宗周有很大的触动。之后,49岁的刘宗周携子刘汋隐居韩山草堂,闭门读书,考订明代理学家的文集,试图探索学术之新路。刘汋在《年谱》中说刘宗周:"半日静坐,半日读书,久之勿忘勿助,渐见浩然天地气象,平生严毅之意一旦销融,每日取有明诸儒文集传记考订之。盖意于《道统录》也。"[②]

二、高、刘之异同

高攀龙与刘宗周,在思想上的相同之处主要表现在两个方面。其一,"出处"与"名节"的观念;其二,学术上回归朱子学。不过,就第二点而言,二人同中有异,然而他们更大的异处不在朱王之辨,而在儒释之辨。

关于"出处"问题,在面对晚明乱世之时,高攀龙说:

---

① 高攀龙:《答刘念台》,载高攀龙:《高子遗书 高子遗书未刻稿》之《高子遗书》卷八下,第219—220页。

② 刘汋:《蕺山刘子年谱》,49岁条,载吴光主编:《刘宗周全集》第6册,第82页。

世事虽甚乱，吾辈正可乘此绝无滋味之时，作绝有滋味之事。何者？身无世道之责矣。可谢一切纷扰之累矣。萧然一身，取资何几。两间甚廓，可以自容。千古甚长，何以不愧。滋味宁有穷乎？①

食无求饱，居无求安，不作居食想。彼以富，吾以仁；彼以爵，吾以义；不作富贵想。不怨天，不尤人，不作怨尤想。用则行，舍则藏，不作用舍想。行一不义，杀一不辜，得天下不为，有甚动得我。知之嚣嚣，不知亦嚣嚣，有甚苦得我。非仁无为，非礼无行，有甚恐得我。江汉濯之，秋阳暴之，有甚染得我？鸢则于天，鱼则于渊，有甚局得我。既唤做个人，须是两手顶天，两脚拄地，巍巍皓皓，还他本来面目，一洗世界万里无尘，此之谓洗心。②

高攀龙认为，世道虽乱，但这乱世正好就是对儒者的磨练，而且乱世则无法行儒家外王之道，"用则行，舍则藏"，"谢一切纷扰之累"，正好可以用来做内圣之功。刘宗周也曾说："与其雷同附和，侥幸一切之功名，无宁守正违时，少留国命人心于万古。"③功名诚是可贵，而道义更是根本，乱世而无可作为则隐居，做好自己的修身，同时也可以全力从事学术。他在与弟子祝渊的信中说：

云门佳山水是我辈避世缘也。道驾惠然，当为久聚计，商疑发覆，了此余生，见得宇宙间尚有未了公案，不无待于我辈，则后死者所以不负前人也。④

这种对于世道的看法，以及感觉无力于外王之道以后，就专心于内圣之功，致力于学术的这种取舍态度，高、刘可谓一途。

更有甚者，高攀龙与刘宗周都特别看重名节，后来也都选择了殉节。高攀龙说：

---

① 高攀龙：《与李次见侍御》，载高攀龙：《高子遗书 高子遗书未刻稿》之《高子遗书》卷八下，第220页。
② 高攀龙：《洗心说》，载高攀龙：《高子遗书 高子遗书未刻稿》之《高子遗书》卷三，第47—48页。
③ 刘宗周：《与徐亮生大参》，载吴光主编：《刘宗周全集》第3册，第455页。
④ 刘宗周：《与开美六》，载吴光主编：《刘宗周全集》第3册，第497页。

　　　　古人何故最重名节？只为自家本色，原来冰清玉洁，著不得些子污
　　秽。才著些子污秽，自家便不安。此不安之心，正是原来本色，所谓
　　道也。①

高攀龙还说："与其得罪千古，无宁得罪一时。"②他对名节的看法，其实与对
出处的态度一样，认为真正的儒者就应该保持操守上的"冰清玉洁"，容不
得半点污秽。刘宗周一生在名节上的践行也与此相似，所以他才会被推为
"一代完人"③。刘宗周最后为保持名节而选择殉节，其中应该也有高攀龙的
影响。

　　再看学术上，东林与蕺山两大学派，都致力于从王学转向朱学。④作为东
林学派核心人物的高攀龙，与空谈心性的王学末流不同，他的治学已经开始重
视对经典文本的研究，而且也像朱子那样，关注的焦点正是《大学》。这一学术
取径，后来在蕺山学派的刘宗周与陈确等人那里有了新的发展，但是他们对于
《大学》的篇章次序以及释义不尽相同。

　　高攀龙提出自己的"格物"说，认为知止的工夫应基于格物。除去义理上
的讨论，他在与顾宪成、许孚远等道友论辩"格物"之外，还积极寻找文本上的
证据，即适合的《大学》版本。高攀龙找到了崔铣（洹野，1478—1541）⑤所著《洹
词》，于是在他的书中附录了《洹词》的部分文本，并在按语中说：

　　　　崔氏所云掔古本引"淇澳"以下置之诚意章之前，格物致知之义焕然
　　矣，此不易之说也。其它释义，似未自然。越一年，又见高氏中玄《问辨录》
　　所正大学古本与崔氏同，其释义，更直截明快，千古人心同然于是乎在。⑥

————————————

① 高攀龙：《示学者》，载高攀龙：《高子遗书 高子遗书未刻稿》之《高子遗书》卷三，第44页。
② 高攀龙：《答王无咎》，载高攀龙：《高子遗书 高子遗书未刻稿》之《高子遗书》卷八下，第221页。
③ 刘汋：《蕺山刘子年谱》附卷《刘子年谱录遗》，载吴光主编：《刘宗周全集》第6册，第181页。
④ 关于高攀龙与刘宗周以朱学修正王学的问题，学界讨论较多，其中比较完整的则是姚才刚先生
　《儒家道德理性精神的重建》第六、七章（中国社会科学出版社2009年版，第148—184页）。
⑤ 崔铣对王学多有批评。黄宗羲说："先生之学，以程、朱为的，然于程子之言心学者，则又删之，
　以为涉于高虚，是门人之附会，无乃固欤！至其言理气无缝合处，先生自有真得，不随朱子脚下
　转是也。其诋阳明不遗余力，称之为之霸儒。"黄宗羲：《诸儒学案中二》，载黄宗羲：《明儒学案》卷
　四八，沈芝盈点校，第1154页。
⑥ 高攀龙：《高子遗书》卷三，载高攀龙：《高子遗书 高子遗书未刻稿》，第40页。

由此可见《洭词》之中所论及《大学》篇章的次序，恰好符合高攀龙所持的观点。除了崔铣，还有高拱的观点也与之相近。"高氏中玄"即高拱（1513—1578），其著作《问辨录》卷一，专论《大学》之古本与改本。随后，高攀龙完成了他的《大学》改本。高攀龙又以其"格物"说重新诠释《大学》的义理架构，先后写了《古本大学题辞》《大学首章约义》《大学首章广义》等文章以及两篇附录等①，为自己重新诠释《大学》的义理架构的新说提供支持。

高攀龙的《大学》改本，刘宗周也曾认真研究过，但并不赞同高氏的观点。刘宗周既信《大学》又疑《大学》，作有《大学古文参疑》《大学古记》《大学古记约义》《大学杂言》等著作；更重要的是，在其晚年，对于《大学》怀疑的一面又增加了。他撰写《大学古文参疑》就试图解决心中的疑虑，在《序》中说："然则戴氏之传《大学》，早已成一疑案矣，后之人因而致疑也，故程子有更本矣，朱子又有更本矣，皆疑案也。然自朱本出，而《格致补传》之疑，更垂之千载而不决。"刘宗周还说：

> 　　古本、石本皆疑案也，程本、朱本、高本皆疑案也，而其为"格致"之完与缺、疏"格致"之纷然异同，种种皆疑案也。呜呼，斯道何由而明乎！宗周读书至晚年，终不能释然于《大学》也。②

从宋代到明代，有关《大学》之疑案层出不穷。王阳明恢复的古本、丰坊伪造的石经本、高攀龙的改本都试图解决《大学》的疑案，但实际上只是使疑案倍增而已。刘宗周的"参疑"也是如此，所以他说"终不能释然"。刘宗周在《大学古文参疑》之末加上说明："《古本大学》辞虽错出而大旨本是跃然，只为翻改纷纷，转乖大义，故不得已而存此疑案，以俟后之君子，非敢任乱经之罪也。"③《大学》"大旨本是跃然"，但是在这里"存此疑案"，希望后人能够解决这个问题。而且，

---

① 高攀龙：《高子遗书》卷三，载高攀龙：《高子遗书 高子遗书未刻稿》，第38—39页。附录之一为《附录先儒复大学古本及论格致未尝缺传》，摘录了方希古（方孝孺）、蔡虚斋（蔡清）、王阳明、湛甘泉（湛若水）、蒋道林（蒋信）、罗念庵（罗洪先）、罗近溪（罗汝芳）、李见罗（李材）的论说，对于研究晚明的《大学》学很有价值。
② 刘宗周：《大学古文参疑》，载吴光主编：《刘宗周全集》第1册，第608页。
③ 刘宗周：《大学古文参疑》，载吴光主编：《刘宗周全集》第1册，第624页。

刘宗周在绝食后的弥留之际，还特意强调《大学古文参疑》一书"过于割裂"，故命门人削之。① 对于《大学》疑案，他只能存而不论。到了刘宗周的弟子陈确那里，则直接断定《大学》为伪书了。

或许出于对死去的友人的尊重，刘宗周本人并无直接批评高攀龙的文字。但是从他的论著来看，对高攀龙的"格物"之说并不认同。刘门高第黄宗羲对此作了比较详细、到位的批评，这也可以看作是刘宗周的观点。黄宗羲评说：

先生之学，一本程朱，故以格物为要。但程朱之格物，以心主乎一身，理散在万物，存心穷理，相需并进。先生谓："才知反求诸身，是真能格物者也。"颇与杨中立所说"反身而诚，则天下之物无不在我"为相近，是与程朱之旨异矣。先生又曰："人心明即是天理""穷至无妄处方是理"，深有助乎阳明致良知之说。……言阳明之致知不在于格物，若如先生言"人心明即是天理"，则阳明之致知即是格物明矣。先生之格物本无可议，特欲自别于阳明，反觉多所扞格耳。②

确实，高攀龙的《大学》之学"一本程朱"，不重"诚意"而重"格物"，但是他又强调了"反求诸身""人心明即是天理"等，很容易与王阳明"良知"之学混淆，所以黄宗羲说"反觉多所扞格"了。台湾学者古清美先生说："景逸之学于朱王之间，绝难断定必属一家，而朱学与王学的调和折中在景逸身上最可见其痕迹，故景逸实可谓是沟通和折中朱王二家最典型的代表。"③

关于高、刘学术之异同，黄宗羲还说：

然当《高子遗书》初出之时，羲侍先师于舟中，自禾水至省下，尽日翻阅。先师时摘其阑入释氏者以示羲。后读先师《论学书》，有答韩位云："古之有朱子，今之有忠宪先生，皆半杂禅门。"又读忠宪《三时记》，谓："释典与

---

① 刘汋：《蕺山刘子年谱》，载吴光主编：《刘宗周全集》第 6 册，第 164 页。
② 黄宗羲：《东林学案一》，载黄宗羲：《明儒学案》卷六一，沈芝盈点校，第 1402 页。
③ 古清美：《慧庵存稿二：顾泾阳、高景逸思想之比较研究》，台湾大安出版社 2004 年版，第318 页。

圣人所争毫发，其精微处，吾儒具有之，总不出无极二字；弊病处，先儒具言之，总不出无理二字。其意似主于无，此释氏之所以为释氏也。"即如忠宪正命之语，本无生死，亦是佛语。故先师救正之，曰："先生心与道一，尽其道而生，尽其道而死，是谓无生死。非佛氏所谓无生死也。"忠宪固非佛学，然不能不出入其间，所谓大醇而小疵者。若吾先师，则醇乎其醇矣。后世必有能辩之者。①

可见高、刘二人的学术，更大的差异还是儒释之辨。刘宗周其实是认为高攀龙有"阑入释氏""半杂禅门"之嫌疑的。而且儒释之辨还涉及生死观的问题，黄宗羲说高攀龙遗书"本无生死"是"佛语"，而刘宗周为之"救正"，曲为之解为儒家之说。可见高、刘二人"生死观"上的异同有些复杂，下文就对此问题作重点讨论。

高攀龙与刘宗周在生死观上当有"微不同"。在刘宗周绝食而死的最后阶段，其弟子张应鳌请问："今日先生与高先生丙寅事相类，高先生曰：'心如太虚，本无生死，何幻质之足恋乎？'先生印合何如？"刘宗周回答："微不同。非本无生死，君亲之念重耳。"②那么这个"微不同"，不同在哪里？

天启六年（1626），高攀龙在自沉之前，从容写就两篇文章，一篇上呈天启帝的《遗表》，一篇写与友人华凤超的《别友人书》。是年51岁的刘宗周读到了这两篇文章，并且写下了他的看法：

> 阅先生《遗表》及《别友人书》，见先生到头学力，庶几朝闻夕死者。顾其各有攸当，弗得草草看过。先生告君曰："愿效屈平遗则。"不忘君也。其告友人曰："得从李、范游。"不负友也。先生盖以数子之义自审其所处则

---

① 黄宗羲：《蕺山学案》，载黄宗羲：《明儒学案》卷六二，沈芝盈点校，第1509页。此处，黄宗羲引述刘宗周"答韩位"说："古之有朱子，今之有忠宪先生，皆半杂禅门。"但在《刘宗周全集》之中的《答韩参夫》的原文却说："古之有慈湖，今之有忠宪先生，皆半杂禅门，故其说往往支离或深奥，又向何处开攻禅之口乎？"刘宗周本来是说杨简与高攀龙"半杂禅门"，未提及朱子。这个差错当是黄宗羲编撰《明儒学案》所误，因为上文刘宗周对朱子还是比较崇信的，没有看到有攻击朱子"半杂禅门"之类的话语。刘宗周：《答韩参夫》，载吴光主编《刘宗周全集》第3册，第359—360页。
② 刘汋：《蕺山刘子年谱》，68岁条，载吴光主编《刘宗周全集》第6册，第171页。

然,而非以数子自况也。至云:"心如太虚,本无生死。"亦为后人贪生者解惑云。然先生心与道一,尽其道而生,尽其道而死,是谓无生死。非佛氏所谓无生死。忆先生往岁尝遗余书曰:"吾辈有一毫逃死之心,故害道;有一毫求死之心,亦害道。"此金针见血语也。求先生于死生之际者,当以此为正。又先生处化时,端立水中,北向倚池畔,左手捧心,右手垂下带,口不濡勺水。人多异之者。先生平日学力坚定,故临化时做得主张,如此摄气归心,摄心归虚,形化而神不化,亦吾儒尝事。若以佛氏临终显幻之法求之,则失矣。呜呼!先生往矣。余惧后之学先生者,潜求之东汉人物,又或过求二氏者,辜负先生临岐苦心,因特为表而出之。①

在这里,刘宗周对于高攀龙的《遗表》与《别友人书》"特为表出",做出自己的诠释,是因为有所"惧"。他担心后学之人将高攀龙之死简单比附于东汉党人李膺(元礼,110—169)、范滂(孟博,137—169)之死,或者比附于佛道的生死之说,尤其是后者更为刘宗周所"惧"。高攀龙在《遗表》中说:"臣虽削夺,旧系大臣,大臣受辱则辱国,故北向叩头,从屈平之遗则,君恩未报,愿结来生。臣攀龙垂绝书乞使执此报皇上。"②"从屈平之遗则",即效仿屈原而自沉也为刘氏所赞许,认为这是不忘君恩的表现,这就与无父无君的佛道迥然有异。高攀龙在《临终与华凤超》中说:"仆得从李元礼、范孟博游矣。一生学力,到此亦得少力。心如太虚,本无生死,何幻质之恋乎?诸相知统此道意,不能一一也。"③这也就是张应鳌后来所问刘宗周的话。"心如太虚",接近于张载之说,更接近于王阳明的"良知"。高攀龙曾说:"胸中何曾有一物来?人心一片太虚,是广运处。此体一显即显,无渐次可待,澈此则为明心。一点至善,是真宰处。此体愈穷愈微,有层级可言,澈此方为知性。"④但是,"本无生死"与"何幻质之恋"就接近于佛学思想了。"人之将死,其言也真",所以刘宗周有担心,要用高攀龙另一较为

①　刘宗周:《书高景逸先生帖后》,载吴光主编:《刘宗周全集》第4册,第122—123页。
②　叶茂才:《行状》,载赵所生、薛正兴主编:《中国历代书院志》第7册《东林书院志》卷七,江苏教育出版社1995年版,影印清雍正刻本,第270页。
③　高攀龙:《临终与华凤超》,载高攀龙:《高子遗书 高子遗书未刻稿》之《高子遗书》卷八下,第221页。
④　高攀龙:《复钱渐庵》,载高攀龙:《高子遗书 高子遗书未刻稿》之《高子遗书》卷八上,第173页。

符合儒家传统的主张，来对高氏的遗言做出新的解释。因此，对于高攀龙的遗言，刘宗周解释为"不忘君""不负友"。刘宗周还强调"心与道一，尽其道而生，尽其道而死，是谓无生死"。而不是如佛家所说的，将人生视为幻质，追求"本无生死"以超脱于尘世。

高攀龙遗书中表达的生死之说，除去"心与道一"等儒家的一面，还有接近佛学的一面。刘宗周对其遗书所进行的重新诠释，其实是为了掩盖高氏佛学一面而做出的过度诠释。所以说刘宗周的诠释所表达的只是他自己的生死观，而不是高攀龙的生死观。高攀龙的生死观之中的佛学意味，非常明确。在此不做过多的展开，只列举几条：

> 人生如幻，何足扰扰憧憧。惟日行善事，乃不负余年。[①]
>
> 人想到死去，一物无有，万念自然撒脱。然不如悟到性上，一物无有，万念自无系累也。[②]
>
> 一夕，梦有儒衣冠者，以为元公也，前而叩焉。公曰："夫一动一静者，天地之生死也，一死一生者，群生之动静也，此所谓易也。"恍然而寤。于时明月在室，万籁咸寂，予乃整襟端居。一灵炯然，如月斯净；众缘脱落，如籁斯寂。久之也而笑曰："此物何动、何静、何生、何死耶？噫噫！我知之矣。"死生道也，譬之于沤。起灭一水也，寂然不动者也，吾欲复其寂然者，岂遗弃世事务一念不起之谓哉？君君、臣臣、父父、子子，万象森罗，常理不易。吾与之时寂而寂，时感而感，万感万寂而一也，故万死万生而一也。[③]
>
> 手持二程书，偶见明道先生曰："百官万务，兵革百万之重，饮水曲肱，乐在其中，万变俱在人，其实无一事。"猛省曰："原来如此，实无一事也。"一念缠绵，斩然遂绝。忽如百斤担子，顿尔落地；又如电光一闪，透体通明；遂与大化融合无际，更无天人内外之隔。至此见六合皆心，腔子是其区宇，方寸亦是本位，神而明之，总无方所可言也。平日深鄙学者张皇说悟，此

---

① 高攀龙：《与徐玄仗二》，载高攀龙：《高子遗书 高子遗书未刻稿》之《高子遗书》卷八下，第204页。
② 高攀龙：《语录》，载高攀龙：《高子遗书 高子遗书未刻稿》之《高子遗书》卷一，第28页。
③ 高攀龙：《夕可说》，载高攀龙：《高子遗书 高子遗书未刻稿》之《高子遗书》卷三，第55页。

时只看做平常,自知从此方好下工夫耳。①

高攀龙吸收了佛学的思想,故将人生比作幻质,并且认为行善积德才是人真正需要去做的。那么如何超越于生死呢? 就是要体悟到"性",将"性""锻炼精纯",即"心如太虚""一物无有""众缘脱落",超越于此,也就无所谓生死了。这样子的超脱,也就连"君亲"都不要了。而且,高攀龙所说的体悟,"恍然而寤""一灵炯然""一念缠绵,斩然遂绝。忽如百斤担子,顿尔落地;又如电光一闪,透体通明;遂与大化融合无际,更无天人内外之隔"等等都是接近佛学的神秘体验,接近顿悟。这些都是刘宗周所不认同的地方,所以他在自己将死之时,必须指出高、刘之间的"微不同"。

当然,高、刘二人在生死观上,还有许多相近的观念。刘宗周的绝食而死与高攀龙的投水自沉颇为类似,都是为了道义,为了不使此身、此学、此道受到侮辱,其中也体现了东林精神。他们对于生死都有一种豁达的态度,更重视的并不是如何超越生死,而是重视如何生,如何在人伦日用之中做工夫,在心性修养之中做工夫。高攀龙说:

> 丈夫生世即甚寿考,不过百年。百年中,除老稚之日,见于世者不过三十年,此三十年,可使其人重于泰山,可使其人轻于鸿毛,是以君子慎之。②
>
> 人身内外皆天也,一呼一吸,与天相灌输。其死也,特脱其阖辟之枢纽而已,天未尝动也。③
>
> 现前于穆之真,绝无声臭,安得有富贵贫贱夷狄患难? 是刀锯鼎镬之所不能及,安得有死生? 但在日用炼习,纯是此件,即真无死生耳。④
>
> 吾辈闲话且休说,人生几何,悠悠荡荡。今年是这般人,明年是这般人。心性不曾透得一步,经书不曾透得一部,好事不曾做得几件,好人不

① 高攀龙:《困学记》,载高攀龙:《高子遗书 高子遗书未刻稿》之《高子遗书》卷三,第41页。
② 高攀龙:《与王具茨》,载高攀龙:《高子遗书 高子遗书未刻稿》之《高子遗书》卷八上,第182页。
③ 高攀龙:《语录》,载高攀龙:《高子遗书 高子遗书未刻稿》之《高子遗书》卷一,第22页。
④ 高攀龙:《与孙淇澳宗伯》,载高攀龙:《高子遗书 高子遗书未刻稿》之《高子遗书》卷八下,第219页。

　　曾成就得几个。如何如何,不可不大家警省也。①

刘宗周也说:"呜呼！七尺昂昂,岂徒块然形质;百年冉冉,何止半宿蓬庐!"②人之躯体,当是与万物圆融为一体的。所以,生死,也只在于"日用炼习",生死并不是最重要的,重要的是"心与道一",即"锻炼"自己的性体,使其"精纯"而与天理合一。只要做到了君臣父子、万象森罗"时寂","时感"合于常理,做好自己的"心性"修养,那么动静、生死都可以合而为一,人与天地也能合而为一了。对于人生道义的追求,是高、刘之间最重要的共同点,也是传统儒家士大夫对于人生的终极关怀的基本特点。

　　总之,在高攀龙与刘宗周二人十多年的交游之中,高攀龙在人格与学术两方面对刘宗周都有着深远的影响。但是,他们的思想却是同中有异,其中所关涉的朱王之辨与儒释之辨这两大问题,前者可以从他们对于《大学》的篇章次序以及释义的不同观点之中看出,后者则主要表现在对生死观的不同理解上。这其中的异同,也正好说明了东林学派与蕺山学派之间的承继与发展,无论刘宗周还是其弟子黄宗羲,都在试图摆脱王学与佛学的羁绊,走出一条新的学术之路。

三、刘宗周与"东林"

　　关于东林学派,黄宗羲《东林学案》收录 17 人,其中与刘宗周相关的有顾宪成、高攀龙、刘永澄(静之,1576—1613)、黄尊素、吴钟峦(霞舟,1577—1651)、陈龙正等人,其中顾宪成是刘宗周特别推崇的前辈学者;高攀龙、刘永澄、黄尊素是他的重要友人;吴钟峦、陈龙正二人则因为曾与刘宗周有过听讲、问学之关系,故而也被视为刘门弟子。不被列入此学案的学者,如张玮与恽日初,他们其实是处于东林、蕺山两大学派之间的学者。黄宗羲说:

　　　　东林讲学者,不过数人耳,其为讲院,亦不过一郡之内耳。……乃言

---

① 　高攀龙:《会语》,载高攀龙:《高子遗书 高子遗书未刻稿》之《高子遗书》卷五,第 95 页。
② 　刘宗周:《证人会约·学檄》,载吴光主编《刘宗周全集》第 2 册,第 484 页。

国本者谓之东林,争科场者谓之东林,攻逆奄者谓之东林,以至言夺情奸相讨贼,凡一议之正,一人之不随流俗者,无不谓之东林。若似乎东林标榜遍于域中,延于数世。[①]

很清楚,黄宗羲明确区分了东林学派与东林党,东林学派是以顾宪成、高攀龙为代表的在东林书院讲学的学者;东林党则人员构成广得多,延续的时代与地域也要广阔得多。黄宗羲已经说明,东林党"遍于域中,延于数世",东林党的形成并不是因为同乡关系或座主、门生的关系,而是因为"一议之正,一人之不随流俗"即被视为"东林党",是言"天下之公""天下之理"的君子组成的"公党"。所谓"一党师友,冷风热血,洗涤乾坤",其中少部分是一同讲学的师弟子,即东林学派;更多的还是正人君子声气相求的友人,即东林党。

刘宗周的为学与为政,与东林大体接近,且颇受其影响,但是宗旨始终不同。因此,从学派来看,东林学派与蕺山学派还是有明显的不同;从政见来看,东林学者与蕺山学者,大体都可以归之为东林党,当然明亡之后的再传弟子则要除外。

东林学派在学术上对刘宗周有着重要的影响,除了高攀龙之外,还有必要提到东林学派另一重要领袖孙慎行(淇澳,1565—1636)。刘宗周曾读过他的著作,并得到重要启发:

近看孙淇澳书,觉更严密。谓:"自幼至老,无一事不合于义,方养得浩然之气,苟有不慊,则馁矣。"[②]

予读公《文抄》,而知公之学出入于辞章佛老,无所不博。继读《困思抄》,而知公之学一禀于正,折衷群儒,微言以订。读《慎独义》百通,而知公反约之功,依乎《中庸》。[③]

刘宗周晚年的重要思想文本如《独证篇》以及《学言》中的部分条目,与孙慎行

①　黄宗羲:《东林学案一》,载黄宗羲:《明儒学案》卷六一,沈芝盈点校,第1375页。
②　《会录》,载吴光主编:《刘宗周全集》第2册,第515页。
③　刘宗周:《资政大夫礼部尚书兼翰林院学士加赠光禄大夫太子太保谥文介淇澳孙公墓表》,载吴光主编:《刘宗周全集》第4册,第229页。

的《困思抄》相同。① 关于此问题，其实黄宗羲也有发现，他在《明儒学案》之中引了刘宗周"近看……"一句之后说："是故东林之学，泾阳导其源，景逸始入细，至先生而另辟一见解矣。"② 也就是说刘宗周对孙慎行的著作，下过一番功夫，甚至抄录下来而被误会为刘本人所著，特别是《慎独义》对于刘宗周本人慎独思想的影响则更为关键。有意思的是，孙慎行的同乡张玮与恽日初，后来又师从刘宗周，此亦可看出他们的思想多有交融之处。

　　经过丁元荐、刘永澄等人的推举，顾宪成与高攀龙早就将刘宗周视为同志之友，刘宗周过访高攀龙之后，就完全卷入东林运动之中。刘宗周与东林学者，对于外王经世所持有的理念，都是"论学与世为体"，也就是说都认同理学思想之中内圣与外王之间、学术与人心和世道之间的逻辑一贯关系。刘宗周与他的友人，都属于东林一系，他们之间精神契合的原因，也是出于道义上的认同，学术上才有一定的呼应，而不是一种朋党关系。孙中曾先生指出："从前东林到东林诸子间的契合根源，乃是基于道，而不是朋党之情，是基于同志间的互相认同与道德人品的品鉴为准则，虽素未谋面，也无碍于彼此的相契提携。"③

　　关于东林党人名录的著录有多种，如：《东林党人榜》列 309 人；《东林点将录》列 108 人；《东林同志录》列 319 人。刘宗周被收入《东林党人榜》、《东林点将录》、《盗柄东林夥》、崔呈秀的《朋党录》、陈鼎的《东林列传》以及许献、高廷珍的《东林书院志》，所以我们认为刘宗周可以算是东林党的代表人物之一。④

　　蕺山学派与东林学派，虽说其中人物之间多有关联，但就学术思想而言，则是有着很大差异的两大学派。特别是刘宗周本人，虽受到高攀龙等东林友人的影响，但就其学术渊源、学术性格、学术影响等诸多方面来看，与顾宪成、高攀龙等东林学者同少而异多。所以说，刘宗周属于东林党人而非东林学派中人。

---

① 相关的文献辨析，以及具体影响之论述，详见陈畅：《自然与政教：刘宗周慎独哲学研究》，上海人民出版社 2016 年版，第 115—117 页。
② 黄宗羲：《东林学案二》，载黄宗羲：《明儒学案》卷五九，沈芝盈点校，第 1450 页。
③ 孙中曾：《刘宗周的道德世界》，台湾清华大学硕士学位论文，1990 年，第 118 页。
④ 小野和子：《明季党社考》，张荣湄译，上海古籍出版社 2006 年版，第 401 页。

第三章　蕺山学与阳明学

刘宗周身处浙中，必然受到阳明学的熏习，在师事许孚远之后，他又梳理了整个宋明理学的发展历史，对于阳明学的利弊得失也就看得更加清楚了，最后他在对阳明学以及诸如陶奭龄等阳明后学加以"辨难"的过程之中，一步步建构起他的蕺山学。

第一节　刘宗周与阳明学之"学凡三变"

刘宗周之子刘汋曾说：

> 先生于阳明之学凡三变，始疑之，中信之，终而辨难不遗余力。始疑之，疑其近禅也。中信之，信其为圣学也。终而辨难不遗余力，谓其言良知，以《孟子》合《大学》，专在念起念灭用工夫，而于知止一关全未勘入，失之粗且浅也。夫惟有所疑，然后有所信，夫惟信之笃，故其辨之切。而世之竞以玄渺称阳明者，乌足以知阳明也与！①

刘宗周对于阳明之学，从"疑"到"信"，再到"辨难"，其实是一个螺旋上升的过程。"辨难"是因为对阳明学有了深入认识，才能指出其中的得与失。因此，刘宗周可谓是晚明少数真正懂得王阳明的学者之一。

一、"始疑之"的阶段

刘汋记刘宗周"早年不喜象山、阳明之学"②，现在保存下来最早的是刘宗

---

① 刘汋：《蕺山刘子年谱》，66 岁条，载吴光主编：《刘宗周全集》第 6 册，第 147 页。
② 刘汋：《蕺山刘子年谱》，26 岁条，载吴光主编：《刘宗周全集》第 6 册，第 62 页。

周 36 岁之时的看法。万历四十一年(1613),刘宗周在与友人陆以建的书信中说:

> 象山、阳明之学皆直信本心以证圣,不喜谈克己功夫,则更不用学、问、思、辨之事矣。……象山、阳明授受终是有上截无下截,其旨险痛绝人,与龙溪四无之说相似。苟即其说而一再传,终必弊矣。观于慈湖、龙溪可见,何况后之人乎?①

刘宗周将象山、阳明一起评价,指出他们"直信本心""不喜谈克己功夫"等,这样的学问的毛病是"有上截无下截",所以在教示后人上容易产生弊病;并且认为这些弊病在陆、王的再传弟子杨简(慈湖,1141—1225)、王畿(龙溪)二人身上就有体现。他的这些看法,还显得比较笼统,可见其当时对阳明学并没有深入钻研,还停留在表面。

二、"中信之"的阶段

直到天启六年(1626)刘宗周 50 岁时,他在韩山草堂"半日静坐,半日读书",进入了对阳明学"始信不疑"的第二个阶段。这一时期他正在编撰《皇明道统录》,系统研读《阳明文集》,并为之重编次第收入《皇明道统录》之中。② 当时他评价王阳明:

> 先生承绝学于辞章训诂之后,一反求诸心,而得其所性之觉,曰"良知"。因示人以求端用力之要,曰"致良知"。良知为知,见知不圉于闻见;致良知为行,见行不滞于方隅。即知即行,即心即物,即动即静,即体即用,即工夫即本体,即上即下,无之不一。以求学者支离眩鹜、务华而绝根之病……特其急于明道,往往将向上一机,轻于指点,启后学躐等之弊有之。天假之年,尽融其高明卓绝之见而底于实地,安知不更有晚年定论出于其

---

① 刘宗周:《与陆以建二》,载吴光主编:《刘宗周全集》第 3 册,第 301 页。
② 刘汋:《蕺山刘子年谱》,50 岁条,载吴光主编:《刘宗周全集》第 6 册,第 85 页。

间？而先生且遂以优入圣域，则范围朱、陆而进退之，有不待言矣。①

这里对"良知""致良知"都做了深刻的分析，并且认为良知之学"即知即行，即心即物，即动即静，即体即用，即工夫即本体，即上即下，无之不一"，这也就是刘宗周以自己统合性的学说来理解王阳明了。刘宗周在对王阳明肯定的同时已经有所批评，认为王阳明因为"急于明道"，"往往将向上一机，轻于指点"，最后就导致了后学的种种弊病。这其实也就是后来说的阳明学"法"本无病而"教"则有病。刘宗周有些怀疑天泉证道，认为是"未定之见"，王畿提出的"四无说"与"致良知"之说也有矛盾之处。"直把良知作佛性看"等，则是说王畿之学已经流于禅学了。② 后来刘宗周编撰《阳明传信录》，在其中的"王畿录"之后，他对王畿的"四无"说提出了批评：

> 先生每言："至善是心之本体。"又曰："至善只是尽乎天理之极，而无一毫人欲之私。"又曰："良知即天理。"《录》中言天理二字，不一而足。有时说"无善无恶者理之静"，亦未曾径说"无善无恶是心体"。若心体果是无善无恶，则有善有恶之意又从何处来？知善知恶之知又从何处来？为善去恶之功又从何处来？无乃语语绝流断港？……蒙因为龙溪易一字，曰"心是有善无恶之心，则意亦是有善无恶之意，知亦是有善无恶之知，物亦是有善无恶之物"，不知先生首肯否？③

刘宗周认为，王阳明既说"至善"也说"天理"，特别是"天理"二字在《传习录》中"不一而足"，王阳明本人并没有明确说过"无善无恶是心体"之类的话。如果心体"无善无恶"，那么"有善有恶"的"意"、"知善知恶"的"知"、"为善去恶"的"功"，都是"从何处来？"所以说"四无"说"语语绝流断港"，在刘宗周看来，完全是因为王畿要传布他的"四无"说而故意编造了"天泉证道"一说，以至于后人误解了王阳明。所以，刘宗周要将"四无"说改一个字，将"无善无恶"都改为"有

---

① 刘宗周：《师说》，载黄宗羲：《明儒学案》卷首，沈芝盈点校，第 6—7 页。
② 刘宗周：《师说》，载黄宗羲：《明儒学案》卷首，沈芝盈点校，第 8—9 页。
③ 刘宗周：《阳明传信录三》，载吴光主编：《刘宗周全集》第 5 册，第 91—92 页。

善无恶"。刘宗周在给王朝式的信中说："然学阳明之学者,意不止于阳明也。读龙溪、近溪之书,时时不满其师说,而益启瞿昙之秘,举而归之师,渐跻阳明于禅矣。则生于二溪之后者,又可知矣。"①晚明学阳明的学者往往不满于王阳明本人的学说,转而去学王畿与罗汝芳的学说,而刘宗周认为正是"二溪"将阳明学引向了禅学化的道路。

崇祯十二年(1639),刘宗周62岁时在《重刻王阳明先生传习录序》一文中,依旧高度评价阳明学:"良知之教如日中天。昔人谓'天不生仲尼,万古如长夜',然使三千年而后,不复生先生,又谁与取日虞渊、洗光咸池乎!"另外,还进一步说明了阳明学在学术史上的意义:

> 孔、孟既殁,心学不传,浸淫而为佛、老、荀、杨之说,虽经程、朱诸大儒讲明救正,不遗余力,而其后复束于训诂,转入支离,往往析心与理而二之。求道愈难而去道愈远,圣学遂为绝德。于是先生特本程、朱之说而求之,以直接孔、孟之传,曰"致良知",可谓良工苦心。自此人皆知吾之心即圣人之心,吾心之知即圣人之无不知,而作圣之功,初非有加于此心、此知之毫末也。则先生恢复本心之功,岂在孟子道性善后与?②

刘宗周认为孔子、孟子之后"心学不传",一直到程、朱"讲明救正",其后又"束于训诂,转入支离","析心与理而二之";而阳明学则是"特本程、朱之说而求之,以直接孔、孟之传"。刘宗周对王阳明在学术史上意义的阐发,已经是他个人对宋明理学发展的重新诠释,建立在他自己统合性的学术理论之上。

三、"终而辨难不遗余力"的阶段

在接下来的几年里,刘宗周进入对阳明学"辨难"的新阶段,一方面是进一步指出王阳明本人学说上的漏洞,另一方面是继续批评王畿的"四无"说,后者则是更为重要的。崇祯十三年(1640),刘宗周在与弟子的信中说:

---

① 刘宗周:《答王金如三》,载吴光主编:《刘宗周全集》第3册,第345—346页。
② 刘宗周:《重刻王阳明先生传习录序》,载吴光主编:《刘宗周全集》第4册,第30页。

　　　然则阳明之学,谓其失之粗且浅、不见道则有之,未可病其为禅也。
阳明而禅,何以处豫章、延平乎? 只为后人将"无善无恶"四字,播弄得天花
乱坠,一顿扯入禅乘,于其平日所谓"良知即天理"、"良知即至善"等处全然
抹杀,安得不起后世之惑乎? 阳明不幸而有龙溪,犹之象山不幸而有慈
湖,皆斯文之扼也。①

他指出王阳明本人还不算是禅,只是因为王畿的"无善无恶"之说才将阳明学
"扯入禅乘",以至于将王阳明说"天理""至善"等处"全然抹杀",导致了晚明学
术的种种弊病。后来,刘宗周66岁前后还说:"王门倡无善无恶之说,终于至善
二字有碍。"②
　　刘宗周在批评王阳明学说的漏洞以及王门后学的弊病的同时,也经常引
述王阳明的观点来为自己作证明。这主要表现在两点上:一为肯定《大学》之
道"诚意"的重要性;另一为"独知"与"慎独"的关系。刘宗周说:

　　　　阳明虽说致良知,而吃紧在《大学》之道,诚意而已矣"一语,故曰:"明
　　善是诚身工夫,惟精是惟一工夫,道问学是尊德性工夫,博文是约礼工夫,
　　格物是诚意工夫。"此可窥其主脑所在处,后人便以良知为主脑,终是顾奴
　　失主。③

王阳明的"大学之道,诚意而已矣"与"格物是诚意工夫"这二句,刘宗周特别推
崇,认为这是王阳明看重"诚意"工夫的表现。刘宗周认为"诚意"才是阳明学的
"主脑",后人认为"良知"是阳明学"主脑"则是看错了。
　　刘宗周更为看重的还是王阳明关于"独知"的说法,可以生发有关"慎独"
的思想。早在天启七年(1627)的《皇明道统录》之中,刘宗周就说:"先生之言曰
'良知即是独知时'本非玄妙,后人强作玄妙观,故近禅,殊非先生本旨。"④到了
崇祯四年(1630),他又在证人社的讲会中指出:

① 刘宗周:《答韩参夫》,载吴光主编:《刘宗周全集》第3册,第359—360页。
② 刘宗周:《学言下》,载吴光主编:《刘宗周全集》第2册,第439页。
③ 刘宗周:《学言中》,载吴光主编:《刘宗周全集》第2册,第428页。
④ 刘宗周:《师说》,载黄宗羲:《明儒学案》卷首,沈芝盈点校,第7页。

> 孔门约其旨曰"慎独",而阳明先生曰"良知只是独知时",可谓先后一
> 揆。慎独一着,即是致良知,是故可与知人,可与知天,即人即天,即本体即
> 工夫。①

这里就更明确地将王阳明所讲的"独知"拉入了他自己的"慎独"学。这一年刘
宗周还在《中庸首章说》中提及王阳明的这句诗,并说"可谓心学独窥一源"②。

在晚年的刘宗周那里,通过对王阳明所说的"独"作进一步阐发,他已经
对阳明学进行重新诠释,变成走向蕺山学的一个途径,而这个途径本来是不
需要的,只有面对秦弘祐这样本来喜好阳明学的学者才需要接引一下。值得
注意的是,刘宗周引王阳明的诗有一字之差。王阳明《答人问良知二首》一诗
原文是"良知即是独知时"③,刘宗周天启年间的文本中没有错,到了崇祯年
间的文本里,却都变成了"良知只是独知时",其中的原因到底是出于笔误
还是有意为之?"即是"与"只是"所传达的对于"独"的重视程度有很大的
差别。

总之,刘宗周对阳明学的看法在 50 岁前后就已经基本定型了,后面的 10
多年里虽然对王阳明与王畿的思想进行了"辨难",但是对王阳明"致良知"说
的"信",即对王阳明在学术史上传承"心学"的关键作用一直都是充分肯定的。
只是在肯定的同时,提出与王阳明在解释《大学》的"意"上的不同见解,而更大
的不同则是解读王门后学王畿的"四无"说。刘宗周主要批评阳明学容易流于
禅学,后来刘汋以及张履祥、吴蕃昌等转向朱学的弟子也受到了他对阳明学弊
病过于担忧的影响。另外,刘宗周十分欣赏王阳明肯定《大学》之道"诚意"的重
要性以及"良知即是独知时"的提法,则因为这两点可以纳入他自己的诚意慎
独之学。

---

①　刘宗周:《会约书后》,载吴光主编:《刘宗周全集》第 2 册,第 498 页。
②　刘宗周:《中庸首章说》,载吴光主编:《刘宗周全集》第 2 册,第 301 页。
③　王阳明:《答人问良知二首》,载王守仁:《王阳明全集》卷二〇,吴光、钱明、董平、姚延福编校,上
　　海古籍出版社 1992 年版,第 791 页。

第二节 刘宗周与陶奭龄以及姚江书院派

陶奭龄(1571—1640),号石梁,会稽(今属绍兴市)人,万历三十一年(1603)举人,曾任吴宁知县、济宁知府等,后辞官回乡讲学,著有《小柴桑喃喃录》等。与其兄陶望龄一样,其为学承继于周汝登,且更近禅学。张岱曾记载陶奭龄一生的"五不问",也即"不问朝政,不问生计,不问世间闲泛事,不问他家是非长短,不问生卒亲知"[①],可见其晚年颇有隐逸之风。

崇祯四年(1631),刘宗周、陶奭龄二人共举"证人社",从而开启了晚明最为重要的王学讲会——"证人会"。然而,二人的讲学主旨却有着较大的差异,不久之后便有了所谓"白马别会","证人社"趋于分化。最后刘宗周及其弟子形成了蕺山学派;陶奭龄及其友人、弟子形成了姚江书院派。此后十多年两派师弟子之间的讲学,既有分歧又有交融,浙东的王学讲会在明清之际繁荣一时,从而造就了黄宗羲、邵廷采(念鲁,1648—1711)等一批优秀学人。

关于"证人社"以及"白马别会",学界已有较多的讨论,但是对刘宗周与陶奭龄二人的学术分歧却少有较为全面的探讨。因刘、陶二人的学术分歧而形成了蕺山学派与姚江书院派,学界对这两大心学学派之间错综复杂的学术关系也还缺乏较为完整的梳理。[②]

一、刘、陶之交游

刘宗周与陶奭龄二人之间交游颇多,陶奭龄可以算是刘宗周最为重要的友人之一。刘、陶同为越中一带的名儒,当时讲学也公推刘、陶二人为首。沈国模(求如,1575—1655)求见周汝登(海门,1547—1629)的时候,周汝登就说:"吾

---

① 转引自文乐:《陶公刺贪腐》,《柯桥日报》2009 年 5 月 17 日。

② 关于证人社,较为全面的研究成果为吴震先生的《"证人社"与明季江南士绅的思想动向》(载《明末清初劝善运动思想研究》第七章,第 249 页),然该文于刘、陶学术异同分析不多。关于蕺山学派的刘宗周、黄宗羲、董玚与姚江书院派的关系有所论及的主要有钱茂伟先生的《姚江书院派研究》,第 24—35、80—94 页。

老矣,郡城陶石梁、刘念台,今之学者也,其相与发明之。"①

　　刘、陶二人之间最为重要的交往,就是一起主持了"证人社"的讲学活动。崇祯四年(1631),刘宗周与陶奭龄共同创立"证人社",然而证人会一开始,就因二人学术宗旨的差异,讲会之中陶、刘二人以及他们的弟子之间时有诘难。讲会进行到第三个月,即崇祯四年六月,陶奭龄就提议"别会",对此刘宗周有书信答复:

　　　　前承示,欲避城嚣而另寻闲寂之地,以求同志。此于坐下甚有益,第恐朋友无相从者,不令此会便成虚名乎? 吾辈论坐下工夫,即晤言一室亦足了当,而必切切于求友,非徒借友以自鞭,亦与人同归于善耳。弟愚见,姑再举数会,俟朋友中有兴起者,或可延数十年命脉。此时而随意去留,则无处非行教之地矣。②

由此书信来看,陶奭龄提出"别会",一是因为郡城绍兴过于喧嚣,一是因为同志之友较少。初次讲会虽有 200 多人,然大多还是郡城的诸生,而非有志于圣学的儒者。刘宗周认为关键在于讲求"与人同归于善"而非个体的"坐下工夫",故不必在意喧嚣,也不必在意同志,建议再举数会以待有继而兴起者。

　　刘宗周的劝解并未成功,于是刘、陶共同主持的讲会便只持续了 11 次。③到了崇祯五年(1632)三月,陶奭龄另开讲会于"白马岩居",也即"白马山房",这就是"白马别会"。起先,刘宗周听说"别会"后,于该年四月八日曾有书信给陶奭龄,其中说:

　　　　侧闻郡城另起嘉会,日与求如、子虚诸君子相周旋,知道韵日远,新功日邃,此非真有一往为到家计者不足以与之。……愿先生力以师道自任,为世人作津梁,吾越虽僻壤,而不出户牖可以风动天下,则自新建而后,衣

---

①　董玚:《姚江书院志略》卷下《沈聘君传》,载邵廷采:《邵廷采全集》,陈雪军、张如安点校整理,第871页。

②　刘宗周:《与陶石梁》,载吴光主编:《刘宗周全集》第 3 册,第 419 页。

③　这 11 次讲会的记录,参见刘宗周等:《证人社语录》,载吴光主编:《刘宗周全集》第 2 册,第550—584 页。

钵相传以及于今日,为海内之所心仪者,固已久矣。①

虽然刘宗周不太赞同"别会",但仍不时前往白马山房,参与讲会以示支持。崇祯八年(1635),刘宗周北上,陶奭龄前往送之,并说:"愿先生安其身而后动,易其心而后语,使天下实受其福。"②第二年,刘宗周还曾上公揭,推举"当世第一流人物"陶奭龄为官。③ 可见刘、陶之间,一直保持着良好的交游关系,刘宗周也经常与陶奭龄及其友人、弟子们一起讲学论辩、书信往来,保存在《刘宗周全集》之中的书信就极多。④

　　再补充另外三件事情,可以看出刘宗周与陶奭龄一系的白马诸友始终保持着良好的关系。其一为《人谱》的编撰,崇祯七年(1634),秦弘祐仿袁黄《功过册》而著《迁改格》,陶奭龄为此书作序后又呈与刘宗周,刘宗周看到书中"广利济"一条有善恶双行等弊病,认为"此害道之书也",于是开始著《人谱》。⑤ 其二为三次共同赈灾活动。刘宗周在写信给府县官员的同时,派遣证人社成员主持赈灾活动,一是崇祯八年(1635)五月,山阴、萧山、诸暨被灾,"遣诸生如天乐等乡赈饥";一是崇祯十年(1637)三月嵊县被灾,"命王朝式、秦弘祐、钱永锡"等"入嵊综赈事";⑥另有崇祯十三、十四年(1640、1641)绍兴的赈灾,则是托付祁彪佳率领诸生前去料理。⑦ 其三为崇祯十七年(1644),李自成攻陷北京,秦弘祐、钱永锡等前去告知刘宗周,还讨论了勤王等事。⑧

　　到了崇祯十一年(1638)十二月,刘门弟子正式提出"及门",即重新拜师另立门户,此事件可以看作是证人社的第二次"别会"。刘宗周则因为从一开始就抱定救正浙中王学的流弊必须在讲学之中慢慢化解,所以依旧强调不必将学术分歧过分看重,于是分别向双方弟子王业洵、胡岳、王朝式与秦弘祐等人

_____

① 刘宗周:《与石梁二》,载吴光主编:《刘宗周全集》第 3 册,第 436—437 页。
② 邵廷采:《思复堂文集》卷一《明儒刘子蕺山先生传》,载邵廷采:《邵廷采全集》,陈雪军、张如安点校整理,第 43—44 页
③ 刘宗周:《荐陶奭龄公揭》,载吴光主编:《刘宗周全集》第 3 册,第 295 页。
④ 如与秦弘祐、王朝式、史孝咸、史孝复、管宗圣都有多通论学书信,特别是与秦弘祐的论学多达数十通,是辨析浙中王学流变的重要文献,详见《刘宗周全集》第 2、3 册。
⑤ 刘汋:《蕺山刘子年谱》,载吴光主编:《刘宗周全集》第 6 册,第 106 页。
⑥ 刘汋:《蕺山刘子年谱》,载吴光主编:《刘宗周全集》第 6 册,第 107、119 页。
⑦ 刘宗周:《与祁世培二》,载吴光主编:《刘宗周全集》第 3 册,第 472—473 页。
⑧ 刘汋:《蕺山刘子年谱》,载吴光主编:《刘宗周全集》第 6 册,第 149 页。

分别去信劝说,然而这一次的分歧还是成为两派正式分化的开始。①

崇祯十二年(1639)九月,陶奭龄的友人与弟子沈国模、管宗圣、史孝咸、史孝复创"义学"于余姚半霖,"义学"的创立,表明其宗旨为传承王阳明的姚江之学,而不是刘宗周的慎独之教。

崇祯十三年(1640)正月,陶奭龄卒,刘宗周带领弟子前去吊唁,并作有祭文。其中说:

> 先生尤以贞素之风,一洗自来空谈之弊。故服习既久,人人归其陶铸。社学、岩居递传胜事。……昔人递启宗门,先生益排玄钥。直令学者求诸一尘不驻之地,何物可容其纠缚?横说竖说,不出"良知"遗铎。凡以还人觉性而止,亦何谬于前洙泗、后濂洛?呜呼!已矣。抚流光于十载,聆晤言以非迈。婉玉色与金声,亦风光而月洒。②

刘宗周说陶奭龄"风光而月洒",无愧一代斯文。对于陶奭龄的讲学,也较为肯定,不过也指出"直令学者求诸一尘不驻之地",暗示其中带有禅学意味。同时又指出陶奭龄讲学"不出良知遗铎""还人觉性而止",这一主旨"何谬于前洙泗、后濂洛",肯定陶奭龄学宗王阳明,合于孔子、孟子、周敦颐、二程等儒家先贤,且尚在儒学的范围之内。刘宗周在之后为陶奭龄文集所作序中则说:"或疑先生学近禅,先生固不讳禅也,先生之于禅,政如渊明之于酒,托兴在此而取喻在彼,凡以自得其所为止者耳。"③可见其在儒释之辨上保持着宽容的态度。

二、刘、陶之分歧

刘宗周与陶奭龄二人讲学之时多针锋相对,比较他们的学术异同,可以看出晚明浙中王学是如何分化的。他们的学术虽然同为儒学,而且与阳明学都有密切的关联,但是刘宗周中年开始便以朱子学的某些因素来救治王学流弊;

---

① 关于证人社的第二次"别会",详见本书第一章第二节,以及第八章论及朱昌祚与王业洵处。
② 刘宗周:《祭陶石梁先生文》,载吴光主编《刘宗周全集》第4册,第320页。
③ 刘宗周:《陶石梁今是堂文集序》,载吴光主编《刘宗周全集》第4册,第61页。

陶奭龄则在传承越中王学原旨的基础上又融入了较多禅学的因素。

　　证人社"第一会",刘、陶已经显露出思想上的分歧。刘宗周说:"此学不讲久矣。文成指出'良知'二字,直为后人拔去自暴自弃病根。今日开口第一义,须信我辈人人是个人,人便是圣人之人,圣人人人可做。于此信得及,方是良知眼孔。"①此会之后,陶奭龄却"首发圣人、非人之论"②,刘认为"圣人人人可做";陶则说"人不圣,即不可为人"③,二人对于圣人、人、非人的辨析有异有同。刘宗周将讲社命名为"证人社",又撰写了《证人社约》。刘、陶二人虽然都认同"证人"之旨,但是在如何"证人"这一问题上,却有很大的差异:"一则曰'坐下',一则曰'自家'。"④刘宗周修正王学而"专揭慎独之旨";陶奭龄则坚持王学原旨而"专揭良知为指归"。"坐下"与"自家"之争,也就是如何做到圣人的证人工夫论的分歧,也是导致"别会"的主要原因。

　　"第二会"之时,祁彪佳举《中庸》"素位"一章并提问:"功夫在素位处,还在不陵不援处?"刘、陶二人在讨论中说:

　　　　先生曰:"不求之居,而求之行,其心都已走向外去。若所居果易,则行自必不险矣,何不自得?"……诸友复纷纷辨素位之说,或以淡素太素言,或以通天地万物为素位言。陶先生曰:"此等总是意见,一起意便是行险。"又曰:"吾侪且莫说素位,只说素位前一段功夫。"先生曰:"吾侪实践功夫,只当就坐下求之。立如斋,立时是学;坐如尸,坐时是学。舍现在之位,另寻一种先此功夫,恐无是处。"陶先生曰:"富贵贫贱,夷狄患难,所以位吾身者夥矣,若必逐位措办,便不胜零星凑泊之病,即此便是愿外,何言素位?吾心中定先有个权衡在,而后任他何为,当前举不足以动其心,故曰'无入而不自得'。"⑤

---

① 《会录》,载吴光主编:《刘宗周全集》第2册,第501页。
② 刘宗周:《会约书后》,载吴光主编:《刘宗周全集》第2册,第498页。
③ 史孝咸:《姚江书院志略》卷上《社学疏跋》,载邵廷采:《邵廷采全集》,陈雪军、张如安点校整理,第827页。
④ 刘宗周等:《证人社语录》,载吴光主编:《刘宗周全集》第2册,第552页。
⑤ 刘宗周等:《证人社语录》,载吴光主编:《刘宗周全集》第2册,第552—553页。

《中庸》第十四章主要是讨论君子如何自处的问题。陶奭龄强调"且莫说素位，只说素位前一段功夫"，他重视的是在日用间个人自处时，"心中定先有个权衡在"，也即自家的"良知"。刘宗周的看法与陶奭龄完全不同，他认为应按《中庸》本身所讲，重视日用间如何自处的实践，"只当就坐下求之"，从现在所处的位置做起，也就"立如斋""坐如尸"，等等，离开了人伦日用而去另求"先此功夫"则迷失了儒家的根本。陶奭龄认为刘宗周这样解说就有"不胜零星凑泊之病"，一再强调心中要有个"权衡"；刘宗周依旧不认同，之后还说"心之权衡在审括处"，也就是对自我的审视、约束。这里二人的分歧其实还是"坐下"与"自家"的问题。

与此相关的还有"本体"与"工夫"的关系问题，刘、陶二人也意见相左：

> 陶先生曰："学者须识认本体，识得本体，则工夫在其中。若不识本体，说甚工夫？"先生曰："不识本体，果如何下工夫？但既识本体，即须认定本体用工夫。工夫愈精密，则本体愈昭荧。今谓既识后遂一无事事，可以纵横自如，六通无碍，势必至猖狂纵恣，流为无忌惮之归而后已。"①

关于本体与工夫，陶奭龄重视的是难以捉摸的本体，认为本体察识之后工夫也就水到渠成，自然而然不消用力。刘宗周虽也认为有必要去察识本体，但更加重视工夫，为学主要是在工夫上用力，工夫做到几层对于本体的体悟就能做到几层，不可在无法捉摸的本体上花费太多的力气；对于陶奭龄"识得本体，则工夫在其中"一语几乎是完全反对的，因为刘宗周认为这容易导致"猖狂纵恣""无忌惮"等弊病，这是刘宗周最为担心的，所以每每讲学都特别提醒一番。这个问题确实是刘、陶二派争论的焦点，"白马别会"之后，还有进一步的辨析：

> 一日座中举修悟异同，复理前说以质。弘祐曰："陶先生言识认本体，识认即工夫，恶得以专谈本体？"少之，先生曰："识认终属想像边事，即偶有所得，亦一时恍惚之见，不可据以为了彻也。且本体只在日用常行之中，

---

① 《会录》，载吴光主编：《刘宗周全集》第 2 册，第 507 页。

若舍日用常行，以为别有一物可以两相凑泊，无乃索吾道于虚无影响之间乎?"①

通过静坐等工夫以察识本体，总带有神秘体验的色彩，往往是恍惚的想象，故不如在"日用常行"之中下笃实的工夫，而本体就在其中，这也就是后来《人谱》所讲的证人改过之学。

刘、陶二人的学术分歧，更为集中反映在生死观上。证人社的"第九会"，即有弟子问及生死之说:

> 司讲王予安讲"季路问事鬼神"章，以生死一事为问，陶先生取《系辞》"精气为物，游魂为变"，并"原始反终"之道，娓娓言之。刘先生微示一语，曰:"腊月三十日，为一年之事以此日终，而一年之事不自此日始，直须从正月初一日做起也。"②

刘宗周对于陶奭龄的精气、游魂之类说法有所不满，他还指出不能以死亡为终点，反而应该如"腊月三十日"一般再往前看，看到"正月初一日"，又是一个新的开始。刘、陶二人关于生死问题，在这次讲会之后都有详细的文字解说。先来看陶奭龄的《知生说》，其中说:

> 学何事? 穷理、尽性、致命焉已矣。穷理者，知生死者也;尽性者，善生死者也;致命者，无生死者也。吾命原无生死，而何以忽有生死，此理之不可不穷也;吾命原无生死，而究竟不免生死，此性之不可不尽也。穷理而后知吾身与天地万物之皆妄，有终始而实无去来，尽性而后知吾身与天地万物之皆真，无住著而不遗利济。穷理尽性以至于命，而后知天地之惟吾范围，万物之惟吾曲成，而吾身与天地万物之昼夜惟吾通知。所寄似有方，而吾之神实无方也;所托似有体，而吾之易实无体也。有方故有往来，有体故有成坏。无方无体者，无往来无成坏，而又何生死之有? 明乎此，而

①　刘汋:《蕺山刘子年谱》，55 岁条，载吴光主编:《刘宗周全集》第 6 册，第 103 页。
②　刘宗周等:《证人社语录》，载吴光主编:《刘宗周全集》第 2 册，第 575—576 页。

> 后识吾身与天地万物始终于吾命，而吾命不随吾身与天地万物为始终，迥然无对，超然独存，至尊至贵，无首无尾，此吾儒生死之极谈，无事假途于葱岭者也。①

陶奭龄特别关心"生死"问题，并认为做学问就当"理会生死之说"。他对《周易·说卦传》中的"穷理尽性以至于命"进行了独特的发挥，将"穷理""尽性""致命"这三者都紧扣"生死"来进行立论。"穷理"不是穷尽天理而是穷生死之理去"知生死"；"尽性"不是"尽人之性、物之性"而是"善生死"；"至命"不是"知天命"而是"无生死"。陶奭龄重点分析了"吾命""吾身与天地万物"之间的关系，认为"吾身与天地万物"伴随"吾命"始终，但"吾命"却不能伴随"吾身与天地万物"始终，二者不是对等的。"吾命"是"迥然无对，超然独存，至尊至贵，无首无尾"的，"穷理尽性以至于命"，也就是要去识认"吾命"的"无生死""无往来无成坏"，识认"吾之神、吾之易"的"无方无体"，而后就能够超越生死了。这种"识认"具有明显的禅学意味，虽然陶奭龄说"此吾儒生死之极谈"。

刘宗周针对《知生说》而撰有《生死说》，对于生死问题做了自己的思考，其中说：

> 吾儒之学，宜从天地万物一体处看出大身子，天地万物之始即吾之始，天地万物之终即吾之终，终终始始，无有穷尽，只此是死生之说，原来死生只是常事，程伯子曰："人将此身放在天地间，大小一例看，是甚快活。"余谓生死之说正当放在天地间大小一例看也。于此有知，方是穷理尽性至命之学。借令区区执百年以内之生死而知之，则知生之尽只是知个贪生之生，知死之尽只是知个怕死之死而已。②

刘宗周也指出儒学就是"穷理尽性至命之学"，但是"知生死"却不能汲汲于"了生死"，"知生死"就不会"贪生怕死"。刘宗周特别强调"从天地万物一体处看出大身子"，将天地万物之始终与人之生死等同起来看，体悟了"大身子"也就能

---

① 刘宗周等：《证人社语录》第九会《附说》，载吴光主编：《刘宗周全集》第2册，第580—581页。
② 刘宗周等：《证人社语录》第九会《附说》，载吴光主编：《刘宗周全集》第2册，第579—580页。

体悟"大生死"。天地万物"终终始始，无有穷尽"，人之生死也是"终终始始，无有穷尽"，明白了这一点，生死也就是寻常事了。正因为刘宗周对生死有着较为纯粹的儒家式理解，所以在文中对陶奭龄禅学意味的生死观提出了批评：

> 理会生死之说，本出于禅门。夫子言原始反终，这是天地万物公共的道理，绝非一身生来死去之谓，与禅门迥异。自圣学不明，学者每从形器起见，看得一身生死事极大，将天地万物都置之膜外，此心生生之机蚤已断灭种子了。故其工夫专究到无生一路，只留个觉性不坏。再做后来人，依旧只是贪生怕死而已。①

刘宗周首先指出"生死之说"本是禅门学问，儒家一直以来都没有对此做过多的讨论，这是针对陶奭龄特别看重"理会生死之说"的评论。关于"原始反终"的道理，刘宗周认为人与天地万物都是一样"终终始始，无有穷尽"，所以不可"看得一身生死事极大"，也不可"将天地万物都置之膜外"。"生死只是寻常事"，过于看重"吾命"而"留个觉性不坏"，却"依旧只是个贪生怕死而已"。刘宗周还说："尽语默之道，则可以尽去就之道；尽去就之道，则可以尽生死之道。生死非大，语默去就非小。学者时时有生死关头难过，从此理会得透，天地万物便在这里，方是闻道。"②语默、去就等日用之间也作生死关头看待，那么"生死非大""语默去就非小"，一切都从容不迫，"方是闻道"。

比较而言，刘宗周重在"坐下""工夫"，而陶奭龄则重在"自家""本体"。在生死观上，刘宗周反对过于看重"生死""吾命"，而是强调"原始反终""生生不息"，承继张载《西铭》等儒家生死观念；而陶奭龄则特别看重"吾命"以及"理会生死之说"，"迥然无对""无首无尾"等语都接近佛家。从刘、陶讲学的分歧来看，晚明王学分化的关键问题是儒释之辨与朱王之辨，刘宗周一系有转向程朱的倾向，而陶奭龄一系则有转向佛家的倾向。

---

① 刘宗周等：《证人社语录》第九会《附说》，载吴光主编：《刘宗周全集》第2册，第579页。
② 刘宗周等：《证人社语录》第九会《附说》，载吴光主编：《刘宗周全集》第2册，第579页。

三、蕺山学派与姚江书院派之关系

崇祯五年(1632)，陶奭龄在白马岩居"别会"，主要参与者有王朝式、秦弘祐
(履思)，以及后来成立姚江书院派的"四先生"——沈国模、管宗圣、史孝咸、史
孝复。崇祯十二年(1639)九月，"四先生"以及王朝式、秦弘祐等人于余姚半霖
正式创立"义学"：

> 聘君谓："龙山久不聚，宜以义学为始基，如古小学意。"会城南五里许，
> 曰双雁里半霖间，有沈氏宅，山拱溪环，求售。聘君语宗圣、孝咸曰："可
> 矣。"于是刘子、陶先生、祁中丞及证人诸子如朝式、承佑、祁骏佳、王谷、钱
> 永锡、邢锡贞、陈树勋力赞之，而同邑施忠介邦曜与苏方伯万杰及子元璞、
> 郑文学锡元洎诸子协成之，事在是年之九月。忠介弁其端，聘君为之序
> 曰："古之重其事者必重其地，然欲使其地不朽，必先其事不朽。欲使其事
> 不朽，必先其人不朽。儒宗、儒行久已废缺，使姚江一灯，炳然千古，岂特斯
> 世斯民之幸，亦前此诸圣诸儒之幸。"①

陶奭龄、刘宗周以及证人社主要成员之一的祁彪佳，都表示支持。"以义学为
始基，如古小学意"，后来，刘宗周提出，因为"古小学"尹焞祠后之堂为证人书
院，故建议"义学"也名为"姚江书院"。② 余姚的"义学"即"姚江书院"，其主要
成员就是白马诸友，效仿的是"古小学"，而其目的则是传承浙中的阳明之学，
"使姚江一灯，炳然千古"。作为证人社的分支，沈国模等人后被学者称为姚江
书院派。③

　　无论"白马岩居"之时，或是"义学"之时，刘宗周其实与陶奭龄及其友人、弟
子之间始终保持着亦师亦友的关系，而王朝式、沈国模等人在学术上较为偏向

---

① 董玚:《姚江书院志略》卷下《沈聘君传》，载邵廷采:《邵廷采全集》，陈雪军、张如安点校整理，第
　872页。
② 董玚:《姚江书院志略》卷下《沈聘君传》，载邵廷采:《邵廷采全集》，陈雪军、张如安点校整理，第
　872页。
③ 钱茂伟:《姚江书院派研究》，第43—45、57—60页。

陶奭龄，也与陶奭龄关系更为密切一些。

"四先生"之中与刘宗周论学较多的是史孝复，崇祯十五年（1642），刘宗周与史孝复有《商疑十则》，此后还有书信论及"心意""格致"等问题。① 刘宗周与史孝咸、管宗圣等人也有书信论学，如在与管宗圣的书信中，刘宗周说："儒释之辨，各各取证于心，不害其为大同小异，况足下之教，则全以儒宗诠佛乘，并求所为小异处不可得矣。"②管宗圣60岁时，刘宗周还撰有祝寿文。可见刘宗周对于儒释之辨，有着一如既往的宽容。

至于姚江书院的核心人物沈国模，早在刘、陶共举证人会之时，他就多有参与。关于沈国模在姚江书院的讲学，董玚说："至于指点当下，原本'传习'之旨，亦符合'证人'之疏，要期人以必为圣人。"③这虽然是董玚的看法，但也基本符合事实。

进入清朝之后，姚江书院派与蕺山学派的关系，更为密切。姚江书院接续沈国模的主讲韩孔当（仁甫，1599—1671）就"乐寻证人旧侣"，与刘门弟子多有交往，曾将所撰的《姚江书院纪事》等出示董玚，并请"商定院规"。④ 之后的重要的主讲是韩孔当的弟子邵廷采，他与黄宗羲、董玚等刘门弟子关系更加密切。康熙六年（1667），黄宗羲、董玚、张应鳌等在越中重建证人书院，邵廷采就有参与。康熙十三年（1674），邵廷采拜谒董玚，"始谒先生，诏以'既宗蕺山之人，不可不知蕺山之学'，后数年负笈，喜读《全书》"⑤。正是通过董玚，邵廷采得到了进一步接触蕺山学的机会。后来邵廷采还请董玚作《姚江书院志略》，董玚完成了《六子传》等多篇小传并编定全书，梳理姚江书院的历史。邵廷采也撰写了《明儒刘子蕺山先生传》《刘门弟子传序》《请建蕺山书院启》等多篇表彰刘门的文章；也曾撰有《明儒王子阳明先生传》与《王门弟子所知传》等表彰

① 刘宗周：《商疑十则》，载吴光主编：《刘宗周全集》第2册，第340—348页；刘宗周：《答史子复二》，载吴光主编：《刘宗周全集》第3册，第383—388页。
② 刘宗周：《与管霞标》，载吴光主编：《刘宗周全集》第3册，第353页。
③ 董玚：《姚江书院志略》卷下《沈聘君传》，载邵廷采：《邵廷采全集》，陈雪军、张如安点校整理，第873页。
④ 董玚：《姚江书院志略》卷下《韩布衣传》，载邵廷采：《邵廷采全集》，陈雪军、张如安点校整理，第900页。
⑤ 邵廷采：《思复堂文集》卷三《东池董无休先生传》，载邵廷采：《邵廷采全集》，陈雪军、张如安点校整理，第194页。

王门的文章,对蕺山学与阳明学都非常推崇。他说:

> 明儒虽众,必推王、刘为一代程、朱。王近明道,刘近晦庵,而功勋节义
> 过之。朱、王之学,得刘而流弊始清,精微乃见。①

> 王、刘道同也,弟子岂各分门户哉?然而致知、诚意,因时指授,取其笃
> 信,不必定宗一家也。②

在邵廷采看来,门户之见不必存,对于王、刘也并无特别偏好,从他的《后蒙说》
等论学文章来看,他持学术兼采二家的观点。邵廷采还说:

> 启、祯之际,与蕺山刘子分席而讲。悦禅者皆从陶,然蕺山称其门人,
> 多求自得。石梁作"迁改格",教人为善去恶,蕺山更作《人谱》曰:"道不远
> 人。论本体有善无恶,工夫直有恶无善耳。"于是以念过为事,其同异
> 如此。③

> 初读《传习录》无所得,既读刘宗周《人谱》,曰:"吾知王氏学所始
> 事矣。"④

在邵廷采看来,刘宗周与陶奭龄,虽有同有异,然差别并不是太大。他将《人谱》
看作进入阳明学的入门指引,也表明在修身实践上,不必在意刘宗周的蕺山学
与阳明学之间的学术分歧。

最后还要说到黄宗羲,他与姚江书院派学者虽有矛盾,但也一直有所往
来。康熙二十八年(1689),黄宗羲亲自讲学于姚江书院:"己巳元夕,会讲于姚
江书院,康明府实来。"⑤此次会讲规模盛大,余姚知县康如琏(康熙九年[1670]

---

① 邵廷采:《思复堂文集》卷七《复友人书》,载邵廷采:《邵廷采全集》,陈雪军、张如安点校整理,第344页。
② 邵廷采:《思复堂文集》卷一《王门弟子所知传》,载邵廷采:《邵廷采全集》,陈雪军、张如安点校整理,第66页。
③ 邵廷采:《思复堂文集》卷一《王门弟子所知传》,载邵廷采:《邵廷采全集》,陈雪军、张如安点校整理,第68—69页。
④ 《邵廷采传》,《清史稿》卷四八〇,中华书局1977年版,第13111页。
⑤ 黄宗羲:《安邑马义云诗序》,载沈善洪主编:《黄宗羲全集》第10册,第72页。

进士)也前来参加。姚名达先生认为黄宗羲会讲于姚江书院与邵廷采请董场作《姚江书院志略》这两件事情,是"黄、邵对姚江一派加以修正,渐与证人一派混合为一之表征",他还指出:"传其道者,惟黄宗羲最正,邵廷采则其再传嫡派也。"①在他看来,邵廷采也是蕺山学脉的正宗嫡派,而且从邵廷采开始姚江书院派已归入蕺山学派,二者已经合二为一了。

　　总之,刘宗周所代表的蕺山学派与陶奭龄所代表的姚江书院派,两派之间最大的差异就是对王学、禅学的不同态度,刘宗周一系对王学有所改造并带有朱学的因素,而陶奭龄一系坚持王畿以来浙中王学特色并带有禅学的因素。刘、陶二人始终保持良好的关系,他们二人门下友人、弟子大多也有交流,究其原因当是刘宗周一直反对"以异端摈同侪",主张在讲学的过程中救治弊病。随着时序推移,姚江书院派后期的讲学因为邵廷采而越来越向蕺山学派靠拢,也可以说邵廷采是总结二派学术的关键人物,对王、刘师弟子以及"四先生"都曾撰文加以表彰。最后还有必要指出,邵廷采的学术重心也与黄宗羲及其弟子相似,转向经世致用以及晚明史传等文献之学的研究。刘、陶身后,浙中少有穷究性理之学者。

---

① 　姚名达:《刘宗周年谱》,载吴光主编:《刘宗周全集》第 6 册,第 489、212 页。

第四章　蕺山学的内圣学

经过对朱子学与阳明学的梳理，以及与周敦颐等宋明儒者的"高峰对话"之后，刘宗周重新诠释了儒家内圣学。特别是关于本体与工夫，刘宗周曾说："学者只有工夫可说，其本体处直是着不得一语。才着一语，便是工夫边事。然言工夫，而本体在其中矣。"①刘宗周本体与工夫统合一体、一元论的观念，在王阳明的基础上又向前进了一步。在他看来本体与工夫是打通的，而本体无法讨论，要讨论的只是工夫，工夫着实之后本体就在其中。刘宗周认为"体用"也是统合的，他说："须知此理流行心目之前，无用非体，无体非用。盖自其可见者而言，则谓之用；自其不可见者而言，则谓之体：非截然有两事也。"②刘宗周统合性的内圣学，在"人以天地万物为一体"与"盈天地间一气"这两个命题上体现得更加典型。刘宗周又将"慎独"作为统合一切工夫的工夫，而"慎独"与"敬""静""诚意"之间的关系如何等问题则有待进一步的梳理。

第一节　"人以天地万物为一体"

"人以天地万物为一体"，这一观念可以说是解开蕺山之学奥秘的一把钥匙。早在刘宗周 37 岁时撰写的《心论》之中，他就提出"只此一心，散为万化，万化复归一心"的统合性主张。这一思想的提出，其实际的社会政治背景为：

> 先生以群小在位，给假归，阖门读书。曰："昔伊川先生读《易》，多得之于涪州。朱子落职奉祠，其道益光。吾侪可无自厉乎。"久之，悟天下无心

---

① 刘宗周：《答履思二》，载吴光主编：《刘宗周全集》第 3 册，第 309 页。
② 刘宗周：《答叶润山》，载吴光主编：《刘宗周全集》第 3 册，第 370 页。

外之理,无心外之学。①

这是刘宗周第一次因为外王之道不可行而回归乡野读书,希望从圣贤之书中寻找拯救学术、人心,乃至江山社稷的道路。

刘宗周的《心论》已经提出了"一心"与"万化"的统合与转化关系,这一思想一直都在发展之中,他59岁时提出"体认亲切法",则为其"万物一体"思想完成的标志:

> 身在天地万物之中,非有我之得私;
>
> 心包天地万物之外,非一膜之能囿。
>
> 通天地万物为一心,更无中外可言;
>
> 体天地万物为一本,更无本之可觅。②

刘宗周很好地解释了"天地万物、身、心"三者之间的关系。就形器而言,"万物"统于"一身",即统于"人",人之身为天地万物之化育;就义理而言,"万物"统于"一心",人心可以体认天地万物,天地万物原为一本。

刘宗周后来又对"体认亲切法"中"一本万殊"的思想进一步解释道:

> 问万物皆备之义。曰:"万物统于我矣,万形统于身矣,万化统于心矣,万心统于一矣。"问:"一何统乎?"曰:"统于万。一统于万,一故无一。万统于一,万故无万。无一之一是谓一本,无万之万是谓万殊,致一者体仁之功,汇万者强恕之说。二乎? 一乎? 安乎? 勉乎?"
>
> 万统于一,其理易见;一统于万,旨奥难明。知万者一所散见,而一者万所同然。月落万川,处处皆圆,正以处处此月,故尔处处皆圆。今以万月之圆,仰印孤悬之月,曾无有二。既无二圆,是无二月。既无二月,万川之月摄归一体。吾举一川之月,摄尽各川之月,以一统万,旨正如此。③

----

① 刘汋:《蕺山刘子年谱》,37岁条,载吴光主编:《刘宗周全集》第6册,第69页。
② 刘宗周:《学言上》,载吴光主编:《刘宗周全集》第2册,第394页。
③ 刘宗周:《学言中》,载吴光主编:《刘宗周全集》第2册,第430页。

在刘宗周看来,"万物一体"包含了"万物"与"一我"、"万形"与"人身"、"万化"与"人心"、"万心"与"一心"四层关系。"一统于万,万统于一",一包含了万,万包含了一,"无一之一是谓一本,无万之万是谓万殊"。刘宗周"一本万殊"的思想,其实是为了进一步阐明"理一分殊"之旨,并且强调了"一统于万"该如何理解,"万"散为"一",故"一"为"万"之同,依旧属于在解释"理一分殊"。

这里最为关键的问题是要去体悟"心"的妙用,对此刘宗周说:

> 所谓"信得及"者,只于此心中便觉一下耳;才觉一下,便千变万化用之不穷;虽千变万化用之不穷,却非于此心之外又加毫末也。此心原来具足,反求即是。反求即是觉地,觉路即是圣路。不隔身心,不岐凡圣、不囿根气、不须等待,方是真洁净。学者但时保任而已,别无谬巧也。①

以"心"体悟"天地万物",以及在"人"与"天地万物"之间"一而万、万而一""千变万化"的关系,这只有"人心"才能实现;"天地万物"本与"人心"一体,所以"原来具足";要去体悟这种一体的关系,就要去"反求",即"觉"。换一种表达,这也就是以身去体证的学问。刘宗周说:

> 圣贤只就眼前道理,即身证学问,而万物一体之意,随大小广狭,即以自见。如人一身,或得一体,或具体而微,而斟酌于元气之周施,上天下地,往古来今,尽在此间。此是洙、泗家风。②

"万物一体之意"随"人心"的修养不同而有"大小广狭"不同境界,关键在于"人心"如何去结合眼前道理体证"上天下地,往古来今"、天地元气周匝施行。人心为什么能够有此"觉",能够体证"万物一体"? 刘宗周又说:"凡以善承天心之仁爱,而生死两无所憾焉,斯已矣! 此之谓立命之学。至此而君子真能通天地万物以为一体矣。此求仁之极则也。"③他认为"人心"本为"天地万物"之所化育,

---

① 刘宗周:《论罗近溪先生语录二则示秦履思》,载吴光主编:《刘宗周全集》第 3 册,357—358 页。
② 刘宗周:《论语学案》,颜渊季路侍章,载吴光主编:《刘宗周全集》第 1 册,第 335 页。
③ 刘宗周:《圣学宗要》,横渠张子,载吴光主编:《刘宗周全集》第 2 册,第 233—234 页。

"承天心之仁爱",故"求仁"就能"通天地万物为一体"。"求仁"而体证"天地万物一体",最终超越生死,这就是刘宗周所追求的圣贤之道、君子修身立命之学。所以,刘宗周所提出的"人以天地万物为一体"的学说,在程颢、王阳明的基础上有了自己的发展,将"求仁"与超越生死结合起来,并且具有了很强的统合性。

刘宗周的"万物一体"说的另一种表述则为"人以天地万物为一体",他说:

> 仁者以天地万物为一体,乃人以天地万物为一体,非仁者以天地万物为一体也。若人与天地万物本是二体,必借仁者以合之,早已成隔膜见矣。人合天地万物以为人,犹之心合耳、目、口、鼻、四肢以为心。今人以七尺言人,而遗其天地万物皆备之人者,不知人者也;以一膜言心,而遗其耳、目、口、鼻、四肢皆备之心者,不知心者也。学者于此信得及、见得破,我与天地万物本无间隔,即欲容其自私自利之见以自绝于天而不可得。不须推致,不烦比拟,自然亲亲而仁民,仁民而爱物,义、礼、智、信一齐俱到,此所以为性学也。①

虽然说"求仁"才能有"觉",才能体悟"人心"与"天地万物"之间的关系,但是刘宗周更为强调的是"人"与"天地万物"本来就是统合一体的。人其实就是天地万物的组合,就像"心"其实就是耳、目、口、鼻、四肢等感官的组合一样。明白这个观点,人们也就能明白"我"与天地万物原本无所间隔,也就不会将自我隔绝于天地万物,而产生那么多自私自利之偏见了。自然就会亲亲、仁民、爱物,就会将仁义礼智信一起实现,这也就是进一步论证了"内圣"与"外王"之间的逻辑。此外,关于"人以天地万物为一体"说与超越生死的关系,本书前一章已经详述,不再赘言。

刘宗周的"万物一体"说,除去以往儒者强调的空间的"物"的观念,还增加了时间观念,即"万古一息"说,他说:

> 夫子其天乎? 通天下为一体,联万古为一息。②

---

① 刘宗周:《答履思五》,载吴光主编:《刘宗周全集》第 3 册,第 312 页。
② 刘宗周:《论语学案》,子畏于匡章,载吴光主编:《刘宗周全集》第 1 册,第 399 页。

> 凡事皆有始终,由一言一动、一呼一吸推之,乃知天地有大始终。然始无所始,当其始,有终之用;终无所终,当其终,有始之用。终终始始,相禅无穷,间不容发,总一呼一吸之积。①

> 以易知,故即以易而知物;以简能,故即顺乾之易以为简而成物。易知,故物物皆于乾资始而有亲;易从,故物物皆于坤作成而有功。有亲,故始始不穷而通万古于一息;有功,故生生不匮而会寰宇为一身。②

"万古一息",也就是天地万物的生生不息。正因为生生不息,所以才能天地万物化为人身,人身又化为天地万物,有一个循环往复的过程。而且,刘宗周将言动、呼吸与天地之始终都统合起来看待,又指出"始无所始""终无所终""终终始始,相禅无穷",都是因为有一个生生不息的"万物一体"存在。这也就是上面提及"斟酌于元气之周施,上天下地,往古来今,尽在此间"所要表达的意思所在,也只有体会时、空都具有超越性的"万物一体",才能真正超越生死。

再进一步看刘宗周"万物一体"说的统合性,具体落实在《大学》之中,他说:

> "形色,天性也。"故《大学》之教,归于修身,内之摄心意知物,外之摄家国天下,此践形之尽也。③

> 心中有意,意中有知,知中有物,物有身与家国天下,是心之无尽藏处。性中有命,命中有天,天合道,道合教,教合天地万物,是性之无尽藏处。④

> 心无体,以意为体;意无体,以知为体;知无体,以物为体;物无用,以知为用;知无用,以意为用;意无用,以心为用。此之谓体用一源,此之谓显微无间。⑤

刘宗周将"万物一体"说与《大学》学结合,《大学》之教以"修身"为本,"身"向内融摄"心意知物",向外融摄"家国天下","心意知物"的"物"又反过来融摄"身家

---

① 刘宗周:《学言中》,载吴光主编:《刘宗周全集》第 2 册,第 409 页。
② 刘宗周:《周易古文钞下》,载吴光主编:《刘宗周全集》第 1 册,第 215 页。
③ 刘宗周:《学言中》,载吴光主编:《刘宗周全集》第 2 册,第 423 页。
④ 刘宗周:《学言中》,载吴光主编:《刘宗周全集》第 2 册,第 417 页。
⑤ 刘宗周:《学言下》,载吴光主编:《刘宗周全集》第 2 册,第 450 页。

国天下"，"修身"不管向内、向外都应与家国天下一体，关键是把握"修身之旨"，所以"体认亲切法"说"身在天地万物之中，非有我之得私"。"身与家国天下"即"心之无尽藏处"，所以说"心包天地万物之外，非一膜之能囿"。修身的关键就是"成性"，性、命、天、道、教之间也有统合关系，"教"融摄"天地万物"即"性之无尽藏"，"万殊"而"一本"。物，是最为根本的"体"，即"人以天地万物为一体"之"体"，所以说"体天地万物为一本，更无本之可觅"。心，是最为根本的"用"，即"万化统于心矣，万心统于一矣"之"心"，所以说"通天地万物为一心，更无中外可言"。这就是刘宗周说的"体用一源，显微无间"。

刘宗周的"体认亲切法"以"一本万殊"的理念，发展了宋儒"理一分殊"之说，并且提出了"人以天地万物为一体"这一更具统合性的"万物一体"说。其特点有三：其一，"人以天地万物为一体"，强化自我与天地万物原本无间隔，因而自然就会仁爱而不会自私自利。其二，凸显了"天地万物一体"空间与时间的关系，"通天下为一体，联万古为一息"是一个生生不息的"一体"，所以可以超越生死。其三，"万物一体"说与《大学》之"修身"为本说相结合，由"修身"而向内、向外，都应与家国天下"一体"。总之，刘宗周"人以天地万物为一体"为核心理念的"万物一体"说，旨在进一步论证"内圣"与"外王"之间的逻辑关系，还在生死、出处等观念上进一步强化儒家特色。

第二节　"盈天地间一气"

刘宗周"人以天地万物为一体"的"万物一体"说，与他的"盈天地间一气"的"气论"也是密切相关的，二者都体现出统合性的思想特征。"气"与"天地"本是统合一体的关系，而"气"的概念又有着更为统合的重要含义。[①] 他的"气论"的统合性主要涵义为："气论"既是关于宇宙生成的理论，也是关于道德生成的理

---

① 学界从气论角度研究刘宗周思想的比较多，比较重要的论文有：吴幸姬：《刘蕺山的气论思想：从本体宇宙论之进路谈起》，台湾中正大学中国文学研究所博士学位论文，2001 年；柯正诚：《刘蕺山"盈天地间一气"思想研究》，台湾中国文化大学中研所硕士学位论文，2003 年。本节对此问题的讨论，重在将"盈天地间一气"与别的说法进行比较，并且结合刘宗周思想的统合性，希望对此问题做一个澄清。

论。首先来看刘宗周对"太极""阴阳"与"气"的看法：

> 《太极图说》言：太极生阴阳，阴阳生五行，五行生成万物，物钟灵有人，人立极有圣，圣合德天地。似一事事有层节，岂知此理一齐俱到！在天为阴阳，在地为刚柔，在人为仁义。人与物亦复同得此理，蠢不为偏，灵不为全，圣不加丰，凡不加啬。直是浑然一致，万碎万圆，不烦比拟，不假作合，方见此理之妙。①
>
> 阴阳之气一也，而其精者则曰神与灵，其粗者则物而已。精气者，纯粹以精之气，道之形而上者是也。神者气之吐也，灵者气之含也，一精含吐而神灵分，灵亦神也。人物之生，莫不本乎阴阳之气，则莫非神之所为，故以为品物之本。而人物之中，惟人也得其气之精者为最全，故生为万物之灵，而礼乐仁义从此出焉。立人之道，仁义是也。礼乐者，仁义之具也。②

刘宗周认为周敦颐的《太极图说》，讲了"太极—阴阳—五行—万物"，而且前面一节讲了宇宙生成关系，即"万物—人—圣—天地"，后面一节讲了道德生成关系，其中的"理"是相同的，"在天为阴阳，在地为刚柔，在人为仁义"，"人"与"物"同得此理，但是禀赋之中还有偏与全、丰与啬之别，至于"人""物"之间为什么差别这么大，则是因为人得天地之精气最全，得了天地之间的"神与灵"，所以为"万物之灵"。这"灵"的表现却是体现在道德生成方面，"礼乐仁义"为人所本具，即"立人之道"。这些都是"万物一体"之"理"的妙用。正是基于这样的"万物一体"论，刘宗周提出"盈天地间一气"的理论。他说：

> 盈天地间只是一点太和元气流行，而未发之中实为之枢纽其间，是为无极而太极。③
>
> 盈天地间，一气而已矣，而阴阳分。非谓分一气以为阴，分一气以为

---

① 刘宗周：《学言中》，载吴光主编：《刘宗周全集》第2册，第409页。标点有改动。
② 刘宗周：《曾子章句》，天圆第十，载吴光主编：《刘宗周全集》第1册，第595页。
③ 刘宗周：《遗编学言》，载吴光主编：《刘宗周全集》第2册，第481页。

阳也。一气也,而来而伸者,阳也;往而屈者,阴也。来则必往,伸者必屈,总一阳之变化也。故盈天地间,阳常为主,而阴以辅之,阴不得与阳拟也明矣。①

"无极而太极"或"太极生阴阳",其实都是"一气"之"流行",这也就是"未发之中",其中"阳"是主导,"阴"是辅助,但是"阴""阳"本不可分。

进一步,关于"理"与"气"关系的问题,刘宗周说:

盈天地间一气也,气即理也。天得之以为天,地得之以为地,人物得之以为人物,一也。人未尝假贷于天,犹之物未尝假贷于人,此物未尝假贷于彼物,故曰:"万物统体一太极,物物各具一太极。"自太极之统体而言,苍苍之天亦物也。自太极之各具而言,林林之人,芸芸之物,各有一天也。②

天地之间,一气而已,非有理而后有气,乃气立而理因之寓也。③

刘宗周以"盈天地间一气"的理论,对"气即理也"进行了更加完善的解释。气与理相辅相成,气是理之气,理是气之理,所以才能"天得之以为天,地得之以为地,人物得之以为人物"。天即理,即太极。理或太极,形成了天、地、人、物,并且此物与彼物、此人与彼人都各自有一完整的太极,未尝彼此"假贷"。理,只是一个理,"理一分殊",理在天地、人物之中各有不同的表现,这也是太极(理)的妙用。刘宗周还说:"天地之间,一气而已,非有理而后有气,乃气立而理因之寓也。"虽然说"气"与"理"不可分,但其中更为根本的还是"气",所以他经常提"盈天地间一气"。

刘宗周还有"盈天地间皆心"这一说法,后来为黄宗羲所继承发扬而更为

---

① 刘宗周:《读易图说》,载吴光主编:《刘宗周全集》第 2 册,第 128 页。
② 刘宗周:《学言中》,载吴光主编:《刘宗周全集》第 2 册,第 408 页。此段文字另见《遗编学言》,夹在朱子"天以阴阳五行化生万物"的相关的讨论之中,第 479 页。
③ 刘宗周:《圣学宗要》,载吴光主编:《刘宗周全集》第 2 册,第 230 页。

引人注目,其实在刘宗周这里已经再三强调了。① 相关的还有"盈天地间皆性""盈天地间皆道"等等看似五花八门似矛盾的说法。其实,在刘宗周看来,"心"本来就是"气"的变化,所以"盈天地间皆心"与"盈天地间一气"二者并没有什么冲突。刘宗周说:

> 人心一气而已矣,而枢纽至微,才入粗一二,则枢纽之地霍然散矣。②
> 一气之变,杂然流行。类万物而观,人亦物也,而灵者不得不灵。灵无以异于蠢也,故灵含蠢,蠢亦含灵。类万物而观,心亦体也,而大者不得不大。大无以分于小也。故大统小,小亦统大。③

由"一气之变"而生成"万物","人心"则是其中最为精微、灵敏的一物,因为统合性的原理,至小的"心"也可以统"天地",所以才又有"盈天地间皆心也"的提法,这只是为了说明"人心"的特点而已。

总的来看,在刘宗周那里对于"人"与"万物一体"关系的进一步解释,主要就是以"盈天地间皆气"来加以表述,这个说法在他的思想之中是统合其他的"盈天地间"的一个较为根本的提法,盈天地间皆心或道、性、理等,都只是在讨论其他相关问题的时候的一种变通的说法而已。

第三节　"圣学之要,只在慎独"

关于刘宗周的为学宗旨,他自己并未总结,他的弟子们却各自有不同的总结。其中,刘汋认为经由"主敬"与"慎独",最后则"诚意"为刘宗周一生学术之"归本":

> 先君子学圣人之诚者也。始致力于主敬,中操功于慎独,而晚归本于

---

① "盈天地间,皆心也"或"盈天地间皆心",见刘宗周:《读易图说自序》与《五子连珠》,载吴光主编:《刘宗周全集》第 2 册,第 122、189 页。
② 刘宗周:《学言下》,载吴光主编:《刘宗周全集》第 2 册,第 435 页。
③ 刘宗周:《学言中》,载吴光主编:《刘宗周全集》第 2 册,第 408 页。

诚意。诚由敬入，诚之者人之道也。意也者，至善栖真之地，物在此，知亦在此。意诚则止于至善，物格而知至矣。意诚而后心完其心焉，而后人完其人焉，是故可以扶皇纲，植人纪，参天地而为三才也。①

而黄宗羲则说：

先生宗旨为"慎独"。始从主敬入门，中年专用慎独工夫。慎则敬，敬则诚。晚年愈精微、愈平实，本体只是些子，工夫只是些子。仍不分此为本体，彼为工夫。②

一般认为黄宗羲是真正懂得蕺山之学的，他认为刘宗周的为学宗旨为"慎独"，而且"慎独"也是"敬"与"诚"的工夫所在。"慎独"统合本体与工夫，最后的落实则不必分本体、工夫。黄宗羲的说法应该符合蕺山学的本然。

一、"慎独"学的发展过程

刘宗周的"慎独"之学，也经历了一个漫长的发展过程。③ 因为刘宗周早期著述大多遗失，故现存史料中，论及"慎独"最早的即在刘宗周 36 岁时：

圣学要旨摄入在克己，即《大》《中》之旨摄入在慎独，更不说知、说行。周子"学圣有要"一段，亦最简截，与克己慎独之说相印证，此千古相传心法也。④

从此条可知，刘宗周很早就认为《大学》《中庸》的主旨在于"慎独"，而这两种经典也是建构蕺山学体系最为关键的文本。再看他 40 岁左右的《论语学案》：

---

① 刘汋：《蕺山刘子年谱》，68 岁条，载吴光主编：《刘宗周全集》第 6 册，第 173 页。
② 黄宗羲：《子刘子行状》卷下，载沈善洪主编：《黄宗羲全集》第 1 册，第 250 页。
③ 关于刘宗周"慎独"之学发展过程的讨论，参见廖俊裕：《道德实践与历史性：关于蕺山学的讨论》第 2 章，台湾花木兰文化出版社 2008 年版，第 51—69 页；高海波《慎独与诚意：刘蕺山哲学思想研究》第 5 章，生活・读书・新知三联书店 2016 年版，第 231—316 页。
④ 刘宗周：《与陆以建年友一》，载吴光主编：《刘宗周全集》第 3 册，第 298 页。

> 君子学以慎独，直从声臭外立根基。
>
> 学者只从"慎独"入，斯得。
>
> 学者深察乎此而致力焉，于以存天理之本然，遏人欲于将萌，则学问之功思过半矣。故君子必慎其独也。①

《论语》也是刘宗周特别重视的一个文本，所以专门对弟子讲解并编撰《论语学案》。从上引诸条可知，40 岁时刘宗周十分重视"慎独"对于道德生成的重要性，"慎独"作为入门工夫，比"克己复礼"更为重要。与此观点相似的还有 42 岁时："绝恶必务尽，拔本塞源之谓也。此为慎独之君子能之。"②到了 43 岁时，刘宗周已经确立了"慎独"作为"圣学"最根本的宗旨：

> 圣学之要，只在慎独。独者，静之神、动之机也。动而无妄，曰静，慎之至也。是谓主静立极。
>
> 圣人原不曾动些子，学圣者宜如何？曰："慎独。"③

47 岁时，刘宗周提出"慎独"乃先圣传心的宗旨：

> 圣人之道即圣人之心是已。……是心也，仲尼传之子思子，以作《中庸》，则曰："君子戒慎乎其所不睹，恐惧乎其所不闻。"而约之曰"慎独"，遂为后世传心的旨。④

然而一般认为刘宗周正式提出"慎独"之旨是在 48 岁时，即天启五年（1625），当时刘宗周讲学于解吟轩，"于是有慎独之说"。慎独之学的重要性，其实从提出此宗旨的背景就可以看出来，刘汋说："先生痛言：世道之祸酿于人心，而人心

---

① 刘宗周：《论语学案》，为政以德章，载吴光主编：《刘宗周全集》第 1 册，第 277 页；朝闻道章，第 310—311 页；子绝四章，第 398 页；克伐怨欲章，第 460 页；益者三乐章，第 507 页；子夏之门人小子章，第 543 页。

② 刘宗周：《曾子章句》，立事第一，载吴光主编：《刘宗周全集》第 1 册，第 567 页。

③ 刘宗周：《学言上》，载吴光主编：《刘宗周全集》第 2 册，第 361，364 页。

④ 刘宗周：《重刻尹和靖先生文集序》，载吴光主编：《刘宗周全集》第 4 册，第 6 页。

之恶以不学而进。今日理会此事，正欲明人心本然之善，他日不至凶于尔国，害于尔家。"①"慎独"可以看作是刘宗周为救世拯人而提出的学问主张。

刘宗周 52 岁时著《大学古记约义》，将"慎独"与"知止""格物"等结合起来加以论说，并且提出："《大学》之道，一言以蔽之，曰慎独而已矣。"②之后，刘宗周在 54 岁时所作的《独箴》中说："圣学本心，惟心本天。维玄维默，体乎太虚。因所不见，是名曰'独'。"③这已经说明了"独"的本体意义。是年还著有《中庸首章说》，其中指出："独之外，别无本体；慎独之外，别无工夫，此所以为《中庸》之道也。"并且以"慎独"将"人心与道心""义理之性与气质之性""静存与动察""工夫与本体"等"一之"。④ 到此时慎独之学已经趋于成熟，在刘宗周论心性本体之中已经实现了一以贯之。

刘宗周 57 岁时才将慎独工夫疏通为千圣学脉，讲学于"证人社"，便已经"专揭慎独之旨教学者"⑤。也即到此时，他才对自己的"慎独之旨"感到满意，将"慎独"作为"立教"之根本，而且认为并无太多后遗症。因此可以说，52 岁至57 岁之间是刘宗周的蕺山学体系进一步完善的重要时期。杜维明先生说："宗周于崇祯二年（1629）有《大学古记约义》；崇祯四年（1631）有《中庸首章说》、《独箴》；崇祯五年（1632）有《第一义》等说九篇；至崇祯七年（1634）辑撰《圣学宗要》《人谱》，其间复有许多与门人、同道的论学书等，而慎独却如一根红线贯穿其中。"⑥综括刘宗周晚年的重要著述，其思想体系的核心即"慎独"。

二、"慎独之旨"统合于经典

刘宗周标出"慎独之旨"，其一是结合经典文本来加以论证，这是最关键的一个方面。刘宗周与此前那些仅仅以数条语录谈论思想宗旨的儒者大有区

① 刘汋：《蕺山刘子年谱》，48 岁条，载吴光主编《刘宗周全集》第 6 册，第 80—81 页。
② 刘宗周：《大学古记约义》，载吴光主编《刘宗周全集》第 1 册，第 650 页。
③ 刘宗周：《独箴》，载吴光主编《刘宗周全集》第 4 册，第 345 页。
④ 刘宗周：《中庸首章说》，载吴光主编《刘宗周全集》第 2 册，第 300—302 页。
⑤ 刘汋：《蕺山刘子年谱》，54 岁条，载吴光主编《刘宗周全集》第 6 册，第 101 页。
⑥ 杜维明、东方朔：《杜维明学术专题访谈录：宗周哲学之精神与儒家文化之未来》，第 312 页。该书对慎独说提出的过程，也有讨论。

别,他特别注意文本辨析的重要性。其二则是结合宋明先儒语录来加以论证,这主要体现在《五子连珠》与《圣学宗要》等著述的编撰理念之中。一句话:"'慎独'二字最为居要,即《太极图说》之张本也。乃知圣贤千言万语,说本体说功夫,总不离'慎独'二字。"①还有,在刘宗周50岁时编著的《皇明道统录》,此书后来成为《明儒学案》卷首的《师说》,其中就有以"慎独"融摄朱子与阳明之处:"其于工夫,似有分合之不同,然详二先生所最吃紧处,皆不越慎独一关。"②还有上文也已说到,他在论及王阳明时,也强调了关涉"独体"问题的"良知即是独知时"一句的重要性。

再看刘宗周将他的"慎独之旨"统合于经典文本的诠释,这主要集中于《大学》与《中庸》,对这两个文本的辨析纠结其一生。在刘宗周看来,慎独是学问第一义,《大学》《中庸》都是以慎独为其一贯之学。他说:

> 《大学》言心到极至处,便是尽性之功,故其要归之慎独。《中庸》言性到极至处,只是尽心之功,故其要亦归之慎独。独,一也。形而上者谓之性,形而下者谓之心。③
>
> 慎独是学问第一义。言慎独,而身、心、意、知、家、国、天下一齐俱到。故在《大学》为格物下手处,在《中庸》为上达天德统宗,彻上彻下之道也。④

《大学》与《中庸》之中原本就有"慎独"二字,"慎独"当是这两部经典论心、论性的"极至处",也是"下手处",作为"学问第一义",故"彻上彻下"。再进一步,则除了《大学》《中庸》,还有《论语》《孟子》乃至六经,其主旨也是"慎独":"《大学》之道,慎独而已矣;《中庸》之道,慎独而已矣;《论》、《孟》、六经之道,慎独而已矣。慎独,而天下之能事毕矣。"⑤也就是说"慎独"这个主旨,在刘宗周那里可以统合所有经典文本。

刘宗周以"慎独之旨"统合《大学》全书:

---

① 刘宗周:《圣学宗要》,载吴光主编:《刘宗周全集》第2册,第258页。
② 刘宗周:《师说》,载黄宗羲:《明儒学案》卷首,沈芝盈点校,第7页。
③ 刘宗周:《学言上》,载吴光主编:《刘宗周全集》第2册,第389—390页。
④ 刘宗周:《学言上》,载吴光主编:《刘宗周全集》第2册,第396—397页。
⑤ 刘宗周:《读大学》,载吴光主编:《刘宗周全集》第4册,第418页。

隐微之地，是名曰独。其为何物乎？本无一物之中而物物具焉，此至善之所统会也。致知在格物，格此而已。独者物之本，而慎独者格之始事也。……自闻自见者，自知者也。吾求之自焉，使此心常知、常定、常静、常安、常虑而常得，慎之至也。慎则无所不慎矣，始求之好恶之机，得吾诚焉，所以慎之于意也；因求之喜、怒、哀、乐之发，得吾正焉，所以慎之于心也；又求之亲爱、贱恶、畏敬、哀矜、敖惰之所，得吾修焉，所以慎之于身也；又求之孝、弟、慈，得吾齐焉，所以慎之于家也；又求之事君、事长、使众，得吾治焉，所以慎之于国也；又求之民好、民恶，明明德于天下焉，所以慎之于天下也。而实天下而本于国，本于家，本于身，本于心，本于意，本于知，合于物，乃所以为慎独也。慎独也者，人以为诚意之功，而不知即格致之功也，人以为格致之功，而不知即明明德于天下递先之功也。《大学》之道，一言以蔽之，曰慎独而已矣。①

刘宗周后来还说："《大学》是一贯底血脉，不是循序底工夫。今人以循序求《大学》，故谓格致之后，另有诚意工夫；诚意之后，另有正心工夫。岂正心之后，又有修齐治平工夫邪？"②"格物"的开始即"慎独"，然后，"致知""诚意""正心""修身""齐家""治国""平天下"，这些都是"慎独"工夫的推衍，甚至"知、定、静、安、虑、得、明明德于天下"都要从慎独的工夫开始。"格物"之物即"独"，"独"又解释为"本无一物之中而物物具焉""至善之所统会"，也就是上文所说的"万物一体"。总之，"慎独"为《大学》之教的一以贯之的工夫。

刘宗周又以"慎独之旨"统合《中庸》，这一讲述，非常精妙，也是刘宗周即气而言心性的理论特色所在：

《中庸》言喜怒哀乐，专指四德言，非以七情言也。喜，仁之德也；怒，义之德也；乐，礼之德也；哀，智之德也。而其所谓中，即信之德也。一心耳，而气机流行之际，自其盎然而起也谓之喜，于所性为仁，于心为恻隐之心，于天道则元者善之长也，而于时为春。自其油然而畅也谓之乐，于所性为

---

①　刘宗周：《大学古记约义》，载吴光主编：《刘宗周全集》第 1 册，第 649—650 页。
②　刘宗周：《学言下》，载吴光主编：《刘宗周全集》第 2 册，第 452 页。

礼,于心为辞让之心,于天道则亨者嘉之会也,而于时为夏。自其肃然而敛也谓之怒,于所性为义,于心为羞恶之心,于天道则利者义之合也,而于时为秋。自其寂然而止也谓之哀,于所性为智,于心为是非之心,于天道则贞者事之干也,而于时为冬。乃四时之气所以循环而不穷者,独赖有中气存乎其间,而发之即谓之太和元气,是以谓之中,谓之和,于所性为信。于心为真实无妄之心,于天道为干元亨利贞,而于时为四季。故自喜怒哀乐之存诸中而言,谓之中,不必其未发之前别有气象也。即天道之元亨利贞,运于穆者是也。自喜怒哀乐之发于外而言,谓之和,不必其已发之时又有气象也。即天道之元亨利贞,呈于化育者是也。惟存发总是一机,故中和浑是一性。如内有阳舒之心,为喜为乐,外即有阳舒之色,动作态度,无不阳舒者。内有阴惨之心,为怒为哀,外即有阴惨之色,动作态度,无不阴惨者。推之一动一静,一语一默,莫不皆然。此独体之妙,所以即隐即见,即微即显,而慎独之学,即中和即位育,此千圣学脉也。自喜怒哀乐之说不明于后世,而性学晦矣。千载以下,特为拈出。①

在此,刘宗周指出了"独体之妙",即"气"在春夏秋冬四时之中的生成发展,因为"人以天地万物为一体""盈天地间一气",所以"气机"之流行会有:喜、乐、怒、哀四德;仁、礼、义、智四性;恻隐、辞让、羞恶、是非四心;以及元、亨、利、贞,天道随着春、夏、秋、冬四时之气而流行;等等。四时之"气"循环不已,因为还有"中气",即"太和元气",表现为性即"信",表现为心即"真实无妄",等等。在这期间要把握的就是"独体之妙",如何来把握呢? 就是要用"慎独之学"。

三、"从来学问只有一个工夫"

本体的"独体"不可多说,当与工夫的"慎独"统合去理解,只有"慎独"的工夫,才是心性修养一以贯之的核心,不可"劈成两下"。所以刘宗周说:"从来学问只有一个工夫,凡分内分外、分动分静、说有说无,劈成两下,总属支离。"②这

---

① 刘宗周:《学言中》,载吴光主编:《刘宗周全集》第2册,第414—416页。
② 刘汋:《蕺山刘子年谱》,66岁条,载吴光主编:《刘宗周全集》第6册,第147—148页。

条语录刘汋的《年谱》特别摘录，并加按语说：

> 先儒言道分析者，至先生悉统而一之。先儒心与性对，先生曰"性者心之性"；性与情对，先生曰"情者性之情"；心统性情，先生曰"心之性情"。分人欲为人心、天理为道心，先生曰"心只有人心，道心者，人心之所以为心"。分性为气质、义理，先生曰"性只有气质，义理者气质之所以为性"；未发为静、已发为动，先生曰"存发只是一机，动静只是一理"。推之存心、致知、闻见、德性之知，莫不归之于一。①

刘宗周认为"从来学问只有一个工夫"，工夫不能二分为内外、动静、有无等等，这个工夫在他那里也就是指"慎独"。他也反对性情、人心道心、气质义理、未发已发等等的两分，从心性修养来说，都应该"归之于一"，即"慎独之旨"。

再看"慎独"与"敬"。"主敬"对于刘宗周的治学生涯来说，确实是一个入门的工夫，上文关于许孚远传授刘宗周学术时也已提及。许孚远号"敬庵"，他的主旨为"存天理，遏人欲"，而入门的工夫却是"主敬"。成就圣学必须从"敬"入，整齐严肃，也就是注意念虑之微、私意之起处。另外，万历四十年（1612），刘宗周35岁时，曾拜谒高攀龙，当时向其问学的三通书信之一即为"论儒释异同与主敬之功"，可知当时刘宗周对于"主敬"的关注。从治学之路来看，"主敬"对于蕺山学的建构具有十分重要的地位。

由许孚远上溯到宋儒，刘宗周认为"敬"是圣学自始至终的要旨，是"千圣相传"，"敬"是从尧、舜到孔、孟再到二程与朱子乃至明儒都特别重视的心法。他说：

> 一向放失在外，一旦反求，欲从腔子内觅归根，又是将心觅心，唯有一敬焉为操存之法。随处流行，随处静定，无有动静、显微、前后、巨细之岐，是千圣相传心法也。在尧、舜谓之兢兢，在禹谓之祗台……在孔门谓之敬修，在孟子谓之勿忘勿助，在程门谓之居敬穷理，朱子得统于二程，惓惓以

---

① 刘汋：《蕺山刘子年谱》，66 岁条，载吴光主编：《刘宗周全集》第 6 册，第 148 页。

主敬授学者,至明儒相传,往往多得之敬。康斋传之敬斋,皆一以敬字做成……①

　　敬之一字,自是千圣相传心法,至圣门只是个慎独而已。其后伊洛遂以为单提口诀,朱子承之,发挥更无余蕴。儒门榜样,于斯为至。②

刘宗周《人谱》的《证人要旨》"凛闲居以体独"一条,就强调"敬肆之分"是"证人第一义",也就是说证人工夫就在于"敬"。他所编撰的《圣学吃紧三关》第一关即"敬肆关",所选的语录都是围绕朱子"主敬"的工夫而展开的论述。到了《人谱》还是以"敬肆之分"作为证人的第一义,"闲居""独处"之中如何以"敬"而证悟此心,是证悟"慎独之旨"的关键。刘宗周临终之际也曾说:"为学之要,一诚尽之矣。而主敬其功也,敬则诚,诚则天。"③黄宗羲也说:"慎则敬,敬则诚。"④由此可见,"敬"是刘宗周慎独学入门的根本工夫。

"慎独"与"静"。先来看"敬"与"静"之关系。刘宗周说:"主静,敬也。若言主敬,便赘此主字。"⑤这就明言"主静"即是"敬"。"敬"虽然可以包含"静",但是单言"敬"也会有弊端,所以刘宗周说:"吾儒专言'敬'字亦有弊"⑥,这在《吃紧三关》一书的第三关《迷悟关》中就已经说明。讨论"敬"与"静",还涉及如何看待"静坐"这个关键的问题。刘宗周撰有《静坐》诗四首与《静坐说》,在其治学之中"静坐"也是常用的方法之一。刘宗周早在 34 岁就开始使用"静坐"的方法,49 岁在韩山草堂之时"半日静坐、半日读书","久之勿忘勿助,渐见浩然天地气象,平生严毅之意,一旦销融"⑦。系统地讨论"静坐"则是刘宗周 52 岁时,写了四首《静坐》诗,从中我们可以知道刘宗周那一时期的态度,也可以知道他静坐所达到的境界。诗曰:

　　学圣工夫静里真,只教打坐苦难亲。知他心放如豚子,合与家还作主

---

① 刘宗周:《学言上》,载吴光主编:《刘宗周全集》第 2 册,第 376 页。
② 刘宗周:《圣学吃紧三关》,载吴光主编:《刘宗周全集》第 2 册,第 213 页。
③ 刘汋:《蕺山刘子年谱》,68 岁条,载吴光主编:《刘宗周全集》第 6 册,第 170 页。
④ 黄宗羲:《子刘子行状》卷下,载沈善洪主编:《黄宗羲全集》第 1 册,第 250 页。
⑤ 刘宗周:《学言下》,载吴光主编:《刘宗周全集》第 2 册,第 434 页。
⑥ 刘宗周:《圣学吃紧三关》,载吴光主编:《刘宗周全集》第 2 册,第 218 页。
⑦ 刘汋:《蕺山刘子年谱》,49 岁条,载吴光主编:《刘宗周全集》第 6 册,第 82 页。

人。隐隐得来方有事,轻轻递入转无身。若于此际窥消息,宇宙全收一体春。

万法论心总未真,精神一点个中亲。不求离坎还丹诀,且问乾坤成位人。亘古生生为此息,只今惺惺亦非身。请观声臭俱无处,毕竟谁尸造化春?

有物希夷气象真,多从血肉认非亲。闲来拂拭尘中镜,觉后方呈梦里人。呼吸一元通帝座,往来三复得吾身。憧憧思虑成何用?月过中秋花又春。

圣学相传自有真,舂陵一派洛中亲。惟将敬字包终始,恰与几先辨鬼神。黑浪岂随初乘佛?嵩山应悟再来身。凭君决取希贤志,口诀虽然不度春。①

从这四首诗来看,刘宗周的"静坐"有三点与禅门不同。其一,"静坐"是为了成圣成贤,是圣学工夫,不是一味耽于主静而荡灭人伦,而是为了有助于日用伦常之中更好地"应事接物"。其二,"静坐"是为了体悟独体,"若于此际窥消息""请观声臭俱无处"等都是在说以"静坐"来"体独"。其三,"静坐"与"主敬"始终是结合的,"只今惺惺亦非身""惟将敬字包终始",一直有一种常惺惺的状态,关注于"何思何虑"。

刘宗周55岁时,又作《静坐说》,在方法上不再拘泥于"随息",已经有了自己的独特主张,他说:

人生终日扰扰也,一着归根复命处,乃在向晦时,即天地万物不外此理,于此可悟学问宗旨只是主静也。此处工夫最难下手,姑为学者设方便法,且教之静坐。日用之间,除应事接物外,苟有余刻,且静坐。坐间本无一切事,即以无事付之。既无一切事,亦无一切心,无心之心,正是本心。瞥起则放下,沾滞则扫除,只与之常惺惺可也。此时伎俩,不合眼、不掩耳、不跌跏、不数息、不参话头。只在寻常日用中,有时倦则起,有时感则应,行住坐卧,都作坐观,食息起居,都作静会。昔人所为"勿忘勿助间,未尝致纤

---

① 刘宗周:《静坐》(四首),载吴光主编:《刘宗周全集》第4册,第528页。

毫之力”，此其真消息也。故程子每见人静坐，便叹其善学。善学云者，只是求放心亲切工夫。从此入门，即从此究竟，非徒小小方便而已。会得时，立地圣域；不会得时，终身只是狂驰子，更无别法可入。不会静坐，且学坐而已，学坐不成，更论甚学？坐如尸，坐时习。学者且从整齐严肃入，渐进于自然。①

在《静坐说》之中，刘宗周将自己独特的静坐主张进一步明晰。其一，"静坐"只是人伦日用"主敬"的辅助工夫，所以说"日用之间，除应事接物外，苟有余刻，且静坐"。其二，"静坐"是为了体悟"独体"，"既无一切事，亦无一切心，无心之心，正是本心"，体悟本心之后，实现"常惺惺"，实现"勿忘勿助"。其三，名为"静坐"，却完全不拘泥于"静坐"这一姿态本身，"不合眼、不掩耳、不跌跏、不数息、不参话头"，"有时倦则起，有时感则应，行住坐卧，都作坐观，食息起居，都作静会"，刘宗周这种方便法子的"静坐"，只是为了达到"勿忘勿助间，未尝致纤毫之力"的效果，这也就避免了一味主静而产生的弊病。因此，刘宗周关于"静坐"的看法在《静坐说》中已经成熟，57岁时作《人谱》，从语气上看对"静坐"有助于"省过""改过""应事接物"等都更为肯定，虽然在"静坐"的方法上有一些规定，但基本的主张并未变化。

但是，刘宗周很早就注意到"静坐"的教法容易出问题，所以他后来在《人谱》之中，将《静坐法》更名为《讼过法》，将《证人要旨》中的"主静坐以体独"更名为"凛闲居以体独"，尽量避免直接用"静坐"或"主静"字样。② 据刘汋《年谱》记载，刘宗周50岁时：

> 先生自春徂夏，无事率终日静坐，有事则随感而应。每事过，自审此中不作将迎否，不作将迎而独体渊然自如否，盖自是专归涵养一路矣。③

静坐容易发生的问题有二：一是"喜静厌动，流入枯槁"，另一是"玄解妙觉"。所

---

① 刘宗周：《静坐说》，载吴光主编：《刘宗周全集》第2册，第304—305页。
② 刘宗周关于静坐与主静的区分，廖俊裕先生也有考证，参见廖俊裕：《道德实践与历史性：关于蕺山学的讨论》，第64—65页。
③ 刘汋：《蕺山刘子年谱》，50岁条，载吴光主编：《刘宗周全集》第6册，第85页。

以，刘宗周并非一味静坐，而是无事的时候静坐，有事的时候"随感而应"，而且在事过之后的静坐之中，对于自己的"应事接物"进行一番反省，省察自己是否起念于私心而有了将迎，是否保持独体之"溥博如天；渊泉如渊"的状态。对于"静坐"法之中的儒释之辨，也是刘宗周一直注意的。他说："吾儒学问在事物上磨练。不向事物上做工夫，总然面壁九年，终无些子得力。此儒、释之分也。"①儒释之辨，就是看"静坐"是否为了"应事接物"，他还说："静中工夫，须在应事接物处不差，方是真得力。"②这两句话其实差不多，反对一味"求静"，讲求"主静"之后更好地"应事接物"。刘宗周对朱子所说的"涵养须主敬"等思想有所发展，明显更接近于程朱一系的"主敬"理念之下的"主静"观，而与陆王一系的"主静"观拉开了差距。"静坐"只是"敬"的辅助，"静坐"的主要目的是为了"体独"，是"慎独"工夫的一个重要方法。

最后再来说明"慎独"与"诚意"。上文已经说明，笔者认为刘宗周学术的主旨为"慎独"，但是刘汋却提出刘宗周59岁之后："始以《大学》诚意、《中庸》已未发之说示学者。……自此专举立诚之旨，即慎独姑置第二义矣。"③这一说法，上文已经说明黄宗羲并不认同，近代以来的许多研究刘宗周思想的学者也并不赞同。④ 应该说，"诚意"说只是刘宗周慎独之学的一个发展阶段，作为其学术体系之中的一个重要组成部分，而"慎独"才是他统合性学术体系的唯一宗旨。关于"诚意"与"慎独"之关系，刘宗周也多有说明：

　　大道之道，诚意而已矣；诚意之功，慎独而已矣。意也者，至善归宿之地，其为物不二，故曰"独"，其为物不二，而生物也不测，所谓物有本末也。

① 刘宗周：《会录》，载吴光主编：《刘宗周全集》第2册，第535页。
② 刘宗周：《会录》，载吴光主编：《刘宗周全集》第2册，第518页。
③ 刘汋：《蕺山刘子年谱》，59岁条，载吴光主编：《刘宗周全集》第6册，第117—118页。
④ 廖俊裕先生指出，刘汋此说并不完全正确，前半段是对的，后句"专举立诚之旨，即慎独姑置第二义矣"，可能只是为了凸显蕺山晚期立"诚意"之说的不同。（载廖俊裕：《道德实践与历史性：关于蕺山学的讨论》，第67页。）东方朔（林宏星）先生指出刘汋的说法，将慎独与诚意两者分得太开，盖蕺山倡诚意说时未偿离开慎独而言，而慎独在蕺山总是总摄一切工夫之工夫，至蕺山65岁答叶润山问"诚意"时，仍标明"慎独之功必于斯为至"，诚意即慎独，两者一而二，二而一。（载东方朔：《刘蕺山哲学研究》第4章，第260页。）黄敏浩先生指出慎独为刘宗周学术宗旨之义理所在，而将诚意说的确立看作慎独哲学的完成，将《人谱》看作慎独哲学的实践。（载黄敏浩：《刘蕺山及其慎独哲学》第3、4章，台湾学生书局2001年版，第99—210页。）

格此之谓"格物",致此之谓"知本",知此之谓"知至"。故格物致知总为诚
意而设,非诚意之先又有所谓格致之功也。必言诚意先致知,正示人以知
止之法,欲其止于至善也。"意"外无善,"独"外无善也。故诚意者,《大学》
之专义也。前此不必在致知,后此不必在于正心也;亦《大学》之完义也,后
此无正心之功,并无修齐治平之功也。①

在刘宗周看来,"意"即"意根",也即"独"或"独体","为物不二而生物不测",这
也就是上文所述的"万物一体"之物。因此,《大学》之中的"格物致知"是为"诚
意"而设的,"格致"与"诚意"或"慎独"其实都是一种工夫,甚至"格致"与"诚意"
"正心"都可以统合为一种工夫,即"诚意"或"慎独",所以他说"非诚意之先又有
所谓格致之功也","故诚意者,《大学》之专义也,前此不必在致知,后此不必在
于正心也","后此无正心之功,并无修齐治平之功也"。在《读大学》一文最后,
刘宗周又说:"《大学》之道,'慎独'而已矣;《中庸》之道,'慎独'而已矣;⋯⋯'慎
独'而天下之能事毕矣。"

由上可知,蕺山学唯一宗旨还是"慎独","诚意"其实是与"慎独"统合的一
种工夫,只在刘宗周诠释《大学》时为了方便才会较多使用"诚意",此外一般都
使用"慎独"。

---

① 刘宗周:《读大学》,载吴光主编:《刘宗周全集》第4册,第417页。

第五章　蕺山学的外王学

作为传统士大夫,刘宗周的首要任务就是维护现实政治和社会的稳定;作为哲学家,他从时代的人文语境中建构自己的学术体系。从前者讲,刘宗周是"现实主义"的,从后者讲,他是"理想主义"的。罗素曾说"哲学家们既是果,也是因"①,刘宗周首先是他所生活的社会环境和政治制度的维护者,他从明朝末年的学风中认识到儒学发展的未来路向和政治走向,学以致用,在位谋政,针砭时弊,倡导王政,由对道德哲学心性论的思考推演出具有现实主义色彩的社会历史哲学,是明末清初时代典型的"理想主义"的"现实主义"者,此即其外王思想的集中体现。在刘宗周看来,人的自然之心对社会历史发展起决定作用,构成历史发展的本体;上层统治者和下层民众共同维系着历史的运转,他们是历史的主体;改革是历史进步的必要手段,是社会历史进步的动力。

第一节　"只此一心,散为万化"

什么是历史的本体? 是什么因素引导了历史的变迁? 透视中国历史的轨迹,众多的思想家存在这样的一个认识,那就是"人心人性决定着历史的本质"②。兴者,人心之兴也;衰者,人心之衰也;治者,人心之治也;乱者,人心之乱也。刘宗周在对历史发展的本体论认识上依然没有脱离心性史观的范围,认为"人心"对社会历史发展起决定作用。刘宗周说:

只此一心,散为万化,万化复归一心。元运无纪,六经无文,五礼、六

---

① 　罗素:《西方哲学史》(上)英国版序言,何兆武、李约瑟译,商务印书馆 1963 年版,第 8 页。
② 　司马云杰:《盛衰论:关于中国历史哲学盛衰之理的研究》,陕西人民出版社 2003 年版,第 174 页。

乐、八征、九伐无法，三统无时，五常无迹，万类无情。两仪一物，方游于漠。气和于虚，无方、无圆、无平、无直，其要归于自然，而不知其所以然。大哉心乎！①

> 心一也，合性而言则曰仁，离性而言则曰觉。……又统而言之则曰心，析而言之则曰天下、国、家、身、心、意、知、物。惟心精之合意、知、物，粗之合天下、国、家与身而后成其为心。若单言心，则心亦一物而已。②

心性通合则可言"仁"，心性相分则言"觉"，"不可以觉为仁"，表现出心与性之间存在这样的关系：性是心的根据，心是性的反映；性是本体之心，是内在的超越的道德理性，具有无为的至善性，心是自然之心，是道德践履，具有有为的或善或恶性。此外，还有一天命之心，是外在的超越的道德理性，是与性理相通的天理，是绝对的、至善的。本体之心与天命之心的区别就在于前者是主观的超越，后者是客观的超越，但归根到底都是道德理性，一个在内，一个在外。刘宗周所说的"万化复归一心"的"心"就是"天命之心"。本体之心即性体，通过自然之心来体现，若自然之心皆为善，就实现了与本体之心的内在同构，那么人心自然地就与天命之心相贯通。天命之心"至大无外"，本体之心"至善无恶"，自然之心则或善或恶，由格致诚正修齐治平八目贯通，体现出内外一致性和主客一致性。若八目的条贯性出现差池，自然之心就不能一以贯之，天命之心亦不会流行运作，本体之心更不会彰显，道德理性无从发挥。这就是刘宗周所说"人心如谷种，满腔都是生意……惟有内起之贼，从意根受者不易除；更加气与之拘，物与之蔽，则表里夹攻，更无生意可留、明体可觌矣，是谓丧心之人，君子倦倦于谨独于此。"③自然之心受气之拘、物之蔽，"妄""念"乃生。作为本然的道德理性之心体是没有欲望的，但由于自然之心受感物欲，念起念灭，必会给心、意、知、物造成大害，"故念起念灭，为厥心病，还为意病，为知病，为物病"④。自然之心的这一道德实践过程保持的好与坏、善与不善，直接决定了人之本体的心之善能否正常发挥，直接影响人与天命达致贯通的进程。

---

① 黄宗羲：《子刘子学言》，载沈善洪主编：《黄宗羲全集》第1册，第263页。
② 黄宗羲：《子刘子学言》，载沈善洪主编：《黄宗羲全集》第1册，第286页。
③ 黄宗羲：《子刘子学言二》，载沈善洪主编：《黄宗羲全集》第1册，第324页。
④ 刘宗周：《学言中》，载吴光主编：《刘宗周全集》第2册，第417页。小注"新本"。

刘宗周把道德哲学体系下对自然之心的理解应用于对社会历史发展规律的认识上，指出，皇帝之"心"——皇帝努力从事、完成某件事业的决心——"志"在社会发展中具有关键作用，"转移化导之权，终不外人主之一心"①。此"心"是习尧、舜之心志。即是说，但凡皇帝有立志行尧、舜之道的决心，天下即有转乱为治的机会。学习尧舜圣王的什么心志呢？这主要包括："首体上天生物之心以敬天，而不徒畸用风雷；则必重念祖宗监古之统以率祖，而不致轻言改作；则必法尧、舜之恭己无为，以简要出政令；法尧、舜之舍己从人，以宽大养人才；法尧、舜之从欲而治，以忠厚培国命；并法三王之发政施仁，亟议抚循，以收天下泮涣人心。"②可见，此心志即是"人心惟危，道心惟微，惟精惟一，允执厥中"十六字心传，致谨于人心、道心之辨，才可求中而持敬之，也就是刘宗周心性论所强调的本体之心。在刘宗周看来，尧舜之道是最理想的治世方略，而操作起来也是极其容易的，只要皇上时时提醒、时时谨凛，只此谨凛便是道心为主，是精一，是执中，也就是在自然之心上用诚敬的道德践履工夫。若以此为下手处，皇上即可为尧舜。

"王道"作为一种治道，不仅要求最高统治者要有高尚的道德修养，还要求所有的人应当具有为实现稳定、和谐的社会发展图景而奋斗的决心与意志。刘宗周也注意到天下众人之心尤其是臣子、士大夫之心在社会安定秩序构建中的作用，"天下之乱未有不始于人心"③，天下士人之"人心"对社会发展安稳与否也具有重要影响。如果说本体之心之善是绝对的至上的善的话，那么自然之心就是相对的种属之善，即在道德践履的层面上，可以将善的履行过程分出不同的层次。本体之心人人皆有，正如王阳明所讲"人人皆可为圣人"，但不同层次的人可以在不同的道德践履中行不同的善来体现这一绝对的至善。所以，同是自然之心，就可以体现出皇帝之心、臣子之心、士大夫之心、普通大众之心等。具体的善的践履可以多样化，但其本质都是为善，这是本体之心的抽象性与自然之心的具体性的辩证体现。刘宗周指出，社会全盛之下士大夫之聪明才谞、英勇胆识能够充分发挥，彼此肝胆相照、同舟共济、能赴共治；而内

---

① 刘宗周：《顶戴明伦疏》，载吴光主编：《刘宗周全集》第 3 册，第 118 页。
② 刘宗周：《痛切时艰疏》，载吴光主编：《刘宗周全集》第 3 册，第 115 页。
③ 刘宗周：《三申皇极之要疏》，载吴光主编：《刘宗周全集》第 3 册，第 123 页。

忧外患之际，人心升降之机变化无常，士大夫钩心斗角、功烈殊施。尤其是在崇祯朝，社会善恶标准缺失，道德自我监督能力缺乏，"皇上恶情面，则诸臣杜门谢客以市公；皇上禁馈遗，而诸臣引袖交欢以致敬。设厂卫之机，则以厂卫为汇缘；立注销之法，则以注销涂至尊之耳目；……"①，种种丑恶之政治行径势必使君子遭逐、群臣遭贬、大狱又起、国祚渺茫。故刘宗周慨叹"人心之为祸烈矣"！没有忠、孝、节、义，没有仁、义、礼、智，赤子背父母、士卒戕主将、臣子叛君父，皆是人心受病为害之必然结果。

怎么办？刘宗周提出"正人心"之说。在他看来，欲正人心必先明世教，而欲明世教在于以先王之道导之，根本在于皇极之地的建立。而欲求皇极之地则由皇上亲躬圣学始。在刘宗周看来，皇上亲躬圣学旨在恢复坐讲制度，在崇儒重道中从容倡道以得诚意之功，而以正心践其实，"夫宇宙之所以纲维而不毁者，恃有人心以为之本；而人心之淑慝，则学术之明晦为之也"②，由学术之明明己之"明德"，由己之"明德"达致天下之"明德"，并修身齐家治国平天下一以贯之，故明"明德"而天下治。刘宗周由皇帝躬圣学求皇极之地，实际上就是行以仁为德、以德化民的仁政，最终的目的就在于使自然之心皆向善性张扬，以贯通本体之心，实现人之为人的基本道德价值。皇上亲躬圣学本之诚意，廷臣必以实相告白。所以，天子与士大夫皆从诚意出发，故可求得兵为实兵、饷为实饷、人才为真人才、守为实守、战为实战、官为真官、吏为真吏、百姓则为真百姓。皇上诚意为政，士大夫也必会立定作君子的志向，上行必然下效。故人心正，君子立于朝，皇上何愁国之不治？

第二节　"重民命，厚民生"

在刘宗周那里，"人心"事关国家治乱，是社会安定和历史进步的决定因素，那么民众则是构成历史的主体。这从刘宗周"重民命""厚民生"的民本观念中得以体现。

---

① 刘宗周：《三申皇极之要疏》，载吴光主编：《刘宗周全集》第3册，第124页。
② 刘宗周：《救世第一要义疏》，载吴光主编：《刘宗周全集》第3册，第68页。

刘宗周在籍的时间并不长，多数时间在家读书、讲学和游历，这使他能够较深刻地体会下层民众生活的疾苦，并能够在当朝期间敢于上疏直陈实情，力求革除弊政，救民于水深火热之中。他曾说："每从州县文移往来间，问民疾苦，未尝不耿耿于心，苟可以为民请命者，臣终不敢放过也。"①1629 年，满洲兵进攻北京城，京城戒严，四方难民涌入北京城者不计其数，以致煤米价格骤长，百姓生活难以维系，京城守军也是怨声载道，时任顺天府尹的刘宗周禁之而不能止。唯一的解决办法就是"暂撤九门七门煤米诸税""发内帑一二万金""煮粥以惠茕民、赏京城守士、赏均军士出援之宗属""发太仓米数千石以平粜米价、给军士三个月""令五城御使行保甲之法以戒不虞"②。因为在刘宗周看来，"国势之强弱，视人心之安否而已；人心安，则国势自张"③。"人心安，国势自张"可看作是刘宗周民本思想的理论基础，也是他对历史主体——民众——历史作用的充分肯定。在《边事万无可虞疏》中，刘宗周就民生之凄惨、悲苦做出描述，得出这样的结论："天下器凌反侧之象，未有不乘饥寒而起者，则亦不可不预为之计。"④啼饥号寒之众若遇奸宄之徒蛊惑，势必会揭竿而起，疲劳困顿、呺腹荷戈的守城官军若体恤不当必有兵变发生，从侧面反映出刘宗周对劳苦大众这一历史主体社会功能的承认，那就是"水可载舟，亦可覆舟"。

历史主体不仅仅包括普通百姓和军人，还有士和商。刘宗周指出，守城莫过于安民心，而欲安民心莫先于安士心，所以他"数会诸生于学宫，激以忠义之良，俾以乡保之任，使之联络齐民，互相保聚"⑤。他还大会缙绅，倡导他们捐粮捐款，以济流离饘粥之乏。国难关头，刘宗周尽职尽责，体恤民情，努力协调劳苦大众与上层士大夫、知识分子阶层的关系。从刘宗周执政之策的灵活性及其理论依据的合理性可以看出，他并没有将劳动人民与非劳动阶层加以严格划分，在他那里，所有的人都是皇帝的臣民，其所讲的"民"是一个整体，它包括了士、农、工、商、兵等各色人物，不能因为他们地位的不同而分等视之，这个集

---

① 刘宗周：《畿辅凋残疏》，载吴光主编：《刘宗周全集》第 3 册，第 95 页。
② 刘宗周：《边事万无可虞疏》，载吴光主编：《刘宗周全集》第 3 册，第 60—61 页。
③ 刘宗周：《边事万无可虞疏》，载吴光主编：《刘宗周全集》第 3 册，第 60 页。
④ 刘宗周：《边事万无可虞疏》，载吴光主编：《刘宗周全集》第 3 册，第 60 页。
⑤ 姚名达：《刘宗周年谱》，载吴光主编：《刘宗周全集》第 6 册，第 240 页。

合体的"民"心不稳,国家也就不稳,因为"天下之大计终不外乎人心"①。安人心以固天下,此人心就包括了民心(普通劳苦大众之心)、军心、士心、大小臣工之心、远近地方之心,甚至是皇上"自安其心","普天之下莫非王土,率土之滨莫非王臣"之意在刘宗周政治逻辑思维中得以自然延伸,要得天下巩固,必须"合上下为一心,联远近为一体",他们都是历史的主体、社会的主人。

考虑到历史主体在历史发展中的重要作用,必须采取一定的措施维护他们的利益,这就要做到"重民命"和"厚民生"。就"重民命"思想,刘宗周指出:

> 法天之大者,莫过于重民命,则刑罚宜省宜平。而陛下自继位以来,励精振刷,不免以重典绳臣下。逆党有诛,封疆失事有诛,已足为天下创矣;犹未也,又因而及一切诖误者,方且重者以杖死,轻者又谪去,又其轻者以降级戴罪,纷纷狼藉,朝署中半染赭衣。而最伤国体者,无如诏狱一事。……下同奴隶,将何以厉宠臣之节?……臣愿陛下体上天好生之心,首除诏狱。自今臣子有罪,一概下法司处分。②

刘宗周一句"下同奴隶"明白昭示了明朝末年朝廷中臣僚地位之低下与人格尊严之虚无。没有人格尊严的士大夫又怎么能够全心全意为皇帝出谋划策呢?又怎么能够关心社会民众之疾苦呢? 皇帝动辄以重典惩罚臣下,更有诏狱一事堪称不教而诛,颇伤士气,因此"刑罚宜省宜平"。一个不尊重人权的政府是不会给社会带来福祉的。

就"厚民生"思想,刘宗周指出:

> 法天之大者,莫过于厚民生,则赋敛宜缓宜轻。而陛下自继位以来,军兴告匮,不免以重敛责小民。宿逋既诛,见征必尽,已足为天下病矣。犹未也,又攒及来年之预征者。方且有司有逮,司道有罚,京堂有坐催,节节追呼,闾阎中安问鸡犬? 而最为民厉者,无如贪官污吏。……夫以巡方而黩货,又何问下吏之操守?……陛下留心吏治,亦尝严火耗之禁,慎科罚

---

① 刘宗周:《再申人心国势疏》,载吴光主编:《刘宗周全集》第 3 册,第 66 页。
② 刘宗周:《祈天永命疏》,载吴光主编:《刘宗周全集》第 3 册,第 87 页。

之条,惟恐天下有一物之失所。①

刘宗周认识到,天下民众生活之疾苦与皇帝之层层盘剥、贪官污吏之敲扑日峻不无关系,曾就此发出感慨:"臣以为今天下之民力竭矣。尧舜在上,一民饥曰我饥,一民寒曰我寒,此岂人衣而人食哉?"②民之饥寒即我之饥寒是宗周行仁政的本质表现,是刘宗周"重民命""厚民生"思想的最深厚理论基础,③也是其民本平等观念的体现。

第三节　"改革救世"

人类社会的历史总是处在不断运动、变化和发展之中。是什么推动历史的前进呢? 不同的思想家给出不同的答案。刘宗周认为,改革是历史的动力,并提出了完善的学政改革与吏治改革理论。在他看来,学政改革最能救正人心、扭转士风;而吏治改革在于提高政府官员的素质、避免高层腐败,根本上在于为消解君主专制独裁、创设权力制衡提供人才,通过两方面改革实现社会的稳定前进。

依刘宗周,改革学政是救世之第一义:

> 夫学,亦学为忠孝节义而已矣。学政之教行,则天下皆知子不可以叛父,臣不可以叛君,四裔不可以叛中国。举天下之才,蒸蒸咸奋于朝廷,人心由之而正,国是由之而明,纪纲由之而肃,法度由之而明,政事由之而立,封疆由之而饬,寇盗由之而屏,祖宗金瓯无缺之天下由之而固。是冲圣中兴之业,天下堂序而奏也。臣所为救世第一义如此。④

时天下世道交丧,士大夫容容苟苟,不知忠孝节义为何事,平居以富贵为垄断,

---

① 刘宗周:《祈天永命疏》,载吴光主编:《刘宗周全集》第 3 册,第 87—88 页。
② 刘宗周:《预矢责难疏》,载吴光主编:《刘宗周全集》第 3 册,第 54 页。
③ 东方朔:《刘宗周评传》,南京大学出版社 1998 年版,第 54 页。
④ 刘宗周:《修举中兴疏》,载吴光主编:《刘宗周全集》第 3 册,第 39—40 页。

临难以叛逃为捷径,至于国是日嚣、人心日竞、纪纲日坏、刑政日弛、封疆日蹙、寇盗日弥等流弊乃学宫不识字之人所酿成,所以"救世者必先识天下第一义而操之,往往于形见势诎之外,别有转移而收功甚捷,则今日之学政是也"①。董仲舒曾经说"教化不立而万民不正"②,教育走向歧途,人心不古,不能有效地践履善行,实乃社会的悲哀。因此刘宗周希图以改革学政祛除国弊,以此正士习、人心。刘宗周关于学政改革的提议主要包括:第一,重选贡制,以彰显学校教育的功能,促进人才选拔的多元化;第二,优化教学内容,注重教育对象的德性培养;第三,对教官的选用要慎重,并建立良好的教师进退机制。③ 从刘宗周所设定的教育改革的内容来看,不论是生员的来源,还是教师的选用,以及他们的升擢无不围绕着人之德行展开。由此可见刘宗周对儒家德治理论的重视和发挥,即便是对现代的高教改革亦不无启示。

如果说改革学政是教化人心和纯洁人性的必要手段,那么吏治改革则是纯洁政治队伍和建立有效的权力监督机制的必要手段。刘宗周曾对明末吏治之污发出这样的感慨:"今天下无吏治矣! 其贤者日奔走于薄书、钱谷以博能声,而不肖者以溪壑为得计,上官乐与同浊耳。等而进之,藩司不治饷,臬司不治刑,屯田不治田,水利不治水,军不治军,兵不治兵,一旦有急,纷纷廷遣耳。而最可异者,无如督学一官。"④刘宗周无奈的话语流露出对吏治的不满。崇祯十五年(1642),刘宗周任都察院左督御史,其在任内所上的《条例风纪之要疏》《巡城职掌疏》和《责成巡方疏》建构了由都察院、巡城、巡方三级督导、权责分明的吏治改革轮廓,希图由整顿吏治而安民心、整肃纪纲、教化天下。

首先,都察院之职责要明晰。都察院本为天下风纪之司,天下理乱安危所从出之地,而今却变得千疮百孔,改革势在必行:"惟是官不得人,则法久而夷,令熟而玩,种种受弊之端,遂开天下犯义犯刑之习,所不至以人国为徼倖者几希,而臣乃凛凛与此矣。"⑤刘宗周为彰显都察院之职掌的重要,罗列六个方面

---

① 刘宗周:《修举中兴疏》,载吴光主编:《刘宗周全集》第3册,第36页。
② 董仲舒:《贤良对策之一》,载《汉书》卷五六,中华书局1962年版,第2503页。
③ 张瑞涛:《论刘宗周的教育改革思想及对现代高等教育改革的启示》,《中共宁波市委党校学报》2005年第4期,第93—96页。
④ 刘宗周:《责成巡方疏》,载吴光主编:《刘宗周全集》第3册,第211页。
⑤ 刘宗周:《条例风纪之要疏》,载吴光主编:《刘宗周全集》第3册,第183—184页。

来表明都察院诸御史的职责：建道揆、贞法守、崇国体、清伏奸、惩官邪、敕吏治。[①] 都察院之职在于人事任免，它的介入可以看作是对皇帝专权的限制，以此加强王道的推行。

其次，京师风纪要整肃，巡城职掌之权责要加强。在刘宗周看来，都察院门下御史之职责在于巡城，专以肃清辇毂为任，所作所为在于令行禁止、整肃风纪，其具有这样的权力，如发奸摘伏、禁赌捕盗、参奏馈遗、裁抑豪横、惩罚奢侈游戏、查问不法之九门官吏等。御史尽职尽责必能风吏治，上至皇上，下至百官，在此种有效的监督机制下定会合理、合法利用权力，并落到实处。如果说通过加强都察院职掌来限制皇权的话，那么加强巡城职掌则是对整个君主政权的监督，前者是谓分权机制，后者是谓监督机制，实际上都是刘宗周民主、民本思想的体现。

第三，巡方对下级官员具体职责的监控要加强，构建良好的吏治风气。刘宗周指出吏道与德"风"是密切相关的，"风"吏治若能从根本上做到"廉善""廉能""廉辩""廉法""廉正""廉敬"，[②]下自县令，上自藩司、监司、御史就必会各负其责，各操其风尚之地，而又相互合作，相互贯通，相互影响，必能建构良好的吏治环境。

刘宗周的愿望是想通过吏治改革实现自上而下的社会改良运动，囿于时代的局限和当权者的不支持，这种想法只是一种美好的理想，不可能得到积极地推行。此外，作为传统的士大夫，刘宗周又反对新事物，具体的表现就是对西学的抵制。明朝末年，西学东渐，面对一种新异的文化，刘宗周表现得极为保守，称"西学"为"异端之教"[③]。十六世纪欧洲宗教改革后大批传教士进入中国传教，他们在宣扬其天主理论的同时也给中国带来了西方的科技知识，如利玛窦、汤若望等人在天文、数学、地理、物理、机械制造、兵器制造等诸多方面均有造诣，并推进了中西文化的交流。刘宗周对利玛窦、汤若望却是极为反感：认为利玛窦持天主之说蛊惑世人；汤若望等以历法行一家之说，并逞其火器之长技，以致皇帝表彰其为"天学"，实是有违道统。刘宗周不仅对整个的西方宗

---

① 刘宗周：《条例风纪之要疏》，载吴光主编：《刘宗周全集》第 3 册，第 184—188 页。
② 刘宗周：《责成巡方疏》，载吴光主编：《刘宗周全集》第 3 册，第 207—210 页。
③ 刘宗周：《辟左道以正人心疏》，载吴光主编：《刘宗周全集》第 3 册，第 204 页。

教持反对态度,而且对西方的科技甚至对可以用来保家卫国的西方先进火器也持反对态度,称西方先进的火器等科学技术为"奇技淫巧"①。西方近代文化被刘宗周"枪毙"了,历史发展的动力——改革——也仅仅是一种不动筋骨的政治秩序上的适当调适而已,即便如此也未能贯穿到底,更别提基于西方先进思想的政治革命了,其思想局限性可见一斑。

总之,刘宗周的社会历史哲学是顺承道德理性本体之学而开出的外王理想。刘宗周从君主政治体制出发,虽然幻想天下为公的三代圣治,可又不想做时代的反叛者,在努力建构道德理想、悉心追求德治理念的同时却仅仅是对现实体制的点滴改良,称之为具有理想主义的现实主义者或许最能概括他内心的这种复杂性。

---

① 刘宗周:《敬天责难之谊疏附召对纪事》,载吴光主编:《刘宗周全集》第 3 册,第 235 页。

第六章　《人谱》与儒家理想人格的实现

《人谱》是刘宗周生前出版的唯一一部著作,亦是总结其毕生学术的著作,"凡三易稿"而成。刘宗周之子刘汋指出:"《人谱》作于甲戌,重订于丁丑,而是谱则乙酉五月之绝笔也。一句一字,皆经再三参订而成。向吴峦稺初刻于湖,鲍长孺再刻于杭,俱旧本也。"①《人谱》初撰于崇祯七年(1634),刘宗周弟子吴钟峦于湖州刊刻、发行,至于鲍长孺所刻本,亦只是《人谱》的修改本,非最终定稿。《人谱》挺立"无善而至善"的心体,高扬"时迁时改"的改过工夫,立基孔门心法"慎独",证心以证人,凸显了醇正儒学"为己之学"的逻辑向度和工夫进路,为儒家理想人格的实现提供了细密的为学之方。

第一节　"无善而至善,心之体"

在刘宗周的视界里,甚至可说在整个宋明理学家的视界里,"人"是天地间最灵最秀者,如周敦颐《太极图说》"惟人也得其秀而最灵",程颐说"仁者以天地万物为一体",王阳明讲"人者,天地之心,天地万物本吾一体",刘宗周《原心》有言"人,其生而最灵者也"②。《人谱·人极图说》首句即"大哉人乎! 无知而无不知,无能而无不能,其惟心之所为乎",其《周易古文钞》亦言"人者,天地之灵、万物之秀也"。③ 固然"人"为天地间最灵最秀者,但人之灵秀特性由"心"来展示。或者说,之所以说人为天地间最灵最秀者,根源于本体之"心"。

《人极图说》首句"无善而至善,心之体也(即周子所谓'太极','太极本无极也'。统三才而言,谓之极;分人极而言,谓之善。其意一也。)"④,已明确指出

①　姚名达:《刘宗周年谱》,载吴光主编:《刘宗周全集》第6册,第477页。
②　刘宗周:《原旨·原心》,载吴光主编:《刘宗周全集》第2册,第279页。
③　刘宗周:《周易古文钞》,载吴光主编:《刘宗周全集》第1册,第238页。
④　刘宗周:《人谱》,载吴光主编:《刘宗周全集》第2册,第3页。

"心之体"的实质。无善实为至善之"转语",至善就是善。善着不得半点人为："有善非善也,有意为善亦过也。"①善不是有意做出来的,所以说"无善";善又无时不知、无时不行、无时不显,故说"至善"。刘宗周有诸多关于盈天地间皆如何的论断,诸如盈天地间皆气、理、性、道等等,这并不是要落脚于"某一物",并非以"某一物"为"宇宙生成"的"本体",而是通过诸多的、并列意义上的"盈天地间"来消解先儒以某一固定的"某一物"为"本体"的"一元"本体论,凸显其中的"共生""共存""圆融"关系。这种"关系"是事事物物存在的"所以然之理""所当然之道",是事事物物存在和演进的"根本方式"。这就是"生生"之道。②从根源意义上看,"善"是"生生"之道的显露,更是"心"的自然流露,刘宗周的《学言》即指出："一元生生之理,亘万古常存,先天地而无始,后天地而无终。……天得之以为命,人得之以为性,性率而为道,道修而为教,一而已矣,而实管摄于吾之一心。此心在人,亦与之无始无终。"③"生生之理"管摄于"心","心"则成为"生生"之义的显露,"心"彰显于"人"就是"善",彰显与"天"便是"阴阳",彰显于地乃是"柔刚",所谓"盈天地间皆心"便是"盈天地间生生"而已。故而,他有如此论断：

> 只此一心,自然能方能圆,能平能直。圆者中规,方者中矩,平者中衡,直者中绳,四者立而天下之道冒是矣。际而为天,蟠而为地,运而不已,是为四气。处而不坏,是为四方。生而不穷,是为万类。建而有常,是为五常。革而不悖,是为三统。治而有宪,是为五礼六乐八征九伐。阴阳之为《易》,政事之为《书》,性情之为《诗》,刑赏之为《春秋》,节文之为《礼》,升降之为皇帝王霸,皆是也。只此一心,散为万化,万化复归一心。元运无纪,六经无文,五礼六乐八征九伐无法,三统无时,五常无迹,万类无情。两仪一物,方游于漠,气合于虚,无方无圆,无平无直,其要归于自然而不知所以然。④

---

① 刘宗周：《与履思九》,载吴光主编：《刘宗周全集》第 3 册,第 319 页。
② 参见张瑞涛：《心体与工夫：刘宗周〈人谱〉哲学思想研究》,人民出版社 2014 年版,第 382 页。
③ 刘宗周：《学言》,载吴光主编：《刘宗周全集》第 2 册,第 374 页。
④ 姚名达：《刘宗周年谱》,载吴光主编：《刘宗周全集》第 6 册,第 256—257 页。

"自然而不知所以然"所表明的正是"心"体之意蕴,"散为万化"之"心"与"复归一心"之"心"本质相同、内涵同指,所表达的是"心"之"生生"无穷无尽、无始无终之义。《人极图说》首句"无善而至善,心之体"正是从本体论、根源义的角度凸显"心"的意义和价值,"确证人之所以为人的德性本体","只有浑然至善之心体,才是含万象、造万有的生生之主和价值真元"。①

既而,刘宗周以"阳动"和"阴静"释"继善"与"成性",凸显"心"作为"意义存在者"的价值和意义。在他看来,"继之者善"是"道体"之微机,"成之者性"是"道体"之实体。所谓"道",就是"一阴一阳"之"流行不已",也就是"生生不已"之意。"善"是"道体"之"微机","性"是"道体"之"实体","微机"与"实体"是"道体"的不同侧面,不是离开"道体"的两种"独立之物"。"继善"表明"心"生生不已之义由万事万物彰显,"成性"表明事事物物之中涵蕴"心"生生不已之义;"继善"是"从心而物"的展开,"成性"是"由物见心"的展开,二者虽然"路向"不同,但本质皆是在彰显"生生道体"之"心"的客观性与实在性。由此可知,事事物物作为可能存在者与现世存在者都是天地间生生不已气象的自然而然的过程,是"心"的自在彰显。当然,就"心"呈露出来而为"继善"、成就万物讲,"心"有动,乃为"阳动";就"心"生生不已之意体备于万物而"成性"讲,"心"为静,乃是"阴静"。诚如《学言》所说:"心体本无动静,动静者,所乘之机也。有谓喜怒哀乐未感时属静,既感时属动。静焉而喜怒哀乐藏于无形谓之中,动焉而喜怒哀乐显于有象谓之和,则心体分明有动静可言矣。"②"动"与"静"是"心"之"动"与"静",以"动而阳"说明"继之者善"、以"静而阴"说明"成之者性",正凸显了本体之"心"生生不已之意,彰明了人与事物之间的"一体性"。"心"生生不已,"继善"而化育万物、"成性"而万物生,"心"与"物"圆融一体,"即心即物",心由物显,物中有心,心、物生生不已。由此表明,作为人、事、物之存在的"意义者","心"的"生生不已"之意使得他们有了意义和价值,就"心"之"生生不已"之意而言,"心"天然、自然、自在蕴有如此之"理";就人、事、物之意义和价值为"心"所赋予,"心"之"生生不已"之意蕴涵于人、事、物而言,人、事、物无不含蕴了这样的"理",无不透过这样的"生生不已"而实现自己的"生生不已",无不从这样的

---

① 李振纲:《论蕺山之学的定性与定位》,《河北大学学报(哲学社会科学版)》1999 年第 1 期。

② 刘宗周:《学言》,载吴光主编:《刘宗周全集》第 2 册,第 454 页。

"生生不已"之中挺立主体性、自觉性和能动性,这就是"万性,一性也。性,一至善也。至善,本无善也。无善之真,分为二五,散为万善。上际为乾,下蟠为坤。乾知大始,吾易知也;坤作成物,吾简能也。其俯仰于乾坤之内者,皆其与吾之知能者也"所体现的道理。

刘宗周还提出"五性"说,用以明确人生本有的"五伦"的价值。"心"生生不已"化育万物",但天下万物唯"人"最灵:

> 太极之妙,生生不息而已矣。生阳生阴,而生水火木金土,而生万物,皆一气自然之变化,而合之只是一个生意,此造化之蕴也。唯人得之以为人,则太极为灵秀之钟,而一阴一阳分见于形神之际,由是敹之为五性,而感应之涂出,善恶之介分,人事之所以万有不齐也。①

"太极"实落于人,阴阳互蕴、动静交错,从而在人身上化育出"五性",亦即"五伦":

> 人生七尺堕地后,便为五大伦关切之身。而所性之理,与之一齐俱到。分寄五行,天然定位。父子有亲属少阳之木,喜之性也;君臣有义,属少阴之金,怒之性也;长幼有序,属太阳之火,乐之性也;夫妇有别,属太阴之水,哀之性也;朋友有信,属阴阳会合之土,中之性也。此五者,天下之达道也,"率性之谓道"是也。②

人作为文化的产物,人在自己自然生命之体成熟的同时,自己的意义生命之体也必然要成熟。人在人类所创造的这个"意义世界"之中,不断地实践和完善人"怎样活""怎样活得更好"的问题,人生成之始自然是夫妇,其后便是父母、君臣、长幼、朋友。五伦伴随人生始终,人唯有在这个文化背景之下思考人性、体悟人生,方能够实现自我完善和成熟。因此,刘宗周将五伦视为五性、五达道,是"心"这一"生生道体"的必然体现和应然要求,人的灵秀正是通过五性、五伦

---

① 刘宗周:《圣学宗要》,载吴光主编:《刘宗周全集》第2册,第230—231页。
② 刘宗周:《人谱》,载吴光主编:《刘宗周全集》第2册,第7—8页。

得以最直接地彰明。

"人"究竟意味着什么？刘宗周说："人以天地万物为一体，非仁者以天地万物为一体也。""人合天地万物以为人，犹之心合耳、目、口、鼻、四肢以为心。今人以七尺言人，而遗其天地万物皆备之人者，不知人者也；以一膜言心，而遗其耳、目、口、鼻、四肢皆备之心者，不知心者也。"①所谓"合"，《说文解字》曰："合，合口也，从亼口。"其上半部分"亼"为古文"集"字，《说文解字》解"亼"为"三合也，从人一，象三合之形。凡亼之属皆从亼，读若集"②，意指将诸多元素采集到一块。而"合"下半部分"口"像人体或容器的口形，意指能指或信息输入或输出的接口。"合"内含了"潜存、无间、融通"之义。刘宗周以"合"分析"心"与"耳目口鼻四肢"之关系，"心合耳目口鼻四肢以为心"表明"心"通由"耳目口鼻四肢"而显现，"耳目口鼻四肢"之功能、价值和意义自然是"心"的内在规定性、能动性和基本属性，"心"是"耳目口鼻四肢"多元要素的内在主体和意义主宰者。同样，刘宗周以"人"来"合""天地万物"，"人"作为天地万物中最灵、最秀者，天地万物的价值、意义透过"人"加以显发；反之，"人"之价值和意义就是探求天地万物之价值和意义，"天地万物"之中自然内蕴着"人"之能动性、自觉性和必然性。既然"人"与万物有着这样的关系，"人"与"天地万物"自然不可分割。"人"与"天地万物"一体无间，"天地万物"通由"人"的能动性和主动性而彰显，"人"的意义和价值亦自然通过"天地万物"而彰明，这便形成了人与天地万物"本无间隔"的关系。因此，"人"无论如何都离不开"万事万物"，同样，"万事万物"彰明"人"的知、能意义和价值。明白此种道理，人"自然亲亲而仁民，仁民而爱物，义、礼、智、信一齐俱到"③。

"心"致广大，尽精微，既易知，又简能，"心"生生不已而造化事事物物；人"心""以天地万物为一体"，万物皆备于我。人心至大，无知而无所不知，无能而无所不能；人心至微，无思无虑而能无善至善，好善恶恶而能本心常明，故"大哉人乎！无知而无不知，无能而无不能，其惟心之所为乎！"

---

① 刘宗周：《答履思五》，载吴光主编：《刘宗周全集》第 3 册，第 312 页。
② 许慎撰，清段玉裁注：《说文解字注》，许惟贤整理，凤凰出版社 2007 年版，第 394 页。
③ 刘宗周：《答履思五》，载吴光主编：《刘宗周全集》第 3 册，第 312 页。

第二节　"尽人之学"

人行天地之间,人之日用常行虽有纲常伦则、名物制度,但个体所生存的世界千差万别,生活习性、道德求索气象万千,个体人之"心"有善有恶、知善去恶、彰善抑恶,《人谱·人极图说》即言:"君子存之,善莫积焉;小人去之,过莫加焉。吉凶悔吝,惟所感也。积善积不善,人禽之路也。知其不善,以改于善。始于有善,终于无不善。其道至善,其要无咎。所以尽人之学也。"①这就表明,"心"虽为万物之本、人事之则,但其落脚地之"人"非全体皆将此"心"承当。人须"学"而成人,善于迁善改过,此为"尽人之学"。但"心"本至善,何以个体之人有善有恶? 人"迁善改过",何以便证成为"人"?

人是世间最难以把握的"东西"。刘宗周曾说:"有一种说不出的道理,又有一种形容不得的头面,一齐和合在这里,吾强而名之曰'人',是甚亲切。"②"说不出的道理"构成"人"之为人的那个"所以然","形容不得的头面"构成"人"之为人的"容貌辞气",人生活于自己所创构的文化环境之中,"随俗习非,因而行有不慊",本来人"心""廓然而大公,物来而顺应,终身不动些子",③却为"私""欲"遮蔽。在他看来,人"每日间只是一团私意憧憧往来,全不见有坦然释然处,此害道之甚者"④,有"私"意便不能"廓然大公"。这样的心态,自然争强好胜。"求胜之心"即是要"立着意见要与人异,即如外面周旋,却加些意在",故"碍道"。⑤好"胜"便是"私","私"与"欲"又相关联:"私"是向"内"寻求,为"我"谋求,"向内向外皆欲",⑥"欲"使人"心"动而不止。"私""欲"皆是"为习所转,一切捱排是非计较凡圣,恐都是习心"。⑦"习"是后天而起,虽说有"习心",实"心"并无不善,只是"习"有善有不善:"人生孩提知爱,稍长知敬,盖因幼时真性

---

① 刘宗周:《人谱》,载吴光主编:《刘宗周全集》第 2 册,第 4 页。
② 刘宗周:《学言》,载吴光主编:《刘宗周全集》第 2 册,第 433 页。
③ 刘宗周:《学言》,载吴光主编:《刘宗周全集》第 2 册,第 434 页。
④ 刘宗周:《学言》,载吴光主编:《刘宗周全集》第 2 册,第 382 页。
⑤ 刘宗周:《问答》,载吴光主编:《刘宗周全集》第 2 册,第 356 页。
⑥ 刘宗周:《学言》,载吴光主编:《刘宗周全集》第 2 册,第 370 页。
⑦ 刘宗周:《遗编学言》,载吴光主编:《刘宗周全集》第 2 册,第 476 页。

如八窗玲珑,四宇洞达,无所遮蔽。不知向后如何一转,便蒙蔽了。此一转甚是害人,大抵日转日甚,世故日深,真性日蔽,声色货利之场为所汩没者多矣。"①人在不断成长过程中,随着接受外界事物的增多,本"心"之"净"与"明"被逐渐遮蔽。只是,"心"被遮蔽,并不是说"心"被"磨灭",本心依然常在:"人皆有本然之真心在,不曾把来理会,遽要与人公物,与人忘善,不知隔了几重公案。这本然的心原坐下完足,人自不体察耳。"②"真性""真心"也就是"何思何虑之心"。

人之所以能够实现本体之"心"的常明与澄明,是与人对"心""意""知""物"的体认密切相关的。在四者关系上,刘宗周指出:"有善有恶者心之动,好善恶恶者意之静,知善知恶者是良知,为善去恶者是物则。"③所谓"有善有恶者心之动",表明人心的可塑性。"人心"作为个性化实存的个体之"心",可以践行善行,亦可能行恶,甚至是本意行善行,结果是恶果。人的具体行为自身,会因主体的"想法""观念""目的"而体现出善性和恶性。这些"善"或者是善的念头,或者是善的效果,或者是善的过程。同样,这些"恶"抑或是恶的念头,或者是恶的效果,或者是恶的过程。具体的人,只要是出于有"目的"的、有所为而为的行为,自然就有善与恶的性质之区别。

所谓"好善恶恶者意之静"是说,作为内蕴人心之中的"意",对人心之行为举止起到规范和约束作用。它是"心之存":"人心径寸耳,而空中四达,有太虚之象。虚故生灵,灵生觉,觉有主,是曰意。此天命之体,而性道教所从出也。"④人心虽表象为"径寸之肉体",但其中自有"虚体",有生生之意流行其中。从最根本的存在之必然性讲,心中有"性"理,"盈天地间一性也,而在人则专以心言,性者,心之性也";⑤从性居于人之心、性为个体之"心"之能动性、主体性言,心中有意:"意者心之所以为心也。止言心,则心只是径寸虚体耳。着个'意'字,方见下了定盘针,有子午可指。"⑥心与意的关系犹如盘子与盘针的关系,有了意,心才有能动性,才能彰明道德理性,故以"意"为"心之所存"。"人

① 刘宗周:《问答》,载吴光主编:《刘宗周全集》第 2 册,第 353 页。
② 刘宗周:《问答》,载吴光主编:《刘宗周全集》第 2 册,第 355 页。
③ 刘宗周:《学言》,载吴光主编:《刘宗周全集》第 2 册,第 391 页。
④ 刘宗周:《学言》,载吴光主编:《刘宗周全集》第 2 册,第 409 页。
⑤ 刘宗周:《原性》,载吴光主编:《刘宗周全集》第 2 册,第 280 页。
⑥ 刘宗周:《答董标心意十问》,载吴光主编:《刘宗周全集》第 2 册,第 337 页。

心"可行善与恶,或表现为善与恶,但是"意"却使得"心"有努力实践善行的举动。"意"之"好善"就是"恶恶","恶恶"自然就是"好善"。"意"时时活跃,又时时"销迹",因为它是自觉,是主体性,是人内心的道德法则,故而可说,"好善恶恶者意之静"在本质上表现为主体的自主选择:"在好(喜好)恶(憎恶)的形式下,对善的肯定、追求和对恶的否定、拒斥,已不是外在强制的结果,而完全是出于主体的内在意愿"①,作为定向之意的"意"彰显出人的自我主体性和自主选择性。

有此"好善恶恶"之意,必有可"彰善抑恶"而无不善之心。但是,意又如何能够做到"好恶"的呢? 刘宗周说:"就意中指出最初之机,则仅有知善知恶之知而已,此即意之不可欺者也。故知藏于意,非意之所起也。"②能够使心自在、自主展开道德实践的是意,而意之"好恶"实质上是基于"知善知恶"之"知"的"行"。无对善与恶的"知",哪能有对善与恶的"自觉"的道德评价? 在刘宗周看来,知是行之基,行是知之实:"'知行只是一事。知者行之始,行者知之终;知者行之审,行者知之实。'故言知,则不必言行;言行,亦不必言知,而知为要。"③因此知善知恶之"知",自然能"好善而恶恶",故说"知善知恶者是良知"。就知善知恶之知的自觉能力讲,知的只是"善",凡不"善"自然便知为"恶"。作为道德主体之心,"意为心之存主"而"好善恶恶","知为意之精明"而"知善知恶",由"意"与"知"作用的"心"则自然"为善去恶"。而且,"知"与"意"圆融一体,互蕴互显。

终究来说,心、意、知自身就是"善":千善万善,终归一善;知所有善,终归是知"善"。有善无恶而归之至善,刘宗周名之为"物"。此"物"并不是"物体"之"物",而是"事件""规则"之"事"。"事"是人为所就,是人所普遍遵循的"规则",具有"天理"的本性。④ 作为群体生活、从事实践活动和接受各种伦理规范、价值规范、道德规范等等规范约束的人来讲,每个人都会面对属于"道德"评判的体系,都会由被动接受规范到主动实践规范,并在对"事"的体思中体悟出"知"、践行"知"。故刘宗周说:"就知中指出最初之机,则仅有体物不遗之物而已,此

---

① 杨国荣:《刘宗周思想的历史地位》,《中国哲学史》1996 年第 4 期。
② 刘宗周:《学言》,载吴光主编:《刘宗周全集》第 2 册,第 389 页。
③ 刘宗周:《人谱》,载吴光主编:《刘宗周全集》第 2 册,第 19 页。
④ 参见黄敏浩:《刘宗周"四句"的诠释》,《中国文哲研究通讯》1998 年第 8 卷第 3 期。

所谓独也。故物即知,非知之所照也。"①"物"是人成长与成熟的起点,亦是人走向自觉的起点。虽然有的人不见得从"物"中体思自己,反观生命,但人终究会走向自觉,即此可说"为善去恶是物则"。这就是刘宗周"四句"教的道德哲学。总之,"心"是"意"之外显,"意"是"知"之施行,"知"是"物"之细则,"心""意""知"是"物"之"至善"的指画与推演。故而,刘宗周有言曰:"一心耳,以其存主而言谓之意,以其存主之精明而言谓之知,以其精明之地有善无恶归之至善谓之物。识得此,方见心学一原之妙,不然未见不堕于支离者"②;"心无体,以意为体;意无体,以知为体;知无体,以物为体。物无用,以知为用;知无用,以意为用;意无用,以心为用。此之谓体用一原,此之谓显微无间"③。心、意、知、物四者一体融贯,即意即心、即知即意、即物即知。在这里,"心"是"有善有恶者心之动"之"心",而非"生生道体"之"心"。从道体之"心"讲,"心"是"人极"。作为人,"本心"常明,"人极"常在,"人"乃成其为人。正是因为人有其作为人的"必然之理",方可在意的主宰下,人从"有善有恶"之中明晰"本心"之常明。

这样,以意、知、物融通,提挈心,个体之"人心"便具有了能动性、自觉性和主体性,而人心的能动性、自觉性和主体性又与天命之性相通,故,"心一也,合性而言,则曰仁;离性而言,则曰觉。……又总而言之,则曰心;析而言之,则曰天下、国、家、身、心、意、知、物。惟心精之合意知物,粗之合天下国家与身,而后成其觉。为觉,其为人也。若单言心,则心亦一物而已。凡圣贤言心,皆合八条目而言者也,或止合意知物言"④。这样,"心"便具有了"天人一路"的品质,"人心,浑然一天体也"⑤。此心是人的道德理性精神,是人开展道德实践活动的自在主体。依此心而展开道德实践之人一定是君子、贤人,有学者即指出:"(刘宗周)明确地提出心具有道德价值判断和选择的能力,指出道德理性和善良意志相互蕴涵、相互制约,这一思想与一个半世纪后康德在《实践理性批判》中所阐述的自律道德的原理颇为相近。这是难能可贵的。"⑥以"心"为客观存

① 刘宗周:《学言》,载吴光主编:《刘宗周全集》第 2 册,第 389 页。
② 刘宗周:《答史子复》,载吴光主编:《刘宗周全集》第 3 册,第 380 页。
③ 刘宗周:《学言》,载吴光主编:《刘宗周全集》第 2 册,第 450 页。
④ 刘宗周:《学言》,载吴光主编:《刘宗周全集》第 2 册,第 388—389 页。
⑤ 刘宗周:《学言》,载吴光主编:《刘宗周全集》第 2 册,第 410 页。
⑥ 马振铎:《王学的罅漏和刘宗周对王学的补救》,《浙江学刊》1992 年第 6 期。

在和必然存有者,既为人之所以为人树立了客观理则,又为人"迁善改过"探索了客观依据。

第三节　"君子所为必慎其独"

《人谱》挺立"心"体,探赜人之为"人"的本根所在。但有"心"并不一定成其为理想的"人",因为由"心"而开显为"人"须有一个自我主体不断反思和体悟的历程。人既有对可能世界境界与理想的追求和铺设,又有基于意义世界和生存世界反思的工夫。"心"体与工夫圆融一体,才造就真实的"人"、德性的"人"。而心体与工夫融通合一的承载者是"慎独",《人谱》已然指出:

> 学以学为人,则必证其所以为人。证其所以为人,证其所以为心而已。自昔孔门相传心法,一则曰慎独,再则曰慎独。夫人心有独体焉,即天命之性。而率性之道所从出也。慎独而中和位育,天下之能事毕矣。然独体至微,安所容慎?惟有一独处之时可为下手法。……君子所为必慎其独也。夫一闲居耳,小人得之为万恶渊薮,而君子善反之,即是证性之路。盖敬肆之分也。敬肆之分,人禽之辨也。此证人第一义也。①

慎独既是醇儒证心法门,也是君子工夫修养的始基,更是《人谱》为己之学的逻辑起点。

要体贴"慎独"之意,须即"心"言"独"。人为天地万物之最灵最秀者,凭借"知"与"能"尽显"心"之根本意义和价值。"心"继善成性,实现天地事物之万化与万性的现实存在。《人谱》指出:"继之者善也。动而阳也。乾知大始者也";"成之者性也。静而阴也。坤作成物者也"②,"继善"与"动而阳"相对应,"成性"与"静而阴"相对应,"独"正是对"动静互蕴"之自然状态及其效果的真切表达。认定事事物物的意义、价值、功能和属性,都是在"心"的范围之中进行,无

---

① 刘宗周:《人谱》,载吴光主编:《刘宗周全集》第2册,第5—6页。
② 刘宗周:《人谱》,载吴光主编:《刘宗周全集》第2册,第3页。

"心"便无事事物物意义、价值、功能与属性的彰明。正是有了"心",所谓的事事物物才有了意义、价值、功能和属性,事事物物也才成其为自身,才被彰明起来,这就是"继之者善"。"心"生生不已,从而事事物物生生不已,事事物物之意义、价值、功能与属性亦是生生不已、变幻无穷。只是,在一定条件之下,"心"生生而万物成,万物自然便有"性",即"成之者性"。"继善"自然能够"成性","成性"是"继善"的自然效果;"继善"表明"生生不已"之动的过程,"成性"表明"生生不已"之静的效果。"继善"与"成性"为"心"之自然运动效果,是"心"之一元阴阳生气运行过程。"独"正是对此的表达。因此,离"心"说不得"独","独"是对"心"之生生不已之义的展示、描述,故须"即心言独",而非"以独代心"。

"独体"无动静,但它彰明了"动静"之理。"独体"既是自在,又是自觉;既是隐微,又是显发;自在之中隐微"独体"之"无思无虑";自觉之下显发"独体"之"吾之知能"。君子"独体"隐微,但却无时不显发,无时不影响他人、他事、他物。从而,隐微的状态之中自有显发、影响、彰显的过程,"知远之近,知风之自,知微之显"。当然,隐微与显发、暗然与日章圆融一起:"中以言乎其阳之动也,和以言乎其阴之静也,然未发为中而实以藏已发之和,已发为和而即以显未发之中,此阴阳所以互藏其宅而相生不已也。"[1]偏执任何一方都是对"独体"之蕴的曲解,刘宗周即有此论:"一独耳,指其体谓之中,指其用谓之和。"[2]进一步可知,"独"之中有"动静"运动,而这样的运动并不体现为"时位",即位置之移动意义上的"动静",而是彰显为"寂然不动,感而遂通"之过程与状态意义上的"动静":

> 无极而太极,独之体也。动而生阳,即喜怒哀乐未发谓之中;静而生阴,即发而皆中节谓之和。才动于中,即发于外,发于外则无事矣,是谓动极复静;才发于外,即止于中,止于中则有本矣,是谓静极复动。一动一静,互为其根,分阴分阳,两仪立焉。若谓有时而动,因感乃生,有时而静,与感俱灭,则性有时而生灭矣。盖时位不能无动静,而性体不与时位为推迁,

---

①　刘宗周:《学言》,载吴光主编:《刘宗周全集》第2册,第392页。
②　刘宗周:《学言》,载吴光主编:《刘宗周全集》第2册,第396页。

故君子戒慎乎其所不睹,恐惧乎其所不闻,何时位动静之有?①

刘宗周还即"性"言"独"。不仅《人谱》言"人心有独体焉,即天命之性",他的《原性》也有言:"夫性因心而名者也。盈天地间一性也,而在人则专以心言,性者,心之性也。心之所同然者,理也。生而有此理之谓性,非性为心之理也。如谓心,但一物而已,得性之理以贮之而后灵,则心之与性,断然不能为一物矣。"②"性"并不能用什么"具体"之言语加以分析,并没有什么"具体"之内容,但它却因"心"而"名",正是因为有了"心",性才被赋予了价值和意义。"性"因心而名,离"心"无"性","性"是事事物物所具意义、价值、功能和属性的"统称"。"心"生生不已而"继善成性","性"便自然如此。因"心"之知、之能而赋予事物之意义、价值、功能和属性,事物之有"性"体现出事物之意义、价值、功能和属性的客观存有。但"性"是否显明,却因"心"而主宰,唯"心"赋予事物特定条件下特定的意义、价值、功能与属性。"心"是界定、体认"性"的基础,"性"也是彰明"心"的基本路径。正是有了多元的"性"的显明,"心"生生不已之义,"心"之知、能之能动性、主动性、自觉性才得以开显。就"性"之客观存有讲,"心"生生不已之义而使之尽显,"心"赋予事物意义、价值、功能和属性便是事物之"性"的显明,但"性"并非因"心"而"始有",只是因"心"而"得名",故"性"为"天命之性";就"性"之在事事物物身上显明讲,"心"之知、能得以发挥,根据不同的认识层面、认知对象和体认方式,赋予了事物意义和价值、功能和属性,"心"之生生不已之义通过"万化""万性"开显出来,而"万化""万性"之开显"心"的过程亦是客观存在、自然如此的。"心"不会因"性"开显自己与否而"始有",只会因"性"开显自己的程度、深度和广度而说明自己之知、能的"广大"与"精微"。也就是说,"心"继善成性之"独"的生生运转本身亦成为"心"自身之"性":"独"之继善成性的历程便是"心"之知、能,"显""性"的历程,亦是"性"开显"心"体的历程。故而,有"心"之知、能方才有"万化""万性",但"性"乃"天命"之自然存有;有"性"之开显,"心"生生不已之义的意义和价值亦才得以显现。"心"生生不已之"独"运旋不止,为"心"本然如此,可谓之"心"之"性"本然如此。故而,"独体"自身是"性"

---

① 刘宗周:《学言》,载吴光主编:《刘宗周全集》第2册,第395页。
② 刘宗周:《原性》,载吴光主编:《刘宗周全集》第2册,第280页。

之一种,具有天命之"性"之特性,为"心"所本有。

"独"不离"心",唯在"心"中,"独"才有存在的意义和价值;"心"中之"独","动静无端,显微无间",通由"继善成性"彰明"心"之知、能,成为"心"之"性",为"心"之本然,故视为"天命之性"。何谓"慎独"? 刘宗周《学言》指出:

> 又读"潜伏"之诗,而知君子慎独之功焉。首从人所不见处杜其疚病之门,而犹虑其孔昭也。又读"屋漏"之诗,而愈知慎独之功焉。同是尔室之中,又向屋漏中讨消息,并已不可得而见矣。又读"靡争"之诗,而愈知慎独之功焉。当奏格之时,止有一湛然纯一气象,并喜怒且不可窥,而民已化。又读"不显"之诗,而愈知慎独之功焉。一理浑然,名言莫措,并其德且归之不显,而百辟已刑之。当此之时,内外两忘而化于道,只是个笃恭而天下平,慎之至也。又连咏"明德"之诗,而知君子慎独之功之至焉。由人所不见处,一步推入一步,微之又微,曰"不大",曰"如毛",曰"无声"且"无臭"。呜呼,至矣! 无以复加矣。可见独体只是个微字,慎独之功,亦只于微处下一着子。故曰:"道心惟微。"①

"独体"之蕴为"暗然日章",为"动静无端、隐微无间",那么,"慎独"之功便是于"微"处下一"着"字,即对"独体"蕴意的"慎""谨""顺"。"独"者不自欺、率性而为,自然合道。"慎独"之工夫便是对"独"的谨从、随顺,是对"独体"之蕴的另一种表达。《说文解字》解"慎"为"谨",解"谨"为"慎",表明了"慎"之意在于"谨从""严谨""不离不弃","慎独"当看作为"谨从独体",刘宗周自身就有"谨独"之说:

> 人心如谷种,满腔都是生意,物欲锢之而滞矣。然而生意未尝不在也,疏之而已耳。又如明镜,全体浑是光明,习染熏之而暗矣。然而明体未尝不存也,拂拭而已耳。惟有内起之贼,从意根受者不易除;更加气与之拘,物与之蔽,则表里夹攻,更无生意可留、明体可觌矣,是谓丧心之人。君

---

① 刘宗周:《学言》,载吴光主编:《刘宗周全集》第2册,第387页。

子惓惓于谨独，以此故也。①

"慎"的过程必然是以"独"为主宰，"独体"虽自在、自然，但应由"慎"加以支撑。"独体"作为状态与过程的和合存在，通由"慎"之谨从、遵从、顺从，"独体"可明白运动起来，从而约束、规范"自我"，使个体人"心"合德符节、遵法守纪，实现"自我"的自然的道德践行。"慎独"将内在的道德省思与外在的道德践行实现自觉对接，达致"湛然纯一气象"，最终实现"知行合一""诚明合一""隐见合一""天人合一"。

第四节　"时迁时改"

人生存于世界之中，难免犯过错，《人谱》即归纳了六种"过（恶）"，即"独知"主之之"微过"、"七情"主之之"隐过"、"九容"主之之"显过"、"五伦"主之之"大过"、"百行"主之之"丛过"以及"成过"之"恶"，并深刻阐发"过（恶）"的产生缘由及思想实质。有过不可怕，只要善于迁善改过，便做成圣人，"若未历过上五条公案，通身都是罪过。即已历过上五条公案，通身仍是罪过。才举一公案，如此是善，不如此便是过。即如此是善，而善无穷，以善进善亦无穷。不如此是过，而过无穷，因过改过亦无穷。一迁一改，时迁时改，忽不觉其入于圣人之域。此证人之极则也"②。因此，《人谱》强调"一迁一改，时迁时改"的改过工夫。

"心"有天命之性，即标示继善成性之生生不已之义的"独"。独知之地至微至危，稍有不"慎"，离"独"而生"妄"，由此滋生"微过"，静坐、读书成为谨独"心体"必要手段，《人谱·证人要旨》"凛闲居以体独"章即云："静坐是闲中吃紧一事，其次则读书。"③

首先，静坐悟心。静坐是"内自讼"修心法。人在生存世界中因条件限制和物质刺激而有"放心"："或以思维放，或以卜度放，或以安排放，或以知故放，或

①　刘宗周：《学言》，载吴光主编：《刘宗周全集》第 2 册，第 429 页。
②　刘宗周：《人谱》，载吴光主编：《刘宗周全集》第 2 册，第 9 页。
③　刘宗周：《人谱》，载吴光主编：《刘宗周全集》第 2 册，第 2 页。

以虚空放，只此心动一下，便是放。所放甚微，而人欲从此而横流。"一旦"本心"之澄明被遮蔽，则要"复"其"本心"。静坐"从整齐严肃入，渐进于自然"①，是实现"求放心"的"亲切工夫"。通过静坐工夫修养人心，无一事思虑，亦无一心主张，真真切切只是要反观自己，落脚于"心"至隐至微处，"无一切名相，亦并无声臭可窥，只是个维玄维默而已"②。

其次，读书明心。静坐与读书非两阶段，同为证心工夫，《读书说》即指出："除却静坐工夫，亦无以为读书地，则其实亦非有两程候也。"静坐是人通过内心的自讼、自警而实现自我督察，读书则是通过通读儒家经典文献而达至对内在自我督察效果的体悟和巩固，为静坐悟心提供践行理据："学者诚于静坐得力时，徐取古人书读之，便觉古人真在目前，一切引翼提撕匡救之法，皆能一一得之于我，而其为读书之益，有不待言者矣。"书是古圣先贤哲学智慧、道德思辨、精神慰藉和实功实行的文字总结，是对过去的思想史、哲学史、道德史、文化史的历史概括，透视圣贤所著经典，可体悟君子、圣贤人格之所在："圣贤之心，即吾心也，善读书者，第求之吾心而已矣。舍吾心而求圣贤之心，即千言万语，无有是处。"③书是"本心"之明的文字描述，"读"是"本心"的彰明进程，读书将"心"之明与澄明"本心"圆融统合。

"独"是对"心之体"动静无端、显微无间状态的描述，若个体之"心"不能专注于此，必动而生"念"，情离乎性，造成"隐过"之七情：溢喜、迁怒、伤哀、多惧、溺爱、作恶、纵欲，《证人要旨》"卜动念以知几"章如是言："独体本无动静，而动念其端倪也。动而生阳，七情著焉。念如其初，则情返乎性。动无不善，动亦静也。转一念而不善随之，动而动矣。"④堵截七情之工夫即"知几葆任"，于"向外驰求"中挺立"反身之道"。人生而有仁义礼智四端之性，亦有喜怒哀乐四德之情，且情性圆融："恻隐，心动貌，即性之生机，故属喜，非哀伤也。辞让，心秩貌，即性之长机，故属乐，非严肃也。羞恶，心克貌，即性之收机，故属怒，非奋发也。是非，心湛貌，即性之藏机，故属哀，非分辨也。又四德相为表里，生中有克，克

①　刘宗周：《静坐说》，载吴光主编：《刘宗周全集》第 2 册，第 305 页。
②　刘宗周：《求放心说》，载吴光主编：《刘宗周全集》第 2 册，第 304 页。
③　刘宗周：《读书说》，载吴光主编：《刘宗周全集》第 2 册，第 305 页。
④　刘宗周：《人谱》，载吴光主编：《刘宗周全集》第 2 册，第 6 页。

中有生，发中有藏，藏中有发。"①有性则必有其情，情中亦自然内蕴其性。但人生受外物影响，于耳濡目染中，"本心"之明被遮蔽，《向外驰求说》有言："动与一切外物作缘，以是营营逐逐，将全副精神都用在外"，四德之情流变为七情，出乎心而离乎性。为防止欲之过、情之生，刘宗周为学人下一"顶门针"——"向外驰求"——"所向是外，无往非外，一起居焉外，一饮食焉外，一动静语默焉外，时而存养焉外，时而省察焉外，时而迁善改过焉亦外，此又与于不学之甚者也"②。"向外驰求"告诫人反求自己，当下廓清"性情"之隐微、显发、动静关系，并时时葆任"情以性定、性由情显、即性即情"之圆融境界。

　　天命之性不可见，但可通过容貌辞气之九容得以显像，"容貌辞气之间，莫不各有当然之则"，"威仪定命"。③　但是，本来"诚于中而形于外"的九容（足容、手容、目容、口容、声容、头容、气容、立容、色容）因七情之病之呈现，个体之人不断"放心"，遂演变为九容之显过。④　克治此病的工夫是"变化气质"。人只有"气质之性"，"义理之性"为气质之所以为气质者："须知性只是气质之性，而义理者气质之本然，乃所以为性也。心只是人心，而道者人之所当然，乃所以为心也。人心道心，只是一心。气质义理，只是一性。"⑤气质因人生存世界差异而有所不同，故为"习相远"；但气质背后的"善"性却相同，不管气质如何，其内心深处总有"本心"之诚明。气质有病不可怕，只要善于"变化气质"，自能从病中"复性"，气浮当治之以沉，气粗当治之以细，事事与之对治，工夫既久，便见"心"从气质托体，不囿于气质，"此之谓以心治气质而气质化，且以气质化性，而性复其初也"⑥。变化气质彰显出"即知即行"的工夫哲学："夫知有真知，有常知，昔人谈虎之说近之。颜子之知，本心之知，即知即行，是谓真知。常人之知，习心之知，先知后行，是谓常知。"⑦真知是"即知即行"，既知自然行，所行自然有其知，知与行并无间碍。变化气质探求主体自我意识的觉醒，通过主体自我对"本心"的体悟，而问师求学、读书穷理，知而行之，最终达至内在的自在与

---

① 刘宗周：《学言》，载吴光主编：《刘宗周全集》第 2 册，第 421 页
② 刘宗周：《向外驰求说》，载吴光主编：《刘宗周全集》第 2 册，第 308—309 页。
③ 刘宗周：《人谱》，载吴光主编：《刘宗周全集》第 2 册，第 7 页。
④ 刘宗周：《人谱》，载吴光主编：《刘宗周全集》第 2 册，第 11 页。
⑤ 刘宗周：《中庸首章说》，载吴光主编：《刘宗周全集》第 2 册，第 301 页。
⑥ 刘宗周：《证学杂解》，载吴光主编：《刘宗周全集》第 2 册，第 272 页。
⑦ 刘宗周：《人谱》，载吴光主编：《刘宗周全集》第 2 册，第 19—20 页。

自觉。

人的生命意义由系列"关系"铺就，人必然受家庭伦理、行业规范、社会道德的规约，诚如《人谱》所言："只由五大伦推之，盈天地间，皆吾父子兄弟、夫妇君臣朋友也。其间知之明，处之当，无不一一责备于君子之身。"五伦之道须时时践履敦笃，"畅于四肢，发于事业"，若不能力尽其分，则不能体悟其中本然之韵味，流变为"五伦主之"之"大过"①。对于个体之自我主体讲，改过工夫强调自我主体性的发挥和自我能动性的开显，"我"改过便是我心之"明"，我心明便是我"反身为道"。因此，自我主体要善于践行五伦之道，善于从"大过"中迁善改过。当自我主体明晰了自己之为五伦绕身之事实，"时时体认出天地万物一体气象，即遇恶人之见，横逆之来，果能作如是观否？彼固一体中人耳，才有丝毫隔绝，便是断灭性种。至于知之之明，与处之之当，皆一体中自然作用"②，从而挺立真道德、真性命、真学问。明晰处人之必然之理和当然之则，自我主体自然从"大过"中警醒，从而达至自我主体精神境界的自然与安然。

万物皆备于我，心外无物："盈天地间，只是个生生之理，人得之以为心，则曰'仁'，亦万物之所同得者也。惟其为万物之所同得，故生生一脉，互融于物我而无间，人之所以合天地万物而成其为己者。"③心为物本，是事物的意义、价值、功能与属性的赋予者、主宰者；物为心显，事事物物皆为"心"之呈露。若"离物求心"，便陷入百行之"丛过"，故人须于事事物物"一一与之践履过"④。事事践履即是"应事"："自寻常衣饮以外，感应酬酢，莫非事也。其间千变万化，不可端倪，而一一取裁于心，如权度之待物然。权度虽在我，而轻重长短之形，仍听之于物，我无与焉，所以情顺万事而无情也。"人于"事"上本不着私欲杂念，但因妄根惑念作祟，加以七情之欲乱情伪、九容之诚形离间，人在应"事"上走作变形。从哪里犯错，就从哪里入手改过："故事无大小，皆有理存，劈头判个是与非见得是处，断然如此，虽鬼神不避；见得非处，断然不如此，虽千驷万钟不回。又于其中条分缕析，铢铢两两，辨个是中之非，非中之是，似是之非，似非之是。从

---

① 刘宗周：《人谱》，载吴光主编：《刘宗周全集》第 2 册，第 8、12 页。
② 刘宗周：《处人说》，载吴光主编：《刘宗周全集》第 2 册，第 308 页。
③ 刘宗周：《读书要义说》，载吴光主编：《刘宗周全集》第 2 册，第 312 页。
④ 刘宗周：《人谱》，载吴光主编：《刘宗周全集》第 2 册，第 8 页。

此下手,沛然不疑,所行动有成绩。"①在事上磨练,即是要实现"心中无一事"。人具有主体性、能动性,尽管个体之人之言行举止或善或恶,但其作为自我主体而应然存有的自觉性、自主性和能动性并不消逝,而只是被"遮蔽",人倘能主动地反思自己和创新自己,并能够自觉地"去"实践这个创造,其所秉有的自我主体的主体性与能动性便得以真切发挥。自我主体创造性的自觉发挥是对生存世界的反思与体认,人心本真之性的真切体悟是物我合一、知行合一的真实表达。

有过不可怕,只要善于迁善改过,便做成圣人,人若遇过不改,便成"恶"②。即便是迁善改过,若不能自心而"克念终始",依然是"恶"。因此,改过工夫无穷尽,"学者未历过上五条公案,通身都是罪过。即已历过上五条公案,通身仍是罪过",唯有一迁一改、时迁时改,方入圣人之域,唯此为"证人极则"。刘宗周针对成"过"之"恶"而提出的"克念"工夫,实是对前五个工夫进程的统合。工夫步骤有进阶,不同层面的"过"会有特定的改过工夫来对治。但,"过"由隐而显、由微而著、由小而大,后"过"建立于前"过"之上,"过"而不改则成"恶",如《纪过格》所言:"微过成过曰微恶""隐过成过曰隐恶""显过成过曰显恶""大过成过曰大恶""丛过成过曰丛恶"③。故前一阶段的改过工夫同样适用于后一阶段,"克念始终"即是对前五种工夫连贯性、通合性的综括。所谓"克念始终"就是要人澄明"心体"、体思"本心"之无思无为、何思何虑之真性。因此,《人谱》设计了"讼过法"④,要人读书之余,静坐体思,期求克念。讼过工夫说明,心上的任何念虑皆是对"本心"之明的遮蔽,唯通过"心"上"化念归思、化念归虚"工夫,以透

---

① 刘宗周:《应事说》,载吴光主编:《刘宗周全集》第 2 册,第 306—307 页。
② 刘宗周:《人谱》,载吴光主编:《刘宗周全集》第 2 册,第 13 页。
③ 刘宗周:《人谱》,载吴光主编:《刘宗周全集》第 2 册,第 15 页。
④ 《人谱·讼过法》:"一炷香,一盂水,置之净几,布一蒲团座子于下。方会,平旦以后,一躬,就坐。交趺齐手,屏息正容,正俨威间,鉴临有赫,呈我宿疚,炳如也。乃进而敕之,曰:'尔固俨然人耳,一朝跌足,乃兽乃禽,种种堕落,嗟何及矣。'应曰:'唯唯。'于是方寸兀兀,痛汗微星,赤光发颊,若身亲三木者。已乃跃然而奋曰:'是予之罪也夫。'则又敕之曰:'莫得姑且供认。'又应曰:'否否。'顷之一线清明之气徐徐来,若向太虚然,此心便与太虚同体。乃知从前都是妄缘,妄则非真。一真自若,湛湛澄澄,迎之无来,随之无去,却是本来真面目也。此时正好与之葆任,忽一尘起,辄吹落。又葆任一回,忽一尘起,辄吹落。如此数番,勿忘勿助,勿问效验如何。一霍间整身而起,闭阁终日。"刘宗周:《人谱》,载吴光主编:《刘宗周全集》第 2 册,第 15—16 页。

彻"无善无恶"之真性所在:"念念以为善,穷于善矣,如念何? 念念以不为恶,穷于恶矣,又如念何?"个体之"心"当打破念与虑的束缚,贯通心与思,圆融心与虚:"思则得之,得无所得,此谓思善;不思而得,失无所失,此谓至善。"①思无起灭,心才无善恶。

无论个体之"心"有怎样的"过",其"本心"始终诚明净洁,不会因生存世界"习染"之遮蔽而消逝,诚如《人谱》所言:"人虽犯极恶大罪,其良心仍是不泯,依然与圣人一样。只为习染所引坏了事。若才提起此心,耿耿小明,火然泉达,满盘已是圣人。"②"本心"无善而至善,人虽犯过,但能通过迁善改过工夫步澄明"本心","证人"工夫本质上即是"证心"工夫。

《人谱》所要解决的问题实质——"什么是人""如何为人"——是以"人"为中心,人是宇宙世间最为灵秀者,而"人"成其为"人"的那个"所以然"正是"心"。"心"生生不已而造化事事物物,无知而无所不知,无能而无所不能,是人开展道德实践活动的自在主体,刘宗周正是统合宇宙论与道德论而落实于"心体论",从"本体论"视域证明"人"之为"人"的必然道理。"心"无思无虑、既知既能,人之所以能够实现本体之"心"的常明与澄明,是与人对"心""意""知""物"的体认密切相关,刘宗周据此提出了"有善有恶者心之动,好善恶恶者意之静,知善知恶者是良知,为善去恶者是物则"的四句教,通由"尽人之学"以彰显个体之"人心"的能动性、自觉性和主体性。如果说"心体论"是在说明"什么是人"的话,那么,在善恶杂陈的"生存世界"中要能够时刻保持"本心常明"状态,必须展开"慎独"工夫,这是《人谱》为己之学的逻辑起点。做工夫的过程就是改过(恶)的过程,每一层面的"过"都有其内在原因,每种可能的"过"对应着一定的改过"工夫步骤"。"改过"即是"明心",唯通过一迁一改、时迁时改的"工夫"修养,才能明心见性、去弊成人。

---

① 刘宗周:《治念说》,载吴光主编:《刘宗周全集》第2册,第316页。
② 刘宗周:《人谱》,载吴光主编:《刘宗周全集》第2册,第15页。

下　编

蕺山后学研究

第七章　亦师亦友的弟子

全祖望认定的 31 位"学行之不愧师门者"当中,有 8 位情况较为特殊,分别是吴麟征、金铉、祁彪佳、彭期生、章正宸、叶廷秀、何弘仁、董标。因为他们年龄较长,且大多与刘宗周同朝为官,故全祖望说,他们虽"皆执弟子之礼",而刘宗周则"但以朋辈待之"。[①] 本章主要论述其中的代表人物吴麟征、祁彪佳、章正宸与叶廷秀四人。

第一节　吴麟征:戆直清廉的忠节之臣

吴麟征(1593—1644),字圣生,号磊斋,后改确庵、果斋,家居时尝署狮磊、竹田、蜕园主人,[②]浙江海盐人。万历四十六年戊午(1618)与长兄吴麟瑞(秋圃,?—1645)同中举人,天启二年壬戌(1622)中进士,历任江西建武司李、福建莆阳司李、吏垣给事、兵垣给事、刑垣给事、吏部掌垣、太常少卿等职,其著述后人辑为《吴忠节公遗集》。

在刘门弟子之中,吴麟征以国破帝崩而结帨自尽,临难一死报君王,"从容卓绝,义尽仁至",其忠义情怀纯粹明澈。"廉"政为官,奉"廉"为国家盛治之本,视"淡泊名利"为安身立命之道,彰显"清明强干之气";刚直敢言,端守无负本心、无负国家、无负君王的政治信念,"以直行行于枉道之世"。概而言之,吴麟征行己立政,致命遂志,实功实行,戆直清廉,忠节报主,不辱师门。

---

① 全祖望:《鲒埼亭集》卷二四《子刘子祠堂配享碑》,载全祖望:《全祖望集汇校集注》,朱铸禹汇校集注,第 445 页。
② 吴蕃昌:《吴麟征年谱》,载北京图书馆编:《北京图书馆藏珍本年谱丛刊》第 61 册,北京图书馆出版社 1999 年版,第 8 页。

一、吴麟征与刘宗周

刘宗周殉道前后,其弟子先后殉道者十余人,且多人荣登清顺治皇帝所表彰的"前代忠臣"之榜。① 而于殉道之刘门弟子群体中,有事功之大、卫国之忠、杀敌之勇数功绩者,则以吴麟征为首。

崇祯十七年(1644)三月十五日吴麟征奉命守西直门,十八日寅刻,德胜门破,李自成军入皇城,吴麟征弃西直门,入三元祠,二十日作《绝笔》以及寄兄弟子嗣诸家书,酉刻时投缳自经,慷慨赴死,从容就义。弘光朝议谥"忠节",清朝赐谥"贞肃"。②

吴麟征"从容卓绝,义尽仁至";奉"廉"为国家盛治之本,视"淡泊名利"为安身立命之道,彰显"清明强干之气";奉行无负本心、无负国家、无负君王的政治信念,"以直行行于枉世之道"。

吴麟征殉国难之影响和功绩,其仲子吴蕃昌《上南都议郎蒋公书》给以清晰评价。吴蕃昌申明吴麟征在四个方面比其他殉难诸臣的节义精神更为突出:其一,"无如先大夫忠"。吴麟征曾为外吏十年,后任侍从十年,再以晋阶卿士见重用,功绩昭彰,如癸未年(1643)请南司马史可法节制应援京师;请召边军吴三桂(1612—1678)等大将捍御寇难;徙宁远城;等等,其说虽不见用,但事后被认为合理备至。③ 其二,"无如先大夫勇"。李自成攻京城之日,举国悲愕无计,唯吴麟征大夫请皇上下罪己诏,蠲租布诚以款动壮士人心,并请养军士于城外,请百官擐甲带兵练禁卒,率众一决战守。其三,"无如先大夫劳"。吴麟征

---

① 《明史》载:"皇清顺治九年,世祖章皇帝表章前代忠臣,所司以范景文、倪元璐、李邦华、王家彦、孟兆祥、子章明、施邦曜、凌义渠、吴麟征、周凤翔、马世奇、刘理顺、汪伟、吴甘来、王章、陈良谟、申佳允、许直、成德、金铉二十人名上。命所在有司各给地七十亩,建祠致祭,且予美谥焉。"《明史》卷二六五《列传》第一五三,第 4513 页。董玚《蕺山弟子籍》著录刘理顺、成德、金铉、孟兆祥为蕺山弟子。(吴光主编:《刘宗周全集》第 6 册,第 614—615 页。)

② 《明史》卷二六六《列传》第一五四,第 4529—4530 页。

③ 据《吴麟征年谱》引祝渊《太常吴公殉节纪实》言,麟征主张徙宁远城,而群臣哗论,尤其是辅相魏藻德与麟征建议相左,"深咎公此议,已而寇患急,朝廷悔不用公言,始下旨撤督臣,促之甚急"。三月初旬,始徙宁远五十万众出关,但日行唯数十里,三月十六日入关,二十日抵丰润,而京师已陷,"事介呼吸,一失莫逭,悔恨何及!"(载吴蕃昌:《吴麟征年谱》,第 175—176 页。)

奉命守西直门，蓐食城头，手执炮矢击敌无数；募士缒城，杀敌数百；风雨半夜，徒步叩阙，欲为天子筹划计而为奸辅魏藻德阻挠。其四，"无如先大夫有成绩"。德胜门陷，农民义军骈马而入，而吴麟征受命城下，填石西直门以阻义军入城，因坚固厚实，后历数月始挖掘重启，若八门尽填石充塞，李自成军或许不能进城。① 城破之日，吴麟征虽未立即赴死殉国难，但终不苟且长生，矢志一死报君王，于崇祯十七年（1644）三月二十日酉刻作《绝笔》：

> 祖宗二百七十余年，宗社移旦失，虽上有龙亢之悔，下有鱼烂之殃，而身居谏垣，徘徊不去，无所匡救，法应褫服。殓时用角巾青衫，覆以单衾，垫以布足矣。棺宜速归，恐系先人之望，祈知交为邪许焉。茫茫泉路，炯炯寸心，所以瞑予目者又不在此也。②

吴麟征的拳拳忠君节义情怀展露无遗！而这样的节义精神正是明末蕺山学派的基本思想特质。

　　关于吴麟征与刘宗周交往始末，吴蕃昌所撰《吴麟征年谱》有所记载。崇祯十五年壬午（1642），崇祯启弘政门，诏求公卿直言，谏官熊开元（1598—？）、姜埰（1607—1673）拜书批评首辅周延儒（1593—1643）的弊政，结果被下诏狱，举朝震慄，吴麟征首拜疏申救，有"皇上御极十有六年，从无以言官付诏狱者，雷霆竟日之怒，臣等可以无言"之语。第二日，刘宗周再次申言救熊、姜，因言辞激烈，被下诏狱，吴麟征则为刘宗周请求："宗周之忠，群臣百姓皆知之。今与臣等同救言官，而独蒙其咎，臣等何颜以事陛下。"乃得免冠叩头谢罪，后刘宗周被放，读诸救己书，有曰："诸公言辱相援耳，若吴公者，诚念在国家，真仁人言哉！"于此，吴蕃昌指出："盖先生与大人非有雅故，始为通版交。"③

　　不过，吴蕃昌执贽刘宗周之前，已与之"神交"。据《吴麟征年谱》天启二年壬戌（1622）条载："其年春，大人初止长安邸时，梦身经荒野，一褐衣丈夫，冠危冠，负手仰天，长吟曰：'山河破碎风飘絮，身世浮沉雨打萍'，□复唏嘘不已，大

---

① 吴蕃昌：《祗欠庵集》卷一《上南都议郎蒋公书》，《适园丛书》，民国二至六年（1913—1917）乌程张氏刻本。

② 吴麟征：《吴忠节公遗集》卷三《殉难书》，第413页。

③ 吴蕃昌：《吴麟征年谱》，第145页。

人为之泣下。或指曰：'此隐士刘宗周也。'既寐，且不识刘为何人，为何如人。及登第观政，升宗伯堂上，上有悬版，题主事刘某名，愕然心异之，已而详刘公当世大贤者也。居又比省壤，久之，未尝纳交。崇祯壬癸之岁，使会同朝，初梦卒践。"为求佐证，吴蕃昌还附录刘宗周的《哭吴麟征文》：

> 先生之于宗周固非有平生之契也，乃登第之时，忽行诸梦寐焉，且诵文信国《零丁洋》诗句以赠，而竟不知为何许人，曰"隐者刘生也"。梦觉而惧然，先生心识之。二十年来，不轻以示人。及夫晚年，宗周幸辱先生同朝，相见如平生。……死生事小，闻道为大，等死耳。而先生死忠，即等死忠耳。而先生独奉其初念以死，由先生之言溯其平日，久已勘过妻子梦寐两关，至此从容卓绝，义尽仁至，颉颃前人，庶几朝闻夕可者与。①

由刘宗周忆及与吴麟征交往历程可见其对及门弟子吴麟征德行与人品的肯定，他认为吴麟征勘破了"朝闻夕死"之道，打通"梦寐关"而能"从容卓绝，义尽仁至"。对于以"梦"为"过"的刘宗周来讲，②其赞誉弟子之言着实真切和诚恳。

吴麟征问道刘宗周、入门求教之史实，《刘宗周年谱》亦有相关记载。据《年谱》崇祯十六年癸未（1643）记载：

> 先生在寺，幅巾布服，道味适然，士大夫以学就正者，络绎不绝，退则掩关著书，不以冰霜辍业，于得失升沉，淡如也。是时问道者为友人张玮、吴麟征、祁彪佳、刘理顺、金铉、陈龙正，门生董标、恽日初、祝渊等。先生各随所问开发之，闻者渐以兴起。③

其中即有吴麟征向刘宗周求学问道。实际上，吴麟征自己亦曾回忆言及问道之事。同门祝渊《太常吴公殉节纪实》记吴麟征事："时公两日不食，角巾青衫颈

---

① 吴蕃昌：《吴麟征年谱》，第34—37页。
② 刘宗周《人谱》论"过（恶）"思想，就"百行"之"丛过"有言："先之以谨独一关，而纲纪之以色、食、财、气，终之以学而畔道者，大抵者皆从五伦不叙生来"，而"游梦"即属于此"谨独"关之"过"。《人谱》，载吴光主编：《刘宗周全集》第2册，第13页。
③ 姚名达：《刘宗周年谱》，66岁条，载吴光主编：《刘宗周全集》第6册，第458页。

项多缳痕，渊涕泣不能仰视。公笑曰：'无效儿子女为也。'引酒共酌，剧言失国之故，且曰：'往余问道山阴刘念翁先生，先生曰："人之初念未尝不善，往往以转念失之受命。"余初念也。'"①刘门弟子黄宗羲《刘子全书序》亦说："先师丁改革之际，其高第弟子如金伯玉、吴磊斋、祁世培、章格庵、叶润山、彭期生、王玄趾、祝开美一辈，既已身殉国难，皋比凝尘，囊日之旅进者，才识多不当。"②可见，梨洲以吴麟征为刘宗周高第。故，刘宗周再传弟子全祖望《配享碑》著录吴麟征入祀刘宗周祠堂：

> 海盐吴先生麟征，字磊斋，甲申殉难忠臣也，详见《明史》。初，磊斋未识子刘子，一夕梦中闻其诵文信公"山河破碎"之句，醒而讶之。及见子刘子讲学都门，因问业。磊斋死国，诸弟子私相语曰："妖梦得无及先生乎？盍请先生志墓以禳之。"子刘子流涕曰："固应及耳，何禳之有。"不一年难作。③

二、"廉"为天下盛治之本

知识分子读圣贤经典、参加科举考试，目的不外乎两个：儒家"内圣外王"之学的实现与名利荣华之撷取。于前者言，煌煌庞大之仕官阶层中，唯极少部分人物愿意去做，亦唯更少部分人物能够实现这样的学行圆融之境界；于后者言，入仕为官则转变为发家致富、恃权傲物之绝对资本。就吴麟征而言，在其位谋其政，以"廉""直"作为其政治哲学的本体主旨。

吴麟征认为"廉"为天下盛治之本。他指出："天下之治不一，未有不本于清明强干之气；天下之乱不一，未有不本于秽浊糜烂之气。"而此"精明强干之气"即是"廉"："治莫法于廉。廉者，法之所由立也。舍法而责廉，是遗堁而避尘、抱

---

① 祝渊：《纪实》，载祝渊：《祝月隐先生遗集》卷二，《适园丛书》，民国二至六年（1913—1917）乌程张氏刻本。
② 黄宗羲：《刘子全书序》，载吴光主编：《刘宗周全集》第 6 册，第 653—654 页。
③ 全祖望：《鲒埼亭集》卷二四《子刘子祠堂配享碑》，载全祖望：《全祖望集汇校集注》，朱铸禹汇校集注，第 443 页。

薪而救火也;舍廉而求法,是脱辕而欲车行、弃楫而欲舟移也。"①上至天子,下至庶民,诸行虽百端,皆须依法而行。"法"是具有强制力和约束力的一系列规范的综合系统,无论是制定法度的人,还是受法则规制的人,首要的和基本的前提则是内心对法的"虔诚"遵守,而非仅仅是因为法具有的强制力和约束力的"外在威慑"。法有千千万万的种类,但真正的守法和遵法唯有一种,即"心法合一",是法内化为身体力行之"自觉"。这样的对法的尊重和遵守,已然超脱于对法之威慑性的恐惧而上升为道德境界。就从事现时政治管理的官员而言,真正的守法和遵法须建基于"廉"之自觉与自为之上。"廉"是法发生作用的理论前提,是儒家理想盛治图景得以实现的思想基础。

欲求"廉",则君臣上下须"宁静淡泊"。上位之君主张祈求国祚之长存,求臣子精严纯粹、无负国家,而以健全之法度为重要手段。只是,有法度更须有严格遵守和悉心执行法度的官员,根本上是要上下君臣皆能全心全意为齐家治国而无私奉献。而这样的立法、执法是以"廉"为政治基础。吴麟征指出:"今天下而弊极矣,贪冒综合,怨咨四起,纪纲尽坏,莫可谁何?"明末朱家王朝有如漏舟,千疮百孔、积弊丛生,吴麟征所言正是对明末弊政的真实揭露。究其原因,非因无法度规制,而是因臣子不"廉"而造成。他说:

> 则以为法之不法,而不知法所由法也。譬之人振衣弹冠,斋洁而立,则壮夫拱手;蓬首垢面,倒植衣冠,孺子得而侮之。守令视监司,监司视抚按,抚按视卿辅。体非不尊且严也,尝之以苞苴;而苞苴入矣,投之以暮夜;而暮夜纳矣,尝之以不暮夜、不苞苴,而夷可使跖,西子可宿瘤矣。夫人自束发从王,谁不思致身通显,而此为穷途,彼为捷径,了了分明,安得而不恣渔猎以自润也?如乌鬼然,取鱼满吭有扼而出之者矣,出之复纵之,三年计吏计其苞苴之所入也,计其暮夜之所投也,上既利其所贿,不得不委法而听之;下亦恃其所私,且窟于法而居之,况吏之下有民,且见谓我蟊贼,非我父母,而揭竿斩木之衅起矣。故欲法,法必自廉始;欲廉,必自大臣始;欲大臣廉,必自一念之宁静淡泊始。②

---

① 吴麟征:《吴忠节公遗集》卷四《策》,第 453 页。
② 吴麟征:《吴忠节公遗集》卷四《策》,第 453—454 页。

打铁尚须自身硬,官员自身不正不刚,又谈何约束庶民? 上官自身不正不刚,又谈何约束下吏? 故,行政为官须由"正己"而"正人"。上下之间之关系建立于"苞苴""暮夜",图财谋利,谁又会真心为民为君分忧解难呢? 终极的上下团结一体、悉心为政、全心为民理想盛治的实现,还是要依靠君臣士子本心的"宁静淡泊"。这是吴麟征政治哲学"心性本体"的真切表现。

"廉"是吴麟征政治哲学的"本体"指导理念,是求达社会盛治图景的终极决定因素,因此,他认为朝廷用官选官必须以"廉"为基本前提,同时施以特定法度。在吴麟征看来,法度是彰明廉能节烈为官的基本手段。他在《入垣首陈四款疏》中指出,他由外吏而擢升吏垣给事,为感谢皇上对自己的"知遇之隆"而陈述"刍荛臆见",以明"治体",包括四个方面:"群臣之情宜通""小民之隐当悉""精择郡守以兴吏治"以及"慎用司官以肃铨政"。择选"郡守"是要澄清吏治,而"是否廉能"则是考察"郡守"之绝对指标;不唯"郡守"为官当廉能守法,并选官用官之司官亦须廉能守法。吴麟征有说:

> 臣惟吏治之坏皆由于激扬之无术、提挈之无方外,而抚按监司非要职,第去民稍远,有所施为,非郡守不达。而郡守廉则县令不敢贪,郡守严则县令不敢玩,郡守精明则县令不敢丛脞。天下之为县令者众,又皆操刀学割之徒,故遴择为难;天下之为郡守者寡,俱循咨拾级而升,故材品易核。[①]

在中央集权政体之下,边远以及最底层县域的吏治往往最难以管理,中央政权鞭长莫及。吴麟征主张择选贤能廉洁之地方官,通过扩大其权力而加强基层地方治理。他说:"宜急俄日遴择廷推礼遣,凡闾阎疾苦,吏治臧否,使得自达于天子,而监司抚按坐而考其成,毋掣其肘,绩成而后,酬之以上爵。"当然,这种重视地方官职权的做法在明宣德年间已有成例。是时,苏州等九郡较难治擢,而况钟(1383—1442)、何文渊(1385—1457)等九人被派往任官,皇上"赐之乘传,重以玺书,假以便宜,僚吏有作奸犯科者听自提问,其任久者至二十余年,少者亦十余年,卒有所树立,为世名臣。九郡之民至今赖之此法,行之一隅则一隅

---

① 吴麟征:《吴忠节公遗集》卷一《入垣首陈四款疏》,第 356 页。

安,行之天下则天下治"①。按照吴麟征理想之政治哲学,郡守若能廉能,则许其长期治理地方,皇帝对下级之信任既彰显君臣之间的"腹心之义",又可激扬地方、一劳永逸。

以廉吏治理民众事务固然可喜,但考核官员是否为廉吏的相关部门亦当廉洁秉公,即"慎用司官以肃铨政"。为官者当廉,考官之官更当廉能。作为政治主体,官员群体是否廉能直接决定着行政运作的健康与否。吴麟征曾指出,明代政治管理体系下,负责官员考选的吏部乃"人才消长之源",冢宰百僚及司官自身皆出于吏部之考选。既然吏部职掌如此重要,"辟天下第一关头,宜以天下第一流处之"②,则吏部之自我约束即是"杜请托,绝贿赂,釐奸剔弊,以进贤退不肖"。而要张扬"廉"风,吏部司官当做到"三不役":不役于人,毋凭竿牍为升沉;不役于货,毋视暮夜为优劣;不役于吏胥,应升应选毋止据考核官员之呈案,当细致区分稽查。吏部司官考核其他官员以是否廉洁守法为前提,以遴择尽可能多的廉洁守法之官员参与到社会治理之中。不过,在吴麟征看来,考核官员是以"鼓舞激扬"为目的,非"以多斥为功"。他在1643年所上《计典举行在即疏》中指出:

> 夫察吏所以安民,而数易适以扰民。人无同心,治益苟且。故臣以为此蕃计吏,其黩货淫刑、法无轻贷外,他如仕席未暖、原无重惩,不得概填"不谨身处危疆"、"迹嫌规避",不得轻议"更调有行"、"孚于众口"、"名挂于弹章",亦不得因循生弊、累加处分,而时地有可原功过堪相,准姑兴存疑,毋令抉望。散员末秩,岂无岁月之勤、株累之积,法当宽惜道可,曲成臣职。③

由此可见,在吴麟征所设想的计典法度中,若非被考核官员"黩货淫行、法无轻贷",考核当以"宽惜怜官"为思想基础。实际上,他之所以强调地方郡守常任连任,其理论根据亦可溯源于此"宽惜怜官"之观念,因为它能够使君臣之间、臣

---

①　吴麟征:《吴忠节公遗集》卷一《入垣首陈四款疏》,第 356 页。
②　吴麟征:《吴忠节公遗集》卷一《陈用人之要疏》,第 359 页。
③　吴麟征:《吴忠节公遗集》卷一《计典举行在即疏》,第 378 页。

民之间"同心同德"。当然,若是被考核官员和考核官员之司官自身不能"廉",定当严惩不贷、绝不姑息。

此外,吴麟征还构设了考核吏部司官之法。在他看来,"六曹之事,惟吏部最为繁重。盖内而大小诸司百执事,外而抚按监司守令,下逮散员末秩,皆吏部所用之人,则皆吏部所司之事也,使蓥剔之不严,激扬之无术,市恩逋怨因循玩愒以致一部之纲维驰,则中外之纲维与之俱迟","朝廷之法能行之于吏部,则天下之治思过半矣"。① 既然吏部如此重要,则考察吏部司官之时,"宜于升转之时还加考核,问其进贤者几何人,退不肖者几何人,却贿发奸拒权要之请托者几何事,使树品千秋者卓然有以自见,而食人鄙夫不至倖免蒙面以去"②。通过廉能守法之司官来考核其他官员,以及重司官自身是否奉行廉洁守法职事之考核,吴麟征的行政管理理念恰恰体现出现代管理学意义的"官员绩效考核"思想,通过有效和严格的考核,把规范性、强制性的"法"转生为内在自觉,进而上升为道德境界。"真道学"之儒家知识分子自然能以"廉"为道德自觉,而尚未实现道德自觉的一般仕官亦可以根据完备的考核法规而实现自身的廉能守法,归根到底是要实现政治管理主体的廉洁秉公。

"廉"之反面是"贪""利",功利贿赂正是导致官德败坏的罪魁祸首。《左传》云:"国家之败,则官邪也;官之失德,宠贿章也。"官员若滋生贪婪心态,必行敛财搜刮之政,苟且之心势必玷污士风、败坏风俗,"小人误国必侵权,侵权必因货贿,货贿必至败坏封疆之事"③。若能不为"利"所惑,安贫乐道、淡泊名利,则为廉洁之官。吴麟征即是如此,《吴麟征年谱》对此多有记载。如,崇祯二年己巳(1629),他为福建莆阳司李官,清直廉洁,多次拒斥贿赂:同僚别驾王某不谨言循行,劣迹多端,时吴麟征掌巡册,开记颇多,王某怀金谒吴麟征以谋求"公一援我",吴麟征色变怒斥,王某终解绶投劾以去;吴麟征有疾,乡先生遗以桑寄生一束,终不食用,完璧归赵;族人遗新茶一罂,然内含数金,吴麟征为其书曰"更得好茶,聊以相报",乡人愧悔;建宁令呈送十八只茶瓯,做工考究,吴麟征以其浮巧败民,正色屏拒;吴麟征离莆阳时,家人私持一漆盒,则命置之五显岭

---

① 吴麟征:《吴忠节公遗集》卷一《补牍并纠疏》,第 366 页。
② 吴麟征:《吴忠节公遗集》卷一《陈用人之要疏》,第 359—360 页。
③ 吴蕃昌:《吴麟征年谱》,第 147 页。

南邮舍,以致"家无尺寸官物"。① 吴麟征与长兄吴麟瑞家书如是说:"二十年营一屋仅如马肆,廉吏真可为而不可为也。"②与弟吴麟武(1604—1648,字玉书,晚号耐庵)家书有云:"第恨起家以来,以债负累亲友,年年岁岁无有穷期,虽衣食楼止未尝敢萌一念。"③吴蕃昌叙吴麟征居间之概有言曰:"凡涉荣利,事比声誉者,心勿欲近。简御门族,无以盈盛干法。州郡礼命,概以辞摒。官吏造门,卧而勿接。"④或许有人认为吴麟征不近人情,孰不知人情背后的无尽利益,为官者一旦沾滞于此,又何以正己正人哉?

《吴忠节公遗集》还收录有两篇吴麟征拒斥贿赂的书信,恰能表现他的廉政哲学。在第一封《还友人瓶盎书》中说:

> 瓶盎中物即先生所怀来也,置之床头,每每心怖颊赤,急欲完璧,又恐屑屑往返存行迹。今先生行矣,于握别时蓦然投之,便可断其来意。不肖了此一案,真霍然如病之去体也。……惟十年苦节自信之心,决难自昧。⑤

退还贿赂之物如同"病之去体",吴麟征"十年苦节"坚守,绝不昧内心良心。在《还里人田券书》中则自述自己廉吏历程:

> 不孝生平踽踽七年司理,两载侍从,门无暮夜之宾,身谢脂膏之润,至今八口不给,不以介怀。尝闻五月批裘,不取道金;鹓雏虽饥,不受腐鼠。落落吴生,岂宜向里巷小儿丐余沉哉?⑥

吴麟征家虽贫,但"无暮夜之宾",自然能"不役于货"、光明磊落。

吴麟征之廉明绝非沽名钓誉,乃是其"安身立命之道":"人之所以异于禽兽者,以其有方寸地也。若知利不知义,知有己不知有人,所谓一念之间,角尾

---

① 吴蕃昌:《吴麟征年谱》,第55—66页。
② 吴麟征:《吴忠节公遗集》卷三《寄禀伯兄秋圃》,第424页。
③ 吴麟征:《吴忠节公遗集》卷三《寄六弟玉书》,第430页。
④ 吴蕃昌:《吴麟征年谱》,第195页。
⑤ 吴麟征:《吴忠节公遗集》卷二《还友人瓶盎书》,第411页。
⑥ 吴麟征:《吴忠节公遗集》卷二《还里人田券书》,第412页。

具矣。"①"义利之辨"历来是儒家知识分子比较重视的哲学命题,"重义轻利"便成为道学家修己安身之根本指导思想。吴麟征廉洁秉公,行己立政,由正己而正人,是其政治哲学的终极价值追求。

三、以直行行于枉道之世

读圣贤书成长起来的儒家士子在保持一颗清净明澈本心的同时,希图通过点滴的为政为民的治国方略而大展宏图,然而,或因机遇不佳而无从施展,或因戆直正行而忤逆当道,其结果往往是"空悲切,白了少年头"。吴麟征正是这群不得志的儒家士子中的一员。明末,强虏外患与民变内忧交织,铮铮铁骨之忠节刚正之士与屑屑苟且之宵小唯利是图之人共存。动荡的时代催生忠孝节义之士,吴麟征以"直"心行于枉道之世,书写了"忠贞不渝"的道学真精神。

在吴麟征的思想世界里,科举八股无益于世道人心,读书治学是要实功实行。他在给倪元璐的信中言:"丈夫属有念以为醌觑,八股最无益于身世之数,辄攒眉弃去,仅两试,学使者俨上列,又自笑其不意也。"②他撰于 1644 年的《甲申初度自题小像》言其志:"俗笔犹能写俗容,居然磐石坐松风。生平名利如杯水,不信长安有若翁。"而此诗之"题引"则如是说:

> 余性爱悠闲不乐尘冗,出应童子试,他人惟恐不售,余惟恐其售。乡会场亦然。十载班行,强半丘壑,乙卯乞骸,寓德水有句云:"不学王征士,取笑在荥阳"。而今往来屑屑殆过之嗟乎?拯溺者,濡逐兽者,趋士固有耽其所弗爱,而乐其所不居者乎?壬午,余年五十,武林孔嘉工绘遗此,今又再期,心迹大异,书此志愧。③

读书不为名与利,才能真正体会学问之道,才能成就自己超脱恬淡的道德品质,亦唯此方可成就实功与实行。

---

① 吴麟征:《吴忠节公遗集》卷二《还里人田券书》,第 412 页。
② 吴麟征:《吴忠节公遗集》卷二《答倪鸿宝》,第 396 页。
③ 吴麟征:《吴忠节公遗集》卷四《甲申初度自题小像》,第 450 页。

"敢言刚直"则成为吴麟征实功实行的基本动力,构成其政治哲学的本体主旨之一。据《年谱》载,吴麟征于崇祯二年(1629)入吏垣,之后数次上疏纠劾官员,开罪当道。如,崇祯三年(1630)上《参驳外转郡守疏》,纠劾已为吏部会推人选的牟道行:

> 盖所谓役于人役于货役于胥吏者,固铨司之积习,要未必人人皆然,至所谓贪鄙之夫,蒙面侥免以去者,则是有其人,盖指前稽勋司郎中牟道行是也。……今道行已升授广西太平府知府矣。……今之用人纵不能已其愁苦叹息之声,若使贪鄙之人临之,是使狼牧羊也。①

吴麟征"以狼牧羊"之论不仅置牟氏于死地,亦直指吏部贪鄙腐败之弊政。同年,他又上《淮民酿乱可虞疏》,纠朱光祚和漕抚李待问,以其溺职当斥,认为朱光祚"以堕体黜聪之人,当册手胝足之任,呼吁虽勤,五官无主,惟有望洋而叹,几幸河神之自徙耳";而李待问"履职六年不为不久,而功烈如彼,其毕生民日见死亡,盗贼日见生发,彼红袍黄盖出没于江淮湖海间者,俨然与抚臣争衡逼处而莫敢问。至若通泰之盐,徒萧徐之妖孽,古今僭窃之雄,往往出此而联翩四起,大可寒心。……此一臣者,素著清谨之称,亦饶中外之誉,而宦成志怠优游之意居多,锐气全销,经理之才不足"②。结果自然可知。吴麟征尽职尽责,绝不给庸吏宵小留情面,于肃清吏治大有裨益。只是,这样的直言直谏必然得罪当权达贵。

吴麟征开罪最深者莫过于首辅和中官。崇祯七年甲戌(1634),皇上召对群臣用人之方,左右六垣行寂无声,唯吴麟征出对:"臣愚所见不尔。荐贤正宰相事也,非谏官责。宰相可以开合揖士,持吐握之诚,荐达疏远,唯恐不及。所以宪章大典,简核贤才,以备皇上之用。谏官起而循名责实,补阙拾遗,可否不敢不自效,虽宰相无能枉其正。"③在吴麟征看来,首辅温体仁(1573—1638)用人不当。后吴麟征又上《人才凋敝已极国家器使宜周疏》,深责太宰选司。因吴氏

---

① 吴麟征:《吴忠节公遗集》卷一《参驳外转郡守疏》,第363—364页。
② 吴麟征:《吴忠节公遗集》卷一《淮民酿乱可虞疏》,第360—361页。
③ 吴蕃昌:《吴麟征年谱》,第87页。

直言敢谏，皇上虽有意重委，而温体仁"虞大人论建渐广，必阁相业"，阻之"此臣忠而廉白，特操术迟钝不及事"，崇祯"辄以为然，不获亲用"。① 前有责首辅之言，后有阻升迁之实，吴麟征忠义之气终未赢取忠厚之报。此外，吴麟征因"直"行开罪中官。是时，崇祯忌讳朝党营私，大用中官宦人，"欲委之政，其丐借重梀，遂鲜疑吝，或提戒赋龊，剖镇四夏；或副使讲射，侍从禁园"，以致"黄门常侍之属，日益亲比"。② 朝士虽皆私相悼叹，然无敢抗疏者，唯吴麟征"蠲死戆急"，连上二疏以阻中官升位。其中，《请罢中官疏》说："今堂陛之间，何其落落也，以允恭克让之主，而有厌薄群工之称，非所以为名也。……父虽不慈，未有舍子而信其仆从者。然使起居不相接，七箸不相亲，久之，父有疑之之心，子亦必有不可告父之事。故父之于子遂有举世不获欢，爱羽毛而疏骨肉者。"③ 显然，吴麟征对皇帝重用内官之做法持强烈之反对意见，重用内官实是对群臣之不信任的表现，必导致上下间离，君臣疏远。在《请罢缉事厂臣疏》中，他更进一步指出："先朝以西厂刺事，一国尽惊，无补治乱，而吞周之漏，汤罹之嗟，载之史集，昭然炯鉴。……皇上以刚明之锐，而饬典则之遗，通理内外，以尽天下之才，循改祖制，以杜天下之倖。……又何事内官之小忠小信为哉？"④ 吴麟征之论直指吏部当朝用人命官之弊病，连带批评崇祯皇帝不分忠信大小，颠倒是非、刚愎自用之病。吴麟征耻于与中官为伍，遂拜《请假归葬疏》南归。海宁孝廉朱一是（1610—1671）为吴麟征所作诔文如此评价："先生划名履实，体公绝私，道广学醇，气冲神定，天子不能折其气，宰相不能夺其权，君子不能援以党，小人不能中以祸。"⑤ 朱氏论断切中肯綮，可得吴麟征立朝之大端，可见吴麟征为政之率直。

　　有人戆直，则有人阴险，吴麟征正直忠厚之举忤首辅最深，受其忌恨也最多，这在崇祯朝后期两任首辅那里皆有体现。1643 年，吴麟征主持朝廷计典，内外臣工，下至掾属令史皆综核名实，皆受升迁降黜，功成上疏祈告归里，却为首辅周延儒阻厄。吴麟征计典多屏退首辅私人，首辅虽密布小吏刺探吴麟征

---

① 　吴蕃昌：《吴麟征年谱》，第 93 页。
② 　吴蕃昌：《吴麟征年谱》，第 93 页。
③ 　吴蕃昌：《吴麟征年谱》，第 90—91 页。
④ 　吴蕃昌：《吴麟征年谱》，第 91—92 页。
⑤ 　吴蕃昌：《吴麟征年谱》，第 94 页。

起居而无所訾垢，遂与文部郎谋，欲更署计册、轩轾颠倒，为皇上怒斥得止。①后廷推吴麟征为太常寺少卿，不报；擢用西江抚军，相辅又格阻，且发《沅楚告难疏》，妄改吴麟征为沅抚军，欲置吴麟征于死地。后来，沅兵归郧阳抚军管辖，吴麟征终未外放。周延儒折磨人于有形，实杀人于无形，摧人之意志无端，官僚弊政之歹毒莫过于此。吴麟征已然意识到自己处境之艰危："时阳羡（周延儒）文部，恨公入骨，思中以危法，公亦自知不免，时时称病注籍，束一幞被，候有逐，即日就道。"时任副院事御史、刘门弟子张玮亦说："征吴公，吾生几不得见真君子矣，所谓正直忠厚者，公实兼之，然乃危甚。"②未几，周延儒通敌叛国事发，赐自尽以死。次辅陈演（？—1644）为相，然才质平庸，特又阴险狡诈，则又阻厄吴麟征直言实功。是时，宁远镇臣吴三桂，抚臣黎玉田、王永吉等上疏求撤宁远孤城，朝中唯吴麟征附和，独谓"徙宜"，于诏答中有说："吴三桂忠勇材也，早当拔用，毋委之敌人。"③吴麟征希图驱六科吏员联合署名，众人相顾推诿避让，则吴麟征独疏此事，终未见省纳，留中不报。崇祯十七年甲申（1644），吴麟征两次拜书求外迁，第一通疏解释迁就外职的缘由曰：

> 臣天性迂愚，气质柔缓，以当搏击之任，论列之司，殊非所长。若安民善俗，起瘠扶衰，受一方之寄，守国家章程，以与僚友相砥砺，臣固可企而能也。臣区区此心非始自今日，每见人情贵内而贱外，致监司郡守积轻，吏治苟且，闾阎困瘁，盗贼承敝，酿成鱼烂瓦解之形，臣愤之痛之。④

以己"生性迂愚、气质柔缓"为乞就外职之借口，以及以朝廷"重内轻外"之不公平施政方略为借口乞就外，皆非根本，其乞外迁之根本原因是直言忠义又为新辅所恨，"不进不退，忽抑忽扬，几令人愧死闷死，总是迂拙自守，不得于君相之故"⑤。在吴麟征看来，"时事澜翻，智勇俱困，岌岌孤踪，加以瞆瞀，力不胜驰驱，谋不中宜綮，而腼颜鹓鹭之班，徘徊仗马之侧，图名与规利两非其好"，既"发

①　吴蕃昌：《吴麟征年谱》，第 155—156 页。
②　吴蕃昌：《吴麟征年谱》，第 157—158 页。
③　吴蕃昌：《吴麟征年谱》，第 162—163 页。
④　吴麟征：《吴忠节公遗集》卷一《乞就外职疏》，第 382 页。
⑤　吴麟征：《吴忠节公遗集》卷三《寄禀伯兄秋圃》，第 424 页。

言非时"，不如"己甘方斥，乃籍台芘得舆疾而归"。^① 吴麟征不图名利，虽全力施政，但不为当权重用采撷，"力不胜驰驱"，既求归不得、求直抒胸臆又不得，虽"愧死闷死"、抑郁百端，但仍能鞠躬尽瘁。是时，民乱虏掠已成不可收拾之残局，朝中大臣屡屡缘间请升黜以为迁避，掌垣吴麟征皆允。祝渊有信劝吴麟征"自为计"，而吴麟征说："诸公全身远害，比比求去，顾愧不能遏止之，况可褰裳共逐乎？迂拙由来，唯有'致命遂志'四言自矢而已。"^②甲申三月，他以太常少卿守西直门，罹难而尽忠殉国，彪炳史册。

终究而言，吴麟征以无负本心、无负国家、无负君王的实功刚直心态，成就自己的曲折人生。他在与长兄的书信中写道："今日补救甚难，空言无济，而欺君误国之事决不甘心同浊。此番真属小草，但不至尽丧生平以归见先人于地下足矣。"誓不同流合污，誓不欺君误国，是吴麟征施政的基本纲领。但这样的修身正己处事原则和直言戆行做事风格自然惹人忌恨阻挠，吴麟征自己即已认识到这样的恶果："总是弟以直行行于枉道之世，百种呈碍及其乞归，又以计事不许。今计事做毕，思再疏力请，又未卜何如也"。^③ "以直行行于枉道之世"成为吴麟征官吏生涯的真实写照，亦唯"直"之品性，彰显其政治哲学的核心价值观。

第二节　祁彪佳：师友于刘、陶二派的儒佛静参之士

祁彪佳（1602—1645），一字虎子，又字幼文、弘吉，号世培，别号远山堂主人、寓山居士等，山阴人。历任福建兴化府推官、福建道监察御史兼苏松巡按、大理寺丞、都察院右佥都御史兼苏松巡抚、副都御史等。一生著述颇丰，主要有《远山堂剧品》《远山堂曲品》《玉节记》《远山堂诗集》《远山堂文稿》《寓山注》《越中亭园记》《宜焚全稿》《督抚疏稿》以及十多种尺牍、十五卷日记，另辑有《救荒全书》《守城全书》等。

---

① 吴麟征：《吴忠节公遗集》卷二《与彭德符》，第 405 页。
② 吴蕃昌：《吴麟征年谱》，第 162—163 页。
③ 吴麟征：《吴忠节公遗集》卷三《寄禀伯兄秋圃》，第 425 页。

与刘宗周一样,祁彪佳也是一位有着强烈经世情怀的士大夫,每次出仕为官也都有出色的表现,然而因为党争等原因不得不一次次退居乡里。作为绍兴士绅的领袖,他参与地方社会的治理,特别是在救荒一事上,更是作为最为重要的主持者。就这种下层经世的精神而言,其背后的动力源泉就是儒家思想,同时又夹杂着不少佛家的因子。① 然而即便如此,亦无法改变其名士风度,其早年喜好戏曲评点与创作,晚年则喜好园林之营构,以及儒佛会通的静参实践。② 具体而言,他的思想一方面受到刘宗周的影响,故而黄宗羲、全祖望等人将他列入蕺山学派;另一方面也受到陶奭龄等姚江书院派的影响。

一、祁彪佳与刘宗周

祁彪佳与刘宗周不但在朝之时惺惺相惜,在野之时也能同舟共济,同为绍兴的救荒事业做出贡献。他们也是证人社之中一对特别重要的师生,最后都为了拒绝清朝的礼聘,一前一后,殉节而亡,成为当时绍兴府士大夫之中的楷模。刘宗周是蕺山学派的开创者,然而作为弟子的祁彪佳却并不全然以刘宗周为宗,甚至从其日记中可以看出,他与陶奭龄一系的越中王门学者走得更近,且喜与僧人谈佛论法,这在其他蕺山后学眼中则是大忌。那么为什么还是要将其列入刘宗周之弟子籍呢?

先看全祖望的说法:

> 山阴祁先生彪佳,字虎子,乙酉殉难忠臣,详见《明史》。祁氏世为巨
> 室,藏书甲浙中,寓山园亭之盛甲越中。虎子,少年豪士也,自从子刘子,折
> 节心性之学。乙酉,子刘子绝食,会名王聘六遗臣,则子刘子暨虎子并豫

---

① 对于以祁彪佳为主的证人社参与赈灾活动的思想、精神动力之源,吴震先生有过非常详尽的研究。吴震:《"证人社"与明季江南士绅的思想动向》,载吴震:《明末清初劝善运动思想研究》,第333页。

② 参见曹淑娟:《流变中的书写:祁彪佳与寓山园林论述》,台湾里仁书局2006年版;赵素文:《祁彪佳研究》,中国社会科学出版社2011年版。

焉。虎子死,子刘子已困不能语,闻而张目颔之。①

与吴麟征一样,祁彪佳也是"殉难忠臣",又与刘宗周一样都在明亡之际殉节而死。祁彪佳听讲时间最久,他沉水殉节之后刘宗周"张目颔之",表示认可。全祖望对其也尤为关注,他在蕺山书院讲学之时也曾与知府杜甲一起去拜祭,作有《闻补堂游寓山,因祭祁忠敏公》一诗,②全祖望还曾为祁彪佳之子祁班孙写下《祁六公子墓碣铭》。③ 也就是说,在全祖望梳理刘宗周弟子之时,他认为就祁彪佳殉节与"折节心性之学"这两点来看,都是无愧于刘门的。

台湾学者林芷莹对此问题曾做详细考察,认为:"刘宗周以其个人的社会声望,使祁彪佳另有于心性之学以外的追随,他们皆以士绅的身份在乡里事务上殚精竭虑,刘宗周作为精神领袖,使祁彪佳得以于官吏与百姓之间使力。在政治上,除二人以身殉国的最终选择外,刘宗周更明确将祁彪佳引为同道,期待二人并立朝堂、共振朝纲,只可惜时不我与,徒留遗憾。这些经世济民的大业是蕺山学说在讼过自省的实践工夫之外,更具体的弘扬,祁彪佳因此得以作为蕺山弟子被记录、纪念。"④这一评价是较为全面而中肯的。

确实,刘宗周对于弟子乃至一时士大夫最为重要的影响便是精神引领,换言之即是道德楷模的示范意义。祁彪佳是当时绍兴一带士大夫的另一楷模,其心性修养姑且不论,以士绅身份处置乡里事务与以御史、巡按身份振作朝纲这上下两层的经世,都是让刘宗周引为同道的。

---

① 全祖望:《鲒埼亭集》卷二四《子刘子祠堂配享碑》,载全祖望:《全祖望集汇校集注》,朱铸禹汇校集注,第 444 页。

② 全祖望:《鲒埼亭诗集》卷八《闻补堂游寓山,因祭祁忠敏公》,载全祖望:《全祖望集汇校集注》,朱铸禹汇校集注,第 2244 页。

③ 全祖望:《鲒埼亭集》卷一三《祁六公子墓碣铭》,载全祖望:《全祖望集汇校集注》,朱铸禹汇校集注,第 255—259 页。

④ 林芷莹:《重论祁彪佳作为"蕺山弟子"》,《台大中文学报》2014 年第 46 期。孙中曾《证人会、白马别会及刘宗周思想之发展》则认为祁彪佳与王毓蓍一样,成为刘门弟子的关键在于殉国的道德实践:"王、祁二人皆因殉国完成道德实践,确立作为刘宗周门生的地位。"(孙中曾:《证人会、白马别会及刘宗周思想之发展》,载钟彩钧主编:《刘蕺山学术思想论集》,台湾"中研院"中国文哲研究所筹备处 1998 年版,第 490 页。)

（一）证人讲会

与刘宗周的交游，几乎伴随祁彪佳的后半生，具体可分为四个阶段。

第一阶段便是越中的证人会初举时期，也即崇祯三年（1630）开始预备，据王思任等编撰的《祁忠敏公年谱》记载："是岁，与刘念台、陶石梁诸先生讲有体有用之学。"①到了下一年，刘宗周与陶奭龄正式成立证人社，也是应祁彪佳等人之请：

> 崇祯辛未，郡中祁中丞彪佳、王文学毓著兄弟、山阴征士王朝式、诸生秦承佑等，启请刘子与陶石梁先生讲学于陶文简祠。已集阳明书院，间集白马岩居，名证人社。②

这么说来，祁彪佳还是证人社的主要发起人之一，不过在刘汋所编《蕺山刘子年谱》或是黄宗羲的相关记载里，则只是说"门人谋所以寿斯道者"，并未明确列出发起者姓名。③ 但是就证人社最初的 11 次讲会记录——《证人社语录》来看，则祁彪佳极有可能是主要的发起人，而且不单是他本人，他的几个兄弟也参与其中。比如祁凤佳（德公）、祁骏佳（季超）、祁熊佳（文载）也是讲会的积极参与者，他们不但都有提问，而且祁凤佳与祁骏佳还参与讲会文字的记录。他们参与证人社的情况大致概括如下：

崇祯四年（1631）四月初三日，证人社的第二会，祁凤佳举"素位"章，问自得之义是从主敬得来，还是心体自然？刘宗周、陶奭龄等人进行讨论。④

五月三日，第三会，司会者不详，约为祁骏佳，他先举"学而时习之"章讲毕，后有祁彪佳破问生死关头，此次会录的记录者是祁骏佳。⑤

十一月初三日，证人社第九会，王璧（予安）讲"季路问事鬼神"章，并问生死

---

① 王思任等：《祁忠敏公年谱》，载祁彪佳：《祁彪佳日记》附录，张天杰点校，第 856 页。
② 董玚：《姚江书院志略》卷下《沈聘君传》，载邵廷采：《邵廷采全集》，陈雪军、张如安点校整理，第 871—872 页。
③ 刘汋：《蕺山刘子年谱》，载吴光主编《刘宗周全集》第 6 册，第 101 页。
④ 刘宗周等：《证人社语录》，载吴光主编《刘宗周全集》第 2 册，第 552—554 页。
⑤ 刘宗周等：《证人社语录》，载吴光主编《刘宗周全集》第 2 册，第 555—560 页。

一事,刘、陶分别有作答并形成文字,并附有祁凤佳的《附记》。①

第十会,时间不详,司会者为祁熊佳(文载)。祁熊佳举"古之学者为己"章请问,又问"私意未免随扫随起奈何",刘宗周、陶奭龄等人作答。②

所以说,在祁彪佳的引领之下,祁氏兄弟以及祁鸿孙(奕远)等祁氏家族的其他成员,当是证人社最初阶段的最为主要的发起者与参与者,而证人社后期的白马山房讲会等活动,祁彪佳与祁骏佳等也有较多的参与。在《证人社语录》中,与祁彪佳相关的,还有特别重要的一段记录:

> 祁世培(祁彪佳)问:"人于生死关头不破,恐于义利关尚有未净处。"曰:"若从生死破生死,如何破得? 只就义利辨得清,认得真,有何生死可言? 义当生则生,义当死则死,眼前只见一义,不见有生死在。"③

祁彪佳认为,生死关头看不破的问题,也就是传统的义利之辨,这一看法得到了刘宗周的认同。刘宗周认为要看破生死关头,就要分辨一个义利,当生则生、当死则死,一切都应当以道义来加以分辨。他们的话背后有一个意思,就是说佛家的所谓出家了生死,则是自私自利、不顾家国,只顾自己的成佛。生死与道义的辨析,当是影响深远的,到了所谓明亡清兴的甲申之变,最终刘宗周与祁彪佳都选择了殉节而死,则是对此问题的最好回答。就此而言,刘宗周对祁彪佳的教诲,也是特别重要的。

然而就在这年,祁彪佳授福建道御史,故在八月便北上赴京了,后来则实授御史,又奉命巡按苏松。祁彪佳北上之际,刘宗周曾有两首诗送之,其一:

> 清时起威凤,乃在丹穴藏。羽毛蔚五采,顾盼周四荒。已负绝世姿,竦身犹彷徨。天路不足拟,所思在求凰。止必择梧荫,鸣必于朝阳。遂为虞周瑞,跻世以平康。④

---

① 刘宗周等:《证人社语录》,载吴光主编:《刘宗周全集》第 2 册,第 575—581 页。
② 刘宗周等:《证人社语录》,载吴光主编:《刘宗周全集》第 2 册,第 581—583 页。
③ 刘宗周等:《证人社语录》,载吴光主编:《刘宗周全集》第 2 册,第 504 页。
④ 刘宗周:《送祁世培北上》,载吴光主编:《刘宗周全集》第 4 册,第 537 页。

在此诗中,刘宗周把年轻的祁彪佳比作凤凰,期待他能够在仕途上一展才华,以助世道之平康。

(二) 出处之际

第二阶段,祁彪佳或刘宗周外出为官之际,二人就出处以及如何对待君主等问题有过较多探讨,而在归南之后则又继续参与证人社,特别是白马山房的讲会。

祁彪佳离开绍兴之后,依旧与刘宗周保持着密切的联系,如崇祯五年(1632)三月的日记里说:

> 二十四日……得刘念台及季超兄书。念台书以程正公为予则,言向所言随事作认天理尚属枝叶,必自反欺慊之几,戒欺求慊,乃可以对君父耳。先生之勖予至矣,令人愧汗无已。[1]

刘宗周原信亡佚,据此可知他强调的是近似于湛若水的说法"随事作认天理",而外向的"格物"则"尚属枝叶",真正应当关注的还是内向的"戒欺求慊",也即刘宗周所说的"慎独",如此方才对得起君父。到了崇祯七年(1634)祁彪佳曾有信给刘宗周,其中说:

> 某自奉教于兹,时时若严师之在前,必不敢重自菲薄,以贻门墙羞。凭此一点血性,凡见闻所到、宜兴宜革者,劳然不暇辞,毁誉不暇口,然终苦于未经学问,未免轻重失平,举措无当,每自体验,恨不先十年从事先生,力加熔铸也。[2]

祁彪佳认为自己的为官,靠的是一点血性,虽也做到了"劳然不暇辞,毁誉不暇口",然终究是"未经学问",总有"轻重失去平,举措无当"等问题,因此便将刘宗周奉若严师,甚至恨不先十年跟从其受学,"力加熔铸"。从这些言语来看,祁彪

---

① 祁彪佳:《栖北冗言上》,载祁彪佳:《祁彪佳日记》第2卷,张天杰点校,第49页。
② 祁彪佳:《与刘念台》,《按吴尺牍》,远山堂抄本。

佳非常看重心性修养对做人做官的作用。一直到崇祯八年(1635)的四月,祁彪佳一直在外为官,在这段时间内,作为言官的祁彪佳上了诸如《民间十四大苦疏》等许多奏疏,而在差调苏松巡按期间,又处理了"宜兴民变"。作为一名广受赞誉的能臣,祁彪佳自然是对得起刘宗周所说的"戒欺求慊"四字,然也因为修养的不足,时时感到心力交瘁,于是便以奉母养病为由而辞官南归了。

到了崇祯八年的七月,刘宗周被征召担任工部左侍郎。当时祁彪佳刚刚返乡,故而刘宗周召其共商"出处之节"。祁彪佳在日记里说:

> (七月)二十四日,谈于王金如书室,时闻刘念台有召,命共商其出处之节。予因自述砭砭入山之志将终身矣。①

此时的祁彪佳刚从苏松巡按任上辞归,所以便在与刘宗周的书信中表达了入山之志,而且希望终身归隐,而这一点则是二人极有差异的地方。下一月,祁彪佳与其兄弟送刘宗周北上,其日记说:

> (八月)二十日……午后与季超兄、文载弟出送刘念台北上,念台询以用世之学,予大略以"格君"为言,要使主上敬而信之,斡旋自大,不在一二事之争执也,予再以入山之志于念老言。②

刘宗周询问"用世之学",此时的祁彪佳其实已经深知刘宗周了,故而他的回答主要意思有两点:其一"格君",也就是"格君心之非",让崇祯帝有敬有信,提出的建议方才有用,这一点也符合刘宗周本人的主张;其二,因为刘宗周性情过于耿直,甚至偏激,故而祁彪佳强调"不在一二事之争执",遗憾的是,第二年刘宗周就因为弹劾温体仁一事而被再次革职为民。当然,在党争纷纷的崇祯朝,想要"立身功名"总是难事,祁彪佳在《林居适笔》中就曾说:"立身功名,当以致君泽民为事,勿徒从利禄起见。时得观刘念台先生《召对记注》,因共叹致君之

---

① 祁彪佳:《归南快录》,载祁彪佳:《祁彪佳日记》第 5 卷,张天杰点校,第 167 页。

② 祁彪佳:《归南快录》,载祁彪佳:《祁彪佳日记》第 5 卷,张天杰点校,第 171 页。

难。"①刘宗周在崇祯九年(1636)获得召对的机会,然而其政治主张与急切求治的崇祯帝有着较大的出入,故而祁彪佳在读到期《召对记注》时,感叹"致君之难"。

然而,当祁彪佳悠游林泉近两年之时,刘宗周曾去信督促:

> 梅村作别,遂逾寒燠。令弟来,得悉兴居,知将母之暇,读书园林,不交城市,致足乐也。然而岂遂忘君父之焦劳乎?计两年以来,充养日粹,识力益充,于匡扶多难之方,正君善俗之效,固已不动声色而得之,可不俟再计者。瓜期将及,长安诸君子,无日不忘门下脂车星驾,以终大用。迩者班行落落,正气孤危,言路一线,卑者出于外吏,贱者出于厮养,可为咄咄怪事!则天下事亦何由而济?愿门下之投袂而起也。②

刘宗周虽理解祁彪佳的奉养老母之心,也认为读书园林可以"充养日粹,识力益充",但作为士大夫,更重要的还在于"匡扶多难之方,正君善俗之效",故而必当早日结束休养"以终大用",何况是在这个"正气孤危,言路一线"的时候,不能不顾"君父之焦劳乎"。所以,在一心为国为君的刘宗周看来,祁彪佳这样的能臣,还当"投袂而起"。不过此时的祁彪佳,尚未抱有这样的决心。

祁彪佳继续着读书山园的生活,后又逢母丧,故而整整在家闲居了八年。在此期间,他继续参与证人社的活动,此时主要是以陶奭龄主讲白马山房的活动为主。祁彪佳与陶奭龄等人经常探讨性理之学,有时祁彪佳也会与白马讲友一起拜访被革职在家的刘宗周,有时则是刘宗周前往白马山房参与讲会。比如崇祯十年(1637)祁彪佳的日记中记载:

> (二月)初五日……过白马山房,管霞标诸先生在,予与王金如走晤刘念台先生。……舟次阅《龙谿语录》。
> (三月)初四日……随至白马山房,刘念台、陶石梁两先生皆至。张芝亭举"廓然太空,物来顺应"之义,王金如问心学入门用功之要。两先生辨

①　祁彪佳:《林居适笔》,载祁彪佳:《祁彪佳日记》第6卷,张天杰点校,第212页。
②　刘宗周:《与祁世培》,载吴光主编:《刘宗周全集》,第3册,第437—438页。

难良久,刘以渐,陶以顿,各有得力处。①

由这两条可知,祁彪佳非常尊重刘宗周,但他在修养工夫上,更为接近的并不是刘宗周的慎独之教,而是浙中王门的路子。据其日记记载,特别突出的有两点:其一,经常参与的是白马山房的讲会,而交游最多的一位讲友则是曾向刘宗周问学,但又偏离刘门的王朝式,其次就是陶奭龄与沈国模、管宗圣等人;其二,当时读得最多的书也是王畿的《龙溪语录》与周汝登的《圣学宗传》之类。在祁彪佳看来,刘宗周之学为渐修,陶奭龄之学为顿悟,各有各的得力之处,故而他也是两方都有所学习,而又以"悟入"为主,经常习静。

(三) 协力救荒

第三阶段,在崇祯十三、十四年(1640、1641)的绍兴地区救荒运动之中,祁彪佳的士绅领袖作用表现得十分突出。此时他也经常与刘宗周商榷,一方面因为刘宗周也颇有干才(比如己巳之变时在顺天府尹任上),此时提出了不少重要建议;另一方面则是因为救荒与修心也是有所联系的,故时常要与刘宗周探讨。其实,除了救荒的几年,祁彪佳乡居之时,也会因为刘宗周的倡议而参与绍兴地方的其他公共事务,此处仅以崇祯十年(1637)祁彪佳日记的记载举例,一为"间架之税颇为厉民":

> (二月)初八⋯⋯晚得刘念台札,言间架之税颇为厉民,欲予言之当事者,于此见先生仁民热肠,深切叹服。
>
> 初九日⋯⋯再晤关人孟公祖,商榷间架事,反覆推详,见当事爱民之实念。至白马山房,陶石梁已至,诸友咸集,举小酌。予与王金如、秦履素走晤刘念台先生,告以所商间架事。⋯⋯舟中与邹汝功观《圣学宗传》,共证"吾心为天地主宰"义。②

此处是刘宗周因为间架税(官府征收的房屋税)太高而侵害了百姓,写信给祁

---

① 祁彪佳:《山居拙录》,载祁彪佳:《祁彪佳日记》第7卷,张天杰点校,第254、258页。
② 祁彪佳:《山居拙录》,载祁彪佳:《祁彪佳日记》第7卷,张天杰点校,第255页。

彪佳请其与知县等当政者商量。祁彪佳立即与知县关人孟协商,商定后又与刘宗周会晤,告知其结果。据刘宗周《年谱》,此税后来被制止,同样被祁彪佳他们制止的还有向商民征收的八坝私税。① 此日士人们在从事讲学活动,主持者为陶奭龄(石梁),地点为白马山房,后来移至船上,他们还在讨论周汝登《圣学宗传》中提及的"吾心为天地主宰"一句胜义。另一为"金友被冤状":

> (十月)十三日……秦履思、陆章之以刘念台先生札至,道金友被冤状,两兄别,予作书复刘先生。
>
> 二十三日……席散复至白马山房晤王金如、陆章之、雍之,极道金友家奕之冤状,乃于舟中阅其先后被诬之故,即草公书一通,同刘念台先生致之黄跨千公祖。
>
> 二十七日……得刘念台先生书,言金友事,欲言则害道,欲不言则害心,予以言心之所安即道,先生似二之,作书以复,且言均输事宜勉山民以急公之谊。……是日,坐香二炷。②

诸生金家奕被人冤枉而判斩决,刘宗周听说此事后,让弟子秦履思等人带着他的书信找到祁彪佳,于是祁彪佳与友人一起查阅文献,并写了伸冤公书,与刘宗周一起致信县令黄跨千。据其《年谱》记载,金家奕与祁彪佳并不认识,然因为他的帮助,最终得以洗冤获释。③ 同样值得注意的是,在这几日里祁彪佳还在做着"坐香二炷"的修心工夫。

崇祯十三年(1640),绍兴地区发生了重大饥荒,于是刘宗周便约请祁彪佳商议。据祁彪佳的日记中记载:

> (五月)初一日,雨。得刘念台先生约予商赈事,作书报之,并抄呈前是与余武贞书。
>
> 初二日,雨。魏行之自武林来吊,为大善寺作斋僧募疏。予不以因果

---

① 王思任等:《祁忠敏公年谱》,载祁彪佳:《祁彪佳日记》附录,张天杰点校,第869页。
② 祁彪佳:《山居拙录》,载祁彪佳:《祁彪佳日记》第7卷,张天杰点校,第279、299页。
③ 王思任等:《祁忠敏公年谱》,载祁彪佳:《祁彪佳日记》附录,张天杰点校,第870、915页。按,《年谱》各版皆将此事系在崇祯十一年,当误。

之说劝善信，惟云僧亦吾人也，万物一体，岂宜置之胞与之外，不思所以赈
助之？沈尔秉来商赈姚策，因以疏稿出观。

（五月）三十日……得刘念台书，言赈事得七八分便可已，而保留袁父
母宜听之姚绅，其所见更有圆融者。

（十月）二十四日……舟中，作书与余武贞、刘念台，询商积储事。①

当时的祁彪佳就强调，劝善不必以"因果之说"来进行，而应当说"万物一体"，僧
人也是与我们一样的人，正如张载《西铭》所说的"民胞物与"，又如何能置之同
胞之外而不一起去从事赈济呢？吴震先生曾指出，"赈灾救荒的行为本身无疑
就是良知本心的'当下呈现'"，而这一群士大夫的领袖祁彪佳，"有着非常强烈
的社会参与意识及社会关怀精神，他的精神动力之源泉恰恰是儒学思想乃至
是心学观念"。② 将赈灾救荒与修心立德联系起来这一点，在祁彪佳身上表现
得最为突出，而在其中刘宗周都是指导者的角色。

先看祁彪佳崇祯十四年（1641）日记中的几条救荒举措：

（一月）初十日，先是刘先生以荒政促予料理，两公祖又惓惓下委，乃
为两邑诸绅草告籴于两道台公函，季超兄代作公呈。予又草《救荒小议》：
第一着通商告籴，其中事宜六条；第二着储米平粜，其中事宜五条；第三着
募助给米，其中事宜六条；又附第一着不抑价值；第二着严禁强籴；第三着
省讼、省差；第四着宽征、宽比。作书致之刘念翁先生。

二十日……午后出，谒外父及刘念台先生。予谓此番法行而兼赈米
之惠，民乃少安；然法非惠则易穷，而欲终其惠万非通籴不可。

（二月）初二日，得成公祖及姚江袁父母回札，皆见其实心于救
荒。……予就饥民中择其请壮者，凡百人立为条款，团练防护，赏罚随
之。……予以请陈司理巡行通籴之事，必出于刘先生之重望者，欲秦履思
诸兄一促之。

① 祁彪佳：《感慕录》，载祁彪佳：《祁彪佳日记》第 10 卷，张天杰点校，第 442、447、471 页。
② 吴震：《"证人社"与明季江南士绅的思想动向》，载吴震：《明末清初劝善运动思想研究》，第
333 页。

初五日……代刘先生作书于雉台,求其委陈公祖至上府通籴。

二十九日……王太公祖有书及于予,亦言召籴事,请予辈作公书,且以刘念台欲赈济流移,欲予商之,即于书数行以复。

三十日……得陈轶符公祖回札,又得周闉昭父母,亦以刘念翁赈济流移为询,而且询抚按责成设粥应否举行。予以为流移宜散不宜聚。①

刘宗周就荒政一事督促祁彪佳进行料理,绍兴的山阴、会稽二县知县也委任他会通两县的士绅草拟公函等,于是祁彪佳草拟了《救荒小议》等。"通籴"一事,祁彪佳希望以刘宗周的重望来与二县协商;刘宗周还提出"赈济流移",也即如何为其他州县受灾的流民设立粥厂,祁彪佳认为要分散处置。此外还有立社仓、行保甲、派运南粮等事,大多也是刘宗周率先倡议,然后具体落实则交由祁彪佳。此时刘宗周曾有书信,明确要将救荒大业委托于祁彪佳:

今之当事者,明以地方利害及彼此一体之谊,剖告上台,苟有血气心知者,谁不听之? 而必谓持数月之禁,便当得罪上官,将上官能荣辱我也,亦殊非仁人君子为民请命之初心矣! 今当事者,但知媚上官,不知有地方,吾侪又但知媚公祖父母,不知有桑梓。嗟乎! 吾死无日矣。明年一郡生灵命脉,仍系之吾兄一人,今不可不为徙薪亟亟! 弟偶有所见,不惮力疾草草,幸鉴而裁之,或再以上闻之当事者,可也。②

作为"当事者",本当讲明"地方利害及彼此一体之谊",然后同心协力,然而他们却怕得罪上官,只知取媚,失去了作为仁人君子就当"为民请命之初心"。刘宗周因为自己年老,故而将绍兴一郡的"生灵命脉"托付于祁彪佳,而他本人则会转告其"偶有所见"。

再看救荒与修心的联系问题,在祁彪佳崇祯十四年(1641)日记中的记载也颇多:

---

① 祁彪佳:《小捄录》,载祁彪佳:《祁彪佳日记》第 11 卷,张天杰点校,第 485、489—490、497、498、504 页。

② 刘宗周:《与祁世培二》,载吴光主编:《刘宗周全集》第 3 册,第 472—473 页。

　　（一月）二十七日……晚与邹汝功昆仲谈，当此世界，所在兵荒，王大含孝廉所言"惟以修身"，所本即沈求如先生所言"不昧"二字也，即今日救荒诸务，只从"不昧"中来。

　　（九月）二十六日……舟中与王大含商明心之功。大含以为现前即是，因举陆象山此便是汝心之公案，且言漏尽直证之阶级。①

士人之所以热心于救荒诸务，则当从良知的"不昧"来做思考，故而践行"现前即是"来做的就是"明心之功"，因此祁彪佳等人总要将救荒与他们所做的"静参"与"明心"等修养工夫结合起来。然而，因为有了刘宗周与沈国模（求如）等老师辈的参与，故而辨析得更加明晰了。救荒期间，士人们还举行了"七日静参之会"，祁彪佳的日记里有一次较为具体的记录：

　　（十月）初四日，携两儿入城，至天王寺，沈求如先生先至已数日，偕诸友作七日静参之会，诸友集者二十余人。傅翼子新入社。予与钱钦之先谒刘念台先生，顷之，先生亦至。沈先生举良知之旨，人所以不能体认者，皆以习知为良知耳。予以学人用功若随处体认天理，则虞散碎，若如陆象山所言，此即是汝心，又虞笼统，毕竟何法是一刀见血之路？沈先生以为必宜从悟门入，刘先生又言已发之时仍然未发，其言甚畅，散会已薄暮矣。予走候外父。再与沈先生商下手功夫，以为断断非静参不可。②

此为静参之会前的义理探讨。沈国模讲良知，区分习知与良知，正是因为将习知误作良知，所以人才不能认真去加以体认。他还认为必须"从悟门入"，也即直接体悟本心、良知，其学还是浙中王门周汝登、陶望龄一路。祁彪佳则认为"随处体认天理"容易导致"散碎"，而如陆九渊说的"此即是汝心"则太笼统，故而要重新寻找"一刀见血"的路子。他又想到了刘宗周此前曾在书信里跟他讲及"随事作认天理尚属枝叶"③，可见刘宗周对其思想影响之深远。刘宗周此时

----

① 祁彪佳：《小抶录》，载祁彪佳：《祁彪佳日记》第11卷，张天杰点校，第495、563页。
② 祁彪佳：《小抶录》，载祁彪佳：《祁彪佳日记》第11卷，张天杰点校，第565页。
③ 祁彪佳：《栖北冗言上》，载祁彪佳：《祁彪佳日记》第2卷，张天杰点校，第49页。

则讲了"已发之时仍然未发",所谓"存发只是一机,动静只是一理"①,从其统合性的学说来看,则不必在已发、未发的问题上区分过多,重要的只是慎独工夫。从此条亦可知刘宗周与沈国模等姚江书院派学者之间的分歧,沈国模与陶奭龄一样强调悟入本体,而刘宗周则强调已发工夫。至于祁彪佳本人,则是认同了陶奭龄、沈国模一路,也即从事静参而"从悟门入"。

(四)眷眷京师

第四阶段,也即祁彪佳与刘宗周交往的最后一个重要阶段,则是崇祯十五、十六年(1642、1643)之间,在京城的一段"彼此眷眷"而又不得不"相对黯然"的日子。

崇祯十五年九月,祁彪佳起补河南道掌道御史,后与另一刘门高第吴麟征共同主掌计典。因为兵警道路阻塞,祁彪佳十月底才得闻任职与催促任职的报信,于是在十一月十二日便启程北上,而此时清军正分兵两路越过长城,抵达山东兖州而还,攻破了3府18州67县。祁彪佳戎装介马冒险北上,一路备尝艰辛,终于在十二月初抵京赴任。该年的七月,刘宗周升任都察院左都御史,故而对于祁彪佳的进京有着极大的期待,然而事与愿违,才掌宪68日的刘宗周就因为"申救姜埰、熊开元"而顶撞崇祯帝,又被革职为民。祁彪佳一到京城,便听说此事,于是前去慰问,据刘汋的《年谱》载:

> 祁公方被命掌河南道,先生欲与共振风纪,冀奏澄清之治,乃祁公抵京而先生先一日得罪,相对黯然。②

刘宗周为国为君之心依旧过于急切,言行多有偏激,故而无法为崇祯帝所容。祁彪佳前去拜访,也只得"相对黯然"而已。此后多日,刘宗周住在援引寺,祁彪佳也常去拜访,从容问道,"每造寺,语必竟日"③。祁彪佳的日记中对此有详细记载:

---

① 刘汋:《蕺山刘子年谱》,载吴光主编:《刘宗周全集》第6册,第148页。
② 刘汋:《蕺山刘子年谱》,载吴光主编:《刘宗周全集》第6册,第143页。
③ 刘汋:《蕺山刘子年谱》,载吴光主编:《刘宗周全集》第6册,第143页。

（十二月）初四日，抵都城之齐化门外，盘诘方入。晤坐门之同台杨无山，乃知刘念台、金天枢两堂翁被严旨。

初五日……朝士相晤，无不询予来路，以为若从天而降也。……薄暮出晤刘念台先生及金天枢。

初七日……出城送刘念台于援引寺，值周仲彝，谈久。

初十日……闻有旨，即日会推总宪，恐赐环刘念台，先生之路绝矣。趋朝房作挽留请缓推疏，又草振惕人心以办房疏。

十二日……得刘念台先生书，所以勖勉之者甚至，为之悚然。

十三日，上御门，朝罢，于宝座上传语，以救援刘念翁及姜、熊两公者，多令科道官回话，又以朝参官闹朝，予辈俱画押而出。于值房候会推总宪及宣督、郧抚毕。

十六日，以畏风，用肩舆出谒刘念翁，以予前疏皆无紧，今不宜轻言以取轻，又晤刘伯绳、王紫眉，便道拜数客归。①

祁彪佳此次入京，最为关心的也就是刘宗周这位同乡、老师，故而第二日就去拜访，也与刘宗周之子刘汋（字伯绳）、女婿王毓芝（字紫眉）等熟识的同乡会晤，而王毓芝则不但是其同门与同乡，还是祁彪佳的舅舅。当听说推选新任总宪的消息时，祁彪佳担心对刘宗周更为不利，于是特意上疏请求缓推以为救援。刘宗周则认为祁彪佳的上疏没有必要，在当时的形势之下，并不适宜轻易发言，这一意思，刘宗周也在书信中讲到：

方今宗社之命危于发丝，求所谓转祸为福之计，于天下事亦尽有可言者。有大本焉，有大用焉，有大机宜焉，皆可得次第言之也。有不言，言必轰轰；有不动，动必烈烈。上以之悟主心，下以之振作士大夫之气，于时艰万一有济乎！即一切意外不测，在言官分上，亦只是常事，有道者应已觑破久矣。若今日徒作寒蝉，打哄一场，即一岁九迁，胸中能不坐一不了缺陷事件，以遗后日之悔？眼前华毂，身后青蝇，孰得孰失乎？

仆小草一出，本是狼狈，然既出，亦便思有建树以报明主，而平日学不

① 祁彪佳:《壬午日历》，载祁彪佳:《祁彪佳日记》第12卷，张天杰点校，第638—640页。

得力,只索忙迫一遭便了,思之甚是可叹。抱头南下,便无面目见江东父老。愿仁兄视为前车,如兄能大展平生,仆亦何憾乎?①

他认为自己作为一名御史,对于天下大事,有关大本、大用、大机者,都当"尽有可言",而且"言必轰轰",可以让君主醒悟,让士大夫振作。既然如此,"一切意外不测"也只是常事,故而他自己也不会后悔,可叹的只是自己的上疏无法达到应有的效果,反省之下便是"平日学不得力"。因此,也就更加期待祁彪佳,能够将其过失引为前车之鉴,从而"大展平生",做到一名言官应尽的责任。

接下来的日子里,祁彪佳在自己就任新职的忙碌之余,依旧经常去拜访刘宗周,刘宗周则再次寄予重望:

> (十二月)二十八日······午后出访客。先是刘念台先生将出国门,以其任中所收邸报、揭帖尽发于予。予每归寓,先观同台所具揭及近日邸报,以其余观刘先生所发揭报,竟无呼吸暇矣。
>
> 三十日,出城晤刘念台先生、王紫眉舅、沈芳扬年伯。②

接着就到了崇祯十六年(1643),祁彪佳依旧前往探望:

> (一月)初四日······出城候刘念台先生。
>
> 初五日······薄暮作一疏促援兵,请明法纪,而末仍参督饷王逢源,作数行,托王紫眉舅商之刘先生。
>
> 十一日,出城,晤刘念台先生,数日得其赠诗,甚为勖勉,乃谢之。③

刘宗周即将南归,故而将自己收藏的邸报、揭帖等都给了新入京的祁彪佳,助其熟悉近期政务,而祁彪佳则也在写作奏疏的时候,托王毓芝与刘宗周商量。刘宗周很少作诗,却在分别之际专门写诗赠别:

---

① 刘宗周:《与世培三》,载吴光主编:《刘宗周全集》第3册,第478页。
② 祁彪佳:《壬午日历》,载祁彪佳:《祁彪佳日记》第12卷,张天杰点校,第642—643页。
③ 祁彪佳:《癸未日历》,载祁彪佳:《祁彪佳日记》第13卷,张天杰点校,第648—449页。

才作商量事事蹉，身家失计可云何？

十年子舍衔恩重，万里王程赴难多。

大道岂能宽宇宙，斯人谁与易江河？

志完死后交游薄，憔悴征衫已泪沱。①

由此可知，刘宗周已将祁彪佳看作知音以及自己的后继者，希望他能从自己的失误中吸取教训，然后完成自己的未竟之志。刘、祁师徒二人，越来越惺惺相惜，再三会晤，以至于言别之际"不觉泪下"：

（一月）二十五日……出城候刘念翁、徐虞求，值同乡台省五人。

（二月）初十日……又晤刘念翁先生。

十一日……午后，以肩舆候刘念台先生，与之言别，不觉泪下。

十三日，上御门，朝罢，与同台出东便门，于三忠祠送刘念台先生。②

到了该年的三月初八日，"得刘念台通州来书，相望惓切，愧无以复"③，即祁彪佳得到刘宗周从通州寄来的书信，其中对祁彪佳的"相望"更为"惓切"，让他自感惭愧。当时因为清军的干扰，南下的道路不靖，刘宗周也只得暂栖通州。四月十一日，祁彪佳"接徐虞求书，知通务难行，即刘念老亦遇警，再入通城"④。刘宗周还有书信给祁彪佳：

旅处通州又弥月，势不得不行矣。回首五云，百尔感怆，因念把袂之日，彼此眷眷，而在仁丈尤独有不豫色然者，抑何念仆之深乎！亦借以洒羁人去国之泪也！嗟乎！天下事至此不忍言矣。仁丈处交戟之下，计当必以谏诤明职业，一言而当，不有益于君，必有益于国，则庶几太平之一机也。即不幸而碎首玉阶，甘斧锧以如饴，亦臣子分内事。此时死则死耳，犹愈于郁郁坐长安邸，求死不得，而徒以七日不汗死。愿仁丈早日留意。学

① 刘宗周：《别祁世培侍御》，载吴光主编：《刘宗周全集》，第 4 册，第 571 页。

② 祁彪佳：《癸未日历》，载祁彪佳：《祁彪佳日记》第 13 卷，张天杰点校，第 652、655 页。

③ 祁彪佳：《癸未日历》，载祁彪佳：《祁彪佳日记》第 13 卷，张天杰点校，第 660 页。

④ 祁彪佳：《癸未日历》，载祁彪佳：《祁彪佳日记》第 13 卷，张天杰点校，第 667 页。

求日进,徒曰我不能,谁为能者? 目下尽多葛藤事,两正相扼,尤非佳兆,想仁丈必有以处之。①

刘宗周谈及祁彪佳对自己的关心,以及"洒羁人去国之泪",师徒之情也着实感人。当然他更为牵挂的还是天下事的不忍言之,再次恳切期望祁彪佳能够在"交戟之下",一旦出言便要有益于君或有益于国,甚至说"不幸而碎首玉阶,甘斧锧以如饴",因为都是"臣子分内事","死则死耳",万万不可留有遗憾。刘宗周说的这些,则是士大夫的真学问,"学求日进",就在其中。

后来,吴昌时乱制弄权,祁彪佳正好主掌计典,于是便上疏弹劾,最终吴昌时被处决。由此事可见祁彪佳确实尽到了一名御史应尽的责任。计典结束,祁彪佳回到山阴故里,就有与刘宗周的通信,刘宗周对其在京的所作所为,给予了充分肯定,此事记录在祁彪佳崇祯十六年(1643)十月的日记之中:

> 十八日……先一日致刘念台先生,得回札,称予虽不为危言激论,以七尺之躯殉主上,然于正邪之关,颇能扼定,有功世道不浅。②

应该说,祁彪佳确实没有辜负刘宗周上一年"以谏净明职业"的嘱托。

这一阶段的祁、刘交往,还有一个插曲,就是另一刘门高第祝渊被捕事,在祁彪佳该年十一月的日记中记载:"得刘念台先生书,知祝孝廉渊以救刘先生被逮。"也就是说,祁彪佳在向刘宗周问学之际也与众多的刘门高第有所交往。

(五) 先后殉节

历史的车轮终于到了甲申、乙酉两年,等待祁彪佳与刘宗周这两位大明忠臣的,便是不得已的先后殉节了。祁彪佳选择殉节,据其日记与年谱等相关记载,可以与刘宗周之死参看,二人都是赴死立场十分坚定,赴死之经过从容安详。

崇祯十七年(1644)四月,祁彪佳到南京,参与了迎立福王等事件,后又出任

---

① 刘宗周:《与世培四》,载吴光主编:《刘宗周全集》第 3 册,第 484 页。
② 祁彪佳:《癸未日历》,载祁彪佳:《祁彪佳日记》第 13 卷,张天杰点校,第 703 页。

苏松巡抚。同时，刘宗周被起复原官，其刚到南京，祁彪佳便前往迎接：

> （六月）十九日……午后，闻总宪刘念台至，趋北门候之。刘意尚逡巡
> 不进，予以大义动之，谈及先帝，不觉哭泣。①

因为听说福王的劣迹，故而刘宗周对是否在南明朝廷任职存有疑虑，祁彪佳则劝之以大义，二人谈及崇祯帝，则一起哭泣，可见二人对于君主的忠心耿耿。刘宗周最终因为极度失望而选择托病还乡，祁彪佳又前去会晤：

> （九月）二十二日，舟至枫桥，值刘念台先生请告归，晤之。②

到了这年的十二月，祁彪佳也因为对于时局的失望而托病还乡。第二年的六月，南京的福王投降，清军进入浙江。在此危急关头，刘宗周又有书信给祁彪佳，其中说：

> 时事至此，吾辈决无袖手旁观之理。即袖手旁观，将此身置于何
> 处？……门下经济大节，人所共推。前日忤柄臣而归，其道未始不光明。
> 乃今事亟矣，又不得不属门下。虽门下已无如时事何，然臣子存一日，无
> 一日可忘君父。……今且不问事之济与不济，先问此身当行不当行。今
> 日不行，异日能别有藏身之地与藏身之法乎？古来覆辙种种，相仍多矣，
> 逃死者未必生，求富贵者未必得富贵，君子亦制于义命而已矣。③

此信有缺文，然大体意思很明白，在刘宗周看来自己年老，且在"经济大节"之上不如祁彪佳，故希望祁彪佳不问世事之"济与不济"，只问自身之"当行不当行"。确实如此，清军南下之后，作为有一定名望的士大夫不可能还有什么"藏身之地与藏身之法"，若是不够谨慎，必然会受辱于清廷，所谓的"逃死者未必

---

① 祁彪佳：《甲申日历》，载祁彪佳：《祁彪佳日记》第14卷，张天杰点校，第757页。
② 祁彪佳：《甲申日历》，载祁彪佳：《祁彪佳日记》第14卷，张天杰点校，第777页。
③ 刘宗周：《与世培五》，载吴光主编：《刘宗周全集》第3册，第513页。

生,求富贵者未必得富贵",刘宗周看得极其明白。再说刘宗周劝祁彪佳出山,其实就是希望他能勇担重任,成为抗清斗争的领导者。祁彪佳收到刘宗周的书信,感觉十分为难,日记中说:

> (六月)初六日……刘念台以书勉予出山,辞甚恳切,予亦不之答。①

因为时局不明,故祁彪佳一时之间无法做出选择。接下来的时局变化,则完全让士大夫们失去了方向:

> 十七日……知豫王已至,北兵皆令札城外……先一日,刘先生有挟惠藩至闽图兴复之意,乃令钱钦之召学会诸君,及至则以事不能成,惟自己绝食待尽而已。②

才半个月,清军已经攻下绍兴城,而此时监国的潞王也已投降。刘宗周刚有挟藩王到福建以图复兴的建议,然而一切事情都不能成了,最后唯有"绝食待尽"。接着就到了六月二十四日,祁彪佳得知清廷即将下聘书给他和刘宗周的消息;二十五日,祁彪佳还曾致书给刘宗周,商量如何拒绝清廷的聘书。③ 此时祁彪佳的岳父商周祚(号等轩)与友人姜逢元(号箴胜)等士绅多有前往杭州拜见清朝的豫王多铎,而祁彪佳在其日记的最后一日,也有记录其叔父、堂弟的话:"一见则舒亲族之祸,而不受官,仍可以保臣节。"④

　　大约受到刘宗周绝食的感召,加之其本性的刚烈,祁彪佳既不过江见豫王,也不逃遁他乡,而是选择了殉节。闰六月六日,祁彪佳自沉于寓山园池之中:

> 见梅花阁前石梯水际,露角巾数寸,急就视。先生正衿垂手敛足而

---

① 祁彪佳:《乙酉日历》,载祁彪佳:《祁彪佳日记》第 15 卷,张天杰点校,第 829 页。
② 祁彪佳:《乙酉日历》,载祁彪佳:《祁彪佳日记》第 15 卷,张天杰点校,第 833 页。
③ 祁彪佳:《乙酉日历》,载祁彪佳:《祁彪佳日记》第 15 卷,张天杰点校,第 835 页。
④ 祁彪佳:《乙酉日历》,载祁彪佳:《祁彪佳日记》第 15 卷,张天杰点校,第 837 页。

坐,水才过额,冠履俨然,须鬓无丝毫纷乱,面有笑容。[①]

这些如同高僧涅槃一般的死亡描述,被认为是其身心修养工夫的体现。第二日,祁彪佳已先殉节的消息,被王毓芝告知了刘宗周:"毓芝以祁世培殉节状告先生,先生已不能言,但张目举手者再。"[②]由此可知,刘宗周对于这位弟子,还是非常认可的。

祁彪佳留有遗诗与遗书表达其志,其诗中说:

> 运会厄阳九,君迁国破碎。
> 鼙鼓杂江涛,干戈遍海内。
> 我生何不辰,聘书乃迫至。
> 委贽为人臣,之死谊无二。
> 光复或有时,图功审机势。
> 图功为其难,殉节为其易。
> 我为其易者,聊尽洁身志。
> 难者留后贤,忠义应不异。
> 余家世簪缨,臣节皆困赘。
> 幸不辱祖宗,岂为儿女计。
> 含笑入九原,浩气留天地。[③]

此诗所讲述的内容有三,其一,因为"运会"所厄作为人臣便只有"死谊";其二,与"光复"之功相比,"殉节"较为容易,图谋"光复"需要审时度势,这样的困难只能留给后来的贤者了,而且在他看来,"图功"与"殉节"对其忠义而言是一样的;其三,就祁氏簪缨之家而言,世代享受国恩,故因为"臣节"而不可辱没了祖宗,儿女之计只能托付家人了。祁彪佳的这些考量,可与刘宗周临终时的一段话相互参看,从而可以更好地理解祁彪佳的选择。当有弟子问刘宗周:"死而无

---

① 王思任等:《祁忠敏公年谱》,载祁彪佳:《祁彪佳日记》附录,张天杰点校,第892页。
② 刘汋:《蕺山刘子年谱》,载吴光主编:《刘宗周全集》第6册,第169页。
③ 徐芳烈:《浙东纪略》,载《台湾文献史料丛刊》第6辑,台湾大通书局1987年版,第4页。

益于天下,奈何以有用之身,轻弃之?"刘宗周便回答道:

> 吾固知图事贤于捐生,顾予老矣,力不能胜,徒欲以垂尽之躯扶天崩
> 地坼之业,多见其不知量耳。子之所言,异日不可知之功也。予之所守者,
> 人臣之正也。身为大臣,敢舍今日之正而冀异日不可知之功乎? 吾死矣!
> 夫匡复之事,付之后人已矣!

面对当时此起彼伏的南明政权,其实刘宗周是极度失望的,虽然也承认如有可
能去做恢复之事,也许比殉节更有意义,但一方面因为自己年老多病,难以胜
任恢复的大业,所谓"垂尽之躯"难以扶持"天崩地坼之业";另一方面则认为恢
复属于"异日不可知之功",无法确定,而殉节这一固守大臣之节操的"今日之
正"则是可以确定的。

祁彪佳在遗书中也说:

> 时事至此,论臣子大义,自应一死。凡较量于缓急轻重者,犹是后念,
> 未免杂于私意耳。若提起本心,试观今日是谁家天下,尚可浪贪余生! 况
> 生死旦暮耳,贪旦暮之生,致名节扫地,何见之不广也。虽然,一死于十五
> 年之前,一死于十五年之后,皆不失为赵氏忠臣。予硁硁小儒,惟知守节
> 而已。前此却聘一书,自愧多此委曲。然虽不敢比踪信国,亦庶几叠山之
> 后尘矣。[①]

祁彪佳的遗书也写得入情入理,感人至深。其一,作为明朝的大臣,从道义上
说"自应一死",如果多去较量所谓的"缓急轻重"之类的"后念",那么就是必然
夹杂了"私意"。其二,面对新朝不忍"浪贪余生",何况"生死旦暮"而已,必然有
一死,何必因为踟蹰而导致名节扫地呢? 其三,当然他也承认死节与遗民都不
失为忠臣,先死的文天祥(1236—1283,号文山)与后死的谢枋得(1226—1289,
号叠山)同样可敬,但他自己还是选择了殉节,以免如清廷"聘书"这般多一耻
辱。有意思的是,刘宗周在殉难之际的诗中也提到了文、谢二人:

---

① 徐芳烈:《浙东纪略》,第 4 页。

信国不可为，偷生岂能久？

止水与叠山，只争死先后。①

刘宗周在诗中说自己虽做不成文天祥那样的烈士，但也不可偷生；文天祥以及另一宋末宰相江万里（1198—1275）的投止水而死，他们与谢枋得相比，都可算是殉节之忠臣，其死不过先后之差别而已。对于祁彪佳的遗书，他的好友张岱曾有过评价，也曾将他与刘宗周一起跟南宋的文天祥、谢枋得做了比较：

> 文文山知命而抗命者也，其意活；刘念台知命而受命者也，其心死。故一则饿不死，而一则饿死之。谢叠山却聘而求生者也，其词宛；祁幼文却聘而不欲生者也，其词决。故一则缓死，而一则即死之。四人之意，微有不同，而尽心于所事则一也。②

文天祥与刘宗周都"知名"，然而一个"抗命"，一个"知命"，"知命"者心死故而饿死了；谢枋得与祁彪佳都"却聘"，一个"求生"，一个"不欲生"，"不欲生"者决心死便立即死了，此四人其意微有不同，就"尽心"于所从事的道义而言则是一样的。再就祁彪佳的遗书而言，或者说作为其人生的最后勘验而言，主导其生死抉择的关键就是儒家的君臣之义，作为士大夫最为看重的不是自己一身或是儿女、家族之类的"私意"，而是名节。

还有南明的隆武帝也将祁彪佳与刘宗周放在一起祭奠与表彰：

> 隆武皇帝登极闽中，特设先生及刘念台先生位，亲临哭奠。自撰祝文，曲尽表彰大节、哀悼孤忠意，尤深朝廷不能大用之恨。③

作为晚明忠臣的代表，刘宗周与祁彪佳不愧为惺惺相惜的一对师徒，甚至到了最后殉节的选择，也是如此之相似。赵园先生在讲到另一刘门弟子王毓蓍的

---

① 刘宗周：《示秦婿嗣瞻》，载吴光主编：《刘宗周全集》，第 4 册，第 590 页。

② 张岱：《少傅祁忠敏公传》，载张岱：《琅嬛文集》补遗，路伟、马涛点校，浙江古籍出版社 2016 年版，第 395 页。

③ 王思任等：《祁忠敏公年谱》，载祁彪佳：《祁彪佳日记》，张天杰点校，第 892 页。

时候就指出："师弟关系中的道义原则在此'历史瞬间',被推向了极致,授业乃至传道,似乎都退居'第二义'了。"①这一情形在祁彪佳那里也是一样的。

所以说,绍兴的后人之所以记住了祁彪佳与刘宗周,最为关键的还是他们在家国危亡之际殉节的大义凛然,其次方才是他们的功业与学问。或者说就"三不朽"而言,世人最看重的必定是立德,其次才是立功与立言,这就难怪张岱的《三不朽图赞》将他们都收入"立德"之中了。②

二、祁彪佳与白马讲会以及儒佛会通的静参

(一) 白马讲会

证人社的讲学活动,起初由刘宗周与陶奭龄共同主持,到了崇祯五年(1632)二月陶奭龄等人另开白马山房的讲会,刘宗周与祁彪佳等人便前往参加。崇祯八年(1635),祁彪佳结束在外任官归南,重新开始参加白马讲会,并且经常与白马讲友一道游历山林,以及主持赈灾救荒等活动。如其日记记载:

> (十二月)初四日……至九曲,闻讲会仍在白马山,移舟去,诸友毕集。迟午,陶石梁方至。时沈求如以"人须各知痛痒"为言,王金如因申习知、真知之辨,石梁称说因果。有陈生者辟其说,厷如为言过去、现在、未来刻刻皆有,何疑于因果。诸友共饭,石梁别予去,沈厷如、管霞标、史子虚同至九曲,诸友定七日静坐之期,予登舟归。③

这当是祁彪佳归南后第一次参加讲会。当时的司会为沈国模(求如),提出"人须各知痛痒",也即王阳明"自家痛痒自家知"的命题,王朝式(金如)则由此论及"习知、真知之辨"。而陶奭龄则联系到了因果,有人对此表示反对,沈国模则认为因果不必怀疑。在此次讲会上,祁彪佳还与白马讲友们约定"七日静坐"的日期。后来,祁彪佳曾向陶奭龄请教如何修养心学,"予与陶先生究心学之旨,

① 赵园:《师道与师门》,载赵园:《制度·言论·心态》,北京大学出版社 2006 年版,第 210 页。
② 张岱:《三不朽图赞》,公户夏点校,浙江古籍出版社 2017 年版,第 5、35 页。
③ 祁彪佳:《归南快录》,载祁彪佳:《祁彪佳日记》第 5 卷,张天杰点校,第 188 页。

陶以静参相勉"①,陶即勉励其精心静坐。"静参"后来就成为祁彪佳最为重要的修身方式,可见参与白马讲会对于祁彪佳来说影响深远。在其日记中,参与白马讲会的记载颇多,其中向陶奭龄问学的还有:

> (崇祯十年闰四月)初四……赴白马山会,予询以学问须鞭辟向里,学人每苦于浮动如何? 石梁先生言,入手如此,若论本体,则动静如一也。②
>
> (崇祯十年七月)初四,与沈、管两先生及季超兄同舟入城……至白马山房,陶石梁先生已至,讲"三月不违仁"一章。予问难数语,大约言心无不在,所谓至者何处又添一仁? 三先生为之首肯,散归。③

祁彪佳特别关心的问题就是人心的念头浮动,陶奭龄则认为入手之际往往如此,故而需要去探求本体:"若不识本体,说甚工夫?"④如识认了本体,那就"动静如一",不必担心浮动了。陶奭龄讲述"三月不违仁"章的时候,祁彪佳特别关心的"心无不在"则如何求仁,也就是类似的问题。

从祁彪佳的日记来看,就身心修养等问题,祁彪佳向陶奭龄以及白马讲友讨教得比向刘宗周讨教更多,其平时研读的理学著作,也大多是与白马讲友相关的,比如周汝登的《圣学宗传》《海门语录》,还有陶奭龄本人的著作,"观陶石梁《小柴桑喃喃录》,录抄其最透发者数则"⑤。

至于其他的白马讲友,还有王朝式,姚江书院"四先生"当中的沈国模、管宗圣,他们与祁彪佳的关系也在师友之间。先简要说一下祁彪佳与沈、管二先生的交往。祁彪佳与沈国模很早就有交往,崇祯六年(1633),祁彪佳巡按三吴之时,就发生过这样的故事:

> 忠敏巡按三吴,一日杜巨憝数人,会先生至,欣然以告。先生字呼曰:"世培,亦闻曾子云'如得其情,则哀矜勿喜乎?'"后忠敏尝谓人:"吾每临

---

① 祁彪佳:《林居适笔》,载祁彪佳:《祁彪佳日记》第6卷,张天杰点校,第213页。

② 祁彪佳:《山居拙录》,载祁彪佳:《祁彪佳日记》第7卷,张天杰点校,第266页。

③ 祁彪佳:《山居拙录》,载祁彪佳:《祁彪佳日记》第7卷,张天杰点校,第281页。

④ 刘宗周等:《会录》,载吴光主编:《刘宗周全集》第2册,第507页

⑤ 祁彪佳:《林居适笔》,载祁彪佳:《祁彪佳日记》第6卷,张天杰点校,第208页。

谳，必念求如，恐仓促喜怒过差，惭此友也。”[①]

在处死了巨憝，也即宜兴民变的首恶之后，祁彪佳露出欣然的神情，于是沈国模就指点其“哀矜勿喜”的道理，这使得他此后每有判案，便恐怕仓促而“喜怒过差”，辜负了友人的指点。而在其日记中，极多记载其与沈国模的交往，其中涉及讲学的有：

(崇祯十年五月)初四日……沈求如先生至，此君出自山中粹养之余，言言合法，其于指点尤为圆透，听之娓娓忘倦。[②]

(崇祯十四年八月)二十一日……迎沈求如先生小斋，同席为无迹师。沈先生惓惓属望，以为宜深蓄厚养。薄暮相别，又以惜光阴、惜精神为言，其教予者深矣。[③]

沈国模经常到祁彪佳的寓山，指点其“粹言”之道，在祁彪佳看来极为“圆透”，沈国模也对祁彪佳寄予厚望，教导其珍惜光阴精神。

祁彪佳与管宗圣的交往也极多，比如崇祯十年(1637)的日记里记载：

(二月)十三日……以吾心灵明，为天地主宰之义，质之管霞标先生。

(七月)初四日，与沈、管两先生及季超兄同舟入城，舟中，极荷两先生规勉，管霞老又畅言格君、信友之道。[④]

论及心为天地主宰的意思，祁彪佳就向管宗圣请教，管宗圣则对祁彪佳谈论格君心与信友人之道，也对其多有劝勉。类似的还有崇祯十二年(1639)的一条：

(七月)初七日，出寓山，改静者轩外回廊。先是，管霞标以予颇具才

① 邵廷采：《思复堂文集》卷一《姚江书院传》，载邵廷采：《邵廷采全集》，陈雪军、张如安点校整理，第72页。
② 祁彪佳：《山居拙录》，载祁彪佳：《祁彪佳日记》第7卷，张天杰点校，第272页。
③ 祁彪佳：《小捄录》，载祁彪佳：《祁彪佳日记》第11卷，张天杰点校，第556页。
④ 祁彪佳：《山居拙录》，载祁彪佳：《祁彪佳日记》第7卷，张天杰点校，第281页。

智,应出为世用,每致期望,至是以一书谢却,直述其陋劣无用于世,终老山林已矣。①

此处接续上次格君的问题,管宗圣希望祁彪佳"出为世用"。然而祁彪佳因实在厌倦于官场,故而一再表示自己"无用于世",而一旦国家有所需要,他还是会挺身而出,比如南明小朝廷建立之际,祁彪佳不仅出仕为官而且做了许多重要的事情。

(二) 祁彪佳与王朝式

在证人社中祁彪佳与王朝式的关系最近,祁彪佳在王朝式病重之时赠送医药,在其死后抚恤其子女。崇祯十年(1637)嵊县大饥,王朝式首倡赈济,而祁彪佳全力支持。②

王朝式性格直爽,故而早在崇祯八年(1635),与祁彪佳交往并不太多之际,便已经对其有所"规勉"。祁彪佳日记中记道:

> (七月)二十三日……晚,与诸兄乘凉旷亭,予深咎有自宽、自恕之意。王金如因言居身如作家,作者家必渐兴,享者家必渐落。吾辈诚不可不勉自策励,以无负天地生成之意。
>
> 二十四日……晚,与诸兄坐话,王金如以予情面牵缠深为规勉,予痛服之,再与剪烛谈于书室。③

此时的祁彪佳正在反思自我宽恕的问题,王朝式则指出修身的振作与享乐的差别所在,于是祁彪佳便表示"不可不勉自策励";王朝式还指出了祁彪佳总因为情面而过于"牵缠",于是二人便剪烛长谈。该年,他们还就"万物一体"展开辨析:

> (十月)初八日……与王金如、季超兄、文载弟坐谈紫芝轩。金如举"亲

---

① 祁彪佳:《弃录》,载祁彪佳:《祁彪佳日记》第9卷,张天杰点校,第392页。

② 王思任等:《祁忠敏公年谱》,载祁彪佳:《祁彪佳日记》附录,张天杰点校,第869页。

③ 祁彪佳:《归南快录》,载祁彪佳:《祁彪佳日记》第5卷,张天杰点校,第167页。

亲仁民""仁民爱物"询予辈,只此一爱原无物,我如何施有差等?予答以如
泉发于源,遇石则激,遇涧则止,泉之体原不动,所遇有异耳。金如以泉与
石与涧毕竟为二,则物我有分矣,令予辈以此细参。①

仁爱而有差等,似乎与"万物一体"有矛盾,故而需要细参。崇祯九年(1636),祁
彪佳更加注意诸如静参等身心修养的工夫,对于王朝式的规劝,也更加认真对
待了:

> (二月)十一日……午后稍习静坐,晚秉烛深谈。金如所以规予者,切
> 中膏肓,令人通身汗下。
> 十二日,晓起,稽首于金如,谢其言教。自兹称先生,执弟子礼。②

正是因为王朝式的规劝能够切中膏肓,让祁彪佳"通身汗下",于是便改称王朝
式为先生、执弟子礼,当然实际二人相处则依旧是亦师亦友的关系,只是走得
更近了。

到了崇祯十年(1637)春,王朝式给予了祁彪佳更为重要的一次规劝,并且
留下了"四负堂"这一寓山园林之中的著名景点:

> (二月)二十日,与金如至寓山。金如以予盛饰土木,殊为不怿。晚,得
> 其手书,以予负君、负亲、负己,而金如自愧不能谏止,亦是负友。予为之竟
> 日悚惕。③

王朝式认为祁彪佳营构寓山园林,已经到了"盛饰土木"的地步,故而很是不
悦,于是写了一封书信给祁彪佳,其中便说其"负君、负亲、负己",然而王朝式自
愧于作为朋友不能谏而止之,所以也是"负友"。祁彪佳在收到此信之后,整日
都为之"悚惕"。他在回信中说:

---

① 祁彪佳:《归南快录》,载祁彪佳:《祁彪佳日记》第 5 卷,张天杰点校,第 178—179 页。
② 祁彪佳:《林居适笔》,载祁彪佳:《祁彪佳日记》第 6 卷,张天杰点校,第 203 页。
③ 祁彪佳:《山居拙录》,载祁彪佳:《祁彪佳日记》第 7 卷,张天杰点校,第 256 页。

　　昨承面教，便已惕然，及反复诵手谕，益令人怅怅惘惘，无以自容。厶（某）知过矣，知罪矣。盖求归之因，原以贪闲耽懒，欲于定省之暇，一寻乐于山水，发念既差不觉有触辄发，遂尔结此孽果。然初亦以为筑室读书，仅数椽止耳。无奈振我过者尽人而是，如先生之直言开示，千百中未有一焉。是以虽亦常有隐隐不惬之处，颇觉心外之物，无一非累心之具，而自掩自覆驯至于斯。惟是以剔石栽花、艳心悦目，而不惬之端倪日就泪没。厶（某）之过也罪也，夫复何言！ 所愿显示怜其迷昧，再加鞭策。①

反复诵读来信，更加觉得"怅怅惘惘，无以自容"。反思之所以犯错，则是因为原本就有"贪闲耽懒"的弊病在，借着奉母的定省之空暇，便寻乐于山水之间；更进一步则是借着筑室读书的缘故，从数椽而至于卜筑不断，沉溺于"剔石栽花、艳心悦目"了。当然祁彪佳在他的日记里，也有很多反省，所谓的"隐隐不惬"，觉得这园林也属"心外之物"，也属"累心之具"，但内心依旧"自掩自覆"。如同王朝式这般愿意直言相告的人，确实千百人中无一个。第二日，祁彪佳便买了一个旧屋，想移至寓山，且取名为"四负堂"用以记住自己的过失：

　　二十一日，同郑九华至刑塘，市败产数间，欲构堂于丰庄，即名"四负堂"，以志吾过。②

这一举措，以卜筑来表示对于卜筑之过的反思，不知道王朝式又作何表示？ 恐怕总有点哭笑不得吧！ 到了下个月，陶奭龄却为此中的责过做了辩解：

　　（三月）初五日……陶石梁同管霞标、史子复至，陶书仓亦至。举酌于静者轩。石梁戏以王右丞之"辋川"，为予解王金如所责过。予曰："此正不能解，惟右丞乃可有辋川耳。"③

————————

① 祁彪佳：《与王金如》，载祁彪佳：《祁彪佳文稿·林居尺牍》，书目文献出版社1991年版，第2208页。
② 祁彪佳：《山居拙录》，载祁彪佳：《祁彪佳日记》第7卷，张天杰点校，第256页。
③ 祁彪佳：《山居拙录》，载祁彪佳：《祁彪佳日记》第7卷，张天杰点校，第258—259页。

此时王朝式不在,故而陶奭龄要以王维(右丞)的辋川别业来形容寓山。依照这样的解释,那么造园也正是士大夫之所当为了。祁彪佳则表示不能接受,只有像王维当年的处境,方才可以有辋川,也即还是承认自己的过失的。后来在《寓山注》中介绍"四负堂"时还提及王朝式当年的规劝:

> 时金如王先生,予所师事者。因予卜筑之癖,责之以书曰:"顷见尊园,盖有四负,君处其三,弟居其一。君受国深恩,当图称报,即退休林下,亦宜讲道论业,日思所以匡扶社稷,泽润生民。乃今两年于兹,不务乎此,而徒经营土木,刻镂花石,逞一己之小慧,忘天下之大计。人尽如此,国复何赖?是谓负君。尊大人久依有道,旁通宗乘,购书万卷,贻厥孙谋,光昭前烈,实在嗣人。今君年近不惑,位居台谏,立身行道,岂异时事,而此志未见卓然,但能踵事增华,此岂善述之孝?是谓负亲。君天资敏达,赋性忠厚,允称济世之通才,堪为入道之利器。又复天假之缘,师友之乐,不出户庭,乘此一往事心,自当立跻圣域,而乃不自珍惜,与俗上下,兴兹一役,流闻四方,仅赢儿女子之诧说,不顾有道者之攒眉,混明珠于瓦砾,弃良苗为梯秭。是谓负己。君堕此三负,而弟过蒙道爱,许之直言,乃不能于未发之前,绝其端芽,徒冀于已事之后,救以口舌,恨正已之功尚疏,愧悟物之诚未至。是谓负友。"
>
> 嗟乎!此良规也。予何幸而得闻此良规也。开园以来,皆振予过者,膏肓针砭,实惟斯言。然予既获闻斯言矣,不能如王仲宝立毁长梁,是益其过耳。先生以予为三负,予诚负哉。而闻言未改,则所谓负友者仍在予,不在先生。名其堂四负,志予之益其过也。[①]

祁彪佳将王朝式书信中提及的"四负"都写入《寓山注》,确实是将之记住了,然而并未遵照执行,此后的卜筑还是接连不断,只是规模略小而已。所以祁彪佳此书说自己"闻言未改"则正是实情;"负友"却在于他自己。到了下一年,王朝式只得再次规劝:

---

① 祁彪佳:《祁彪佳集》卷七《寓山注》,中华书局 1960 年版,第 169 页。

（四月）二十九日……王金如以予进修未坚，勖勉极切，谈于竟志堂，诸友即就宿。[1]

当然，这一次的规劝，也不见得有太大的效果。只能说王朝式是难得的直言，而祁彪佳则深陷其中，若非甲乙之变故以及以身殉节，则始终无法大改了。

（三）儒佛会通的静参

祁彪佳的父亲祁承㸁便与曹洞宗高僧湛然圆澄（1561—1626）多有交往；而其兄祁骏佳（季超），与僧人往来更是频繁，且常在化鹿山中静参，同时也是祁彪佳习静的指引者。与祁彪佳往来较多的僧人主要有圆澄的弟子麦浪怀明（1586—1630）、尔密明澓（1590—1641）、石雨明方（1593—1648）、三宜明盂（1599—1665），以及麦浪的弟子无迹（生卒年不详）等。[2] 此外，偶有交往的还有曹洞宗高僧觉浪道盛（1592—1659）、临济宗高僧密云圆悟（1566—1642），以及六如、荆门、闇然等云门寺僧人，他们也曾有助于祁彪佳的习静。

祁彪佳的静参，当是儒、佛、道杂糅的一种修养工夫，早在他任官于北京的时候，便十分注意身心修养的问题，当时经常与热衷于劝善运动的学者颜茂猷（1578—1637，字状其）等人交流，如在崇祯四年（1631）的日记中记载：

（十一月）十六日……予邀颜壮其讲玄修"一点在其中"之道。晚坐，予复询"日用应酬，了无把柄"奈何？壮其以"与人为善"四字作主，正昔儒所谓"不必逐事，不必遗事"也。
（十二月）十三日……午后，颜壮其至，讲"守心十二法"，先之以守乾、守坤，终之以守雌黑。虽入手玄门，而儒释大道已具。……坐顷，不觉门外积雪盈寸矣！乃踏雪归，与颜壮诸兄卧谈。[3]

祁彪佳向颜茂猷请教"玄修"之道，如"一点在其中"与"守心十二法"都是具有道家色彩的"玄修"方法，所谓"入手玄门，而儒释大道已具"，可见在晚明的一些士

---

① 祁彪佳：《自鉴录》，载祁彪佳：《祁彪佳日记》第 8 卷，张天杰点校，第 330 页。
② 祁彪佳：《祁彪佳集》卷四《东山尔密渡禅师塔铭》《会稽云门麦浪怀明禅师塔铭》，第 61、64 页。
③ 祁彪佳：《涉北程言》，载祁彪佳：《祁彪佳日记》第 1 卷，张天杰点校，第 17—18、27 页。

人看来,只要方法有效,并不必严辨儒释道。① 祁彪佳还向颜茂猷询问"日用应酬,了无把柄",颜告之"与人为善",也即劝善,而祁则理解为儒家的"不必逐事,不必遗事",也即《孟子·公孙丑》"必有事焉而勿正,心勿忘,勿助长也"。崇祯五年(1632),祁彪佳与颜茂猷的交往更多,此时便有静坐的实践:

> (正月)初五日……听姚心无与颜壮其谈所学得手处。心无言结丹之后,时见日光影现于前。壮其以光不内摄,丹且未成,欲以所传传心无,而彼方津津自得也。谈竟起,或步,或坐于吕祖座旁。予焚香为候,以豆子验念之起灭,尽香一枝,凡掷豆三十二枚,我心散乱一至此哉!②

祁彪佳听姚心无与颜茂猷谈所学得手处,所谓的结丹,也即道家内丹法。祁彪佳则用"分豆识念"这种修禅方法来进行静坐,所分之念也即念头的善、恶,静坐是为收摄身心,克服杂念,此处说到"掷豆三十二枚",可见其念头之杂乱。

祁彪佳特别重视习静,甚至有室名"静者轩",为其寓山园林中重要的活动场所。其习静较为集中的一段时间为崇祯八、九、十年(1635、1636、1637)之间,也是他修筑园林的初期,在其修身日记之中有详细记录,可谓士人习静工夫的一个难得的案例,比如崇祯八年的日记:

> (十一月)初五日,静坐小斋,扫除一室,供达摩、观音、弥勒诸像,时时持佛号,稍摄纷驰之心,然愈觉其散乱矣。
>
> 初十日,以俗事纷至,午前未得静摄。小憩起,携两儿棹舟至寓山。
>
> 十一日……予方瞑目静坐,而季超兄从显圣寺归,无迹师亦适至。
>
> (十二月)初四日……沈求如、管霞标、史子虚同至九曲,诸友定七日静坐之期,予登舟归。
>
> 初六日……午后,至九曲,晤沈求如、管霞标、王金如,约予同习静,予以俗务纠缠未获如约,甚为悔恨。③

---

① 关于颜茂猷的以儒家为本位的三教融合思想,参见吴震:《颜茂猷思想研究》,东方出版社 2015 年版。

② 祁彪佳:《栖北冗言上》,载祁彪佳:《祁彪佳日记》第 2 卷,张天杰点校,第 35 页。

③ 祁彪佳:《归南快录》,载祁彪佳:《祁彪佳日记》第 5 卷,张天杰点校,第 183、184、188 页。

习静第一阶段，值得特别注意的有三点：其一，程式，为了实践静参，祁彪佳在家中特辟一室，且供达摩、观音、弥勒，又时时持佛号，虽有种种程式然而“纷驰之心”则愈觉散乱；其二，活动，与参与白马山房讲学的几位友人约定“七日静坐之期”，白马讲友的静坐、静参活动一直都在持续，然而祁彪佳参与较少；其三，也是最为重要的，也即是否能够坚持的问题，从其日记来看，往往一遇俗事打扰，他便辍静坐，不能坚持。

到了崇祯九年(1636)，有段时间祁彪佳的静参态度更为端正了：

> (二月)十一日……午后，稍习静坐。
>
> 十二日，晓起。……焚香静坐，觉此心散乱愈甚，每经行念佛，辄以爪掏手指，几为肤裂。因与金如言：“浮念倏起倏灭，终无了当，然易起易灭耳。倘喜怒哀乐有如浮念之无碍，于太虚亦庶几乎?”金如言：“喜怒哀乐因有根在，故中和难耳。因不怕念起，但须认此心即桌子碍砖，无非是心。”金如将指明其故，予止其且勿言，待予静参之。①

这几日里祁彪佳的静参，得到了王朝式的帮助。祁彪佳习静的认真，表现有二：其一，觉察“此心散乱愈甚”，于是念诵佛号以及“以爪掏手指，几为肤裂”，也就是用内外交攻的办法，以求克治“浮念”；其二，与王朝式探讨“浮念”的倏忽起灭，是否喜怒安乐之情也如浮念一般，易起也易灭，是否对于太虚之心无碍呢?对于王朝式的指点，祁彪佳也不要其说透，希望自己去参悟。接下来则有了一次“七日静坐之期”的具体记载：

> (四月)初十日，张太羹有使至，予手复之，以用静持动之道相勖，时张有推敲之者故也。与王金如、章凝如、郑九华及季超作静课于寓山，约于辰后，坐香二次；午后，坐香二次；晚坐香一次。各以香半炷为节。晚，于月下送王金如至陡亹。
>
> 十一日，暄热，流汗，静坐中神思更觉昏乱。出静，阅《楞严经》，完“七处征心”之旨。

---

① 祁彪佳：《林居适笔》，载祁彪佳：《祁彪佳日记》第6卷，张天杰点校，第203页。

十二日，雨，王金如携程自昭至。予静究心体，窃意心体同于太虚，万物不能离空虚，岂能离心，心外又岂有物？金如与磁炉曰：此亦心乎？予应之曰：心。金如曰：香在何处？予不能对。

十七日，与诸兄撤静课，方欲出山。[①]

这一次为期七日的"静课"，地点是寓山，共同参与的友人则有王朝式与祁骏佳等人，形式上则是每天五次，每次半炷香。祁彪佳继续与王朝式探讨心体与太虚的问题，然王阳明所谓"心外无物"，故而祁彪佳对心、万物、太虚之间的关系还有待继续体会。

崇祯十年（1637），祁彪佳的静参便进入新的阶段，其日记记载有两次都做到了"习静"多日：

（三月）初八日……泊舟白马山房，与管霞标诸友习静。晚，互纠过失，余问以工夫下手之要，坐二香方别。就宿舟中。

初十日，季超兄亦至。静坐之工，上午香二炷；下午如之；晚一炷，鸣磬为节。

十一日……是日，以应酬少，坐香三炷，且觅心境，散乱殊甚。

十二日，为清明节，大风雨，及午而霁。坐香之次，作七言绝句五首。

十四日，入山。方早饭，僧绀珠同古道师至，坐香如前规。……入晚，月色皎然，人在琉璃国中。散香之次，作书复徐勿斋。

十五日……晚，散香抵家。

十七日，出寓山，止坐香一炷。……是夜，月色朦胧，所同坐香者止古道师及季超兄。

十九日，孕白师至，同之作静课。……与孕白师谈工夫下手、得手处。予至是习静已七日，初两三日中犹觉参持稍紧，迨后渐为昏散。兼之应酬纷纭，游观杂沓，以正念敌妄念，尚不能胜，况无念乎！工夫之难得手者大都如此。[②]

---

① 祁彪佳：《林居适笔》，载祁彪佳：《祁彪佳日记》第 6 卷，张天杰点校，第 213—214 页。

② 祁彪佳：《山居拙录》，载祁彪佳：《祁彪佳日记》第 7 卷，张天杰点校，第 259—261 页。

在又一次习静七日之后，祁彪佳又一次总结，起初的两三日做得不错，参持稍紧，到了后几日则"渐为昏散"。昏散的原因则还是因为"应酬纷纭，游观杂沓"，以至正念不能敌过妄念，至于"无念"则更是做不到了。接下来的记载说：

> 二十五日，招古道上人到园，作静课。……午后，季超兄亦至，定香如前次。
>
> 二十九日……予习静至此已五日，虽应酬不免，而功夫亦未间断，惟于是日略觉得力，然亦止静中光景耳，于心体未有悟也。①

祁彪佳总结这一次的习静五日，能够做到应酬不免而功夫未曾间断，比前一次进步更大，更觉得力，然而"静中光景"如此，不习静的时候则心体上并未觉得有所觉悟。故而祁彪佳还在寻找更好的习静方法。到了这一年的十一月，祁彪佳曾专门到禅宗曹洞宗名刹云门寺静参了两周，其实此前的习静，就有僧人绀珠等的协助，大约他希望得到更大地功效，故而直接进入寺庙了。当时恰逢云门寺僧人有"禅七"，于是祁彪佳与兄祁骏佳一起前去参加："邀季超先生同入云门，适六如大师结众习禅，先生同众僧静坐七日。"②此事祁彪佳在日记当中也有记载：

> （十一月）初九日……步入云门寺，晤六如师及荆门上人。……晚，坐香一炷。
>
> 初十日，上午，坐香二炷；下午，坐香二炷；晚，坐香一炷。照禅堂规则，仅少晚间一炷坐课耳。……灯下，与六如师谈。予辨知行合一之旨，又言此心不离见闻、不着见闻。师教予先从离处着参，俟有着落，一转便是矣，切勿以意见和会，予觉有会心。
>
> 十一日，坐香如前。……灯下，复与六如师谈"此身是天地间一物，勿认作自己"之旨。

---

① 祁彪佳：《山居拙录》，载祁彪佳：《祁彪佳日记》第 7 卷，张天杰点校，第 262 页。
② 王思任等：《祁忠敏公年谱》，载祁彪佳：《祁彪佳日记》附录，张天杰点校，第 914 页。按，此条年谱定稿有删。

十二日,坐香如前。惟午后一炷,予独坐于寓舍。

十三日,闇然上人邀斋,予先赴之,于彼维摩揭上坐香一炷……坐香之暇,作书复姜光扬。

十四日,坐香如前。

十五日,上午坐香。午后,至广福庵,与闇然、善生两上人坐香二炷。晚,听六如师设小参,出问话者,为荆门、香城、觉心、真心、大雄诸上人。

十六日,上午坐香。午后,仍至广福庵。晚坐香罢,与荆门、香城诸上人谈。

十七日,礼千佛,忏起共三千佛,每日拜诵,以五百计。予与诸上人俱不敢偷安,惟觉此心时有散乱,不能作宝座光明之观耳。晚,仍坐香,六如下堂审禅众功夫,予以卧不及闻。

十八日,礼忏如前,觉体中少倦,然心秉虔诚,不为之阻。

十九日,上午礼忏。……未完之忏,于灯下了之。

二十日,礼忏如前。晚,坐香一炷。时有禅僧以参禅起昏魔者,予解慰之。稍赠以衣单。

二十一日,礼忏如前。

二十二日,为予初度之日,礼忏如前。……及暮,忏毕。晚,坐香一炷,复与六如师话别。

二十三日,别六如及寺僧,再向广福庵、广孝寺言别,荆门师送之过石桥。……薄暮,至越城。①

此次静参,为了避免打扰,故而祁彪佳直接住到了深山古寺之中,一则可以保证静坐的效果,一则可以向六如、荆门、闇然等禅师请教,特别是六如禅师,祁彪佳与其讨论了"知行合一""此心不离见闻""此身是天地间一物"这三个禅学与儒学共同关心的命题。综合而言,在晚明儒佛会通的背景之下,祁彪佳所从事的静参,其形式以佛家的为主,而其内容则儒、佛兼而有之,祁彪佳并不想加以区别,甚至与之交往的禅师们也未必重视其中的区别了。

———————————

① 祁彪佳:《山居拙录》,载祁彪佳:《祁彪佳日记》第7卷,张天杰点校,第301—303页。

第三节　章正宸："言治必本于学术"的"行脚僧"

章正宸(？—1646)，字羽侯，号格庵，会稽人，为刘宗周夫人之侄，较早从学于刘宗周。章正宸与吴麟征相似，不太讲学，而他上疏皇帝所提出的观点，以及作为言官之风骨，则都与刘宗周非常接近，属于蕺山学之力行者。章正宸有《章格庵遗书》五卷存世，《四库全书》有存目。四库馆臣说：

> 《章格庵遗书》，明章正宸撰。……正宸为刘宗周弟子，生平以气节自负。是书所载凡奏疏七十九篇，论著十八首，记传九首，诗赋四十一首。又补遗一首，则偶东饿夫自传也。正宸于明亡之后，不知所终，遗稿亦多散失，此本盖其族孙诇掇拾残阙，补缀成帙云。①

在刘门弟子中，章正宸也是全祖望所说刘宗周"以朋辈待之"的八位高第之一，全祖望还说：

> 会稽章先生正宸，字格庵，详见《明史》。子刘子夫人之侄，首从学稷山。格庵崇尚气节，不甚讲学，力行者不在口说也。六遗臣之聘，格庵豫焉，逃去，起兵事败行遁为僧。②

章氏家族所在的道墟，位于稷山之南，当时刘宗周还住在道墟外祖父家，故此处说章正宸"首从学稷山"。他与刘宗周、祁彪佳都是乙酉年清廷想要征聘的"六遗臣"之一，然而他自杀而未成，"溺水不死，自刭不死，行脚不知所往"③，殉节不得则成了一名"行脚僧"。究其一生，亦可为绍兴士大夫之表率。

---

① 《四库全书总目》卷一八〇《集部别集类存目七》，《景印文渊阁四库全书》第 4 册，台湾商务印书馆 1983—1986 年版，第 831 页。

② 全祖望：《鲒埼亭集》卷二四《子刘子祠堂配享碑》，载全祖望：《全祖望集汇校集注》，朱铸禹汇校集注，第 444 页。

③ 黄宗羲：《移史馆吏部侍郎章格庵先生行状》，载沈善洪主编：《黄宗羲全集》第 10 册，第 552 页。

黄宗羲为章正宸作有《行状》，其中说："章正宸为子刘子内侄，从而禀学，为人诚朴近道，深为子刘子所契许。""先生从子刘子讲学，最重风节。"①章正宸"风节"最为重要的表现就是，与老师一样，成为一名优秀的言官，而其言治则"必本于学术"。

一、居官之"言治"

章正宸崇祯四年（1631）中进士，先授翰林院庶吉士，后改吏科给事中，此时他就勇于上疏，直指崇祯帝之"求治太急"：

> 伏见陛下洞照群情，有先事为察之哲；钤束百辟，有以力胜残之威；登咸三五，有其臣莫及之圣。是以合意者为忠良，睿算者无改变。以至急赋之开衅，锢罪之失情，追往之稔恶，告密之府奸，群心嗟叹，盗贼披猖，求治愈急而愈远矣。亦惟是语默动静之间，日求放心。以周、孔仁义为必当遵，以管、商富强为必当黜，以臣邻吁咈为必不可厌，以亿兆耳目为必不可蒙。谨喜怒之端，灼善恶之别。则太平宏业，自然各得其所。②

当然这些话，崇祯帝是听不进去的。接着章正宸因上疏弹劾刚入阁的王应熊"刚愎自用，纵横为习"、不当大用而被下狱，然后放归。不久之后王应熊果然败了，章正宸被起用为户科、吏科的给事中，曾在崇祯帝召对时说："设台谏本以求言，宁言不当，无使其畏而不言，愿皇上勿生厌薄。"直陈台谏制度中言官敢言的重要性，以及表达对皇帝不要"厌薄"言官的期许。章正宸这样的刚直性格，在皇朝末路之中，自然难以为官长久。此后他便因为屡忤首辅周延儒、推选不合崇祯帝之意的阁臣而再度下狱，后被遣戍均州（今湖北均县）。

南明弘光朝，章正宸被起复原官，于是他又一次上疏，陈述自己改革政事之主张：

---

① 黄宗羲：《移史馆吏部侍郎章格庵先生行状》，载沈善洪主编：《黄宗羲全集》第 10 册，第 547、552 页。
② 黄宗羲：《移史馆吏部侍郎章格庵先生行状》，载沈善洪主编：《黄宗羲全集》第 10 册，第 547—548 页。下同。

一曰勤学。《春秋》为孔氏要典，宜选方闻之士朝夕进讲；高皇帝祖训，备历艰难，尤宜时时省览。

一曰辨官。《易》言"开国承家小人勿用"，其乘时射利，侥幸显荣，口舌得官者，不宜轻开滥门。

一曰肃纲纪。肘腋之间，威令不行，四海生心。今于藩镇之中，忠勇可任，观望不前，速宜分别，以就钤键。

一曰正人心。天启之季，丧心媚逆，余孽犹存，熏蒸弥甚，今兹附贼，岂缓刑章。

勤学、辨官、肃纲纪、正人心这四条，若与刘宗周相关奏疏参看，则可见其师徒之观点极为相似。故黄宗羲评章正宸说："先生之言治，必本于学术，读者不问而知其为大儒之弟子也。"章正宸其实上疏极多，"大指以亲君子远小人为立国根本，不以小朝廷而少有阿邑，故与群小争射断断，犹冀稍延国命"。然而在马士英等权臣掌控之下，正直的言官毫无用武之地，只得以大理寺左丞告归。鲁王监国之时，章正宸又出任吏部左侍郎等，曾参与了之江上之战役，然而很快抗清失败，不得不遁迹于僧。

刘宗周还有与章正宸论学的书信，此信作于崇祯十四年（1641）八月初八日，其中论及章正宸作为言官，也即吏科都给事中，身处"进退人才之地"固应当有所建立，信中说：

况身当事局，处漏舟之地，岌岌乎与舟为存亡者乎？……仆以为：今天下救时之急务，宜莫有过于开言路者。执事言官也，开则自我开，闭则自我闭，后之人曰："崇祯之间，率天下为寒蝉，导人主以杜绝言路之祸者，为章某其人。"是则罪之大者也！执事将何以自解乎？执事平生自许，万万不后阳亢宗。向也举天下以第一流人奉之，一旦处棘手之日，惴惴乎全躯保妻子之念重，而置宗社安危于弗问。幸而天佑人国，万无他虞，蹉跎日月，卿贰在前，宰执迎刃，终为嚼蜡之无味耳，何若向者为诸生之犹得俯仰于天地之间也哉？[1]

---

① 刘宗周：《与章羽侯吏掌垣》，载吴光主编：《刘宗周全集》第 3 册，第 467—468 页。

应当说刘宗周对于章正宸是非常欣赏的,故而去信劝其认真履行言官的职责,不能因为身处棘手之日,就仅仅在乎保全自身而置宗社安危于不问,若是如此则还不如当年做一名诸生俯仰于天地之间呢! 章正宸此后的一系列表现,真正尽到了言官的职责。这当是符合老师的期许,亦足以成为后世之楷模。

二、居家之"标尚"

邵廷采后来曾亲自前往道墟章正宸家,与其子孙谈其往事,并为其撰写了传记,其中所论则正好可补黄宗羲所论之不足:

> 明世士大夫衿负廉节,所绌者才。然民心士俗,绵延几三百年醇厚者,廉节维之也。余初至会稽道墟,登格庵先生之堂,及其子若孙游宗党,往往谈述格庵里居事。衣大布,葛巾宽带,家门上城,还返两舍,率单步不由舟楫。府县岁试童子,无尺素为后进通。其标尚如此。逊荒以后邈焉高蹈,使人溯洄宛在。其人贤矣哉![①]

此传后有章氏后人按语:"先格庵立朝,建议终始,屹如山岳。在故明时,吾宗借为后劲,今则固当奉为前型。"对于章正宸之为人,邵廷采最为欣赏的就是其"廉节",认为民心士俗之醇厚,就是依靠了章正宸这样的士大夫。

总之,章正宸正是受到乃师刘宗周之影响而特别崇尚风节;其居官之"言治"、居家之"标尚",表明其重力行而不重言说,故虽在讲学方面并无成就,却依旧获得了黄宗羲"诚朴近道""最重风节"之赞誉,故虽然他最后"邈焉高蹈""行遁为僧",但仍不失为刘门高第。

---

① 邵廷采:《思复堂文集》卷二《明侍郎格庵章公传》,载邵廷采:《邵廷采全集》,陈雪军、张如安点校整理,第150页。

第四节 叶廷秀:"造诣渊邃"的刘门首座

叶廷秀(1599—1651),一作庭秀,字谦斋,号润山、润苍,山东濮州(今河南范县)人。叶廷秀被认为是明亡之际真正"造诣渊邃"的刘门高第,他为官清正,问学勤快,著述丰富,若不是因为抗清殉难则当能成为黄宗羲一样的大学者。

叶廷秀著述丰富,代表性的如《西曹秋思》《诗谭》(《四库全书》存目);另有《偶言》《讲学大义》以及《奏疏》《鲁邹游记》《远道随笔》《和朱文公感兴诗》《秋兴诗》《就正诗》《素园诗》等,收录于《叶润山辑著全书》中,共32种42卷。[①]

一、为官之清正

叶廷秀之为官,从天启五年(1625)考中进士之后开始,先任南乐、衡水、获鹿知县,然后任顺天府推官,在此期间,他勇于任事,不避豪强。《明史》中说:"英国公张惟贤与民争田,廷秀断归之民。惟贤属御史袁弘勋驳勘,执如初。惟贤诉诸朝,帝卒用廷秀奏,还田于民。"[②]于是民间便有"叶清天"之说。

崇祯中期,叶廷秀先任南京户部主事,后丁忧回乡,服阙后入京,上疏陈吏治之弊,其中说:

> 催科一事,正供外有杂派,新增外有暗加,额办外有贴助,小民破产倾家,安得不为盗贼。夫欲救州县之弊,当自监司郡守始。不澄其源,流安能洁。乃保举之令行已数年,而称职者希觏,是连坐法不可不严也。[③]

---

① 《诗谭》当为《续诗谭》,《四库全书总目》卷一九七《集部诗文评类存目》,《景印文渊阁四库全书》第5册,第271页。《叶润山辑著全书》有崇祯刻本与清补刻本,除了叶廷秀本人多种著作,还有刘宗周的《人极图》与《证人社约》,以及朱熹、真德秀、吕楠、丘浚、罗钦顺、吕坤、颜茂猷等人著作的叶氏纂评本或辑本,北京大学图书馆等有藏。参见上海图书馆编:《中国丛书综录》第1册,上海古籍出版社1986年版,第53页。
② 《明史》卷二五五《列传》第143,第6601—6602页。叶廷秀为官多有传说,参见濮阳市地方史志编纂委员会编:《濮阳市志》第6卷,中州古籍出版社2005年版,第2820页。
③ 《明史》卷二五五《列传》第143,第6601页。

由此可知,叶廷秀对于当时吏治之中的种种弊病及其根源所在都能洞悉如烛,他认为小民疲于各种催科,催科之病关键在于监司、郡守,而监司、郡守之病在于保举之法,保举的官员称职者太少,故当下则必须严格连坐法,使得那些监司、郡守有所畏惧。叶廷秀的奏疏得到崇祯帝的赞许,并授其户部主事之职。崇祯十三年(1640),叶廷秀曾申救黄道周,当时他与黄道周并不相识,然而当黄道周被逮下狱之时,仍冒死抗疏相救。崇祯帝发怒,叶廷秀被杖责一百,系于诏狱,第二年冬,遣戍福建。后来,黄道周释还,给事中左懋第、御史李悦心等便再推荐叶廷秀,执政也称其贤而推荐。崇祯十六年(1643)冬,叶廷秀被特旨起复原官,后因李自成已经攻陷北京,未及赴任。

南明弘光朝之时,兵部侍郎解学龙(1585—1645)推荐黄道周的同时,并及叶廷秀,于是叶廷秀被任命为佥都御史,等他进入南京,却因为马士英的厌恶,只被授予光禄少卿。福王政权覆亡之后,叶廷秀又加入了南明唐王政权,任左佥都御史,进兵部右侍郎,直至唐王政权败亡。

二、为学之勤恳

说到叶廷秀之为学,此处主要以与刘宗周相关的讨论为主。据《明史》记载,"廷秀受业刘宗周门,造诣渊邃,宗周门人以廷秀为首"①。全祖望《配享碑》则说:

> 润州叶先生庭秀,字润山,详见《明史》。子刘子长京兆时,方为推官,因问学。丙戌,官闽中,至侍郎。事败为僧,以忧死。②

"事败为僧"之事下文再表,而其师从于刘宗周的过程,则结合刘汋《年谱》记载做一些展开:

---

① 《明史》卷二五五《列传》第143,第6602页。
② 全祖望:《鲒埼亭集》卷二四《子刘子祠堂配享碑》,载全祖望:《全祖望集汇校集注》,朱铸禹汇校集注,第444页。

濮州叶润山廷秀问学于先生。初，先生尹京兆时，润山为司理。越七年致书质疑，辞旨勤恳。庚辰，官比部郎，申救黄石斋触圣怒，廷杖。是时谪戍，遇先生于淮上，肃躬请事以师礼。先生谢之，与之论诚意之学。[1]

崇祯三年(1630)，刘宗周就与叶廷秀认识，当时二人都在顺天府任职，刘宗周任京兆尹，而叶廷秀任司理，也即推官，全祖望说此时叶廷秀即有问学，而特意写信论学，则在七年之后的崇祯十年(1637)。现存刘宗周与叶廷秀论学书信四通，其中两通并附有来书节录。其中崇祯十年一通，来书中叶廷秀主要问题有四：

愚意性本从心，学者不先治心，是起念已差路头；才欲治心，又恐堕于虚寂。今欲讲心学而黜俗学，其何道之从？

今欲明体适用，身世咸宜，其何道之从？

窃以读书穷理，乃俗学对症之药，而辨义利尤为药中针石。不从此处理会，恐脚根不定，未有不东西易向者。今欲直求入手，其何道之从？

格物分明《大学》第一义，而格物之解，宋儒纷若。自朱子"即物穷理"之论出，而折衷归一。但有疑于致知已入细，而格物又涉于迹。今欲融格物之义，其何道之从？

并以其所著《偶言》三卷请正。刘宗周在该年闰四月二十二日回信则分别给予解答：

言性而不要诸天，性无是处；言天而不要诸心，天无是处。

原来体用只是一个，一者何也，即至善之所在也。……于明德明一分，自于亲民亲一分。

本领之说，大略不离天命之性。学者须从黯然处做工夫起，便是入手一着。从此浸假而上，并伦类声尘俱无托足，方与天体相当，此之谓"无欲故静"。静中浩浩其天，自有一团生意不容已处，即仁体也。穷此之谓穷

① 刘汋：《蕺山刘子年谱》，65 岁条，载吴光主编：《刘宗周全集》第 6 册，第 133 页。

理,而书非理也,集此之谓集义,而义非外也。

　　《大学》八条目,向来于诚意一关都看错了。……物有善恶,而其初则本善而无恶,理有万殊,而其本则至一而不二。真格物者,非粗非精、非内非外,正是天命之性一直捷津梁,故《大学》以之为第一义,信非诬也。①

此时叶廷秀的问题,大体都是请教如何做工夫,而刘宗周的回答也简明而紧扣其问,总的观点就是工夫原本是一以贯之的,应当从"黯然自修"之处做起;"格物"确实众说纷纭,然关键在于"诚意"不可看错,强调"物"之"初则本善而无恶",真正做"格物"工夫,就是把握其根本处,也即叶廷秀来书曾提及的"学至诚意,微之微矣"。刘宗周还说叶廷秀的《偶语》②三卷"大抵疑案也","学到有疑处,方好商量",故而"勉之,勉之",对其为学持鼓励态度。第二、三通信,则分别讨论了《周易》损、益二卦与慎独,还有"体用一原"等问题。③

　　崇祯十五年(1642),叶廷秀在淮上与刘宗周相遇之后,又有问学书信,提及其所作的《学庸肤解》得到了刘宗周的"批示",然后讨论《大学》"诚意"之"意",也即他对刘宗周蕺山学之重要观点"意为心之所存"提出质疑:

　　　　《注》"意者,心之所发",因"诚意"传中有好恶字面,当属动一边;若以为"心之所存",岂即《中庸》言"未发之中"与? 格物所以致知,此本末一贯学问。先生若云"向末一边",若以为"心之所存",博约互用与? 此不得不再请益也。④

叶廷秀提及朱子之《四书章句集注》"意者,心之所发",故而对刘宗周"意为心之所存"还有所不解,不过他问是否即《中庸》"未发之中",则已经进入蕺山学的话语体系了;接着再问格物致知的"本末一贯"问题,以及如何在"心之所存"的诚

---

① 刘宗周:《答叶润山民部》,载吴光主编:《刘宗周全集》第3册,第328—330页。
② 叶廷秀之书名,引来书处作《偶言》,而答书处作《偶语》。当作《偶言》,有四卷本,亦有一卷本,参见徐泳:《山东通志艺文志订补》子部第1册,山东人民出版社2016年版,第33页。
③ 刘宗周:《答叶润山二》《答叶润山三》,载吴光主编:《刘宗周全集》第3册,第354—355、370—371页。
④ 刘宗周:《答叶润山四》,载吴光主编:《刘宗周全集》第3册,第373—374页。下同。

意工夫中实现"博约互用"。对这几个问题，刘宗周做了详细的回答，其中说：

> 意为心之所存，正从《中庸》以未发为天下之大本，不闻以发为本也。大学之教，只是知本。身既本于心，心安得不本于意？
>
> 然则来教所云："好恶何解？"仆则曰：此正指心之所存言也。《大学》自"知至"而后，此心之存主，必有善而无恶矣。……"意"字看得清，则"几"字才分晓，"几"字看得清，则"独"字才分晓。……《大学》以好恶解诚意，分明是微几；以忿懥、忧患、恐惧、好乐决裂处解正心，分明是发几，故也。
>
> 至于"本末一贯"之说，先儒谓本末只是一物，盖言物则无所不该。盈天地之间惟万物，而必有一者以为之主。故格物之始，在"万"上用功；而格物之极，在"一"上得力；所谓即博即约者也，博而反约，则知本矣。本者止之地，知本则知至而知止，故授之以意诚，意诚则心之主宰处，止于至善而不迁矣。故意以所存言，非以所发言也。

"意为心之所存"，确实与《中庸》"未发之中"相关，因为"未发"方可作为"大本"，但刘宗周强调"大学之教，只是知本"，《大学》讲"身"本于"心"，而"心"则本于"意"；《大学》以好恶解诚意"，在刘宗周看来就是"慎独"，此处并未展开"慎独"，但讨论了"意"与"几""独"之关系，也即"诚意"与"慎独"或"体独"以及"知几"，都是一种工夫。再看"本末一贯"，刘宗周从"盈天地之间惟万物"的"万物一体"说来谈，也即上编所论"盈天地间一气"，那么"万"上用功是"格物"工夫的开始阶段，"一"上得力则是"格物"的极致阶段，所以说"即博即约""博而返约"为"知本"，为"止于至善"。再者，"知本"而后才能"知止"，先要"意诚"，于是强调"意"为"心之主宰处"，"意"为"心之所存"而非"所发"。这一系列的讨论，讲明了蕺山学的这个主旨。而叶廷秀如此深入地讨论此问题，还在他的著作从大约为札记的《偶言》谈论到该年的《学庸肤解》，亦可见其为学之用功。《学庸肤解》一书现已亡佚，其《讲学大义》或即此书之一部分。

三、抗清事迹新考

弘光朝之后，关于叶廷秀的事迹则有多种说法。一说即全祖望的"事败为僧",《明史》也说"为僧以终"①,与此说法较为接近的是张尔岐《蒿庵闲话》中的记载:"濮州叶廷秀润山先生……明亡,着道士服,往来丛祠佛舍,不归视妻子。或言及国事,辄流涕呜咽。至戊子尚未剃发,坐法死。"②事实上,叶廷秀并未真正为僧,只是隐居期间也往来于佛寺,至于着道士服、尚未剃发,当是事实;后来的"坐法死",甚至不敢回去看望妻与子也当是事实,只是中间缺了抗清之记载。

另一说,叶廷秀曾参加山东李自成余部榆园军的抗清斗争,事败之后,与榆园军首领任复性(任七,一作任漆)等一起被捕,顺治八年(1651)殉节于山东东昌府,此事相关记载较为模糊,故做一较为细致的考证。

《明史》未记载,然查继佐《罪惟录》"黄道周传"所附的"叶廷秀传",则记载了叶廷秀参加榆园军抗清一事,其中说:

> 廷秀,字润山,山东濮州人……弘光中,荐原官,辄谢去。食贫负气,往往躬伐野树,煅炭以为活。或黄冠出走,数月不返。已而合任漆起北抗,万余人,事不就,与漆同日见害。③

由此可知,叶廷秀在唐王政权覆亡之后,身穿道士之黄冠,隐于山林,以烧炭为生,后来山东榆园军起义,他便参加了。

另有与叶廷秀一同参加过榆园军的诗人阎尔梅(白耷山人,1603—1679),据其《年谱》记载:顺治四年(1647)叶廷秀"以黄冠来访",当时叶已入榆园军,阎尔梅亦奔走山东联络四方豪杰;顺治八年(1651)"榆园军复炽,清张存仁败之";顺治九年(1652)阎尔梅"下济南狱";顺治十一年(1654),阎尔梅得知叶廷秀殉节之消息后"登高哭叶润山"。④ 阎尔梅《濮阳哭叶润山》三首,较为详尽地讲述了叶廷秀的事迹:

---

① 《明史》卷二五五《列传》第一四三,第 6602 页。
② 张尔岐:《蒿庵集 蒿庵集捃逸 蒿庵闲话》,张翰勋等点校,齐鲁书社 1991 年版,第 326 页。
③ 查继佐:《罪惟录》列传卷一二下,浙江古籍出版社 1986 年版,第 1969 页。
④ 张相文:《白耷山人年谱》,载阎尔梅:《白耷山人诗集编年注》附录,王汝涛、蔡生印注,中国文联出版社 2002 年版,第 829—831 页。

登高西向哭，云树起边尘。

君子伤其类，故人失所亲。

半生绝婚嫁，遗骨问乡邻。

去矣从先帝，当年旧逐臣。

海内讴吟汉，姚墟起战场。

亦知难共事，终不去吾乡。

翟义呼东郡，刘琨守晋阳。

厥功虽未就，固自好行藏。

自可一身去，其如吾道穷？

神刀能断石，劲草不随风。

士气无成败，臣心有始终。

他年寻配享，柴市列西东。[①]

此诗则正好可以说明叶廷秀参与了榆园军之抗清，第一首之"旧逐臣"，指叶廷秀申救黄道周而被廷杖遣戍；第二首则是以西汉之翟义、东晋之刘琨这两位救国英雄来做比拟；最后一首说其"自可一身去"然而未去，见其"士气"与"臣心"之可贵，而所谓配享之柴市，也即"文丞相尽节处"，则是说叶廷秀当与文天祥一样同享后人之祭祀。

傅山（1607—1684）则有《风闻叶润苍先生举义》一诗：

铁脊铜肝杖不糜，山东留得好男儿。

橐装倡散天祯俸，鼓角高鸣日月悲。

咳唾千夫来虎豹，风云万里泣熊黑。

山中不诵无衣赋，遥伏黄冠拜义旗。[②]

[①] 阎尔梅：《白耷山人诗集编年注》，王汝涛、蔡生印编注，第 180 页。关于叶廷秀抗清的文献，参见濮阳市地方史志编纂委员会编：《濮阳市志》第 6 卷，第 2525 页。另有崔介《叶廷秀之死》的考辨，载《中国农民战争史研究集刊》第四辑，上海人民出版社 1985 年版，第 164 页。

[②] 傅山：《傅山全书》第 1 册卷一二《七言律诗》，山西人民出版社 2016 年版，第 236 页。

此诗说他听说叶廷秀起义、殉节于山东之事,囊中装着天启、崇祯二帝所给的俸禄倡议抗清;而所谓"山中不诵无衣赋,遥伏黄冠拜义旗",则指傅山自己不必再诵"岂曰无衣,与子同袍"之句,身着道士之黄冠,遥拜英雄之义旗。

诚如《明史》所言,若就明亡之际的刘门而言,叶廷秀实当得起"以廷秀为首","造诣渊邃"四字也名副其实;就《叶润山辑著全书》来看,叶廷秀儒学类著述极其丰富,对蕺山学的钻研也极深;若就对朱熹、真德秀、吕柟、丘浚、罗钦顺等著作多有"纂评"来看,其学问当有朱子学倾向。若不是因为抗清而殉难,叶廷秀极有可能成为黄宗羲一样的大学者。叶廷秀为官、为学都与刘宗周之气象极为相似,而其抗清以及就义则更为难得,故属言行皆善的刘门高第。

第八章　服勤最久的弟子

在刘宗周的弟子之中，以入门的早晚来看，则当以陈尧年、朱昌祚、章明德、王业洵这四位最早。据全祖望的《子刘子祠堂配享碑》记载，陈尧年、章明德、朱昌祚三人为"服勤于子刘子最久者"，再加上略晚一点的王业洵，"四先生皆以甲申前卒"[1]。在全祖望看来，这四人属于刘门最早的弟子，而且在众多的弟子之中也是年纪最大的，故而笔者将他们看作一组人物。

因为与这四人相关的记载极少，学界偶有论及文字也极短，然而若要讨论刘宗周的早期讲学经历，则必然要以他们为中心；再者越中证人社刘宗周与陶奭龄的分化，也与其中的王业洵和朱昌祚有着密切的关联。因此，对陈尧年、章明德、朱昌祚与王业洵这四大刘门的早期弟子做一整体的研究，对于蕺山学派以及越中讲学运动相关史实的梳理，有着重要意义。

第一节　陈尧年与朱昌祚：蕺山左右之
刘门早期弟子

陈尧年（生卒年不详），字敬伯，山阴人。朱昌祚（1577—1644），字绵之，山阴人。[2] 此二人，当是刘宗周讲学之初最为重要的推动者，也是其学术助手，特别是朱昌祚还参与了证人社的第二次别会。

陈家在蕺山之右，而朱家在蕺山之左，皆与刘宗周家相去不远。[3] 陈、朱两

---

① 全祖望：《鲒埼亭集》卷二四《子刘子祠堂配享碑》，载全祖望：《全祖望集汇校集注》，朱铸禹汇校集注，第 445 页。

② 黄锡云、傅振照《刘宗周研究》之《刘宗周的弟子考录》朱昌祚小传说朱"官至巡抚"，当误，见《刘宗周研究》，第 387 页。清初另有一人名朱昌祚（1627—1667），字云门，高唐州人，曾任浙江巡抚，嘉庆《山阴县志》提及的朱昌祚当是此人。

③ 刘宗周家原住水澄里，幼时随母亲前往外祖父家道墟，26 岁时还水澄里，又迁居武勖坊，34 岁时迁居蕺山之麓。见刘汋：《蕺山刘子年谱》，载吴光主编《刘宗周全集》第 6 册，第 62、66 页。

家又分别有家塾,四方来学者可得以安居,故两家之家塾也就成了刘宗周早期的讲学之地。

一、刘门大弟子陈尧年

刘宗周真正开始教授戴山学,是在万历四十三年(1615)38 岁之时,以陈尧年等二十多人纳赞拜师为标志,进而便逐渐形成了戴山学派。刘汋在《年谱》中说:

> 先是,壬子,先生北发,陈尧年率先执赞问道于门下,及给假归,望益隆隆起,国人无不信先生为真儒。于是尧年复率诸生二十余人纳赞北面,讲授于解吟轩。[1]

这么说来,最早拜入刘门的当是陈尧年一人,时间在刘宗周赴京之前的万历四十年(1612)。等到刘宗周"以群小在位,给假归,阖门读书"[2]之际,绍兴的士人无不相信其为真儒,于是便有二十多人在陈尧年的率领下举行了更为正式的拜师之礼。此时刘宗周讲学的地方,有时在陈氏的"石家池",有时在"朱氏之解吟轩"。第一次讲学在何处? 依照全祖望所言则"开讲首在其塾"[3],也即陈氏石家池之家塾,而依照刘汋则在朱氏之解吟轩,大约开始的一年,刘宗周在两个地方都曾有过讲学。到了第二年,也即万历四十四年(1616),据刘汋《年谱》,刘宗周讲学于陈氏的石家池,并著有"酒、色、财、气"《学戒四箴》以示学者。再下一年,万历四十五年(1617)初,刘宗周仍旧讲学于石家池;到了三月,讲学转移到了绍兴城外的韩山草堂,此时刘宗周完成了《论语学案》。[4] 也就是说,刘

---

[1] 刘汋:《戴山刘子年谱》,38 岁条,载吴光主编:《刘宗周全集》第 6 册,第 70—71 页。

[2] 刘汋:《戴山刘子年谱》,37 岁条,载吴光主编:《刘宗周全集》第 6 册,第 69 页。

[3] 全祖望:《鲒埼亭集》卷二四《子刘子祠堂配享碑》,载全祖望:《全祖望集汇校集注》,朱铸禹汇校集注,第 445 页。

[4] 韩山草堂在城墙之外,是刘宗周族兄刘毅的别业,而陈、朱两家则在城墙之内的戴山山麓,不过韩山草堂离戴山较近,陈、朱过去问学也较为方便。刘汋:《戴山刘子年谱》,第 39、40 岁条,载吴光主编:《刘宗周全集》第 6 册,第 71、72 页。

宗周正式开始讲学的起初几年，主要的讲学地点就在陈尧年的家塾石家池，可见其作为刘门的大弟子，有着重要的地位。

后来到了天启三年（1623），刘宗周在京为官，曾有诗与陈尧年唱和：

> 不论鸢戾与鱼潜，眼底风光取数廉。
>
> 正合青山供旧服，敢将白发问遗簪。
>
> 传经□□□□意，访道何辞皋席嫌。
>
> 始信掀天无别事，翩翩练色望吴缣。①

刘宗周此诗，应是回忆当年师徒共同研习理学的情景，讲的是"鸢戾与鱼潜"的一种活泼泼的气象，各种"眼底风光"自然而然，何妨坐拥皋比讲学论道？后来刘宗周还有《除夕示陈敬伯》四首诗：

> 晓日离离桧影斜，一声寒阵起栖鸦。
>
> 客情只坐残书好，莫问他乡度岁华。
>
> 官衙昼扃不知年，客路妻儿倦欲眠。
>
> 自怪浑家何日了，与君今日共逃禅。
>
> 不作家缘有道缘，百年难得此宵偏。
>
> 多情最是茅亭烛，剪尽更深话未眠。
>
> 十年知己奈今宵，历尽风尘路尚遥。
>
> 自是欲归归未得，凭君发策待来朝。②

这四首诗讲述了在他乡过年的"客情"，刘宗周想念"十年知己"陈尧年以及二人一同讲学的日子，然而在京做官则难以有所作为，故说"自是欲归归未得"，

---

① 刘宗周：《转和门人陈敬伯》，载吴光主编：《刘宗周全集》第 4 册，第 519 页。

② 刘宗周：《除夕示陈敬伯》，载吴光主编：《刘宗周全集》第 4 册，第 520 页。

有时候也难免生出"逃禅"之类的想法。当然刘宗周其实对于佛道都较为疏远，真正研习的还是儒家的"残书"，并且积极于从政。

天启四年（1624）末，刘宗周回到了绍兴，继续与陈尧年等弟子讲学。陈尧年也是刘宗周遭遇党祸时的托孤之人。全祖望说：

> 敬伯居石家池，在蕺山右，子刘子开讲首在其塾。党祸之烈也，子刘子子贞孝君为尚少，托之敬伯，曰："子吾之王成也。"①

天启六年（1626），魏忠贤大肆逮捕东林党人，刘宗周的友人高攀龙、黄尊素等人被逮。当年八月，"相传欲逮文湛持震孟、姚现闻希孟及先生，乃托汋于陈尧年，尧年携之武林"②。这也就是上文所说的，因为刘汋尚年少，故托孤于陈尧年，刘宗周还说"子吾之王成也"（东汉李固遭梁冀之难，遇害时其幼子李燮13岁，于是李固之女李文姬将之藏匿并托孤于李固的门生王成）。陈尧年带着刘汋到杭州（武林）躲避了一段时间，听说刘宗周为御史王业浩所救得免之后，方才回来。因为时局不稳，刘宗周便带着刘汋闭门读书于韩山草堂，期间陈尧年等弟子也曾前去问答。

此外，刘宗周还有两通与陈尧年论学的书信。其一，崇祯十年（1637），陈尧年在书信中提及朱子、阳明的"致知"与"诚意"之说，刘宗周说陈的来信"令人神旺"，还说："致知即诚意中一段研究省察工夫，非诚意之外另有个研究省察也。""如此则于慎独之说，亦总无相当可知。独也者，一步密一步，归并此心到物则而已，幸足下身体之。"③刘宗周发展了王阳明的学说，将致知与诚意打通，具体的工夫则归于慎独，在慎独工夫之中体会心与物。其二，崇祯十一年（1638），陈尧年也有书信给刘宗周，其中说："无意而诚意，独之体也，不知可如此说否？"刘宗周的回信则强调"诚意"，"说不得无意"，而应当用"惟微""动之微，吉之先见"等来体会"意"与"独体"，至于所谓的"意无朕"所形容的"无声无臭处"，也不可

---

① 全祖望：《鲒埼亭集》卷二四《子刘子祠堂配享碑》，载全祖望：《全祖望集汇校集注》，朱铸禹汇校集注，第445页。
② 刘汋：《蕺山刘子年谱》，49岁条，载吴光主编：《刘宗周全集》第6册，第83页。
③ 刘宗周：《答陈生二》，载吴光主编：《刘宗周全集》第3册，第338页。

单说一个"无"字。① 此处则对慎独之"独"又做了进一步的说明。

由此可见，陈尧年不愧为刘门大弟子，对于蕺山学也有较为深入的研习，然受浙中王学的影响较深，故而用"无"字来体会蕺山学的"独体"。而刘宗周则反对"无"字，强调意念之细微萌动之处，这正是儒家与佛家相异之处，也正是刘宗周反对周汝登"几善恶"等学说之处。

二、朱昌祚与证人社之第二次"别会"

再说刘宗周在朱昌祚家讲学的情形，全祖望说：

> 绵之居即在蕺山下，其解吟轩子刘子讲堂也。朝夕不离杖履，所造甚邃。今轩为比邱尼所据，予伤之，欲赎之归书院中，不果。②

朱氏家塾解吟轩，也是刘宗周经常讲学的地方，故全祖望说是"子刘子讲堂"。关于解吟轩，刘汋《年谱》也有详细记载：

> 先生居房僦之所亲陈思石翁，仅足蔽风雨，无余房可为诵读处。屋后有解吟轩数楹，园地一二亩，为门人朱绵之别业。绵之延先生之轩中，朝夕讲论，凡四方来请教者悉寓其中，久之，绵之病笃，遣友人谓先生曰："昌祚无子，今病将革矣，愿以解吟轩送先生，为终身受益之报。"先生却之再三。绵之曰："昌祚之真情，幸先生无固却也。"将契由五纸，即日送来。先生遂敛书籍衾枕退还家中，不数日而绵之卒。族人以争继结讼，未及付还。国变时，先生已绝食数日，将出郭外，呼其继孙天植。时天植年幼，甫五岁，并接其岳翁陈纪尝还之。纪尝曰："此绵之生前意也。天植何敢背其祖而受之？"先生曰："绵之病中，吾再三辞却，今日绵之死，我何敢负之于地

---

① 刘宗周：《答门人》，载吴光主编：《刘宗周全集》第 3 册，第 343 页。此处有注此门人为"敬伯"，即陈尧年，然另有版本则作"答鲍生"。
② 全祖望：《鲒埼亭集》卷二四《子刘子祠堂配享碑》，载全祖望：《全祖望集汇校集注》，朱铸禹汇校集注，第 445 页。

下乎?"命其翁婿共居之。①

当年因为刘家住房狭小,而朱昌祚家正好就在附近,于是朱昌祚将自家的别业解吟轩让出,请刘宗周讲学其中,四方来学者也有了住宿之地;等到朱昌祚老病将逝之际,便提出将房子送给老师,以报答听讲之益,然刘宗周再三推辞。朱昌祚死后,恰逢朱家有事,刘宗周想要退还房契而未果,后来在绝食之际还想着此事,便找来朱家后人,将房子退还了。

再据刘汋《年谱》记载,天启五年(1625),刘宗周被革职为民,再度开始讲学之初,就在解吟轩举行会讲,"夏五月戊申,会讲于解吟轩"②。此次讲学,从五月开始直到年底,大约都在解吟轩中。这一年,朱昌祚陪同老师刘宗周等人前往禹穴游历。此事刘汋年谱未记载,据姚名达的年谱记载,该年九月,刘宗周邀周应中、朱绵之、吴薇垣以及女婿陈刚,一同出游禹穴,并在回来的船上与周应中相与论学,于是撰有《游禹穴记事》。③

朱昌祚作为刘门重要弟子,也经常协助老师接待前来山阴的其他门人,比如张履祥与吴蕃昌,就曾得到朱昌祚的帮助与指点。如张履祥《言行见闻录》中就讲到了朱昌祚比刘宗周还年长一岁,但求执弟子礼多年,直到崇祯十五年(1642)刘宗周奉诏北上之际,朱再次固请泣下,刘宗周为其真诚所感方才答应其入内拜师。张履祥还说:

> 履祥见先生之次日,踵门,先生望见,命静因出延。须眉皓白,予疑未敢前。静因自述曰:"某忝先生门屏之末,昨老兄笔记一帙,先生已见示。适来请于先生,造谒不图早至,先生命某揖入。"因与让登。既退,遂至其家内交焉。先生尝曰:"朱生是个好人,但少吃紧功夫。"先是,祝开美至山阴,主其家。盖静因与张奠夫,于师门最称老友云。

可见朱昌祚虽已年老,然作为刘门弟子依旧承担了许多事项,比如祝渊到山阴

---

① 刘汋:《蕺山刘子年谱》,载吴光主编:《刘宗周全集》第6册,第191页。
② 刘汋:《蕺山刘子年谱》,48岁条,载吴光主编:《刘宗周全集》第6册,第80页。
③ 姚名达:《刘宗周年谱》,48岁条,载吴光主编:《刘宗周全集》第6册,第297页。

时曾得到他的招待。张履祥还有与朱昌祚书信一通，记述读先儒之书的体会，以及托朱昌祚向刘宗周求证。①

朱昌祚后来还参与了崇祯十一年（1638）末证人社的第二次"别会"，然相关的记载仅见刘宗周的一通书信，刘汋、黄宗羲等都未提及朱昌祚参与此次"别会"。据刘宗周的回信，当时朱昌祚曾与胡岳（嵩高）、张应鳌（奠夫）等人，请求刘宗周另辟讲学之地，并重新执弟子之礼，于是刘宗周便回信给这三位弟子，并加以劝慰。此信涉及的胡岳，生平不详，除此处之外，另见刘宗周的《书胡嵩高知行谱》；张应鳌则是刘宗周晚年的重要弟子，详见本书第十三章的论述。

具体来看刘宗周给胡、朱、张等弟子的书信，其中也说：

> 比辱手教，缅缅数千言，具见卫道苦心。于今之世，殆亦空谷之足音。而况以不佞汶汶寡昧者当之，又不啻大声之呼，而疾雷之破耳也。②

这几位弟子的书信，当是集思广益的结果，故而长达数千言，当是当时力请刘宗周"别会"的弟子来信之中，最长的一通，刘宗周的回复也比较长，首先对弟子们的"卫道苦心"表示了感谢，谓其"大声之呼"如"疾雷之破耳"，这应当是指对于当时陶奭龄等讲学喜好儒、释混杂的学者的批判之迅猛。故而接下来刘宗周便重点谈论儒、释之辨的问题，具体则包括了三个小问题：

> 夫道一也，而释氏二之；教本分也，而托于释氏者混之。则其为世道之病，信有如足下所言者。……今之言佛氏之学者，皆其有意于圣人之道者也。不幸当圣远书湮之日，又无老师大儒以为之依归，遂不觉惑于二氏，而禅尤其甚者耳，则亦圣人所谓贤知之过也。

第一个问题，刘宗周认为谈佛的学者，其实都有意于圣人之道。"今之言佛氏之学者，皆其有意于圣人之道者也"，这一句可谓刘宗周儒、释之辨的出发点。

---

① 张履祥：《与朱静因》，载张履祥：《杨园先生全集》卷二，陈祖武点校，中华书局 2002 年版，第 25 页。

② 刘宗周：《答胡嵩高朱绵之张奠夫诸生》，载吴光主编：《刘宗周全集》第 3 册，第 350—351 页。

虽说托于佛学者将圣人之道混杂了，这是一种弊病，然而儒者还当思考为什么会发生这样的现象。在刘宗周看来，一是因为圣人远去、经典湮灭，一是因为如今没有老师、大儒出来讲学，故而被佛、道二氏迷惑的人，也情有可原，他们都是"贤知之过"而已。此信中接着说：

> 今之言佛氏之学者，大都盛言阳明子，止因良知之说于性觉为近，故不得不服膺其说，以广其教门，而衲子之徒亦浸假而良知矣。……今之言佛氏之学者，招之以孔、孟而不得，招之以程、朱而不得，请即以阳明子招之。佛氏言宗也，而吾以阳明之宗宗之；佛氏喜顿也，而吾以阳明之顿顿之；佛氏喜言功德也，而吾以阳明之德德之，亦曰良知而已矣。孟子曰："无是非之心，非人也。"夫学者而不知有良知之说则已，使知有良知之说，而稍稍求之，久之而或有见焉。则虽口不离佛氏之说，足不离佛氏之堂，而心已醒而为吾儒之心，从前种种迷惑一朝而破，又何患其不为吾儒之徒乎？此仆之所以诵言阳明子而不容已也。

第二个问题则是强调王阳明的"良知之说"，对于招引那些谈佛的学者进入孔、孟圣人之道有着积极意义。谈佛者之所以大多喜欢谈王阳明的良知之说，是因为在"性觉"的问题上，二者比较接近，甚至那些和尚也会假借良知之说来传教，这也就是晚明"三教合一"的现象。直接将谈佛者招引到孔、孟或程、朱很难，故而用阳明学来招引，所谓阳明之宗、顿、功德等，都是在说阳明学与佛学更加接近，使得学佛者知道有良知之说，再慢慢招引，也就不怕其不能成为"吾儒之徒"了。对于阳明之学，与其在《圣学宗要》等著述中的评价一样，刘宗周在此信中也评价极高：

> 夫道者，天下之达道，而言道之书，亦天下之公言也。孔、孟言之而不足，则程、朱言之；程、朱言之而不足，则阳明子言之；阳明子言之而不足，则后之人又有言之者。但不许为佛氏之徒所借言，而苟其借之而足以为反正之机，则吾亦安得不因其借者而借之，以一伸吾道之是乎？孟子曰："杨、墨之道不息，孔子之道不著。"仆亦曰："阳明子之道不著，佛、老之道不息。"

第三个问题,就是强调王阳明本是儒门正学,故当允许谈佛者假借。王阳明本是接续孔、孟、程、朱之后的儒门大家,王阳明之学说也是"天下之达道",若谈佛者假借之后就有了"反正之机",为什么不让他们假借呢?刘宗周甚至说"阳明子之道不著,佛、老之道不息",似乎是将阳明学看作由佛、老而入儒学的必然途径。最后,还说到了朱、王异同的问题:

> 道阳明之道,言阳明之言,且独言其异同于朱子之言,殆亦以发明朱子之蕴,善继朱子之心,以求不得罪于孔、孟焉而止耳。①

刘宗周谈论王阳明之学,往往注意到其与朱子之学的异同问题。他还是希望能够发明朱子之学的余蕴,继承朱子之心,如此方能够不得罪孔、孟,也就是说依旧坚持朱、王的调和。在书信的结尾,刘宗周说:"愿足下偃旗息鼓,反其分别异同之见,而告自邑焉,于以尊所闻而行所知,日进于高明广大之地,则天下之士必有闻风而兴起者,吾道之明且行,庶有日乎?"也就是希望胡岳、朱昌祚、张应鳌等人,不要过于坚持"别会",希望依旧与陶奭龄等后来的姚江书院派学者保持良好的关系,因为大家都是向往着圣人之道的。

三、全祖望对陈、朱遗迹的寻访

关于刘宗周在陈尧年与朱昌祚家的讲学,全祖望曾有过一番考证,除上文提及的《配享碑》之外,还有多种文献也曾涉及。

乾隆十三年(1748),全祖望应绍兴知府杜甲之邀,出任蕺山书院的山长。该书院原为刘宗周讲学的学舍之一,位于戒珠寺后,康熙末年重修并改名为蕺山书院。全祖望在此讲学,在与诸生的策问中说:

> 诸生去念台先生之世如此其近也,其肄业之地,即念台先生之旧塾也,是亦易知也已。……念台之高弟,即其居近蕺山者,左顾则解吟轩有

① 刘宗周:《答胡嵩高朱绵之张奠夫诸生》,载吴光主编:《刘宗周全集》第3册,第350页。

朱绵之,右顾则石家池有陈敬伯,其生平颠末,亦有能言之者欤? 是岂亦荒远而无稽者乎?①

全祖望认为,作为蕺山书院的诸生,应当对大儒刘宗周及其弟子有所了解。特别是刘门高第朱昌祚与陈尧年,此二人的旧居就在书院的左右,若想要考索也是有迹可循的。这些策问以及《配享碑》,使得书院诸生对蕺山学派的学术传承脉络有了一个全面的认识。

在讲学之余,全祖望察访刘门之遗迹。当时朱绵之的解吟轩为僧众所占,想要赎归书院而不果,于是全祖望便多有伤怀,赋诗曰:"百年带草化茅蹊,长夜孤灯对老尼。到底寒芒犹未泯,奎文时照佛幢西。"②其实,在感叹之余,还是可以看到全祖望对儒学的信心。除去上述蕺山之左的朱氏解吟轩,他还察访了位于蕺山之右的陈氏石家池,并作有长诗:

> 子刘子之砚池,至今其水清涟漪。
> 东望采蕺斋,寒云犹栖依。
> 当年一壶砥中流,殷勤浥注忘其疲。
> 是谁先登谁未济,衣带之近通圣涯。
> 漫天惊党祸,托孤之行亦殆而。
> 敬伯真健者,古谊直与王成朱震堪并驰,
> 矻矻服勤尤所希。
> 幸逃宫邻厄,卒雁桑田奝。
> 清流不救狂澜危,高弟已先哲人萎。
> 年来春木岁岁苍,其人如存道莫跻,
> 不若鸥凫俯仰自得游化机。③

---

① 全祖望:《鲒埼亭集外编》卷五〇《蕺山讲堂策问》,载全祖望:《全祖望集汇校集注》,朱铸禹汇校集注,第1851页。

② 全祖望:《鲒埼亭诗集》卷八《朱绵之解吟轩当蕺山之左,念台先生主讲地也,今为比丘所居》,载全祖望:《全祖望集汇校集注》,朱铸禹汇校集注,第2241页。全祖望该卷名《采蕺斋集》,都是讲学蕺山书院时的诗作。

③ 全祖望:《石家池当蕺山之右,亦念台先生主讲地也。暇日过之,有作》,载全祖望:《全祖望集汇校集注》,朱铸禹汇校集注,第2244页。

该诗小注说:"敬伯,陈尧年字也。首事念台于讲堂,党祸时,念台托孤于尧年。弟子中,以尧年与朱昌祚为最密。昌祚,即解吟轩主也,皆先卒。"在石家池,全祖望还找到了刘宗周曾经洗涤砚台的池塘,以及采蕺山斋等地方。遥想当年刘宗周托孤于陈尧年,全祖望敬佩陈尧年的"古谊"与服侍之勤,感叹这些刘门的高第都先于刘宗周去世,如今则只剩下那些古树,依旧在春天来临之际发芽生长。

第二节　章明德:"白马山会"之力辟异说者

章明德与前章中讨论的章正宸一样,都是刘宗周母族之侄儿辈,故而从学于刘宗周较早。章正宸不太讲学,而章明德则参与证人社讲会颇多,其对师门的主要贡献就是力辟陶奭龄一系的佛禅异说。此外他与祁彪佳一样,对"破除生死心"这个问题极有兴趣。刘宗周与高攀龙、陶奭龄也都讨论过生死之学,此亦可见蕺山学或刘门师弟子对于时代问题的积极回应。

一、力辟异说

章明德(生卒年不详),字晋侯,会稽道墟人,为刘宗周母亲家族的远房,刘宗周之外侄。据《证人社语录》,章明德曾是证人社讲会活动的主要参与者,后来又在证人社的"白马山会"中对陶奭龄等人的异说多有批判。

关于章明德,全祖望在《配享碑》中说:

> 明德为格庵群从,白马山房之会,陶石梁弟子多异说,明德辟之力。

章明德,因为与章正宸同族,且都属刘宗周的侄儿辈,故而此处说他是章正宸的群从。据全祖望说,刘、陶"白马别会"之后,章明德跟从章正宸一起参加在白马山房举行的讲会,便经常批判陶奭龄及其弟子们近禅之异说。章明德"辟之力",也即是站在刘宗周一方的批陶的主力。另据姚名达《年谱》,崇祯二年

(1629)正月二十六日："给子汋行冠礼,迎周应中为宾,而门人章明德摄之。"①
"汋冠,迎周宁宇先生为宾,门人章明德、婿王毓芝为赞,次第行三加如仪。越中
冠婚礼久废,宾友知先生复行古礼,咸造门聚观焉。"②由此可知,章明德确实是
刘门之重要弟子,当然这也因为他是章氏一族的缘故。

　　其实据《证人社语录》,早在刘、陶"白马别会"之前,章明德就是"证人社"讲
会的主要参与者。据记载,在"别会"前刘宗周与陶奭龄共同主持的讲会共有
十一次,其中记录章正宸的参与就有四次。

　　第一会,崇祯辛未上巳,也即崇祯四年(1631)三月三日,地点是在石篑先生
书院,也即陶望龄的祠堂,到会的缙绅学士有 200 余人,刘宗周、陶奭龄都到场,
并回答诸生质问,此次会录的记录者为刘宗周。而司会者即为章明德(晋侯),
他先朗诵了《大学》首章,然后问"致知在格物"之义,再问两"物"字异同;另有人
问格物工夫、为善去恶之义、良知之呈露等,刘、陶二先生则分别作答。③

　　第二会,崇祯四年四月初三日,刘宗周、陶奭龄都到场。祁凤佳(德公)举
"素位"章,问自得之义是从主敬得来,还是心体自然? 刘宗周讲"自得全然是个
敬体",而陶奭龄则讲"素位前一段功夫",可见刘、陶二人思想的差异。另有论
"里中张、章二贞女从一之义"与"有救兄之溺者",读书人为何反生踌躇顾虑。
此会录的记录者为章明德,然他本人的发言则未被记录。④

　　第九会,崇祯四年十一月初三日,刘宗周、陶奭龄都到场。王予安讲"季路
问事鬼神"章,并问生死一事,刘、陶分别作答;刘宗周又问良知从何处致,另有
问知行等,此会录的记录者为邵邦宁。在语录的附录之中还有刘宗周的《与章
晋侯问答》,可见讲会时章明德有发问,刘宗周也有详细回答,二人的问答被记
录成为单独的一篇,详见下文的讨论。⑤

　　第十会,刘宗周、陶奭龄都到场,司会者为祁熊佳(文载)。此会起因为北京
宛平人韩位(参夫),"闻此会,不远千里,携一子负笈而来"。史子虚问居敬穷理

①　姚名达:《刘宗周年谱》,载吴光主编:《刘宗周全集》第 6 册,第 313 页。
②　刘汋:《蕺山刘子年谱》,载吴光主编:《刘宗周全集》第 6 册,第 178 页。
③　刘宗周等:《证人社语录》,载吴光主编:《刘宗周全集》第 2 册,第 550—552 页。
④　刘宗周等:《证人社语录》,载吴光主编:《刘宗周全集》第 2 册,第 552—554 页。
⑤　刘宗周等:《证人社语录》,载吴光主编:《刘宗周全集》第 2 册,第 575—581 页。此次讲会涉及
　　刘、陶二人生死观的异同,详见本书第三章第二节。

者是一是二,韩位与刘、陶作答;祁熊佳举"古之学者为己"章请问,又问"私意未免随扫随起奈何",刘、陶等作答。会录的记录者为章明德,然亦未记录他自己的发言。①

由上可知,章明德是证人社初举之时最为重要的参与者,会录之中出现其名字的就有十一次之中的四次,其他未出现其名字的七次讲会,章明德也应当多有参与。刘宗周《证人会约》之《会约书后》又提及,在第一次"上巳之会"后,"余因命门人章晋侯,次第其仪节,以示可久。遂显其社曰'证人',而稍述所闻以约之,从石梁子志也"②。此处的章晋侯即章明德,可见《证人会约》的具体会期、会礼、会讲、会费、会录、会戒等仪节的制订,就是章明德在刘宗周的指导下完成的。

二、"破除生死心"之二问

在刘门高第之中,讨论生死之说最多的是祁彪佳与章明德,祁彪佳以自身的践行证明其所学,而章明德与刘宗周的相关讨论则保留于问答记录之中。

在证人社第九会的时候,章明德曾问刘宗周关于生死观的两个问题。③ 第一问,针对刘宗周的"原始反终"之说:

> 原始反终,是天地万物公共的道理,非一身生来死去之谓。夫为学而至于生死,正是吾身第一关切事,如何反推在天地万物上? 吾身正是天地万物的种子,不可谓天地万物为吾身种子也。鄙见谓天地万物之始,始于吾心,而吾则何始? 此始之所当原也。天地万物之终,终于吾心,而吾则何终? 此终之所曾反也。
>
> 今先生云:"天地万物之始,即吾之始;天地万物之终,即吾之终。"是但以吾之终始,原之反之于天地万物足矣。恐天地自位,万物自育,究竟无

---

① 刘宗周等:《证人社语录》,载吴光主编:《刘宗周全集》第 2 册,第 581—583 页。

② 刘宗周:《会约书后》,载吴光主编:《刘宗周全集》第 2 册,第 498 页。

③ 上文讨论刘宗周与陶奭龄学说之异同的时候,也重点谈及他们的生死观之异同,故此处再据刘宗周《与章晋侯问答》一文做一些补充,以便参看。

益于吾之生死,此正是吾之生死之知有未致处。①

在章明德看来,刘宗周所说的"原始反终"之理极好,天地万物公共的道理就是"原始反终",生命即是如此生生不息的,所以不必局限于个人一身的"生来死去"。但是,毕竟个人的一身还是"第一关切事",又如何推论到天地万物上头?也即是说,明白了天地万物的生生死死,真的能解决个人的生死问题吗?若说天地万物的始终,也就是始终于吾人之心,那么这个始终还应当再作推本溯源。对此章明德个人认为,事实上"天地自位,万物自育",与个人的生死是没有什么关系的,所以个人的生死才成为问题。对此,刘宗周回答说:

> 有吾之始,而后有天地万物之始;有吾之终,而后有天地万物之终,甚是。亦惟知所以吾与天地万物同一终始也。然但可曰:"有吾心之始,而天地万物与之俱始,有吾心之终,而天地万物与之俱终。"所以古人论生死,只就道理上拈起。今所谓生死,是吾身最关切事,亦终落于形骸之见,故人以为极大事,而仆以为寻常事也。
>
> 论本体,则天地万物是吾身种子;论工夫,则吾身是天地万物种子。②

上文也谈及刘宗周"人以天地万物为一体"的"大身子"说,人之一身,原本来自天地万物,又回归天地万物,故而本是一个始终;然而就人心而言,则心的始终,也即天地万物的始终,人的一生也就是对于天地万物的体认的一生。因此不必多谈论生死,明白了天地万物原始反终之理,也就明白了生死,所以如佛道将生死看成极大事,但在刘宗周这样的儒者看来则是寻常事。故而在刘宗周看来,就本体之生成而言,天地万物是人之一身的种子;就工夫之修养而言,在人心之中体会天地万物之道才是关键,故人身又成了天地万物的种子。

第二问,关于"朝闻夕死"说,章明德问:

---

① 刘宗周:《与章晋侯问答》,载吴光主编:《刘宗周全集》第 2 册,第 327 页。
② 刘宗周:《与章晋侯问答》,载吴光主编:《刘宗周全集》第 2 册,第 327—328 页。

先生又曰："朝闻夕死。闻道之要，只是破除生死心。"德疑此语未是尽闻道之旨。破除生死心，只他夕死可矣，而所以能破除者，其要在闻道也。道率乎性，性命于天。天者无声无臭，不可得而见，不可得而闻，此生之所自来，天地万物终终始始之根也。必闻道，才谓之知生，既知生，即知死，故曰夕死可矣。愿先生详申其义。①

章明德将"朝闻"与"夕死"分开来看，破除了生死心，那就"夕死可也"；如何才能破除生死心，则需要"闻道"。然而"天命之谓性，率性之谓道"，而天又是"无声无臭"的，生命之由来，天地万物始终之根本，只能明白其中的道，才能明白生死。也就是说，章明德反复强调的就是"闻道"的重要以及困难。对此刘宗周回答：

闻道在闻其所自来，正是闻此始终之理。这始终之理，即是生死之说，亦即是幽明之故，亦即是鬼神之形状。于此有闻，岂是等闲？破除生死心，亦为学者所讳言之，非佛氏意也。形骸之障，莫甚于生死，于此破除，便于彼是，性命非有二也。吾辈学问，须实落讨受用，且体贴夫子知生之说。若只就泛泛说个生死，总说得明白，尽为无益。②

对于章明德的观点，刘宗周表示认同，闻道就是要闻生命的由来与天地万物的始终之理，而后者正是生死、幽明、鬼神的道理，所谓的"破除生死心"也就是要明白天地万物"原始反终"之理，明白性、命其实只是一个道理，人的生死与天地万物的始终，只是一个道理。儒者做学问，真正要受用的是要体贴孔夫子的"知生之说"，故而不可泛泛去讨论生死问题，而应当懂得"原始反终"的道理，也就是说"人与天地万物一体"，不要局限于个体的生死问题，而要以天地万物起见，在人伦日用中践行，做好自己而已。

---

① 刘宗周：《与章晋侯问答》，载吴光主编：《刘宗周全集》第 2 册，第 327 页。
② 刘宗周：《与章晋侯问答》，载吴光主编：《刘宗周全集》第 2 册，第 328 页。

第三节　王业洵："古小学别会"之左右师席者

王业洵(生卒年不详),字士美,绍兴府余姚县(今属宁波市)人。王阳明家族之后裔,王阳明的嫡曾孙王先进无子,曾想以王业洵为后嗣,王业洵自认为非嫡系之嗣,故未同意。不以攀附名门大族为荣,也使得王业洵在绍兴士人当中有着较高的声望,这一点也是他后来能在刘门弟子之中发挥左右师席之力量的重要因素。[①]　然而王业洵真正笃信的还是蕺山之学,这一点可以从证人社第二次的"古小学别会"事件之中看出。

一、证人社的"古小学别会"

上文已经论及"白马别会",刘宗周与陶奭龄二人的学术分歧,在证人会成立不久便已显现出来,于是在 11 次讲会结束之后,崇祯五年(1632)初,陶奭龄便改在白马山房继续讲会。刘宗周偶尔也参与白马山房的讲会,但是到了崇祯八年(1635)便不再参与,也并未另立讲席。到了崇祯十一年(1638)末,原本就信任刘宗周的证人社弟子,便极力主张两派分别讲席,并站在刘宗周这边。主导第二次"古小学别会"的刘门高第,最为重要即是王业洵。此事在本书第一章中已有论述,而关于王业洵的作用,则在此章展开讨论。全祖望说:

> 余姚王先生业洵,字士美,阳明先生之宗也。梨洲黄氏尝言:"子刘子开讲,石梁之徒三及吾门,欲摇其说。左右师席者,士美、元趾与予三数人。"则士美亦证人之功臣也。[②]

此处全祖望引述的是黄宗羲的话,他说当时刘宗周及其弟子另辟地方重新讲

---

① 李亨特、平恕:《绍兴府志》卷五三《人物志十三·儒林》,第 1285 页。
② 全祖望:《鲒埼亭集》卷二四《子刘子祠堂配享碑》,载全祖望:《全祖望集汇校集注》,朱铸禹汇校集注,第 445 页。

学之后，陶奭龄的某些弟子曾经三次前往刘门"欲摇其说"。类似的记载也见于《绍兴府志》：

> 于时，蕺山讲学，其弟子多假道于二氏，谈因果者蜂起。蕺山遏之不听，每讲席而叹。业洵知之，乃推择一时才士，得数十人，同师蕺山，以绌为二氏之学者，其风为之少衰。又怪其徒张皇言悟，混入致知。业洵曰："此乱吾宗旨也。"删《传习录》中记之失实者，重刻之。①

王业洵原本就是士人之领袖，故而被推出来主持重新拜师之大局；再者，他作为王阳明家族之后裔，删定《传习录》以求学术之正，也是为了反对"假道于二氏"之风。由此可知，王业洵对阳明学也是持修正态度，反对阳明后学之杂禅，因而才会诚心师从于刘宗周。

事实上，王业洵原本就已经是证人社讲会的重要主导者之一，祁彪佳的日记中也有记载：

> （崇祯十年闰四月）初三日……至王文成祠，诸绅至者陶石梁之外，有董黄庭、徐檀燕、倪鸿宝。主会者为王士美，举有用道学为说，石梁先生阐明致知之旨。②

当然刘门的"功臣"，除了王业洵，还有王毓蓍（元趾）与黄宗羲，若据刘宗周该年末的书信，则还有上文提及的胡岳、朱昌祚、张应鳌。陶门的弟子是指谁？据刘宗周的书信考证，则当为王朝式与秦弘祐（履思），而所谓"欲摇其说"其实也就是学术论辩。刘宗周与追随陶奭龄的学者之中的秦弘祐论学的书信往返较多。③ 其中崇祯十一年（1638）底，与秦弘祐的书信里，刘宗周便谈了王业洵等人要"别会"的事情：

---

① 李亨特、平恕：《绍兴府志》卷五三《人物志十三·儒林》，第 1285 页。
② 祁彪佳：《山居拙录》，载祁彪佳：《祁彪佳日记》第 7 卷，张天杰点校，第 267 页。
③ 崇祯十一年末"别会"，以及刘宗周答复王朝式的书信以及相关分析，详见第一章第二节；另外，《刘宗周全集》共有与秦履思信二十多通，分别在不同的时期，故秦弘祐与刘宗周关系极为密切，受其影响也较多，秦的为学当在刘、陶二家之间。

> 吾辈只是埋头向切身处痛切鞭策,莫管异同不异同。即偶见以为异为同也,亦足以相证而相劘,无往非受益之地。……王士美诸兄,初发心向道,政当嘉与而奖借之,亦不必先虑其异同而阻之也。①

刘宗周认为关键是儒者自己的修养,也即"向切身处痛切鞭策",故不必过于苛求学术之异同不异同,即便存在异同也可以借此"相证而相劘"。当诸如王业洵等人的"别会"也是"发心向道"时,他就劝秦弘祐等人不必因为异同之论而加以阻拦。

由此来看,刘宗周门下的弟子当中,对于陶门之学表示不满,站出来捍卫刘门之师席的代表人物就是王业洵,可谓"刘氏功臣"。刘宗周也就有专门给他的书信《答王生士美》,对其"别会"之心情加以劝慰:

> 前者辱诸君子非分之推,自是诸君子秉彝之好,独恨不佞非其人,终不敢违其本心之明而自处苟且,以欺诸君子,转负诸君子惓惓之意。昌黎子尝著《师说》以明道,收兴起八代之权,正所谓"明道先乎吾,而后俨然称于天下曰师",天下争归命焉,其不然者,唾面而往耳。仆自视何如人?愧愧救过之不遑,而足下遂欲以古人望我,不已过乎?②

对于王业洵等人要求"及门"的"非分之推",刘宗周表示自己"非其人",有负于诸位君子的"惓惓之意"。在他看来,自己先要"明道",然后方才可以称之为师,而其"自视"救正自己的过失尚且来不及,又岂敢让弟子们以古之贤人来看待他,所以认为王业洵等人如此推尊是有点过分了。这些当然都是刘宗周的自谦之词,亦可见其品格。接着刘宗周讲到了问题的实质,也即陶奭龄之学的"借途于释氏",并做了一番辨析:

> 吾乡陶石梁子,雅为吾党推重,特其入门不免借途于释氏,一时从游之士多以禅起家,卒难骤返于正,亦其弊也。仆与石梁持论,每有异同,或

---

① 刘宗周:《与履思十七》,载吴光主编:《刘宗周全集》第3册,第352页。
② 刘宗周:《答王生士美》,载吴光主编:《刘宗周全集》第3册,第351页。

至水穷山尽之日，将有废然而返者，未可知也。夫以阳明先生之明睿，而回环出入于二氏者二十年，及已觉其非，而犹恨旧习之缠绕，卒难摆脱，且又若干年，况后之君子乎？吾辈于此姑且从容商订，时取其有益于坐下者，而韦弦配之，且徐用涵育熏陶之法，以听其自化，安知无阳明先生其人出焉。计不出此，而骤主分别之见，至以异端摈同侪，不亦绝人已甚乎？

刘宗周始终坚持一贯的主张，即首先接受陶奭龄等越中讲学的士人大多喜好王学、难免借途于禅佛这一事实，然后通过讲学论辩将儒释之异同渐次发明，"从容商订""徐用涵育熏陶之法"，从而使得人心渐醒而归于正学；并且举了王阳明本人"出入二氏"的例子来说明对于普通士人不能"以异端摈同侪"，不可"绝人"太过。刘宗周的思路，是基于晚明儒释道三教合一思潮的盛行，要想使得儒释分辨，先要接受儒释混杂，为了接引学者，就不得不立足于这个现实。最后，刘宗周又在信中就"儒、释之辨"应当如何自处做了说明：

> 昔横渠先生著《订顽》《砭愚》二箴，程子见之，以为起争端，遂改《东西铭》，古人于文字称名，且斤斤顾忌若此，则诸君子之所以自处可知矣。盖己之取途不可不正，而待人不可不宽；己之儒、释不可不辨，而人之儒、释可姑置之不问。诸君子之行履果能纯乎儒而绝乎释，又何患学释者之不去乎释而从吾儒乎？仆且翘首望之矣。第恐儒、释之辨，终于言说而已，则仆又如诸君子何哉？今而后，务期旷然大同，归于无我，即有异同之见，不妨互相规证，庶几学术会归于一耳。

此处刘宗周以张载（横渠，1020—1077）就文章之"称名"的"斤斤顾忌"来举例，说明君子之自处必当谨慎，也即"取途不可不正，而待人不可不宽"，就为学的儒、释关系而言，"己之儒、释不可不辨，而人之儒、释可姑置之不问"。进一步则说，如果自己的学行果然"纯乎儒而绝乎释"，又何必担忧那些学释者"不去乎释而从吾儒"？换言之，真正值得担忧的其实是仅仅将儒、释之辨停留于言说论辩之见，并未真有修身实行。故而刘宗周特别强调为学应当"旷然大同，归于无我"，不要有所偏见，为学有异同之见，正好可以相互规证，以实践来检验则最终也能"会归于一"。

二、论黄宗羲并非"左右师席者"

将刘宗周写给刘、陶双方弟子的书信加以比较,则此次于崇祯十一年(1638)末由刘门弟子提出来的"别会",王业洵和黄宗羲,谁起到了最为关键的作用,也即谁才是真正的"左右师席者",其实已经很明白了。

因为各家的年谱等虽记载不一,特别是黄宗羲一系的记载更为杂乱,但都凸显了黄宗羲作为主事者的地位,再加之黄宗羲影响较大,以至于此事往往被后人误解,故而有必要对此做一简要的辨析。先看刘汋《蕺山刘子年谱》崇祯十一年的相关记载:

> 时王业洵偕毓蓍十七生及门,先生固辞不受。①

显然刘汋认为主事者便是王业洵,协同者是王毓蓍,共有 17 人,同时王业洵前去力请刘宗周"及门",并重新举行拜师之礼,单列证人讲席之门户。刘汋并未提及黄宗羲,然而在黄宗羲本人的三处记载中,则有两处突出了自己:

> 当子刘子讲学之时,吾越之承风接响者,以想象为本体,权谋为作用,子刘子之言,格于浸淫之僻说而不相下,先生忧之,曰:"此禅门种草,宁可移植于吾室乎?"于是推择王业洵、王毓蓍及予等十数人者,进之为弟子。②
>
> 始虽与陶石梁同讲席,为证人之会,而学不同。石梁之门人皆学佛,后且流于因果。分会于白马山,羲尝听讲。石梁言一名臣转身为马,引其族姑证之,羲甚不然其言。退而与王业洵、王毓蓍推择一辈时名之士四十余人,执贽先生门下。此四十余人者,皆喜辟佛,然而无有根柢。于学问之事,亦浮慕而已。反资学佛者之口实。先生有忧之,两者交讦,故传先生之学者,未易一二也。③

---

① 刘汋:《蕺山刘子年谱》,61 岁条,载吴光主编:《刘宗周全集》第 6 册,第 125 页。
② 黄宗羲:《刘伯绳先生墓志铭》,载沈善洪主编:《黄宗羲全集》第 10 册,第 313 页。
③ 黄宗羲:《蕺山学案》,载黄宗羲:《明儒学案》卷六二,沈芝盈点校,第 1514 页。

先生与陶石梁讲学。石梁之弟子，授受皆禅，且流而为因果。先生以意非心之所发，则无不起而争之。余于是邀一时知名之士数十余人，执贽先生门下。而此数十余人者，又皆文章之士，阔远于学，故能知先生之学者鲜矣。[1]

前两处的记载，也都突出了王业洵在"白马别会"之中的重要作用，由此可证他确实是当时的"时名之士"、刘门的中坚力量。不过黄宗羲的记载与刘汋稍有歧义。第一处是黄宗羲给刘汋写的墓志铭，写作较早，其中写到共有"十数人"前去力请，此与刘汋的记载接近；对刘、陶证人社讲学之时有部分学者的禅门倾向表示担忧的人是刘汋，而非黄宗羲本人，推择王业洵、王毓蓍以及黄宗羲为代表提出刘门单列师门的似乎也是刘汋。这些突出刘汋在刘门作用的说法，即使有溢美之词的一面，也当有一定的根据。第二处是《明儒学案》之《蕺山学案》中的记载，后被全祖望所继承，也就是最为通行的一种说法。其与刘汋《年谱》中的记载差别有二：一是当时执贽刘门的人数不同，刘记为 17 人，黄记为 40 余人；二是为首的弟子，除去二王，黄宗羲还再三提及他本人，对陶奭龄因果之说不满的是他，退而与二王协商的也是他，还说一起拜入刘门的 40 余人，虽辟佛但"无有根柢"，方才引发两派的"交讦"，于是真正传刘氏之学的也就只是他自己等一二人了。第三处除了未提王业洵之外，则与第二处大致相同，执贽刘门弟子的作"数十余人"，略含糊；对于批评刘门弟子皆为"文章之士"，则是将学问"无有根柢"说得明晰一些了，应当也符合实际情况。

还有黄炳垕的《黄宗羲年谱》有两条相关记录，但有矛盾与错误之处，故有必要做一些纠正：

郡中刘念台先生与石梁陶氏奭龄讲学。石梁之弟子授受皆禅，且流入因果。先生独以慎独为宗旨，至是讲学蕺山。公邀吴越知名之士六十余人，共侍讲席，力摧石梁之说，恶言不入于耳。[2]

子刘子讲学之时，圆澄、圆悟两家子孙，欲以其说窜入。子刘子每临

① 黄宗羲：《思旧录·刘宗周》，载沈善洪主编：《黄宗羲全集》第 1 册，第 338—339 页。
② 黄炳垕：《黄宗羲年谱》，20 岁条，载沈善洪主编：《黄宗羲全集》第 12 册，第 22 页。

席而叹。公于是至郡城,邀一时知名士王士美业洵、王元趾毓蓍等十余人,进于函丈。①

前一条中问题之一是时间:一是将刘、陶的"证人社"讲学时间系在崇祯二年(1629),有误;另一是对"别为讲会"的时间也没有说明,看似也系于崇祯二年,则更误了。问题之二,说黄宗羲"邀吴越知名之士六十余人"则是在黄宗羲《蕺山学案》中说的"四十余人"之上无端又增加了。后一条的记载则又与前一条矛盾,其中将"别为讲会"系年在崇祯十二年(1639),有误,当是崇祯十一年(1638)末;至于"邀一时知名士王士美业洵、王元趾毓蓍等十余人"则又是回到了黄宗羲《刘伯绳先生墓志铭》的立场;另外将陶奭龄师弟子的近于禅佛更加坐实,并指明是"圆澄、圆悟两家子孙",圆澄、圆悟即黄宗羲《子刘子行状》卷下说的湛然澄、密云悟。对比而言,则后一条相对较为正确。

另外,全祖望《梨洲先生神道碑文》的记载也有问题:

> 越中承海门周氏之绪余,援儒入释,石梁陶氏奭龄为之魁,传其学者沈国模、管宗圣、史孝咸、王朝式辈,鼓动狂澜,翕然从之,姚江之绪至是大坏。忠介忧之,未有以为计也。公之及门年尚少,奋然起曰:是何言与? 乃约吴越中高材生六十余人,共侍讲席,力摧其说,恶言不及于耳。故蕺山弟子如祁、章诸公,皆以名德重,而四友御侮之助,莫如公者。②

此处有两个错误,一是人数写作了"六十余人",并且更加突出黄宗羲的影响力,说其重要性甚至超越了祁彪佳与章正宸;另一是说刘宗周本人对陶奭龄等人表示忧虑而无以为计。

还有姚名达的记载:

> 诸生王业洵(士美)、王毓蓍(玄趾)、张应鳌(奠夫)、朱昌祚(绵之)、胡

---

① 黄炳垕:《黄宗羲年谱》,30 岁条,载沈善洪主编:《黄宗羲全集》第 12 册,第 27 页。
② 全祖望:《鲒埼亭集》卷一一《梨洲先生神道碑文》,载全祖望:《全祖望集汇校集注》,朱铸禹汇校集注,第 215 页。

岳（嵩高）、黄宗羲（太冲）等十七人独不信禅，上书先生，缅缅总数千言，请
别为讲会，以辟邪说。先生固辞不受。①

姚名达先生认为主事者为：王业洵、王毓蓍、张应鳌、朱昌祚、胡岳、黄宗羲，前面
的五人都有刘汋年谱与刘宗周的书信可据。至于将黄宗羲列在六人之末，当
是依据仅见于黄宗羲一系的上述文献，故而不太确定的权宜之计。

综合来看，刘汋的记载，以及黄宗羲的《刘伯绳先生墓志铭》与黄炳垕所作
年谱的后一条记载，应该都是比较可信的。再结合该年刘宗周分别答复秦弘
祐、王业洵以及胡岳、朱昌祚、张应鳌等人的书信，也就可以得出结论：崇祯十
一年（1638）的"古小学别会"，其中起到最大作用的当是王业洵，其次则是王毓
蓍以及胡岳、朱昌祚、张应鳌等人，共有约 17 人。

至于黄宗羲本人，刘宗周却并未有与其论学的书信被保存下来，而事实上
《刘子全书》是黄宗羲亲自编刊的。也就是说，很有可能刘宗周原本就没有写
信给黄宗羲，而这也可以从反面证明，黄宗羲其实并非刘宗周的重要弟子。还
有祁彪佳的日记或证人社的会录等文献之中，也都未见黄宗羲的名字，亦可以
证明其参与讲会极少。② 故虽说黄宗羲后来对蕺山学做出过重要贡献，然就晚
明的证人社而言，他的相关记载多半有误：其一，黄宗羲参与证人社的活动极
少，故而并未留下痕迹；其二，黄宗羲很有可能未曾参与崇祯十一年（1638）的
"别会"，或者即便参与了也不是起主要作用者，也即全祖望所引述黄宗羲的话
"左右师席者，士美、玄趾与予三数人"③，以及《明儒学案》所说的"白马别会"等
多处记载都是错误的。

若推测其少有参与的原因，则当有三。一是因为黄宗羲以为沈国模等人
多有祖护逆党："吾邑有沈国模、管宗圣、史孝咸，为密云悟幅巾弟子，皆以学鸣，
每至越中讲席，其议论多祖党逆之人。先生正色以格之，谓当事曰：不佞白安

---

① 姚名达：《刘宗周年谱》，61 岁条，载吴光主编：《刘宗周全集》第 6 册，第 418 页。
② 祁彪佳的日记，从崇祯四年到崇祯十七年基本完整，特别是崇祯九、十两年参加证人社活动较
多，与会士人的名字也多有记录。
③ 全祖望：《鲒埼亭集》卷二四《子刘子祠堂配享碑》，载全祖望：《全祖望集汇校集注》，朱铸禹汇校
集注，第 445 页。

先生之未亡友也,苟有相啮者,请以螳臂当之矣。"①此处说沈国模等人在讲会之时有袒护逆党魏忠贤的言论,而刘宗周则出来为黄宗羲之父黄尊素(白安)辩护。此事文献不足,故很难证明沈国模等人是否真的道德有亏,然黄宗羲的态度则是明确的。② 二是因为黄宗羲家住余姚黄竹浦,离绍兴城较远。三则是此时的黄宗羲还在从事举业之学,对刘宗周的蕺山学尚缺乏兴趣。黄宗羲自己也说,"余学于子刘子,其时志在举业,不能有得,聊备蕺山门人之一数耳"③,"小子矍矍,梦奠之后,始从遗书得其宗旨,而同门之友,多归忠节"④。刘宗周去世几十年之后,刘门高第大多亡故,黄宗羲为了强化"刘黄学脉",且更有力地证明其独得蕺山学之正传,故而才会有将他本人说成刘门"左右师席者"等错误的发生。

---

① 黄宗羲:《思旧录·刘宗周》,载沈善洪主编:《黄宗羲全集》第 1 册,第 341—342 页。

② 吴震先生对黄宗羲的态度有较为清晰的梳理,参见吴震:《"证人社"与明季江南士绅的思想动向》,第 145—154 页。

③ 沈善洪主编:《黄宗羲全集》第 10 册《恽仲升文集序》,第 4—5 页。全祖望《梨洲先生神道碑文》对此的说法略有不同:"公尝自谓受业蕺山时,颇喜为气节斩斩一流,又不免牵缠科举之习,所得尚浅,患难之余,始多深造,于是胸中窒碍为之尽释,而追恨为过时之学,盖公不以少年之功自足也。"(全祖望:《全祖望集汇校集注》,朱铸禹汇校集注,第 219 页。)

④ 黄宗羲:《明儒学案序》(原本),载沈善洪主编:《黄宗羲全集》第 10 册,第 78 页。

第九章　刘门殉难义士

刘门弟子之中,在甲申、乙酉两年(1644、1645)殉节的义士较多,一部分如吴麟征、祁彪佳等已经在前面有所讨论了,此外还有祝渊、王毓蓍、潘集、周卜年、傅日炯等,需要再加以介绍,特别是祝渊,他被称为"刘门之颜回",其"本心"之学也是对刘宗周蕺山学当中改过之学的一种发展。

第一节　祝渊:发明"本心"之学的刘门颜回

祝渊(1614—1645),字开美,浙江海宁人,因喜坐对明月,至通夕不寐,故以"月隐"自号,及深于学问,改兼山道人。[①]

祝渊有《祝子遗书》传世。据四库馆臣说:同为刘门弟子的陈确和吴蕃昌编《祝子遗书》四卷、《附录》一卷。其中,正文卷一《问学录》与卷二《传习录》皆刘宗周讲学之语;卷三为奏疏书札,而《劾马士英疏》仅残稿半篇,以福王时就逮辍笔未竟之作;卷四为《诗》及所记《太常吴忠节公殉节纪实》及祭文,以《自警条规》十六条为终篇。另外,《祝子遗书》附录一卷,为刘宗周所作《疏》及别渊序、赠渊诗,以谈迁(1593—1657)等所作"小传"缀其后。[②]

一、祝渊与刘宗周

关于祝渊执贽刘宗周之始末,《刘宗周年谱》"六十五岁"条(崇祯十五年壬午,1642)有载:"(祝渊)以公车入都,闻先生落职,上书切谏。诏坐妄言朝政,下

---

① 吴蕃昌:《开美祝子遗事》,载祝渊:《祝月隐先生遗集》卷下《外编·遗集》,适园丛书本。
② 《四库全书总目》卷一八〇《集部别集类存目七》,《景印文渊阁四库全书》第4册,第835页。

部议处；渊不以为意，进而纳赞于先生，北面称弟子。"①刘宗周《君恩未报臣罪当诛谨沥血陈悃仰祈圣鉴以伸在三之谊疏》亦对此有所申明：

> 君臣朋友并属大伦，所从来旧矣。……先与革职，既而有会试举人祝渊上书，争臣不当罢，并奉有看议之旨。随该礼部议覆罚科候旨间，臣固未知祝渊何如也。久之渊乃进而谒臣。访其履历，具道其详，并及所以留臣之故，以其同乡吏科给事中吴麟征尝称及臣之为人也，而渊过信之，以成此误举。臣因诮让之不置，渊自此遂交臣，称门下士，臣携之南还。②

甲申国变后，祝渊胸中充盈忠孝节义情愫，先业师刘宗周而结缳殉节，时年35岁，③比颜回作古逾三岁而已。陈确在《辑祝子遗书序》中即深情指出：

> 颜子不死匡围，曰："子在，何敢死。"而甲申三月之变，先生在籍，可未死，开美亦忍死归侍先生。乙酉五月之变，先生与开美皆在籍，未死。六月，征书及先生，先生死。剃髪之令至吾宁，开美亦死，率颜子从匡之义也。④

是故，祝渊在蕺山之门，最称好学，故时人有"庶乎回也"之叹。即此显见祝渊于蕺山学派中所独有的思想史意义。

祝渊入门，缘起于其上疏救刘宗周。时崇祯壬午年（1642），皇上启弘政门，诏求公卿直言，令无所忌讳，谏官熊开元、姜埰拜书刺首辅周延儒，结果被下诏狱，举朝震慄，宪臣刘宗周申言救熊、姜，因言辞激烈、个性戆直，激怒崇祯帝，被系诏狱，祸且不测，中外舌忭，适祝渊公车入都应试，感于刘宗周学术盛名及道德品性，愤然上《请留宪臣疏》，其中说：

---

① 姚名达：《刘宗周年谱》，载吴光主编：《刘宗周全集》第 6 册，第 459 页。
② 刘宗周：《君恩未报臣罪当诛谨沥血陈悃仰祈圣鉴以伸在三之谊疏》，载吴光主编：《刘宗周全集》第 3 册，第 254 页。
③ 据《明史》载，南明弘光朝时杭州失守后，"祝渊方葬母，趣竣工。既葬，还家设祭，即投缳而卒，年三十五"。（《明史》卷二五五《列传》第一四三，第 4361 页。）
④ 陈确：《辑祝子遗书序》，载陈确：《陈确集》文集卷一〇，中华书局 1979 年版，第 239 页。

今天下墨吏满海内矣,司风纪之责者求清刚之操,学术之端,孰有如宗周者乎? 达练之识,衡鉴之公,孰有如宗周者乎? 宗周以戆直而斥,继之者必惩之而为涎沤。宗周以迂执而斥,继之者必惩之而为便捷。夫涎沤、便捷之徒安所不至,饱贿营私贞淫倒置,睿照何由而遍,民困何由而苏,贼寇何由而靖也哉?①

因此疏,祝渊获罪,"着从重议处",夺南宫试,更有后来缇骑逮其入锦衣卫狱事。亦因如此,祝渊执贽刘宗周。刘宗周先是诘问祝渊,认为其上疏之举有意气用事、求名求誉之过。祝渊则"怃然请教",刘宗周则以"远且大者,共舟南还,昕夕讲论,开美得日闻所未闻,于是更益务为暗然之学"。② 此时,刘宗周批评祝渊有"好名"之心,认为"浮名"最害道,祝渊"本心"之学的挺立和构筑正建基于如何是"浮名"、怎样消解"浮名"之上。

二、"本心"之学

因为祝渊英年早逝,其虽博思善辩,一心向学,终不能构架"精一执中"之学,然以其学力与质性,倘假以有年,于"精一"之学亦必精粹。由祝渊与业师刘宗周往复问学答书及其他学术文存可知,祝渊为学大旨"尚实践,以知过改过为功,以兢兢无负其本心为要"③。在祝渊这里,"本心"也即道心,道不远人;心本常明,人须克服种种"浮名",方可于"委心任运""何思何虑"之中,本心得以日彰。

(一)"浮名"

祝渊为学端始,重践履敦笃,亦因痛恨"庸鄙流俗"而陷于"浮名"之窠臼。他在《上先生书》,即初见刘宗周的问答语之第一通书信中便有流露,对于先儒"静中养个端倪"之工夫论深表质疑,"静中工夫从何下手?""养个端倪是何景

---

① 祝渊:《月隐先生遗集》卷二《请留宪臣疏》。
② 陈确:《祝子开美传》,载陈确:《陈确集》文集卷一二,第 276 页。
③ 陈确:《辑祝子遗书序》,载陈确:《陈确集》文集卷一〇,第 239 页。

象?"为学者当"不须专靠文籍",亦无须讲求"性命虚摹光景",只就"视听言动"四者勉强简制,定能培养德性。而且,祝渊"深恨庸鄙者,流动托中正便其私图忠孝节义之场",世人匆匆攘攘,无非为利欲支配,若事事皆求裁度他事他理,人已经转念且失去"自性"。[①] 正如对待"礼",如期亲之丧,不可张乐;亲丧服虽除,不可因拘牵时日,或因择地迟久不葬而易服宦游;等等。祝渊认为这样的礼法约束密集,世人亦往往受限于此等规范而战兢不已,不如"严其大端,宽其小节",适当将世人从束缚中解放出来。祝渊以己之所思,感悟世人之所行,以世行为束缚、拘谨之庸鄙流俗,故主张"异于流俗",虽可言其有打破世俗、思想解放之开放理念,但毫不讳言,祝渊从以他人所思所想为"转念"流转为以己之自由、放任为"转念",本质皆是为"浮名"之"念"而已。

"浮名"是习俗习闻遮盖"本心"的结果。刘宗周在接到祝渊书信后的答书中指出:"此道本不远于人,学者只就日用寻常间,因吾心之所明者而一一措诸践履,便是进步处,且不必向古人讨分晓也。"[②]"道心"即在人心之中,"道心"乃人心之为"心"之本根,言人心必不离"道心"。而"人心"者,即平常日用之行为处事的自然显示,所谓"道不远人"者即道心寓于人心,人心自然含蕴道心,二者相即相融。刘宗周曾有言:"理即气之理,断然不在气先,不在气外。知此则知道心即人心之本心,义理之性即气质之本性。"[③]刘宗周论学主张"圆融一体",凡先儒"二分"的诸哲学理念在刘宗周这里得以融贯和合,故而,看似高远玄幽的"道心"实直接内在于迩者之自"心"、人心,长安即京师,京师自在长安。正因有如此哲学理念和哲学方法论,刘宗周挺立"道心",实亦是重视"日用常行",道心之自然、平常和无思无虑透过日用平常的德性践履得以深切著明。自然而然但又心安理得,无拘谨于俗套旧习,故曰:"骤遇期丧,自是本心迫切处。因此,发个哀戚心,不肯放过,即与之制服制礼,何等心安理得,此外更求道乎?"其他诸如所谓三年之丧、期功之制、祭祀之节、家庭跪拜皆以"道心"裁之而沛然,"心所安处即是礼所许处"[④]。心"安"者即是"道心"显者,皆是自然而已。但若由"异于流俗"之念想而希图对旧习流俗有所改观,以"立异为高",仅较量

---

① 祝渊:《月隐先生遗集》卷一《问学录》第一札《上刘先生书》。
② 祝渊:《月隐先生遗集》卷一《问学录》第二札《先生答书》。
③ 姚名达:《刘宗周年谱》,载吴光主编:《刘宗周全集》第6册,第410页。
④ 祝渊:《月隐先生遗集》卷一《问学录》第二札《先生答书》。

于清浊之间而去彼取此，虽稍能立定脚跟，亦只是"五十步笑百步"，且坠落于"不自知"却以之为新意之"浮名"中。究其蔽之端始，则人为习闻习见所遮盖重重，无所措诸手足而已。正因刘宗周棒头一喝，祝渊警醒曰："盖因有识以来，所欣慕而乐效者纯是此种意见横据胸中，谓可求异于流俗矣。自非夫子直发病根，严加惩责，几何不终身狂悖阽死而不一悟也？"[1]"求异于流俗"正"浮名"之标志，祝渊以此自警，亦从此省悟勘查。

（二）"委心任运"

"浮名"思想最害道，但又隐匿于个体人心之中，时时躁动彰显。伦理道德之理性正义、人文社会之安稳祥和本是由众多个体之人凸显本心道心、因心践履而笃行的结果，却因"浮名"思想而偏颇走作。要消解"浮名"思想，须建构与之相对的理论体系，刘宗周即提出了"适然之谓命，固然之谓性"的观点作为消解"浮名"思想的立论始基。他说：

> 凡祸福之来，若是意中事，则当安之固然；若是意外事，则当付之适然。适然之谓命，固然之谓性，尽性至命之学，即斯而在。世人以七尺为性命，君子以性命为七尺，知道者曷于此辨之。[2]

"适然之谓命，固然之谓性"深刻点明"性"与"命"的关系。"命"表示"不期然而然"，"性"表示"必然如此"，"尽性至命"则表示人必须毫无保留、毫无造作地按照"必然之性"而有所为和有所不为，至于行为之后终究会达致何样的"效果"，行为人勿要强求，因为结果必然有"不期然而然"[3]的可能。作为主体之"自我"只管"尽性"，所得何样效果，只是"命"该如此而已。刘宗周《学言》有云：

> 莫非命也，顺而受之，正也。莫之为而为，莫之致而至，如斯而已矣。

---

① 祝渊：《月隐先生遗集》卷一《问学录》第四札《上先生书》。
② 祝渊：《月隐先生遗集》卷一《问学录》第五札《上先生书》。
③ 刘宗周说："人有恒言曰'性命'，由一念之起灭，一息之呼吸，一日之昼夜，推之以至百年之生死。时然而然，不期然而然，莫非性也，则莫非命也。今人专以生死言性命，盖指其尽处言也。而渐易以七尺之成毁，则性命之说有时而晦矣。"（刘宗周：《学言》，载吴光主编：《刘宗周全集》第 2 册，第 437 页。）

受制焉，侥幸苟免焉，一为桎梏，一为岩墙矣。莫非性也，率而由之，真也。无为其所不为，无欲其所不欲，如斯而已矣。安排焉，知故造作焉，一为湍水，一为杞柳矣。①

世人所作所为必有"当然之则"，有"命定性"，人须"向善去恶"，且须合德符节，不可不依规则、规范而"随心所欲"。从根本上言，人须挺立"道心"；但若以己之力定要达至某种特定"效果"，便已堕入"浮名"窠臼。刘宗周对祝渊求名的激切心态曾有如是批评：

> 足下岂以前日之举为失之误，不免伤知人之明，未可千秋，遂不惜再有奇举，既以盖前愆，又以垂后名，便作堂面男子耶？审若此，则一团私意已如魑魅魍魉之不可测，又何以自信于道，终能高视阔步于人间乎？嗟乎，人心之病于私也，如千尺浮云，头头难拨，凡人之认贼作子而误尽一生者往往而是，不然古人一生学力，说惟精，说择善，当在何处用也？②

"浮名"可怕，往往会因为世人个体或群体之间的某种"私意"而时隐时现、若隐若现，虽然个体之人立志为学却利，但若"志"性不坚，不能尽悟"当然之则"与"必然之理"的圆融关系，便不能达到"随心所欲不逾矩"的自然与自由之境界。尽心知命则知天，存心养性则事天，尽己事，有志于"道"之"志"，勿要步步规制、事事沾滞，不求一事一物之荣辱，但求一生一世之真道学、真精神而已。正因此，祝渊从业师刘宗周的书信醒悟了"志"于学的重要性：

> 争此一志耳，非人即兽，从无中处之，然则一刻不立即一刻是兽，一日不立即一日是兽，禅家死后轮回，此刻现前变相，渊三十年来是人是兽，一一间点，真是不寒而栗，愧报无地者矣。深知此事靠不得师友，如渊锢蔽甚深，悔悟方始，尤望夫子稍矜恤而卒教之实，不胜厚幸。③

---

① 刘宗周：《学言》，载吴光主编：《刘宗周全集》第 2 册，第 440 页。
② 祝渊：《祝月隐先生遗集》卷一《问学录》第三札《答先生书》。
③ 祝渊：《祝月隐先生遗集》卷一《问学录》第四札《答先生书》。

"志"于学的过程即是崇信"道学"真精神、明晰人禽之辨的过程,学道之人若于此不能信得过、不能持守践行此"志"向,便不能对其所向慕的道学"心领神悟",必不能据此道学精神而真知真行、即知即行。受教之初始,祝渊由对刘宗周品行人格的尊崇而上升至对刘宗周道学、儒学"安身立命"之学的崇信,自然在心头上有所"惊悚",进而"深愧悔","渊三十年来是人是兽,一一间点,真是不寒而栗"。单就此反躬自省而言,祝渊已体认了"浮名"之过恶。

有醒悟必有理论统领,祝渊即此提出了"委心任运"的哲学观念。经刘宗周道学的心灵洗礼与对疾病痛苦的领悟和勘查,祝渊感言:

> 此来见得道理颇觉亲切,在险在夷总著不得一毫意见,著不得一分安排,惟"委心任运"四字体贴真切,便已身心安乐,尤怨两忘。①
> 拜夫子教后又六日始就道,随缘任运差能自适。②

在祝渊看来,"委心任运""随缘任运"即是尽己事、听天命,随顺自然,做好自己,培养德性,勿时时念想以己之力改变他人、他世界。循此思想路径展开,祝氏"本心"之学与刘宗周道学紧密联系,且渐近于刘宗周本心之学的精髓。但祝渊又时时不忘"救世急着",虽"奉明教益复豁然敬佩勿致",却因"心为形役",生出诸多焦虑而惴惴不安、心急火燎。祝渊哀叹,世风日下,党祸群起,朝廷内外,上下相疑,何以能国? 国家遭惨变,然世人骧首奋翼,人人自庆,以为功名之会。面对时艰,祝渊难释怨艾,且又旋操旋失,"无时无刻不在尤悔之中""抚怀负疚,深所不堪"。③ 他拳拳忠君爱国之热忱值得同情之理解,但这样的旋操旋失之为学心态却是不可取的,不能培养宁静以致远、心平以气和的心境。

同样,祝渊自我用功甚切,造成"心为役使"之弊,害道颇深。他有《自警》十六则,又称《私室戒言》,包括:不得妄语、不得忿戾、不得躁急、不得谈人过恶、不得终始易辙亡恒自欺、不得纵耳目口腹肢体之欲、不得观书无序博涉不专、不得临财苟且、不得与人竞胜、不得遇小顺辄喜遇小拂意辄愠怒沮丧、不得言浮

---

① 祝渊:《月隐先生遗集》卷一《问学录》第六札《上先生书》。
② 祝渊:《月隐先生遗集》卷一《问学录》第七札《上先生书》。
③ 祝渊:《月隐先生遗集》卷一《问学录》第八札《上先生书》。

于行、不得随俗波靡、不得求备苛责、不得虐使僮婢、不得多忧过计等。祝渊笃志于学的信心和毅力为人敬重，能于闲邪之中克己诚敬，但往往自责太过严厉，不容稍懈。他明确了犯过之后的惩罚手段——长跪，甚至发毒誓："初犯者跪香一尺，再犯者跪香二尺，三犯者跪香三尺，如或渝此志者，天地祖宗速殄灭余渊。"①在祝渊看来，有犯辄长跪自责，且书于书之空白处曰"没曰某日以某过跪一次"，甚至于私室之中长跪竟日不起，直至流涕自捆。②祝渊自讼之严皆类如此。

因此，在刘宗周看来，祝氏虽有"委心任运"的好主张，却因"猛厉"改过和求全责备，已然构成心病，不为刘宗周心学所欣赏："来教似颇伤于猛厉，只此便是欲也。此等意思皆须放在平日用则得力，若到手足忙乱，便是心为形役，非徒无益而反害之矣。"③在刘宗周看来，"适然之谓命，固然之谓性"，凡事求得自然而言，即便是对自我之"过"的"改过"工夫，须是"本心"的"自省"和自悟，"豁然开朗"之省悟便是改过为善。平日面对过错欺伪、欲念燥妄，不可用心太过，而是将一切燥妄心、经营心、期必心、义理思维研虑心放松，减得一分便是减一分人欲，减一分人欲便增一分天理，世人自然可安置其人心于天理之中。实际上，祝渊亦知道"本心之学"之真谛在于"委心任运"、自然而然，诚如他与同门友张应鳌的书信中所说：

> 为学亦无别法，剥落旧习而已。凡念虑之萌，言动之微有毫末涉于外骛，溺于习染本心之明，未尝不知，知而复行为欺为妄，请自今始。念虑言动由内达外，细细严勘，如老吏谳狱，纤悉莫遁；如勇士赴敌，生死相持。一毫不容自昧，一毫不容自恕。划除病根，鞭辟着里，则毋自欺之学也，立诚之本也。④

但他又不能始终坚持"委心任运"的工夫修养进路，自然与其对"本心"主旨的体认程度深浅有密切关系。

---

① 祝渊:《月隐先生遗集》卷四《杂著·私室戒言》。
② 吴蕃昌:《开美祝子遗事》，载祝渊:《月隐先生遗集》卷下《外编》。
③ 祝渊:《月隐先生遗集》卷一《问答录》第十一札《先生答书》。
④ 祝渊:《月隐先生遗集》卷三《答张子奠夫》。

（三）"何思何虑"

祝渊因用心过度，常常"心为役使"，造成颇多心病，即他时常言说的"血证"。在医家看来，咯血出于心而通于肾，呕血出于肝，肝生气而气有余即生火，肝火乘于心则作心疾。祝渊由于自身的"治心明心"工夫用功猛厉，常有咯血之证，刘宗周便以"治心为要"劝诫他，若能铲除心病，自然无形体之病，"治心之外别无调理血肉工夫"①。"治心"工夫本质即是"明心见性"的工夫，而此"心"即本然之心，亦即"勿忘勿助""何思何虑"之"本心"。

在刘宗周谆谆教导和循循善诱之下，祝渊能感悟到"何思何虑"之"本心"的"自然无为"特性。他在《上先生书》中指出：

> 细勘祛病之法无如寡言语、闲思虑、时饥饱、适起居而已。客冬书卧榻之侧，有云："不见可欲故静，证本体于何思何虑之天。无暴其气则和，必有事于勿助勿忘之际。"朝夕在念，凡遇顺逆二境，稍稍有个自作主宰处，兹趋聆道教，日有理义之悦心。②

唯平心静气，方可心贯万物，实现物我一体，在体会自我内心的平和、安稳和纯粹中，领会生命的价值和意义，体悟人之善良本质，通透德性与践履的圆融，以至于"本心"之诚与践履之真之间的自然接洽与圆融合一。即此而言，真知善则自然恶恶，知善即是恶恶，真知自然真行。即此可以看出，所谓"何思何虑"就是"真知"与"真行"过程中的"无所沾滞"特性和"自然而然"特性。刘宗周曾有言："凡道体以得而无所得为真得，但有一物焉可指以为得，皆其得在外者也。必也天下何思何虑乎！"③道本自然，人"心"本是"自然而然"。"本心"之明时时提醒人何为善，何为过；知过即是有善，有善自然知过。

或许正因为对"何思何虑"有一定的亲切体会，祝渊就王阳明"四句教"提出不同意见：

---

① 祝渊：《月隐先生遗集》卷一《问答录》第十二札《答先生书》。
② 祝渊：《月隐先生遗集》卷一《问答录》第十四札《答先生书》。
③ 刘宗周：《与开美三》，载吴光主编：《刘宗周全集》第 3 册，第 382 页。

昨暮偶思阳明先生有云："有善有恶者意之动","意"既有善有恶,便于
"诚"字推不去,因思"有善无恶者心之体,好善恶恶者意之正,知善知恶者
知之良,为善去恶者格之致",复其有善无恶之体,而心正如其好善恶恶之
天,而意诚尽其知善知恶之量,而知至着其为善去恶之实,而物格行得到
处才是知得彻处。①

祝渊四句教法中以"本心"为"自在澄明",有善而无恶,看到了"心"的至善本质,
体会了"意"的好善恶恶的价值导向性和德性方向性,探析了人内在良知的自
我主宰性和自觉能动性,强调了人践行道德规范、行善祛恶的现实可能性,并
将"意"之"诚"、自然自在性与"知"之"格"、必然实然性通贯,可谓一气呵成,自
成系统。祝氏的四句教法对阳明"有善有恶者意之动"表示怀疑,赋予"意"之
"形而上"本体意义,通过"意"的德性价值方向性,解构阳明四句教之"意"的"形
而下"行为现实性,是对老师道学的亲切体贴。

　　刘宗周对阳明四句教法展开批评,并提出区别于阳明的四句教法:"有善
有恶者心之动,好善恶恶者意之静,知善知恶者是良知,为善去恶者是物则。"②
所谓"有善有恶者心之动",表明人心之可塑性,凡个体之人出于"目的"的、有所
为而为的行为、事件,自然便有善与恶的性质之区别。所谓"好善恶恶者意之
静",人心中自然内蕴"意",对个人行为举止起规范和约束作用,本质上表现出
主体的自主选择:"在好(喜好)恶(憎恶)的形式下,对善的肯定与追求和对恶的
否定与拒斥,已不是外在强制的结果,而完全是出于主体的内在意愿"③,彰显
人的自我主体性和自主选择性。"意"之"好恶"实质上是基于"知善知恶"之
"知"的"自觉地行",知是行之基,行是知之实:"'知行只是一事。知者行之始,
行者知之终;知者行之审,行者知之实。'故言知,则不必言行;言行,亦不必言
知,而知为要。"④自然存有的知善知恶之"知"自然"好善恶恶",故说"知善知恶
者是良知"。作为道德主体之心,"意为心之存主"而"好善恶恶","知为意之精
明"而"知善知恶",由"意"与"知"作用的"心"则自然"为善去恶"。"心""意"

①　祝渊:《月隐先生遗集》卷一《问答录》第十四札《答先生书》。
②　刘宗周:《学言》上,载吴光主编:《刘宗周全集》第2册,第391页。
③　杨国荣:《刘宗周思想的历史地位》,《中国哲学史》1996年第4期。
④　刘宗周:《人谱》,载吴光主编:《刘宗周全集》第2册,第19页。

"知"所行所在便是"有善无恶"。"有善无恶,归之至善",刘宗周名之为"物"。此"物"非"物体"之"物",而是"事件""规则"之"事",是人所普遍遵循的"规则",具有"天理"的本性。① 个体之人心善恶交杂,每个人都面对属于"道德"评判的体系,都由被动接受规范到主动实践规范,进而自觉体贴和反思生活、生命的价值,在体思"事"中践行"知":"就知中指出最初之机,则仅有体物不遗之物而已,此所谓独也。故物即知,非知之所照也。"②从人作为终极的道德实践主体讲,人终究走向自觉。终极的意义不能取代现实的意义,现实的意义也不能否认终极的价值,故而可说"为善去恶是物则"。总之,"心"是"意"之外显,"意"是"知"之施行,"知"是"物"之细则,"心""意""知"是"物"之"至善"的指划与推演。那么,"心"具有了能动性、自觉性和主体性,且与天命之性相通,"人心,浑然一天体也"③。终究而言,祝渊"心意知物"四句的体贴只是模糊的轮廓,与业师道学差距尚远。但刘宗周对其观点表示高度赞扬:

> 只扼定"何思何虑、勿忘勿助"两言做工夫,便能寻先上去,第恐峻绝处着手不得,反成退步耳。努力! 努力! 王先生言"古学自是有病",已经龙溪驳正,可不待言。即如足下所纠正者,仆亦尝有是言,但终看作四项,非古学本旨。试以自心置在个中一一体贴,便如截流断港,动成隔碍也。今可且将前人话头一切放过,专理会自家事,如上文所云者,久而有得。④

所以说,倘假祝渊有年,其于蕺山心学定有更大推进。

祝渊还提出,要达至"何思何虑"的境地,须常葆任身心。他言:"静坐时,存想多,易致火。近觉身所住处心即在是,只轻轻唤醒,尝常保任,便心存而身泰。此处正自着力不得也。凡一切存想,脐下命门并数息调气,悉是有为法,心愈不得静矣。"⑤当调心静坐时,安神凝情,即心即身,推演开来,即善思即善行,即自我主宰即自我道德践行,世间言行举措手足,皆自然发端于内里之心,心的

---

① 参见黄敏浩:《刘宗周"四句"的诠释》,《中国文哲研究通讯》1998 年第 8 卷第 3 期。
② 刘宗周:《学言》上,载吴光主编:《刘宗周全集》第 2 册,第 389 页。
③ 刘宗周:《学言》中,载吴光主编:《刘宗周全集》第 2 册,第 410 页。
④ 祝渊:《月隐先生遗集》卷一《问答录》第十五札《先生答书》。
⑤ 祝渊:《月隐先生遗集》卷一《问答录》第十七札《上先生书》。

主宰性、能动性和知善本性一切彰明出来,便构成了和谐圆满至善纯真的世界,"身所住处心即在是"。一切自在,一切自然,无时无刻不彰显内心的真诚和良知,内外本是通融,知行本即合一。就此处体认得真切,自然无须缠着好利好名之念想,"凡一切念想悉是有为法",于"何思何虑"愈发遥远。祝渊病中证道,苦心弥珍,刘宗周有欢喜之色,更教以进步之法:

> 身所住处心即在是,甚善。更须知此身非止七尺腔子,满世界皆心,满世界皆身也。故又曰:"天下何思何虑?"何曾止向七尺讨分晓乎? 为此说者,恐其神明受锢于形骸而渐起一种自私自利之见耳,不如大《易》曰:"兼山艮,君子以思不出其位。"认得"位"字清楚,亦何至坐驰之有?①

逐内逐外皆是过,本无内外,内外通贯;分身分心、分人分物亦为过,本无身心、人物,即身即心,即心即身,人物一体,物我和合。② 祝渊《师说》有言:"上天下地曰宇,往古来今曰宙,士君子在宇宙间须将身子与万物例看,凡宇宙间道德事功在人在我总是一般,著一豪人我、一豪多寡胜负相,总之谓躯壳上起见,此是内外公私王霸义理之分。"③"身所住处心即在是",正是"物我一体"理念的体思,是"艮"之君子思"位"的真切体悟。

但是,祝渊对"何思何虑"的感悟并未信得真切,时有恍惚,怀疑此种"本心"之"明"乃是"虚见":"渊尤悚然,畏之静坐时一念不起,颇觉有万物一体光景,恐亦只是虚见。当酬应时不失此体便佳,要非真精神,数年翕聚不易得耳。"④因此,刘宗周批评祝渊曰:"病中才说'何思何虑'不了,却又寻题目做,文字学问未到从心境(元本作'景'——原书注)界。"⑤究其原因,"躁心未平""生死心未

---

① 祝渊:《月隐先生遗集》卷一《问答录》第十八札《上先生书》。
② 所谓"即~即~",前者"即~"是后者"即~"的基础,后者要通过前者来体现,后者建立在前者基础之上而存在;后者"即~"是前者"即~"的落实与开显,前者一定由后者体现。前者"即~"与后者"即~"不是"二分独立"的,而是"一体圆融"的。参见张瑞涛:《心体与工夫:刘宗周〈人谱〉哲学思想研究》,第14页。
③ 祝渊:《月隐先生遗集》卷四《师说》。
④ 祝渊:《月隐先生遗集》卷一《问答录》第二十札《上先生书》。
⑤ 祝渊:《月隐先生遗集》卷一《问答录》第二十一札《先生答书》。

除"①。祝渊有"行止"理论，认为时行则行、时止则止，生死正为行止大端，不著毫末，"著一豪怕死念头不得，著一豪不怕死念头亦不得，两忘不著此处是正当处"，但凡能息却劳攘心、计较心，便可于事变之来稀松平淡。应然之心体大端的何思何虑与实然的身体的道德践行总是存在张力，祝渊"生死心作祟"，或纠结于为父母改葬：

> 渊辈罪大恶深，天夺之鉴，昔年误徇术士，委先人于恶壤，粉身蘖骨不足云。偿客冬，生母播迁，未有爰止，渊夙夜切怛，蔬水不饱，苦块靡宁，既已抱莫大之恨、无穷之痛矣。诇意春秋太宰虞翁先生枉临，具述杨玺卿先生之言，先父母卜兆曹湖，凶恶尤甚，太宰蹙额，苦口力劝，更徙且慨，然有相成之意。②

或冲动于己之被逮：

> 前岁闻逮破能镇定，及至禾郡，亲友竞以苟且之说相劝，此中大为所动。遂与徐虞翁面商，一日偶尔省得义命二字，当下如释千斤重担，尤怨都消，身心俱泰。③

从而流于人欲之私："理欲之关夹杂倚伏，极其微妙"。于此际严勘，"勘得一分入细便是一分得力，从上圣贤彻底工夫，只是心细到极处"，但渊"经营劳攘，固子职应尔，而得失憧憧已渐溺于人欲之私而不觉"。④

（四）"无负其本心"

祝渊道德情感的反思和哲学义理的辨惑并未消解他"本心"之学的道德践履进程，反而愈有心悟的懵懂，愈有"无负其本心"之德行的展开。祝渊平生为世所传诵者大端有三件：上疏留宪臣刘宗周、焚冠袍及葬母后结帨殉节。祝渊

---

① 祝渊：《月隐先生遗集》卷一《问答录》第二十四札《上先生书》。
② 祝渊：《月隐先生遗集》卷三《上母舅冶堂孙公》。
③ 祝渊：《月隐先生遗集》卷一《问答录》第二十二札《上先生书言》。
④ 祝渊：《月隐先生遗集》卷一《问答录》第二十九札《答先生书》。

以其短暂一生，尽显"本心"之纯粹。

上疏救宪臣刘宗周，舍生取义，彰显宏阔气象。时崇祯壬午间（1642），海昌县民困，县令愁苦荼毒以致激民愤，而首发难者为陈确，是故为县令所仇恨。因祝渊与陈确同学，亦被县令仇视。有友人劝祝渊进京避祸，且可假馆候会试。是时，因刘宗周清直敢言，召对时抵帝怒，而辅相周延儒擅权专政，致使刘宗周奉旨放归。祝渊感刘宗周忠节品行而激愤上疏曰："然则宗周言即不当，陛下亦宜优容之，以比怒蛙之式也。陛下上念社稷，下为民生，诚不难以天纵之神圣受绌于匹夫，撤回成命，赐复原职，俾计典有成，肃清吏治，作正人之气，奏安攘之略。臣即受妄言之诛，臣亦幸甚！"①亦因此疏，祝渊奉旨"任臆狂肆，著从重议处"，并奉逮系诏狱。先受镇抚司讯鞫，"二拶一夹五十棍，呕血升许"②；后移交刑部，终获释放。祝渊虽遭此一番痛苦，然于牢狱之中，"诵《毛诗》读《周易》声昼夜不辍，怡然若不知身在囹圄中"③。他恬静自如、心静如水的淡泊心态跃然纸上，经老师的开导以及自身坚持不懈地于义理关隘、生死关头的参悟，能怡然、阔然、豁然自立，其气象非硁硁小儒所可比及。吴蕃昌有此感慨：人于患难流离之日，不能不感怆发愤于千里寄书；人于生死不可知之际，不能无丁宁固恋于生平气节；人于得意之事，不能不矜喜自命于小人；人于排挤之故，不能无怨尤至恨。而祝渊于此数者皆无，其《狱中家书》"心平气夷，学冲神定，直叙楚辱，如道寻常"，唯拳拳于诸弟之学问、父母之葬期、弱妹之疾病而已，真可谓"言不及私，而忠孝仁义之诚见于仓猝如此"。④ 究其大节，祝渊则曰："诸生非上书之人，名之所在，攘臂而先之，草莽有无逃之谊；害之所在，缩首而避之，此狗彘之所羞为。"⑤何等豪气和正气！

国变焚毁儒士巾衫，进礼退义，从容坚决。在祝渊看来，明末世道积弊，蛮族入侵，"戎狄之心"浸涨，终酿成以夷变夏之国变；农民起义，"盗贼之心"弥漫，民生凋敝不得安宁；君臣上下相疑，"侧媚之心"充斥，宦官悍帅伺伏乘间，贪生怕死伎俩无所不用其极；小人当道、阴阳消长之际，大圣大贤见几而行藏，以至

① 祝渊：《月隐先生遗集》卷二《请留宪臣疏》。
② 祝渊：《月隐先生遗集》卷三《狱中家书》。
③ 陈确：《祝子开美传》，载陈确：《陈确集》文集卷一二，第277页。
④ 吴蕃昌：《祝子开美遗事》，载祝渊：《月隐先生遗集》卷下《外编》。
⑤ 祝渊：《月隐先生遗集》卷四《临难归属》。

于世人"洗肝伐膈,顿镯夙习","纯阴之世,势不能为"。① 故而,祝渊焚毁儒士巾衫,决意进取,势不与新朝合作,其所撰《乙酉三月丁亥焚巾衫敬赋》即有如是言:

> 咫尺天威凛,风雷致教新。如何国士遇,还共大仇邻。缨绥多乘宠,儒冠岂误身。无聊空一掷,此意与谁论。
>
> 人间三月恨,千古仗谁伸。肇带新恩重,榛苓旧思频。偷生惭士义,不杀颂皇仁。脱帻追元亮,长歌陇亩民。②

祝渊既不想入南明小朝廷,又不会选择新朝廷,保守儒士铮铮骨气,于"违义而荣、守义而贱"关头,舍荣取义,"贱乃至宝,荣非所羡,维义不干吾心则安。葛巾白练,陇首盘桓,庶几乎俯仰之无愧"③。他还在书信中说:"昨丁亥日,弟已焚毁巾衫,此后终身布服,优游畎亩,决不复谒达官贵人矣。"④他的决意荣进,终能端进礼退义之正,引决守正而心安理得。

择地葬母结帨自经,真诚人品,忠孝全归。乙酉(1645)五月十二日,弘光小朝廷被清廷击溃,浙江亦沦陷归属新朝,祝渊痛心疾首,将殉节之情告白于同学陈确:"事如此,安归乎? 此某毕命之日也。"陈确则以祝渊谋改葬其生母未尽而劝阻,祝渊颔然应允,但一直郁郁不欢。六月二十九日,祝渊招陈确对榻,将业师刘宗周写给他的书信及祝渊侍先生时所记录笔记赠送陈确。闰六月初五日暮夜,祝渊改葬其生母役竣工,于稽颡谢客毕后手帨自经殉义。其《绝笔》言,"中心安焉谓之仁,事得其宜谓之义",并自叙其家受朝廷荣宠两百余年,于此"天崩地坼,宗社为墟,雍雍文物沦为异类"之变局,不能吞炭漆身,报明恩于万一,若澳忍恇怯向异类乞活,则心所不安、事所不宜,唯"得正而毙"斯已!⑤ 或有人劝祝渊髡发远遁,游于方外,他不苟同:"吾闻用夏变夷,未闻变于夷者也。

---

① 祝渊:《月隐先生遗集》卷一《问答录》第八札《上先生书》。
② 祝渊:《月隐先生遗集》卷三《乙酉三月丁亥焚巾衫敬赋》。
③ 祝渊:《月隐先生遗集》卷三《又题》。
④ 祝渊:《月隐先生遗集》卷三《与吴子仲木》。
⑤ 祝渊:《月隐先生遗集》卷四《绝笔》。

释氏髡首胡跪此戎狄之教也，去此适彼，于牛羊何择焉？"①刘宗周于闰六月初八日绝食殉道，祝渊则先业师于初六日死，师徒二人共赴九原烽火，忠孝全归之义，尽显蕺山学派道学精粹。

祝渊"本心"之学乃实心实学，既能于平日里高谈性命精义，又能于利害当前、生死关头，不为利所动、不为害所惧，只因平日无终食之间违仁，方能造次于是、颠沛于是。刘宗周曾如此赞扬祝渊之学道精神：

> 开美已遂体验于身心之际。见其气日静，识日清，趣日恬以超。余自视弗逮，亦觉向者粗浮之姿，颇有鞭策，喜得开美之晚矣。今而后，余将与开美坐进此道，如遵万里程，历羊肠九折，不知凡几，惟逸足是视，余则窃附老马之识耳。②

从刘宗周评论中可知他对祝渊为学路向、道德人品的认同。正如刘宗周本人一样，士死其义，终至全归。

从本质而言，祝渊"本心"之学乃顺承业师刘宗周而来。刘宗周曾多次提到"本心"概念，如《学言》："学问之宗，心尚矣。然心一也，而学或异。有本心之学，有师心之学，有任心之学。本心之学，学得其心，圣学也。"③"本心湛然，无思无为，为天下主。"④《人谱》"改过说"指出："天命流行，物与无妄，人得之以为心，是谓本心。"⑤"本心"就是道心，是能够"管摄"天地人三才之道的"心"。统体而言，三才之道皆"心"，就人而言则为"本心"，"本心"之学能"学得其心"，而且常在常明，重在人的自我省悟和道德践履，终究是一种"圣学"。因而，陈确就刘宗周与祝渊师徒"本心"之学的连贯性及学术价值作如此总结和评断："谓先生之言无之非发明'本心之学'，其亦可也。使学者读先生、开美之书而兴起焉，人人无负其本心，而又加之学，则是天之未丧斯文，而虞廷精一之心，庶其复传

---

① 祝渊：《月隐先生遗集》卷四《临难归属》。
② 刘宗周：《别祝开美序》，载吴光主编：《刘宗周全集》第 4 册，第 69 页。
③ 刘宗周：《学言中》，载吴光主编：《刘宗周全集》第 2 册，第 426 页。
④ 刘宗周：《学言中》，载吴光主编：《刘宗周全集》第 2 册，第 435 页。
⑤ 刘宗周：《人谱》，载吴光主编：《刘宗周全集》第 2 册，第 17 页。

于今后也。"①祝渊为学重当下高识解悟，为人重笃行持守，以学行一统、德业双修之短暂一生实践了刘宗周道学真学问、真人品的真精神！

第二节　王毓蓍：劝师殉节的刘门之"王炎午"

王毓蓍（1606—1645），字玄趾②，会稽人，郡庠生。全祖望将王毓蓍列为"乙酉殉难义士"：

> 会稽王先生毓蓍，字元趾，乙酉殉难义士也，详见《明史》。赠检讨。元趾先尝学于倪文正公。③

另外还说"蕺山弟子，元趾与章侯最为畸士，不肯帖帖就绳墨"④。也即王毓蓍作为殉难义士，被看作刘门之"王炎午"，这才是他被列为刘门高第的关键；至于其作为"畸士"的另一特点，就是对于八股时文、士人风度都有自己的看法，并不认同一般的规矩。⑤

一、王毓蓍与证人社以及成为刘门之"王炎午"

王毓蓍作为刘门高第，有三次重要出场。其一，越中证人社之举，王毓蓍当是主要发起人之一：

> 崇祯辛未，郡中祁中丞彪佳、王文学毓蓍兄弟、山阴征士王朝式、诸生

---

① 陈确：《辑祝子遗书序》，载陈确：《陈确集》文集卷一〇，第 241 页。
② "玄趾"，如全祖望等改作"元趾"，避康熙帝玄烨之讳。
③ 全祖望：《鲒埼亭集》卷二四《子刘子祠堂配享碑》，载全祖望：《全祖望集汇校集注》，朱铸禹汇校集注，第 445 页。
④ 全祖望：《鲒埼亭集》卷二四《子刘子祠堂配享碑》，载全祖望：《全祖望集汇校集注》，朱铸禹汇校集注，第 448 页。
⑤ 王毓蓍有任狭之风，看不惯当时士气，然亦用力于时文，甚至操持时文之评选，详见本书第十五章。

秦承佑等,启请刘子与陶石梁先生讲学于陶文简祠。已集阳明书院,间集
白马岩居,名证人社。①

相关论述详见本书第一章,此事刘汋所编的《年谱》并未明确记载。其二,据《年
谱》记载,崇祯十一年(1638)十二月,证人社的第二次"别会",王毓蓍也起到了
重要的作用:"时王业洵偕毓蓍十七生及门,先生固辞不受。"②在这次"别会"前
后,未见刘宗周与王毓蓍的通信,然而刘汋却将其与王业洵并提,可见其为刘
门弟子的代表。

王毓蓍在师门之中的第三次出场,那就是劝说刘宗周殉节以及自己率先
殉节之事。刘汋在《年谱》中做了详细记载:

> 二十二日,门人王毓蓍痛子衿迎降,自沉柳桥死,留书上先生曰:"毓
> 蓍已得死所,幸先生早自决,毋为王炎午所吊!"汋不敢以书呈。……先生
> 闻毓蓍死,曰:"王生死,我尚何濡滞哉!"
> 二十八日……婿王毓芝入门,先生望见,呼其字曰:"嗟! 紫眉,当以道
> 义相成,勿作儿女子态。"毓芝曰:"然。"因语及弟毓蓍事,先生为泪下,曰:
> "吾讲学十五年,仅得此人。"③

王毓蓍在死前竟然先去劝其师刘宗周"早自决",这是为了保全老师的名节起
见,出于对老师的爱护。当然因为王毓蓍之兄王毓芝即刘宗周之女婿,故对老
师的名誉也就格外关注。刘宗周对王毓蓍也评价极高:"吾讲学十五年,仅得
此人。"自然就是指其名节。而所谓"王炎午所吊",则指南宋末年的王炎午(应
梅,1252—1324),曾跟随文天祥起兵勤王,当他听说文天祥被元军所执之后,就
作了"生祭文",贴在文天祥北上所经过的路上,勉励其死节,等到文天祥真的
殉节之后,又重撰祭文,而后以遗民终老。然王毓蓍则不只是效仿王炎午,更
是以自己的先死来激励老师,亦可谓"死谏"。

---

① 董玚:《姚江书院志略》卷下《沈聘君传》《王征士传》,载邵廷采:《邵廷采全集》,陈雪军、张如安
点校整理,第871—872页。
② 刘汋:《蕺山刘子年谱》,61岁条,载吴光主编:《刘宗周全集》第6册,第125页。
③ 刘汋:《蕺山刘子年谱》,68岁条,载吴光主编:《刘宗周全集》第6册,第168—170页。

二、殉节之前后

关于王毓蓍之殉节,相关的记录颇多,比如同时代人张岱,将王毓蓍与潘集、周卜年、高岱、高朗、倪舜平合称为"六义",因为他们都是明亡之际殉节的,《六义咏》之序中说:

> 六子不死,人孰死之? 六子而死,谁不当死? 首阳之义,世尽昧之。赖此六子,为一明之。

在关于王毓蓍的小传中说:

> 武林纳款,府县官争献图籍,诸荐绅先生朝见贝勒者,冠盖相望。玄趾大怒,日夜绕屋走,怪叹不已,继以涕泣。作《致命篇》黏唐将军庙壁,复上书刘先生,促其自尽,乃言曰:"今日死,犹及书明故也。"于其夜肃衣冠,自沉于柳桥之浒。

张岱还有咏王毓蓍之诗:

> 烈士曾闻只殉名,高才捷足让先生。
> 夺来墓石题明故,斥去降书称顺氓。
> 炎午作文迟后死,稚圭移檄愧同盟。
> 夜台若个编名次,得意修文第一茔。[①]

对于明亡清兴之际的绍兴士大夫,张岱的感触应当最为强烈,故而他将祁彪佳与王毓蓍、潘集、周卜年等人,在其相关著作之中再三记述,除此篇外,还有《三不朽图赞》《古今义烈传》等都收了这些义士的小传。张岱笔下,王毓蓍在听说

---

① 张岱:《六义咏》,载张岱:《琅嬛文集》,路伟、马涛点校,第 101 页

绍兴府县官员、士绅争先恐后地献上图籍、朝见贝勒之后,"大怒,日夜绕屋走,怪叹不已,继以涕泣",然后乘着夜色穿好衣冠而自沉,系列举动颇为生动。至于写给刘宗周的信,则提到了将来墓上可以写上"明故"二字,而以写上"清"字为耻,故张岱之诗也有"夺来墓石题明故,斥去降书称顺氓"之句。还有徐开任《明名臣言行录》也有重要的补充:

> 公门人王毓蓍因公久饿不死,劝早自决,毋为王炎午所吊,以所著《愤时致命篇》粘于祠壁,肃衣冠,趋文庙四拜,自跪曰:"君殉国,士殉泮,正也。"泮水浅,赴柳潭而死。年三十九。[①]

王毓蓍因为刘宗周绝食多日不死,方才写信去劝说;其自沉之地的选择,原本是文庙之泮池,因为夏日水浅,方才选了柳桥边的深潭。

《明史·刘宗周传》之附传,仅收王毓蓍与祝渊二位刘门弟子。这当与他们的殉节有关。关于王毓蓍,《明史》也有较为详细的记载,且补充了一个重要信息:

> 杭州不守,宗周绝粒未死,毓蓍上书曰:"愿先生早自裁,毋为王炎午所吊。"俄一友来视,毓蓍曰:"子若何?"曰:"有陶渊明故事在。"毓蓍曰:"不然。吾辈声色中人,虑久则难持也。"一日,遍召故交欢饮,伶人奏乐。酒罢,携灯出门,投柳桥下,先宗周一月死。乡人私谥"正义"先生。[②]

关于亡国之际的抉择,友人认为可以效仿陶渊明做隐士,而王毓蓍则不认同。他其实是考虑到做隐士之难,从后来做了遗民的刘门弟子之生存境遇来看,确实求生不易。作为"声色中人",名节很是"难持",与其备受煎熬,不如选择速死,这种想法有道理,但也特别。更加特别的则是,王毓蓍在殉节之前,又遍召故交,宴乐、酒食一番,所谓人生之告别,而后携灯出门,从容投河自尽。另外,王毓蓍并非明朝大臣,而只是一名诸生而已,作为一介布衣,却因明亡而殉节,

---

① 徐开任:《明名臣言行录》,载吴光主编:《刘宗周全集》第 6 册附录四,第 642 页。
② 《明史》卷二五五《列传》第一四三,第 6591 页。

这就更不容易了。另据《康熙会稽县志》记载，王毓蓍"端坐而死，有绝命词"①。后来则有绍兴郡人将他与潘集、周卜年等一同祀于渡东桥左，也即所谓"七贤祠"。

邵廷采《东南纪事》有王毓蓍的小传，记载颇为详尽：

> 王毓蓍，字元趾，浙江会稽人。性至孝，方昏，遭父丧，三年不居内。母没，哀毁伤目。年十六，始为文，即工。好交天下才士。时海内以文誉擅元礼有道之目者，苏州有杨延枢，太仓有张溥、张采，松江有徐孚远、陈子龙，江西有陈际泰，而绍兴有毓蓍辈。虽在诸生，群推人宗。刘宗周讲学于古小学时，毓蓍及刘世纯、陆曾晔、秦弘祐、王朝式、秦承显、钱永锡等皆执贽，宗周甚器毓蓍。毓蓍顾豪迈，不为曲谨小节。每燕集，坐客常满，风雅谐笑，旁及丝竹。②

此处表彰王毓蓍之至孝，以及善于作时文，为人豪迈、不拘小节，喜好谐笑丝竹等，可与黄宗会之记载相互印证。③ 还有刘宗周讲学之时，王毓蓍与秦弘祐、王朝式等一同执贽，这一行为则正好体现了第三章最后所论及的，邵廷采要将蕺山、姚江二派混而为一的主张。关于王毓蓍之殉节，邵廷采说：

> 崇祯十七年四月，闻北都之变，奔告宗周，相视流涕。慨然曰："毓蓍之死始此日。"及明年乙酉，南都溃，浙东归款。毓蓍不欲生，作《愤时致命篇》述意，草成而歌，歌而恸，凡数日，两兄难之。毓蓍髯且竖，已笑曰："是不难。圣贤书，人读之，此日扬扬里巷，不忍见也。它日死更难耳。"生平不理家，儿乳名亦不记。是日，问儿名，抱持之曰："以属兄。"
>
> 越数日，府县具牛酒迎犒，毓蓍方食，投箸起，大书其门曰："生员王毓蓍不降。"复榜诗文于唐卫士祠及文庙。夏旱，出视泮水浅，乃之柳桥下，坐而死。时六月二十二日，求其尸，色如生。留书上宗周曰："毓蓍已得死所，

---

① 《康熙会稽县志》卷二五《人物志·忠节》，台湾成文出版社 1983 年版，第 537 页。

② 邵廷采：《东南纪事》卷八，载邵廷采：《邵廷采全集》，陈雪军、张如安点校整理，第 637 页。

③ 黄宗会：《王玄趾先生传》，载黄宗会：《缩斋诗文集》，印晓峰点校，华东师范大学出版社 2009 年版，第 137—140 页。

愿先生早自决,无为王炎午所吊。"是时,宗周既不食十日矣,见书伤悼曰:"吾讲学十五年,仅得此人。"门人私谥"正义"先生,后鲁王赠检讨。①

若据此,则王毓蓍早在甲申年就已经想要殉节,而等到乙酉年则决然不欲生了。至于其两兄不赞许,当包括了刘宗周之婿王毓芝,在王毓蓍看来,苟活于新朝,将会比死更难。至于在其门上大书"生员王毓蓍不降",以及写了诗文,也即上文说的《愤时致命篇》,并贴到了祠堂、文庙,则更表达了他的反抗精神,希望唤醒士人之气节。

王毓蓍殉节之后,同门张履祥作有《吊王玄趾文》,其中说:

> 昔予尚交于兄,愧不能知兄,没而慕兄之所为,然犹可慰,以为相得夫深也。今兄之大节,既日星并炳矣,而予困于流俗,颓如无兴起之志。在我不能不曰生不如死,使人不能不曰死贤于生。是则所为深悲,而凡未死之日,不敢不惧,不敢不勉者也。②

张履祥在明末的身份与王毓蓍一样,都是诸生,他自己没有选择殉节,但是对王毓蓍的殉节表示仰慕,与上面提及的张岱等人一样,都认为"死贤于生"。后来还有王夫之也对王毓蓍的殉节颇有赞扬:

> 宋亡而韦布之士如郑所南、龚圣予、王炎午,汪水云、谢皋羽、方千里,悲吟泽畔者,不一而足,今则空谷之音渺然。虽或文采表见不逮数子,亦世日趋下,无与乐道之也,推山阴文学王毓蓍显著。③

宋亡之际,布衣之士有郑思肖(所南,1241—1318)、王炎午等很多士人坚持气节,悲吟泽畔,然而明亡之际,这样的布衣之士却是极少,所以王毓蓍方才成了特别"显著"的一位。

---

① 邵廷采:《东南纪事》卷八,载邵廷采:《邵廷采全集》,陈雪军、张如安点校整理,第637—638页。
② 张履祥:《吊王玄趾文》,载张履祥:《杨园先生全集》卷二二,陈祖武点校,第638页。
③ 王夫之:《搔首问》,载王夫之:《船山全书》第12册,岳麓书社1996年版,第623—624页。

第三节　潘集、周卜年、傅日炯：
接续殉节的"三义士"

与王毓蓍一并被绍兴人称为"三义士"的,还有潘集与周卜年。另外,被全祖望列入《配享碑》的则又有傅日炯。关于潘、周二人,徐开任《明名臣言行录》中记录说:

> 公门人王毓蓍……赴柳潭而死,年三十九。外有潘集,与毓蓍为友,为文祭毓蓍,死渡东桥下。周卜年,周文节族子,闻行髡令,碎所佩玉图书曰:"宁为玉碎,毋为瓦全。"走矶上,赴海死。绍兴人谓之三义士,俱膺赠恤。①

因为王毓蓍精神之感召,潘集与周卜年纷纷争为"义士"。

一、潘集:"江东义士"

潘集(1621—1645),字子翔,山阴人。全祖望称潘集为刘门之"乙酉殉难义士"②。

张岱《三不朽图赞》也对潘集多有表彰:

> 潘集,字子翔,山阴人。年十九,方应童子试。王玄趾自沉死,集奔至,抚尸大恸,作祭玄趾文,黏壁间,自署"江东义士"。见者笑之。次日五鼓,袖携二石及诗文一卷,投于五云门之渡东桥下。尸浮出数日,好义者醵金

---

① 徐开任:《明名臣言行录》,载吴光主编:《刘宗周全集》第 6 册附录四,第 642 页。
② 全祖望:《鲒埼亭集》卷二四《子刘子祠堂配享碑》,载全祖望:《全祖望集汇校集注》,朱铸禹汇校集注,第 445 页。

殓之。①

还言其死之后，"漱石枕流，鱼虾不食"。《嘉庆山阴县志》则提到另外一个细节，王、潘之间，还曾有过嫌隙："初与王毓蓍友善，后有隙，及闻毓蓍自沉死，叹曰：吾不死，负国且负吾友矣。"②

邵廷采《东南纪事》也有潘集的小传，记载更为详尽：

> 潘集……学不喜章句，诗文立就，纵横绚烂，若不可止。王毓蓍延吴下名士，为文酒会，集方就童子试，试又不利。每弹驳诸名士文义，毓蓍恚，绝不与通。
>
> 比闻毓蓍死，狂走大叫曰："集故人也，必死从王子！"走哭柳桥上，曰："先生往乎？尔友来矣！"有解之曰："子布衣，无庸然，天下甚大，岂少子？"集厉声曰："天下人自生，集自死，集不以愧天下，天下亦不以集愧也。"袖巨石，沉东郭渡东桥死。……死时方二十三岁，里中私谥"义成"先生。鲁王赠礼部主事。③

邵廷采将潘集与王毓蓍之间的嫌隙说明白了，也即因为潘集虽善于诗文，却不喜写作八股时文，然又每每讥弹王毓蓍延请过来的名士之文章，于是二人不和，但是等到王毓蓍殉节之后，潘集受到感召，跟从而死。旁人劝说，作为一介布衣，没有殉国的义务。这些旁人也就是潘集自称"江东义士"而"见者笑之"的那些士人。潘集则说，他只希望自己不负国，也不负友，不愧于天下，至于他人如何看，则不是他要考虑的事情。张岱《图赞》最后还说"后潘集十三日又有死者周卜年，亦为布衣"，也即周卜年受到王毓蓍与潘集之共同感召，慷慨赴死。

---

① 张岱：《三不朽图赞》，公户夏点校，第 94 页。

② 《嘉庆山阴县志》卷一四《乡贤二》，第 513 页；《康熙会稽县志》卷二五《人物志·忠节》，第 537 页。

③ 邵廷采：《东南纪事》卷八，载邵廷采：《邵廷采全集》，陈雪军、张如安点校整理，第 638 页。按，据《嘉庆山阴县志》则"二十三岁"当作"二十五岁"。

二、周卜年："宁为玉碎，毋为瓦全"

周卜年(？—1645)，字定夫，山阴人。全祖望《配享碑》未著录。刘士林《蕺山先生行实》有著录。

张岱《三不朽图赞》之中说：

> 周卜年，字定夫，临山人，一闻国变，定夫以所着玉雷圈捶碎，用纸裹，上书："宁为玉碎，毋为瓦全"，置案上，作《五噫歌》，赴水死之。[①]

邵廷采《东南纪事》的小传中则说：

> 周卜年，字定夫，山阴人。父孝子文郁，水漂母棺，七日不食，入水负母尸出，得疾死。卜年少孤，尝赴府试，不利，愤誓于神曰："卜年不得科第扬吾亲者，死而雷击其尸。"越城降，卜年哭曰："终吾年无以报亲矣，吾宁赴海与鱼鳖处乎！"作五歌以自哀，碎所佩玉雷圈曰："宁同玉碎，勿瓦全。"翌日，白衣冠哭诸市，从邻妪乞一针纫其衣。而遗书弟曰："吾死矣！嫂有遗孤，不可不守，无则不可不死；不能死，不可不嫁。滔滔大海，不复寻吾尸也。"遂赴海死。尸浮白洋之龟山，衣纫如故，遗一履。鲁王赠礼部主事。卜年死后越数日，郑遵谦等兵起。[②]

周卜年的父亲就是著名的孝子，因为其母之棺材被水冲走而七日不食在水中找到尸体，由此而得病死。周卜年少孤，想要以功名扬父母之名声，然而遭逢明清鼎革，也就失去了以科考报答双亲的机会，故宁可赴海而死。他击碎了所佩的玉雷圈，也即祖传的玉镯，表示不愿偷生之决心。写下《五噫歌》与遗书，告知其弟劝其妻改嫁，然后从容投海自尽。

另据《嘉庆山阴县志》记载：

---

① 张岱：《三不朽图赞》，公户夏点校，第92页。
② 邵廷采：《东南纪事》卷八，载邵廷采：《邵廷采全集》，陈雪军、张如安点校整理，第639页

卜年弱冠,通五经子史。甲申闻变痛哭,数日不食餐。作五绝命歌与弟卜历,书缄之,潜诣白洋之滨,遇渔者授之曰:"我安昌周定夫也。有迹我者,与之。"乃往立矶畔,待大潮至跃入。卜历从渔者得书,号于水滨,募网捞之,三日不获。忽尸从跃处浮起,颜色如生,冠角弗折,观者如市,咸惊叹。后立祠东郭门外渡东桥,国朝乾隆四十一年赐祀忠义祠。①

此处补充了周卜年投海的细节,至于写其尸体网捞三日不获,又自动从入海处浮起且"颜色如生,冠角弗折",这一灵异之说自然不可信,当是为了彰显其忠义而特意记载。他与王毓蓍、潘集等先被里人以"七贤祠"立祠于东郭门外渡东桥;到了乾隆四十一年(1776)又被赐祀于忠义祠,亦可见节义之价值所在。

三、傅日炯:"日惟痛饮,以读《离骚》"

全祖望《配享碑》中与祝渊、王毓蓍、潘集并称为"丙戌殉难义士"而进入刘门配享之列的,还有傅日炯;乾隆年间也赐祀于忠义祠。与潘、周略有不同的是,傅日炯为县学生员。

傅日炯(? —1646),字中黄,一作中皇,号紫眉,诸暨人。张岱《三不朽图赞》之中说:

> 傅中皇日炯,诸暨庠生。甲申北变,日惟痛饮,以读《离骚》。及见尽节者众,中皇遂自誓必死,以养母属族人奉养,亟走别母。母曰:"忠孝不两全,勉之。"遂慷慨赋诗,沉江以死。次日犹见其危坐江心,挺然不没。……慷慨从容,以归视死。斯人也能痛饮酒而熟读《离骚》,是真名士。②

傅日炯令张岱所特别欣赏的,当是其名士风度,国变之后,"能痛饮酒而熟读《离骚》",确实是真名士。但他受到了众多的殉节者的感召,则"自誓必死",从

---

① 《嘉庆山阴县志》卷一四《乡贤二》,第 507 页。《康熙会稽县志》卷二五《人物志·忠节》,第 537 页

② 张岱:《三不朽图赞》,公户夏点校,第 88 页。

容处置养母之事,其母亲也说"忠孝不两全"而勉励其赴死。与周卜年一样,傅日炯慷慨赋诗,然后沉江。

另据《康熙会稽县志》记载:

> 傅日炯,字中黄,号紫眉,邑弟子员。生平慷慨负奇节,国变时,缞绖辞祖庙,作《致命词》二首,赴水死。次日,危坐石上,衣冠整如。从弟商霖,闻日炯死,叹曰:"后之哉,奈何!"坚以饿殉,十余日,水浆不入口而逝,有绝命歌一章。[1]

此处的记载与上文相似,补充了辞别祖庙,以及所赋诗为《致命词》二首,至于说他死后"危坐石上,衣冠整如",则与"挺然不没"意思相同,也是为了彰显其忠义而特别记载的"显灵"。

《海东逸史》记载,傅日炯与族父傅衡(平公)本想一同赴死,傅衡之母不许,故傅衡无死;而傅日炯之母则许之,故赴死,而后傅衡终身奉养傅日炯母。[2] 这一记载与张岱之记载一致。其从弟傅商霖亦绝食殉节,以及傅衡之所作所为,则表明傅氏家族之兄弟子侄,多有慷慨赴死之辈,亦属难得,而傅日炯及其母亲则尤其难得。

在刘门弟子之中,王毓蓍、潘集、周卜年以及傅日炯,最多也不过是县学生员。作为没有什么功名的一介布衣,却都能深明大义,不愿所谓"被发左衽",于是慷慨赴死。他们不愧为刘门高第,以实际行动彰显了刘宗周蕺山学之节义精神。

---

① 《康熙会稽县志》卷二五《人物志·忠节》,第 537 页。
② 翁洲老民:《海东逸史》卷一七《忠义四》,台湾明文书局 1991 年版,第 108 页。

第十章　刘门抗清义士

　　刘门选择抗清的义士也不少。刘宗周本人,以及多位刘门弟子、弟子的家人,都曾参与过南明的福王、鲁王、桂王政权,直接或间接从事抗清斗争。其中影响最大的当是黄宗羲兄弟的"世忠营",以及华夏(? —1648)、王家勤(? —1648)等人的"五君子翻城之役",此外张成义、刘应期、叶廷秀、恽日初等人也曾参与抗清斗争。黄宗羲与恽日初、叶廷秀,详见其他章节,此处重点叙述一下华夏与王家勤所参与的"五君子翻城"之役,以及张成义、刘应期参与抗清斗争的概况。

第一节　华夏与王家勤:精通礼乐的"忠烈"

　　华夏与王家勤,一同师从刘宗周,又一同开设鹤山讲舍。然而时间不长即遭遇鼎革之变,于是他们又先后两次参与抗清斗争,最后失败被杀。为了表彰乡贤,全祖望不但将他们二人列入《配享碑》,还分别写了《华氏忠烈合状》与《王评事状》,其中论及他们抗清的忠烈事迹,颇为详尽。

一、华夏、王家勤之为学

　　华夏,字吉甫,号默农、过宜居士,浙江定海人,后迁居鄞县(今宁波市鄞州区);王家勤,字卣一,号石雁,浙江鄞县人。华、王二人都是太学生,其师友渊源皆同,而华夏之女又嫁与了王家勤之子,故他们既是同学、同志又是亲家。关于二人的才学,全祖望说:

　　　　皆由敬伯来讲堂,归而筑鹤山讲舍,以昌明子刘子之教。吉甫通乐律,卤一精于礼,卓然不与先儒苟同。①

　　同受业于始宁倪文正公,已又同学于漳浦黄忠烈公,已又同参蕺山之席,已而同受知于新城黄公端伯、华亭陈公子龙,浙东社盟,所称"华王二子"者也。②

综合三条记录,则华、王二人都是经陈尧年(敬伯)的介绍而师事于刘宗周的,他们一同参与刘门讲会,也曾一同受学于倪元璐、黄道周,还受到曾在宁波担任推官的黄端伯、在绍兴任推官的陈子龙等人的器重,故"华王二子"并称于浙东之文社,在浙东的士人群体之中有着很高的声望。后来他们曾经在鄞县一带修筑鹤山讲舍,在全祖望看来,则是为了昌明刘宗周的蕺山之学。但是,华、王二人的学术,又"卓然不与先儒苟同",其中华夏精通乐律,著有《操缦安弦谱》《泗水鼎乐府》《过宜言》《对簿录》,而王家勤则精通礼学,著有《周礼解》《静远阁集》。华、王二人之为学,略有不同,然亦相互呼应。

华、王二人又在性格、文风上,存在着一定的差异:

　　(华夏)虽诸生,而谔谔有范滂、陈东之风,浙东资其清议,以为月旦,以恩贡入太学。……雅素劲挺,忠介亦不能与之合,遂谢去。③

　　(王家勤)雅持风格,博通四部,稜稜不可一世……冯尚书邺仙之主中枢也,延评事在幕中,奏疏笔札尽出其手,报王称制,以选贡入太学。④

华夏谔谔,有着东汉范滂、北宋陈东敢言直谏的气概,为诸生则主持浙东之清议,后来参与抗清斗争也因"雅素劲挺"而与钱肃乐(忠介,1606—1648)不能相合。王家勤则较为文雅、持重,学识淹博,于是被冯元飚(邺仙)延请为幕府,帮

---

① 全祖望:《鲒埼亭集》卷二四《子刘子祠堂配享碑》,载全祖望:《全祖望集汇校集注》,朱铸禹汇校集注,第446页。
② 全祖望:《鲒埼亭集外编》卷一〇《华氏忠烈合状》,载全祖望:《全祖望集汇校集注》,朱铸禹汇校集注,第929页。
③ 全祖望:《鲒埼亭集外编》卷一〇《华氏忠烈合状》,载全祖望:《全祖望集汇校集注》,朱铸禹汇校集注,第929页。
④ 全祖望:《鲒埼亭集外编》卷一〇《王评事状》,载全祖望:《全祖望集汇校集注》,朱铸禹汇校集注,第938页。

助撰写奏疏笔札，其实他原本就是一个经学家，诸经皆通而尤精三《礼》，"著书满家，尤长于经，诸经皆有说，不肯苟同前人，颇过于好奇"①。当时的浙江学使黎元宽（博庵，约 1607—?）对华、王二人的文风做了细致的评说：

> 黎学使博庵曰：华文苍邃，王文简净；华静穆而色宏肆，王博奥而格庄坦；华重锤炼，王尚冲夷：至崇经酌史，不眩于诸子，则朴学均也。华如泰山千仞，壁立嵚崎；王如昆冈之玉，温润缜栗：至恫愊无文，恂恂不能语，则潜养均也。②

华夏的文风苍邃、静穆、锤炼，如泰山千仞，壁立嵚崎；王家勤的文风简净、博奥、冲夷，如昆冈之玉，温润缜栗。至崇经酌史、恫愊无文则又体现了华、王二人在朴学、潜养方面的共通之处，确实都是一时难得的人才。

华夏曾经讲到王家勤对其治学的帮助以及二人之间的深厚情谊：

> 予自幸得最崇重而严事之，独惟卣一，卣一外鲜且绝矣。且时文多不入予眼，予亦懒，近玩古时，必取卣一作并玩。卣一简洁坦易，直拟伊、傅《训》《命》，是又不可下与先秦、西汉杂读。敢以"六经""四书"为经，卣一作为传，《性理》《大全》《语录》等书为疏义，因而日夜寝处其中，自觉有得。目今非《性理》诸书不遵，非卣一作不式。然予捧卣一作而讽咏之，至于再至于三，予自分不能及卣一矣。卣一之文，卣一为之也。卣一浑厚、温雅，不露英颖，并不伏机械，时至而事起，功戍而迹化，人与交，不啻饮醇自醉。……予虽不能匿诈设险，然量隘不容，亦好为区别，易生喜怒，而不信不平又不厚，独卣一容之，若鲍叔知我耳。夫百不一若卣一，而欲学卣一文，去之所以愈远。与卣一相去远，而知读卣一文，并自持所言，乐于就正

---

① 全祖望：《鲒埼亭集外编》卷一〇《王评事状》，载全祖望：《全祖望集汇校集注》，朱铸禹汇校集注，第 940 页。
② 全祖望：《鲒埼亭集外编》卷一〇《王评事状》，载全祖望：《全祖望集汇校集注》，朱铸禹汇校集注，第 938 页。

卣一,以坚予心之崇重而严事,则亦惟卣一,不我弃也。①

在华夏看来,能得王家勤为友是其一生之大幸,令其"崇重而严事"的朋友,也就王家勤这一位而已。王家勤善作时文,则"简洁坦易",华夏认为可与《尚书》文章相比,确实评价极高,还将王家勤的文章与"四书"以及《性理精义》等书一同研读。同时华夏又觉得王家勤不可超越,不止其文章不可超越,其为人之浑厚、温雅等也不可超越,与王家勤交往"不啻饮醇自醉"。至于华夏说自己"易生喜怒"等弊病,也有一定的道理,他为人确实比较急躁,也因为性格之互补,故而华夏之遇王家勤,好比春秋时的管仲遇鲍叔牙,亦可见二人之惺惺相惜。

二、华夏的抗清事迹

据方志记载,华夏之"忠烈"发端于幼年:"生而颖异,稍长,读书能强记,闻古忠孝节烈事,辄敛容,契其人数日不置。"②另外,华夏还受到了同乡甲申殉难忠臣陈良谟(1589—1644)的感召:

> 甲申难作,号恸绝地,取诸所为文,诣文庙拜而火之。扃小楼,足不一下,且狂且哭,如不欲活。及有告侍御陈良谟殉节讣至者,乃急起草檄,告同人暨诸乡先达会于学官,为位明伦堂东偏远方,赴吊者千计,已复为文祭之,并为立后。③

陈良谟为崇祯四年(1631)进士,历任云南大理府推官、四川道监察御史等职,明亡之际自缢殉节。华夏听说之后,便率领鄞县士绅为其祭奠,并协助其族人为其立后。

关于华夏、王家勤参与抗清之事,全祖望说:

---

① 华夏:《自跋稿后》,载华夏:《过宜言》卷六,《四明丛书》影印本第5册,广陵书社2006年版,第2458页。
② 《镇海县志人物传》,载华夏:《过宜言》附录,《四明丛书》影印本第5册,第2519页。
③ 《鄞县志人物传》,载华夏:《过宜言》附录,《四明丛书》影印本第5册,第2517页。

乙酉,起兵参江上事;戊子,二先生谋再举,不克,同死之。①

即华夏与王家勤曾参与顺治二年(1645)的江上抗清斗争。

乙酉六月,浙东兵起,首与董公志宁倡大议,预与"六狂生"之目。其奉钱忠介公书入定海,说王之仁使返旆,几陷虎穴。夫己氏欲杀之而不克,详见予所作《忠介神道碑》。已而论倡议功,授兵部司务,寻晋职方主事,皆不受,请以布衣从军。悍帅枋成,诸经略皆不用,然犹与陈太仆潜夫出战牛头湾,弹从头上过如雨,不退。检讨雅素劲挺,忠介亦不能与之合,遂谢去,是为乙酉之仲冬。②

从此记载来看,华夏足智多谋,乙酉年浙东起兵之时,他是首倡者之一,而所谓"六狂生"则也包括了他的好友王家勤。因为首倡之功,华夏被南明政权授予兵部司务、职方主事等官职,但都推辞不受,以布衣身份待在钱营之中。华夏曾奉钱肃乐之命,前往游说王之仁,几乎被杀;后来又与陈潜夫出战于牛头湾,临阵不退。然而因为与钱肃乐性情不合,辞谢归乡。

下一年,华夏注意到了浙东士人、君民"惓惓故国,山寨四起"的情形,认为"人心未去":

又七月,而江上溃。是时,浙东未下者只翁洲弹丸地。顾浙东之学士大夫以至君民,尚惓惓故国,山寨四起,皆以恢复为辞,检讨谓人心未去也。而钱忠介公航海入闽,连下三十余城。闽人告急于浙,浙抽兵应之,浙之守备稍虚,检讨曰:"此可乘之会矣。"谋之益急。

当钱肃乐入闽攻占了30多城之后,清廷从浙江抽兵,于是守备空虚之际,华夏又前往浙东尚在南明鲁王控制之下的翁洲乞师:

---

① 全祖望:《鲒埼亭集》卷二四《子刘子祠堂配享碑》,载全祖望:《全祖望集汇校集注》,朱铸禹汇校集注,第446页。
② 全祖望:《鲒埼亭集外编》卷一〇《华氏忠烈合状》,载全祖望:《全祖望集汇校集注》,朱铸禹汇校集注,第926页。下同。

　　丁亥，乞师翁洲，翁之故总兵黄斌卿无远略，犹豫不应，检讨愤而归。未逾时，慈之大侠以冯侍御京第海上往复书泄，牵连检讨，捕之入狱。或曰："亦夫己氏所为也。"因中作《生谢》《死谢》《罹械》《破械》等诗。家勤与董公德钦悉力营救，出之。

　　检讨不以为惩，谒李侍御长祥于东山。侍御曰："吾于会稽诸城邑俱有腹心，一鼓可集，但欲得海师以鼓动声势。"检讨曰："海师不足用也。公何不竟以中土之师速举？"侍御曰："此间人颇以海师为望，因其势而用之耳。"检讨曰："愚以为海师必不可恃。"侍御曰："子其强为我行。"乃再乞师翁洲。……斌卿犹不信，检讨益恨而激之，斌卿大怒，奋拳击之曰："吾今听子言，倘侍御爽约，吾取子肝以饷军。"然斌卿特强许，终无出师意。

　　检讨归，乃复令杨公文琦往，冯侍御等益劝斌卿。杨公曰："累失期，事且坏。今十一月四日，直指使者之天台，监司而下皆送与南渡，可乘虚至也。我当约诸道毕集，以待将军之楼船。东山之兵，亦以是日入越。"斌卿曰："诺。"

翁洲乞师一事，一波三折。第一次，华夏前去游说，总兵黄斌卿（1597—1649）因为没有这番深谋远略，犹豫不应，华夏只得愤愤而归；第二次，华夏回乡不久，因为冯京第联络慈溪大侠的书信泄漏而被捕入狱，王家勤等人将之营救出来，华夏便去找李长祥（1609—1673）协商，李长祥认为还是要得到翁洲海军的支持。于是华夏再去乞师，并且讲绍兴、宁波一带可用的军民情形，以言语激之，然而黄斌卿也只是勉强答应，并不出兵；第三次，由杨文琦再去，又得到了冯京第等人的劝说，黄斌卿于是许诺了。然而等到他们都已经约定了"诸道毕集"的日期之后，却因为谢三宾（象三，1569—1647，因其降清，故全祖望援《左传》例称之夫己氏）的告密，华夏再次被捕入狱，于是浙东之恢复，又一次坐失良机：

　　自检讨偕杨、王诸公经营恢复，事东西联络，飞书发使，日无宁晷，呕出心血数石。至是，以为功有绪矣。而夫己氏又告变。……急捕检讨，得之。

等到黄斌卿率领翁洲水军到达宁波三江口，发现没有接应的诸道之军，不敢进攻而回去了。华夏被俘之后，清廷讯问同党，此时他的忠烈气概，全祖望有生动的描述：

> 检讨乃慷慨独承，曰："心腹肾肠肝胆吾同谋也。"及问帛书所载杨、王、屠、董诸人，皆言其不预。知府再拷之，检讨大呼："太祖高皇帝造谋，烈皇帝主兵，安皇帝司饷，其余甲申、乙酉殉节诸忠，范公景文、史公可法而下，皆同谋也。"知府三拷之，终不屈。

华夏被再三拷问其同谋，他便"慷慨独承"，终究不屈，或说"心腹肾肠肝胆吾同谋"，或说"太祖高皇帝造谋，烈皇帝主兵，安皇帝司饷"，以及甲申、乙酉殉节的诸位忠烈如范景文（1587—1644）、史可法（1602—1645）等都是同谋，这一回答非常之精彩，亦可见其既有大义凛凛又有大智，方得如此。华夏在监狱之中，还依旧"鼓琴赋诗如平日，自称'过宜居士'。或问之，曰：'周公之过，不亦宜乎？何有于某！'"绝命之时"白光一缕，冲天而去"。

全祖望此状，已生动讲述华夏之事迹，然尚可略补上几段华夏自己的话，予以补充，其《过宜言》之《两番对簿语略》说：

> 问："太祖高皇帝圣谕'毋作非'为，尔密行布置、思量内应，'非为'不若是乎？"曰："今日之事，天日在上、鬼神在旁、公论在天下、是非在万世，余身不能挽一石弓，家不能足旦夕储，只用胸中一团赤血，上答高皇帝。"
>
> 余绝而复苏，昂首应云："予不能再见老母矣！老母老母，何苦育予！太祖高皇帝，何苦立读书一科，多方培植，迄今二百余年，独令读书人受苦也！予被读书误矣！文人不可受刑，尽人晓得；读书应识是字，文人应解。何苦何苦，不过死予已耳！"乃命松夹。时幸方寸不乱，故无呓语，然亦记十之五矣。盖问答颇烦琐，即口出亦不能尽忆。约略所闻，皆邪词、遁词耳。予自分明则义、清则顽，心安意肯，酣饮如有神助，而于是知"正心诚意"一并《易》所言"穷理尽心以至于命"之学，果不独擅！①

---

① 华夏：《家书》，载华夏：《过宜言》卷七，《四明丛书》影印本第5册，第2339—2340页。

若将《两番对簿语略》全文与全祖望之记述比较，则可知全祖望基本忠实于华夏原文，然多有节略。据华夏本人的记载，则清廷官员还要问其为何而作此"非为"，华夏强调了此事自有天日、鬼神可鉴，还要"公论在天下、是非在万世"，故而不必多言，作为一个"身不能挽一石弓"的读书人，也就只能用"胸中一团赤血"，来报答国家之恩。在最后的时刻，华夏真正感到遗憾的就是"不能再见老母"，尽了忠便不能尽孝了，故而读书人知晓忠孝廉节之后，总是"受苦"，同样是读书人的清廷审案官员，又何必为难读书人，令其无谓受刑呢？华夏的这一番话，也起到了作用，于是便不再上刑，不再多审。华夏将自己在监狱的情形告知家人的时候，还回忆了自己的对簿情形，认为自己当时是清醒的，"方寸不乱"，然而所说的也都是"邪词、遁词"，当然还是体现了"穷理尽心以至于命"的儒家道义，分别节义之所在，也是对得起作为刘门之高第的身份。

华夏还说起当时宁波的读书人："宁郡慕古、拟古，惟痴心者偶中其实耳！是以口边忠节，前修亦愧。"①慕古、拟古，所谓名士风度者有之，然而真的到了生死关头，又有几人能够站出来，对得起节义之道，有一番忠烈之作为呢？由此亦可见华夏、王家勤这样的读书人，实在难得。

三、华夫人的忠烈事迹

华夏临刑之前，还有家书一通，交代其母、其子乃至其书籍、时文之事颇详，然其开篇则说：

> 只可怜汝母子，病痛谁知，衣食谁靠，苦楚谁诉，如何过日？然而刻苦守志，自有贤豪管顾、神天庇佑，决不令无救也。②

此亦书生、志士之真情流露，只可惜清廷严酷，其妻亦不得守志养儿，后因不甘受辱而慨然殉节。

全祖望撰写的《华氏忠烈合状》，就是要将华夏夫妇双举，他说："华夫人之

---

① 华夏：《家书》，载华夏：《过宜言》卷七，《四明丛书》影印本第 5 册，第 2336 页。
② 华夏：《家书》，载华夏：《过宜言》卷七，《四明丛书》影印本第 5 册，第 2479 页。

烈,非凡为妇者所可同也。"故而特意记述华夏死后,其妻陆氏的事迹。陆氏"有隽才,而性贞且孝",起先听说华夏被难,"绝粒七日不死";等到华夏被杀,"亲诣市,纫其首于尸,负以归"。接着,因为清廷又有将犯人之妻子发配东北为奴的命令,华夫人不甘受此侮辱,于是从容安排华母之后事,其次子则交朋友藏匿抚育,而后自缢身亡:

> 已而有令徙诸家妻子于燕,检讨之友高文学斗魁急过语曰:"夫人当自为计。"夫人曰:"诺! 愿得襄衣以见先夫子于地下。"斗魁即以其妻所有予之。次晨起,对镜叹曰:"天乎! 吾不得终孝养矣!"视其盎中尚有米,亲扫白舂之,舂毕,跪于姑前曰:"妇不随郎去,恐终不得事姑也。姑其强饭自爱,以保天年。"语毕,其姑哭,夫人亦哭,邻里闻者聚观如堵墙,皆失声哭。夫人徐起,投缳堂中,既上而绝者再。时方盛暑,汗涔涔下,邻人或以杨梅一盂进曰:"愿夫人尝此而后死。"夫人亦渴甚,啖之尽,以巾拭汗,复易缳而绝。
>
> 而检讨次子凛阩,夫人于前数日,密托检讨之友林评事时跃窃出匿之,但以瘴儿闻,其家莫有知者。夫人之慷慨从容,既克从死,又克保孤,时人以为巾帼中奇男子云。其后凛阩竟育于林氏,年二十,始复姓。

陆氏能够如此之慷慨大义、从容不迫,"既克从死,又克保孤",确实是极其难得的"巾帼中奇男子"。

对于华氏夫妇之忠烈,全祖望感叹:

> 欲以精卫之力,填于海波,亦何可得? ……欲存君臣之义于天地之间,则小腆虽顽,终贤于筐筐壶浆之辈,至于身经百炼,终不为绕指之柔,皇朝杀其身,未尝不谅其心矣。若乃夫人之凛然大节,故国故家,均为有光。[1]

华夏的所作所为,犹如精卫填海,必难成功,然而"存君臣之义于天地之

---

① 全祖望:《鲒埼亭集外编》卷一〇《华氏忠烈合状》,载全祖望:《全祖望集汇校集注》,朱铸禹汇校集注,第929—930页。

间”，即便是清廷虽杀其身而“未尝不谅其心”，特别是其夫人的“凛然大节”于国于家“均为有光”。

四、王家勤的抗清事迹

乙酉、丁亥之际的抗清斗争，王家勤与华夏一同参加，然而时局多变，王家勤尚未有机会施展其才智，便已丧失了职位：“乙酉六月，拥钱刑部共起兵，预于‘六狂生’之目。江上召为大理，居官甫期年而丧职。”①

此后，便是华、王二人共同参与了浙江宁波（鄞县）的“五君子翻城之役”。所谓“五君子”，并不十分确定，一般指华夏、王家勤、杨文琦、屠献宸、董德钦；亦有加入杨文瓒而称“六子”，他们都是同一年殉难的抗清烈士，全祖望《续甬上耆旧诗》附有董守谕《六烈士论》；此外还有列入施邦炌、杜懋俊二人的。关于王家勤所起到的作用，全祖望《王评事状》还有特别具体的记载：

> 于是诸遗臣义士，日夜谋所以复故国者，而职志所归，呼吸传致，则惟华、王二家。时议分道集兵，华氏主中甄，而屠驾部以内应之兵佐之；冯氏主西甄，而李侍御以东山之寨相援；杨氏兄弟主西南甄，则大兰之师也。评事曰：“吾愿主东南甄。”乃踰姜山至管江。管江之豪施邦炌、杜懋俊等招姜山之死士，得三千人，资粮扉屦无不毕具。评事屠牛酾酒、刺血誓师，约以翁洲水师入关，则由陆路自城下会之。诸道所集兵，未有若评事之盛者。

当时浙东的抗清义士，能够像华夏、王家勤一般全力谋求复国的，确实并不多。等到浙江空虚，华夏等人谋求里应外合攻占宁波之时，华夏主持中路，王家勤则主动担负起东南一路从姜山到管江一带。富豪施邦炌、杜懋俊等人一同招募了勇士三千人，王家勤“屠牛酾酒、刺血誓师”，前去约定等翁洲黄斌卿水军入关之时，他们由陆路前去接应，王家勤这一路为诸道中最强盛的。

遗憾的是谢三宾的告密，王家勤虽然及时发现了间谍，然而他们最后还是

---

① 全祖望：《鲒埼亭集外编》卷一〇《王评事状》，载全祖望：《全祖望集汇校集注》，朱铸禹汇校集注，第938—939页。下同。

功败垂成：

> 已而夫己氏告变，直指遣谍者入管江。评事曰："耳目有异。"搜谍者，得其檄，遂斩之。鸣鼓会众将，由大嵩以入海。定海大将军常得功已遣水师扼其入海之路，而以轻兵掩管江。施、杜请据险格斗，别令死士护评事趋翁洲，中道被执。评事之自管江出也，有顾氏子者随之行，亦被执。其人盖狂且也，夫己氏旧识其人，密以赂入，令顾氏子进之评事，劝其多引荐绅人望以自免。评事斥之，顾氏子乃私填一纸，如高都御史父子、冯职方家桢、李仪部枬、范公子兆芝等，以与狱吏，而衣冠之祸大作。外人皆传以为出自评事，华公闻而惊曰："石雁宁有此！"讯之，乃知顾氏子所为也。

谢三宾派遣间谍到管江，被王家勤发觉，搜出并斩杀了间谍。然后鸣鼓会聚众将，协商进一步的计划，王家勤准备亲自前往翁洲寻找水军，却于半路上被捕。还有一个顾姓的人一同被捕，顾被谢三宾贿赂，于是劝说王家勤多多揭发士绅，被王家勤斥责一番。顾姓人私下里填写了一张纸，说是王家勤所揭发，交出去后大祸起而王家勤遭受不白之冤。华夏当时也非常吃惊，等到审讯一番，方才知道是顾姓之人所为。

王家勤的性格特点为"沉静渊默"，比华夏更沉得住气，故而谢三宾一计不成又生一计，必欲杀之而后快：

> 夫己氏私谓人曰："王卤一沉静渊默，猝不能窥其际，是非华子之疏衷者比也，必不可活。"未几，直指移评事之囚于钱唐，或以为有生望矣。评事曰："吾亦何望为覆巢之完卵哉？华、杨、施、杜不可负也。"及累讯，瞠目不复一语，遂以六月二十日死焉。

不久之后，清廷将王家勤移到杭州（钱唐），有人认为或有一线生机，王家勤却说，不可辜负了华夏、杨文琦、施邦炌、杜懋俊等人，故而清廷反复审讯，他也只是睁大了眼睛，不发一语。清廷也只好将他杀了。

黄宗会与王家勤多有交往，听说其就义之后，为之作传，其中说："君为人呴呴柔声色,未尝疾言,无愚知皆亲之,至于有所可否,则矻立不变云。"①确实一个平日里读经书、作时文的柔弱文人,一旦遭遇家国之变,却能够挺身而出、矻立不变,其背后之支撑当是儒家之道义。

华夏与王家勤死后,南明鲁王政权分别赠检讨、评事的官职,而门人则私谥曰"毅烈""忠洁"。若就刘门高第之中抗清之有勇有谋,最后又以"毅烈""忠洁"告终而言,则当首推"华王二子",而这也就是蕺山学派气节立德至精神气象的重要表现。故而全祖望的表彰,他们是当之无愧的,"忠烈"之名"海枯石烂,不可磨灭"②。

第二节　张成义与刘应期：有异材、有识度的义士

被全祖望列入抗清义士的还有同为慈溪人的张成义与刘应期。

一、有异材的张成义

张成义,生卒年不详,字能信,浙江慈溪人,全祖望说他"有异材,丙戌后起兵,不克,行遁。毕生不返,莫知所终"③。也即顺治三年(1646),张成义参加了抗清起义,失败之后隐遁他乡,不知所终。

二、深沉有识的刘应期

刘应期(？—1648),一作应奇,字瑞当,又字遂当,浙江慈溪人,明末贡生。

晚明之际,吴中有复社,慈溪则也有文人结社,刘应期便是其中的核心人

---

① 黄宗会:《王卣一传》,载黄宗会:《缩斋诗文集》,印晓峰点校,第129页。黄宗会与王家勤的交游以及关于时文的记述,参考本书第十五章。

② 全祖望:《鲒埼亭集外编》卷一〇《王评事状》,载全祖望:《全祖望集汇校集注》,朱铸禹汇校集注,第9409页。

③ 全祖望:《鲒埼亭集》卷二四《子刘子祠堂配享碑》,载全祖望:《全祖望集汇校集注》,朱铸禹汇校集注,第447页。

物,黄宗羲在为其撰写的墓志铭中说:

> 当是时,慈水才彦雾会,姜崇愚、刘瑞当、冯玄度、冯正则、冯箪溪诸子,莫不为物望所归。而又引旁近县以自助,甬上则陆文虎、万履安,姚江则余兄弟晦木、泽望。盖无月无四方之客,亦无会不诸子相征逐也。呜呼,盛矣! 瑞当于诸子中芒寒色正,诸子皆引为畏友。①

刘应期与姜思睿(崇愚)、冯文伟(玄度)等慈溪士人齐名,成为当时物望所归的人物,他们又合作有"坊刻行世"。同时又与宁波的陆符(文虎,1597—1646)、万泰(履安,1598—1657),余姚的黄宗羲、黄宗炎、黄宗会三兄弟友善,而刘应期的长女则嫁给了黄宗会,他们相互引以为助,共举"文昌社"②。四方之客,也就经常往来于慈溪,使得这个偏僻之地也文风大盛。而且在这群士人之中,刘应期也因其"芒寒色正"而被引为畏友。黄宗会也在为其文集所作的序中说:"先生患慈邑之风气之俭陋也,乃帅二三同志之贤者,与其里党慕义之彦,缘经术以饰时文,每群居高会,乃都人士以不与之集而为耻。"③可见刘应期在慈溪一地是开风气之先的士人领袖。

在清军南下之际,刘应期曾参与抗清,黄宗羲说其在风波之中"为里中指名",则应当是指其牵涉于抗清斗争,此事或与黄氏兄弟有所关联。明亡之后,刘应期颇为潦倒,黄宗羲说:

> 未几而南北横溃,声实陆沉,交游事息……即场屋放言,悲歌流涕,亦不可复得,乃为洁供疏告于常所往来者,求法书、名画、古器、奇花,勉强差排,悴然不知有生之乐。发为诗文僻思拙句,绝似圭峰,积久所得。④

---

① 黄宗羲:《刘瑞当先生墓志铭》,载沈善洪主编:《黄宗羲全集》第 10 册,第 336 页。
② 参见方祖猷:《黄宗羲与文昌社》,载吴光主编:《黄宗羲论:国际黄宗羲学术讨论会论文集》,浙江古籍出版社 1987 年版,第 496—504 页。
③ 黄宗会:《刘瑞当先生存稿序》,载黄宗会:《缩斋诗文集》,印晓峰点校,第 81 页。黄宗会对刘应期的表彰,详见本书第十五章。
④ 黄宗羲:《刘瑞当先生墓志铭》,载沈善洪主编:《黄宗羲全集》第 10 册,第 336—338 页。下同。

南明各个政权先后溃散,当年友人也死亡殆尽,刘应期无所寄托,也无以为生,只能依靠诸如黄氏兄弟以及万泰等友人的资助勉强度日,以诗文之"僻思拙句"发泄胸中积郁。而在其临终那年的夏天,又突然携其子坐小船拜访了黄宗羲与万泰,并作有两篇记文,不久之后便去世了,黄宗羲于是"始知其记之为永诀也"。

黄宗羲在此文还讲到了刘应期与刘宗周的交游,赞叹其"深沉有识":

> 瑞当深沉有识,尝与之谒刘先生,时瑞当北上,先生传语留仙:"寇深事急,当为扈从计。"先生不轻谈机事,盖信瑞当之深也。

也就是说,刘应期之师事于刘宗周,当是因为黄宗羲的介绍,而黄宗羲则也因其识度而特意引荐。而当时刘应期正好北上,于是刘宗周便请刘应期传递关于"寇深事急"的信息给当时正任天津巡抚的慈溪人冯元飏(留仙,1586—1644)。在黄宗羲看来,刘宗周轻易不谈机密之事,那么嘱托刘应期传信,亦可见刘宗周对刘应期信任之深了。

全祖望《配享碑》将刘应期列入之时说"子刘子称其静密,丙戌后以愤死"[1],其所依据的应当就是上述黄宗羲所撰写的墓志铭,而其所为"愤",当是抗清失败,以及无从出路之忧愤了。

---

① 全祖望:《鲒埼亭集》卷二四《子刘子祠堂配享碑》,载全祖望:《全祖望集汇校集注》,朱铸禹汇校集注,第447页。

第十一章　东林、蕺山之间的弟子

张玮与恽日初都是江苏常州武进人，因为同里的孙慎行（淇澳，1565—1636），他们主要受到东林学派的学术影响。刘宗周在京城为官之时，张玮引荐恽日初拜师于刘宗周。张、恽二人在董玚的《蕺山弟子籍》中都有著录，而全祖望的《子刘子祠堂配享碑》仅著录有恽，故本章论及学间东林、蕺山二系的刘门弟子，以恽日初为主，至于张玮，则重点介绍其与刘宗周声气相投的情形。

恽日初虽是刘宗周的重要弟子，然因其出身于东林学派，故所编《刘子节要》的体例，及其附录的《行状》《高刘两先生正学说》等文章的学术主张，以及对高攀龙、刘宗周的评论等，都体现出折中高攀龙、刘宗周二子以及朱子学与阳明学的意图。黄宗羲则在《明儒学案》中指出恽日初排斥刘宗周意为心所主的观点，其实并不懂蕺山学。恽日初与黄宗羲的学术纷争，其实并不止于所谓蕺山学的诠释权之争，背后还有从东林学派开始的朱王折中的学术倾向等问题。故对此加以探讨则对于认识晚明清初的思想界如何思辨朱子学与阳明学之折中，当有重要的意义。

第一节　张玮：“难进而易退”的冰雪之友

张玮（？—1643），字席之，号二无，江苏武进人。张玮与刘宗周在任官上非常相似，都属“难进而易退”，无意在末世为官，同为御史且成为“冰雪交情”之友。再就为学一事，张玮曾有“稽山访道”之行。

据《明史》记载，张玮少年时家贫，“取糠秕自给，不轻受人一饭”[1]。万历四十年（1612），举应天府乡试第一，万历四十七年（1619）进士，历任户部主事、兵部职方郎中、广东提学佥事、左副都御史等，南明福王之时，赠左都御史，谥清

---

[1] 《明史》卷二五四《列传》第一四二，第4346—4347页。下同。

惠。著有《易卦义》《程朱语要》《如此斋集》等。

张玮在出任广东提学金事期间，一是对民俗的奢丽之风有所禁止，"象犀文石，名花珠具，磊砢璀璨"，"悉屏去弗视也"；二是当时广东的高官建魏忠贤生祠，请其撰写上梁文，张玮即日便辞官回乡，"布袍草履，授徒于家"。

崇祯帝即位，张玮得以起复，任江西参议，历福建、山东副使。大学士吴宗达（上宇，？—1636）说他"难进而易退"，推荐于吏部，于是召为尚宝卿，进太仆少卿，调南京大理丞，以疾病辞去。后又起复任应天府丞，迁南京光禄卿，召为右金都御史，迁左副都御史，则已经是崇祯十六年（1643）了。

当时刘宗周任都察院左都御史，金光辰（天枢，崇祯元年[1628]进士）任左金都御史，刘宗周、张玮、金光辰号称"三清"。然而张玮师事于刘宗周，则在崇祯十二年（1639），详见下文。张玮在御史任上有《风励台班疏》，其中说：

> 惩往正以监来。今极贪则原任巡按苏松御史王志举，极廉则原任南京试御史成勇。勇与臣曾不相知，家居闻勇被逮，士民泣送者万辈，百里不休。后入南都，始知勇在台不滥听一辞，不轻赎一锾，不受属吏一蔬一果；杰绅悍吏为民害者，不少假借；委曲开导民以孝弟。臣离南中，辄扳辕愿借成御史，惠我南人。虽前奉严谴，宜召为诸御史劝。

此奏疏上后，一时称快，崇祯帝下诏，将极贪的巡按苏松御史王志举逮捕法办，而叙用极廉的南京试御史成勇。

接着就发生了刘宗周因为"申救姜埰、熊开元"顶撞崇祯帝而再度被革职为民的事件。刘宗周离开京城之际，作有《赠别张二无副院兼呈金天枢》，其中说：

> 稽山访道辱名贤，际此清时复又牵。
> 冰雪交情何太苦？江湖心事转凄然。
> 德星偶聚图书灿，清论还辞三子前。
> 潦倒不堪称疾晚，尽教客路趁烽烟。[①]

---

① 刘宗周：《赠别张二无副院兼呈金天枢》，载吴光主编：《刘宗周全集》第 4 册，第 562 页。

"稽山访道辱名贤",就是回忆崇祯十二年(1639)张玮到山阴访学之事;"际此清时复又牵"则是指该年发生的事件,因为自己而牵连了张玮,故而二人之间是"冰雪交情",方才聚首,想要一同读书论学,却没想到立马就要相忘于江湖。好在大家一起留下了清论,那么即便自己潦倒不堪地上路,也在所不辞了。刘宗周另有《用韵呈二无并示恽氏二子》,则可知张玮介绍恽日初师事于刘宗周,亦当在此时。诗中说:

> 一时推挽荷诸贤,口耳犹惭旧习牵。
> 力与湔除期少进,拟将消息证同然。
> 人归春日载阳后,家在云门数里前。
> 莫向临歧分出处,天孤云际水孤烟。①

此诗则故作潇洒状,刘宗周表示要一心于身心之学,受助于诸贤,但须力除旧习之牵绊,方能体证大道。最后想到回家已是春日,可以再登云门上了,此时则在"天孤云际水孤烟"之中与师友告别,然还得强调不必在意各自的出处。然而就在刘宗周离京之后,张玮也无意于官场,以疾病辞归,不久逝世。

　　崇祯十二年(1639)九月,张玮从武进前往山阴问学,此事刘汋在《年谱》中做了详细记载:

> 　　武进大理丞张二无玮,初受学于孙文介,间尝旁参释氏,一日游径山,得先生宗旨于门人,喟然叹曰:"道在是矣。"因以书自通,致其宗服之诚。
> 　　九月渡江谒先生,先生叩所学,二无以静对,先生曰:"心无分于动静,故学亦无分于动静。若专求之于静,便有喜静恶动之病,凡九容九思、应事接物,未免多疏略处,非古人体用一源之学也。"二无曰:"然。"②

张玮受学于孙慎行(文介),又对佛学极有兴趣。在游历余杭径山之时,遇见了刘门弟子,于是便对刘宗周的学术有了向慕之情,不禁感叹:"道在是矣。"张玮

---

① 刘宗周:《用韵呈二无并示恽氏二子》,载吴光主编:《刘宗周全集》第4册,第566页。
② 刘汋:《蕺山刘子年谱》,载吴光主编:《刘宗周全集》第6册,第126页。

先与刘宗周书信往还,然后则渡江前往山阴。刘宗周问张玮所学,他的回答是静坐工夫,这正好就是东林学派的特色,高攀龙常讲静坐,上文已有论及。但刘宗周之学,则主张动静一贯,认为"若专求之于静,便有喜静恶动之病",在《人谱》之中,就将《静坐法》更名为《讼过法》,将《证人要旨》中的"主静坐以体独"更名为"凛闲居以体独",尽量避免直接用"静坐"或"主静"字样。故而真正做工夫,还得把握动静、体用之"一源"贯通。于是张玮便就《人谱》再作请教:

> 已而更端请曰:"读先生所著《人谱》,而知学者得力莫过损、益二卦。惩忿窒欲,克己也;迁善改过,进德也。固有终身用之不尽者。"先生曰:"不然。要识得乾元,乾知大始,惩窒、迁改,纲领也。得此纲领,则功夫入粗入细,皆为有益。不然,即少有得力,总入人为凑泊,于身心了无干涉,几何而达本原之地乎?"二无曰:"此旨自元公后,不图今日复闻于先生也。"盘桓数日而别。①

在《人谱》之中,张玮体会到了《周易》损、益二卦的真谛,作工夫需要把握"惩忿窒欲"与"迁善改过",这也就是刘宗周"证人"之学的道理。不过刘宗周则进一步强调,需要把握"乾元",从"本原之地"去体悟"惩窒""迁改"这两个纲领,则无论工夫或粗或细,都可有益。这也就是《人谱》为何如此细密的道理所在,蕺山学的最大特点就是对"过"之分析,以及改过条例之分明。张玮认为《人谱》之讲"人极"则是自周敦颐(元公)以后所未有的,故而深深折服。

《明史》中说张玮"讲学东林书院,师孙慎行。其学以慎独研几为宗"②,也即张玮还在武进之时,就已经师从于同里的东林学派著名学者孙慎行,又曾讲学于东林书院,故其学术则以慎独研几为宗。他与刘宗周之间,为官则声气相通,为学则亦师亦友,其情形当与吴麟征相似,而张玮本人与吴麟征也多有交往。崇祯年间,当有一大批清正廉洁的江南士人,曾在京城一起讲学论道。因为受到张玮的影响,正式拜师于刘宗周的,还有张玮的同乡恽日初。

---

① 刘汋:《蕺山刘子年谱》,载吴光主编:《刘宗周全集》第 6 册,第 126 页。
② 《明史》卷二五四《列传》第一四二,第 4346 页。

第二节　恽日初：以《刘子节要》折中高、
　　　　　刘的"披缁志士"

恽日初（1601—1678），字仲升，号逊庵，江苏武进人。编撰《刘子节要》14卷，还著有《见则堂语录》《不远堂诗文集》以及《中庸问答》与《论语解》等。①

一、恽日初与刘宗周

恽日初年方弱冠，补为县学生员；崇祯六年（1633）中乡试副榜，不久之后进入国子监求学；崇祯十五年（1642）清兵入关，应诏上陈《守边十策》，因受阻而未得上报。随后觉得时局已不可为，便隐居天台山中。

恽日初问学于刘宗周之事，便发生在崇祯十六年（1643）前后。曾在常州从游于恽日初之子画家恽格（寿平，1633—1690），故而"具知本末"的朱溶，在《恽日初传》中对于恽日初的生平，有特别详尽的记载，其中说：

> 为人方正有气，好说理学，与同里张玮游，甚善也。崇祯癸酉，中副榜，寻入顺天国学。于是时，刘宗周为左都御史，而玮为副都御史，玮谓日初曰："今之学理在刘先生，仲升盍事之？我日与仲升书，犹未也。"日初遂从宗周问，宗周令以慎独力，自是学业益进。②

恽日初是经过同里张玮的介绍方才师从于刘宗周的，而张玮则师从于同里的孙慎行，故而恽日初原本是在东林学派的影响之下开始讲求理学的，而后师从于跟高攀龙等东林学人为师友关系的刘宗周，刘便教其把握"慎独"之旨。张

---

① 相关文献之考辨，参见恽日初：《刘子节要附恽日初集》，林胜彩点校、钟彩钧校订，台湾"中研院"中国文哲研究所 2015 年版。
② 朱溶：《恽日初传》，载恽日初：《刘子节要附恽日初集》附录三，林胜彩点校、钟彩钧校订，第373 页。

玮曾为恽日初的文集作序,其中说:

> 间尝浏览博士弟子之文,窃怪其题,不论性命经济,而一以言外者为
> 至极⋯⋯以故,亟欲与二三同志讲明性学于文介先生止躬之庐,而恽子仲
> 升为之领袖。仲升学有渊自,直证洙泗无言之义,敦行笃古,盖真君子
> 其人。①

在武进之时,张玮因为当时生员有"言外者",对于内在的性命之学少有讲求,
故而便与同志之友讲学于孙慎行(文介)当年的"止躬之庐",恽日初便是此中
领袖,他不但在学术上"直证洙泗",还在践行上"敦行笃古"。张玮还说其文集
之中"言性命者有焉,则程朱诸子之所敛衽也",可见恽日初对于程朱理学的体
认在当时学人之中已经较为著名,故推荐其向刘宗周问学。不久之后,发生了
刘宗周因为"申救姜垛、熊开元"而被革职的事件,刘门另一高第祝渊此时上疏
为刘宗周鸣冤,恽日初也要上疏,被刘宗周、张玮所制止:

> 顷之,宗周罢去,日初为疏请留宗周,宗周移书让之曰:"君子素位而
> 行,子为诸生,何出位妄书?"日初乃止。见边寇益急,势终不可为,遂归。
> 以家事属长子桢,携子桓、格,载书三千卷,隐读天台山中。②

此处刘宗周回复恽日初的书信,可以看作是有关学者在人生的紧要关头应当
如何抉择的一次问答,故而有必要全文摘录:

> 数日前,接来教,见相爱之切。至不难处以非分,一至于此,然而害道
> 之甚矣。在前日,开美已多此举,况待今日?学人平日只是信道不笃,每事
> 不免向外驰求,往往陷于过举而不自觉。如此类者甚多,不可不深察而惩
> 艾之。昔贤云"即向好事,犹为物化",况未必然乎!吾辈只合素位而行,才

---

① 张玮:《恽逊庵文集序》,载恽日初:《刘子节要附恽日初集》附录一,林胜彩点校、钟彩钧校订,第
335页。
② 朱溶:《恽日初传》,载恽日初:《刘子节要附恽日初集》附录三,林胜彩点校、钟彩钧校订,第
375页。

涉位外,便伏私意,习熟不已,眠梦日长,终身堕落矣。幸二无先生早为救正,省却多少事。不然,当此多事之时,只吾辈二三人,坏天下事而有余矣。仆从兹益反而自艾,名利场打不过、洗不净尽,必有一种声音笑貌为人所窥及处,至使朋友中遂有迎风而动者,益觉黯然一关,不易过也。千万珍重!①

在刘宗周看来,申救事件已至于此,便不必如祝渊一般再多此举,因为学者往往"信道不笃"以至于每事都会"向外驰求",不能做到"素位而行"。也就是说,作为诸生的恽日初,不可狂妄"出位"上疏,乱了大事。刘宗周自己也在此事之中,进一步反思名利场的"打不过、洗不净",以至于"为人所窥及"之事。刘宗周所言都是"慎独"之学的践行问题,应当会对恽日初有所启发。此后不久,因为国势不可为,恽日初便南归,带着两个儿子读书于天台山,以求传承学术。

恽日初再次受到蕺山学的熏陶是在入清以后,而刘宗周已去世多年。私淑于黄宗羲的全祖望在读了恽日初为刘宗周作的《行实》后说:

> 日初避乱天台,闻讣,道阻,嗣后崎岖闽粤越五年,己丑南返,始得哭先生于古小学。②

刘宗周殉节于顺治二年(1645),此时恽日初正在天台山中读书,因为道阻而不能前往吊唁;顺治六年(1649),恽日初结束了"崎岖闽粤"的五年多后,方才得以前往山阴,哭刘宗周于曾经讲学之地的古小学,然此时仅匆匆路过,还未来得及研读尚未编辑完的"刘子遗书"。再据恽日初自己说:"会嗣君捐馆,日初走哭于蕺山之阴。"③刘汋去世是在康熙三年(1664),那么恽日初应在该年或该年之后曾到过山阴。据黄宗羲的两条记载:"戊申岁,羲与恽日初同在越城半

---

① 刘宗周:《复门人恽仲升》,载吴光主编:《刘宗周全集》第3册,第484—485页。
② 全祖望:《鲒埼亭集外编》卷三〇《题恽氏刘忠正公行实后》,载全祖望:《全祖望集汇校集注》,朱铸禹汇校集注,第1352页。
③ 恽日初:《刘子节要序》,载恽日初:《刘子节要附恽日初集》,林胜彩点校、钟彩钧校订,第3页。

年……其时为《刘子节要》。"①"岁己酉，毘陵恽仲升来越，著《刘子节要》。"②则恽日初当在康熙七年（戊申）再次到山阴，且住了半年以上，直到康熙八年（己酉）方才离开。故恽日初虽多次前往山阴，然真正能够较系统地研读刘宗周的著述，则当在康熙七、八年（1668、1669），也即编撰《刘子节要》之时。黄宗羲还在为其文集所写的序中详细回顾二人的交游：

> 武进恽仲升，同门友也。壬午，见之于京师；甲申，见之于武林。通朗静默，固知蕺山之学者，未之或先也。而年来方袍圆顶，丛林急欲得之，以张皇其教，人皆目之为禅学。余不见二十年，未尝不以仲升去吾门墙，而为斯人之归也。今年渡江吊刘伯绳，余与之剧谈昼夜，尽出其著撰。格物之解，多先儒所未发。盖仲升之学，务得于己，不求合于人，故其言与先儒或同或异，不以庸妄者之是非为是非也。余谓之曰："子之学非禅学也，此世之中而有吾两人相合，可无自伤其孤另矣。"③

这一段较为详尽地介绍了黄、恽二人的交游历程，也说明了恽日初的为学特色。在刘门之中，黄、恽二人的情谊最深，崇祯十五年（1642）"见之于京师"，这也正是恽日初拜师刘宗周之时；崇祯十七年（1644）"见之于武林"，恽日初此时正在前往天台山的路上，当是路过杭州时得见，大约二人也有长谈，故而黄宗羲认为其"固知蕺山之学者"；接着就是"不见二十年"，到了撰写序文的康熙七年，黄、恽二人"同在越城半年"④，一是吊刘汋，一是抄录刘宗周的遗书，二人得以"剧谈昼夜"，并交流著述。黄宗羲认为恽日初之学"务得于己，不求合于人"，而与宋明先儒"或同或异"，也就是说有自己的独到见解，虽曾隐于僧寺，然"非禅学也"。黄宗羲对入清之后的刘门弟子往往多否定的评价，对恽日初如此肯定已属非常难得。

因为刘宗周担任都察院左都御史的时间实际不足三个月，恽日初在刘宗周生前的问学时间极短。故恽日初对东林之学，确实比对蕺山之学更为稔熟，

① 黄宗羲：《蕺山学案》，载黄宗羲：《明儒学案》卷六二，沈芝盈点校，第 1509 页。
② 黄宗羲：《明儒学案序》（原本），载沈善洪主编：《黄宗羲全集》第 10 册，第 78 页。
③ 黄宗羲：《恽仲升文集序》，载沈善洪主编：《黄宗羲全集》第 10 册，第 5 页。
④ 黄宗羲：《蕺山学案》，载黄宗羲：《明儒学案》卷六二，沈芝盈点校，第 1509 页。

而且在其为学之初,以及人生的最后阶段,其交游范围大多还在东林一系。在朱溶的传记中对此曾有详细的说明:

> 无锡东林书院,废久复立。时高攀龙兄孙世泰在,世泰进士,至湖广提学道。每春秋仲丁日祭,辄请日初主之。前日,讲学丽泽堂,诸生环立以听终日。日初谓人之学,知行必并进,故以格物为先,而实致其力,大归不离慎独者近是。[①]

高攀龙之侄高世泰(汇旃,1604—1676)在明末曾任湖广提学,入清以后隐居讲学,重修东林书院之丽泽堂,请恽日初前往讲学。恽日初讲学的宗旨为"以格物为先",同时也倡导"慎独",即是以东林为主而兼及蕺山学。恽日初去世之后,与孙慎行一同被祀于东林书院,可见常州一带的学者也肯定其为东林之传人。

二、抗清与逃禅

恽日初在蕺山弟子之中,特别值得注意的除了编撰有《刘子节要》之外,还有曾经参与抗清,并有逃禅之嫌。

首先来看抗清一事,对于恽日初来说,其实也多有迫不得已。与《清史稿》等的小传相比,还是朱溶的记载较为详尽,且说明了其中的前因后果。恽日初的抗清斗争,具体可分三个阶段。第一,被举荐而固辞:

> 鲁王监国绍兴,吏部侍郎姜垓上疏荐日初,其略曰:"常州恽日初,忠孝性成,学业纯正。初与先臣张玮讲学,已得纲领,继从宿儒刘宗周问道,更造精微。兼之优于经济,熟于韬略,用以柄政,必能拨烦裕国;任以治军,必能厌难折冲。以世无赏识,隐遁山林。幸过圣明中兴,用贤无方,宜具礼币,遗使徵聘,咨以今所施行。如果论识有异,不次登用,实社稷生民之

---

① 朱溶:《恽日初传》,载恽日初:《刘子节要附恽日初集》附录三,林胜彩点校、钟彩钧校订,第375页。

庆。"监国遂遣使聘之，日初固辞不出。①

姜垓(1614—1653)，也即被刘宗周申救的姜垛(1607—1673)之弟，故而对于恽日初较为熟悉，于是上疏鲁王举荐。在他看来，恽日初先是与张玮一同讲学，再从刘宗周问道，无论是性命之学还是经济之学都十分难得。然而恽日初却"固辞不出"，依旧隐居于天台山中。接下来的第二阶段，恽日初起先还是不想参与抗清斗争，因为特殊的变故而被卷入其中：

> 未几，清兵将至，日初走福建，中朝复荐之，固辞。福州败，走广东。广东败，日初乃剃发为僧。寻复入福建，隐建阳山中。顷之，金坛人王祁聚众攻建宁，清浙闽总督张存仁与战，大败，建宁遂复。存仁竟降级，以功自赎，于是福建义兵麻起，诸公固请日初出，父老数百人拥日初门，曰："先生不出，我属皆为鱼肉矣。"时日初长子桢以省亲来，桢颇勇好气，日初乃令桢从诸公，众问计安出？日初曰："建宁，福建门户，建宁守，则诸郡皆牢固；破，则诸郡皆不保。然不得仙霞岭，建宁不可卒守也；欲得仙霞岭，当先取浦城。今日能建此者，第其功甚伟矣。"众皆曰："善。"桢与副将谢南云先至浦城，战败，二人皆死。时徐云复崇安，日初与云同里，劝云夜袭浦城。云要日初督后军，中道，天大风雷雨，行淖中，至城下，已黎明。军饥，日初劝云且退，云不从，疾战败死。

清兵进入浙南，恽日初便进入福建，此时又有人举荐其参与南明政权，他固辞不应。福州的南明军队兵败，恽日初便进入广东，等到广东也兵败，他就不得不"剃发为僧"，在僧服的保护之下，来到福建的建阳山中隐居。此时有金坛人王七聚众抗清，大败清浙闽总督张存仁(？—1652)并收复建宁，于是福建的义军蜂起。有人再三"固请"恽日初出山，此时恽日初的长子恽桢正好前来省亲，因为恽桢"颇勇好气"，方才令其跟从抗清义军，并且献计先取浦城，遗憾的是恽桢与副将都在浦城战败而死。恽日初大概抱有为其子复仇的心态，于是劝

① 朱溶：《恽日初传》，载恽日初：《刘子节要附恽日初集》附录三，林胜彩点校、钟彩钧校订，第374页。下同。

说其同乡徐云夜袭浦城,并且亲自督后军。遗憾的是到城下已是黎明,军队又饥饿,恽日初劝徐云退军而不果,又一次战败。第三阶段则是恽日初变得更加主动了:

> 未几,存仁及新总督陈锦、侍郎李率泰,合兵五六万人,自仙霞岭入围建宁。于是时,永历帝在位,遣督师兵部尚书揭重熙会兵救建宁。日初上书:"为今计,尤当取浦城。浦城破,据仙霞岭,断其饷道。彼来争,则伏兵山谷中邀之;彼围建宁自若,则竢其馁乱,悉精甲进击。王将军自内出,破之必矣。此百全之法也。"重熙不能从。日初递谒山中诸公,皆畏清兵,观望不前。未几,建宁破,祁死,日初二子桓、格在祁所被掳。日初乃走广信,寻入封禁山,与将军姚志卓等合。久之,粮少,事益坏,乃尽散其众,曰:"天命可知,徒毒痛百姓,甚痛也。公等皆去,我亦反常州。若以祖宗之灵,得保首领,当力学著书,以传来世耳。"乃归常州,杜门不出,门人自远方至者颇众。

清军张存仁等从仙霞岭进入福建围攻建宁,永历帝派遣督师兵部尚书揭重熙救建宁,于是恽日初上书再取浦城,以便占据仙霞岭断其粮道,这其实就是围魏救赵的策略,然而不被听从。恽日初只得邀请山中的其他义军前往浦城,然而义军大多畏惧清兵且持观望态度,最终导致了建宁城破,恽日初的另两个儿子也被清军掳走,后仅恽格得以返乡。恽日初带领残余的军队败走广新,进入山中,最终考虑到粮食越来越少,不得不尽散其众。此时恽日初认为天命已经不属于明朝了,只得"力学著书,以传来世"。

后来还有一个尾声,恽日初回到常州,以僧服讲学多年以后,又有人传言张煌言之弟曾是其门人而"从师匿","府县且发卒至门"。恽日初"以毒药置床头",表示至死也不出家门,后事情消解,他也不因此而喜,终年 68 岁。

再看比抗清更为复杂的逃禅一事,如上文提及的全祖望《配享碑》中所说的"晚披缁,颇以嗣法灵隐,为世所讥"。为了将此事说得比较简明,先来看他本人的解释:

> 弟自入山,已作世外人,宁待今日?然向之所慕者,道也,非必从事于

释也；今之从释者，迹也，非必生平之志也。诗有之"樵隐俱在山，由来事不同"，弟今脱白作头陀之谓也。抑闻之，凡物数变后则忘其本，弟踪迹屡迁，循此以往，保不自忘其本乎？又弟之所大惧也。①

这是写给其族兄的，强调的是即便同为"头陀"，而其"由来事不同"，恽日初本人真正向慕的是儒家之道，而非"从事于释"，逃禅是其"迹"而非其"志"。当然还有"凡物数变后则忘其本"的担忧，他也担心自己会忘本，故而其晚年选择回到常州，甚至参与东林书院的讲学活动。

再看其晚年好友魏禧（1624—1680）为其文集写序时的说法：

先生世变逃乎禅，或者非之，余以为合义。盖僧服而蔬食，不交当世者垂三十年。……先生高士，非隐者也。②

上文也提及，甲申、乙酉之际的恽日初本在天台山中读书，因为清军南下而由浙江退至福建、广东，清廷原有"剃发令"，为了应付世变，与其改为清人发、服，不如改为僧人的发、服。借逃禅以表示遗民决心，其实在当时也是较为普遍的做法，只是恽日初原本就对佛禅有所向往，故而坚持"僧服而蔬食"，也不结交清廷官员。

恽日初的"逃禅"只是其遗民身份的一种保护，此处补充一条表明其态度的史料：

清知府骆锺麟踵门求见再三，不肯，后锺麟罢任，往，乃见之。问《中庸》大义，叹曰："天下巨儒也。"③

骆锺麟任清廷官员时，他坚决不肯见，罢任之后再往方见之并且讨论学术，这

---

① 恽日初：《与臕原大兄》，载恽日初：《刘子节要附恽日初集》，林胜彩点校、钟彩钧校订，第249页。
② 魏禧：《恽逊庵文集序》，载恽日初：《刘子节要附恽日初集》附录一，林胜彩点校、钟彩钧校订，第340页。
③ 朱溶：《恽日初传》，载恽日初：《刘子节要附恽日初集》附录一，林胜彩点校、钟彩钧校订，第375页。

种精神才使人感叹其"天下巨儒"。另有指出:"先生归后,闭门着书,兼以课子为务。人有以制艺净业眷,亦欣然就之,而课子独舍是,具有深意。"①所谓的深意,也就是坚持遗民情怀,不希望其子出仕于清廷。

最后再看全祖望在《配享碑》中对于恽日初的表彰:

> 武进恽先生日初,字逊庵,尝上书申救子刘子,其风节近开美,丙戌以后,累至山阴哭祭,为之行状,几十万言。独于子刘子所言"意为心之所存"有未然者,故行状中略之,尝为梨洲黄氏诘难。晚披缁,颇以嗣法灵隐,为世所讥,然其人终属志士也。②

全祖望在文中表彰恽日初的"风节"近于祝渊,当指其在京想为刘宗周上书一事,也提及了关于"意为心之所存"的观点上恽日初与刘宗周有差异,以及黄宗羲曾与之诘难(此事详见下文)。全祖望另外还说:

> 逊庵先生在刘门,其勇于急难,不下视公开美。……逊庵后尝为僧,然有托而逃,不以累其正学。近议于忠正祠中配享诸高弟,有不知而欲去逊庵之名者,予力持之得免。③

在他看来,恽日初在刘门堪比祝渊,而其逃禅则是"有托而逃",虽"披缁"仍为"志士"。因为后来编撰《刘子节要》以及讲学东林则都是"正学",故而力持其进入配享之列。上文最后还说恽日初"身肩正学之传,以遗民不愧其师",无论传蕺山之学,抑或传蕺山之人格精神,恽日初都是当之无愧的,故而必当推其于配享之中。

---

① 汤修业:《恽先生日初传》,载恽日初:《刘子节要附恽日初集》附录三,林胜彩点校、钟彩钧校订,第379页。
② 全祖望:《鲒埼亭集》卷二四《子刘子祠堂配享碑》,载全祖望:《全祖望集汇校集注》,朱铸禹汇校集注,第446页。
③ 全祖望:《鲒埼亭集外编》卷三〇《题恽氏刘忠正公行实后》,载全祖望:《全祖望集汇校集注》,朱铸禹汇校集注,第1352页。

三、《刘子节要》的编撰及其折中意图

恽日初曾说："先师为明季二大儒之一，顾自《人谱》外，海内竟不知先生有何著述。"①所以他对"刘子遗书"极为看重。而《刘子节要》的编撰，是恽日初一生治学的重大事件，也是他在山阴滞留约两年的辛苦所得。然而该书完成之后，请黄宗羲写序，却遭到黄的严词拒绝。黄宗羲拒绝的原因，也即此书是否忠实于刘宗周的原著这一关涉为学宗旨的问题，便值得推敲了。

问题之一，此书仿《近思录》体例，也即分"十四卷"对刘宗周的语录、文集加以重新辑录：一道体、二论学、三致知、四存养、五克治、六家道、七出处、八治体、九治法、十居官处事、十一教人之法、十二警戒改过、十三辨别异端、十四总论圣贤。该书《四库全书》有著录。恽日初在序中说：

> 子刘子念台先生，立朝大节，炳烺宇宙……独先生之学，学士罕能言之，则先生著述，亟宜公之天下。而嗣君沩诸所汇订藏家塾者，篇帙繁富，未易举其赢。夫亦表精揽粹乎？会嗣君捐馆，日初走哭于蕺山之阴，其嗣孙德林辈太息言，先生著述，藏名山与传其人，所见各别。日初以前说两解之，仲士林深有当焉，而以其事属日初。于是仿《近思录》例分十四卷，而曰"节要"者，则仍高忠宪公节要朱子意也。②

此处先说了两层意思：其一，刘宗周的著述亟待公开；其二，刘宗周之子刘沩汇订、藏于家塾尚未刊行的"刘子遗书"篇帙繁富，故有待精选。刘沩去世之后，恽日初前往山阴，便将这两层意思告知刘宗周之孙刘德林、刘士林等人，而刘氏兄弟也正在担心刘宗周著述的"藏名山"与"传其人"。由于不同人的见解差别极大，故而邀请恽日初来作《刘子节要》。至于体例问题，仿《近思录》例，且名为"节要"，也就是仿照高攀龙"节要朱子意"所编撰的《朱子节要》的体例。一是因

---

① 参见董玚所引恽日初书信，董玚：《刘子全书抄述》，载吴光主编：《刘宗周全集》第6册，第689页。

② 恽日初：《刘子节要序》，载恽日初：《刘子节要附恽日初集》，林胜彩点校、钟彩钧校订，第3—5页。下同。

为《近思录》体例是朱子所定,此后效仿此体例的也大多是朱子后学;另一是"节要"的名称,直接来自高攀龙。故恽日初编撰《刘子节要》具有将蕺山学向着东林学,更确切地说是向着程朱理学来加以诠释的倾向,而蕺山学一般认为仍在阳明心学的脉络上,所以说恽日初其实是将朱子学与阳明学加以折中了。无独有偶,与恽日初关系颇密的清初东林书院主持者高世泰等人编有《高子节要》一书,该书的体例也与《朱子节要》一致,删节了高攀龙心学思想的大量内容,以是否符合程朱学说作为高攀龙论学文字的去取标准,其目的是塑造高攀龙"程朱纯儒"的理学形象。①

另一问题,恽日初此时如何认识蕺山学? 他在此序中接着还说:

> 先生学先存遏,耻空文而务实践,凛凛以真儒自命矣,后讲于高忠宪、冯恭定两先生,益晰至圣之关键。逆奄难作,动忍之余,一日豁然,卓见不惑,自此先生一以慎独为功,久之,动静语默皆与独位不相畔援,敬立而诚尽,诚尽而天通,而先生之学进于知天矣。……于是合于高子,合于宋之五子,而尧舜之道可得而言矣。

在恽日初看来,刘宗周先以真儒自命,而其学术之关键则有二:一是跟高攀龙(忠宪)、冯从吾(恭定)两先生一道讲学,高、刘之间是亦师亦友的关系;二是在阉党魏忠贤发难时的"一日豁然,卓见不惑",这一体证近似于高攀龙的"汀州之悟"。也就是说在诠释蕺山学时,恽日初特别加入了"顿悟"之说,同时又特别强调了刘宗周的学术先要"合于高子",然后方才是合于宋五子以及尧、舜。从这两点来看,恽日初此序也是在努力将刘宗周的学术纳入东林学以及朱子学的谱系之中,其用意是很明显的。

恽日初对于蕺山学的认识,还有他在《刘子节要》一书最后的《行状》部分的长篇论述,其中对刘宗周为学宗旨的概括为:

> 先生之学,从主敬入,中乃进之慎独,以扼其要焉,晚乃反之一诚,以

---

① 黄友灏:《高攀龙理学形象的塑造及其转变:以明末清初高氏著作的编刻为中心》,《汉学研究》2014 年第 4 期。

达乎天焉。故尝曰：敬则诚，诚则天。而又以慎独为达天之要。①

这一概括，可与刘汋《年谱》相互比较：

> 先君子学圣人之诚者也。始致力于主敬，中操功于慎独，而晚归本于诚意。诚由敬入，诚之者，人之道也。……意诚而后心完其心焉，而后人完其人焉。②

恽、刘二人，都肯定了刘宗周之学从"主敬"开始，再到"慎独"，最后回归于"诚"或"诚意"，并且也都说"诚"当由"敬"而入。但是恽日初更强调通过"慎独"或"诚"而"达天"，这与其《序》中所说的"敬立而诚尽，诚尽而天通""知天"是一致的；刘汋则仅仅将"诚"落在"人之道""人完其人"上，也即"证人"之旨上。恽日初在《行状》中还有一段从宋明儒学的发展历程来看蕺山学的文字，其篇幅较长，故分之为四。先看第一部分：

> 窃尝合诸子而论之，周元公、程纯公尚矣。其一主静，其一主存诚，皆直达本心，彻上下、合显微、体太极，先天于日用，使千载不传之学复明于后世。其为孔氏正宗，无得而议也。

其评价周敦颐的主静与程颢的主存诚，认为都是"直达本心"之学，都是孔氏正宗。第二部分：

> 朱子生数大儒之后，而接其源流，剖豪抉芒，简疑别异，其学凡数变，致于精一，周、程之道，赖以益明。要之，断以晚年者为定论。后儒不省，持前说而墨守之，又济师焉，以故辨击愈繁而道愈晦，虽有踔绝之资，不能自拔。

---

① 恽日初：《行状》，载恽日初：《刘子节要附恽日初集》，林胜彩点校、钟彩钧校订，第155页。
② 刘汋：《蕺山刘子年谱》，载吴光主编：《刘宗周全集》第6册，第173页。

对于朱子,恽日初认为其传承了周、程之道,而此处之"程",当是指上文的程颢,这就与传统的朱子学脉络有异了;他还特别强调"断以晚年者为定论",而朱子后学则"辨击愈繁而道愈晦"。也就是说恽日初将蕺山学纳入朱、陆折中之路,肯定所谓"晚年定论",也即认为朱、陆"早异晚同"并开始关注"悟"的工夫。第三部分:

> 盖晦蚀者二百余年,而阳明子倡良知以救之,复固有、证同然,其为功于朱子甚大。然其弊也,情识炽然,猥言举目前而即是,异端杂霸错出而乘其胜,而良知之说又穷。

再来评价王阳明,则认为其"为功于朱子甚大",这当是指"朱子晚年定论"一事;同时又指出其弊端,也即"情识炽然,猥言举目前而即是"。刘宗周曾说:"今天下争言良知矣,及其弊也,猖狂者参之以情识,而一是皆良;超洁者荡之以玄虚,而夷良于贼,亦用之者之过也。"①值得注意的是,此处恽日初并未直接照抄刘宗周的话,他所批评的只是阳明后学之中陷入"情识"一路者,并未批评陷入"玄虚"一路者,究其原因当是因为其为学近于东林学派,而东林之学则本多有"玄虚"之处。最后的第四部分:

> 于是先生言诚意之学。盖意者心之几、知之会,而物之所以为物也。故诚意而《大学》之能事毕矣。格物致知者,诚意之功,正心以往,则举而措之耳。抑诚者道之极挚也,故意诚而天下之能事毕矣;故意诚则无内无外、无动无静,而一以贯之矣。故先生之学,同朱子之穷理而守其约,合阳明之良知而举其全,折衷群儒,以归至当。总周、程而上接孔氏,为我明儒者之冠,又何疑哉!②

恽日初开始评述刘宗周的诚意之学,主张诚意之功在于格物,此与东林学派以

---

① 刘宗周:《证学杂解·解二十五》,载吴光主编:《刘宗周全集》第2册,第278页。
② 恽日初:《行状》,载恽日初:《刘子节要附恽日初集》卷一四,林胜彩点校、钟彩钧校订,第155—156页。

及恽日初本人的为学宗旨接近；主张"诚意而《大学》之能事毕矣"，以及"意诚而天下之能事毕矣"等，但有将诚意之学视作"顿悟"的嫌疑。至于"同朱子之穷理而守其约"与"合阳明之良知而举其全"，所谓的"折衷群儒"，其实就是折中朱子学与阳明学；故而恽日初称赞刘宗周"总周、程而上接孔氏"而成为"明儒之冠"，其关键因素也就是朱王折中。恽日初另外还说：

> 若夫紫阳晚年，宗极一心，易简直截，固已同符周、程矣。此之不求，而举世所诵习，执为定论，与夫概目以斤斤章句者，其智皆不足以知朱子。[①]

此条也在强调朱子晚年定论"宗极一心，易简直截"，反对那些"斤斤章句"的朱子后学，认为他们不足以明了朱子之学。所以说，恽日初是站在东林学派较为认同的朱、王调和的学术理路之上，那么无论是对朱子学，还是对蕺山学，其认识则都是有所偏颇的。

经过上述分析，再来看黄宗羲的态度，也就容易理解了：

> 《刘子节要》成，老兄即命弟为之增删，此时草草，不能赞以辞。今已刻成，老兄又寓书曰："老师之学，同门中惟吾兄能言之，或作序，或书后，《节要》中有可商榷出，更希一一指示。"以弟之固陋，而老兄郑重下问如此，则其大同无我可知，弟敢不尽一得之愚乎？[②]

也就是说，恽日初约在康熙七年（1668）在山阴完成《刘子节要》初稿，黄宗羲曾有见到然并未发表意见。等下一年书稿刻成，恽日初邀请黄宗羲作序，黄宗羲便作了《答恽仲升论子刘子节要书》陈述自己的意见。

因为仔细推敲之后，无论从《刘子节要》的编撰体例，还是书中对刘宗周语

---

① 恽日初：《二程语要序》，载恽日初：《刘子节要附恽日初集》，林胜彩点校、钟彩钧校订，第200页。
② 黄宗羲：《答恽仲升论子刘子节要书》，载沈善洪主编：《黄宗羲全集》第10册，第223—224页。

录的选择,黄宗羲都极不赞同。① 于是,黄宗羲非但没有作序,还写了严词切责的回信。其中说:

> 夫先师宗旨,在于慎独,其慎独之功,全在"意为心之主宰"一语,此先师一生辛苦体验而得之者。……故于先师之言意者,一概节去以救之,弟则以为不然。
>
> 《人谱》一书,专为改过而作,其下手功夫,皆有涂辙可循,今《节要·改过》门无一语及之,视之与寻常语录泛言不异,则亦未见所节之要也。
>
> 今先师手笔粹然无疑,而老兄于删节接续之际,往往以己言代之,庸讵知不以先师之语,迁就老兄之意乎?《节要》之为言,与文粹语粹同一体式,其所节者,但当以先师著撰为首,所记语次之,碑铭行状皆归附录。今老兄以所作之状,分门节入,以刘子之《节要》而节恽子之文,宁有是体乎?②

一方面,黄宗羲的批评可分为两点:其一,黄宗羲指出"意为心之主宰"乃师门重要宗旨,所以对恽日初删节刘宗周"言意"的语录,是坚决不能认可的;其二,黄宗羲认为《人谱》是刘宗周讲下手工夫的最重要著述,恽日初将其当作普通语录而未曾选录,也是黄宗羲所不能认可的。在黄宗羲看来,恽日初对于先师刘宗周思想的认识很成问题。

需要说明的是,恽日初对《人谱》也是重视的,同为刘门高第的陈确曾引恽日初语:"吾辈检身之功,惟当奉刘先生《人谱》。其讲改过之学,可谓极详。舍此,又何学之讲乎?"③在另一书信中也提到恽日初"临别又教以从事先生《人谱》",并说:

---

① 关于黄宗羲与恽日初的学术分歧,参见王汎森:《清初思想趋向与〈刘子节要〉:兼论清初蕺山学派的分裂》,载王汎森:《晚明清初思想十论》,第 249—289 页。王汎森先生写作此文时未见恽日初的文集与《刘子节要》,故而对于恽日初思想趋向的判断与黄宗羲不愿为《刘子节要》写序原因的分析尚多偏差。

② 黄宗羲:《答恽仲升论子刘子节要书》,载沈善洪主编:《黄宗羲全集》第 10 册,第 224—225 页。

③ 陈确:《会永安湖楼序》,载陈确:《陈确集》文集卷一〇,第 233 页。

先生《人谱》所戒，本未尝烦，由学者观之，觉得太繁耳。若又从简，势将何所不至。此子桑氏之"居简行简"，不可之甚者也。即吾兄立身，于儒释去取之间，要亦以《人谱》律之，可立决也。①

恽日初在看重《人谱》的同时感觉《人谱》太过繁琐，这也就是为什么他编辑《刘子节要》没有收录《人谱》的原因。此外，恽日初也对《人谱》进行过简化处理，以便他与同志进行证人之践行，这就是《续证人社约诫》，其中部分条目与刘宗周的《证人社约》有一定的关系。关于《续证人社约诫》订立缘起，他说：

会稽先师以证人立教，行于其乡之古小学。爰有《人谱》，以循以勉，要归各证其人而止。先师往矣，而人各其人，人各自证其人，是先师之心犹在也。吾党二三子，于《人谱》所列，业期循勉，兹更约以十有四则，其目所胪分，较《谱》半之，诸切人之行事之时，位首当料拣者，大都备于其中，显然可睹若日月，凛然不可蹈若水火。知如此为过，则知不如此为无过。……非敢谓于全《谱》，相发益章，庶几证人之义，思过半矣。②

其十四则为：正志不立、居业无恒、气质用事、外境熏心、不善事亲、不睦兄弟、不崇师友、不肃身型、不严家范、忮忍害德、冒和易方、纵越败度、迷惑丧哲、虚妄违实。若对比《人谱》与《证人社约》可知，恽日初将刘宗周所列的过恶与规范，大多简化了，然证人之学的基本精神还在。所以说，恽日初在修身之学上，总体还是延续了蕺山学的规模，其对《人谱》的"节要"，也只是因时而有所损益而已。

另一方面，关于《刘子节要》的编撰体例，黄宗羲认为存在着两大问题：一是恽日初将他自己写的《子刘子行状》作为正文，分门别类节要插入刘宗周的语录中；一是他在删节接续的地方，用自己的话来代替老师的话。这些做法就有以自己的意思来组织老师本意之嫌疑，最后就会模糊了老师的思想。无论是对老师原义的理解正误，还是如何编撰才能正确传递老师的思想，这两个方

---

① 陈确：《与恽仲升书》，载陈确：《陈确集》文集卷三，第 125—126 页。
② 恽日初：《续证人社约诫》，载恽日初：《刘子节要附恽日初集》，林胜彩点校、钟彩钧校订，第 297—302 页。

面黄宗羲提出的批评都非常有道理。文章最后黄宗羲又说:

> 嗟乎! 阳明身后,学其学者遍天下。先师梦奠以来,未及三十年,知其
> 学者不过一二人。则所借以为存亡者,惟此遗书耳! 使此书而复失其宗
> 旨,则老兄所谓明季大儒惟有高、刘二先生者,将何所是寄乎? 且也,阳明
> 及门之士亦多矛盾,以其学之者之众也,有离者即有合者;先师门下,使老
> 兄而稍有不合,则无复望矣。①

对比阳明学派的发展,阳明弟子论学常有矛盾,阳明后学与阳明主旨有离也有
合。因此,黄宗羲指出,维护师门宗旨的关键就是保存先师"遗书"传播的正确
性。至于为什么要以"阳明身后"来做对照,则还是隐含着刘宗周蕺山学与阳
明学的关系,对于恽日初要将刘宗周学术纳入东林学或朱子学谱系,黄宗羲在
此文中虽然并未明言,则显然是不会认同的。

　　从黄宗羲对恽日初的批评来看,他为了护持师门宗旨,可谓用心良苦,且
这种维护是非常有道理的,主要包括两个方面:一是关于选"遗书"或编"语录",
黄宗羲认为必须要以"存真"为原则,必须要遵循严格的学术体例保存老师学
术的原貌;另一是对于老师学术宗旨的认识,黄宗羲认为不能掺杂自己的主
张,即便与先儒不合也不能轻易怀疑。全祖望曾说:

> 《行实》一篇最详尽,惟言"意为心之所存",则逊庵有不尽守师说者。
> 故梨洲别撰《行状》一篇。然逊庵所叙,间有梨洲之所未及者,当并存而不
> 废也。②

此处《行实》也即《刘子节要》,全祖望的观点比黄宗羲稍宽容,他认为《刘子节
要》一书也有黄宗羲所作的《子刘子行状》等文所未言及者,故而可以"并存不
废"、相互参看。

---

① 黄宗羲:《答恽仲升论子刘子节要书》,载沈善洪主编:《黄宗羲全集》第 10 册,第 225 页。
② 全祖望:《鲒埼亭集外编》卷三〇《题恽氏刘忠正公行实后》,载全祖望:《全祖望集汇校集注》,朱
　铸禹汇校集注,第 1352 页。

四、对高、刘二子的折中以及"格物"说

恽日初另一篇重要文章是《高刘两先生正学说》，专门对高、刘二子之学做了折中的论说，其核心观点为：

> 忠宪先生得之悟，其毕生闵免，只重修持；山阴先生得之修，其末后归趣，亟称解悟。①

在他看来，高攀龙由"悟"入而毕生勤勉"只重修持"，刘宗周则由"修"入而晚年定论"亟称解悟"。若不论先后，则两人的工夫取径同为"悟"与"修"的结合了。再来看他对于高攀龙之学的认识：

> 忠宪先生以格物为宗，成乎形之谓物，本乎天之谓则。格者，穷至其极也，物格则天然之则见焉。先生既于程子"万变在人，实无一事"语下有省，知则非悟无由见，悟非格物无由臻，故立格物为宗。
> 然格物开知至之始，而尤要意诚以后之终，则修是已。务尽于日用彝伦，而发挥于物则，乃天德良能，无声臭可即。理一在是，分殊在是。先生尝曰："圣学须从格物入。"又曰："格物者，格知物则也。"又曰："有物有则，式和民则，顺帝之则，动作礼仪威仪之则，皆天理之自然，非人所为，圣贤传心之学在此。"可谓独提圣学之纲要，究之一敬以达天，践履于日明日旦之中，则精微之极致也。晚乃心与之孰而几非在我，盖以乾知统摄坤能，惟实修始完其真悟也。②

恽日初认为高攀龙"以格物为宗"，"格物"是求所谓"物则"，也即"天然之则"，也

---

① 恽日初：《高刘两先生正学说》，载恽日初：《刘子节要附恽日初集》，林胜彩点校、钟彩钧校订，第161页。
② 恽日初：《高刘两先生正学说》，载恽日初：《刘子节要附恽日初集》，林胜彩点校、钟彩钧校订，第161页。

即"圣贤传心之学",而"格知物则"又必须由"悟"入,"悟"格物之"知",然后从"物格"到"意诚"又需要"修",也即在日用彝伦之中"发挥于物则",体会理一分殊。① 再看恽日初对刘宗周之学的认识:

> 山阴先师以慎独为宗。一于位之谓独,原于性之谓诚。慎者,主宰精明也;慎独,则所性之诚复焉。先师既用力之久,顿见浩然天地气象,知存诚尽乎持敬,持敬尽乎慎独,故立慎独为宗。

> 密察于显见隐微,而默成于独觉。既以慎独操复成之键,而即透还明之几。其为悟也,乃天德良知,非见闻可到。……晚乃心与之一而诚则无事矣,盖以坤能证入乾知,惟真悟始契其实修也。②

恽日初在比较之中强调,刘宗周"以慎独为宗","慎独"也就是使性复归其"诚"或"独",而处于"一于位"的"主一"状态。然而他强调"用力之久,顿见浩然天地气象",方才明白"存诚"与"持敬""慎独"之间的关系,则又是在强调"悟",此"悟"直接"天德良知",而非见闻之知了。

恽日初认为高、刘二人晚年在学术上非常接近,"乾知统摄坤能"与"坤能证入乾知",或者以"实修"完善其"真悟",或者以"真悟"契合其"实修"。事实上,修与悟,这两者其实在日常修养工夫之中,必然是兼具的,故而不必也不能分辨其中的先后轻重,恽日初在高、刘二先生那里体会到的也是悟、修二者必然要结合起来。所以恽日初接着还说:

> 两先生之学,其同中有异,异而无害其同如此。学者将为穷理之学,则开关启钥,必不能外格物以托始;将为主敬之学,则求端用力,必不能舍慎独以操切。要以穷理、主敬,用各有当,而进实相资,孔门之博约也,虞廷之精一也。两先生所由直接其传,而学者恶容以偏废也。

---

① 高攀龙甚至还有"格物穷理,皆所以致其良知"的观点,对其"格物"说的研究参见黄晓荣:《新朱子学还是阳明后学:高攀龙哲学新解》,上海师范大学博士学位论文,2008 年;李卓:《折衷朱王去短合长——高攀龙格物思想平议》,《江海学刊》2014 年第 5 期。
② 恽日初:《高刘两先生正学说》,载恽日初:《刘子节要附恽日初集》,林胜彩点校、钟彩钧校订,第161—162 页。

若夫体认要于静坐,克治验于应事,广心畜德,资于读书,惕理欲存遏之端,决好善恶恶之意,审义利公私之分,策改过不吝之勇,勉小物克勤之图,肩道统学术之责,懔天下万世之忧,而慎辨于阴阳消长、君子小人、治乱兴亡之故,则又两先生之所大同。①

通过格物来穷理,或通过慎独来主敬,这两种方法"用各有当"而"进实相资",在恽日初看来都是孔门之学,不可偏废,所以是"同中有异,异而无害其同"。至于"静坐"之法则又是高、刘两先生的"大同",这是他们共同提倡的体认工夫,也是有助于"蓄德""读书",具有"惕理欲存遏之端""决好善恶恶之意"等多方面的意义。

除了在《高刘两先生正学说》之中对高、刘之学作了评论之外,恽日初还有《笺高刘二子语》,此文大多摘录高、刘二人讨论心体工夫的语录,而且兼顾了主敬、慎独、心体三大方面,至于笺注则高、刘二人几无差别,而恽日初自己独特的格物说,也正是在高攀龙"无对之独"与刘宗周"无隐见显微之独"以及事物与天、心贯通的基础上提出来的。② 恽日初另外还说:"先师固绝非姚江派,而亦初无别视姚江之心。"③又特意强调了刘宗周蕺山学与阳明学的不同。

恽日初认为高攀龙之学"以格物为宗",而从他本人唯一保存下来的语录《见则堂问语》等文献来看,他自己的为学宗旨也是"格物"。当年他带到山阴的著撰,也当是指此"格物新说",故而黄宗羲说其"格物之解,多先儒所未发"④。另有曾参与抗清而失败后隐居毗陵的李长祥(1609—1673)有《与恽逊庵论格物》,其中就说:

先生于格物固有真见,今读先生之言曰:"一物之则,物物之则也;物物之则,一心之则也。见一心之则,即见物物之则;见一物之则,亦即见吾

---

① 恽日初:《高刘两先生正学说》,载恽日初:《刘子节要附恽日初集》,林胜彩点校、钟彩钧校订,第162页。
② 关于《笺高刘二子语》,钟彩钧做了较详细的分析,参见钟彩钧:《恽日初思想及其背景》,载陈来、高海波主编:《刘宗周与明清儒学:纪念刘宗周诞辰440周年学术研讨会论文集》,天津人民出版社2020年版,第45—48页。
③ 恽日初:《答高学宪论刘子节要及行状书》,载恽日初:《刘子节要附恽日初集》附录,林胜彩点校、钟彩钧校订,第165页。
④ 黄宗羲:《恽仲升文集序》,载沈善洪主编:《黄宗羲全集》第10册,第5页。

心之则。"格物之说,明白如此。……先生指出则字,当是为格物指出把柄来。……真是精义至论。①

此处所引的语录,反复说明"物则"与"心则"的统一,补充说明格物穷理之学,也即物之理与心之理的贯通。再看其《见则堂问语》中说:

> 圣人说格物,只教人于形形色色上见那无声无臭底道理。《系》言"形而上者谓之道,形而下者谓之器",是格物了义。器非道也,离器却更无道。如水乳然,水非乳也,离水却更无乳。后之执器以为道者,滞于形名度数之迹,便是俗学。离器以求道者,入于窈冥寂灭之乡,便是异学。从来歧路,尽此二者,合一都是功夫,分开尽成弊病。②

此处所说的,其实也就是孔子所说的学与思的关系,然却是从恽日初最为精通却未成著作的《周易》之系辞道与器的关系发端,认为道与器的不即不离关系也即格物之"了义";还有就是水与乳的不即不离,也可作为理解之助。若是格物而偏执于"物",也即"执器以为道",便会"滞于形名度数之迹","便是俗学";若是格物而偏执于"理",也即"离器以求道者",便会"入于窈冥寂灭之乡","便是异学"。这些说法对于认识朱子学一系的"格物穷理"之学,当有重要的意义。另一条则说:

> 又问:在物上彻见,功夫甚难,竟不知如何下手? 曰:未曾到物格时,自是如此。魏庄渠曰"物格则无物",看来物未格时,眼前物事,件件都与我隔碍。正此隔碍处,好用全副精神与之研究。且说某与贤,清晨一番如此,如今又如此,此却都是甚个物事? 又问:却是不好执着一物否? 曰:不必如此说。一物如此,物物如此。若能触处有见,一得万毕,更无疑障。③

---

① 李长祥:《与恽逊庵论格物》,载恽日初:《刘子节要附恽日初集》附录一,林胜彩点校、钟彩钧校订,第351页。
② 恽日初:《见则堂问语》,载恽日初:《刘子节要附恽日初集》,林胜彩点校、钟彩钧校订,第321页。
③ 恽日初:《见则堂问语》,载恽日初:《刘子节要附恽日初集》,林胜彩点校、钟彩钧校订,第322页。

此处说的"清晨一番如此",也即"昧爽清明,切须警觉"①,在人一天之中最为清明的凌晨时刻加以警觉、体证。恽日初又发挥魏校(庄渠,1483—1543)说的"物格则无物",认为"格物"的关键在于彻悟本体,没有彻悟之时往往觉得"眼前物事,件件都与我隔碍",而一旦彻悟则"触处有见,一得万毕,更无疑障"。

由上可知,恽日初的"格物"新说,当是沿着东林之学而发展的,特别重视的就是心与理的合一、道与器的合一,以及彻悟本体的工夫。这与他本人对于朱子学的认识有着密切的关系。恽日初曾为高世泰《紫阳通志录》作序,其中说:

> 凡儒者之学,未有不言本体功夫者也,而不必其皆由格物。由格物而言本体功夫,则乾知之始,即坤行之终,进德修业,发乎天则,此颜、曾以上圣人之学也。不由格物而言本体功夫,则必遏人欲,方能存天理,察识扩充,知行互进,损、雍以下贤人之学也。人知阳明王子不由格物,而不知象山陆子先立乎其大者,正是察识扩充贤人之学,而其立言则皆乾知奋迅者着力不得之事,不从穷理而得,所以失之粗。阳明良知亦然。要以贤人之学,二子为的切,但非优入圣域之初门,亦未可概《孟子》七篇之全旨。……故象山、阳明不足以尽孟子,而忠宪则断可以继程、朱,皆以格物辩之也。②

他强调"由格物而言本体功夫"是颜回、曾子以上的圣人之学,"不由格物而言本体功夫"是闵损(子骞)、冉雍(仲弓)以下的贤人之学,这样说将"格物"之学提升到了新的高度。他又将陆九渊(象山)、王阳明作为"察识扩充"的贤人之学的代表,且因为不讲格物穷理而"失之粗";而强调高攀龙可以接续程、朱,因为他讲"格物"之学,也即圣人之学。此文虽不免迎合高世泰而带有一定的门户之见,然而也真实体现了恽日初本人对于"朱子—高攀龙"一系"圣人之学"的推崇,以及对于他们的"格物"说的推崇;对于"陆九渊—王阳明"一系则仅仅肯定其为"贤人之学",虽也说了儒者之学"不必皆由格物"。

---

① 恽日初:《见则堂问语》,载恽日初:《刘子节要附恽日初集》,林胜彩点校、钟彩钧校订,第328页。
② 恽日初:《紫阳通志序》,载恽日初:《刘子节要附恽日初集》,林胜彩点校、钟彩钧校订,第198页。

五、黄宗羲的论定

上文已论及黄宗羲对恽日初所编《刘子节要》的批评,而在此期间,黄宗羲还曾为恽日初的文集写序,其中论及了对恽日初其他学术论著的看法。特别值得注意的是,黄宗羲先谈了他本人对于"朱子之教"的独特看法:

> 夫朱子之教,欲人深思而自得之也。
>
> 尽发藏书而读之,近二十年胸中空碍解剥……然吾心之所是,证之朱子而合也,证之数百年来之儒者而亦合也。嗟乎! 但不合于此世之庸妄者耳。①

由此二条可知,其一,黄宗羲将"朱子之教"诠释为"自得之学";其二,黄宗羲在研读刘宗周著述之后,逐渐形成自己的观点,且认为与朱子相证而合,与数百年来的儒者相证也合。也就是说黄宗羲认为其"自得"之说是合于朱子的。由此而再看他对恽日初之学的评价:

> 格物之解,多先儒所未发。盖仲升之学,务得于己,不求合于人,故其言与先儒或同或异,不以庸妄者之是非为是非也。

黄宗羲此处的观点与其为另一同门陈确所撰写的墓志铭的初稿"凡不合于心者,虽先儒已有成说,亦不肯随声附和"②很接近,他肯定了恽日初学术的价值,有诸多"发先儒所未发"之处,这种创见"不以庸妄者之是非为是非"。也就是说恽日初与陈确一样都有一种独立精神,不是人云亦云;恽日初治学"务得于己",重视自己的践履体验。

黄宗羲因为对恽日初《刘子节要》的不满,故而重新编撰了《蕺山学案》,也即后来的《明儒学案》的最后一卷。在其序中有对于高攀龙以及恽日初《刘子

---

① 黄宗羲:《恽仲升文集序》,载沈善洪主编《黄宗羲全集》第 10 册,第 5 页。
② 黄宗羲:《陈乾初先生墓志铭(初稿)》,载沈善洪主编《黄宗羲全集》第 10 册,第 358 页。

节要》与《高刘两先生正学说》的评说。先看其论高攀龙：

> 今日知学者，大概以高、刘二先生并称为大儒，可以无疑矣。然当《高子遗书》初出之时，羲侍先师于舟中，自禾水至省下，尽日翻阅，先师时摘其阑入释氏者以示羲。后读先师《论学书》，有答韩位云："古之有朱子，今之有忠宪先生，皆半杂禅门。"又读忠宪《三时记》，谓："释典与圣人所争毫发，其精微处，吾儒具有之，总不出无极二字；弊病处，先儒具言之，总不出无理二字。其意似主于无，此释氏之所以为释氏也。"即如忠宪正命之语，本无生死，亦是佛语。故先师救正之，曰："先生心与道一，尽其道而生，尽其道而死，是谓无生死。非佛氏所谓无生死也。"忠宪固非佛学，然不能不出入其间，所谓大醇而小疵者。若吾先师，则醇乎其醇矣。后世必有能辩之者。[①]

所谓"高、刘并称大儒"其实是恽日初在《高刘两先生正学说》等文中提出来的，黄宗羲表示认可，然而就陈龙正（1585—1645）与高世泰等编的《高子遗书》则说"阑入释氏"与"半杂禅门"，且强调是老师刘宗周的观点；他自己又摘录了高攀龙论释氏的话，以及殉节时"本无生死"这一佛语，刘宗周解释高氏之语为"尽道"，故"无生死"则为了"救正"。所以就杂禅问题来说，高、刘二人的高下很清楚了，黄宗羲看来"醇乎其醇"的儒门正学，当时只有蕺山学而已。再看此处论《刘子节要》，可以看作是对《论子刘子节要书》的补充以及最后定论，故语气更为强硬：

> 戊申岁，羲与恽日初同在越城半年。日初，先师高第弟子，其时为《刘子节要》，临别，拜于河浒，日初执手谓羲曰："知先师之学者，今无人矣。吾二人宗旨不可不同，但于先师言意所在，当稍浑融耳。"羲盖未之答也。及《节要》刻成，缄书寄羲，曰："子知先师之学者，不可不序！"嗟乎！羲岂能知先师之学者。

---

① 黄宗羲：《蕺山学案》，载黄宗羲：《明儒学案》卷六二，沈芝盈点校，第 1509—1510 页。下同。

似乎是恽日初再三请求黄宗羲写序,而黄则已经指出其中涉及的"先师言意"存在问题,恽便要求"稍浑融",黄则"盖未之答"。最后文中又指出恽日初对于高、刘两先生,也是认识未明:

> 然观日初《高刘两先生正学说》云:"忠宪得之悟,其毕生黾勉,只重修持,是以乾知统摄坤能;先师得之修,其末后归趣,亟称解悟,是以坤能证入乾知。"夫天气之谓乾,地质之谓坤,气不得不凝为质,质不得不散为气,两者同一物也。乾知而无坤能,则为狂慧;坤能而无乾知,则为盲修。岂有先后? 彼徒见忠宪旅店之悟,以为得之悟,此是禅门路径,与圣学无当也。先师之慎独,非性体分明,慎是慎个何物? 以此观之,日初亦便未知先师之学也。使其知之,则于先师言意所在,迎刃而解矣。此羲不序《节要》之意也。惜当时不及细论,负此良友。

此处所引恽日初的话,当是重新概括的,故文字有出入。其一,黄宗羲认为"乾知"与"坤能"本当合一,故不可分先后;其二,强调高攀龙"旅店之悟"是禅门路径,而刘宗周"慎独"则重点不在"性体"而在"慎"的工夫。从此两点来看,恽日初"未知先师之学",而可惜黄宗羲当初并未与其细论,辜负了"良友"。也就是说,黄宗羲认为恽日初对刘宗周蕺山学的评价基本错误,这也导致了《刘子节要》编撰的种种问题,就其根本原因是黄宗羲不认同恽日初以东林学的思路来诠释蕺山学,也即不认同东林一系倡导朱子学、阳明学折中的学术理路。

关于此事,黄宗羲在《明儒学案》原序中的记述也可以作为补充:

> 岁己酉,毘陵恽仲升来越,著《刘子节要》。仲升,先师之高第弟子也。书成,某送之江干,仲升执手丁宁曰:"今日知先师之学者,惟吾与子两人,议论不容不归一,惟于先师言意所在,宜稍为通融。"某曰:"先师所以异于诸儒者,宗旨正在于意,宁可不为发明!"仲升欲某叙其《节要》,某终不敢。是则仲升于殊途百虑之学,尚有成局之未化也。[①]

---

① 黄宗羲:《明儒学案序》(原本),载沈善洪主编:《黄宗羲全集》第10册,第78页。

恽日初希望黄宗羲在"言意"上能够通融，其实是说在传播蕺山学之时"议论不容不归一"。恽日初认为，为了传承蕺山学，某些问题可以通融；而黄宗羲却认为，正是为了使蕺山学得以真正传承，所以在关键之处决不可迁就。黄宗羲对恽日初的再三批评就是因为学术宗旨最为关键，如果在诸如"言意所在"等要点上出了问题，那么学术的传承也就无从谈起了。他还指出恽日初为学的弊病就在于过于固执，"于殊途百虑之学，尚有成局之未化也"，结合上文《恽仲升文集序》，似乎对其"务得于己"的自得之学，也持保留意见了。

　　话虽如此，其实在刘门之中，黄宗羲对恽日初还是非常欣赏的，这一点一直都没有变过，这一点可以从他写给陈确的书信中看出来：

　　　　唯先师之及门，凋谢将尽，存者既少，知其学者尤少，弟所属望者，恽仲升与兄两人而已。此真绝续之会也。①

此信写于康熙十五年(1676)，也即黄宗羲与恽日初发生学术论辩的多年以后，特意提及对恽的"属望"，当非虚词。需要补充的是，陈确对恽日初也非常欣赏：

　　　　二十年同门兄弟，从未识面，白首相遇，良为慨然。连日获读雄篇聆快论，进我良多。临别又教以从事先生《人谱》，益为警切。至云"如对奕一事，恐亦非宜"，尤见因事寓诲之意，当敬为兄翁戒之。……先生门墙，零落殆尽，今其仅存者，要如吾兄之年德并茂，指难再屈。②

陈确此信约在康熙七、八年(1668、1669)之间，当时恽日初前往山阴而途径海宁，故而陈确得以读到恽之著述。陈确还强调刘门弟子的零落，仅存之人当中如陈、恽"年德并茂"则"指难再屈"。因为在此书信中，陈确还提到"已约张考兄至澉湖，图更聚首"，似乎在他眼中，另一同门张履祥并非"年德并茂"之列，那就可以说，在刘门之中陈确真正认可的似只有恽日初了。陈确《大学辨》系列中也有

①　黄宗羲：《与陈乾初论学书》，载沈善洪主编：《黄宗羲全集》第 10 册，第 158 页。
②　陈确：《与恽仲升》，载陈确：《陈确集》文集卷三，第 125 页。

回复恽日初的一通，其中说"荷长兄赐教，拳拳切切，虽父兄之教子弟，无过此者"①，在众多同门的论学书信之中，陈确对恽日初表示了一份特别的认可。

六、从恽日初看东林、蕺山二系

恽日初之为学，发端于东林，又归结于东林，仅在其中途受到刘宗周蕺山学的影响，故真正支撑其学术的还是东林学。

张履祥其实也曾与恽日初有过会面，他也将其之为学，系于东林、蕺山之间：

> 延陵恽仲升兄，年已高，于锡山、山阴两先生之学，所称深造而自得之者。将于归途特留信宿就正，念今遗老无多，先生必所欲见，特此附闻。②

这是张履祥写给当时嘉兴的学者施博（易修，1572—?）的信，因为恽日初即将路过嘉兴，故介绍这位刘门高第给施博。多年后施博有信给黄宗羲，其中说：

> 惟承贵同门诸兄下交者十数，述先生言行，不无详略。嗣闻尊兄寓石门，正欲撰趋左右，而驾已旋返。……昔年恽仲升兄便道过访同门张考夫兄，博幸与闻声咳，且得诵所作先生传，详尽有体，正可相与其肩师传。以尊兄与仲升兄，如孔门之曾、闵，或非余子可望耳。③

施博提到了当年恽日初曾过访张履祥，然后他也见到了恽日初。在他看来，黄宗羲与恽日初，如同孔门之曾子与闵子骞，属于刘门之中最为杰出者，而非其他弟子所能企及。事实上，恽日初在清初的学界也颇有影响，特别是《刘子节要》一书传播也较广，除了被《四库》收录外，还有如据他自己说曾听刘宗周讲

---

① 陈确：《答恽仲升》，载陈确：《陈确集》别集卷一六《大学辨三》，第607页。
② 张履祥：《与施易修》，载张履祥：《杨园先生全集》卷七，陈祖武点校，第210页。
③ 施博：《致黄梨洲》，载恽日初：《刘子节要附恽日初集》附录一，林胜彩点校、钟彩钧校订，第365页。

学的毛先舒(稚黄,1620—1688)就曾收到此书,从而得以进一步钻研刘宗周之学术。他说:

> 某行年近五十,每以不得闻道是惧,而今可与叩此者甚少,恒疑兹事渺焉中绝,今蒙示刘夫子《节要》,直是奇书。①

因为《刘子全书》编刊更晚,故恽日初刊行《刘子节要》对于刘宗周思想的传播有着重要的推动作用。故后人在评价恽日初时说:

> 时念台弟子实繁有徒,而浚恒求深,流弊不少,惟先生践履笃实,出处皎然,与钱塘沈兰先甸华、西安叶静远敦艮、桐乡张考夫履祥,并称刘氏功臣云。②

恽日初的践履、出处等方面与沈昀、叶敦艮、张履祥一致,故而都是"刘氏功臣"。其中沈昀常与张履祥往来,一般也被视为转向朱子学的刘门弟子。由此可见,将恽日初视为蕺山学派后学之中与刘汋、张履祥、沈昀等人一样为转向朱子学的一系,有一定的道理。

　　然而因为《明儒学案》的影响巨大,再加之《刘子节要》以及恽日初本人文集不易得,故学界对恽日初之学的认识往往停留在黄宗羲"未知先师之学也""于殊途百虑之学,尚有成局之未化"两句,以及《刘子节要》失却了师门宗旨等评价上。黄宗羲并不认为恽日初得蕺山学之真传,可见其师门护持之严格。赵园先生就认为黄宗羲对同门过于苛责,过甚其辞。③ 其实,若是将恽日初与黄宗羲的学术纷争仅仅停留在所谓刘宗周蕺山学之诠释权之争,则无法真正

① 毛先舒:《潠书》卷六《与恽逊庵先生书》,载《四库全书存目丛书·集部》第 210 册,第 734 页。毛先舒在向姜希辙索取《刘子全书》时曾说:"仆昔曾侍山阴之门,至今追忆模楷,常抱九原可作之思,倘得惠赐诸书,启瞆发蒙,将来仆于此中或小有所得,则岂徒山阴夫子之赐哉!"毛先舒:《潠书》卷六《与姜定庵书》,载《四库全书存目丛书·集部》第 210 册,第 738 页。

② 汤修业:《恽逊庵先生传》,载恽日初:《刘子节要附恽日初集》附录三,林胜彩点校、钟彩钧校订,第 380 页。

③ 赵园:《刘门师弟子:关于明清之际的一组人物》,载汕头大学新国学研究中心编:《新国学研究》第 1 辑,人民文学出版社 2005 年版,第 1190 页。

理解为什么黄宗羲一再提及其不愿为《刘子节要》作序一事。

　　黄宗羲真正的用意,其实就是贯穿于《明儒学案》全书的核心问题,也即朱子学、阳明学以及蕺山学三者之异同,而"先师言意所在"则是其中的焦点之一。黄宗羲本人其实是将蕺山学归入阳明学的谱系:"盖先生于新建之学凡三变,始而疑,中而信,终而辨难不遗余力,而新建之旨复显。"①《蕺山学案》作为《明儒学案》全书的殿后,也是因为使得王阳明(新建)的论学要旨重新凸显出来。现在学界一般也认为其属于阳明后学之中的修正一系。②

　　再来回顾恽日初对蕺山学的诠释,其与张履祥等人只想将蕺山学往朱子学一路诠释并不相同,恽日初是倾其全力去做朱子学与阳明学折中的工作,而这又是与其东林学的出身密切相关。一方面,恽日初编撰了《刘子节要》一书,其《近思录》的体例与"节要"的名称,都与东林学派以及朱子学密切相关;另一方面,又特意在《刘子节要》书后附上了他自己所作的《行状》以及《高刘两先生正学说》等文章,传递其对高攀龙与刘宗周二人学术的折中评定。恽日初对刘宗周蕺山学的评定,其实与其对"朱子晚年定论"的看法是一样的,其特点都是强调一个"悟"字,并在此基础上强调高、刘二子的会通;至于他本人所谈论的"格物"之学,核心的观点其实也是一个"悟"字,这些主要都是对东林学派新朱子学的发展。钟彩钧先生也是主张恽日初之学为"接近于东林学派的新朱子学"③,至于东林学派则诚如冈田武彦先生所说"归根到底秉持的是折中朱陆、取长舍短的立场","东林学是经由王学而产生的新朱子学"④。至于恽日初为什么坚持不顾黄宗羲的批评,采取朱王折中的学术倾向来诠释蕺山学,就是因为其东林之出身,朱王折中原本就是东林学的鲜明特点。至于黄宗羲,则在《明儒学案》中引述刘宗周的话说:"古之有朱子,今之有忠宪先生,皆半杂禅门。"⑤黄又说:"若如先生言,人心明即是天理,则阳明之致知即是格物明矣。

①　黄宗羲:《子刘子行状》,载沈善洪主编:《黄宗羲全集》第1册,第254页。
②　如杨国荣先生的《王学通论:从王阳明到熊十力》,将之作为阳明后学发展的重要一环。(杨国荣:《王学通论:从王阳明到熊十力》,华东师范大学出版社2003年版,第153页。)
③　钟彩钧:《恽日初思想及其背景》,载陈来、高海波主编:《刘宗周与明清儒学:纪念刘宗周诞辰440周年学术研讨会论文集》,第68页。
④　〔日〕冈田武彦:《王阳明与明末儒学》,吴光、钱明、屠承先译,钱明校译,重庆出版社2016年版,第346页。
⑤　黄宗羲:《蕺山学案》,载黄宗羲:《明儒学案》卷六二,沈芝盈点校,第1509页。

先生之格物,本无可议,特欲自别于阳明,反觉多所扞格耳。"①由此可知,东林一系的朱陆折中之说,正是刘宗周与黄宗羲所批评的。

　　总之,恽日初作为绾合东林、蕺山二派的纽带人物,无论其编撰《刘子节要》的学术活动,还是相关文章所透露的学术主张,其实都是为了将朱子学与阳明学加以折中,以便其在东林学的理路上弘扬蕺山之学。再就本文的讨论,可对蕺山学派的分化提出新的认识,恽日初其实与完全转向了朱子学且对东林学派尊朱的不彻底持有批判态度的张履祥一系是极为不同的。故于蕺山学派之分化而言,恽日初则必当单独列为一支。

·

---

① 黄宗羲:《东林学案一》,载黄宗羲:《明儒学案》卷五八,沈芝盈点校,第 1402 页。

第十二章　转向朱子学的弟子

"子刘子既没,宗旨复裂。"①关于蕺山学派的分化,大多学者认为以张履祥等转向程朱之学的一派为代表。这一派的人数众多,除了张履祥,还有吴蕃昌、沈昀、叶敦艮、恽日初等人。其中恽日初,本书将之列入东林、蕺山之间,故已在上一章中做了探讨,此处则分析其他四位与蕺山学、朱子学之关联。因为张履祥、吴蕃昌、沈昀,还有第十四章作重点展开的陈确都是浙西人,而叶敦艮在将蕺山学传之三衢之前曾有浙西之漫游,故本章亦可作为蕺山学传于浙西一带之概述,涉及浙西的刘门弟子如何聚会、如何论学,特别是对刘宗周及其学术的理解等问题。

第一节　张履祥:"尊朱辟王"的"刘氏功臣"

张履祥(1611—1674),字考夫,号念芝,学者称杨园先生,浙江桐乡人,著有《备忘录》《训子语》《补农书》等,后人编为《杨园先生全书》54卷。关于张履祥与其师刘宗周之间思想学术的承继关系是最有待于说明的问题,全祖望的《配享碑》并未将其收录,然董玚的《蕺山弟子籍》则有收录。② 杨凤苞(1754—1816)与严元照(1773—1817)都认为全祖望之所以不录张履祥,还是出于门户之见。比如杨凤苞就说:"杨园之学专宗朱、程,痛斥陆、王,虽于师门为转手,然其践履敦笃,粹然无疵,固国初大儒。"③还说全祖望所谓"予卑定诸弟子中,其有负盛名而不得豫配享"这一句"特为杨园设也"。也就是说,除了私淑于黄宗羲的全祖望,绝大多数的学者都认为张履祥是刘门的重要弟子。

---

① 黄宗羲:《刘伯绳先生墓志铭》,载沈善洪主编:《黄宗羲全集》第10册,第314—315页。
② 董玚:《蕺山弟子籍》,载吴光主编:《刘宗周全集》第6册,第615页。
③ 杨凤苞对碑文的批注,参见全祖望:《鲒埼亭集》卷二四《子刘子祠堂配享碑》,载全祖望:《全祖望集汇校集注》,朱铸禹汇校集注,第448页。

对蕺山学,张履祥确实作了偏向于朱学的诠释,并以是否符合正学来选编《刘子粹言》,因此后人认为其于师门有"补救"之功。明清之际"由王返朱"的学术转型,张履祥的"尊朱辟王"思想起了重要的推动作用,因而被评为"辟王学的第一个人",甚至"朱子后之一人"。毕生从事处馆与农耕的乡野儒者张履祥,也因为其学术与道德而成为刘门弟子之中最早入祀孔庙的圣贤。①

与刘宗周以及黄宗羲等人不同,张履祥中年以后转向了程朱理学。那么师事于刘宗周,对张履祥又产生了哪些影响?比张履祥稍晚的陆陇其,在《松阳钞存》中记述吕留良的评论:"考夫虽师念台,而不尽从其学。"②张履祥虽然师从刘宗周,但治学路径却从王学转向朱学,所以吕留良称其并不尽从刘宗周之学。张履祥晚年的重要友人凌克贞(1620—1690)则说:"先生生于明季,少时向道,闻山阴刘先生为海内学者所宗,往受业于门。先生德器温粹,陶淑于山阴,更觉从容。归而肆力于程、朱之书,学益精密,识益纯正。"③凌克贞虽然认为张履祥转向程朱而学术更加"纯正",但也看重其师事刘宗周一节具有"陶淑"之功。吕留良与凌克贞二人看法略有不同,可见刘宗周对于张履祥的影响究竟如何,在当时就难以评说了。

一、张履祥与刘宗周

(一) 问学蕺山

师事于刘宗周,当是张履祥一生之中的重大事件。虽然他在刘门的时间不到三个月,但是师徒之情却很深,刘宗周对其思想的发展也有很大的触动。

崇祯十六年(1643),刘宗周被革职为民,回到蕺山继续他的讲学活动。第二年,即甲申年的二月,张履祥偕同好友钱寅(1614—1647)正式到山阴蕺山,问学于刘宗周。④ 问学之余,张履祥又选择《愿学记》之中的条目求教,归家后将

---

① 参见张天杰:《张履祥与清初学术》第2章,浙江古籍出版社2011年版,第33—69页。
② 陆陇其:《松阳钞存》卷下,载陆陇其:《陆陇其全集》第10册,张天杰主编,中华书局2020年版,第320页。
③ 凌克贞:《杨园先生全集序》,载张履祥:《杨园先生全集》卷首,陈祖武点校,第5页。
④ 苏惇元:《张杨园先生年谱》,载张履祥:《杨园先生全集》附录,陈祖武点校,第1496页。

刘宗周给予的评点等抄录为《问目》一书。这年冬，又以续得之语寄呈，之后抄录为《甲申冬问目》。张履祥在山阴逗留两个多月，经常陪侍于刘宗周的身边听讲、论辩，涉及的主题有静坐、坐下工夫、功利之习、人心道心、立命之说、禅学、举业等等。① 从蕺山回来，张履祥携带有《人谱》《证人社约》等书出示门人。是年夏四月，张履祥又开始记录《言行见闻录》。② 其首条即记载与刘宗周之言论：“山阴刘先生曰：世人以六尺为性命，吾人以性命为六尺。”③在此书之中陆续记录与刘宗周相关的就有 36 条之多，从问学的情况到刘宗周的言行等，都有详细记述，其他刘门弟子的言行也是此书记述的重点。从此书可见，张履祥对于刘宗周正可谓念兹在兹了。

　　顺治二年(1645)闰六月，清军攻占杭州，张履祥听闻刘宗周绝食 23 日而卒之后，痛哭不已。④ 其后，张履祥即与同门友人商议祭祀之事。顺治九年(1652)冬，张履祥亲自到山阴祭刘宗周，又应同门友人陈确与吴蕃昌之约，求得刘宗周的遗书、遗像带回浙西。顺治十七年(1660)，张履祥 50 岁时，在早年的《问目》之后写下跋语：“此甲申仲春，执以求教先师之册也。……今去此十六七年，过失多于前时，学问益负初心，抚此沮光，用深悲叹。哲人既萎，问业无门，徒有惘惘没齿而已。”⑤他感叹先师辞世十六七年了，但是自己过失仍多，学问也有负于先师之处，可惜再也没有机会问学了。

　　总之，作为刘门高第的张履祥，对先师刘宗周一直念念不忘。张履祥所作的《上山阴刘念台先生书》《先师年谱书后》《告先师文》，以及在与同门友人叶敦艮、吴蕃昌等的书信之中，都有提及老师刘宗周对于他的影响，即便是到了人生之暮年，提及先师刘宗周，仍旧十分恭敬。康熙十年(1671)，张履祥病逝前三年，他在与吕留良的信中说：“年来燕居，深念先师遗训：‘非其义所出，一箪之食不可受于人。’”⑥可谓一日为师，终身敬之。

　　问学蕺山，对于张履祥的思想发展来说，影响非常深远。除去前面已经提

---

①　张履祥：《言行见闻录一》，载张履祥：《杨园先生全集》卷三一，陈祖武点校，第 870—966 页。
②　苏惇元：《张杨园先生年谱》，载张履祥：《杨园先生全集》附录，陈祖武点校，第 1496 页。
③　张履祥：《言行见闻录一》，载张履祥：《杨园先生全集》卷三一，陈祖武点校，第 870 页。
④　苏惇元：《张杨园先生年谱》，载张履祥：《杨园先生全集》附录，陈祖武点校，第 1497 页。
⑤　张履祥：《问目》，载张履祥：《杨园先生全集》卷二五，陈祖武点校，第 698 页。
⑥　张履祥：《与吕用晦六》，载张履祥：《杨园先生全集》卷七，陈祖武点校，第 199 页。

及的之外，最为重要的还是经过刘宗周的指点，张履祥对于道学的体认得到了升华。他曾说："吾自见刘先生后，自信益笃。"[1]他在与老师的书信中说：

> 今岁春得见夫子。不以祥之不肖，不足以辱至教，反复启诲，诚哉天地父母之心，惟恐一物之不得其生成，一子之弗克肯构也。且于祥所出以质之夫子者，多见许可，益勉以弗生退阻。临行谆谆，复以体认动而无动，静而无静为言。退而思之，涣若发蒙，于前所谓志帅、致知、立诚、主静种种功夫，一旦会归于一，真有怡然理顺之乐。[2]

张履祥首先感佩刘宗周的"反复启诲"，真是"天地父母之心"，刘宗周的教育拳拳在于成人成物，而无一毫功利之心。临别之时刘宗周又教以动静之处的体认，这些讲解，使得张履祥对于"志帅、致知、立诚、主静种种功夫"的体认进一步深化，"一旦会归于一，真有怡然理顺之乐"。刘宗周具有统合性的学术使得张履祥多年的研习得以打通，可以说起到了"陶淑"之功。

　　之后，张履祥与刘宗周还有不多的几次书信往来，继续问学。刘宗周去世之后，通过对于《人谱》等刘宗周著述的反复研习，张履祥进一步领悟蕺山学的精华。比如，顺治二年（1645）刘宗周给张履祥的回信中曾说："今乾坤何等时，犹堪我辈从容拥皋比而讲道论学乎？此所谓不识人间羞耻事者也。仆是以入山惟恐不深，求死惟恐不速矣。"[3]刘宗周认为乱世不适宜讲学，也不应轻易接受拜师，这些都为张履祥所接受。张履祥终身不愿受人一拜，宁可处馆授书也不愿像晚明学者那样公开讲学，可以说刘宗周的教导，影响了他一生。

（二）对蕺山学的"补救"

　　张履祥虽然在思想学术上受到了刘宗周的影响，但是后来却没有沿着心学一系继续发展。随着明朝的灭亡，刘宗周的去世，面对风俗、人心的败坏，究竟应该选择什么样的学术来实现儒者的抱负？张履祥与同门的陈确、黄宗羲

---

① 张履祥：《愿学记二》，载张履祥：《杨园先生全集》卷二七，陈祖武点校，第740页。
② 张履祥：《上山阴刘念台先生书》，载张履祥：《杨园先生全集》卷二，陈祖武点校，第22、23页。
③ 刘宗周：《答张生考甫》，载吴光主编：《刘宗周全集》第3册，第495页。又见《上山阴刘念台先生书》附刘先生复书，载张履祥：《杨园先生全集》卷二，陈祖武点校，第24页。

都有各自不同的看法。张履祥选择了"由王返朱",与其老师之间的差异越来越大,对"慎独""诚意"等"师说",张履祥后来也有了不同的理解,对蕺山学进行了偏向于朱学的诠释。张、刘学术上的分别,主要即在于如何看待王阳明。张履祥曾说:

> 延陵同学语予曰:"先师于阳明,虽瑕瑜不掩,然未尝不深敬。而子何疾之深也? 得毋同异?"予曰:"何伤乎? 孔子大管仲之功,而孟子羞称之,彼一时,此一时,道固并行而不悖也。"①

刘宗周仍敬重王阳明,认为王学是瑕不掩瑜;张履祥则几乎全盘否定王学。为何有如此巨大的差别? 张履祥将此与孔、孟对管仲的不同评价相比,原因就是"彼一时,此一时"。学者对于王学的态度,在不同的时期,有不同的表现,这也有一定的道理。到了张履祥的后半生,面对明清鼎革的乱世,世道人心更非刘宗周生活的晚明时期可比,所以也就不得不进行更为彻底的批判。这一阶段张履祥的思想状况,从 20 多年后他自己对《问目》的自批中也可以看到。这一自批作于他的晚年,张嘉玲(佩葱,约 1640—1674)问学之时。② 在《问目》许多条目的自批中,有"言致知而不及格物,则汩没于'良知'而不觉者也""当时于朱子之书未尽读,故所见如此"以及"亦不脱'良知'二字"③等,可以看出张履祥一意程朱之后,对于师从刘宗周这一阶段仍然不能脱去王学阴影而有所不满。

后期的张履祥对刘宗周学术的看法,较为集中地体现在《告先师文》之中。其中说:

> 本朝至隆万以后,阳明之学滋敝而人心陷溺极矣! ……先生起而立诚以为教,本之人极,以一其趋,原之慎独,以密其课,操之静存动察,以深其养,辨之暗然的然以要其归,而复敦之以践履,闲之以名节,使高明之士既得与闻乎至道,而谨厚者亦得循循于绳墨之守。盖世儒之为教也,好言

---

① 张履祥:《备忘四》,载张履祥:《杨园先生全集》卷四二,陈祖武点校,第 1163 页。
② 何商隐:《问目小识》,载张履祥:《杨园先生全集》卷二五,陈祖武点校,第 705 页。
③ 张履祥:《问目》,载张履祥:《杨园先生全集》卷二五,陈祖武点校,第 687—697 页。

本体而先生独言工夫，多逞辞辨而先生率以躬行，崇尚玄虚而先生示以平实，先立同异而先生一以和平。①

这里所说的"独言工夫""敦之以践履"以及"平实""和平"等，并不完全符合刘宗周的学术性格，但完全符合张履祥本人的学术性格，或者说完全是张履祥心目中的刘宗周形象。还有，康熙六年（1667）他 57 岁之时写给同门叶敦艮的书信之中的一段话，也可以作为代表。他说：

> 夫先生所示为学之方，居敬穷理之目也。所示用力之切，慎独之旨也。盖世之学者，务外好夸，腾口无实，袭"良知"之诡辨，以文其弃义嗜利之奸，其归至于决名教而鲜廉耻。……故与学者语，但举程、朱之教，使之主敬以闲其邪，穷理以求其是。②

张履祥认为刘宗周的学术还是在发展程朱的"居敬穷理"，刘宗周的立教是以程、朱之教的主敬、穷理来矫正王阳明"良知"之学，从而端正名教，避免王阳明良知之学的种种弊病。这就与黄宗羲所概括的刘宗周学术主旨有很大的差异了。

张履祥的学术越来越倾向于程朱之学，对于先师学术的解释也越来越倾向于程朱一系，他还从自己的学术立场出发，编了一种刘宗周语录的选本，"于刘先生遗书中采其纯正者，编为《刘子粹言》"③，这里的"纯正"当指符合于程朱。此书后人雷铉（1696—1760）评说："辑《刘子粹言》，于师门有补救之力。"④可惜《刘子粹言》现已失传，无法判断其所谓"纯正"的具体情形。

同样为了师门的维护，以及对蕺山学应当如何来传承，张履祥与黄宗羲、陈确有着不同的看法，这主要体现在刘宗周"遗书"刊行的问题上。张履祥与另一转向朱子学的同门吴蕃昌之间曾有讨论。张履祥说：

---

① 张履祥：《告先师文》，载张履祥：《杨园先生全集》卷二二，陈祖武点校，第 635—636 页。
② 张履祥：《寄赠叶静远序》，载张履祥：《杨园先生全集》卷一六，陈祖武点校，第 484 页。
③ 苏惇元：《张杨园先生年谱》，载张履祥：《杨园先生全集》附录，陈祖武点校，第 1496 页。
④ 雷铉：《张先生履祥传》，载钱仪吉：《碑传集》第 10 册卷一二七，中华书局 1993 年版，第 1738 页。

　　　　先师著述极富,不忍不传,然亦不必尽传。要当择其精要者先行,其
　　　余则存乎力与夫事势而已。濂溪、明道著书不多,道理未尝有亏欠处,书
　　　之存亡备缺,与身之出处进退,亦只一般。大行不加,穷居不损,君子自有
　　　定分,全不系乎区区之间也。若以资后学之阶梯,则守其一言,通其一书,
　　　足以上达无难,亦无俟读其全书也。①

张履祥提出老师的"遗书"不必全部刊行,选择有助于后学的精要部分即可。
后来他自己得到刘宗周"遗书"之后也不轻易示人,他说:

　　　　《年谱》领到,当谨藏之,以为仪鹄,非一二深交之友,不敢出以同看。
　　　祸乱以来,忧患良切,向有先师《奏疏》一部,亦未尝多以示人,其中于时无
　　　所忌讳,但道学二字已为举世唾骂之资,可以读此书者几人哉?②

他认为刘宗周的奏疏之中有"无所忌讳"的言论,一般人读此书容易产生不良
影响,而刘汋所编的《年谱》也会涉及材料取舍是否合适的问题。同样,关于是
否要读刘宗周"语录"的全本,张履祥的看法也与众不同。他说:

　　　　士友间,多有求刘先生《语录》全本看者。予谓只要实能从事,不必求
　　　多。即若《塾规》所示一二语,如:"常思一日之间不负三餐茶饭否?"及"力
　　　矫浮薄之习,当以宽厚温恭为载道之器"。且试猛省:做得来做不来,行得
　　　尽行不尽。③

张履祥对于刊行、研读刘宗周"遗书"的看法,都是从如何更加有助于后学的践
履出发的,所以才提出"不必尽传""不必求多"等观点,认为只要在日用之中"实
能从事""守其一言,通其一书",就足以下学上达、成圣成贤。
　　所以说,张履祥对于蕺山学的所谓"补救",当是出于对于不同时世、不同

---

① 　张履祥:《答吴仲木八》,载张履祥:《杨园先生全集》卷二,陈祖武点校,第54页。
② 　张履祥:《答吴仲木九》,载张履祥:《杨园先生全集》卷二四,陈祖武点校,第677页。
③ 　张履祥:《备忘二》,载张履祥:《杨园先生全集》卷四〇,陈祖武点校,第1100页。

思想背景的考量,需要选择不同的道德践履理论,故而有意为之的结果。正如有学者指出:"张履祥的师从刘宗周非但无妨于,甚至有助于其从事程朱之学。这或许应部分地归因于刘宗周思想的复杂性。宗朱、宗王截然二分,对于其时的士人,已不尽适用。"①

二、从"主静"到"主敬"的转向

张履祥在为学上的"由王返朱",就理学工夫论而言则表现为从"主静"到"主敬"的转向。

一直到师从刘宗周时期,张履祥都在讲求"主静"工夫,早年"尝为'良知'之学十年"。他曾经就此事上书刘宗周询问:"壬午,读《濂溪集》,则求所谓'主静'之说,得之白沙之言:'动亦静,静亦静,无将迎,无内外。'心知其然,然亦未能亲切也。"②张履祥在明亡之后,渐渐从王学转向朱学,开始批判陈献章的"主静"之说:"尝思陈白沙阳春楼静坐三年,因而有得,不知三年之中,人伦事物阙失几许。果其有得,当自痛悔往不可追,而复沾沾色喜,持以教人,是诚何心哉?"③他批评陈献章津津乐道的"阳春楼静坐三年",认为离群索居而静坐,就会忽视了人伦日用,这是舍本求末。他还特别指明"主静"工夫的危害:"窃见近日学者多言未发之中,及寂然不动,及洗心退藏等功夫,及考其平日言语行事之际,其当理者甚鲜。"④"主静"在未发之中用工夫,追求"寂然不动""洗心退藏"等效果,但是日用之中都不能当理,这些都是"主静"工夫的流弊。

张履祥认为"主静"是释氏或者近于释氏的陆王一系的工夫,而"主敬"是从孔子一直到程朱的儒家工夫。他说:"儒者主敬而不主静,故其效至于动而无动,静而无静。释氏主静而不言敬,故其流至于空虚无用。"⑤因此,张履祥也就有必要就周敦颐等先儒所说"主静"工夫做出自己的解释。对此他在与友人

---

①　赵园:《刘门师弟子:关于明清之际的一组人物》,载汕头大学新国学研究中心编:《新国学研究》第 1 辑,第 199 页。

②　张履祥:《上山阴刘念台先生书》,载张履祥:《杨园先生全集》卷二,陈祖武点校,第 21 页。

③　张履祥:《答徐重威八》,载张履祥:《杨园先生全集》卷一四,陈祖武点校,第 411 页。

④　张履祥:《答张佩葱二十七》,载张履祥:《杨园先生全集》卷一二,陈祖武点校,第 328 页。

⑤　张履祥:《答姚攻玉》,载张履祥:《杨园先生全集》卷一二,陈祖武点校,第 353 页。

的书信中有详细的解说：

> 先儒所谓"主静"，非收视返听，断绝思虑之谓也。先立乎其大者，而其小者不能夺，则虽酬酢万变，而主宰不乱，所谓一也。故周子谓"主静"，而必先云"定之以中正仁义"。夫中正仁义，非由外铄我也。此心之良，自无不中正仁义者。但此心不能自主，则外物之感便有客胜主人之患。所以涉于纷华，纷华足以悦之；入于习俗，习俗足以溺之。然而此心之良，终无灭息之理，虽甚梏亡，未尝不随感而见，所谓恻隐、羞恶、辞让、是非之端，在在可以识取。方其此心之见，炳然一念如日之方中，种种凡情习态，自无处窃发，无处遁藏，诚有如兄所云"面目俱非"者。但此后功夫不能恒久，是以随得随失，如电之光一过而不复存也。夫恒久功夫非有他也，不过随在体认此心而已。使此心之所存主与所应用，一于理而不杂以欲，正所谓"静，固静也"。《大易》之"行其庭，不见其人"，其妙正在上下敌应，而不相与也。①

张履祥认为周敦颐所说的"主静"，并不是心学一系所谓的"收视返听"摈弃外在的声色，以断绝内在的念想，而是要求学人先去树立此心之中正仁义，从而避免纷华或习俗等外物扰乱内心。中正仁义本来就在我们的内心，即王阳明所说的良知。不过张履祥认为所谓的良知，并不能由内心自主，一方面良知容易受外在影响，即"涉于纷华""入于习俗"就会有变化；另一方面良知"终无灭息之理""在在可以识取"，一直都在内心随时随处可发。并且，"主静"就只是初学阶段的工夫，如电光一过而不能恒久。真正需要做的工夫还是随时随处"体认此心"，让心有主有用，即"一于理而不杂以欲"，能够和谐处理人伦日用的种种事物。对于程颢之所以赞许学人静坐，张履祥接着解释说：

> 程子见人静坐，辄叹善学。特为初学之士，终日驰逐，而无休息之期，故假是以为收敛身心之资，而非谓静坐之足以尽学也。兄试思之，在家则有父母、兄弟、妻子、仆御之人，与夫仰事俯育之事，推而达之乡党，则有乡

---

① 张履祥：《答姚林友二》，载张履祥：《杨园先生全集》卷八，陈祖武点校，第213—214页。

党之人与乡党之事，朋友则有朋友之事。其自亲戚宗族，以至朝廷邦国，此身之酬应，有一日可谢去否？不可谢去，可得静坐否？若必以静坐而后得静，方其视听言动时，将终无所谓静乎？此周子所以有"动而无动，静而无静"之言，而复断之曰"无欲故静"也。无欲则一于理，一于理则山林市朝一也，独居群处一也，终日视而未尝视也，终日听而未尝听也，终日言动而未尝言动也。如是则任物之来，而莫不有以顺应之，又何精粗、大小之别乎？《大易》所谓"动静不失其时，其道光明"，盖以此也。不知出此，而欲却动以求静，非至于桎梏，而使其心冥顽不灵，则有危厉熏心之患，所谓非徒无益而又害之也。

程颢所赞许的静坐，张履祥也认为是针对初学，作为收敛身心的一种工夫。初学者往往兴趣强烈、广泛，终日驱驰、追逐于此，静坐则是让人静下心来反思所学并进行调息的一种工夫。但是作为社会之人，在家里乡党、朝廷邦国，都有各种各样的事情，不可能也不应该一一谢去而去静坐。所以，张履祥说："主于敬则自无欲，无欲则不期静而静，静固静也，动亦静也。"儒者真正的功夫还是在于人伦日用，"主敬"能够协调动静，通过"无欲则一于理"从而达至"动而无动，静而无静"的境界，不提"主静"而静在其中。"无欲则一于理"即"主敬"，"主敬"工夫是实现无欲而合于天理的关键。通过张履祥的解释，把"主静"统一到了"主敬"之中，也就化解了"主静"与"主敬"之间的矛盾。

张履祥在与同门朱静因的书信中，总结先儒工夫论思想的时候就说：

> 近读先正之书，所三复不忘于日用功夫，最为切要者，独有数语。其一曰"但得心存斯是敬，莫于存外更加功"；……其一曰"独立孔门无一事，只留主敬是功夫"。[1]

孔门的日用工夫只有"主敬"，对于二程的工夫论，张履祥也这样概括："程门'居敬'，是彻上彻下工夫。"[2]"居敬"是真正的工夫，也是贯通"下学"与"上达"的关

---

[1]　张履祥：《与朱静因》，载张履祥：《杨园先生全集》卷二，陈祖武点校，第25页。
[2]　张履祥：《备忘录遗》，载张履祥：《杨园先生全集》卷四二，陈祖武点校，第1213页。

键。所以他十分关注前人对于"主敬"的论述,"尝欲集四书、五经言'敬'处作一卷,朝夕诵之"①。在他那里,"主敬"工夫更注重于"动",主要落实于人伦日用的实践之中:"习最难变,气最难平。用力克治,只克不去,只缘持敬功夫不密。"②学者要改过错、去恶习、除邪气等,都必须从"主敬"工夫做起。他还说:"有感必有应,感应之际,道由此起,所以有感有应者道也。虽未感未应,道无乎不在,故曰:'不可须臾离。'唯主敬可以凝道。"③道无时无处不在,也就必须时时处处践履"主敬"工夫。正是因为"主敬"充分体现了道的实践性,张履祥才由"主静"转向"主敬"。

三、对阳明学的批判以及"尊朱辟王"思潮的兴起

(一) 对阳明学的批判

张履祥曾应何汝霖(商隐,1618—1689)、吕留良之邀,评点王阳明《传习录》,他对阳明心学的批判主要就集中在《传习录总评》《备忘录》以及一些与友人的书信之中。陈梓认为他评《传习录》,能够"洞揭阳儒阴释之隐,以为炯鉴。……障姚江之澜,直穷其窟"④。这一说法,为晚清理学家唐鉴(1778—1861)的《清学案小识》⑤所采纳,应该说张履祥对阳明心学的批评还是颇为全面而深刻的。

第一,从为学上批判:骄吝诳人、排黜程朱、三教一门。对王学的批判,张履祥首先抓住了王阳明为学态度的不严谨,认为其学术往往有骄吝、诳人等弊病。在《传习录总评》中就批评其"骄吝":

> 一部《传习录》,只"骄吝"二字可以蔽之。姚江自以才智过人,又于二氏有得,逞其长以覆其短,故一意排斥儒先。盖思《论语》曰:"如有周公之

---

① 张履祥:《备忘四》,载张履祥:《杨园先生全集》卷四二,陈祖武点校,第 1163 页。
② 张履祥:《备忘三》,载张履祥:《杨园先生全集》卷四一,陈祖武点校,第 1155 页。
③ 张履祥:《备忘三》,载张履祥:《杨园先生全集》卷四一,陈祖武点校,第 1148 页。
④ 陈梓:《张履祥小传》,载张履祥:《杨园先生全集》附录《节录诸家评论》,陈祖武点校,第 1528 页。
⑤ 唐鉴:《清学案小识》,商务印书馆 1935 年版,第 22 页。

才之美,使骄且吝,其余不足观也已。"世以陆、王并称,实则不同。王较陆尤多欺己诳人之罪,其不能虚己逊志,则一而已。①

这里张履祥引《论语·泰伯》之中的话来说骄吝,朱子对此的解释即矜夸、鄙啬,如果学者的治学态度流于"骄吝",那么"其余不足观"。为学过分自以为是,以自己意思代替圣人意思并且以此欺骗他人,学术也就无所谓学术了。骄吝的源头,就是学者的私心,"姚江著书立说,无一语不是骄吝之私所发。又其言闪烁善遁,使人不可把捉,真释氏之雄杰也"②。在张履祥看来"骄吝之私"不是儒者的传统,而是佛教的特点,正因为"骄吝",王阳明不能"虚己逊志",才会"诳人",才会"排黜程朱""阐扬异教"。

对王阳明的为学,张履祥批判得最为激烈的就是"排黜程朱",即王阳明以一己之私意对程朱之学加以排斥、罢黜。王阳明"排黜程朱"的一个证据,就是所谓的《朱子晚年定论》。对此,张履祥在《传习录总评》中有过评论:"年之晚与不晚,论之定与不定,考之年谱自见。即此,姚江欺己诳人之罪,虽有仪、秦之辨,不能为之解矣。"③在他看来,王阳明的《朱子晚年定论》是以自己的意思去选择朱子的文章,造成朱子晚年倾向心学的假象。其治学态度的不严谨,在这里已经明白无疑了。王阳明"排黜程朱"的另一个证据就是《古本大学》。张履祥认为:"复《古本》,是姚江一种私意,大指只是排黜程朱以伸己说耳。"④王阳明试图通过《古本大学》与《朱子晚年定论》对宋明理学的学统进行改造,其中的治学态度确实也存在着弊病,给反王学的士人留下了把柄。

张履祥批判王学为学态度的另一问题就是"三教一门",他说:

　　闪烁变幻,总不出"知行合一"之旨。"不排"二字,是三教一门本领。所论往往首是末非,或末是首非,或首尾俱非中间是,或首尾俱是中间非,正所谓假窃近似以文其奸也。岂知本领不是凭他覆盖掩饰,终不得而隐其情也。⑤

---

① 苏惇元:《张杨园先生年谱》,载张履祥:《杨园先生全集》附录,陈祖武点校,第1514页。
② 张履祥:《备忘四》,载张履祥:《杨园先生全集》卷四二,陈祖武点校,第1173页。
③ 苏惇元:《张杨园先生年谱》,载张履祥:《杨园先生全集》附录,陈祖武点校,第1514页。
④ 张履祥:《上山阴刘念台先生书》,载张履祥:《杨园先生全集》卷二,陈祖武点校,第25页。
⑤ 苏惇元:《张杨园先生年谱》,载张履祥:《杨园先生全集》附录,陈祖武点校,第1514页。

王阳明有出入二氏的为学经历,对佛教、道教的理论有所吸收,带有三教合一的倾向。在治学过程中,因为吸收了各种思想资源而有"学之三变""教之三变"之说。所以在张履祥看来,王阳明所论有"首是末非"等问题,王阳明在儒学中夹杂二氏,虽尽力"覆盖掩饰",但还是"不得而隐其情"。这里所反映出来的还是王阳明治学不够严谨,而使得学术越来越不纯正,如从阳明后学来看,张履祥所指出的这些弊病确实存在。

第二,从学理上批判:排斥穷理、直捷径省。对于阳明之学的学理,张履祥也有精辟的批判,他认为王学之弊关键处在于排斥"格物穷理",吸收释老而形成了"直捷径省"的工夫论,即好走捷径而提倡直接去体悟良知、天理。在张履祥看来,这是晚明以来学术、风俗败坏的真正根源。阳明学在工夫论上"好直捷""乐径省",这弊病在太平盛世、质厚君子还不严重,到了明末乱世,其祸害就明显起来了。张履祥说:

> 近世学者,祖尚其说,以为捷径,稍及格物穷理,则谓之支离烦碎。夫恶支离则好直捷,厌烦碎则乐径省,是以礼教陵夷,邪淫日炽,而天下之祸不可胜言。①

他将礼教与风俗的败坏都归之于王学,也许还值得另作探讨,但是"直捷径省"的工夫论确实是王学走向末路的关键。

不仅如此,张履祥还指出王学工夫论来自佛道"异教":"非信姚江也,信其言之出入于释老,而直情径行,可以无所顾忌,高自许可,足以目无古人也。"②具有"直情径行"或"直捷径省"特点的工夫论,与王阳明"排黜程朱""三教一门"的为学态度相关,但关键还是对于本体与工夫的独特看法。王阳明"直捷径省"的依据就是"吾心自有天则",在王阳明这里,天理被纳入内心,"吾心"成为衡量天理的唯一标准。这一理论,弊病很多。张履祥就指出:

> 姚江"良知"之学,其精微之言,只"吾心自有天则"一语而已。夫人性

---

① 张履祥:《与何商隐一》,载张履祥:《杨园先生全集》卷五,陈祖武点校,第 111 页。
② 张履祥:《与吴裒仲四》,载张履祥:《杨园先生全集》卷一〇,陈祖武点校,第 287 页。

本善,以为天则不具于吾心不可也。然人之生也,有气禀之拘,有习染之迁,有物欲之蔽,此心已非性之本然,故曰:"人心之不同如其面也。"夫子之圣,必至七十,然后从心所欲不逾矩。亦谓天则未能即此心而是,故须好古以敏求耳。今以未尝学问之人,而谓吾心即是天则可乎?①

他认为,因为气禀、习染、物蔽等影响,人心与天则之间有一定的距离,盲目地说标准就在自己内心,其弊端还是很明显的。所以张履祥指出,以外在的天理而不是以内在的良知为准绳,因为人心往往不同而多变,作为规则难以确定。他在反思自己从事王学经历之后说:"吾前时亦为良知之学,于今思之,虽无私心,却多不合天理。"②人心与天理之间还是不能等同,人心与天理等同,就会造成"直情而径行":"'良知'之教,使人直情而径行,其敝至于废灭礼教,播弃先典,《记》所谓'戎狄之道'也。"③张履祥不但将王学比作"异教",而且还是"戎狄之道"。所以王学流行就会"废灭礼教",甚至"今日邪说暴行之徒,莫非自托于'良知'之学,究其立身,寡廉耻,决名教,流祸已极"④。立身之败、家国之亡都成了王学"流祸"。

第三,结合学术史批判:霸道之学。张履祥对王学的批判,除了在为学与学理上进行剖析外,也结合了理学学术发展的历史,指出其深层的根源:

朱子精微,象山简率,薛、胡谨严,陈、王放旷。今人多好象山,不乐朱子,于近代人物,尊陈、王而讪薛、胡。固因人情便简率而苦精详,乐放旷而畏谨严;亦缘百余年来,承阳明气习,程、朱之书不行于世,而王、陆则家有其书,士人挟册,便已沦浃其耳目,师友之论,复锢其心思,遂以先入之言为主。虽使间读程、朱,亦只本王、陆之意指摘其短长而已。谁复能虚心笃志,求所为穷理以致其知,践履以敏其行者? 此种习尚不能丕变,窃忧生心害事之祸,未有艾也。⑤

① 张履祥:《答沈德孚二》,载张履祥:《杨园先生全集》卷四,陈祖武点校,第85—86页。
② 张履祥:《备忘录遗》,载张履祥:《杨园先生全集》卷四二,陈祖武点校,第1202页。
③ 张履祥:《备忘三》,载张履祥:《杨园先生全集》卷四一,陈祖武点校,第1138页。
④ 张履祥:《答沈德孚二》,载张履祥:《杨园先生全集》卷四,陈祖武点校,第86页。
⑤ 张履祥:《备忘三》,载张履祥:《杨园先生全集》卷四一,陈祖武点校,第1143页。

张履祥非常细致地梳理了宋明理学的发展历程,认为理学一系是从朱子的精微到薛瑄、胡居仁(敬斋,1434—1484)的谨严;心学一系则是陆九渊(象山,1139—1193)的简率到陈献章、王阳明的放旷。发展到了明代中晚期,因为"人情便简率而苦精详,乐放旷而畏谨严",就造成程、朱之书不行而陆、王之书流行。明代中叶学风的转变,一方面是学术本身,而另一方面是社会风气、人情之变化使然。到了明末清初如果学风不能有新的转向,"生心害事"就没有一个尽头了。张履祥还把陆、王之学定性为霸道之学:

> 治道有王霸,学术亦有王霸。陆象山、王阳明,儒家之桓、文也。霸者,尊周攘夷,名义岂不甚正?一时岂不有功于生民?然于王道,不啻珷玞之于美玉也。①
>
> 百余年来,学术晦暝,邪说暴行塞乎天地,入于膏肓。窃谓姚江之教,如吴、楚称王,蛮夷猾夏,僭食上国。②

他认为在这百多年之中,陆王之学盛行而"僭食"了程朱之学,这就像春秋时期的齐桓公、晋文公以尊王攘夷的纯正名义去蚕食周王的天下,程朱之学就是王道,则陆王之学就是霸道,甚至是如吴楚为蛮夷一样,已经是异类、异教了。到了晚明则"今日之言,不归王则归陆",天下已经被蚕食殆尽,几乎"入于膏肓"。

(二)"尊朱辟王"思潮之兴起

张履祥的时代,已经产生了总结明代学术教训的必要,"应必有大贤之士起而任斯道之责,揭日月于重渊,而使之复旦者"③。或者说张履祥自己也是以这样的人物自期,他也确实为之努力并且取得了一定的成就,他对于王学激烈而深刻的批判,有力地推动了"尊朱辟王"之风的兴起。张履祥作为"清儒中辟

---

①　张履祥:《备忘录遗》,载张履祥:《杨园先生全集》卷四二,陈祖武点校,第 1199 页。
②　张履祥:《答沈德孚二》,载张履祥:《杨园先生全集》卷四,陈祖武点校,第 87 页。
③　张履祥:《答沈德孚二》,载张履祥:《杨园先生全集》卷四,陈祖武点校,第 87 页。

王学的第一个人"①,自己却以明之遗民自居,隐居乡里而"声誉不出闾巷"②,其著作也只有《备忘录》等有少量的传抄、刊行。其"尊朱辟王"思想,主要通过其友人吕留良,影响了被称为"本朝理学儒臣第一"③的陆陇其,由民间而入官方,从而有力地推动了"尊朱辟王"思潮的发展。

吕留良是张履祥晚年的重要友人,从康熙八年(1669)到康熙十三年(1674),张履祥在吕家处馆,一边教学,一边与吕留良一起从事学术活动。对吕留良的后半生来说,张履祥是影响最为深刻的人物之一。钱穆先生曾指出,吕留良人生的前期:"课儿读书于家园之梅花阁,与鄞县高旦中、余姚黄梨洲、晦木兄弟、同里吴自牧、孟举诸人以诗文相唱和。"后期则是:"归卧南阳村,与桐乡张考夫、盐官何商隐、吴江张佩蒽诸人,共力发明宋学,以朱子为归。"④吕留良人生的前后期虽不能说截然不同,但也相去甚远。与另一刘门弟子黄宗羲交游之时,其"尊朱辟王"趋向不很明显,对吕留良与黄宗羲交恶一事,大多学者认为主要就是因为学术上的分歧,吕留良从偏向黄宗羲所笃信的王学立场,转向了程朱之学。吕留良与张履祥交往之后,二人共同从事"尊朱辟王"的学术活动,其中最重要的是吕留良敦请张履祥评点《传习录》,可惜此书后来遗失,仅在《杨园先生年谱》中辑录有《总评》和《评晚年定论》二篇。桐城派学者方东树认为:"自朱子而后,学术之差,启于阳明。而先生闲邪之功,其最切者,莫如辨阳明之失。惜所评《传习录》不见,然就其总评及集中所论,皆坚确明著,已足订阳明之歧误矣。"⑤可见张履祥评点《传习录》,对于"尊朱辟王"意义重大。因为晚明以来,程朱之书难以寻觅,张履祥就力劝吕留良刊刻程朱遗书:"先生馆语水数年,劝友人门人刻《二程遗书》《朱子遗书》《语类》及诸先儒书数十种,且同商略。迄今能得见诸书之全者,先生力也。"⑥除了刊刻先儒遗书之外,张履祥还提出选编《朱子近思录》一书,即"取《朱子文集》《语类》两书,选定编辑,录

---

① 梁启超:《中国近三百年学术史》第9章,载梁启超:《梁启超全集》第12集,汤志钧、汤仁泽编,第398页。
② 左宗棠:《张杨园先生〈寒风伫立图〉跋后》,载左宗棠:《左宗棠全集》第13册,林鸣凤等整理,岳麓书社1987年版,第290页。
③ 吴光酉、郭麟、周梁等:《陆陇其年谱》,诸家伟、张文玲点校,中华书局1993年版,第1页。
④ 钱穆:《中国近三百年学术史》,九州出版社2011年版,第77页。
⑤ 方东树:《重编张杨园先生年谱序》,载张履祥:《杨园先生全集》附录,陈祖武点校,第1488页。
⑥ 苏惇元:《张杨园先生年谱》,载张履祥:《杨园先生全集》附录,陈祖武点校,1512页。

其最切要精粹者"①,可惜张履祥只编辑出部分选目就去世了,后来吕留良继续进行补辑,其子吕葆中刊刻了《四书朱子语类摘钞》等书。

陆陇其通过吕留良而受到张履祥的间接影响。康熙十一年(1672),陆陇其与吕留良会于嘉兴,据《陆陇其年谱》记载:"先生访吕石门于禾郡,彼此恨相见之晚。一时往复,皆关学术人心。"这次会面吕留良就曾论及张履祥的学术。在康熙二十六年(1687)四月,陆陇其偶然见到张履祥的《备忘录》一册,认为"其笃实正大,足救俗学之弊"②。当然吕留良本人对陆陇其的影响更大,据吴光酉《陆稼书先生年谱》所载,陆陇其40岁前后尚在朱王学术间徘徊,受吕氏学术影响方才成为朱学笃信者。这一点陆陇其本人也不讳言,在《祭吕晚村先生文》中说:"某不敏,四十以前,亦尝反复程、朱之书,粗知其梗概。继而纵观诸家之语录,糠秕杂陈,瑊玞并列,反生淆惑。壬子癸丑,始遇先生,从容指示,我志始坚,不可复变。"③与张履祥、吕留良这两位常年隐居乡里的遗民学者相比,跻身于清廷官场的陆陇其在"尊朱辟王"运动中发挥了更大的作用,他不但自己撰有《学术辨》《松阳讲义》等著作专门批判王学,还刊行了陈建的《学蔀通辨》、张烈的《王学质疑》。康熙二十二年(1683),陆陇其与持有朱、王调和态度的理学名臣汤斌,就"尊朱辟王"问题开展学术论战,二人之间既有当面的学术争辩又有多次的书信往来。④

从张履祥开始,经过吕留良、陆陇其的进一步发展,"尊朱辟王"运动的影响越来越大。晚清学者唐鉴《清学案小识》将陆陇其、张履祥同列传道学案卷一,认为经过他们的力辨"而后知阳明之学,断不能傅会于程朱"⑤。到了康熙朝中期,程朱之学成为学术正统而王学则渐趋式微,乾隆朝编撰的《四库全书》就极少收入清初的王学著作。

关于转向朱子学的刘门高第,后人曾说,恽日初与"钱塘沈兰先甸华、西安叶静远敦艮、桐乡张考夫履祥,并称刘氏功臣云"⑥,而在这四位有朱子学转向

---

① 张履祥:《训门人语三》,载张履祥:《杨园先生全集》卷五四,陈祖武点校,第1484页。
② 吴光酉、郭麟、周梁等:《陆陇其年谱》,诸家伟、张文玲点校,第151页。
③ 吴光酉、郭麟、周梁等:《陆陇其年谱》,诸家伟、张文玲点校,第94—95页。
④ 吴光酉、郭麟、周梁等:《陆陇其年谱》,诸家伟、张文玲点校,第88、97页。
⑤ 唐鉴:《清学案小识》,第3—4页。
⑥ 汤修业:《恽先生日初传》,载恽日初:《刘子节要附恽日初集》附录三,林胜彩点校、钟彩钧校订,第380页。

的刘门高第之中,则又当以张履祥为核心人物。

第二节 吴蕃昌:立德、立言"节孝两全者"

吴蕃昌(1622—1656),字仲木,浙江海盐人,吴麟征仲子,承祧吴麟征伯父司寇公吴中伟(1563—1631)宗嗣。① 吴麟征殉国难,吴蕃昌出入江淮戎马之间,扶枢而还;事嗣母查氏,孝敬尽礼,及居丧,水浆不入口四日;既殡,食粥不茹菜果,寝苫居庐不脱衰绖;比葬,呕血数升,哀毁不息而病;后弥困,比及小祥,卒于丧次。吴蕃昌著有《祇欠庵集》八卷,收录于《适园丛书》,与祝渊的《祝月隐先生遗集》并刊,"为孝义之准则"②。

一、吴蕃昌与刘宗周

吴蕃昌为明末大儒刘宗周入室弟子。他自述入蕺山学派之事曰:"蕃等以

① 吴中伟中万历戊戌(1598)进士,历任大行南司副、行人司右司副、刑部福建司员外郎、粤东按察司按察使、右布政、左布政、太仆寺少卿、光禄寺卿、大理寺少卿、都察院右金都御史、刑部侍郎、刑部尚书等职,"凡先后官阶三十有七转",吴蕃昌赞吴中伟曰:"公端亮醇和,神深气厚,具圣人之一体,膺天子之重命,出则植政丰时,端纪贞礼;退而行综隐懿,化感国人。尤艳称闻者,义激儒躬,临戎有绩,直鸣闲秩,摧恶方张,嗟公之德,可谓曰至。"(吴蕃昌:《祇欠庵集》卷四《先司寇公行略》。)吴麟征《为先伯考请谥揭》有言:"(吴中伟)结念在君父,而惟恐不毕致其忠贞;其实学在经济,而曾不少移情于夷险;其宝惜在节义,而兼能烛几,先于明哲。"(吴麟征:《吴忠节公遗集》卷二《为先伯考请谥揭》,第390页。)吴中伟之子吴麟趾(?—1632,号绿巢)因母丧,"笃孝毁性不胜丧,两月而卒",虽三娶,但俱无嗣后。因吴中伟喜爱吴蕃昌,且有"是吾孙也"之叹,宗人则以蕃昌承祧吴中伟宗嗣。崇祯壬申(1632)冬十二月十二日,"司李之兄进士秋圃公时备兵昆陵,以假还躬,束带率嗣孙告于公与绿巢先生之庙,嗣孙入慰,寡母出,奉槃匜,授衰杖,就位,答客拜。越月,以名闻。中丞大夫(吴麟瑞)上报天子,命。嗟乎,痛哉!是为不孝蕃昌也。"(参见吴蕃昌:《先司寇公行略》。)

② 张钧衡(1872—1927)跋《祇欠庵集》曰:"(吴蕃昌)师事山阴刘念台,癸巳后与张先生杨园及从弟志仁讲求程朱正学,务见躬行,作《日月岁三仪》以自范。又为《阃职三仪》,使家人遵守焉,属纩前一日犹与诸弟讲学不辍。著有《祇欠庵集》八卷,杨园先生为之铭,有曰'惟日孳孳,德义时懋,命赋有恒,志业未究'者,盖语其实也。见侃叔《续澉浦诗话》中有仲木《哀大树》诗五律,《自序》十章之一,为今集所无,恐遗佚,亦不少与《月隐先生遗集》并刊,以为孝义之准则。"(吴蕃昌:《祇欠庵集》卷末。)

中丞忠节为父,以山阴刘子为师,尚复委蕳濡躞为世姗笑矢,当鞭辟奉教有道。"①他还在《哭山阴先生文》中详细说明了入刘门的经过及对业师刘宗周学术思想的总体认识:

> 蕃之不肖,不克承祖父之教命而略知向往先生者,初亦震于其名而已矣。崇祯庚辰之春告于父兄,父兄许之,奉赆而叩焉。先生疾命朱子昌祚见之,授日新说,辞之归。癸未之秋再渡,则先生已赴先帝之召矣。甲申罹国大难,先忠节死之,亦犹先生之志也。而蕃摧毁之余,慕见先生逾笃,所闻训于祝子开美,往返传述者为多,已非徒震于其名矣。②

据吴蕃昌所言,他始因"祖父之教命"而向慕刘宗周的名声。此处所说的"祖父"当指吴中伟,而非吴麟征之父吴中任(号巨源,？—1626),原因有三:其一,吴中任平生未入仕为官,但以长子吴麟瑞有功而封文林郎、承德郎,后因仲子吴麟征殉国难而赠通议大夫、兵部右侍郎。③ 其二,吴蕃昌既然承祧吴中伟宗嗣,按照礼法,自当以吴中伟一脉为宗。其三,吴中伟曾于天启辛酉(1621)升布政、癸亥(1623)擢太仆寺少卿、甲子(1624)升光禄寺卿、乙丑(1625)晋大理寺少卿、丙寅(1626)推都察院右佥都御史、升刑部左侍郎等职,口碑甚佳。④ 而此时间段内,刘宗周曾任礼部仪制司添注主事(1621)、光禄寺添注寺丞(1622)等职,且在庙堂之上,清直敢言、抨击弊政、痛斥魏阉,甚至因此而"著革了职,为民当差"⑤;刘宗周与东林义士学人高攀龙、魏大中、黄尊素等密切交往,无不彰显铮铮儒士骨气;能悉心讲学、阐论名理,当时礼部尚书赵南星(1550—1628)即赞曰:"千秋间气,一代完人。世曰麒麟凤凰,学者康山北斗。"⑥可想而知,刘宗周

---

① 吴蕃昌:《祇欠庵集》卷一《答昆山徐氏兄弟书》。
② 吴蕃昌:《祇欠庵集》卷六《哭山阴先生文》。
③ 吴蕃昌:《吴麟征年谱》,第10页。
④ 据吴蕃昌《先司寇公行略》记载,吴中伟于天启朝当政时即得罪魏忠贤及其宦党,先是主张裁撤小黄门,后是闭门不见魏忠贤兄子魏良卿,进而不发尚膳监王体乾丧膳米,并救东林士人刘铎,势不与奸佞同流合污,仗义执重,甘足枯槁,无欺己心,无欺君罔上,度越时贤,口碑佳甚。吴蕃昌:《祇欠庵集》卷四。
⑤ 姚名达:《刘宗周年谱》,载吴光主编:《刘宗周全集》第6册,第293页。
⑥ 姚名达:《刘宗周年谱》,载吴光主编:《刘宗周全集》第6册,第289页。

在官士大夫阶层和士子学人阶层中影响之显耀。虽无直接证据表明吴中伟与刘宗周有学术交往或政见交流，但从他们任职之场域的交集中可推理吴中伟对刘宗周为学之道和为人之则的尊重与宣扬。故，吴蕃昌推出一段公案以明其入师门之缘起。

这里，吴蕃昌指出其入师门的时间在崇祯庚辰（1640）。是时，刘宗周的另一入室弟子朱昌祚接见吴蕃昌，并讲授《大学》"日新"之说。经由刘宗周其他弟子对蕺山学的阐论和发扬，加以吴蕃昌对刘宗周的亲身聆教和体认感悟，能够于"往返转述"之中，由单纯地对刘宗周人品之"向慕"转变为对蕺山学特质的体贴和信奉。因为在受教过程中，吴蕃昌深切地感受到业师教人的犀利和深刻，能从深根宁极处探赜人性本真，能让人"汗浃背而泗垂踵"。吴蕃昌说：

> 坐服丧不可以出，其冬十月谊当上疏南都，告先忠节死事状，始一遇先生于姑苏隐山。于是曳衰索苴竹以前谒，蕃哭，先生哭之。蕃拜，先生扶之。蕃辍孤子泪而引弟子之敬，先生许之，且勉以终身之图，坐不能以终一日，而蕃之汗浃背而泗垂踵也，有若死而复生者数焉。盖先生之言实有夺其魄而中其膏肓者然也。天乎痛哉，蕃自此知所归矣，未尝一刻不以先生左右为怀。[①]

吴蕃昌父亲吴麟征，亦为刘门弟子。吴麟征殉国难后，刘宗周痛哭流涕、感慨万千，并作《哭吴麟征文》。刘宗周之待弟子的真情实意与吴蕃昌之待乃父的真切情感[②]，息息相通，师徒间忠君爱国、舍身成义的壮举交织共融，便有了崇祯十七年（1644）十月，吴蕃昌与刘宗周相遇于苏州隐山，"蕃哭，先生哭之；蕃拜，先生扶之"之情景。

吴蕃昌与刘宗周坐而论道"不能以终一日"，却"汗浃背而泗垂踵"，有若死

---

① 吴蕃昌：《祇欠庵集》卷六《哭山阴先生文》。
② 吴蕃昌有《上先臣死节疏》，述说了吴麟征殉难始末，既表达对乃父"报国宁居人先，邀恩愿居人后"正气精神的感叹，又彰显乃父殉君节义的精神气概，进而乞恩："兹遇殊恩，例颁忧恤，然后敢碎头大泣谢，更陈私恫者，谓就义之烈，诸臣所同也，捍御之劳，臣父所独也。伏乞皇上怜臣父勤苦率先之劳，特行敕部申议，以志不泯，兼付史馆，永垂来世，则死者得慰而生者愈劝，臣愿捐养母之身荷及陷镇，死劝忠义，以报皇上，以从先臣于地下。"《哭山阴先生文》中所言的"其冬十月谊当上疏南都"之"疏"当指是疏。吴蕃昌：《祇欠庵集》卷一《上先臣死节疏》。

而复生,原因即在于蕺山之学思问辨能"夺其魄而中其膏肓",反映出刘宗周教学的严苛性和深邃性。黄宗羲《子刘子行状》在阐论蕺山学特性时指出:"从严毅清苦之中,发为光风霁月,消息动静,步步实历而见。"①哲学是有个性的,而哲学个性则因创构哲学体系之哲学家之生命和生活的个性感悟所决定,个体个人的个性彰显出哲学的个性。刘宗周"严毅清苦"的生命体悟造就其严密深邃的哲学个性,于家庭日用与乡国天下,自静止语默以至进退辞受,皆端肃庄严,"见之者无不不寒而慄";及至晚年,则造履益醇,涵养精粹,"诣力精邃,揭慎独之旨,养未发之中,刷理不爽秋毫,论事必根于诚意"②,为学教人"如坐春风中,不觉浃于肌肤之深"③。实际上,吴蕃昌还说,他曾请教于其他明末名贤,但皆未能使他"汗浃背而泗垂踵":"蕃之所以致痛慕于心胸而怅悼无穷者,又岂止于百年千载而已耶?蕃故尝震于其名而谒大人先生者也,漳海之黄公、会稽之倪公、娄东之张公,皆尝拜其言,奉其威仪,非不足以少振慑其私,而未能使蕃之汗浃背而泗垂踵也。"④透过吴蕃昌之言可看出蕺山学说的独特个性及学术影响力,更能证明刘宗周之"明末大儒"地位确是名不虚传。

二、节孝两全者

吴蕃昌在世时间不长,35 岁而卒,虽无"立功",却多"立德""立言"之事。其从弟复本⑤在《祗欠庵集·原叙》中指出:

> 先兄仲木幼龄颖异,走笔数千言,十六补诸生,弱冠遭国变,慨然有殉
> 君父之志。伯父责以为人后之义,乃不果。于是杜门谢客,弃举子业,锐志
> 于圣贤之事,发为古文诗歌,皆至性所流,不效儿女软媚态,而洋溢充满,

---

① 黄宗羲:《子刘子行状》,载吴光主编:《刘宗周全集》第 6 册,第 39 页。
② 邵廷采:《思复堂文集》卷七《请建蕺山书院公启》,载邵廷采:《邵廷采全集》,陈雪军、张如安点校整理,第 345 页。
③ 刘汋:《蕺山刘子年谱》,载吴光主编:《刘宗周全集》第 6 册,第 174 页。
④ 吴蕃昌:《祗欠庵集》卷六《哭山阴先生文》。
⑤ 吴复本,事迹不详,为张履祥门人。吴复本《杨园先生文集序》,载张履祥:《杨园先生全集》卷首,陈祖武点校,第 6 页。

如长江大河,机势浩瀚,又如生龙活虎,不可捉缚,虽苏轼父子亦不多让。诗曲折俊爽,悠然竟远,绝非凡响所及。……临殁之日,犹与诸弟讲学不辍,曰:"吾志在先公《年谱》后叙,行在《阃职二仪》,以不终丧为不孝。戒殓以丧服。三月即葬嗣父母冢侧。凡事悉遵家礼。"无一语及私事。呜呼,兄可为得正而毙者矣,可谓节孝两全者矣。即无文章之美,非所谓立德者哉?然后世思其人不可见,庶几于文章见之。①

吴蕃昌以忠孝节义名满天下,父殉国而己决意进取,一身不事二主,克己尽忠;嗣母查氏亡而悲伤过度,呕血而卒,至性尽孝。故其从弟赞吴蕃昌"得正而毙,节孝两全",此亦可谓"立德"。

吴蕃昌为父请谥而彰显忠孝节义精神。所谓"谥",吴麟征曾说:"谥以易名节,以一惠劾其言行事业之贞邪,而以两字阳秋之,使陈力者闻而企,兢进者闻而悚,不待赏罚,而贤不肖皆劝焉。"②据《吴麟征年谱》记载,吴麟征于万历四十六年戊午(1618)与长兄吴麟瑞同中举人③,天启二年壬戌(1622)中进士,三年癸亥(1623)受官司李江西建武,六年丙寅(1626)秋七月因父吴中任殁而丁忧,崇祯二年己巳(1629)补选司李福建莆阳,五年壬申(1632)辞莆阳,诏授吏垣给事,七年甲戌(1634)因上《请罢中官疏》和《罢缉事厂臣疏》得罪当道而辞官回籍,十一年戊寅(1638)三月补吏垣给事右掖,夏四月迁兵垣给事左掖,十二年己卯(1639)乞骸回籍,十三年庚辰(1640)秋八月移官刑垣左给事中,十五年壬午(1642)半载三诏入刑垣,十六年癸未(1643)四月诏受掌垣,十七年甲申(1644)三月初七,拜太常少卿,十五日奉命守西直门,十八日寅刻,德胜门破,李自成军入皇城,吴麟征遂弃西直门,入三元祠,二十日酉刻作《绝笔》,又《寄秋圃先生书》,忧江南有事;《寄从弟书》,明生平学文天祥"要穷就穷,要死就死"之志;《寄诸子》,教以读书明义理、崇俭朴,不能北面事人之义;并有《遗渊书》。④ 是时,

① 吴复本:《祗欠庵集》卷首《祗欠庵集·原叙》。
② 吴麟征:《吴忠节公遗集》卷二《为先伯考请谥揭》,第390页。
③ 据《年谱》载:"其年元旦,大人梦与伯父同种菊于家圃,数之,大人所植少三茎。已而九月并举,大人迟三年再捷。"虽然吴氏兄弟同中举,但麟征迟于长兄三年后中进士。吴蕃昌:《吴麟征年谱》,第29页。
④ 祝渊:《太常吴公殉节纪实》,载祝渊:《祝月隐先生遗集》卷二。

祝渊往视,二人遂诀别;酉刻,麟征投缳自经,慷慨赴死,从容就义;三日后祝渊为之含殓盖棺,但仍白髯戟张、凛冽如生。

弘光朝议赠为"兵部右侍郎",议祭"四坛",议谥"忠节",议葬"所须属有司营理全具",议祠"祠祭京师,春秋俎豆无阙",议祠名"旌忠",议恩"先曾王父母及母淑人诰命如大人官",议荫"一子入监读书"①,清朝赐谥"贞肃",②为清顺治皇帝所表彰前代 20 位忠臣之一。吴蕃昌对南明王朝对麟征之赠谥有些不满,曾两次上书兵垣议郎,探讨封谥过程中存在的不公。在《上南都议郎蒋公书》中,吴蕃昌申明吴麟征在四方面比其他殉难诸臣之节义精神更为突出:"无如先大夫忠""无如先大夫勇""无如先大夫劳""无如先大夫有成绩"③。正因如此,吴蕃昌自觉南明王朝对乃父之封谥不公平。

南明王朝为风厉忠臣名节而赠谥殉难死节诸臣,但其封谥过程又表现出不公平和不合理之处,吴蕃昌总结出 12 条"不解",是对南明朝廷封谥的疑问与诘责:其一,以受恩深浅论,小臣之死难于大臣;以奉职劳逸论,小臣之报恩繁于大臣。吴麟征殉节时唯七品官,但忠心可鉴、事功可彰,朝廷却分尊卑亲疏议谥,是"以生时恬退之操,灭死际节烈之义"。其二,蝇营狗苟之臣必无仗节死义,但凡仗节死义者则虽小臣匹夫、愚夫愚妇亦可为之,封谥不当论列"死"之大小,奖"死节"亦非仅奖大臣,否则无从褒扬"单人匹士、愚夫贱妇激烈之忠"。其三,太常、大理为同等阶公卿,但以凌公义渠④为大臣,以吴麟征为庶僚,分别等级,则不可解。其四,同为庶僚之王公章⑤因"城守"而死事则论列于大臣,麟征亦奉命守西直门,且以土石填门,功绩卓越,却不论列为大臣,则不可解。其五,以城陷死则可谓慷慨,以守城未陷而从容死,麟征之举同样为"忠",朝廷不以"事功"仅以是否"遽死"为判,固然城守有异、官位有异,但不可以城陷者贤于不陷者、以侍御之死贤于奉常大臣之死而重死贵守,显失公允。其六,煌煌大

① 吴蕃昌:《吴麟征年谱》,第 209—210 页。
② 《明史》卷二六六《列传》第一五四,第 6858 页。
③ 吴蕃昌:《祇欠庵集》卷一《上南都议郎蒋公书》。
④ 凌义渠(1591—1644),字骏甫,乌程人,天启五年进士。城破时,闻帝崩,负墙哀号,触柱而披面流血,尽焚平日所好之书籍,具绯衣拜阙,作书辞父,自经殉节。赠刑部尚书,谥忠清,清朝赐谥忠介。《明史》卷二六五《列传》第一五三,第 6852—6854 页。
⑤ 王章(?—1644),字汉臣,武进人,崇祯元年进士。农民义军陷京师,王章守阜成门,为人刺杀。赠大理寺卿,谥忠烈,清朝赐谥节愍。《明史》卷二六六《列传》第一五四,第 6863—6865 页。

明王朝进士众多，但国破殉节之士并不多，①南明朝廷亦惜爵封谥，唯寥寥20人，"不以为少，反以为多"，国家当于死节贤才畀之厚秩，而非廷疑不决。其七，朝廷疑以死明忠者，且锱铢必较，进罪几何，加官荫子几何，且动援成例，则不能劝忠明节，实为荒谬至极。其八，朝廷视国破殉国者高于殉封疆者一等，又视帝死殉帝者高于殉国者一等，则朝廷所评断者"既不能援前例以为名，又不忍虞后例为再见"，事出吝惜蹊跷之举。其九，国破大难既成，南明朝廷虽不为臣子叙劳，但当于中兴方艾之始，宜以死节励天下人心、以守城励天下人事，切不可以死节为得已、以守城为无稽而涣散人心。其十，封谥议者不能尽详忠节之士之节义生平，有人谥以为"忠"，有人谥不得"忠"，有人表其生平而曰"正"，有人则被略其生平而概为"节"，甚至有人并"节"亦不可得而曰"愍"，表彰封谥之标准尚不完备。其十一，有的忠节之士被赠官三级，有的则是一级，甚至有的是原官，吴麟征即是封原官而未有赠级，究其缘由，则以其任官未久，但他官或如司农亦任官未久却遽赠为内阁，朝廷封谥明为"褒扬死忠"，暗则"复行黜陟之事"。其十二，封谥本是严肃之事，朝廷不当吝惜，而当以之为新朝廷攒名器、立朝纲，然则庙堂上下门户党援，借封谥而行饱私囊，争论升迁，则朝廷负愧忠节之名。②

　　实质上，吴蕃昌所列12条"不解"非只是为乃父之封谥鸣不平，而是揭露南明朝廷对忠节之士的不尊重、对臣民节义气节的践踏和无视。南明初立，理当大奖特奖前代忠臣贤良以立朝纲、树正气，毕竟国破时申明大义而以死明忠之文臣仅24人而已，多褒奖、重褒奖是造就南明朝的福祉和实现新政之持久的重要举措。当然，奖掖臣僚、封谥殉难忠节义士应当有基本原则。吴蕃昌在《再上议郎蒋公书》中即指出，封谥的基本原则是"异同不可无也，异其所宜，异则不

---

① 吴蕃昌《漆者包君传》言："昔者豺狐入国，天宇晦暗，申大义者范文贞公（讳景文）、倪文正公（讳元璐）、李文忠公（讳邦华）、王忠端公（讳家彦）、孟忠贞公（讳兆祥）、施忠介公（讳邦曜）、卫忠毅公（讳景瑗）、朱忠庄公（讳之冯）、蔡忠襄公（讳懋德）、凌忠青公（讳义渠）、周文节公（讳凤翔）、马文忠公（讳世奇）、刘文正公（讳理顺）、许忠节公（讳直）、成忠毅公（讳德）、金忠节公（讳铉）、吴忠节公（讳甘来）、王忠烈公（讳章）、陈恭节公（讳纯德）、陈恭愍公（讳良谟）、汪文烈公（讳伟）、申节愍公（讳佳胤）、孟节愍公（讳章明）与先忠节公，文臣仅二十四人。"吴蕃昌：《祇欠庵集》卷四《漆者包君传》。

② 参见吴蕃昌：《祇欠庵集》卷一《上南都议郎蒋公书》。

求其同；同其所宜，同则不求其异"。① 即是说，于平日庙堂之上，人臣有官阶职别之差等，人人可殊分，"异其所宜"；但于国破效死尽忠之日，节义臣子殉国殉君，殊途而同归，"同其所宜"。服官虽有异，但忠义气节却相同。考虑到官阶差等，封谥时可以有所差别对待，但相同官阶之忠节义士之封谥不可有异；考虑到被封谥之人皆有忠义气节，封荫时可录一子而裨益世教，但不能因官阶之差等而封荫有异。于前者，吴蕃昌反对"宜异而反同将"的做法。他指出，臣僚生前自有名位声望，"就其生平之名位而加隆焉，旌之也，位高者高之，位卑者卑之，则高者无以致其旌曰'无等'。故因其爵第品秩，大臣庶僚之议所当属太宰定之"，但大臣与庶僚之等级仍相差异，"异而不嫌其异"，即是说，太宰议定封谥的忠节义士进爵品阶，可以有所不同，但南明王朝封谥 20 人，"独于李、倪诸公皆三级之，其余皆一级之"，以大臣三级之，以庶僚俱一级，是谓"宜异而反同将焉"。皇上悲痛人臣大节之不返，故求其生者封荫，所谓"去贤者不远，犹能体乃父之志"，皇上用大节人臣之子如其父嗣王，用其孙如其祖而明其事，以使忠臣之子孙祝悠绵长。本来，大节之臣子殉君之志同，殉君之事同，殉君之日同，中兴奖礼亦当同，但封荫过程中有人封荫子与孙，有人唯封荫子，如此则分别忠节臣子之死有不朽有速朽，显见有忠节臣子之子贤而孙不贤，有忠臣之子孙皆贤，且大臣与庶僚之封荫亦相异，结果是"徒令君恩有隆薄之嗟而后世延等殊之议"，此谓"宜同而反异之者"。② 忠节臣子其事同则其人不能有异；其扶植纲常以死尽忠之大端同，则对其生平定位亦不当有所异。

从根本上言，正是看到了南明新朝对待前朝忠节臣子的不公平封谥与赠荫之举措，吴蕃昌才决意进取。他在《上郑广文书》中说明自己不入南明新朝，不应科举考试的多层原因，其一："为文之资荒且顿。"吴蕃昌虽少时即能事章句，但房师屡钝而不能通诠疏解以助自己进步，早岁时又出奉祭器、承祧吴中伟宗嗣而远生父吴麟征之关怀，"渐越常矩，其视经传若奉大吏，面从心违，乐窥有韵之书，好为无稽之论，有司试诵帖括，应故事耳"，故为文之基不坚且不深。其二："为文之质痿且殆。"吴蕃昌身体素来羸弱，幼时有婴疾，又早涉人务，致使一切狼藉，神理而外蠲，不能自保惜啬；后遭国变，父死殉国难，行跣悲号，

---

① 吴蕃昌：《祇欠庵集》卷一《再上南都议郎蒋公书》。
② 吴蕃昌：《祇欠庵集》卷一《再上南都议郎蒋公书》。

恸哭厥绝，几不能生；又遇兵锋，流离失所，贱患多危苦，"床案间物指点舛乱，令觇者皆骇泣"，人不堪床榻起卧而无以属文章，甚或给友人做答书之气力亦无。① 其三，亦是最重要之原因在于，"人生免其所可为，委其所不能为，不待筹计自决决于寸心，不欺寸心则不欺死父，不欺死父则不欺当世"。② 吴蕃昌以为，在明末时代，倘若援引世卿之容而昒睨茵鼎之侧，必为卿大夫所辱。吴蕃昌之志不在功名利禄与笔墨之业，非盗父命而自以为高名。乃父麟征忠义殉国，然南明朝廷待之不公，即便是吴麟征立朝之时，亦受人排挤倾轧，但他"报国宁居人先，邀恩愿居人后"的正气精神时时激励吴蕃昌，在其位则谋其事，不在其位但求证心诚意，求得心体之澄明无碍，则能操寸心而下报先人。南明朝廷不足以风厉激劝后死诸公，亦无张恢复大义之举措，吴麟征持炯炯寸心侍帝于天上，若面对无所作为之南明小朝廷，则无以瞑目，吴蕃昌又岂会委身于其中？吴蕃昌之志体现在其所编《吴麟征年谱·后序》之中："人生不幸，至求死所尚，犹如此其难乎？不如其速返而负土石，开玄堂，立庙门，肖德像与邻翁父老伏腊奔走，子孙酹泣，以春以秋，庶几大人形魄无恙。"③因此，吴蕃昌焚制举书，谢人间事，操锄铦归墓田，入承老母，出事党里，无过恶与狂惑，重返初心。

吴蕃昌虽无杀身成仁之殉国壮举，但其不事科举、不忠二主的气概也表现出其极强烈的"节义"精神。同时，他为父吴麟征撰《年谱》，为先从大父吴中伟撰《先司寇公行略》，为叔父吴麟武（字玉书，晚号耐庵，1604—1648）撰《叔父兵部主政府君墓版文》，以及因嗣母查氏亡而悲恸自卒，皆展现了他的"孝义"精神。所谓"孝"，吴蕃昌以之为"合德于天，著义于地"之事。在他看来：

> 人受天地之命以立，子受父母之性以生，能通乎父母之性者即达乎天地。达天者，喜怒哀乐可以率天下万物。忠之德刚而其道顺，气近于天；孝之德顺而其理刚，气薄于地。合于天地者，其气可以万国，其神可以万世，

---

① 吴蕃昌指出："兄目眚不更作耶，凡见疾患之频仍间作者，多由积火所召。目之积火在足厥阴经，足厥阴者，肝也。肝蓄感愤而目掌缮阅，二者于兄不能息，又过之，愿自觉也。畴昔之夕，弟复中肺寒息贲不休非四三夕不可平，不答昨书以此。"吴蕃昌：《祗欠庵集》卷一《答彭子仲谋书》。
② 吴蕃昌：《祗欠庵集》卷一《上郑广文书》。
③ 吴蕃昌：《祗欠庵集》卷二《先大父年谱后序》。

天地亦倚人而不穷者。①

"孝"是天经地义之事，是上达于天下薄于地之举。父母生育了后代，后代之生命便自然得以保持与存养，后代有其属于自己的生命存在，后代之生命的养成，终究是前代生命的传延。从"生命"之无限延续而言，现实之自我生命与先在之父母生命，进而给以先在父母生命之更先在父母之生命，生命无穷尽，而其本质则是天地合德、阴阳化生。现实之人珍爱自我之生命，必体贴关爱给予自我生命之父母亲，亦必能体贴关爱父母亲之兄弟姐妹。现实自我生命有限，生命存在无限，对血缘亲属、相互关联之远近亲疏生命的关爱和体贴又是无穷。这正是一种"忘我之仁心仁性"，如同唐君毅先生所说："我自觉父母宇宙生我对我之为善行，而肯定此善行；念父母宇宙之能自超越以生我，我即报以我之自己超越，以孝父母宇宙，则为自觉之善行。"②《论语·学而》中有子即如是说："君子务本，本立而道生。孝弟也者，其为仁之本与！"撰著先人《年谱》《行略》《墓志铭》等，本质上是要传延祖宗先人的做人道理或治学精神。③ 个体人的肉体生命可以消逝，但人的精神正气不会消逝，而重要的载体就是对先人事迹行为的书写和总结。《论语·学而》："父在，观其志；父没，观其行；三年无改于父之道，可谓孝矣。"所谓"子承父业"之内核即是对父母祖辈理性精神的承续。就此而论，这种对先人理性生命的传延，才是最高贵品质的"孝"。

三、对蕺山学的阐扬

《论语·述而》："有德者必有言，有言者不必有德。"吴蕃昌有忠孝节义之仁德，亦能有一定立言而述志，虽非长命之人，但若假以时日，未必不成为道学名

---

① 吴蕃昌：《祇欠庵集》卷三《青山孝子祠记》。
② 唐君毅：《文化意识与道德理性》，中国社会科学出版社 2005 年版，第 32 页。
③ 吴氏家族以"忠孝"为先，南明王朝曾诏赐"一门忠孝"帜。吴蕃昌说："方监国之师画江而阵，荆国方公国安宜兴、郑公履谦屯兵瀣汜，复拜熊公汝霖为行。在大丞相时赴义公曹者，咸趋将帅以进，而公率妻子抵会稽，独谒丞相，涕泣陈事。丞相袖上其书，诏优答之，援兵主政，参丞相熊公军。公故辞，并上两兄报国状，诏赐'一门忠孝'帜以号其军，敦促视戎事。"吴蕃昌：《祇欠庵集》卷五《叔父兵部主政府君墓版文》。

家。整体而言,吴蕃昌立言主要体现在两个方面,即论"道学"和论"师说",皆有所自得和感悟。

　　吴蕃昌关于"道学"的思想主要体现在《答彭子仲谋书》中。彭孙贻(1615—1673,字仲谋)曾与吴蕃昌共创"瞻社",彭孙贻即刘门高第彭期生长兄彭长宜(字德符)之次子。从吴蕃昌答信内容可以看出,彭先写信给吴蕃昌,且对他有所诘难:

　　　　弟捧手而俟之矣,蒙兄垂诘,谓:"弟居今之世,不知所读者何书? 而讲者何道也?"弟敢敬对曰:"自此而往,欲毕其余齿以读者六经四子,犹布帛米菽,顷刻不可去之书。欲因之师友以讲者'朝闻暮息',于造次颠沛,须臾不能离之道。"其他大旨正无殊于兄之教我"辨邪正""晰义利"之数端。盖闻之非艰,惟蹈之艰,故且读且讲之耳。[①]

彭孙贻诘问吴蕃昌"读何书、讲何道",吴蕃昌则答书云其所读之书是"六经四子"之书,即儒家四书五经之书以及宋明理学周敦颐、二程、张载、朱熹、王阳明、刘宗周之书;所讲之道则是儒家"朝闻夕死"之道。在吴蕃昌看来,儒家之"道学"蕴于儒家经典之中,要明白何为"道",须精读细研儒家经典,于"读书"中体悟其中内蕴的哲学义理和人生哲理。儒家经典之书是古圣先贤哲学智慧、道德思辨、精神慰藉和实功实行的文字总结,是对过去的思想史、哲学史、道德史、文化史的历史概括。作为追求精神信仰、道德价值、义理规范的儒家知识分子,透视儒家圣贤所著经典文献,可体悟君子、圣贤人格之所在,能促进自我哲学思辨、道德追求、理想信念的完备和自觉。吴蕃昌业师刘宗周《读书说》即说:"圣贤之心,即吾心也,善读书者,第求之吾心而已矣。舍吾心而求圣贤之心,即千言万语,无有是处。"[②]儒家先贤著书立说为后世之人处事践履提供理论根基,读书者可从圣贤书中汲取精华,反思体悟,以形成自己的心得感悟。吴蕃昌已经注意到,由单纯读书到将书中之道理转化为自己的心得感悟,这本是"由知到行"的过程,只是"闻之非艰,惟蹈之艰"。现世之人,作为独立个体,

---

① 　吴蕃昌:《祗欠庵集》卷一《答彭子仲谋书》。
② 　刘宗周:《读书说》,载吴光主编《刘宗周全集》第 2 册,第 305 页。

接受和学习道理理念的方式不尽相同,对道理理念的理解更不尽相同,但每人心中总是有一个他所理解的"圣人"形象,只是这个形象到底就是那个普遍接受的至高至大至善的"圣人"吗?所以就有了"讲道",通过特定的"讲者"的各抒己见和"听者"的明辨晰理,多元的个体的"圣人"逐渐汇聚为真正的属于"道"体范畴的"圣人"形象。每个人可以不接受他,但真正的"圣人"真真切切在每个人的内心里,"讲道"就是把这个真正的形象在每个人的内心深处开拓出来。真正明白了道理,也就真正体会了"道"。

吴蕃昌心目中的"道"就是"修己之敬"。他说:

> 弟谓:人生入地以前,坠地以后,业术纷纭,要不能夺"修己之敬"如斯而已乎?则修己而文词著,如斯而已乎?则修己而事功,成功者,修己之效也;文词者,修己之华也。修己而不足于事功文词之间者,非其才则遇为之矣,未有能文词事功不修己而可与于圣人之途者也。贤者识其本其原,不贤者穷其流其枝,贵乎儒生诵书史道道理,不以身外之业先其身,不以心外之欲贰其心。卓荦哉,豪杰之举也,丈夫之志也,虽不敏,请事斯语矣。①

"敬"本为宋儒程颐致力为学之方法。他说:"涵养须用敬,进学则在致知。"②朱子释二程之学,强调"敬"的重要:"主敬以立其本,穷理以进其知"③,"持敬是穷理之本"④。在程朱理学,"敬"乃是"静时涵养"之道德修养工夫,其前提是"静"与"动"、"涵养"与"省察"之二分。人在进学之初,脚踏实地,实心践履伦理道德规范,在点滴事件中体认人性与天理。吴蕃昌业师刘宗周认为:"君子之学,言行交修而已。孔门屡屡言之曰:'不敢不勉,有余不敢尽','不敢'二字,何等慎着,真是战兢惕励心法。此一点心法,是千圣相传灵犀,即宋明主敬之说,穷此之谓穷理,尽此之谓尽性,至此之谓至命,不必另说天说性,作蛇足也。"⑤所谓

---

① 吴蕃昌:《祇欠庵集》卷一《答彭子仲谋书》。
② 程颢、程颐:《二程集·河南程氏遗书》卷一八,王孝鱼点校,第188页。
③ 朱熹:《朱子文集》卷七五《程氏遗书后序》,中华书局1974年版,第17页。
④ 黎靖德编:《朱子语类》卷九《学三·知行》,中华书局1986年版,第150页。
⑤ 刘宗周:《书·与以建四》,载吴光主编:《刘宗周全集》第3册,第302页。

"敬",是孔门千圣"相传灵犀","不敢"便是战兢惕励、谨微慎密、求真务实,便是"慎著"。"敬"是端庄检点、行事慎微,是要实现自我约束、自我规制、自我监督。

无疑,吴蕃昌接受了乃师的观点,时时保持"敬""诚"的心态,才会落实于真事功,事功者仅是修己之敬的"效果",文词者亦只是修己之敬的"装扮",未有内心之"敬",哪有身外之真事功? 不能倡明内心之"敬",无论文词如何华丽,则与精神境界之提升又有何意义? 吴蕃昌即指出尚事功者和务文辞者的弊病:"尚事功者便多骄兢之举,务文辞者亦有夸诩之言",惩前毖后、治病救人之方略则"诵书史通道理"而已。不过,真正挺立道学、构建道学体系的志士贤良,往往因"生不得遇时,死不能正命"①而无有功绩,道学家在其位必谋其事,必修己之敬,但又不为乱世宵小容纳接受,或隐退恬淡,或郁郁忍辱。宁要不能为现世所接纳的道学家,不要擅长辞藻华丽的文章学家,因为"诸大夫之外,自负其事功之雄盛,擅文章之愈,卒以鬻国瘝家、贻羞士党者比比试"②。不能因为道学家不能有所作为、不为现世所接纳而诟病其为"假道学",不能为之"为"与虚伪之"为"性质截然相反。只是,从学道的最终追求而言,宁可所学不为现世所重视,亦不可放纵自流而媚俗无耻,此之谓"君子之学",诚如《荀子·劝学篇》所云:"君子之学也,入乎耳,箸乎心,布乎四体,形乎动静",即"君子之学"在"为己",在正己而正人。

吴蕃昌之"志"便是学道学。他在《寿屠母六袟序》中指出:

小子蕃有母,其被教于母,寻恒不可计,凡大端则三进焉。亦自崇祯以上,蕃方孜孜营利禄,母则曰:"利禄非可营也,视若祖若父。"蕃拜受命,而所为营不衰。崇祯以降,将辞制举未决,母则曰:"善哉,宜辞,视若祖若父。"蕃拜受命而后决。久之,蕃遂志闻于道,俦谈其目,于母之侧。母则扶榻起而坐,瞿然曰:"若其心之乎? 拟口之乎? 恐若心不如其口云云也。道不可口也,亦视若祖若父。"蕃亟拜于床下,涕泣无从而垂言,感吾母之爱子愈进而愈迫也。③

---

① 吴蕃昌:《祇欠庵集》卷一《答彭子仲谋书》。
② 吴蕃昌:《祇欠庵集》卷一《答彭子仲谋书》。
③ 吴蕃昌:《祇欠庵集》卷二《寿屠母六袠序》。

君子之学非苟营利禄之学,亦非空口说谈之学,根本上是修己之学,是正心、诚意、慎独之学。实际上,吴蕃昌所坚守的道学、圣学就是儒家之学,是乃师的蕺山心学。尽管吴蕃昌聆听业师刘宗周授道之时日不多,但坚信蕺山之学上承孔孟、朱王,是真道学。他有如是断语:

> 孔孟殁可以有周程朱子,周程朱子殁可以有康斋文清,康斋文清殁可以有山阴刘子,刘子殁学固未可以一日绝于人心也,夫人人而传之矣。①

在吴蕃昌看来,宋明理学传承孔孟之学宗旨,只是核心话题有所转变而已,但从道学精神上说,从孔孟到刘宗周则是一脉相传。秦汉以降,尧舜孔孟之道逐渐湮灭,宋儒起而澄明之,如周敦颐之“精”、程颐之“纯”、朱子之“正”。孔孟之后,卓立天下后世之儒矩者为朱子,遵周、程而发尧舜孔孟大旨,其学畅谈“居敬”“穷理”,但久而久之,朱子理学之学者,“日狃于闻见诵习之常、文章功烈之末,又相惊沮于异学之高远,而下士乃自卑其道若以为不可,几性命之微者,则儒之为儒,亦何以自拔于狂疑之世”。② 理学之弊自然有待新学问以救正。修己之学本是探勘内在心体之至善与至纯的修悟之学、心学,非仅诵习文章、考据文辞之格致之学。当然,心学并不费文词章句,只是拘泥于文词章句,则不能求达内心之自然澄明与自由自在之心境。在吴蕃昌看来,幸有后起之姚江王阳明心学,“仰而思所以震群伦之长寐,追二氏之久假,而‘良知’之说出”③,对于解放思想、挑战文章辞句权威有振聋发聩之功用。一时才智之士瞆而听、疲而立,喜言儒者之学者以阳明之学甚捷且易归,阳明心学有如投丹石于垂殪之人,“为力也专,为效也速”。故而,阳明后学之王艮、王畿之辈,或流变为道德虚无主义,或流变为道德自然主义,刘宗周曾批评这两种不良倾向:“今天下争言良知矣,及其弊也,猖狂者参之以情识,而一是皆良;超杰者荡之以玄虚,而夷良于贼,亦用知者之过也。”④阳明后学叛圣违教、明哲保身、患得患失、放纵恣肆,且援佛入儒,论学或重本体不重工夫,或参之情识率性自然,终究不能挺

---

① 吴蕃昌:《祇欠庵集》卷一《答彭子仲谋书》。
② 吴蕃昌:《祇欠庵集》卷六《再告山阴先生文》。
③ 吴蕃昌:《祇欠庵集》卷六《再告山阴先生文》。
④ 刘宗周:《证学杂解》,载吴光主编:《刘宗周全集》第2册,第278页。

立人的道德主体性和自觉性，不能突显道德实践的必然性和必要性。要打破明末社会如此窳败的道德困境，扭转学儒士子的道德价值方向，必须有新思想、新观念、新价值的创生。[①] 而这个学术重任的承载者即是刘宗周。吴蕃昌说：

> 先生默以识之，问学不倦，躬行心得者四十年始有事于朱子之学，继有契乎阳明之学。既有疑乎阳明之学，终有合于朱子之学，而端"慎独"之旨以著其功，终归于"诚"以合体于天，而尧舜孔孟之道复大著于天下。
>
> 千百世而上，千百世而下，由蕃之愚不肖得，闻而知之者，朱子也；见而知之者，先生也。宋儒之道至朱子而始大明，儒之道至先生而始成，由朱子与先生之言而求之尧舜孔孟之道，犹天之可以阶而升也。[②]

事实亦如此，蕺山学"出入"宋明儒学，既"接着"宋明理学诸家的理、气、心、性诸理念演绎推理，又能"讲自己"对哲学理念的体贴和感悟，从三方面昭示了宋明理学的三个"向度"，即方法论上从"二分思维"到"圆融思维"，本体论上从"实性本体"到"生生道体"，知识论上从"体、用、文"分途到"德性闻见本无二知"。当然，蕺山学尚未实现对宋明理学的"全盘突破"，而是"接着"宋明理学讲，既总结了宋明理学，又凸显了新的思想发展方向。[③]

　　但是，从对蕺山之学上承孔孟、朱王之学术功绩和历史地位而言，吴蕃昌的论断是理性和客观的，只是，当吴蕃昌把业师蕺山学之学术宗旨概括为"慎独"，则略显用功不深。吴蕃昌说：

> 先生之学，"慎独"而已矣；先生之教，"慎独"而已矣；先生之道所以续千圣之绝学而不愧开来哲于万世而无弊者，"慎独"而已矣。由不肖蕃之所窥而浅言之，天之所以为天，人之所以为人，圣贤之所以为圣贤，六经四子书之所以为六经四子书，皆可蔽以一言曰"诚"，而"独"者，"诚"之体也；

---

① 张瑞涛、陶武：《证心以证人：刘宗周道德哲学探赜》，《学术界》2010 年第 11 期。
② 吴蕃昌：《祗欠庵集》卷六《再告山阴先生文》。
③ 参见张瑞涛：《"晚霞"与"曙光"：刘宗周与宋明理学的新路向》，载张瑞涛：《心体与工夫：刘宗周〈人谱〉哲学思想研究》，第 364—403 页。

"慎独"者,"诚"之功也。①

刘宗周为学凡三变,始从"主敬"入,中操功于"慎独",晚归本于"诚意"②,究竟以何为蕺山学思想主旨,已然成为一段公案。蕺山之学凡三变,从"主敬"入手,便是为学之初工夫践履上的战兢恪守、整齐严肃;中期专用"慎独",即是逐渐将先儒为学宗旨之动静、内外、中和、涵养省察等二分的工夫路向达致"合一",而以戒慎恐惧、静中涵养为用工之要;晚年归本"诚意",则是在对《大学》全新解释基础上,在对先儒哲学思想全面补偏救弊的过程中,以《大学》统摄《中庸》,以意主心,以性天之诚通合人性之意,在好善恶恶中求索至善自在。刘宗周"学"虽"三变","变"的是"为学之要",即每一时期为学之功的用功主旨,体现出为学工夫由不成熟到成熟、由不系统到系统、由"照着讲"到"自己讲"转变的阶段性特征。刘宗周虽"学"有"三变",然其"不变"的是工夫论的实质,即能够认定本体做工夫,且于工夫中体证本体,坚持即工夫证本体,达致"工夫与本体"合一的"真工夫"境界。从整体而说,蕺山学凡"三变"之"变"体现了蕺山学思明辨逐渐走向完备、为学之功逐渐达致成熟的"阶段性"特征,其本质是即工夫证本体,体现出"工夫与本体"合一的特征。③吴蕃昌未有阐论刘宗周诚意、慎独等哲学思想的篇章文献,无从知吴蕃昌如何诠释此等哲学理念,仅就其对蕺山学核心主旨的概括而言,则显见其学力不深而失之简略。

综上所述,刘门弟子吴蕃昌以"节孝两全",既能立德,又能悉心向道、接续师说而有所立言。唯天妒英才,吴蕃昌早逝,偌假以时日,虽不能保其自身之

---

① 吴蕃昌:《祇欠庵集》卷六《再告山阴先生文》。

② 蕺山之子刘汋《蕺山刘子年谱》指出:"先君子学圣人之诚者也。始致力于主敬,中操功于慎独,而晚归本于诚意。诚由敬入,诚之者人之道也。意也者,至善栖真之地,物在此,知亦在此。意诚而后心完其心焉,而后人完其人焉。是故可从扶皇纲,植人纪,参天地而为三才也。"而且,他以"诚意"概括蕺山为学主旨:"先君子之学,以诚意为宗而摄格致于中,曰:'知本斯知诚意之为本而本之,本之斯止之矣;知止,斯知诚意之为止而止之,止之斯至之矣。'"(《刘宗周全集》第6册,第173—174页。)黄宗羲《子刘子行状》亦看到了蕺山为学三变之特性,但以"慎独"为蕺山学主旨:"先生宗旨为'慎独'。始从主敬入门,中年专用慎独工夫。慎则敬,敬则诚。晚年愈精微,愈平实,本体只是些子,工夫只是些子,仍不分此为本体,彼为工夫,亦并无这些子可指,合于无声无臭之本然。从严毅清苦之中,发为光风霁月,消息动静,步步实历而见。"(《刘宗周全集》第6册,第39页。)

③ 张瑞涛:《"工夫用到无可著力处,方是真工夫":明儒刘宗周"学凡三变"阐微》,《国学学刊》2013年第4期。

学度越师说,但定能阐扬广大师说。吴蕃昌重节孝正气,不辱师门,亦不辱其父,明末蕺山学派重忠义气节之思想特质因吴蕃昌而进一步凸显,诚如张履祥所言:"永年非寿,永道为寿。"

第三节　沈昀:"风节殊绝"的独行之士

沈昀(1617—1680),字朗思,本名兰先,字甸华,浙江仁和(今杭州)人。曾撰有《宋五子要言》《四先生辑略》《四书宗法》《七经评论》《名臣言行录》《居求编》等书,可惜已经亡佚。因为贫困而未录副本,应扬谦所见不过数卷,等到全祖望访求之时则已不可得。[①] 故而关于沈昀,最为后人称道的就是其风节之殊绝,其"取与尤介"的故事流传甚远;而事实上则在刘门高第之中,沈昀又是一个较为活跃的人物,因其家在两浙之间故而与刘汋、陈确、张履祥等都有较多的往来,故对考察入清之后蕺山学脉之发展亦较为重要。

一、为学趋向与遗民风节

刘宗周讲学蕺山,沈昀就渡江过去听讲。明亡之后,沈昀弃诸生,杜门谢客,刻苦自厉,以教授学生自给。关于其治学之刻苦以及为学趋向,《清史列传》也有记载:

> 室无容榻,桁无悬衣,披帙览书,凝坐终日。以贫故,与父皆教授于外。及侍亲庭,动循法度,不苟言笑。其学以诚敬为宗,以适用为主,专宗考亭,不杂金溪、姚江之绪,于二氏则辞而辟之。晚节见习之者多,亦不与较辨也。平居日有课、月有程,每月则综其所得,与同人相质难。闻四方有贤士,即书其姓氏置夹袋中,翼一见之。然不肯妄交,于取与尤介。[②]

---

① 王钟翰点校:《清史列传》卷六六,中华书局 1987 年版,第 5252 页。
② 王钟翰点校:《清史列传》卷六六,第 5251 页。

《杭州府志》的记载也相似：

> 读书好古，究濂洛之学，考性命之理，日有课，月有程，每月则宗其所得与同人质疑辨义，一以朱子为宗。家甚贫，环堵萧然而淡然自适。①

综合以上可知，沈昀的学术渊源于其父，因为家贫，父子俩都以教授学生为生。沈昀师从于刘宗周，对其一生来说，最大的影响在于节义之道，而其后来的为学趋向，则"专宗考亭"，也即"一以朱子为宗"，虽然师从刘宗周，但与张履祥一样转向了朱子学。所谓"不杂金溪、姚江之绪，于二氏则辞而辟之"，对于陆九渊（金溪）、王阳明（姚江）之学，还有佛、道二教都是持批评态度的。与张履祥不同的则是沈昀看到陆王心学"习之者多"，则"不与较辨"，这与其对师门宗旨之纷争从不过问的态度一致。沈昀又非常好学，所谓"日有课，月有程"以及"综其所得""与同仁相质难"，以及记录四方贤士的姓氏等，都是其勤奋之表现，故而沈昀能够著述颇丰。几乎对于诸位大儒以及《四书》等经典，都曾下过一番功夫。可惜其著述不存，故而只能借助相关传记重点了解其"风节殊绝"，而这也是其受到刘宗周影响最深的一点。

关于沈昀，全祖望《配享碑》中说："仁和沈先生昀，字甸华，独行之士。"②另有一长文《沈甸华先生墓碣铭》则是关于沈昀最为重要的文献，其中的记载可与上文提及的文献参看。关于沈昀对于老师刘宗周，以及师门之主张，全祖望的记载较为详细。其中说：

> 尝展蕺山墓，徒步来往西陵。……蕺山身后，弟子争其宗旨各有烦言，先生曰："道在躬行，但滕口说，非师门所望于吾曹也。"

沈昀家住杭州之西陵，到蕺山墓也较远，然而他曾经多次徒步来到刘宗周墓前，可见其对老师颇有感情。而在刘宗周的身后，诸如黄宗羲、张履祥、陈确等弟子对于如何理解老师的为学宗旨，应当如何弘扬老师的学术等，确实颇有诤

---

① 《乾隆杭州府志》卷九一《儒林》，第 19 页。
② 全祖望：《鲒埼亭集》卷二四《子刘子祠堂配享碑》，载全祖望：《全祖望集汇校集注》，朱铸禹汇校集注，第 446 页。下同。

讼。但在沈昀看来，则不必滕口多说，需要的只是躬行实践，若是纷争不断则并非老师所期望于弟子的。从其一生之道德实践来看，沈昀确实也是以躬行作为勘验道学的最好说明。

全祖望的铭文关于沈昀的学术只是强调其"以诚敬为本"与"力排佛老"，重点还是表彰其"辞受一节"。而关于沈昀的为学内容，全祖望说：

> 以末世丧礼不讲，重辑《士丧礼说》，荟萃先儒之言定其可行者，以授弟子陆寅。又葺《四子略》《五子要言》《家法论》《升降编》《言行录》《居求编》，疏通简要，不涉残明讲学习气。①

明清易代，变乱之际，往往对于丧礼极不讲究，然而沈昀居父丧之时则非常认真，并重辑《士丧礼说》，将朱子等先儒的言论重加梳理、勘定，认为依旧可行的就抄录下来，交给其弟子陆寅保存。另外就是编撰了《四子略》《屋子要言》等著作，这主要出于其个人研习的需要，故全祖望说其"不涉残明讲学习气"。

关于其为学宗旨，全祖望说：

> 其学以诚敬为本，刻苦清厉以自守，推而至于事物之繁，天地古今之变，则以适于世用者为主。其言无一不切于人心。力排佛老曰："其精者傍吾儒，其异者不可一日容也。"闻四方之士有贤者，即书其姓氏置夹袋中，冀得一见之，然不肯妄交。
>
> 疾革，门人问曰："夫子今日之事，何如？"先生曰："心中并无一物，惟知诚敬而已。"

"以诚敬为本"，其实也就是说趋向于朱子学，"推而至于事物之繁"等，近于朱子所说的"格物"，然而更加注重经世适用，也注重"切于人心"。"力排佛老"，对于佛、道二教的批判，"其异者不可一日容"，则又可以看到沈昀为学，对儒门之外的思想亦有特别严苛的一面。临死之际，还说"惟知诚敬而已"，那么"诚敬"二

---

① 全祖望：《鲒埼亭集》卷一三《沈甸华先生墓碣铭》，载全祖望：《全祖望集汇校集注》，朱铸禹汇校集注，第 243 页。下同。

字作为宗旨,则是贯彻其始终的。

关于其遗民风节,全祖望说:

> 于取与尤介,授徒自给,三旬九食以为常,每连日绝粒,采阶前马兰草食之。有闻之者,馈米数斗,先生不受,其人固请则固辞。时先生饿甚,宛转辞谢,益困,遂仆于地,其人皇骇而去。先生良久始苏,笑曰:"其意可感,然适以困老子耳。"

> 自是里中子弟习知先生清节,亦有好事者,极意求为继粟、继肉之举,而莫敢前,以先生必不受也。潜斋叹曰:"生平于辞受一节,自谓不苟,然以视沈先生犹愧之。"

> 惟先生与潜斋,皆以淳心笃行,师表人伦,乃其风节尤为殊绝,顾世或有知潜斋者,而先生沉冥更甚,百年以来求其遗书,竟不可得。

上文所说的"刻苦清厉以自守",也就是在说其"取与尤介",虽然生活窘困,然而不愿轻易受人之馈赠,故而连日绝粒,采野菜为食亦在所不惜。甚至有人馈赠以米,即便饿晕过去也婉转辞谢,几乎不近人情。这一点,其最为重要且深知其学的友人应撝谦(潜斋)也表示"辞受一节"自叹不如。张履祥在与沈昀的书信中,也有类似的表述,可见其"风节殊绝"。

全祖望撰有《应潜斋先生神道碑》,表彰沈昀最重要的友人应撝谦;还撰有《姚敬恒先生事略》,表彰为沈昀出资殡葬的应氏弟子姚宏任(敬恒)。在前文中说:

> 沈甸华之卒也,潜斋不食二日,敬恒问曰:"朋友之丧而若此,无乃过欤?"潜斋喟然叹曰:"为其无以为丧也。"敬恒曰:"请为先生任之。"殡葬皆出其手。潜斋不肯轻受人物,惟于敬恒之馈不辞,曰:"吾知其非不义中来也。"然敬恒不敢多有所将,每时其乏而致之,终其身无倦。潜斋之殁,敬恒执丧如古师弟子之礼。[①]

---

① 全祖望:《鲒埼亭集》卷一三《应潜斋先生神道碑》,载全祖望:《全祖望集汇校集注》,朱铸禹汇校集注,第438页;《鲒埼亭集》卷二六《姚敬恒先生事略》,载全祖望:《全祖望集汇校集注》,朱铸禹汇校集注,第486—487页。

沈昀去世之后,因为家贫而无力办理丧事。应㧑谦也家贫,唯独接受姚宏任的馈赠,因姚非义不取,"不应科举,隐于市廛,稍营十一之息以养家",故这次也一样。此后姚宏任便在去取之道义上更加严格要求自己了。

二、与陈确、张履祥的交游

沈昀家住杭州之西陵,故而与山阴之刘汋、海宁之陈确、桐乡之张履祥等人交往,都较便利。他还曾在刘汋家中处馆,同门之友而前来教授子弟,自然非常融洽。至于其浙西一行,若据现在保存最为完整的陈确与张履祥的文献来看,则只有两次,穷困之人谋生不易,故无暇远游,但是书信往还则相对较多。此处重点讨论沈昀与陈确等人围绕《大学辨》的讨论,以及期间的翠薄山房之会与龙山之会,还有就是沈昀去刘汋家之前后,陈确如何关照等,不过最为重要的还是呈现他们共同关心的蕺山学之诠释的问题。最后,再来讨论张履祥的两通书信所透露出的信息。

(一) 从《大学辨》到翠薄山房、龙山二会

顺治十一年(1654),陈确撰写《大学辨》初稿完成,并寄给张履祥、沈昀、刘汋、吴蕃昌等同门讨论,沈昀非常认真,有过详细的答复,然此信已经亡佚,故只能从陈确的回信中知道一个大概:

> 比日得接吾兄十七日书,感深五内。自非爱弟之笃而忧世之深者,胡能及此! 弟非木石,敢不夙夜深思,仰承所以启牖愚迷之意。然窃反覆《大学》,求其义理,终未有得;而即吾兄之所以勤勤诲弟者,恐犹未察于弟之所论也。[1]

沈昀讨论《大学辨》的书信,张履祥也看到了,于是跟吴蕃昌说道:

> 西陵沈兄《辨言》一帙,一再读之,为服膺不已。目前朋友见地及此,大

---

[1] 陈确:《答沈朗思书》,载陈确:《陈确集》别集卷一五《大学辨二》,第 572—573 页。

不易得也。西山先生云:"天不欲斯道复明,则不使后世复有知者。既使后世复有知者,则斯道终有得明之理。"师门有人如此,真吾党之幸矣。①

结合陈、张二人的文字可知,沈昀的答复共有一帙,可见其对待陈确求教之心的认真。检索整个《大学辨》相关文献,则在刘门弟子之中,除了张履祥与陈确前前后后曾有多通书信以及当面讨论之外,也就是沈昀的辩驳最为认真,其他如吴蕃昌、刘汋则并不涉及《大学辨》中的观点,只是对陈确悖程朱、违师说的行为表示忧虑。故而陈确后来也说:"拙《辨》初出时,惟奉沈朗思兄一书,略有批驳。弟以其未极明快,书求再驳。自是之后,遂断来章。"②沈昀的反驳还是较为鞭辟入里的,主要是不赞成陈确将《大学》中的"知止"解释为"一知无复知";陈确不从"格致"入手,在工夫论上就有"单提直指"的趋向,并且指出《大学辨》有"喜新立异"的嫌疑。不过,他们之间的论辩就此而止,陈确再次去书反驳,沈昀就没有回应,这主要是因为沈昀觉得看问题的角度不同,则很难将论辩深入、持久地展开下去。

顺治十二年(1655)四月,沈昀与陈确、张履祥等同志之友会于海宁之翠薄山房。关于此次聚会,张履祥《与吴裒仲》中说:"四月初,辱龙山诸兄援止翠薄,一旬山水之乐,可谓渥矣。至于朋友切磋之益,反诸中心,负疚多矣。"③就此看来,他们聚会之时当有学术论辩,然陈确坚持己见,所以张履祥感觉"负疚多矣"。陈确有《翠薄山房帖》应是此次聚会时所作,谈了他关于《大学辨》的想法,其中说:

> 仆近作《大学辨》,同志皆切隐忧,故书此解之。……圣人之道,若大路然,未尝不明。所恨学者用其私智,将圣学重重遮盖着,不得出头。有作《大学》者,又有表章《大学》者,俾后学之心颠倒回惑,垂五百年,靡有夷届。予闵此,不翅如恫瘝之在身。此而漠然置之,真是无痛痒人,莫可疗治矣。诸子不此之忧,而忧《大学辨》,胡其惑也! 既忧之,则胡不各以吾身吾心体

① 张履祥:《与吴仲木十五》,载张履祥:《杨园先生全集》卷三,陈祖武点校,第65页。
② 陈确:《与吴裒仲书》,载陈确:《陈确集》别集卷一五《大学辨二》,第578页。
③ 张履祥:《与吴裒仲九》,载张履祥:《杨园先生全集》卷一〇,陈祖武点校,第293页。

察《大学》之说，而精求其是非？使吾言果误耶，相驳正之；有疑耶，相辨析之；无疑与误耶，相扶明之。庶几夙夜以无负上天生我之意，不亦卓然大丈夫之事与，而徒为是遑遑无益之忧？此吾所以不尤甸华之驳之误，而忧诸子之悠悠岁月，无所短长者之为戾更深且大也。①

在陈确看来，《大学》"以其迹而言，则显然非圣经，以其理而言，则纯乎背圣经"②，为了圣人之道昭明，就应该辨其是非。但是这些同人都不为"卓然大丈夫之事"去辨明《大学》之真伪，而为"遑遑无益之忧"，徒然去忧虑陈确《大学辨》之言行。所以，陈确并不埋怨沈昀的辩驳，而是忧虑那些人的"悠悠岁月"，因为这对学术的昭明没有任何意义。

此后沈昀虽未对《大学辨》再发表看法，但有书信给陈确，劝其"及时进学"，原信不可见，陈确的回复则说：

> 伏承吾兄教弟以及时进学，非相爱之笃，何能及此，感切感切！弟亦非欲兄扫除读书之见而终日优游，略不展卷也。但不当以事亲、进学分作两事耳。既承良诲，敢不益自淬砺，以仰报明德乎！来教于事亲之际深为引咎，不肖弟亦为之废书而泣。至性感人，有如此者。……吾兄既不能不处馆，即当以处馆为事亲中一事，尽心职业，亦所以为孝也。③

沈昀劝陈确"及时进学"，其言下之意其实是说陈确不必为生计而外出，当有更多的时间读书进学，沈昀自己则常年在外处馆教学，"于事亲之际深为引咎"。所以陈确在表示感切的同时，则强调了事亲与进学两者的结合，具体则是说，既然"不能不处馆"，那就应当尽心处馆，将职业做好也是尽孝，因为无法在双亲身边而内疚则大可不必。应该说陈确的这些劝慰，还是非常有道理的。关于如何尽孝，陈确另有《养生送死论》，其中也提及沈昀的话：

---

① 陈确：《翠薄山房帖》，载陈确：《陈确集》别集卷一四《大学辨一》，第 565 页。
② 陈确：《答张考夫书》，载陈确：《陈确集》别集卷一六《大学辨三》，第 585 页。
③ 陈确：《答沈朗思书》，载陈确：《陈确集》文集卷二，第 97—98 页。

沈朗思尝致确书,伤子道之未尽,因称古人之孝,有行佣供母,身无完衣,而其亲口极滋味者,愿学焉而未能也。确深感其言,随答以父子一体,乌有人子无完衣而父母口极滋味能下咽者乎?①

沈昀给陈确的信,大约就在此时,因未能尽子道而遗憾,希望通过为他人作庸人、身无完整衣服等等来报答,陈确则强调了"父子一体",做孩子的如果过得太过艰苦,那么即便给了父母滋味极好的饮食,父母也是不能下咽的。陈确在许多问题上的辨析,确实更加通情达理,至于沈昀,从以上的传记来看,则显得有些偏执了。

下一年,顺治十三年(1656)五月,陈确、张履祥、沈昀又有龙山之会。这一次,沈昀先去了海盐澉浦,拜访了在吴蕃昌之堂弟吴谦牧(衰仲)家处馆的张履祥,然后再一起到了海宁龙山与陈确相会。② 此次聚会,因为他们共同的友人张玙(字白方)取消了去广东的远游,陈确等人十分高兴,故作有《志喜篇》,其中说:

丙申五月之朔,桐乡张考夫、西泠沈朗思期陈子确于龙山。确先至,未几,二子亦自澉至,确与山中诸子出迎林薄间。二子喜动颜色,遽而曰:"白方子不果粤游矣!"于是确亦大喜。山中人亦皆喜,且曰:"非考夫子不为功,贤哉! 能言人所不言。"确曰:"固也。虽然,考夫能言之勇,未若白方能听之更勇也。能言之勇,勇于责人;能听之勇,勇于克己。责人之与克己,二者之难易,固已什百矣。"盖白方家有老母,而其友招之数千里外,白方虽若未能拒之,夫固白方之心之所隐也。考夫能探其隐,而益为之尽其词,白方幡然从之,曾不逾时。发乎情,止乎理义,不亦善乎! 学者有过,患无能改,不患无能言者。自此,乐善之士欲效于白方者,且不远千里之外。白方虽一日而至于圣人不难矣,可喜也。③

---

① 陈确:《养生送死论·下》,载陈确:《陈确集》文集卷五,第156页。
② 陈敬璋:《陈乾初年表》,载陈确:《陈确集》首卷,第32页。
③ 陈确:《志喜篇》,载陈确:《陈确集》文集卷九,第217页。

"父母在不远游",张玙家有老母,却应友人之邀想去千里之外的广东,陈确、张履祥等友人都认为不妥。张履祥作有《赠张白方序》加以劝告,其中说:"张子之母六十有五,当此干戈满地,张子宁不知定省之弗忍疏?"①于是张玙"幡然从之",可以说是"发乎情,止乎理义"。由此可知,陈确、张履祥等刘宗周的浙西弟子,都特别重视"改过",对能勇于指出他人之过的张履祥特别佩服,对能勇于改过的张玙也特别欣赏,应该说这也是学习《人谱》改过之说的具体实践。陈确还有一诗,则表达了当时的心境:

> 百里同人聚,空林物外家。
> 寸心千载上,短发晚风斜。
> 道路讹方甚,乡关信竟赊。
> 此生真可恨,明日又天涯。②

沈昀与陈、张等人相聚不过百里,然而沈、张都在外处馆为生,故而想要经常见面也颇为不易,转眼就是"明日又天涯",难免多有感叹。再下一年正月,则是陈确在去山阴看望刘汋的路上,拜访了沈昀及其父母。陈确在《春游记》中有记载:

> 丁酉正月……出北关门,拜沈朗思父母,去年六十双寿。……晚饮徐孝先家,主人洎朗思兄弟并攻丽京之禅,丽京稍辨。……而朗思坐中又有余姚黄晦木,皆初谋面者也。③

此前信中,沈、陈二人经常提及侍奉双亲的事情,沈昀的父母都还健在,而且前一年正好双寿,故而陈确路过之际特意拜访。沈昀的友人徐介也在,陈确还遇见了共同的友人陆圻(丽京,1613—1667),一起批评陆圻的禅学。此外,陈确首次遇见黄宗炎(晦木)。徐介(1626—1698),原名孝直,字孝先,号狷庵、坚石,浙

<hr>

① 张履祥:《赠张白方序》,载张履祥:《杨园先生全集》卷一六,陈祖武点校,第470页。
② 陈确:《山中别考夫朗思韫斯诸同学》,载陈确:《陈确集》诗集卷五,第714页。
③ 陈确:《春游记》,载陈确:《陈确集》文集卷八,第205—208页。

江仁和人,他与陈确、张履祥等人都有交往,比如康熙元年(1662)四月陈确、张履祥大会同志于南湖(永安湖)之万苍山楼,徐介也有参加。① 这一年沈昀与徐介,曾邀请陈确一同去西溪,陈确因为有搬家之事,故未能前往,他在回信中说:

> 闻朗思、孝先西溪之兴不薄,龙山诸子贫甚,至无以卒岁,亦不远数百里来同此游。所谓有志者事竟成,君子之志于道者,不犹是乎! 千闻不若一见,以此益信"知行合一"之说。 朗思西溪归,必深有所得,知有以教我也。弟新有迁居之役,不获从游,良为怅然。……去秋欲寄绳兄一函,未得达,兹原封附去。中及教子及辑遗书二事,皆不能无深望于吾兄。
>
> 《年谱》《语录》所宜删之又删,极于简要,尽扫近来年谱、语录习气,庶不负先生一生实学。先生拳拳戒刻遗文,正为今日,可勿慎诸。大抵学者之病,只是习气用事。世俗之习气易除,学问中之习气难除。要惟无实为圣贤之志,故有此病。亦如吾人终日说西溪梅好,未始决一日之行,安得亲切若真? 志于学,则一言一动自然着实,岂肯漫然!②

沈昀与徐介的西溪之游,还有其他海宁龙山诸子也一同前去,只有陈确无法前往,故而信中表示"良为怅然"。此外说到了刘汋(绳兄),大约沈昀还会去山阴,故让他带信去。关于刘汋编撰刘宗周的《年谱》与《语录》之事,陈确的看法是"删之又删,极于简要"。再者,说到了学者之病,"习气用事",也就是不能"知行合一",不能"实为圣贤之志",此亦可见陈确之学讲求践履,当与沈昀极为接近。

(二) 沈昀到刘汋家处馆之事

接下来则有沈昀应刘汋之邀而去处馆之事,陈确对此非常支持,并起到了协调促成的作用。其实陈确曾多次前往山阴,他与刘汋虽有学术观点上的差异,然而关系一直比较密切,他还计划在顺治十二年(1655)正月与沈昀一同前

---

① 此会汇集了"三郡九邑之友"达 32 人之多,其中刘门弟子还有郑弘(字休仲)、沈元(字德孚)等,不过此时沈昀约在山阴,故未参加。陈确:《会永安湖楼序》,载陈确:《陈确集》文集卷一〇,第232—233 页。

② 陈确:《与沈朗思》,载陈确:《陈确集》文集卷二,第 114—115 页。

往，因故而不果。① 这次陈确在与刘汋的书信中说：

> 闻与沈朗思已订来岁之约，而吾兄微未许其次子从游，朗兄犹在迟疑间。此亦得之友人之言。弟西归后未尝见朗思，未知其果迟疑与否，且未得急解其迟疑之心，中情甚歉。然以鄙意度之，朗思贫士，艰于教子，携之同学，极非得已。且性甘淡泊，一饭之外，必无多求。兄家亦贫，计膳减折其修资，实两便之道，亦何惮不以此，一慰其远游之意乎？如以弟言为可，乞即明示，俾弟得从便转致之。吾辈迟暮之年，精力日衰，不能无望于后人，子弟之学，不得不汲汲求之。②

上文已经提及沈昀将有山阴之行，当是在西溪游历之后，于是刘汋邀请沈昀前去处馆，然而并未真正确定下来。因为沈昀提出要带着次子一同前往，刘汋"微未许"，故沈昀"犹在迟疑间"。陈确听说之后，希望自己能够起到调停作用，解决沈昀的迟疑之心，所以就专门写信给刘汋。信中强调，沈昀是一个贫士，为了教育自己的次子，"极非得已"，方才提出带着儿子一同前往的请求；另一方面，沈昀原本就是"性甘淡泊"之人，故而不会再有更多要求。不过陈确也为刘汋打算，因为刘家也不富裕，于是提出一个"两便之道"，也即沈昀带着儿子前去，则其子的膳食费用，在束脩之中折算。此信最后，则是谈了子弟教育的问题，刘汋既然注意到自己子弟的教育，为什么就不能为同门的沈昀多想一层呢？此信极有说服力。再过几个月，陈确在给家住萧山的另一同门来蕃（成夫）的信中，则提到了沈昀已在刘家处馆的情形：

> 沈朗思直谅多闻，吾之畏友，今在绳兄家，必时时相晤，以广丽益，不胜遥企。率尔附泐，不尽欲言。③

萧山与山阴，隔江相望，故而陈确说他们必定"时时相晤"。此时陈确也有信给

---

① 陈确：《寄刘伯绳》，载陈确：《陈确集》文集卷二，第94页。
② 陈确：《寄刘伯绳》，载陈确：《陈确集》文集卷二，第112—113页。
③ 陈确：《与来成夫书》，载陈确：《陈确集》文集卷三，第119页。

沈昀,其中说:

> 山阴有朗思,吾龙山遂无朗思。会城握别,已一载加半,日月如驰,衰
> 残弥甚,惭愧,惭愧! 兄年齿方壮,及时进学,何快如之!
> 去岁考兄书来,复及《大学辨》,遂各有往复,辄至数千言未已,惜不获
> 与我朗思共参此论也。兹诚大事,彼此俱未易承伏。然是非邪正久当自
> 明,弟亦正不须急急耳。拙稿欲求教……并前寄《禅障》《性解》二篇,皆是
> 辨《大学》来一种狂愚之见。吾同志四五人外,绝不敢轻示,亦不敢不令我
> 四五人知之。书到,知不吝驳正也。[①]

沈昀到了山阴,就不能经常到龙山参加陈确那边的聚会。陈确想起前一次在
杭州城里的话别,则又过一年半了,故而再度问起学问之事。此处提到了陈确
与张履祥之间关于《大学辨》的"各有往复,辄至数千言未已",陈、张反复讨论,
让双方感觉非常过瘾,遗憾的是沈昀未曾加入。当然此时陈确的学术兴趣又
转移到了新的地方,他寄给沈昀《禅障》《性解》两篇新作,是希望陈确能够像上
次收到《大学辨》一样,再回复厚厚一叠来讨论。沈昀的回信亡佚,然而陈确另
有给刘汋的信中说:"又录《气情才辨》并《侮圣言》篇……不意春初寄朗思者,已
批示之详如此,滋浊静摄,不安弥甚。"[②]可以推断,对其《性解》系列的《气情才
辨》与《侮圣言》这两篇,沈昀曾经进行了详细的批示,同门之友如此认真,让陈
确"不安弥甚"。该年陈确还有一信与沈昀,谈到的还是他们最为关心的孝道:

> 欲尔归,述道履清胜,两尊大人而下并迪吉康。善门余庆,同人之中
> 鲜有如吾兄兄弟之全备者,乐何如也。于此能承欢养志,视无形,听无声,
> 身虽在百里之外,而孝子之心则未始一息有间,此吾兄所谓慎独之学矣。
> 弟近以种种臆见,颇为同志所疑,诚无以自解。仁兄至不惜以身示教,谓
> "但见己之不修,未觉人之过谪",善甚,善甚,何仁兄之迁善悔过,好学不倦
> 如此,而弟之狼愎不肖竟如彼乎! 非兄之爱弟如其自爱,安能苦口及此!

---

① 陈确:《与沈朗思书》,载陈确:《陈确集》文集卷三,第 118 页。
② 陈确:《与刘伯绳》,载陈确:《陈确集》别集卷五,第 465 页。

敢不益自惕励，以祈不负明教耶！①

沈昀兄弟两全，这让陈确非常羡慕，于是就安慰沈昀，"身虽在百里之外"，然而"孝子之心则未始一息有间"，沈昀"以身示教"，关于孝道的种种言行，就是关于刘宗周的"慎独"之学的最好的实践。至于沈昀的话"但见己之不修，未觉人之过谪"，陈确也觉得非常好，于是认为沈昀就是"迁善悔过"的表率。

陈确与沈昀的最后一次会面，则是在康熙二年（1663）十一月，当时他至武林（杭州）"寓天长寺，访陆景宣、陈贞倩、沈朗思"②，此后因为陈确本人疾病缠身，再也无法外出，而沈昀则窘困更甚，也无力远行，故而未再见有交往的记载。

（三）张履祥的两通书信

沈昀的为学宗旨，其实与张履祥更为接近，据现存文献来看，沈昀都是应陈确之邀而参加了翠薄山房之会与龙山之会，张履祥也是在陈确的邀约下参与的。在集会之中，沈昀与张履祥论学则极为投合，不过除了上文所提及之外，也没有更多的记载。只是到了后来，张履祥还有与沈昀的论学书信两通。

先是在康熙九年（1670），张履祥在信中说：

> 不相见仁兄竟数年矣，弟德不益进，衰病有加。不审别来仁兄所学进退如何？每孝先兄至，得略闻门中动息，然已不得时从孝兄往还矣。吾人中年已后，固已退易而进难，读书尚不能得力，又无复精力以读书；资友尚不得求益，又不能朝夕于畏友。此心怅怅，真不知何修而可也。仁兄新得，其有以示教否乎？……仁兄向后将何以为计也？令子学业已成就，大小若何？拙作二一附正，弟之近状亦可见矣。《自箴》《约语》各二，寄令子览焉。③

此处提及的孝先，为沈昀之好友，也即上文所说的曾参加过康熙元年（1662）四月陈确、张履祥等人南湖（永安湖）之会的徐介（坚石）。张履祥经常从徐介那

---

① 陈确：《答沈朗思》，载陈确：《陈确集》文集卷三，第119—120页。
② 陈敬璋：《陈乾初年表》，载陈确：《陈确集》首卷，第36页。
③ 张履祥：《与沈甸华》，载张履祥：《杨园先生全集》卷二，陈祖武点校，第36页。

边,得到关于沈昀的消息,然此时徐介也不常来往了。他还有与徐介的唱和诗《酬徐坚石》,其中说:"落寞诚吾分,饥年借馆餐。玩心惟古训,盈耳亦先传。"此处还附有徐介原诗,其第一句为:"张公何落寞,陈叟大摧残。痼疾仗儿仆,穷愁耐馆餐。"①此时的张履祥依旧处馆于吕留良、何汝霖两家,而陈确则患病卧床,故浙西的刘门弟子集会,也已经停息许久,沈昀也多年未曾涉及海宁一带。后来陈确曾有诗给徐介,表达了病卧的无奈:"白首真无赖,山斋昼夜屏。苔踪秋寂寂,云卧昼冥冥。新句如投剂,沉疴若顿醒。和平君子志,岂不贵神听。"②而张履祥真正感叹的,则是人到中年之后的"退易而进难",一是读书,不能得力,又没有精力;一是交友,不能在友人处求得益处,又没有机会见到畏友。人生之难以进步,实因这两方面的局限。于是便问沈昀,一则自己的新得如何,另一则其子的学业如何,最后还附上了自己的新作两篇,供其子参考。

康熙十一年(1672),张履祥又有书信给沈昀:

> 老伯遽弃孝养,竟及大祥,而弟未能奉慰,自谓已当见绝知己。壬子秋,用兄师自会城,接读手教,皇愧何可言。既弟于水灾之后,一病几死,疾困未苏,济有蜚虫之灾。衰眊之余,学既无成,耕又无获,年来干累亲友,殆至于遍。将遂不辨礼义,凡可得生者,即不恤焉,惧无以复对师友于地下。及念"无信不立"之义,又以古人"常善为粥心,深恨蒙袂非"之言而苟止,未知于理宜何出也?
>
> 仁兄未逮少壮,敏求于学,其何以见规乎? 大抵人向五六十以往,在世之日已不能长进德,则气血就衰,败行则大负初志。悲叹穷庐,知其无益,晚节末路,惧日以深。相见未期,愿各珍重。临书欲涕,不尽所言。③

此处说到了沈昀之父的离世,张履祥因为家贫而未前往祭奠,表示遗憾。此处提到的用兄,即吕留良(用晦),因其到杭州而得以收到沈昀的书信。然后张履祥讲到自己"一病几死",以及水灾、蝗灾,故而不得不"干累亲友,殆及于遍"。

---

① 张履祥:《酬徐坚石》,载张履祥:《杨园先生全集》卷二,陈祖武点校,第 15 页。
② 陈确:《卧疴山斋徐子孝先以诗见怀依韵奉谢》,载陈确:《陈确集》卷六,第 721 页。
③ 张履祥:《答沈甸华》,载张履祥:《杨园先生全集》卷二,陈祖武点校,第 36—37 页。

张履祥之所以要将此事与沈昀论及,是因为沈昀是一个“取与尤介”的刘门高第,应㧑谦自叹不如,张履祥也如此。张履祥认为自己如此依赖于亲友,几乎要“不辨礼义”,也怕因此而愧对地下的师友。此信的最后,他还感叹年纪渐长,到了五六十之后,德业不能长进,气血更加衰退,故而要说“晚节末路,惧日以深”。这些话,也只能与沈昀这样的“风节殊绝”之士谈谈了。

综合来看,则沈昀与陈确、张履祥三人之间的交往颇多,特别是陈确对沈昀极为关照,主动为其去刘汋家处馆之事调停,也亲自去沈家拜会其双亲,并邀请其到海宁聚会等。他们之间讨论虽有涉及《大学辨》与《性解》等陈确的著作,但学理上的论辩则并不深入,因为都是“一辩而止”,不过沈昀严谨的态度则让陈确极为感动。事实上,沈昀最让陈确感动的是其孝道之言行,认为是对老师《人谱》以及“慎独”之教的“以身示教”。至于张履祥则对沈昀《大学辨》之评论非常欣赏,引为同道,不过在书信之中反复感叹的,则是“晚节末路”的问题,常为自己要依赖于亲友而不安,其实表现出来的就是对沈昀“取与尤介”的赞赏。就刘门中人而言,节义之道是其最为明显的标志,也是他们共同受教于刘宗周的最大收获。

第四节 叶敦艮:访学浙西及传道三衢的“大弟子”

叶敦艮(1617—1689)①,字静远,初名蒨,因读《易》之艮卦有得而改今名,浙江西安②(今衢州)人。在全祖望看来,他最大的贡献就是将刘宗周的蕺山学传到三衢之地,故而堪称刘门高第。事实上,叶敦艮之为学,早已转向了程朱理学,这当从其两次浙西之行,以及与陆世仪、张履祥、吕留良等人的交游说起。虽然叶氏本人的著作不可考,然而与其交往的其他人的著作大多还在,仍

---

① 叶敦艮之生卒不详,本书据凌锡祺《尊道先生年谱》“二十八,谒念台”与张履祥《寄赠叶静远序》“与予先后游念台刘先生之门”推算,张履祥拜师在崇祯十七年春,而叶比张略晚,也当是在崇祯十七年,二人拜师之年岁相差八年,由此可知其生年;再据《县志》“年七十三卒”而知其卒年。详见文中叙述。

② 浙江省衢州市所辖原衢县,唐朝至清朝县名都为“西安”,民国初改名衢县。然而多种著作中将此西安误作陕西西安,如:戴逸主编:《二十六史大辞典》(人物卷),吉林人民出版社 1993 年版,第 1405 页;黄惠贤主编:《二十五史人名大辞典》,中州古籍出版社 1997 年版,第 694 页。

旧可以还原一个孜孜于程朱,且活跃于浙西士人圈的刘门高第叶敦艮。

一、叶敦艮与刘宗周

叶敦艮,邑庠生,明亡后弃举子业,隐居乡里,耕田读书,并以刘宗周之蕺山学教授乡里,另著有《学庸讲义》一卷。[①] 全祖望说:

> 西安叶先生敦艮,字静远,笃行君子也。予尝谓三衢学者,徐逸平称杨龟山大弟子,是程学;徐径畈称汤晦静大弟子,是陆学;而静远则子刘子大弟子,堪鼎足。既弃诸生,能昌子刘子之教于里塾。[②]

在三衢学者之中,北宋江山人徐存(逸平)为杨时(龟山,1053—1135)的大弟子,传程学;南宋衢州人徐霖(径畈,1214—1261)为汤中(晦静)的大弟子,传陆学。而叶敦艮为刘宗周的大弟子,传蕺山学,他们三人在三衢之地堪称鼎足。

关于其拜师经历与晚年气象,康熙年间的《西安县志》说:

> 少务为博洽,后乃刻意讲求理学,师蕺山刘宗周。蕺山雅器重之,谓及门曰:"叶生,名教干城也。"
>
> 稍有暇则正襟危坐,言笑不苟。晚以生徒日众,设教静岩,以知行合一之学训诸生士林。年七十三卒。所居石塘,去城二十四里,四十年不入城市。自谓:"见天光云影,皆不觉怡然有得。"故晬面盎背,望而知为有道君子也。[③]

可见叶敦艮少年时代所学较为驳杂,且致力于时文科举,后来刻意去学理学,方才前往山阴拜师于刘宗周。然时间不长,便是鼎革之乱,只得隐居耕读,故

---

① 《衢县志》,浙江人民出版社 1992 年版,第 485 页。
② 全祖望:《鲒埼亭集》卷二四《子刘子祠堂配享碑》,载全祖望:《全祖望集汇校集注》,朱铸禹汇校集注,第 446 页。
③ 姚宝煃、范崇楷:《西安县志》卷三八《隐逸》,载《中国方志丛书》华中地方第 66 号,影印民国六年(1917)重刊本,台湾成文出版社 1970 年版,第 1421 页。

而等他真正能在三衢之地传播蕺山学,则已是其晚年了。若说"知行合一"则似乎是阳明学,那就与一般的认识有不同。设教静岩,不入城市,则是遗民通常的选择,至于"晬面盎背"等,可见其学重在践行。

在《清史稿》之"儒林传"中,虽也收录了叶敦艮,然对其的记载只有一行:

> 叶敦艮,西安人,刘宗周弟子,尝贻书陆世仪,讨论学术。世仪喜曰:"证人尚有绪言,吾得慰未见之憾矣。"①

至于《清史列传》则记述得略微详细:

> 少游宗周之门,时宗周已老。教之曰:"学者立身,总不可自家轻易放了一些出路。"敦艮谨志其言。性端重,每读一书,必盥手奉置几上,再拜而后开卷,若先圣先师,则四拜。晚贻书陆世仪,讨论学术。……又访张履祥、何汝霖于海滨,履祥谓敦艮能尊所闻,因述所亲炙仪刑于宗周者,与交勉焉。②

由以上的传记可知,叶敦艮最被关注的学术事件有二,一是早年师事于刘宗周,而此时刘宗周已经年老;二是曾有浙西访学之行,拜访了陆世仪(号桴亭,谥尊道,1611—1672)、张履祥、何汝霖等人,而其访学时相互交流的重点,则又是刘宗周及其蕺山学。另外,叶敦艮性情端庄持重,对于先圣先师之书极为尊重,盥手、置几、再拜,可见其态度之谨严。

二、与陆世仪的交游

因为叶敦艮本人的文献缺失,故而只有参考诸如陆世仪、陈确、张履祥等相关朋友的文献记录。故为了方便展开下面的论述,先来补充潘衍桐(1841—1899)《两浙輏轩续录》之"施相"条的记录:

---

① 《清史稿》卷四八〇《列传》第二六七《儒林一》,第 9986 页。
② 王钟翰点校:《清史列传》卷六六,第 5253—5254 页。

　　吴颢曰:石农尝为诸生,性高洁,不乐尘市。顺治丙申,移居河渚张村,
名曰蠡居。一时贤豪长者,如贵池吴企冈,上海李见石,常熟顾景苑,衢州
叶静远,宁波万公择、充宗,临安徐子山,海宁许欲尔、徐炯一、陈潮生,同邑
应嗣寅、陈际叔、沈甸华、方稷、陆拒石,诸先生先后过访,觥筹交错,号为一
时之盛。与徐介狷次交契尤厚,为筑一室于丛竹间,名曰竹庑,狷次居其
中十六年。①

施相,字赞伯,号石农,浙江仁和(今杭州)人。胡介(1616—1664),初名士登,改
名介,字彦远,号旅堂,钱塘(今杭州)人,明朝诸生,入清则先游历京师、淮上。②
施相与胡介,都属隐居西溪河渚的明遗民诗人,叶敦艮当借由胡介而参与了施
相的蠡居雅集。其中人物与蕺山学派有关联的还有与施相同乡的沈昀(甸
华),而应㧑谦(嗣寅)则是沈昀最为重要的友人,与陈确、张履祥都有过交往的
徐介(孝先)也是沈昀的重要友人。海宁人许全可(欲尔)则与陈确关系密切,
沈昀、徐介也都参加过陈确、张履祥等蕺山后学主持的海宁、海盐的士人雅
集。至于万斯选(公择,1629—1694)、万斯大(充宗,1633—1683)兄弟,则为
黄宗羲好友万泰之子,亦为黄门高足,叶敦艮通过万斯大而间接与黄宗羲发
生了关联。

　　再据《尊道先生年谱》"三年甲辰五十四岁"条记载:"春,西安叶静远过访。"
也即康熙三年(1664)叶敦艮前来娄东(江苏太仓)陆世仪家拜访。此条下附有
陆世仪《西安叶静远访道过予招同学诸子集尊道堂小引即事》一诗之《序》,讲
述了叶敦艮此次访学的曲折经过,分两部分记录如下:

　　西安叶静远敦艮,刘念台先生高弟也。年十六,即有志为圣贤之学。
二十八,谒念台,念台即大器之。至今念台之门,能继师传者,称静远及钱
塘沈甸华兰先、桐乡张考夫履祥为最。

　　与武林胡彦远为性命交。癸巳,彦远过娄东,访予与郁子存斋。信宿
静观楼,相得甚欢,即为予言叶子切问近思之学。归而贻书叶子,相促过

_____

① 潘衍桐编纂:《两浙輶轩续录》卷一,夏勇、熊湘整理,浙江古籍出版社 2014 年版,第 30 页。
② 邓之诚:《清诗纪事初编》,上海古籍出版社 2012 年版,第 255—256 页。

娄,而叶子以亲老不能远游。壬寅,其尊人捐馆舍。癸卯春,始同其子以修,方潜过娄相访。①

陆世仪所说的叶敦艮之为学历程,当较为准确,16岁即有志为圣贤之学,28岁拜师于刘宗周。至于说他从事"切问近思之学",则说明其对程朱理学有过深入的研究,至少对《近思录》下过功夫,故而刘宗周才会"大器之"。再说陆世仪本人也倾向于程朱理学,故而说"至今念台之门,能继师传者",为叶敦艮、沈昀、张履祥三人,而此三人也都有此倾向。两者结合起来,大致可以推断,叶敦艮之为学,近于朱子学,而非"知行合一"的阳明学,与刘宗周本人所讲的心学,也应当相差较远,而后来黄宗羲对叶敦艮的评论也说明了这一点。似乎也可据此推测,这当是叶敦艮的访学之旅不涉及黄宗羲等人的原因所在。接下来,陆世仪直接讲述其娄东之行的经过:

> 值时事多艰,友人无不力阻其行,静远念益坚。徘徊西湖,历夏秋至冬,始抵娄。时仲冬十五日也,存斋往海上,予亦江右未归。叶子茕然,叩静观楼不值,废然而叹,殆将归矣。存斋之子东堂,知为乃父神交,遂扫室留宿。适叶子以风雪感寒疾,东堂奉侍医药,视饮膳惟谨。至二十五日而存斋归,二十六日予亦返棹。叶子始有起色,然犹卧病浃月。
>
> 甲辰春正六日,始过予斋,予为约存斋父子,并石隐、寒溪数人,风雨中相对终日。时予方有西河之痛,而良朋远来,道同水乳,不自知其心胸之廓然也。诸友皆即事咏诗,予亦勉成一律,寒溪为之录,著《三篁集》中。亦一时之胜事云。

娄东之行,原本出于叶敦艮的"性命之交"胡介的邀请。因为胡介曾在顺治十

---

① 凌锡祺:《尊道先生年谱》,《北京图书馆藏珍本年谱丛刊》第69册,影印清光绪刊本,北京图书馆出版社1999年版,第713—714页。原载陆世仪:《陆桴亭先生遗书》之《桴亭先生诗集》卷八,清光绪二十五年(1899)太仓唐受祺京师刻本,第1—2页。

年(1653)造访过陆世仪,并向其推荐叶敦艮,当时叶敦艮因父母尚在而不远游。① 故到了康熙二年(1663),叶敦艮方才决定出行,然此时又是"时事多艰",估计也是囊中羞涩,以及儿子年幼,出行一次极不容易。至于"徘徊西湖",当指拜访胡介等友人,或是因为贫困不得不先谋糊口。真正抵达娄东则已经是冬季了。此时恰逢郁法(字仪臣,号存斋,1607—?)不在家,陆世仪也不在家,茕然、废然之际,因为郁法之子郁植(东堂,?—1679)听说其为乃父之神交,方才得以留宿、养病。等到第二年病愈之后,则有了一次雅集,参加的人除了陆世仪、郁氏父子,还有娄东的名士王育(石隐,1593—1680)与盛敬(寒溪,1610—1685),然而因为陆世仪方有丧子之痛,故而即便遇见了"道同水乳"的远方学者,也无法进行深入交流。陆世仪还有该年前后的三首诗,可以与此《序》的记载相互印证。第一首为《西安叶静远特过访道卧病郁仪臣斋头逾月至除夕前三日稍有起色诸友携酒肴就床头共酌之各赋一律》:

> 三载江湖赋式微,扁舟风雪乍来归。
> 羽毛幸未同华表,城郭将无似令威。
> 所喜白头还健在,却悲青鬓事全非。
> 向隅咽泪题诗句,远客惊看亦涕挥。②

由此可知,当陆世仪从江西返回娄东,立即到郁家看望,又与诸位友人携带酒菜,于病床前小酌、赋诗,大家纷纷为这几年来的人事更替而感叹,白头而健在,已属难得。第二首为《西安叶静远访道过予招同学诸子集尊道堂小引即事》:

> 寥落深悲古道衰,乾坤双鬓使心摧。
> 谁知雨雪阴阴里,尚有驱车特特来。

---

① 《尊道先生年谱》"十年癸巳四十三岁"条记载:"武林胡彦远过访。"(《北京图书馆藏珍本年谱丛刊》第69册,第682页。)该条下有提及《西安叶静远访道过予招同学诸子集尊道堂小引即事》之《序》的内容。

② 陆世仪:《桴亭先生诗集》卷七《西安叶静远特过访道卧病郁仪臣斋头逾月至除夕前三日稍有起色诸友携酒肴就床头共酌之各赋一律》,第39页。下同。

　　怅望千秋同洒泪，徘徊后代一衔杯。

　　河汾事业君休问，且看庭前一树梅。

此诗所附的长序上文已有论及，当是后来编集时所作。陆世仪只是在诗中表达了对于"河汾事业"的坚持，"河汾"道统为隋代王通所开创，而明代薛瑄所代表的河东学派则与之有承继关系，陆世仪对薛瑄颇为景仰，其《思辨录》就有效仿《读书录》的意味，故"河汾事业"当指薛瑄所代表的程朱理学，或许叶、陆之间，于此多有讨论。第三首为《叶子静远宿予斋数日属予书大字数十幅归赠亲友又属题诗颂其从伯父母为走笔题之》：

　　橘柚深林户不扃，春风两岸越山青。

　　一门和气钟人瑞，百岁祥征见鹤龄。

　　当世名高推祭酒，后来庆远见传经。

　　凭高矫首天南望，却看双星是寿星。

此时叶敦艮父子已经搬到了陆世仪家之尊道堂，并且住了多日，叶敦艮还请陆世仪书写大字数十幅，而此诗则为叶敦艮的堂伯父母高寿而作。然而因为有丧子之痛，故而此时在叶、陆之间，并未有深入的学术切磋。

　　康熙六年(1667)丁未，叶敦艮又有娄东之行，再访陆世仪，陆世仪在《喜西安叶静远乔梓再过即席赋赠》一诗中说：

　　虚檐频鹊噪，知有远人来。

　　推枕梦方醒，叩门声已催。

　　循墙惊倒屣，接席喜衔杯。

　　千里三年别，胸怀此日开。①

---

① 陆世仪：《桴亭先生诗集》卷九《喜西安叶静远乔梓再过即席赋赠》，第 1 页上。陆世仪友人陈瑚，此次亦与叶敦艮有所交往，《陈瑚年表》"康熙六年"条："衢州叶静远先生来访。"载中共太仓市委宣传部、太仓市哲学社会科学界联合会编：《沙溪古镇》，西泠印社出版社 2008 年版，第71 页。

诗写得较为轻快,叶敦艮的再访,当有报答前一次娄东养病之恩的用意,也期待与陆世仪更多的交流切磋。能够再度见到远在千里之外的友人,陆世仪非常吃惊,也非常愉快。他还有《赠以修》一诗,劝勉叶敦艮之子叶以修,其中说:"学道轻千里,惟君与若翁。关山双腊屐,风雨一孤篷。问学因年进,文章以境通。终军正年少,慎莫畏途穷。"①父子二人的寂寞长途,非常不容易,故而希望孩子能够"学因年进",可惜从后来陆世仪与张履祥的通信来看,叶敦艮此子,因为常年在外而有学坏的情况发生。

再看陆世仪的《年谱》,还引了一篇传记中的内容:

> 张受先谓先生曰:"讲学诸公寥寥矣,蕺山其今日之硕果乎?盍与我往叩之?"先生担簦从之,不果而止。西安叶静远,蕺山高弟也,千里贻书讨论。先生喜曰:"证人尚有绪言,吾得慰未见之憾矣。"②

这些信息,也为《清史稿》等所采用,除了上文的诗歌之《序》外,其实还有来自陆世仪本人《思辨录》中的记载,当作参看:

> 启、祯以后,讲学诸公相继沦没,惟山阴刘念台为硕果。壬午之冬,吾娄张受先先生相约同往,不果行。癸巳,武林胡彦远来,始知西安有叶静远得念台之传,已而静远不远千里而至,始知先生之学,本于许敬庵,故所得者正,惜未读《语录》之全也。
>
> 念台《人谱编》,是为接引初学而设,俾得躬行实践,极是妙法。予丙子年自为《格致篇》,以天理、人欲分善、过而主之以敬,作《考德》《课业》二录,与同志数人互相考核者数年,大概亦与此同。③

---

① 陆世仪:《桴亭先生诗集》卷九《喜西安叶静远乔梓再过即席赋赠》,第 1 页下。
② 凌锡祺:《尊道先生年谱》,《北京图书馆藏珍本年谱丛刊》第 69 册,影印清光绪刊本,第 714—715 页。
③ 陆世仪:《思辨录辑要》卷三一,张氏正谊堂清康熙四十八年(1709)刻本,第 15—16 页。关于陆世仪等太仓士人从事劝善改过实践,参见吴震:《明末清初劝善运动思想研究》第八章,第 345—368 页。

综合两种文献可知,早在刘宗周在世之日,陆世仪曾受同乡张采(受先,1596—1648)之邀,一同前往山阴拜师;后张采因故未成行,他便也放弃了,然心中则始终留有遗憾。① 故而听说刘宗周之高第叶敦艮,不远千里而来,自然欢喜,可以因此而得闻刘宗周所传"证人"之道。此处说的"贻书讨论",若据上文推测,则当是获赠叶敦艮本人以及刘宗周《人谱》等著述,并一同讨论,而非仅寄书信,这一点学界多有误会,故作澄清。因为当时《刘子全书》尚未刊行,未能获得诸如刘宗周《语录》等思想类文献,故而陆世仪对蕺山学的认识,还是停留在《人谱》上,也即传自许孚远的修身实践之学。陆世仪本人也曾受到袁黄《功过格》的影响而做过类似的具体实践,故一则感觉了蕺山学的可亲,一则又因此而不想再作更多的了解。此外,与刘宗周在师友之间的史孝咸,顺治二年(1645)因为张采的邀请,亦曾有过娄东之行:

> 姚江史先生,念台先生之高弟,念台今海内之所仰以为宗师也……仪与阳明先生之《传习录》亦反复之有年矣,每读一语,未尝不踊跃鼓舞,偷心彻骨,而独于无善无恶之旨则至今有所未安。昨略扣之史先生,史先生不吝教之,而仪之所未安者犹如故也。②

此亦可补充上文,陆世仪虽尊刘宗周为宗师,但依旧将其与王阳明视为近似,故而向史孝咸问及"无善无恶"之旨,感觉见解不合,便未作更多的交流。③ 再回头看陆世仪与叶敦艮的交流,似乎也未围绕蕺山学作较多的展开,《论学酬答》中也未见论学书信,然也正因为如此,故不可过多推测。

三、与陈确的交游

关于叶敦艮在浙西的行迹,张履祥在作于康熙六年(1667)的《寄赠叶静远

---

① 事实上,张采在下一年前往山阴问学,而陆世仪未曾同行。《会录》:"张受先自娄东来,就蕺山泠然阁问学。"后面还有具体问学内容、陪侍之人等记载,该条末小注:"癸未十月十日。"(《刘宗周全集》第二册,第542—543页。)
② 陆世仪:《陆桴亭先生遗书》之《论学酬答》卷二《与张受先仪部论学书》,第1—2页。
③ 参见吴震:《明末清初劝善运动思想研究》,第365页。

序》开篇,有详细的交代:

> 西安叶静远,与予先后游念台刘先生之门。时先生晚年矣,家贫,在
> 讲筵日浅。然及门之友为道姓名,叶子知予。先生殁后十有九年,即海滨
> 访予。既去,又三载,访友至娄东而还,与予遇。复至海滨访何子商隐,将
> 归,商隐送之西至苕上,见同志数人,遂道语溪而别。时行急,不及为言以
> 赠。于后,因郡人客由三衢者,敬以一言寄之。

叶敦艮与张履祥先后拜师于刘宗周,当时的张履祥因家贫故未在山阴久留,所
以此处说"在讲筵日浅"。但叶敦艮还是知道了张履祥的名字,估计是从刘汋
那里听说的。因为张履祥往山阴拜师是在崇祯十七年(1644)二月①,由此可推
知叶敦艮的拜师,当在崇祯十七年三、四月间,因为该年六月刘宗周便有南京
之行,不在山阴,而再之后就是清军入浙了。"先生殁后十有九年",也即康熙三
年(1664),叶敦艮初次拜访张履祥。当时张履祥正处馆于何汝霖(原姓钱,名云
耜,云士,字商隐)家,叶敦艮先到海宁寻访到了陈确,然后再一同前来寻访张
履祥。此事陈敬璋《陈乾初先生年表》该年亦有记载:"同叶静远至半逻,访张考
夫、钱云耜。"②又过了三年,即康熙六年(1667),叶敦艮再次去娄东拜访了陆世
仪回来,则与张履祥又一次相遇,也拜访了何汝霖,还去了湖州(苕上),见过几
位张、何的共同友人。

关于陈确与叶敦艮的交往,可以参考其《同叶静远父子张子敬出郊闲步》
一诗的小序:

> 二月二十五日,同叶静远过济美堂,凤师留饭,遂入澉城信宿。随同
> 静远、大辛、汝讷兄弟至半逻,访张考夫、钱云士。大辛与二吴子竟至禾郡。
> 我与叶从半逻桥起步,未得道,偶得一小舟,渡至钱居,甚快。二十九日,大
> 辛与二吴子至自禾。三月初一日,大辛、二吴子先别去,吾独留钱子斋。钱
> 子亦至武原修墓事,出示诸遗书。初二日甲子,春气始和,同叶静远父子、

---

① 苏惇元:《张杨园先生年谱》,载张履祥:《杨园先生全集》附录,陈祖武点校,第1496页。
② 陈敬璋:《陈乾初先生年表》,载陈确:《陈确集》首卷,第37页。

张子敬出郊闲步，至鹿苑寺。寺后小桥，即昔日问渡处也。①

叶敦艮在海宁时，陈确带其到了祝渊的故居济美堂，当是祭奠以表同门之情，祝渊之子祝乾明（凤师）留饭，然后到了海盐的澉浦城，第二天到了半逻的何汝霖家，拜访了张履祥与何汝霖之后，跟随陈确他们一起来的吴大辛、吴汝讷兄弟去了嘉兴（禾郡），而陈确与叶敦艮父子又散步，又坐船，然后到了何汝霖家在南湖的别墅万苍山房（何汝霖的家在半逻村，另有别业则在南湖，也即永安湖，为陈、张等人多次集会的地方，故据诗序推测此处的钱居即南湖边上何汝霖的别业万苍山房）；到了二十九日，吴大辛他们从嘉兴来到钱居，第二天又告别离开，而此时则何汝霖也去了武原城，唯独剩下陈确与叶敦艮父子，于是初二那天他们又一起外出散步，还到了鹿苑寺。陈确该诗说：

> 叶子天下士，千里驰遐慕。挈我溯南湖，从君适盐寓。洞口失故舟，天边获渔渡。同游略已归，我懒未得去。淹留钱子斋，往复穷理趣。主人暂有出，闲馆足供具。遗书数十种，翻阅聊朝暮。本末了未窥，春郊舒褰步。菜花浩晴原，桃坞围红雾。忘机二三子，信足随村路。行行及古寺，老僧蔼如故。宛然竹外桥，昔日迷津处。

因为叶敦艮的到来，方才有陈确这一次的南湖之游，他们滞留在何汝霖之闲馆万苍山房，尚有数十种书籍可供翻阅，还有春日郊外的风景，湖光山色，菜花、桃花，以及古寺老僧，亦足以娱情。陈确还有《又赠叶静远》，也记录他们的这一次出游：

> 廿载同门友，相逢半白头。

―――――――――――

① 陈确：《同叶静远父子张子敬出郊闲步》，载陈确：《陈确集》诗集卷三，第663—664页。此处编定陈确诗文集的陈敬璋有按语：“静远名敦艮，西安人，蕺山先生弟子。”然而后来的校订者的按语则说：“叶静远，乃衢州人，敬璋作西安人，误。静远为刘门高足，与梨洲交契，全谢山曾称为宗周之功臣，不愧为大弟子，其言行屡见于《蕺山遗书》与黄、全二人集中。”其实陈敬璋说叶敦艮是“西安人”，并未误，至于说叶敦艮与黄宗羲“交契”则有问题，全祖望所说“大弟子”等，当来自《配享碑》。

　　饥年千里驾，暇日两湖舟。

　　把盏无留语，谈经恣冥搜。

　　异同惭未泯，寄托并千秋。①

此当是赠别之诗，谈及 20 年同门，却是初次相逢，一同游历两湖（南湖中间有河堤，故南湖外还有北湖），一同谈经论道，最后学术见解上还是"异同惭未泯"，也即陈确倾向于心学，叶敦艮则倾向于程朱理学，故互有异同，然而对于老师刘宗周以及道学则有共同的信仰，所以才说"寄托并千秋"。此外还有《三月初二同叶静远张子敬出郊闲步道经屠子高幽居漫赋》等诗文，也记录了叶敦艮父子的浙西之行。

　　三年之后，叶敦艮又一次从娄东回来，再度寻访张履祥以及何汝霖之时，并未寻访陈确，由此亦可知，叶敦艮与张履祥都倾向于程朱，故而比较亲近，与陈确则是渐行渐远了。

四、与张履祥以及吕留良的交游

　　在张履祥看来，叶敦艮之学，正是遵从师教的自然发展。因而张履祥在其《言行见闻录》中详细记述了叶敦艮所谈及的师说，后来叶敦艮告辞之后，张履祥除了有《寄赠叶静远序》之外，还保持着书信往来，现存书信有三通，其中包括了重新诠释师门宗旨等重要问题的讨论，下面分三点论述。

　　首先是《言行见闻录》所记述的叶敦艮受教于蕺山的情况：

　　　　西安叶静远曰："某见先生，请教。先生云：'学者立身，总不可自家轻易放了一些出路。'某问：'若使吾师当路，经纶天下，毕竟如何？'先生曰：'仆已是做过官来的。'"

　　　　刘伯绳语静远："学问之要，只是于伦常日用间，事事不轻放过，日积月累，自然造到广大高明田地。"②

---

① 陈确：《又赠叶静远》，载陈确：《陈确集》诗集卷六，第 732 页。
② 张履祥：《言行见闻录三》，载张履祥：《杨园先生全集》卷三三，陈祖武点校，第 928 页。

上边一条出现在多种叶敦艮相关传记中,唯独张履祥记录最为完整,刘宗周认为学者的立身,就是要避免自己给自己的出路太多,叶敦艮问如果老师有机会"经纶天下",应当如何？刘宗周回答自己已经是做过官的了。也即不会去多想如何"经纶天下"的问题,其言下之意则是告诫叶敦艮"思不出其位",不要多想什么出路,笃实而行。至于刘汋,当时作为其父的助手,故而也承担接待刘门弟子,讲解蕺山学的任务,他也告知叶敦艮,做学问必须笃实于伦常日用之间,"事事不轻放过",则与"不可自家轻易放了一些出路"当是相辅相成的,然而角度却又不同。张履祥另有记述叶敦艮的话:"张受先秀才时,不能自爱。登贤书即不同。举进士后,矫然特异。其平生自言亦如此。"[①]这一条则是因为叶敦艮有了娄东之行,方才向张履祥讲述张采之事迹。

再看《寄赠叶静远序》,作为同门之间如何看老师之为人为学的代表性文献,可与本书开篇提及的黄宗羲《蕺山学案》等相关文献对比,二人的观点有极大的差异,故而详细加以说明如下:

> 变乱以后,师友之道不忍言矣。昔之尝及先生门者,多随世故以变,其有不变者,死亡略尽。未死者,非流于异端,则傲辟放恣,于师门之指不复顾也。其能尊所闻,不至丧败者,要不数人。其数人又不复相见,论其指趣,与其所得,与其所至之浅深远迩。渐恐先生之教,久将失传,使后人不能无疑,固吾党小子之罪。况吾人所为,望先生而希万一之似者,犹射之鹄的,匠之规矩也。尝学于先生,不识所一以为先生,可乎？敢以昔者所闻为学之方,用力之切,与所亲炙仪刑而不忘者,粗述其概,与交勉共守焉,亦后死者宜有事也。[②]

这是该序文的第二段,接着关于叶敦艮浙西之行的介绍,讲到甲乙两年的变乱之后,当初游于刘宗周之门的那些同门,大多随着世故而变化,不变的也就是如祝渊等殉节而死的。不死的同门,所谓"流于异端",当指出家为僧之类,刘门高第为僧者确实不少;"傲辟放恣",当指如陈确撰写《大学辨》,批判程朱理学,

---

① 张履祥:《言行见闻录三》,载张履祥:《杨园先生全集》卷三四,陈祖武点校,第 955 页。
② 张履祥:《寄赠叶静远序》,载张履祥:《杨园先生全集》卷一六,陈祖武点校,第 484 页。下同。

在张履祥看来则并非师门之教，也非圣贤之学。"傲辟放恣"也有可能指黄宗羲，因为当时黄宗羲四处讲学，又与仕清士人走得很近，也非张履祥所认可。①还能尊老师所教，品德不至丧败的"要不数人"，这数人也即沈昀等几个，且不常相见，故而就学问旨趣、所得深浅等，也难得交流，于是便担心老师的学问有失传的可能，那就是弟子们的罪过了。张履祥之所以在此文中详述自己对老师的认识，也即"为学之方，用力之切，与所亲炙仪刑而不忘者"，一是希望借此而传承，另一是与叶敦艮共勉。

　　关于刘宗周的"为学之方"与"用力之切"，张履祥接着说：

　　　　夫先生所示为学之方，居敬穷理之目也；所示用力之切，慎独之旨也。盖世之学者，务外好夸，腾口无实，袭"良知"之诡辨，以文其弃义嗜利之奸，其归至于决名教而鲜廉耻。先生病之，而以生于越乡，浸淫之敝已久，非可旦夕以口舌救，又不欲显为异同，启聚讼之端。故与学者语，但举程、朱之教，使之主敬以闲其邪，穷理以求其是。且谨凛于幽独，辨析于几微，严之义利之界，别之暗然、的然之趋。有志之士，苟能于此有得，自于彼有弃，而不蹈近代邪诐之习，以贻天下来世之忧。此及门之友所共闻也。

张履祥虽然也提及了刘宗周的"慎独之旨"，但是更强调的却是"居敬穷理"，将刘宗周的学术，解释为转向了"程、朱之教"，也即以主敬、穷理来矫正"良知"之学的流弊。那么"慎独"也就只是"谨凛于幽独，辨析于几微"一句，其实就是指张履祥所认同的《人谱》与《证人社约》之中的思想。接着，他便以更大的篇幅，讨论刘宗周的"立身之峻伟"：

　　　　若夫先生立身之峻伟，海内有耳目者皆所睹闻。然或举其大者遗其细，得其末者失其本，虽及门之友有未之察也。窃见先生之为人，在《中庸》则曰"中立不倚"，在《论语》则曰"躬行君子"，在《孟子》则"反经"而已。
　　　　是以其事亲也，生事尽其力，死事尽其思；其事君也，进则矢责难陈善之义，退则怀食息不忘之诚；其处僚友也，不争不党，人自莫敢于以私；其

---

① 黄炳垕：《梨洲先生年谱》，载沈善洪主编：《黄宗羲全集》第12册，第41页。

临下也,不矫情、不干誉,亦自不能忘其德;其居家也,闺门之内肃若朝廷;其居乡也,贵而益谦,长而弥逊;其律己也,一介不苟于取予;其接物也,謦笑不妄以假人。至若取善不遗细微,一言几道,即舍己而从之;省身不懈幽独,一念偶动,必致察而澄之。

是故其处也有为,惟读书与教学,然耻皋比横经之习;其出也有常,必难进而易退,益励羔羊素丝之风。其涵蓄之粹也,温乎如玉,而严栗之意未尝不存;其为义之勇也,决若江河,而从容之度未尝有改。至于毁誉之来,宠辱之临,以及生死存亡之故,则固一毫不以动于心,纤芥不能移其分者也。呜呼! 先生一生修身履道,固已日月齐光矣。

此处的讲述非常之好,主要从事亲、事君、处友、临下、居家、居乡、律己、接物等方面具体说明,较为完整地呈现了刘宗周的"立身"之道。关于其品格,张履祥又说到了"取善不遗细微"与"省身不懈幽独",以及"涵蓄之粹""为义之勇",乃至毁誉、宠辱、生死存亡等问题,认为老师的一生"修身履道",已经可与"日月齐光"。由此可知,在张履祥心目中,刘宗周最为重要的就是其"立身之峻伟",也即人格精神,至于学问则是其次的。

再接着,张履祥谈及自己如何以蕺山学反省、躬行:

吾党玷于门屏,念离函丈以来,星霜亟换,不觉去壮就衰。反己内省,平日功夫,其能内外一于恭敬,不使放心、邪气得以乘之否乎? 读书能潜心玩索,以求所为知之明而行之果否乎? 其存诸心、见诸行事者,果能尽由于义、不入于利,一意于黯然,不杂于的然否乎? 凡此,皆非人之所得与,而当自知自改者也。若乃躬行之实,其入孝出弟者如何矣? 其内不失己、外不失人者如何矣? 其能非道义,箪食豆羹不受于人矣乎? 其能一物我,在邦在家,不欲勿施于人矣乎? 其昼观妻子,夜卜梦寐,亦能无惭无怍,皎然不欺于志矣乎?

此处共计八个问题,"反己内省"有三点:平日功夫的内外恭敬、读书以求知明而行果、存心行事的义利之辨;"躬行之实"有五点:入孝出悌、不失己不失人、非道义不受于人、不欲勿施于人、昼夜无惭无欺。这些思考,当是承继于刘宗周蕺山学《人谱》证人之学之后的发展，确实张履祥的道德践履，在刘门弟子之中亦堪称表率。然而接着，便是追问自己当年拜入师门的初心，以及如今的碌碌此生：

> 追维在昔，所为赢粮担囊，适数百里而见先生，初心何以哉？特欲自拔于流俗，为君子、不为小人也。岂若俗之假窃虚名，以游于世，号曰先生弟子而已？竟乃碌碌此生，宛其以死，使人举其生平尽无足述，或乃指而鄙之，谓彼固称尝及先生之门者也。初不能免庸夫匪人之目，能不有痛于心？

当年的张履祥，为了自己能"自拔于流俗"，方才不远数百里，前往拜师，这就与那些号称先生弟子而"假窃虚名"的人，有很大的区别了。然而自己的一生，还是"无足述"，又如何对得起"尝及先生之门"？还是难免"庸夫匪人之目"。这当然是其谦虚之词了。最后，张履祥则对比自己年轻的叶敦艮勉励一番：

> 予也疾疢继作，精志遂衰，行将殁齿无闻，有同草木之腐。叶子意气犹盛，来日犹多，愿益坚厥志，益励厥操，益逊志伊、洛之深源，勿徘徊于两可；益脱屣散俗之酬酢，无虚掷其成年。于以光大德业，有耀师门，虽使异代闻风典起可也。若遂修己不力，捧焉不精，苟得遄止，非徒惭负父兄师友，质之初心何以自事？此吾人所当矢之幽独，慎之又慎，一息尚存，不容少懈者也。千里而遥，山川间阻，生死病健，契阔何期？耿耿斯怀，惟德义交勖而已。诗云："教诲尔子，式榖式之。"人生﹝乱世，兄弟相戒有如此。朋友犹兄弟，无忝所生，则又当敬念哉。再拜而序之。

因为自己多病而衰，故希望叶敦艮能够光大师门，不失初心。"生死病健，契阔何期"，乱世之中朋友如同兄弟，张履祥非常尊重与叶敦艮的一番友谊，故而撰写此长文，表达其耿耿之情怀。

　　总的来看，张履祥特别强调的是刘宗周的"立身"之道，当然不可否认，这才是刘宗周真正影响一个时代并可以"节义"二字概括的人格精神，然而不谈蕺山心学，反将蕺山学往程朱之教上解释，则还是离开刘宗周学问本身有些远了。

张履祥还有与叶敦艮书信三通，第一通为康熙十年(1671)，其中说：

> 三年之别，千里之怀。得读手教，欣慰无任。祥不自意六十以后，犹得视息天地之间。虽假余年，未为不幸，但古今人多有不幸久生，以见丑末路者。以是栗栗之私，日以益甚。今已更无他念，惟稚子幼小，末学无成，庶藉诗书、朋友之力，不至败行，贻先人羞。亦使贱息粗知文义，异日不失乡里平人，斯大幸矣。伏承遗念，德义相勉，感谢感谢。夙昔自维不少隐于同学之前者，多缘鞭辟向里功夫不足，是以应物多乖，喜怒失当。又读书疏略，不成片段，而所读亦无多。今岁刻自惩悔，欲图其新，正未知将来若何耳。
>
> 特未悉仁兄近者进步益如何，所得切磋之友复几人，体究得力之书，又几何种也。吾人生此学绝道丧之日，天牖其衷，既知自爱，一息尚存，顾勿以为日已短，不加珍惜也。若乃摧颓放弃，或小得苟安，不免上负师友，下愧初心，虽及百年，竟与蜉蝣、朝菌均尽，可哀也已。①

分别三年之后，收到千里之外的来信，张履祥感到十分欣慰。谈及自己活到了60岁后，确实不能说不幸了，但还是担心自己"见丑末路"，也即晚节不保，当然更担心的还是自己的孩子，希望能够依靠诗书、朋友的力量，"异日不失乡里平人"。再论及学问，当年的同学之友，也都是"鞭辟向里功夫不足"，于是"应物多乖，喜怒失当"，再加之读书疏略，故而希望能够"刻自惩悔，欲图其新"。对于叶敦艮，则提出了多个问题，如进步如何，可以切磋的友人、可以体究的书等，希望在此"学绝道丧之日"，能够珍惜时光，不负师友，不愧初心。再看第二通，康熙十二年(1673)，其中说：

> 不达声问，忽忽二载。仁兄进德如何？令子学业成就如何？郡邑人士能兴起者几人？有以见天地之心乎？念切念切……所期吾党一息尚存，各各黾勉，苟乾坤不几乎息，将必有复旦之理耳。拙作一二寄正，千里之

---

① 张履祥：《答叶静远一》，载张履祥：《杨园先生全集》卷二，陈祖武点校，第37页。

思,附此而已,不尽。①

又是两年未得通信,张履祥要问的还是"进德如何",可以兴起的友人几个等,然后寄了一些自己的著作,希望多交流学问。再看第三通,当是收到叶敦艮的回复之后的答复,其中说:

> 去春,曾以一札附候,竟不能达而止。冬杪,接读手教,备悉近履之苦。困穷怫逆,吾人今日分内事,不足言,所可忧者,令子不克继业耳。然自往岁娄东归来之日,已见其端,故弟于赠行拙草略已及之。少年心志未定,真不宜使其远游也。……窃意令子才力尚是能为,收而教之,开其悔悟之机,启以自新之路,他日老成,未必不得其用。……饮食男女,大欲所存,前此图婚不早,执业不恒,悔之固已无及,不审亡羊补牢,东隅桑榆之喻,尚有可为否?

此信论及的第一个问题为叶敦艮之子叶修方"不克继业"。张履祥说当年第二次从娄东回程之时,就已经有些看出端倪了,故而其《赠序》之中,就有"教诲尔子"一句以表示"兄弟相戒"。他认为少年人因其"心志未定"故不当远游。此信之中还是多有鼓励,认为毕竟才力尚可,"收而教之",还有开启自新之路的可能,则将来"未必不得其用"。第二个问题,则是针对叶敦艮本人的选择:

> 为仁兄一身善后之计,不得已老坐一毡,课授子弟,亦足以善。此贫士恒业,屈意为之,当自不难。释是不务,而别求一超超坦坦之路,异端之徒容有之,吾儒唯有守义安命。若果义命当寒饿死,死亦何憾? 古今人若此者,岂少其俦哉? 然未必果死者,多有之矣。吉凶悔吝,吉一而已;富贵、贫贱、夷狄、患难,富贵一而已。下学之功,从不怨尤起。若夫托命于缁流,衣食于奔走,今世之士多有为之者,以视夫翱游大人以求生,挟持左道以惑世者,相去几何? 终非义命之所安也。

---

① 张履祥:《与叶静远二》,载张履祥:《杨园先生全集》卷二,陈祖武点校,第38—39页。

此处说叶敦艮正在"课授子弟",然却要放弃此业,转而别求所谓"超超坦坦之路",据下文"托命于缁流,衣食于奔走",似乎是想做一个游方僧人。大约因为儿子的浪荡,叶敦艮对其人生也失去了信心,以至于想要出家,这当然是张履祥所反对的。在他看来,僧人只有两种,一是"翱游大人以求生",也即出入于富贵人家;另一是"挟持左道以惑世",也即以歪门邪道欺骗百姓。那都不是儒家道义所允许的了。最后,张履祥提及了当年叶敦艮在浙西所交游的友人:

> 去年,娄东陆桴亭、苕中沈石长、海滨许大辛诸兄,相继沦丧,同人彫落,痛如之何! 乃各各洁其身以死,则亦命之正也。①

此时陆世仪等三人都已经过世,张履祥为友人之沦丧而痛心之余,又认为他们都是"洁其身以死",也即都保有一个遗民的气节,故而属于"正命",这也是借此而勉励叶敦艮了。若据上文提及的《县志》等处的记载,则叶敦艮后来应当是听从了张履祥的劝告,并未出家,大约其子也有所悔改,故而他活到了70多岁,且能名扬三衢。

此处简略补充一下叶敦艮与张履祥、黄宗羲共同的友人吕留良的交往。也即保存与吕留良的文集之中的与叶敦艮的三通书信。康熙十年(1671)的一通说:

> 两接手书,皆发蒙鞭笤之言,千里勤渠,期责深至。顾某何人,足以当此,又复何幸而能得此也。三复永佩,敬谢敬谢。某颓唐不自力,两年以来,扑椷尘埃,有消无长。考夫先生虽在舍间,而违离之日多,亲炙之时少。……《朱子遗书》四种先完,正在刷印,恨信行促迫,未及待成,俟后便寄呈可耳。②

此信提及吕留良在张履祥的协助下,刊刻了《朱子遗书》四种且即将完工,那么

---

① 张履祥:《答叶静远三》,载张履祥:《杨园先生全集》卷二,陈祖武点校,第39—40页。
② 吕留良:《吕晚村先生文集》卷二《与叶静远书》,载吕留良:《吕留良全集》第1册,俞国林编,中华书局2015年版,第26—27页。

叶敦艮之所以去信,当是因为张的介绍而向吕索书。此时张履祥也正好还在吕家处馆,故而信中也有问起。所谓张、吕之相聚,共同致力于程朱之学的弘扬,刊刻书籍则是其中最为重要的事业。后一通信,则是在张履祥去世之后一年,也即康熙十四年(1675):

> 接教,审已越在近地,喜可知也。弟自前岁冬即移居村庄,比亦患疮疥,至不能行动。吾道日衰,正人代谢,张考夫、沈石长、张佩璁于去年相继厌世,散乡同志,一时略尽,仅存者何商隐、凌渝安而已。……中秋后,候尊驾之来,以罄缕缕。敝居在南门外黑板桥,问吕家东庄即得。①

此时叶敦艮正好即将再有一次浙西之行,特意拜访吕留良,或许也有祭奠张履祥等友人之意。而此时的吕留良即将正式移居到偏僻荒野的南阳东庄,故在信中讲到了具体的地址等信息。第三通,已经是在康熙十六年(1677),叶敦艮与吕留良会晤过之后,信中说:

> 久不得觏止,远企为劳。接手教甚慰悬念。某衰病日深,支骨待死。较丁巳追随时先生所睹憔悴之容,已不可复得矣。医事久已谢绝,惟点勘文字则犹不能废,平生所知解惟有此事,即微闻程朱之坠绪,亦从此得之,故至今嗜好不衰。病中赖此摩挲,开卷有会,时亦欣然……若谓弟逐蜗蝇生计,弟虽不肖,不至污下如此。尊教殷殷爱我,而赐之鞭策,敢不感激思奋?……《遗书精义》已成,尚未校对凿补;《仪礼经传通解》正在缮写发刻,但其事浩大,不知能毕工否耳?《童蒙训》一册呈上。……《后学规训》容索取奉寄,率复不尽。②

信中谈到叶敦艮对于吕留良从事"点勘文字"之事,多有劝诫,当是指吕家天盖楼书局之图书事业。吕留良则强调这并非为了生计,而是借此"微闻程朱之坠

---

① 吕留良:《吕晚村先生文集》卷二《与叶静远书》,载吕留良:《吕留良全集》第1册,俞国林编,第27—28页。
② 吕留良:《吕晚村先生文集》卷二《答叶静远书》,载吕留良:《吕留良全集》第1册,俞国林编,第29—30页。

绪"。最后提到了多种程朱理学的书籍,则是叶向吕继续有所索求。再由《童蒙训》《后学规训》亦可推测,当时的叶敦艮以儒学教授子弟,也是势头极好。

五、与黄宗羲的交涉及其学术趋向论析

若据现有文献,则叶敦艮与黄宗羲只有书信往来,并无当面的交流;上文论及,叶敦艮与黄宗羲的高足万斯选、万斯大兄弟相识,且有过论学。黄宗羲在一通回复万斯大的论学书信中说:

> 叶静远与兄书,其言格物之物,当于本末之间得之。括以两言,即本以达末,即末以透本,此虽静远自得,而先儒亦有言之者。管东溟云……圣贤工夫,一步步推入,结在慎独,只于本上,本立而道生,末处更不必照管。
>
> 若静远言,即本以达末,即末以透本,则是中和兼致工夫两截。儒者之弊,正坐此耳。先师不欲言意为心之所发,离却意根一步便是末,末未有能透本者也。静远苟明夫意,则格物之工夫即在其中,更不必起炉作灶也。……兄试以语静远,不惜批示,共寻先师之学脉也。[①]

最晚当在康熙六年(1667)前,叶敦艮在西溪河渚的雅集上结识万斯大,且有书信与万斯大,其中有"格物之物,当于本末之间得之"等论述,叶敦艮也以此为"自得"。但在黄宗羲看来则有两点不足,其一,这本是先儒如管志道(东溟)等人已经说过,证据确凿,了无新意;其二,这正中"儒者之弊",且与老师学说不合。黄宗羲由刘宗周的"慎独"推理,则为学应当注意在"本"上做工夫,而不必照管"末",因为"末"已经离开"意根","末未有能透本者"。叶敦艮"即本以达末,即末以透本",还是程朱的"格物","一草一木亦皆有理之说",故"不胜其支离之病",那么叶敦艮已经离开老师刘宗周而另起炉灶了。黄宗羲让万斯大转达他的"批示",希望叶敦艮能重回蕺山学,共同寻绎老师的学脉。估计叶敦艮

---

① 黄宗羲:《答万充宗论格物书》,载沈善洪主编:《黄宗羲全集》第 10 册,第 201 页。

并未接受黄宗羲的意见，故而此事没有下文。

　　等到二人再次发生联系，则已是 20 多年之后。黄宗羲有一诗《衢州叶静远书来有传予死者》，其中说：

　　　　千里人投书一函，讹言鹏鸟入重檐。

　　　　岂邀美酝同丁讽，却喜流传似子瞻。

　　　　庆吊已原忘世法，丹铅犹未了牙签。

　　　　同门此意难消受，梁月光芒分外严。①

《年谱》将此诗系在康熙二十六年（1687）："衢州叶静远书来，有传公已物故者，公以诗戏之。"②当时的叶敦艮已致力于在衢州讲学授徒，在听说黄宗羲去世之后，写信询问并示吊唁。黄宗羲联想到了同样曾被误传已死的丁讽与苏轼（子瞻），然后说自己本已忘世，然而还有"丹铅犹未了"，也即还有著书立说的事情要做，故而要说"同门此意难消受"。此诗的戏笔，以及"难消受"，似乎对于叶敦艮的此次误会，多有不满。此外，黄宗羲提及叶敦艮的还有《明儒学案》，其中引述刘宗周与弟子的论学原本不多，但有一句涉及叶敦艮：

　　　　先生语叶敦艮曰："学者立身，不可自放一毫出路。"③

这一句，也正是叶敦艮宣讲于张履祥等其他学者的话，也符合《人谱》之精神，可见他受老师影响的，主要在道德践履上。

　　关于叶敦艮，除了上文提及陆世仪认为他是刘门弟子之中的佼佼者，以全祖望《配享碑》以及《县志》中的评价来看，叶敦艮晚年并不曾出家为僧，而是讲学有成。至于其是否仅仅传蕺山学于三衢，则尚待进一步的分析，若就其与陆世仪、张履祥均有两次拜访，以及多通书信的往来，以及曾向吕留良多次索求程朱理学之书籍等来看，则叶敦艮的晚年，必是专注于程朱理学无疑。再者，

---

① 黄宗羲：《南雷诗历》卷四，载沈善洪主编：《黄宗羲全集》第 11 册，第 314—315 页。

② 黄炳垕：《梨洲先生年谱》，载沈善洪主编：《黄宗羲全集》第 12 册。

③ 黄宗羲：《蕺山学案》，载黄宗羲《明儒学案》卷六二，沈芝盈点校，第 1547 页。

叶敦艮与黄宗羲实际极为疏远，从黄宗羲与万斯大的论学书信来看，黄对叶敦艮程朱一系的"格物"说也极不认可。故而陆世仪要说当时的刘门弟子"称静远及钱塘沈甸华兰先、桐乡张考夫履祥为最"①，而后人在评价恽日初之时指出，恽日初以及"钱塘沈兰先甸华、西安叶静远敦艮、桐乡张考夫履祥"等"并称刘氏功臣"，这种评价其实就是站在程朱理学的立场来看蕺山后学的结果；另外需要补充的是，在这些转向程朱的刘门弟子之中，张履祥又是其中的核心人物，他推动了吕留良刊刻程朱遗书的事业，对于诸如叶敦艮、沈昀等蕺山后学影响甚大。

---

① 凌锡祺：《尊道先生年谱》，《北京图书馆藏珍本年谱丛刊》第 69 册，影印清光绪刊本，第 713 页。

第十三章　刘门的守护者

张应鳌、董玚二人是在刘宗周晚年服勤最久的弟子，前者还参编了《中兴金鉴录》一书，而后者则为《刘子全书》的主要编校者，二人也是入清以后越中证人社重建的重要参与者。至于刘宗周之子刘汋则完成了《蕺山刘子年谱》的编撰，同时也为刘宗周之遗书的保存、编辑等做出重要贡献。此外，参与遗书保护的还有周之璷。故本章所讨论的，即是刘门的守护者。

第一节　张应鳌：《中兴金鉴录》参编者与证人社主持者

张应鳌（1591—约 1681），字奠夫，山阴人，邑诸生，据《康熙会稽县志》则"所著甚多藏于家"，如讲会记录稿之《会语》以及《四书颂解》。① 全祖望在《配享碑》中对张应鳌给予了高度的评价：

> 山阴张先生应鳌，字奠夫，服勤于子刘子最久者也。南都匆匆，宵人尚赫奕邸舍，作承平态，子刘子署独萧然，奠夫一人侍之。其人笃实自修之士也，在南都作《中兴金鉴》，欲上之，不果。②

所谓的"服勤最久"，即甲乙之变，刘宗周去世以后，在绍兴城中支撑刘门的弟子，其实正是张应鳌，他的另一重要贡献是协助刘宗周编撰《中兴金鉴录》。

---

① 《康熙会稽县志》卷二四《人物志·儒林》，第 525 页。下同。
② 全祖望：《鲒埼亭集》卷二四《子刘子祠堂配享碑》，载全祖望：《全祖望集汇校集注》，朱铸禹汇校集注，第 446 页。

一、张应鳌与刘宗周

《康熙会稽县志》中关于张应鳌的记载，主要是强调其传承蕺山学脉之功：

> 会蕺山讲学证人，远近造请无虚日，然少许可得纳拜称弟子者，惟应鳌与萧山来蕃而已。蕺山赴铨贰召，延于家训诸孙。古小学落成，命与孝廉海昌祝渊、诸生周之璿肄业其中。尝语二子曰："及门之士，不失吾学之正者，莫夫一人。"①

这段话指出，张应鳌入刘门，已是刘宗周讲学于证人社之时，由此亦可证明比起陈尧年等人来说，张应鳌入门要晚得多。他得以经常问学于刘宗周身边，当是在崇祯十三年（1640）正月古小学全部落成之后的几年，而与祝渊、周之璿"肄业其中"，已是在崇祯十六年（1643）了。刘宗周"赴铨贰召"，也即出任左都御史之时，张应鳌被延聘为刘家孙子们的塾师，则是在崇祯十五至十七年（1642—1644）。由此可知，张应鳌当是刘宗周后期讲学之时，最为重要的弟子之一。刘宗周68岁时梦见朱子，并与此时正在陪侍的张应鳌讲起：

> 先生早觉，谓张应鳌曰："比夜梦朱文公来此。"应鳌曰："先生固文公后身，窃谓先生学问精切入微处，当轶文公而上之。至文公晚年焚谏草，自号遁翁，先生今日遭此，微不同耳。"先生曰："还让先贤。"应鳌曰："鳌非阿所好。先生之学，几于圣矣。"先生勃然曰："恶！何狂悖乃尔！"②

这里张应鳌的回答不免有点"阿其所好"，刘宗周自然不会真的以朱子自比，但一定认为此事可以作为自己学力精进的象征。刘宗周在去世之前还在修订《人谱》，故而张应鳌说："《人谱》一书为先师绝笔，易箦时谆嘱传习兢兢者。此

① 《康熙会稽县志》卷二四《人物志·儒林》，第524—525页。
② 刘汋：《蕺山刘子年谱》附卷《刘谱录遗》，载吴光主编：《刘宗周全集》第6册，第192页。

乃精义熟仁之正学,天德王道之全功也。"①刘宗周临终之际,嘱咐弟子们以《人谱》为修身的参照,张应鳌也特别看重《人谱》对修身的意义,并认为是"正学",特别看重此书与佛、道劝善思想的区别。

张应鳌在刘门的重要性,还可以从保留下来的多首师徒之间的唱和诗中看出来。早在崇祯七年(1634),刘宗周乡居之时,就有两首与其唱和的诗:

　　千枝万叶总归根,生意先教入地真。
　　只此几希窥面目,浑无消息到声尘。
　　谨严管钥须防漏,狼藉家私且卖贫。
　　自本字根还自觅,山山水水过来人。②

　　如许年光只说今,借君供状待君箴。
　　欲除理障翻余事,才拣沙滓已混金。
　　悠忽一生真坐病,悟修双遣定谁钦?
　　闲评十九人中句,辜负殷勤是问心。③

由诗题可知,张应鳌先有诗,刘宗周才与之唱和。诗中主要谈的是如何养得胸中一番生意,关键在于"谨严管钥须防漏",还当小心"才拣沙滓已混金",可见蕺山学的工夫论之特点。到了甲申年(1644)的十月,刘宗周在张应鳌的陪同下回到绍兴之时,他们又有唱和诗:

　　吸尽玄霜绛雪寒,余滋仍与辨辛酸。
　　几番世变随旋辘,一是司南下定盘。
　　旧学可商吾子信,宦情莫问老夫安。
　　风光月霁还无恙,添得江湖泪万般。④

---

① 张应鳌:《人谱跋》,载吴光主编:《刘宗周全集》第6册附录五,第712页。按,此处张应鳌写作张应鉴。
② 刘宗周:《和门人张奠夫兼示诸生》,载吴光主编:《刘宗周全集》第4册,第542页。
③ 刘宗周:《再和奠夫兼呈陶石梁》,载吴光主编:《刘宗周全集》第4册,第543页。
④ 刘宗周:《和张奠夫用濂溪先生任萍乡诗韵见遗》,载吴光主编:《刘宗周全集》第4册,第582页。

这首诗讲到了当年的南京之行,几番世变,几番辛酸,国事多不可为,使得刘宗周万般泪下,幸好还有弟子在身边可以商讨旧学,可以在讲学之中体会真儒之"风光月霁"。此时另有《过锡山同奠夫访第二泉》等诗,记述师徒二人在无锡的锡山、惠山以及顾宪成、高攀龙祠堂等处寻访的经历。

刘宗周殉节之际,张应鳌也在陪侍之列,《县志》中说:

> 甲申变后,蕺山首阳抗节,咸谓事或可为,幸为国自爱。鳌大声曰:"人臣分义,自当一决。"蕺山韪其言,遂携手诀曰:"学问未成,全赖诸子。呜呼!"①

弘光元年(顺治二年,1645)刘宗周"首阳一饿",殉节之际,有人阻止其绝食,张应鳌则表示支持。关于刘宗周殉节这段,刘汋年谱也记载了"张应鳌在侧",但内容略有不同:

> 闰六月初一日……时有门人谓国统断不中绝,复请先生进少饮。先生曰:"古人一饭之德必酬。我一穷秀才,官至御史大夫,焉得不死?语曰:'正其谊不谋其利,明其道不计其功。'功利之说昌,此国事所以不竞也。死则死耳,何劝为!"门人固劝不已,先生曰:"吾学问千辛万苦,做得一字,汝辈又要我做两字。"张应鳌在侧,先生携其手曰:"学问未成,全赖诸子。"应鳌曰:"敬受教。"先生点头,复厉声曰:"尔曹勉之。"应鳌复进曰:"今日先生与高先生丙寅事相类。高先生曰:'心如太虚,本无生死。'先生印合何如?"先生曰:"微不同。非本无生死,君亲之念重耳。"②

刘宗周一再强调,身为御史大夫,不可不死,他说明了功利之说的祸害及国事之不可为。那么作为臣子的殉节就是为了"道",做学问也是为了"道"。刘宗周交代正在身边的弟子张应鳌,学问之事要继续勉力从事,"尔曹勉之"一语,当是意味深长。张应鳌借此而问学,请教刘宗周之死与高攀龙之死相较如何,刘

---

① 《康熙会稽县志》卷二四《人物志·儒林》,第524—525页。
② 刘汋:《蕺山刘子年谱》68岁条,载吴光主编:《刘宗周全集》第6册,第171页。

宗周强调了"君亲之念",这正是儒家与佛道在生死观念上的大不同。

二、《中兴金鉴录》的编撰

关于《中兴金鉴录》一书的编撰,刘汋所编的《年谱》有详细的记载:

> 初,先生赴召留都,皇皇中兴无象,至寝食交废。是时,张应鳌从行,请定《历代中兴录》为新君龟鉴。先生跃起曰:"是予志也。"即命应鳌具草。汉、唐、宋皆应鳌与陈毓华所辑,先生再加增定。先生又取高皇帝及二帝三王以续之。……心法、治法合为一源,名曰《中兴金鉴》,草疏欲上进,不果。①

崇祯十七年(1644)福王监国,四月初十,刘宗周被诏复原官,疏辞不允,故其于六月初八自绍兴出发,张应鳌随从。到了南京之后,邸舍萧然,只有张应鳌独侍于刘宗周身边不去。看到南明小朝廷惶惶然而缺乏中兴气象,于是张应鳌建议选编《历代中兴录》作为新君的"龟鉴"。在得到刘宗周的赞许之后,张应鳌开始起草,后来与同门陈毓华合作编辑完成了汉、唐、宋三代的选编,经刘宗周加以增订,并补上明太祖等部分,最后取名为《中兴金鉴录》。他们希望弘光帝成为中兴之主,可惜此书编成之后,已没有机会进献。此事邵廷采《明儒刘子蕺山先生传》之附录也有提及:

> 张敬可先生曰:"先师于及门最爱先君子,出入两都,无不随侍。南都尝命作《中兴金鉴》,欲上不果。简时方冠,幸获耳承绪论,六十年来,梦寐饮泣。民生于三,其敢或忘?"②

张敬可即张自简,是张应鳌之子,当时年方弱冠,有幸跟随其父聆听过刘宗周

---

① 刘汋:《蕺山刘子年谱》68 岁条,载吴光主编:《刘宗周全集》第 6 册,第 163 页。
② 邵廷采:《思复堂文集》卷一《明儒刘子蕺山先生传》,载邵廷采:《邵廷采全集》,陈雪军、张如安点校整理,第 60 页。

的讲学,直到其晚年也不敢忘记。张自简说刘宗周晚年特别欣赏张应鳌,出入于北京、南京之时张应鳌也都跟随陪侍,而在南京时则合编了《中兴金鉴录》一书。

三、越中证人社重建之新考

张应鳌入清之后如何维系古小学之讲学,此事相关记载互有异同,故需要作一番考辨。先看《县志》中的讲述:

> 厥后,白马岩居、王门泠然池,诸讲席胥鞠为茂草,唯城南小学一片地,历三十余年,所计四百余会,会各有记。凫羊去而复存,鳌之力也。年逾八旬,瓶无脱粟,祁寒暑雨,日行十余里,不辍讲勤问晰,扶掖后进,诚有刻刻不忍去诸怀者。①

据此则绍兴城南的古小学,30多年一直弦歌不绝,几乎是张应鳌一人之力,主持讲会400多场,并且都有记录。关于此事,全祖望说:"丙戌后尝嗣讲山中。"②丙戌,即顺治三年(1646),至于讲学山中,则应当不是在绍兴城中的古小学,而是张应鳌家附近的山中。

再据黄宗羲的记载,则入清之后绍兴城内证人社的重建,与张应鳌自己的讲学,当是两回事:

> 子刘子讲学于证人书院,梦奠之后,虚其席者将三十年。丁未九月,余与姜定庵复为讲会,而余不能久住越城,念莫夫从先生游最久,因请之共主教事。莫夫距城二十里而家,每至讲期,必率先入坐书院,以俟诸学人之至,未尝以风雨寒暑衰老一日辞也,于今盖五年矣。③

---

① 《康熙会稽县志》卷二四《人物志·儒志》,第525页。
② 全祖望:《鲒埼亭集》卷二四《子刘子祠堂配享碑》,载全祖望:《全祖望集汇校集注》,朱铸禹汇校集注,第446页。
③ 黄宗羲:《寿张莫夫八十序》,载沈善洪主编:《黄宗羲全集》第10册,第673—674页。

黄炳垕的《黄梨洲先生年谱》"六年丁未"条则有相似的记载：

> 　　子刘子讲学于证人书院，正命之后，虚其席者二十余年。九月，公与同门友姜定庵希辙、张奠夫应鳌两先生，复为讲会。①

康熙六年(1667)九月，刘门弟子以黄宗羲与姜希辙(定庵，？—1698)为首倡，在刘宗周当年讲学的古小学之中再度重建证人社讲会。黄宗羲强调姜希辙在其中起到了关键作用，并且也曾主持过讲会活动。黄宗羲说：

> 　　先生归为乡邦领袖，越中丧乱之后，人不说学。先生率二三老友读书谈道，重举证人社，每遇三之日，先生入讲堂，释菜先师。士子之有志者，云委景从，始知场屋之外，大有事业。②
> 　　先师立证人书院，讲学于越中，至甲申而罢讲；后二十四年为丁未，余与姜定庵复讲会、修遗书，括磨斯世之耳目。③

姜希辙是入清之后刘门弟子之中一度出仕清廷的一位，黄宗羲除了在为姜希辙撰写的传记之中强调"同为子刘子之弟子，同辑子刘子之遗书，同侧子刘子之讲席"之外，很少提到其与蕺山学派的关系。然事实上姜希辙与黄宗羲交游30年，二人一直都是重要的学术伴侣，故而重建证人社，姜希辙必然是重要的力量，只是因其仕清，记载多半模糊了。另外，其实董场也是重建的重要发起人，下文详述。

　　到了康熙七年(1668)之初，黄宗羲还曾参加越中的讲会："至郡城，仍与同门会讲于证人书院，有《证人会语》。"④再后则因为黄宗羲家离绍兴较远，不能经常住在城中，于是特意邀请师事于刘宗周最久的张应鳌正式主持讲学活动，而且张家距离绍兴城20里，也相对较近。按照黄宗羲的说法，此时的重建距刘宗周去世已经将近30年了，如此说来则古小学，也即证人书院，其讲会活动其

①　黄炳垕：《黄梨洲先生年谱》，载沈善洪主编：《黄宗羲全集》第12册，第41页。
②　黄宗羲：《姜定庵先生小传》，载沈善洪主编：《黄宗羲全集》第10册，第625—626页。
③　黄宗羲：《董吴仲墓志铭》，载沈善洪主编：《黄宗羲全集》第10册，第466页。
④　黄炳垕：《黄梨洲先生年谱》，载沈善洪主编：《黄宗羲全集》第12册，第42页。

实中断了 20 多年。此次重建之后，黄宗羲与姜希辙只是起初阶段参与讲学，后来主要就靠张应鳌一人在坚持。证人社在这次重建之后又在什么时候废止，具体时间不详，依黄宗羲所说，一直到康熙十年(1671)仍旧存在。

张应鳌至少主持证人书院 5 年以上，对此黄宗羲也有特别的表彰：每次到了讲会之期，也即刘宗周制订的《证人会约》中约定的每月初三日，都会率先来到书院等着诸生，且未曾因为风雨寒暑或自身衰老而推辞过一次。综上所述似可得出结论，入清之后张应鳌确实讲学约 30 年，但开始时在山中，直到康熙六年(1667)方才讲学于古小学，《县志》的记载则将二者混淆了。

后来黄宗羲去了宁波，并主持了甬上证人书院的讲会，对比之下，便对张应鳌主持越中证人书院的讲会有所批评了。黄宗羲认为其中存在两大问题：其一，"越中类不悦学，所见不能出于训诂场屋。而甬上闻风而兴者，一时多英伟高明之士"①，这是说当时的诸生大多不愿从事学术，愿意致力的只是训诂章句与科举之学；其二，张应鳌的讲学过于拘谨，恪守师说而无所发展，"奠夫守其师说，不为新奇可喜之论，宁使听之者嚼蜡无味，旅进旅退"②。这虽是批评的声音，但也由此可知张应鳌确实对于师说以及老师的事业，多有守护。所以说，黄宗羲虽然参与了入清之后越中证人书院的重建，但是并不认同后来的实际主事者张应鳌的讲会宗旨，所以才会专心于甬上证人书院的开创，此事且待下文论黄宗羲之时再作展开。

四、与陈确的交游

陈确与张应鳌的交游，则可以从侧面证明张应鳌在刘门，确实有着几乎是仅次于刘汋的重要地位。陈确在崇祯十六年(1643)所写的《秋游记》一文中提到："甲午，答访三江张奠夫于天王寺，遂复集会讲。"③也就是说，当年陈确前往山阴拜师之时，张应鳌就在绍兴的天王寺，于是前期拜访这位大弟子，并参与其主持的会讲。到了顺治十四年(1657)，陈确再次前往山阴，又在当年所写的

---

① 黄宗羲：《董吴仲墓志铭》，载沈善洪主编：《黄宗羲全集》第 10 册，第 466 页。
② 黄宗羲：《寿张奠夫八十序》，载沈善洪主编：《黄宗羲全集》第 10 册，第 675 页。
③ 陈确：《秋游记》，载陈确：《陈确集》文集卷八，第 200 页。

《春游记》中提到了与张应鳌的会面。就在正月十三日那天,陈确与张应鳌一同到古小学祭拜先师神主。①

应该说张应鳌是陈确交往较多的同门之一,故而当他听说张应鳌之子"随俗出试"以及"曾拜一某和尚"这两件有违于遗民儒者风度之事后,便写信去询问:

> 闻之友人,谓奠兄之子亦随俗出试;又谓奠兄曾拜一某和尚。此二事,弟必不信。然既闻之矣,又不敢以不信而不一以告也。向者曾闻奠兄责凤师兄弟不可出试矣,以其为开美之子故也。吾不知奠夫之子何以独不得如开美之子也?此未能无疑,一也。
>
> 不知所谓拜某和尚者,彼来而答拜之耶?即不来而往拜之,亦随常相揖之为拜耶?抑若门弟子拜而受教之拜耶?如前二者之拜,吾无责焉耳;万一如后者之拜,则为某和尚之弟子,即非吾师之弟子矣。此未能无疑,二也。苟无其事,则是弟妄言,置之已耳。若其有之,何以自解?②

陈确一开始并不相信张应鳌之子也会出试,因为之前论及祝渊之子的出试时,张应鳌是明确反对的。所以陈确也就希望张应鳌能够阻止其子参加清廷的科举考试。至于"曾拜一某和尚"之事,陈确出于严于儒释之辨,故而极力反对,一定要就此事问个清楚,到底是相互揖让而拜,还是如同拜师受教而拜?如果是后者那就问题大了,拜了和尚就不是儒门弟子了。陈确另外还有《答张奠夫长兄书》也可以作为理解此事的参考:

> 《大学辨》请正有道,以辱肺腑之爱,故不敢自掩覆,惟高明有以教之。来教进以反躬,可为确顶门一针。……读新诗"避凶"句,深知不得已苦心。然先生解《易》趋吉避凶者,谓趋善而避恶也。若惟避害之为见,则凡可以避害者,何所不至?彼昔之纷纷从闯,今之循循仕□者,必皆有诡以处此矣。

---

① 陈确:《春游记》,载陈确:《陈确集》文集卷八,第205—208页。
② 陈确:《寄张奠夫刘伯绳两兄书》,载陈确:《陈确集》文集卷一,第76页。

先生临殁时，拳拳以学问之事相属，不宜妄自菲薄。还祈裁以大义而益进之刚断，庶令后学知大贤举动，已有不同于寻常万万者，确且洗耳听之矣。①

此处先讲到了陈确所著《大学辨》，他寄给张应鳌希望其提意见，张应鳌则不太认同陈确对《大学》的怀疑，故强调了"反躬"。陈确认为其意见可作"顶门一针"，接着陈确讲到读了张应鳌的新诗"避凶"一句，于是理解其"不得已"的苦心，这应当是指拜和尚一事。但是陈确并不认同其"趋吉避凶"之自我解释，若是人人都想着避害，那么当年纷纷跟从闯王李自成可以理解，现在出去仕清也可以理解了。

事实上，陈确在山阴见到张应鳌时，自然也说起此事，"夜，与奠兄同榻卧，因微诘拜某和尚及遣子出试二事。奠兄不讳，盖若有大不得已者"②。张应鳌对此也不讳言，只是其中有诸多不得已。陈确《春游记》对此并未多说什么，估计依旧是极不认同的。

第二节　董玚：编校《刘子全书》的"隐僧"

董玚（约 1615—1692），原名瑞生，字叔迪，号无休，学者称重山先生，山阴人。董玚也是刘宗周晚年的弟子，在甲乙之后，他假托为僧，却致力于《刘子全书》的编校，以及证人社的重建，故而他与黄宗羲、张应鳌一样，都是蕺山学传承过程中的重要人物。

一、董玚与刘宗周

关于董玚其人，全祖望《配享碑》说：

---

① 陈确：《答张奠夫长兄书》，载陈确：《陈确集》文集卷二，第 106 页。
② 陈确：《春游记》，载陈确：《陈确集》文集卷八，第 206 页。

> 会稽董先生玚，字无休，故倪文正公弟子也。有高行，晚披缁，然有托
> 而逃，稍与恽逊庵不同。老寿，手辑《子刘子遗书》。①

董玚起先师从于倪元璐，后来则师从于刘宗周，而倪元璐与刘宗周关系也在师友之间。此处说董玚"晚披缁，然有托而逃"，也就是说并不像恽日初一般原本就有些信佛。董玚与大多的遗民一样，都是为了逃避清廷的剃发令与征召而被迫剃发为僧，就其入清之后的所作所为来说，他确实是不信佛的，故而全祖望说他"有高行"。当然全祖望更为肯定的是他编辑《刘子全书》的功绩。再看《嘉庆山阴县志》的记载，则与全祖望略有不同：

> 会国变，遂隐于僧。玚少时从学刘宗周，预证人会，乃校录其遗集，自
> 作《记日书》，与《人谱》相表里。玚虽为释氏，不喜读佛书，亦不居禅室，夫
> 妻父子骨肉聚处，独素食终其生。②

近似的还有邵廷采的记录：

> 既国变，遂弃举子业，斫发，假缁衣，雠录《蕺山刘子全书》。诚其子：
> "学在居敬，能守《曲礼》，由是而之程朱之门，不远矣。"作《记日书》念过，与
> 《人谱》一编表里。③

关于董玚之为学，需要说明的有三点：其一，他师事于刘宗周之时尚在年少，约在崇祯四年(1631)举证人社之时，即所谓"预证人会"；其二，等到董玚晚年，为老师做了许多事情，最为重要的就是《刘子全书》的编辑工作；其三，受到老师的影响，重视证人改过之道，故作有《记日书》。此书当是修身改过的日记，类似于孙奇逢的《日谱》，故而可与《人谱》相互表里。至于董玚晚年的逃或隐于僧，

① 全祖望：《鲒埼亭集》卷二四《子刘子祠堂配享碑》，载全祖望：《全祖望集汇校集注》，朱铸禹汇校集注，第446页。
② 《嘉庆山阴县志》卷一四《乡贤二》，第517页。
③ 邵廷采：《思复堂文集》卷三《东持董无休先生传》，载邵廷采：《邵廷采全集》，陈雪军、张如安点校整理，第193页。

《县志》与邵廷采的记载非常重要，正好说明了他并不信佛，只有终生素食一点与信佛者近似，其他则完全不像一个僧人，只是一位隐于僧的遗民或隐士，而非真僧人。

董玚《刘子全书抄述》中提及"忆自戊寅岁，瑞生始侍诲"等，由此可知董玚得以经常跟随在刘宗周身边，当是从崇祯十一年（1638）开始的。崇祯十七年（1644）五月初二日，京城陷落、崇祯帝自尽的消息传来，本是董玚第一时间告知刘宗周的，然此事刘汋《年谱》仅说"门人苍黄告北都沦陷，上投缳状"，还提到了秦弘祐等数十人"连奔先生所告变"，却并未记载董玚的名字。故董玚后来在《刘子全书抄述》中提及刘谱的不足时便说："甲申五月己丑，门人苍黄告变者，瑞生也。宜载名。"①可见其特别看重此事，由此事及其对刘宗周文献的熟悉程度，亦可知董玚与张应鳌一样是陪侍刘宗周晚年的重要弟子。

二、《刘子全书》的编校

董玚、姜希辙与黄宗羲还在刘汋去世之后，共同编校、刊行了《刘子全书》。董玚作为刘门高第，最为重要的就是参与了《刘子全书》的编校工作，甚至可以说因为此事，他是与黄宗羲同样重要的刘门功臣。后来参与编校《刘子全书遗编》的杜春生说：

> 《全书》有《经术》一类，子所纂述《论语》《大学》《易钞》《曾子》，董氏悉汇入全书。惟《中庸》《孟子》尚未著有成编，故黄梨洲先生有《孟子师说》之作，董无休先生有《中庸学案》《孟子学案》之作，皆以阐明师学，裨补阙遗，诚刘门之素臣也。②

在后继者杜春生看来，董玚正是"刘门之素臣"，一是因为在编校《刘子全书》时，已经将刘宗周的《论语学案》《大学古文参疑》《大学古记约义》《周易古文钞述》《曾子章句》等书编入《经术》一类之中。黄宗羲《孟子师说》的《题辞》中说《大

---

① 《刘子全书抄述》，载吴光主编：《刘宗周全集》第 6 册，第 678 页。
② 杜春生：《刘子全书遗编钞述》，载吴光主编：《刘宗周全集》第 6 册，第 701 页。

学》有《统义》则指刘宗周《大学古记约义》；另一是为了弥补老师著述的缺失，董玚亲自撰写了《中庸学案》与《孟子学案》，"以阐明师学，裨补阙遗"①。就《四书》而言，刘宗周完成了《论语》与《大学》的完整诠释，但关于《中庸》《孟子》则尚未成书，后来黄宗羲撰写了《孟子师说》，而董玚则撰写了《中庸学案》《孟子学案》，从书名来看体例当近似于刘宗周的《论语学案》，与黄宗羲《孟子师说》则有很大的不同。其实关于《中庸》，刘宗周已有《中庸首章说》，然篇幅较为短小，被董玚编入《语录》一类。在编完书之后，董玚还说：

> 先师为特悉是即周子"主静立人极"、程子"体用一原，显微无间"之旨，标尼山秘旨于二千一百余年之后，自先儒以来，未有盛于刘子也。②

也即在他看来，老师的学术将周敦颐《太极图说》的"主静立人极"和程颐《伊川易传》的"体用一原，显微无间"等宋儒所发挥的孔子"尼山秘旨"再度发扬光大，于是成为自宋儒以来未有之盛。

董玚还说："先师之学备在《全书》，而其规程形于《人谱》。"③在他看来，《人谱》才是蕺山学的关键，刘宗周之学，特别是修身之规程在《人谱》之中已经基本完备，《人谱》也正是化用《太极图》而成《人极图》，也即"秘旨"之所在，故而董玚编书，将《人谱》置于《刘子全书》的首卷。后曾师从于董玚的邵廷采也说董玚"作《记日书》念过，与《人谱》一编表里"④。正是通过董玚，邵廷采才会特别重视《人谱》，他说："初读《传习录》无所得，既读刘宗周《人谱》，曰：'吾知王氏学所始事矣。'"⑤《人谱》之修养方法，可以用作进一步精深心性之学的基础。

而《明儒学案》一书，也与董玚有着密切的关系。黄宗羲《明儒学案》的序中说："余于是分其宗旨，别其源流，与同门姜定庵、董无休操其大要，以著于篇，听

---

① 赵园先生指出董玚编撰《中庸学案》《孟子学案》，董玚与姜希辙还参与编撰《明儒学案》，他们所做的相关工作都是同一个工程，也即"刘子遗书"工程。赵园：《刘门师弟子：关于明清之际的一组人物》，载汕头大学新国学研究中心编：《新国学研究》第 1 辑，第 187 页。
② 董玚：《刘子全书钞述》，载吴光主编：《刘宗周全集》第 6 册，第 691 页。
③ 董玚：《刘子全书抄述》，载吴光主编：《刘宗周全集》第 6 册，第 691 页。
④ 邵廷采：《思复堂文集》卷三《东池董无休先生传》，载邵廷采：《邵廷采全集》，陈雪军、张如安点校整理，第 193 页。
⑤ 《清史稿》卷四八〇《邵廷采传》，第 13111 页。

学者从而自择。"①这已充分说明了黄宗羲编撰《明儒学案》，本是为了继承先师未竟之事业，而同门之中的姜希辙（定庵）与董玚（无休）也有参与。《明儒学案》首先编撰的是《蕺山学案》，即《刘子学案》，完成于康熙十五年（1676）前后，董玚曾为之写序，认为黄宗羲"有功于师门"，如朱门之有黄榦（勉斋，1152—1221）：

> 黄子既尝取其世系、爵里、出处、言论，与夫学问、道德、行业、道统之著者述之，而又撮其《遗编》，会于一旨。以此守先，以此待后，黄子之有功于师门也，盖不在勉斋下矣。世有愿学先师者，其于此考衷焉。②

黄宗羲一生以承继刘宗周学术为己任，故而在与董玚、姜希辙等人一起完成《刘子全书》的编校、刊行，以及撰写《子刘子行状》与编选《子刘子学言》之后，就开始编撰《明儒学案》。若从《刘子全书》现成的刊本以及相关记述来看，则此书的编辑工作，主要就是董玚完成的，他留下了两万多字的编辑手记《刘子全书抄述》即是最好的证明；而刘汋做了前期的搜集与整理等工作，黄宗羲与姜希辙则作了后期的校勘与刊行等工作。

三、参与越中证人社的重建

上文已经提到，康熙六年（1667）越中证人书院重建，黄宗羲与姜希辙、张应鳌这三位刘门弟子功劳最大，他们都积极光大师门的学术活动。至于其发轫之初，则还有不常被提及的另一刘门高第董玚。

越中证人社重建之后，远在江苏武进的恽日初听说了，就写信给董玚说："知贵郡重举学会，同人相讲，有兴起之机。……每思越中先师遗风犹在，俨然洙、泗也。又得吾董先生诸君相为激扬，必有闻风而兴者。"恽日初对老师刘宗周始终满怀思慕之情，故而听说证人社后继有人便欣欣鼓舞。董玚在《刘子全书抄述》中引述恽日初的信，并注：

----

① 黄宗羲：《明儒学案》序，载黄宗羲：《明儒学案》卷首，沈芝盈点校，第8页。
② 董玚：《刘子全书抄述》，载吴光主编：《刘宗周全集》第6册，第692页。

　　瑞生守尊闻行知之训,不与讲席。一日,履思秦氏弟饵菊、承显语瑞
生曰:"君幸无忘先兄履思之言。"问何言? 饵菊曰:"昔君初侍刘子时,人皆
以名推二王,金如朝式、大含谷也。先兄独曰:'将来能担荷此事者,必此人
也。'"会君一刘氏与饵菊居岇山,乃寻泠然四月之会于此。莫夫张氏、璧云
赵氏期必至。已与莫夫轮集友人家,梨洲亦时至。尝与莫夫宅举"舜其大
孝"章,瑞生有"性灵即舜"语,莫夫曰:"向谓圣学将绝,今日方知有人。"陈
汝砺曰:"今日之会,即当日刘、陶二先生所言不过如此。"吴君燮曰:"董子
自是有主之学。"①

　　此处所讲的缘起,可补黄宗羲、张应鳌相关记载的缺失。事实上,入清之后最
早发起证人社的就是董玚。而董玚原本不愿出来参与讲学活动,另一同门秦
承显(饵菊)则提醒他当年秦弘祐(履思)曾经说过的话,于是董玚意识到自己
也应为光大师门做出贡献。董玚就与秦承显、刘世纯(君一)等开始尝试重建
证人社的讲会,讲会的地点因故而不确定,具体则有绍兴附近岇山的秦承显居
所、张应鳌宅等友人家等处,参与者除了董玚、张应鳌,还有黄宗羲、赵甸(璧云)
等人,讨论的内容如"舜其大孝"章出自《中庸》,可以说是延续当年刘宗周的讲
学传统。故而吴调元(君燮)等人也认为董玚主持的讲会,可以承续蕺山之学。
另据曾师事于董玚的邵廷采说:

　　自蕺山完节后,证人之会不举者二十年。先生谓:"道不可一日不明。
后生生今日,不幸失先民余教,出处轻而议论薄,由学会之废也。"善继述
蕺山志事者,亟举学会。复请蕺山高第弟子张莫夫、徐泽蕴、赵禹功诸前
辈集古小学,敷扬程朱、王刘家法。于是余姚黄梨洲、晦木,华亭蒋大鸿、萧
山毛西河皆挈其弟子,自远而至。值督学使者按越下县,会者近千人,越
中士习复蒸蒸起矣。②

①　董玚:《刘子全书抄述》,载吴光主编:《刘宗周全集》第 6 册,第 690 页。
②　邵廷采:《思复堂文集》卷三《东池董无休先生传》,载邵廷采:《邵廷采全集》,陈雪军、张如安点
校整理,第 193 页。

据此则证人社在停息 20 年后,董玚主动提议继述蕺山之志,首先是必须重建证人社。于是邀请了张应鳌、徐泽蕴、赵甸(禹功)等人,前往"古小学"集会,讲会的内容为程朱之学,以及王阳明、刘宗周之学,而后才是黄宗羲、黄宗炎等人的纷至沓来。直到上文论及的康熙六年(1667)九月,黄宗羲、姜希辙、张应鳌等人正式确定会期及主事者,恢复"证人书院"的名称,越中证人书院才算是正式完成重建。

邵廷采在与毛奇龄的书信中说:"康熙七年六月初吉,望见光颜于古小学。此时蕺山高第如张奠夫、徐泽蕴、赵禹功诸先辈咸在讲座,而先生抗言高论,出入百子,融贯诸儒。采时虽无所识知,已私心仪而目注之。"①邵廷采听讲于越中证人书院之时才 21 岁,所以说自己"无所识知",不过他记录下了当时的盛况。在董玚编撰的《蕺山弟子籍》一文中,列有《学人》一栏,记录刘宗周的再传弟子。其中绍兴"学人",即听讲于重建之后的越中证人书院的学生,有黄宗羲之子黄正谊与黄百家、姜希辙之子姜垚以及毛奇龄、邵廷采等 23 人。② 这正好与邵廷采本人的记载相符合。

邵廷采原本对黄宗羲也推崇备至,故而他说董玚之发起,当早于黄宗羲等人,也当是较为可信的。所以说,入清以后越中证人书院的重建,董玚功不可没,他应该也是起到了重要的推动作用,只是关于证人书院的文献通常以黄宗羲本人的记载为主,以至于董玚的发起几乎不可见。事实上,董玚在清初之绍兴学界极为活跃,无论《刘子全书》的编校,还是越中证人书院、姚江书院的讲学活动,他都是极为重要的代表人物。

第三节　刘汋与周之璟:"刘子遗书"的守护人

刘汋与周之璟也是入清之后蕺山学承继的关键人物,他们共同的重要贡献就是保护了"刘子遗书",故有功于师门。刘汋本人则还完成了《蕺山刘子年

---

① 邵廷采:《思复堂文集》卷七《谒毛西河先生书》,载邵廷采:《邵廷采全集》,陈雪军、张如安点校整理,第 325 页。
② 董玚:《蕺山弟子籍》,载吴光主编:《刘宗周全集》第 6 册附录,第 616 页。

谱》的编撰，为记录刘宗周一生事迹，做出重要贡献。

一、刘汋对蕺山学的墨守

刘汋（1613—1664），字伯绳，刘宗周之子。刘宗周殉节之后，南明的唐王、鲁王先后派遣使节致祭，并封刘汋为官，刘汋坚辞未受。葬父之后，隐居蕺山，杜门谢客，布衣蔬粟，不问世事。据邵廷采的记载：

> 父没，遂杜门绝人事，坐卧蕺山一小楼，竟二十年。故人惟史孝咸、张应鳌、恽日初数辈外，希复见面。为人温栗，居闺阃，未尝有惰容。及卒，同门私谥贞孝先生。①

事实上，刘汋晚年主要从事刘宗周遗著的整理与年谱的编撰工作，最终完成了《蕺山刘子年谱》2 卷，刘宗周在世时，嘱咐刘汋作《仪礼经传考次》，后在刘汋之子刘茂林的协助下完成，全书共 53 卷。另外还有《春秋集传》12 卷、《史汉合钞》12 卷、《历代文选》14 卷、《文集》2 卷等。②

关于刘汋所传承的蕺山之家学，除了编撰《年谱》之外，还当提到《人谱》。因为刘宗周临终之时曾告诫儿子刘汋："做人之方，尽于《人谱》。汝做家训守之可也。"③等到了刘汋临终之时，也以此告诫他的四个儿子："若等安贫读书，守《人谱》以终身足矣。"④关于此事，邵廷采有详细的记载：

> 卒之夕，出箧中稿属诸子曰："大父文，千古圣学所寄，勿漫示人，俟可梓行世。曩遗命葬下蒋，水土浅薄，有力可择高阜改葬。都御史赠荫，前贤辞不获，则三世木主、遗像并当提易，国恩不可忘也。若等第遵《人谱》，记忆大夫绝粒，无应举，无就吏，安贫读书，养教子孙。"又曰："生平操历，唯恐

---

① 邵廷采：《思复堂文集》卷二《贞孝先生传》，载邵廷采：《邵廷采全集》，陈雪军、张如安点校整理，第 158 页。
② 《嘉庆山阴县志》卷一四《乡贤二》，第 461 页。
③ 刘汋：《蕺山刘子年谱》，载吴光主编：《刘宗周全集》第 6 册，第 170 页。
④ 《清史稿》卷四八〇《列传》第二六七《儒林一》，第 9986 页。

臞丧名节,今毕矣。殓用孝服,祭素食,以志吾终天痛。葬大夫墓道,使魂魄长依附。"①

最让刘汋不能放心的就是刘宗周的遗著,嘱咐其子妥善保存;至于《人谱》则是刘氏家族世代所应遵循的,他还强调了后人在清朝不应举,以及不忘明朝的国恩等,体现了一个遗民家族的节操。

据黄宗羲《刘伯绳先生墓志铭》的记载,刘汋还是刘宗周晚年讲学的重要助手:

> 当子刘子讲学之时,吾越之承风接响者,以想象为本体,权谋为作用,子刘子之言,格于浸淫之僻说而不相下,先生忧之,曰:"此禅门种草,宁可移植于吾室乎?"于是推择王业洵、王毓蓍及予等十数人者,进之为弟子。诸弟子进而受子刘子之教有未达者,退而私于先生。②

当年刘宗周与陶奭龄讲学多有分歧,也即姚江书院一系好谈佛学,故而"以想象为本体",对于这种状态刘汋表示了担忧,于是王业洵等十多人提出重新"及门",也即拜师于刘宗周成为证人书院的弟子,与姚江一系相区别。在黄宗羲看来,在这个分化的过程中,刘汋起到了重要的作用。再者,每当弟子听闻刘宗周讲学,尚有不懂之时,往往退而问学于刘汋。

黄宗羲还指出,刘宗周死后,蕺山学派的宗旨分裂,于是弟子多有自己的主张,在这种情况下,刘汋则对刘门高第如陈确、恽日初等多有劝解。比如对于陈确的《大学辨》,刘汋便表达其不认同:

> 子刘子既没,宗旨复裂。海宁陈确乾初,以《大学》有古本,有改本,有石经,言人人殊,因言《大学》非圣经也,自来学问,由正以入诚,未有由诚以入正者。孟子言求放心,夫子言志学从心,其主敬功夫,从心始不从意始。

---

① 邵廷采:《思复堂文集》卷二《贞孝先生传》,载邵廷采:《邵廷采全集》,陈雪军、张如安点校整理,第158页。
② 黄宗羲:《刘伯绳先生墓志铭》,载沈善洪主编:《黄宗羲全集》第10册,第313页。

先生辨之曰："慎独者，主敬之别名也。若在正心条下，则正心传中当言下手功夫，乃独于诚意传中详言之，而正心传中反不及者，盖一诚意而已正，身已修，齐、治、平一以贯之。大略圣贤言心有二端，《语》《孟》之言心也，合意、知、物而言者也，合意、知、物而言者，故不言诚意而诚意在其中。如求放心，必有所以求之之道，操则存其求之之道也，非即诚意之慎独乎？心之所之谓之志，非心即志也，所之者意也。由志学而后能从心，非即意诚而后心正乎？《大学》之言心也，分意、知、物而言者也，分意、知、物而言者，非外心以言意，即心而指其最初之几曰意。盖必言意而心始有主宰，言诚正始有实功也。"①

刘汋此处阐发刘宗周的观点，强调"慎独"即"主敬"，"慎独"工夫做好，则修、齐、治、平也能够一以贯之。至于说《论语》与《孟子》将心、意、知、物合而言之，而"《大学》之言心也，分意、知、物而言者也"，此处存在着对刘宗周思想理解的偏差，故而他的这些观点后来陈确并不认同。事实上，刘汋的思想倾向于程朱一系，故不赞成陈确的《大学辨》，反而较为接近于张履祥。至于恽日初的逃禅，刘汋的劝解则是获得了成功：

　　武进恽日初仲升将嗣临济宗，先生谓之曰："古来圣贤士隐于禅者不少，有读《易》者，有歌《楚辞》者，有泛舟赋诗焚其草者，岂不知业已圆顶方袍，而故为此狂激之态乎？盖曰：吾非真禅也，聊以抒艰贞之志云耳，犹之赵岐、李燮避身佣保，非爱佣保之业也。今足下挝鼓白椎，欲嗣其法，则向之圆顶方袍者，从其教也，非有托而逃焉者，亦犹赵岐、李燮无故而羡心佣保，徒其衣冠诗书之业也。不亦惑乎？"仲升乃止。②

听说了恽日初的逃禅，刘汋就去信强调古人也有"隐于禅者"，但都是有所寄托而逃，并非"真禅"，那么逃禅与"避身佣保"一样，都是借此而隐身而已。后来恽日初果然没有真正从事于佛学，或许刘汋的话起到了作用。

---

① 黄宗羲：《刘伯绳先生墓志铭》，载沈善洪主编：《黄宗羲全集》第 10 册，第 314—315 页。
② 黄宗羲：《刘伯绳先生墓志铭》，载沈善洪主编：《黄宗羲全集》第 10 册，第 315 页。

　　所以黄宗羲说："二十年以来,一辈学人,悉皆凋谢,子刘子宗旨虽若灭若没,先生之墨守,未尝不为田单之即墨也。"①刘宗周去世之后的 20 来年之间,刘门弟子如张应鳌、恽日初、陈确以及张履祥、吴蕃昌等,多有重访蕺山者,刘汋与他们多有论学,其主要的成就诚如黄宗羲所说,当是"墨守"而已,诸如《年谱》的编撰,确实有利于刘氏宗旨的传承。

　　刘汋晚年的思想倾向于程朱,与张履祥较为接近。张履祥结识刘汋之后,就曾说过"如得新友"②。顺治九年(1652)冬,张履祥再次前往山阴祭奠老师遗像,此时距刘宗周去世已经七年,刘汋"蔬布如居丧之日",张履祥劝道:"有疾,饮酒食肉,《礼》三年之内,犹得行之。若此,得毋'不胜丧'之虑乎?"刘汋回答说:"不敢。吾大痛于心,不忍食也。必不得已,则异日当如教耳。"后来还是布衣蔬食终其一身,又因为哀伤过度而得病早逝。③ 而刘汋在整理刘宗周的遗著之时,也多有折中于张履祥。张履祥有《与刘伯绳》书信一通,论及"刘子遗书"编辑事宜。④

　　关于刘汋对刘宗周遗著的整理,黄宗羲曾指出:"当伯绳辑遗书之时,其言与洛、闽龃龉者,相与移书,请删削之。"⑤刘汋曾将刘宗周的著作重新加以抄录、编辑,此时便发生了将其中与程朱之学有所龃龉之处加以修改的情况。这个现象,董玚已经注意到,因为出自刘汋之手的"刘子遗书",如《学言上》就有一条留有避言"良知"的痕迹,该条五处提及"良知",然"新本"竟然分别以"人心虚明之体""虚明之体""虚明"等词语取而代之。⑥ 所以说,刘汋对于蕺山之学,确实以"墨守"为主,然亦有进一步沿着"下贯朱、王"的路线发展的一面,也即是企图将二程、朱子之理学与王阳明、刘宗周之心学加以调和,这也是特别值得注意的一个问题。

---

① 黄宗羲:《刘伯绳先生墓志铭》,载沈善洪主编:《黄宗羲全集》第 10 册,第 315 页。
② 张履祥:《与吴仲木二》,载张履祥:《杨园先生全集》卷三,陈祖武点校,第 42 页。
③ 张履祥:《言行见闻录二》,载张履祥:《杨园先生全集》卷三二,陈祖武点校,第 912 页。
④ 张履祥:《与刘伯绳》,载张履祥:《杨园先生全集》卷二,陈祖武点校,第 27 页。
⑤ 黄宗羲:《先师蕺山先生文集序》,载沈善洪主编:《黄宗羲全集》第 10 册,第 55 页。参见王汎森《清初思想趋向与〈刘子节要〉:兼论清初蕺山学派的分裂》,载王汎森:《晚明清初思想十论》,第 249—289 页。
⑥ 刘宗周:《学言上》,载吴光主编:《刘宗周全集》第 2 册,第 404 页。参见吴震:《明末清初劝善运动思想研究》,第 271 页。

二、周之璵对"刘子遗书"的守护

周之璵(? —1652),一作周璵,字敬可,山阴人。此人少有提及,然而全祖望却在《配享碑》中对其做了重点表彰:

> 曰山阴周先生之璵,字敬可,世勋籍。证人之会或以敬可为右班官子弟忽之,不知其苦节过人也。子刘子殉节,敬可负其遗书,与贞孝同避兵,中途累为逻者所厄。敬可流离播迁,谓贞孝曰:"死则俱死,不负吾师以生。"而贞孝护发未剃,敬可曰:"事急矣!"诡与贞孝披缁于兴福寺。事定归家,则田宅尽为人所夺,遂无一廛。或劝讼诸官,敬可曰:"吾不忠不孝,投死他乡,何颜复构狱于官府,与恶少共对簿?"遂寄食于贞孝家以死,无子。

周之璵原本为"勋籍","世袭指挥百户,之璵少入武学。刘宗周聚证人讲会,之璵从之"[1]。生于军人之家,故而起先学武,听闻刘宗周讲学,方才弃武从文。《会稽县志》张应鳌小传记载,"古小学落成,命与孝廉海昌祝渊、诸生周之璵肄业其中"[2],则可以推测周之璵师从于刘宗周的时间,当在崇祯十三年(1640)古小学落成之后,若与祝渊一起肄业,则已经是在崇祯十六年(1643)了。

全祖望所要表彰的,一是周之璵的"苦节",另一是保存刘宗周的遗著。此事另有相关记载可以补充:

> 明亡,宗周殉节,其子汋走避山中,之璵弃其家,负宗周遗集,与汋同行至山中。遇逻卒谋缚汋,献当事以邀赏,之璵窜之他奔。流离困瘁,相对怡然,尝谓人曰:"此吾师之子,赵氏块肉耳!死则俱死,临祸难而偷生,狗彘行也。"遂寄迹兴福寺,诡为僧。事定归家,其先世田宅尽为他人所夺,乃至无一厘,或劝讼诸官,之璵曰:"吾不忠不孝,投死他乡,为世外散人,何颜

---

[1] 《嘉庆山阴县志》卷一四《乡贤二》,第516页。
[2] 《康熙会稽县志》卷二四《人物志·儒林》,第524—525页。下同。

复履公庭,与恶少年对簿耶?"竟寄食于人而卒。①

> 敬可盛以布囊,置床头,有警即负之登绝巅。如是一年,无片纸失。归
> 而家破,养之没齿。②

杭州沦陷,绍兴投降,刘宗周绝食而死,此时的周之璿为了帮助刘汋保护"刘氏
遗书",放弃了自己的家业,背负着刘宗周的遗著,与刘汋一同逃到了山中。并
且在遇到清兵图谋抓捕刘汋,献给当事者之时,周之璿挺身而出,保护了刘汋。
周之璿将刘汋比作赵氏孤儿,故而主动担负起护卫之责。为了避免再次遇见
清兵,最后只得寄居僧寺,二人伪装为僧人,隐居于兴福寺中。周之璿还将遗
著装入布囊,放在床头,一旦有危险就背负遗著登上山巅,如此用心保证了遗
著无片纸之失。等到时局安定下来之后,周之璿回到自己家中,发现自家的田
宅已经被他人侵夺,他一方面认为自己是个不忠不孝的人,无脸面对簿公堂;
另一方面则是作为明遗民,不想与清廷有所瓜葛,所以不去告官,最后只得寄
食于刘汋等友人之家至死。

对于这位独特的刘门高第,张履祥印象颇深,故而在《言行见闻录》之中加
以记载:

> 山阴周敬可,少有志节,娶某氏,失妇道,出之。外氏讼,破其家,不能
> 复娶。游刘先生门,从事性命之学。屡空不给,志不稍贬。及先生殉国,遇
> 门人祭期,敬可必至。与伯绳交益厚。予初至山阴,敬可来邸,朝夕讲论,
> 有疑辄质之先生。先生家居谢客,及门不得数见,故敬可日因予求教。及
> 壬辰再至,闻以是月殁于馆舍,主人贤,遂为之葬。③

由此可知,周之璿极其看重节义,对于其妻之有失妇道,极为不容,即便因此而
家破也在所不惜,这一点与其入清之后的态度也是一致的。等到后来,每次门
人祭祀刘宗周,周之璿都必到场。张履祥初次到山阴时,就与周之璿朝夕讲

---

① 《嘉庆山阴县志》卷一四《乡贤二》,第 516—517 页。
② 邵廷采:《思复堂文集》卷二《贞孝先生传》,载邵廷采:《邵廷采全集》,陈雪军、张如安点校整理,第 159 页。
③ 张履祥:《言行见闻录二》,载张履祥:《杨园先生全集》卷三二,陈祖武点校,第 911—912 页。

论,有了疑问就求证于刘宗周,也即周之璵与朱昌祚、张应鳌一样,都是刘宗周讲学的助手之一。顺治九年(1652)冬,张履祥再到山阴之时,正逢周之璵于该月在旅舍中去世,于是旅舍主人为其安葬。

　　周之璵特别重视节义,甚至堪称"苦节",这主要是作为遗民而言,且当与刘宗周节义精神的感召极有关联;至于其保护老师遗著、遗嗣之不遗余力,当然也是因为老师的精神感召,方才生出了使命感而不惜家产及性命。

第十四章　刘门畸士

在蕺山门下，也有所谓歧出于蕺山心学之外的弟子，特别有代表性的就是被全祖望称为"畸士"的陈确与陈洪绶。陈确不喜"形上玄远"之学，且开始批判宋明"理学家言"；陈洪绶则是一位虽曾师从于刘宗周，却一直未曾真正从事儒学的画僧。

第一节　陈确："不喜理学家言"的畸士

陈确（1604—1677），初名道永，字非玄；明亡后改名确，字乾初，浙江海宁人。他师事于刘宗周之后，就对老师有了一种特别的孺慕之情，拜师一事对其后半生的人生与学术有深远的影响。陈确的思想学术近于陆王一系的心学，对刘宗周的慎独之教有所承继而创立了"素位之学"。陈确对于宋明理学多有批判，特别是其《大学辨》与《性解》两个系列论著，分别对宋明之儒对《大学》的崇信以及性论等做了见解独到的批判，这些都与他"不喜理学家言"有关，也正好体现了清初形上玄远之学的没落。

关于陈确，全祖望显然也因为学术立场，并不认同其传承了蕺山之学。他说：

> 曰海宁陈先生确，字乾初，畸士也。说经尤谲谲，详见梨洲黄氏所作墓志。

他说陈确"说经尤谲谲"，当指《大学辨》与《性解》等书中涉及经学的部分，特别指明"详见梨洲黄氏所作墓志"，即以黄宗羲之是非为是非。

康熙十六年（1677），陈确去世，其子陈翼请黄宗羲为其撰写墓志铭，此为初稿；约在康熙十九年（1680），黄氏几乎完全将该墓志铭重新撰写了一次，此为二稿,与初稿同收录于《南雷文案》;约在康熙二十七年(1688),黄氏又对二稿进行修订,收入《南雷文定后集》卷三;四稿,也即改本,约在康熙三十一年(1692)修订,收入《南雷文定五集》卷三,后又辑入《南雷文约》卷二,可以看作为最后定本。从黄宗羲四撰《陈乾初先生墓志铭》可以看到他对陈确学术思想的论评,有着一个变化的过程,而在最后定本之中,黄宗羲评价陈确总的论学特点,则表示欣赏其"自得":"于先师之学,得十之二三……虽不合于诸儒,顾未尝背师门之旨,先师亦谓之疑团而已。"①这也就是说,陈确的学术虽然与跟他论辩的张履祥、吴蕃昌等转向朱子学的刘门诸儒不同,但并未背离师门之旨。黄宗羲对其《大学辨》与《性解》这两个系列的论著批判宋明之儒"理学家言"也有所肯定,因为先师刘宗周就已经称之为"疑团"了。

一、陈确与刘宗周

(一) 三上蕺山

在刘宗周生前,陈确三次前往山阴之蕺山,亲炙于刘宗周。② 第一次在明崇祯十六年(1643)秋天,八、九月间。③ 当时陈确已 40 岁,刘宗周 66 岁。是年刘宗周被革职为民,四月六日,从京城南归,祝渊也同舟而返。这年秋,祝渊打算秋游杭州,再去蕺山问学,约陈确一同前往,而陈确正有拜师刘宗周之意。当时刘宗周以"圣人可为"激励其志,还将新著的《周易古文抄》一书付予陈确研读。④ 辞别之后,陈确最不敢忘却的就是老师的叮嘱,即儒者的"千秋大业",他有诗一首记录当时感怀:

---

① 黄宗羲:《陈乾初先生墓志铭》(四稿),载沈善洪主编:《黄宗羲全集》第 10 册,第 374 页。关于这四篇墓志铭之比较,参见张天杰:《蕺山学派与明清学术转型》第 5 章第 4 节,中国社会科学出版社 2014 年版,第 422—448 页。
② 关于陈确三次蕺山之行的考证,王瑞昌先生《陈确评传》之中有较为详细的记述。参见王瑞昌:《陈确评传》,南京大学出版社 2011 年版,第 49—56 页。
③ 陈确拜师蕺山的时间,吴骞的《年谱》、陈敬璋的《年表》说是该年九月"又与祝开美、吴仲木至山阴";黄宗羲《墓志铭》说同行者为陈之问,皆有误。参见王瑞昌《陈确评传》的考证,第 53 页注二。
④ 陈确:《秋游记》,载陈确:《陈确集》文集卷八,第 200 页。

选杖从师到上方,连朝风雨闭僧房。

涧喧流水山增寂,坐对清林语较长。

云阁夜寒惊客梦,邪溪秋晚泻归航。

千秋大业真吾事,临别叮咛不敢忘。①

　　第二次渡江问学在拜师之后的第二年,即崇祯十七年(1644)正月。此次问学的情形,在陈确的诗文集中少有记载,具体情形不可考。第三次前往蕺山,在顺治二年(1645)正月,同行者还是祝渊。陈确《祭祝开美文》说:"乙酉春正,再同吾兄,蕺山之麓,问业执经。"②当时南明弘光小朝廷内忧外患,所以师徒相聚也很难有前两年那种悠游问学了。此后不久,清军大举南下。刘宗周绝食而死,陈确则因为顾及"母老"等原因而选择以遗民终老一生。

(二)"千秋大业"之承继

　　顺治二年闰六月,陈确在家中设位祭奠先师刘宗周,撰有《祭山阴刘先生文》,且泣且诉,以表孺慕之情。其中说:

　　　　呜呼! 确之登师门最后,得事吾师之日浅,年已逾于强仕,学未及乎童蒙。日用之间,举步滋疚,圣贤之道,窅乎未闻。方期与渊结庐云门、若耶之中,朝夕函丈,订数年之游,究千秋之业。而时移事违,天崩地坼,挚友见背,明师云殂,宇宙茫茫,向谁吐语!③

　　陈确40多岁方才拜师蕺山,确实已经很晚了。之前他沉醉于辞章之学等,尚未致力于圣学,所以才说自己"学未及乎童蒙"。如果时局较为稳定,陈确与祝渊就打算卜居于山阴的云门、若耶一带,以便朝夕与师友相处。对于先师刘宗周,陈确所向往的与其说是"讲道论经"之中的"穷奥分微",不如说是那种即便"四壁萧条"也能"至者乐如归之安"的圣贤气象。可惜甲申、乙酉之间的事变,先师刘宗周与好友祝渊都殉节而去,留下孤零零的陈确,只能面对先师神位独

---

① 陈确:《平水东岳庙谢别先生》,载陈确:《陈确集》诗集卷七,第741—742页。

② 陈确:《祭祝开美文》,载陈确:《陈确集》文集卷一三,第303页。

③ 陈确:《祭山阴刘先生文》,载陈确:《陈确集》文集卷一三,第307—308页。

自哀叹。陈确还作有长诗《哭刘念台师》等，时局平复之后还曾三次亲赴山阴祭奠。陈确对其师的孺慕之情，非一般的刘门弟子可比，刘宗周是其心中的信仰支柱，也是其批判宋儒学术的精神动力。

陈确曾说，他当年与祝渊一同师事于刘宗周之时，"犹未深省"①。后来，陈确通过刘汋得到了《年谱》与部分"刘氏遗书"，抄录了一册先师的语录，名为《山阴语抄》，"择其说之最中吾膏肓者，另写一本，奉为私书"②，也即作为个人自修的准绳，但是出于对《大学》《中庸》等文本的怀疑，故而完全不选蕺山对此二书的诠释。由此可知，与张履祥一样，陈确对"师说"也是有所选择的。通过阅读老师刘宗周的著作，陈确渐渐对蕺山学有了更深的体会，其治学也更加精进了。所以黄宗羲也说陈确"逮先师梦奠，得其遗书而尽阅之，憬然而喻"③。

不管怎么说，拜师蕺山，这是与明清鼎革一样影响陈确一生的重大事件。自此以后，陈确的生命方向发生了重大变化。陈确之子陈翼所撰的《乾初府君行略》中说：

> 二十以后，试屡蹶，遂薄视一衿，放浪山水，恣情声律，韵管谱琴，时共一二知交，吟风弄月，超然远寄，有点游舞雩之致。……同游山阴先生之门，奉先生慎独之教，益从事于黯然之学。而操其功于见善必迁、知过必改；求无歉于所独知，兼动静、合人己，无往而非独，即无往而非慎。已而学益邃，识益卓，则见其胸怀恬旷而践履真笃，议论切实而理致精微。④

师事刘宗周以及明亡当是陈确人生的最大转捩点，从俗学转向了道学，从放浪恣情到克己内省，从"薄视一衿"、寄兴潇洒的名士风度，也一变而成了"胸怀恬旷而践履真笃"的圣贤气象，之前的"陈道永"与之后的"陈确"，大不相同。

在乱世之中，陈确感到内心的孤独，而这种孤独唯有寄托于学术。陈确后

① 陈确：《辑祝子遗书序》，载陈确：《陈确集》文集卷一〇，第 239 页。
② 陈确：《寄刘伯绳书》，载陈确：《陈确集》别集卷一七，第 616 页。《山阴语抄》又称《蕺山先生语录》，此书现已佚。
③ 黄宗羲：《陈乾初先生墓志铭》（二稿），载沈善洪主编：《黄宗羲全集》第 10 册，第 366—367 页。
④ 陈翼：《乾初府君行略》，载陈确：《陈确集》首卷，第 12—13 页。

期的思想之中有许多承继刘宗周"千秋大业"的因素,无论其《大学辨》《性解》还是成一家之说的"素位之学",都是在刘宗周蕺山学的基础上加以发展的,所以他说:"确幸闻山阴之遗教,因申明其未尽者,著于篇,至万于言。"①陈确倡导"素位之学",也与刘宗周的慎独之学,特别是《人谱》有着密切的关系:

> 后受业于蕺山刘念台先生之门,敛华就实,反己力行。值鼎革后,遂弃举子业,闭门事母,躬耕乐道。与同志循蕺山证人之约,发明《中庸》素位之旨,学者翕然宗之。②

素位之学既有对刘宗周的慎独之旨、证人改过之学的发展,又有对《中庸》"素位之旨"的发明。陈确除了著述,还曾与子侄、友人一起在海宁举行省过社,以推广《人谱》与证人改过之学;还与张履祥、沈昀等同门以及其他友人在浙西的海宁、海盐一带举行过多次集社、讲会,薪传刘宗周"证人之会"。

二、素位之学

黄宗羲就曾指出:

> 乾初读书卓荦,不喜理学家言,尝受一编读之,心勿善也,辄絮去,遂四十年不阅。……问学于山阴,先师深痛末学之支离,见于辞色。乾初括磨旧习,一隅三反。逮先师梦奠,得其遗书而尽读之,憬然而喻。取其四十年所不阅者重阅之,则又格格不能相入,遂见之论著。③

陈确"不喜理学家言",即使受学于刘宗周之后,再去读理学家的著述,还是"格格不能相入",于是开始结合他对刘宗周蕺山学的认识,开启独特的论著。陈确将其学术称为"素位之学",具有崇尚平实的道德践履的特点,且多有批判精

---

① 陈确:《哭吴子裒仲文》,载陈确:《陈确集》文集卷一四,第332页。
② 陈垛孝:《乾初先生诗集小传》,载陈确:《陈确集》诗集卷一,第625页。
③ 黄宗羲:《陈乾初墓志铭》四稿,载沈善洪主编:《黄宗羲全集》第10册,第375页。

神,与其对宋明理学的批判一致。具体而言则主要包括两个系统:一为判定
《大学》"非圣经"的《大学辨》;二为重辨天理、人欲等问题的《性解》。王汎森先
生认为清初思想界的一个特色,就是形上玄远之学趋于没落。这种"去形上
化"的表现主要有两方面:一是他们不再静坐冥想、不再求本体;一是他们关照
现实的社会人生,不再以形上玄远的追求为最高目标。① 陈确"不喜理学家
言",正好就是对于形上玄远之学排斥的非常突出的一例。这种排斥,主要表
现在他的《性解》与《大学辨》之中。下面简要概述一下他的"素位之学"以及《大
学辨》,然后重点阐明其《性解》如何批判宋儒的"形上玄远",及其中表现出什么
样的新思想。

(一) 素位之学的三个特点

关于"素位之学",陈确在与刘汋的书信中有一个较为完整的论述。其中
可以看出他所说的"素位之学"有三个特点。第一,"何位非素,何素非道"。
他说:

> 弟谓《中庸》学问莫精于一"素"字,此他书所未及者。尧、舜之揖让,
> 汤、武之征诛,周公之制礼作乐,孔子之笔削,皆是素位之学。素位是戒惧
> 君子实下手用功处。子臣弟友,字字着实,顺逆常变,处处现成,何位非素,
> 何素非道,虽欲离之,不可得矣。所谓慎独者慎此,所谓致良知者致此。知
> 得素位彻是明善;行得素位彻是诚身,精微细密,孰过此乎?②

在陈确那里的"素位之学"也是一种统合性的儒学工夫论。在他看来,尧、舜的
禅让,成汤、周武王的征伐,周公制作礼乐,孔子编撰《春秋》等都是"素位之学",
还有刘宗周的"慎独"、王阳明的"致良知"也都属于"素位之学"。"素位之学",
不再标榜某一工夫,而是强调无论戒慎恐惧,无论人伦日用,事事物物、时时处
处都是儒者用工夫处,一时一刻都不能离开。而且,"素位之学"是知行合一的
工夫,将知之明善、行之诚身等都结合了起来,可谓"精微细密"。第二,"素位之

---

① 王汎森:《清初思想中形上玄远之学的没落》,载王汎森:《权力的毛细管作用:清代的思想、学术
　与心态》,北京大学出版社 2015 年版,第 34 页。
② 陈确:《与刘伯绳书》,载陈确:《陈确集》别集卷五《瞽言四》,第 470 页。

外,无工夫矣"。陈确说:

> 《素位章》开口说"素其位而行",已将全章之旨一语道尽,下节不过反覆申明素位之义耳。素位之外,无工夫矣。素位而行,即是正己;不愿外,即是不求人;素位而行,即是居易,不愿外,即是俟命。素位不愿外,故失即反求,非素位之外,又有所谓证己反求之功也。谓素位非工夫,又从何着落一"行"字乎?①

陈确进一步解释"素位之学",指出其实就是正己,反求诸己而不求于人,也就是居易而俟命,有一些"顺应之道"的色彩,不过在陈确所处的时世,作为遗民儒者也只能如此。"素位之外,无工夫矣",素位之学就是求己而不求人,不是怨天尤人,也不是逃离"患难"与"行险",只是在险难之中能够"守正",循于天理,故能处之泰然、安之若素。第三,"下学工夫,只是素位耳"。他说:

> 弟则只是下学耳,下学工夫,只是素位耳。然且言而不行,况敢希上达乎,后儒材智万万不及孔子,犹曰"下学而上达"。"行远必自迩,登高必自卑",以合之诗人"切磋琢磨"之说,则学问工夫似必由粗而精,与吾兄精可该粗、粗不可该精之旨正相反。故曰:"履,德之基也。"曰:"洒扫应对进退,即是上达工夫。"②

"素位之学",只是践行于"切磋琢磨""由粗而细"的下学工夫,并不敢期希于"上达",当然他也知道"下学而上达"只是不问"上达"如何,一心将"下学"的工夫做好。日用事物之中的道德实践做好了,自然就能够对于性与天道有所体悟。所以,"素位而行",也非有意为之。陈确说:"吾鳏居食淡,于世无求,宛然一老衲,要只素位而行,非有意为之也。苟有意为之,亦即是私欲矣。"③作为下学工夫的"素位",只是安于其位,笃实进行道德的践履,不问"上达","居易"而"俟

---

① 陈确:《与刘伯绳书》,载陈确:《陈确集》别集卷五《瞽言四》,第470页。
② 陈确:《与刘伯绳书》,载陈确:《陈确集》别集卷五《瞽言四》,第470—471页。
③ 陈确:《书尔旋讲师扇头》,载陈确:《陈确集》文集卷一八,第407页。

命"而已。陈确的"素位之学"是一种具有统合性的儒家"下学"工夫,不讲"玄远",不问"上达",将儒学变得平实可行。"素位之学"讲求"居易俟命",这也是"循理""守正"的中庸之道,也是发展了蕺山学重实践的圣贤之学。

(二)《大学辨》

再说陈确的《大学辨》,也对老师的学术有进一步的发明。在师从刘宗周之前,陈确虽不深究但信的还是《大学》朱子改本,在师从刘宗周后,改信阳明古本多年。随后就渐渐怀疑《大学》,并试图提出"己说",经过痛苦的思想斗争,终于在他51岁之时写成了《大学辨》。《大学辨》本名应是《大学非圣经辨》[①],《陈确集》别集第14至17卷收录《大学辨》一文及其与人论辩的书札,通称《大学辨》。陈确说:"自《大学》之教行,而学者皆舍坐下工夫,争言格致,其卑者流为训诂支离之习,高者窜于佛老虚玄之学,道术分崩,圣教衰息,五百余年于此矣。"[②]晚明学术或训诂支离,或佛老虚玄,在陈确看来都不是道术、圣教,其中关键就是不重"坐下工夫"、不重践履,故而需要对500年来纷争不断的《大学》来一个彻底的分辨。

《大学辨》主要讨论两个问题:一是《大学》的真伪问题;一是《大学》是否禅学的问题。第一个问题,陈确通过"辨迹"而得出《大学》非圣经,直接将《大学》从圣学殿堂里赶了出去。陈确指出"以孔子道化之隆,及门之盛,且《大学》既为夫子所定,则八条之说,必日与门弟子耳提而面命之",然而不见颜回、冉有等弟子说起,甚至亲传《大学》的曾子也未明说,所以依照《大学》"八条目"可以至圣人,显然不是孔子、曾子的思想。[③] 第二个问题,陈确通过"辨理",认为《大学》窜入禅学,其主要观点有"言知不及行"和"一知无复知"。在陈确看来,"《大学》只说效验,并不说工夫"还是"言知不及行"。[④] 至于朱子的《格致补传》,则更是《大学》为禅学的明证,他说:"所谓格致之功,尚需禅和子数百辈老坐蒲团,始参究得出来也。虽参究得出,终为不了公案。"[⑤]也就是说,朱子的

---

① 陈确:《答萧山来成夫书》:"弟近有论葬诸书,并《大学非圣经辨》一篇。"《寄刘伯绳》:"且欲著《大学非圣经辨》一篇。"载陈确:《陈确集》别集卷一七《大学辨四》,第612、615页。
② 陈确:《答沈朗思书》,载陈确:《陈确集》别集卷一五《大学辨二》,第574页。
③ 陈确:《答张考夫书》,载陈确:《陈确集》别集卷一六《大学辨三》,第598页。
④ 陈确:《答张考夫书》,载陈确:《陈确集》别集卷一六《大学辨三》,第597页。
⑤ 陈确:《答张考夫书》,载陈确:《陈确集》别集卷一六《大学辨三》,第597页。

"格致"说不是工夫而是效验，是一种参禅。

陈确在《大学辨》中还说："世儒于程朱陆王之学，曾未睹其万一，而纷纷然各以其私意轻相诋诽，于程朱陆王奚损乎？"①在他看来，当时学者往往对于程朱、陆王之学术差异并未真正懂得，便开始私意诋诽，这种无知才是最为可怕的。之所以撰写《大学辨》等著作，就是为了抛开门户之见而以考据的方法实现去伪存真。这在当时还是难能可贵的。

所以黄宗羲在其为陈确所撰的墓志铭的定稿中专门增加了一大段文字，高度肯定了陈确《大学辨》的成就：

> 其论《大学》，以后来改本，牵合不归于一，并其本文而疑之。即同门之友，断断为难，而乾初执说愈坚，无不怪之者，此非创自乾初也。慈湖亦谓《大学》非圣经，亦有言《大学》层累，非圣人一贯之学。虽未必皆为定论，然吾人为学工夫自有得力。意见无不偏至，惟其悟入，无有不可，奚必抱此龃龉不合者，自窒其灵明乎？是书也，二程不以汉儒不疑而不敢更定，朱子不以二程已定而不敢复改，亦各求其心之所安而已矣。夫更改之与废置，相去亦不甚相远也。②

这里评价陈确的《大学辨》，特别指出了《大学》及其改本本来就有种种"疑团"，如张履祥等同人为难陈确其实没有必要。杨简（慈湖）对《大学》的质疑就与陈确接近；二程、朱子关于《大学》也有自己的更定、复改，他们的"更改"与陈确的"废置"其实相去不远。重要的是晚年的黄宗羲，认为学术本当"一本万殊"，故强调"吾人为学工夫自有得力"，即使"无不偏至"，也"无有不可"，为学应当"各求其心之所安"。黄宗羲更为欣赏的还是陈确这样有自己为学路径的学者，不欣赏谨守先儒矩矱的学者。余英时说："他这篇著作却清楚地把理学两派的争斗从义理的战场转移到考证的战场。"③陈确不再停留于程朱、陆王对《大学》的诠释谁对谁错，而是跳出义理的困境，通过考证的方法直接对《大学》进行搁

①　陈确：《答张考夫书》，载陈确：《陈确集》别集卷一六《大学辨三》，第591页。
②　黄宗羲：《陈乾初先生墓志铭》（四稿），载沈善洪主编《黄宗羲全集》第10册，第374—375页。
③　余英时：《论戴震与章学诚：清代中期学术思想史研究》，第347页。

置,从而为学术开辟新路,因此陈确也是明清之际由义理转向考证的代表学者
之一。

(三)《性解》

陈确著有《性解》上下篇,系统阐发其人性论思想,其他论性的著作还有
被收录于《瞽言》一书中并连在一起的《知性》《气情才辨》《气禀清浊说》《性习
图》《原教》《子曰性相近也二章》《无欲作圣辨》等篇,可以看作《性解》的补充
与发展。陈确对于人性论的研究,也是他义理之学中最具创见的一个重要
方面。

陈确《性解》的上篇较为系统地阐述了他的人性论思想,下篇以问答论辩
的形式对上篇加以补充。他在《性解上》开篇即说:

> 孔子曰"性相近",孟子又道"性善"论,自此大定,学者可不复语性矣。
> 荀、韩之说,未尽蠲告子之惑。至于诸儒,惝恍弥甚,故某尝云:孔子之旨,
> 得孟圣而益明,孔、孟之心,迄诸儒而转晦,皆由未解孟子"性善"之说,与
> 《易》"继善成性"之说故也。[①]

陈确认为自从孟子发展孔子"性相近"之说而成为性善论,关于人性的学说就
已经确立了起来。后来的荀子、韩非子等人的学说对人性论也没有什么实质
性的推进。宋明诸儒反而使得人性论"惝恍弥甚"。其原因就是没有理解孟子
的"性善"之说与《周易》的"继善成性"之说。所以,陈确的《性解》主要就是结合
对于宋儒的批判来进一步阐明孟子与《周易》之人性论。接着陈确就对孟子的
"性善"之说加以阐发,他说:

> 子言"相近",本从善边说,即孟子道性善之意。孟子更斩截言之,使自
> 暴自弃一辈更无处躲闪,然后相近之说益为无弊,有功于孔门最大。要
> 之,即本孔子之意言之耳。然孟子却说得有根据,非脱空杜撰者。何以知
> 之? 曰"尽其心者知其性也"之一言,是孟子道性善本旨。盖人性无不善,

---

① 陈确:《性解上》,载陈确:《陈确集》别集卷四《瞽言三》,第447页。下同。

于扩充尽才后见之也。如五谷之性,不艺植,不耘籽,何以知其种之美耶?故尝谆谆教人存心,求放心,充无欲害人之心,无穿窬之心,有所不忍,达之于其所忍,有所不为,达之于其所为,老老幼幼,以及人之老幼,诵尧之言,行尧之行,忧之如何,如舜而已之类,不一言而足。学者果若此其尽心,则性善复何疑哉!而尧、舜之可为,又何待辨哉!故曰:非脱空杜撰者也。

从这段对于孔孟"性善"之说的发挥来看,其一,就是特别推崇孟子人性论,认为是孔子之言的发展。其二,指出孟子性善之说的本旨即"尽其心者知其性也"。对此,陈确更进一步发挥出一套"扩充尽才"之说。当然,这也源自孟子。《孟子·公孙丑上》:"凡有四端于我者,知皆扩而充之矣。若火之始然,泉之始达。苟能充之,足以保四海;苟不充之,不足以事父母。"陈确阐发"扩充才尽"说,进一步认为四端之心与性之善,都需要加以扩充之、发达之,人人都复其性善,则人人皆可为尧舜。

三、对"理学家言"的批判

宋儒论性分为天命之性与气质之性,形成了先天预成的人性论,后天的修养工夫就是要变化气质,恢复本然之性。朱子的"格物穷理"与王阳明的"致良知"其实都在求"本体",陈确认为"本体"二字是从佛学中来的,所以提出不必去谈"本体",提出性善是可以发展的,主张"扩充尽才而后见性",重视的是后天的日用事物之中的践履。所以陈确在《性解》等论著中,展开了对宋明理学人性论的批判,其中也反映了清初"形上玄远之学"渐趋于没落。

(一)"本体从佛氏脱胎来者"

陈确指宋明诸儒之学为"禅障",主要是就"无欲""无极"等命题而言,这些命题又与"求本体"密切相关。他在《禅障》一文中说:

宋明诸大儒,始皆旁求诸二氏,久之无所得,然后归本六经,崇圣书而排佛老,不亦伟乎!然程、朱谓二氏之说过高,弥近理,则犹是禅障也。非惟程、朱为然也。虽周子之言无欲,言无极,言主静,皆禅障也。①

陈确并不是全盘否定宋明儒学,对于诸儒"旁求诸二氏"而能"归本六经"是有所肯定的,但是他对诸儒的"二氏"之学"久治无所得"的断语,实际上堵塞了适当借鉴"二氏"之学的合理性,具有儒学原教旨主义的色彩。他说周敦颐"无欲""无极""主静"等命题都是禅障,也有武断之嫌。陈确对"禅障"的批评,更多集中在程颐、朱熹那里,他接着说:

> 朱子谓"静"字稍偏,不若易以"敬"字,善矣。而伊川每见人静坐,辄叹其善学。门人间力行之要,曰:"且静坐。"朱子则教学者以半日静坐,半日读书。其体"静"字,较周子弥粗,去禅弥近矣。曰"察识端倪",曰"须先明一个心",曰"非全放下,终难凑泊",曰"略绰提撕",曰"在腔子里",曰"活泼泼地",曰"常惺惺",曰"颜子所乐何事",曰"观未发前气象",曰"性通极于无",曰"才说性便已不是性",曰"无善无恶",曰"妄心亦照",曰"无妄无照",曰"心有所向便是欲",曰"有所见便是妄",曰"既无所向,又无所见,便是无极而太极",如此等语,未可悉数,皆禅障也,皆尝习内典而阶之厉也。嗟乎! 佛教之溺人,会何时而已哉。

对程颐、朱熹的"主敬"说,陈确多有肯定。但是程、朱也说"主静",提倡"静坐"。"体静"之说,在陈确看来就是禅障。接着他列举了十多个宋儒之学中的重要命题,并指为禅障,其中大多与求本体相关。"察识端倪""观未发前气象"等都是在讲"主静"以"求本体";"性通极于无""才说性便已不是性"等都涉及"天命之性",其实也是在讲"本体"。

"非工夫则本体何由见",陈确几乎完全不讲先天本体,只讲后天的工夫,他说:

> 盖孟子言性必言工夫,而宋儒必欲先求本体,不知非工夫则本体何由见? 孟子即言性体,必指其切实可据者,而宋儒辄求之恍惚无何有之乡。

---

① 陈确:《禅障》,载陈确:《陈确集》别集卷四《瞽言三》,第445页。

如所云平旦之气，行道乞人之心，与夫孩少赤子之心，四端之心，是皆切实可据者。即欲求体，体莫著于斯矣。①

从原始儒学出发，陈确认为孟子即便讲"性体"也"切实可据"，如"平旦之气""四端之心"等都"切实可据"，所以求本体就应该落实于这些"切实可据"，当下即可做工夫的地方。陈确较为集中地反对"本体"是在与刘汋的书信中：

来教以弟引孟子"存心"、"求放心"等语为道性善本旨，而不言性善之体，此亦蔽于习而不思之故也。性即是体，善即是性体。既云"道性善"，又云"不言性善之体"，岂非骑驴觅驴乎！"本体"二字，不见经传，此宋儒从佛氏脱胎来者。……后儒口口说本体，而无一是本体；孔、孟绝口不言本体，而无言非本体。子曰"性相近"，则近是性之本体；孟子道性善则善是性之本体。②

在陈确看来，"道性善"，承认人性本善，就是说善是性之体，也就不必再去别求一个"性善之体"，或者说"性善的本体"的说法本身就是荒谬的。他认为，原始儒学的经典中根本就没有"本体"之说，没有形上之论，只有形下的"下学"工夫而已；"本体"二字，完全是宋儒从佛教那里借来的。陈确将"性相近""道性善"等孔、孟切近之言作为对于性学本体的把握，因此孔孟不谈本体却能真正把握本体，宋儒"口口说本体"却无法把握本体。他的这些说法，都是从"非工夫则本体何由见"的观念出发的。

（二）"分气质之性与义理之性为二"

张载说："形而后有气质之性，善反之，则天地之性存焉。故气质之性，君子有弗性者焉。"③义理之性也就是天地之性、本体之性、本然之性；气质之性则是后天气禀而生成。义理之性是超越的、理想状态的；气质之性是现实的，需要经过不断的道德实践"工夫"，才能越来越接近义理之性。这些讨论也都与"本

---

① 陈确：《瞽言四·原教》载陈确：《陈确集》别集卷五，第457页。
② 陈确：《陈确集》别集卷四《瞽言三·与刘伯绳书》，第466—467页。
③ 张载：《正蒙·诚明篇第六》，载张载：《张载集》，章锡琛点校，中华书局2012年版，第23页。

体"之说相关,属于形而上的义理之学。陈确反对形上、本体之说,进而反对将"性"区分为"本体之性"与"气质之性"。

说到宋儒"性二分说"的根源,在陈确那里有两种看法。其一,认为源于告子与孟子,他说:"后儒无识,罔欲调停孟、告之间,就中分出气质之性,以谢告子;分出本体之性,以谢孟子。"①陈确还说:

> 夫子之言性如此。抑孟子道性善,实本孔子。后儒妄生分别,谓孔子所言,气质之性也;孟子所言,本然之性也;本然之性无不善,而气质之性有善有不善:支离如此。夫有善有不善,是相远,非相近,是告子之说也。如是言性,可不复言习矣。
>
> 大抵孔、孟而后,鲜不以习为性者。人岂有二性乎! 二之,自宋儒始。既分本体与气质为二,又分气质之性与义理之性为二,不惟二之,且三之矣。若谓孔、孟皆见其偏,而张、程氏独见其全,尤极狂悖。彼自以调停孟、告而得其中,抑子所云"小人之中庸也,小人而无忌惮也"。②

在陈确看来,宋儒首先将孔子、孟子论性二分:孔子"性相近"为"气质之性",有善有不善;孟子之说为"本然之性",无不善。然而论性"有善有不善",本来就是告子之说,所以还是告子之说在作怪。孔孟之后的儒者,往往"以习为性","分气质之性与义理之性为二",甚至"三分"为"上智、中人、下愚"等,其目的是调停孟子与告子,从而解决性与习的关系,这样就支离了。至于有的宋儒认为孔、孟论性"见其偏",张、程论性"独见其全"则"尤极狂悖"。宋儒的"性二分说",陈确将其归为受到告子的影响,他还有另一说法,即从荀子、告子那里继承了"气质之性";从佛老那里继承了"本体之性"。陈确指出:

> 宋儒分本体、气质以言性,何得不支离决裂乎? 性即是本体,又欲于性中觅本体,那得不禅? 其曰"气质之性"者,是为荀、告下注脚也;曰"本体

---

① 陈确:《气情才辨》,载陈确:《陈确集》别集卷四《瞽言三》,第 452 页。
② 陈确:《子曰性相近也二章》,载陈确:《陈确集》别集卷五《瞽言四》,第 458 页。

之性"者,是为老佛传衣钵也。①

在陈确看来,"气质之性"相关说法与荀子、告子有关,宋儒还要在"性"中寻出一个"本体之性",就是禅障,就会将性"支离决裂"了。陈确又说:

> 荀、杨语性,已是下愚不移。宋儒又强分个天地之性、气质之性,谓气、情、才皆非本性,皆有不善,另有性善之本体在"人生而静"以上,奚啻西来幻指!一唱百和,学者靡然宗之,如通国皆醉,共说醉话,使醒人何处置喙其间?噫!可痛也。②

宋儒强分"天地之性"与"气质之性",且认为"气、情、才"都不是本性,都有不善,而后就需要去寻觅全善之"本体",这些在陈确看来都是禅学。

陈确反对宋儒的"性二分"有一定意义,这主要也是承继刘宗周的思想。刘宗周说:"凡言性者,皆指气质而言也。或曰'有气质之性,有义理之性',亦非也。盈天地间止有气质之性,更无义理之性。如曰'气质之理'即是,岂可曰'义理之理乎'?"③刘宗周就提出只有一个气质之性,性不可二分。陈确将之发展,并且对宋儒的"性二分"展开了较为细致的批判,对于后来的学者撇开宋儒来探索人性之生存,有一定价值。

(三)"无欲安可作圣"

陈确对于宋儒人性论的批评,影响最大的还是天理人欲之辨。在这一点上,陈确也寻到其理论源头。《礼记·乐记》中说:"人生而静,天之性也;感于物而动,性之欲也。物至知知,然后好恶形焉,好恶无节于内,知诱于外不能反躬,天理灭矣。夫物之感人无穷,而人之好恶无节,则是物至而人化物也。人化物也者,灭天理而穷人欲者也。于是有悖逆诈伪之心,有淫佚作乱之事。"陈确则说《乐记》"本是禅宗。其书大半本《荀子》"④,还说:

---

① 陈确:《与刘伯绳书》,载陈确:《陈确集》别集卷一七《大学辨四》,第620页。
② 陈确:《性解下》,载陈确:《陈确集》别集卷四《瞽言三》,第451页。
③ 刘宗周:《学言中》,载吴光主编:《刘宗周全集》第2册,第418页。
④ 陈确:《与刘伯绳书》,载陈确:《陈确集》别集卷五《瞽言四》,第466—467页。

《乐记》："人生而静,天之性也,感于物而动,性之欲也。"已将天与人判然分作两橛,非推而远之何?故程子曰:"人生而静以上不容说,才说性便已不是性。"由此其误也。①

《礼记·乐记》中的这些话,被宋儒引为"本体之性"与"气质之性"二分的依据;而其中的天理、人欲之辨,则更是被宋儒发展为"存天理灭人欲"之说。《乐记》已经将天、人判然分作两橛等。陈确所指明的这些人性论源流可以说基本就是事实。不过,他说《乐记》的思想来自禅宗,则不符合禅宗发展的历史,判为来自《荀子》则根据不足。关于天理人欲之辨,真正有影响的辨析还在于宋儒本身。周敦颐说:"无欲故静。"②程颢说:"人心莫不有知,惟蔽于人欲,则忘天理也。"③朱子说:"人之一心,天理存,则人欲亡;人欲胜,则天理灭;未有天理人欲夹杂者。"④到了宋儒那里才将天理与人欲分为两端,并对立起来了。

陈确则反对捉摸本体,反对人性的天、人二分,最终指向就是天理与人欲之分。他十分大胆地指出:"人欲正当处,即是理,无欲又何理乎?""无欲安可作圣,可作佛耳。要之,佛亦乌能无欲,能绝欲耳。"⑤故此,作有《无欲作圣辨》:

> 陈确曰:周子无欲之教,不禅而禅,吾儒只言寡欲耳。圣人之心无异常人之心,常人之所欲亦即圣人之所欲也,圣人能不纵耳。饮食男女皆义理所从出,功名富贵即道德之攸归,而佛氏一切空之,故可曰无,奈何儒者而亦云耳哉!确尝谓人心本无天理,天理正从人欲中见,人欲恰好处,即天理也。向无人欲,则亦并无天理之可言矣。他日致友人书云:"绝欲非难,寡欲难;素食非难,节食难。"确每自体验,深知之。是知异端偷为其易,圣学勉为其难,邪正之分,端在于此。而周子以无立教,是将舍吾儒之所难,而从异端之所易也,虽然不禅,不可得矣。其言无极主静,亦有弊。学者只从孔、孟之言,尽有从入处,何必又寻题目,多为异端立帜乎?

---

① 陈确:《答朱康流书》,载陈确:《陈确集》别集卷五《瞽言四》,第474页。
② 周敦颐:《周敦颐集》卷一《太极图说》,中华书局1990年版,第6页。
③ 程颢:《明道先生语一》,载程颢、程颐:《二程集·河南程氏遗书》卷一一,王孝鱼点校,第123页。
④ 黎靖德编:《朱子语类》卷一三,第224页。
⑤ 陈确:《禅障》,载陈确:《陈确集》别集卷四《瞽言三》,第445页。

又曰：欲即是人心生意，百善皆从此生，止有过不及之分，更无有无之分。流而不反，若贪愚之俗，过于欲者也。割情抑性，若老、庄之徒，不及于欲者也。贤人君子，于忠孝廉节之事，一往而深，过于欲者也。顽懦之夫，鞭之不起，不及于欲者也。圣人只是一中，不绝欲，亦不从欲，是以难耳。无欲作圣，以作西方圣人则可，岂可以诬中国之圣人哉！山阴先生曰："生机之自然而不容已者，欲也；而其无过不及者，理也。"斯百世不易之论也。①

在此文中，陈确还是照旧将"无欲"断为禅学，凡是说"无"都是佛老，认为周敦颐"无欲故静""主静立人极"都是禅学，都有大弊。然后，他指出儒学只是"寡欲"而不是"无欲"，"欲即是人心生意"，所以只有过、中、不及之分，没有有、无之分；还说圣人之心与常人无异，因此圣人之欲也同于常人，圣人与常人的区别只是在于能够不"纵欲"，即合于义理，"圣人只是一中，不绝欲，亦不从欲"。他还从亲身的体验说明，"寡欲""一中"实为难，至于"无欲"更完全不可能，"绝欲"则都是佛老之说了。至于天理与人欲的关系，他的看法更是颠覆性的："天理正从人欲中见，人欲恰好处，即天理也。"甚至还说："真无欲者，除是死人。"②陈确肯定人欲，认为天理在人欲之中显现，彻底打破了天理、人欲的二分。

关于陈确"天理人欲"的论辩的意义，刘述先先生有过精彩的分析：

至"天理人欲"之说，儒家从来不讲绝欲，故与释氏异，无欲者，无不当之人欲也，是为纯乎天理。守住这一个分限，才可以真正做修养工夫。以天理为首出，则正当的欲望自可以化而为纯乎天理。但以人欲为首出，则人欲固横流矣；虽曰寡而无纵，所根据的原则出在什么地方？如果是外来的标准，则必流于荀学；如是内在的标准，则不可以反对宋明儒超越的心性论。③

---

① 陈确：《无欲作圣辨》，载陈确：《陈确集》别集卷五《瞽言四》，第461页。
② 陈确：《与刘伯绳书》，载陈确：《陈确集》别集卷五《瞽言四》，第469页。
③ 刘述先：《黄宗羲心学的定位》第6章《黄宗羲在思想史上的贡献与地位》，浙江古籍出版社2006年版，第111—112页。

刘先生指出陈确误解了宋儒的"灭人欲"与"无欲作圣",也指出了陈确人性论的弊病。如果以天理为根本,那么欲望应该力求正当,力求合于天理;如果以人欲为根本,即肯定人生自然的欲望是合理的,那么欲望就会肆意横行。如陈确所言想要"寡而无纵",根据的原则是什么呢?如果是外在的、后天的标准,那么近似荀子的学说了;如果以内在的、超越的、先天的标准,那么就近似宋儒的天理人欲论,就不能反对宋明儒了。所以,陈确的"天理人欲之辨",也还是有一些弊病存在的。

陈确的人性论,具有明显的儒家原教旨主义色彩,主要包括回归原始儒学与批判宋儒两个方面。从对原始儒学的回归来看,陈确的人性论核心思想为"扩充才尽"说,其将孟子的"性善"说与《周易》"继善成性"说相结合,认为"性善"但并非先天具足,还需要后天努力、不断发展,而人的一生就是一个本性之善不断成长完善的过程。从对宋儒的批判来看,总体而言陈确的批判太过绝对,《性解》系列关于人性论的考辨有失之武断之处。他不喜"形上玄远之学",所以一谈及形上问题就以"禅障",落入佛学为理由极力辟之。他反对"气质之性"与"天命之性"的天、人二分,认为强分为二就是"离人尊天"的表现,也是"援儒入释"的表现。宋儒谈"本体",确实是受到佛学的影响,这一点陈确说得应该没错。再看"性二分说",无论是否吸收了佛老元素,就解释人性的先天与后天等问题来说还是很有价值的,陈确的批评没有太大必要。宋明理学本来就是吸收佛、道两家的某些因素而发展起来的,但是其核心思想却还是儒学,所以也不能因为涉及佛老的语言便一概排斥。

事实上陈确反对捉摸本体,反对人性的天、人二分,最终指向的就是人欲与天理的不可分,认为"无欲安可作圣""天理正从人欲中见"。他说宋儒的人性论,离佛老二家近,希望通过自己的批判使得孔孟之旨复明。就心性与践履的关系等方面,他的《性解》改重本体为重工夫,切实的人性工夫论对于救治晚明学术的空疏之风也有一定的作用。他重新重视《孟子》的人性论,"扩充才尽"说对"继善成性"等儒家人性论有所发展和补充,后来被黄宗羲《孟子师说》摘录,从而对促进清代人性论的发展有着重要的意义。陈确其实既不是一个严格意义上的理学家,又不是一个严格意义上的考据学家,尽管如此,陈确对宋明理学人性论的批评,在中国人性论发展史上有着特殊的意义。明中叶以来,出现了一批反对宋儒"存天理灭人欲"观念的学者,在陈确之前有罗钦顺、王廷相、吴廷翰、李贽等人,之后还有朱之瑜、王夫之、颜元、戴震等人,而陈确围绕宋儒人性论所做的较为详尽而彻底的考辨,不但在同时代的学者之中颇为少见,而且在明清之际的人性论发展史上也具有一定代表性,成为不可忽视的重要成果。

第二节 陈洪绶:“大节未愧”的画僧

陈洪绶(1599—1652),字章侯,号老莲、悔迟,浙江诸暨人。崇祯十五年(1642),陈洪绶捐资为国子监生,因为其画名被招为“舍人”,曾临摹历代帝王像,并饱览宫廷内府藏历代名画。与同代著名人物画家崔子忠(字道母,顺天府人)齐名,有“南陈北崔”之称。① 然而因为时局动荡,加上并没有什么仕途上进的机会,于是在第二年,也即崇祯十六年(1643),便南归故里。而下一年明朝灭亡,再下一年则连绍兴也被清军占领,于是到了顺治三年(1646),便落发为僧于云门寺,成了一位画僧。陈洪绶除了有大量书画作品,以及《水浒叶子》《博古叶子》等版刻传世,其诗文也被后人编刊为《宝纶堂集》,今人整理、增补为《陈洪绶集》。②

一、陈洪绶与刘宗周

陈洪绶一直被认为是蕺山弟子,这主要是因为全祖望的《配享碑》对其有所表彰,并将之视为比较独特且大节无愧,故必须独取为配享。事实上与陈洪绶类似的被全祖望列入配享的还有一位赵甸:“丙戌后有高节,隐于缁,时卖画以自给,世所称‘壁林高士画’者也。”③应当说陈、赵二人极为相似,然而全祖望却并未将之列在一处,究其原因则当是因为陈洪绶之“畸士”风度,以及相对而

---

① 黄涌泉:《陈洪绶年谱》,人民美术出版社 1960 年版,第 68 页。
② 陈洪绶:《陈洪绶集》,吴敢点校,浙江古籍出版社 2012 年版。
③ 全祖望:《鲒埼亭集》卷二四《子刘子祠堂配享碑》,载全祖望:《全祖望集汇校集注》,朱铸禹汇校集注,第 447 页。

言与刘宗周交往较多：

> 诸暨陈先生洪绶，字章侯。其人以画名，且以酒色自晦，而其中有卓然者，子刘子深知之。蕺山弟子，元趾与章侯最为畸士，不肯帖帖就绳墨。元趾死章侯不死，然其大节则未尝有愧于元趾。故予定诸弟子中，其有负盛名而不得豫配享，而独于章侯有取焉，详见予所作传。①

陈洪绶是晚明著名画家，而且以"酒色自晦"，被视为蕺山弟子则一是因为其年轻时曾从学于刘宗周，而此时他还是诸生。另一则是因为他与蕺山门下另一"畸士"王毓蓍友善，所谓的"最为畸士，不肯帖帖就绳墨"，则是说他们虽为诸生，却不愿参加科举考试。其实二人最为投契，后来还成了儿女亲家。陈洪绶曾有诗寄王毓蓍：

> 春光狼藉到三分，少我登山健骨群。
> 何苦云萝高冈子，攒眉穿袖构奇文。②

陈洪绶爱惜春光之狼藉，故而不愿"攒眉穿袖"去构思奇文，所以他们不是科场之人。顺治二年（1645）王毓蓍投柳桥河而死后，陈洪绶作有长诗《挽王正义先生》，其中有"亡国难存活""溪边留节义""口耻言吾道，躬将明大伦"等句，寄托其对友人的理解与哀思。③ 事实上，陈洪绶也曾参加过几次科举考试，但是"累试不第"④。明朝灭亡后，陈洪绶与王毓蓍之弟王毓芝（字紫眉），依旧有着往来，后来有诗《寄赠却谢》，该诗题注说"时紫眉方集古今诸说有补经济者"，可见当时王毓芝依旧关注经济之学，而陈洪绶却对此毫无兴趣，诗中说："有裨世道者，存之备一斑。半世读书苦，市廛长闭关。经术付亡国，书成聊破颜。"⑤

① 全祖望：《鲒埼亭集》卷二四《子刘子祠堂配享碑》，载全祖望：《全祖望集汇校集注》，朱铸禹汇校集注，第448页。
② 陈洪绶：《王玄趾读书曹山却寄》，载陈洪绶：《陈洪绶集》卷九，吴敢点校，第283页。
③ 陈洪绶：《挽王正义先生》，载陈洪绶：《陈洪绶集》卷五，吴敢点校，第86—87页。
④ 孟远：《陈洪绶传》，载陈洪绶：《陈洪绶集》附录传记，吴敢点校，第660页。
⑤ 陈洪绶：《寄赠却谢》，载陈洪绶：《陈洪绶集》卷四，吴敢点校，第84页。

陈洪绶约在 18 岁时师从刘宗周,成为其入室弟子。此时也即刘宗周讲学于蕺山之石家池之际。① 此后师徒二人的关系也颇为密切。所谓的"讲性命之学"②,其实就是说陈洪绶当时也对心性修养之学,极有兴趣,然而他还是喜欢"纵酒狎妓自放,头面或经月不沐",故而始终无法真正进入儒门之中。陈洪绶现存诗集中,有一首与刘宗周的唱和诗:

> 黄犊乌林被短襦,酒徒何事不相如?
> 范张山谷违新好,孔孟长途自分迂。
> 不肯田间一饭罢,难随书卷事君余。
> 掉头散发霜天外,回首嗟嗟上黑驴。③

细读此诗,当写在天启年间或崇祯初年,似乎当时刘宗周对其书画、酒色人生有所规劝,然而陈洪绶还是"难随书卷"而事君,对于"孔孟"之途只能"分迂"而已。也就是说,陈洪绶虽然也听讲过心性之学,却始终还是无法改变其本性。

后来陈洪绶到了北京,成了一名国子监生,对于刘宗周的为官高洁,更多了一份认识。于是在从北京回乡的前后,曾有长信与刘宗周,其中说:

> 宋之诸君,无有培植太学生者矣,而多食其报。道君起艮岳,邓肃上诗。金人两寇,陈东上书。李纲将罢,欧阳澈数百人上书。黄潜善、汪伯彦用事,魏祐上书。汤思退议和,张观等七十余人上书。韩侂胄欲罢赵汝愚,杨宏等六十人上书。胡榘议和,何处恬上书。史嵩之谋起复,黄恺伯、金九万、孙翼凤等百四十四人上书。城陷之辱,丁特起私有《孤臣泣血录》。
>
> 我祖宗今上培植太学生,不远过曩代乎!若边防之警,若权相之戕善类,若大司马之起复,若私议抚,独涂从吉一人上书白黄石斋先生冤,空谷足音矣!然所见有纷纷上书者,身谋而不及国,洪绶之名亦与焉。沮之又不能得,深悔当时何不弃去,半年怀负国之惭。今则弃去矣,前失难追矣。

---

① 黄涌泉:《陈洪绶年谱》,第 15 页。
② 朱彝尊:《陈洪绶传》,载陈洪绶:《陈洪绶集》附录传记,吴敢点校,第 664—665 页。
③ 陈洪绶:《和刘念台先生》,载陈洪绶:《陈洪绶集》卷八,吴敢点校,第 243 页。

> 太学生何负我祖宗及今上哉！三百年问乃仅得一涂从吉，吾师乎！涂从吉故足悔矣，而有悔言之集，悔言小引。①

太学生，也即国子监生，本应就边防、权相以及官员起复等国事"纷纷上书"，然而这样的太学生此时只有为黄道周（石斋）上书的涂从吉一人而已。其他的太学生即便上书，也只是"身谋而不及国"，陈洪绶说他自己也是这样的人，既不能为国而上书，又不能"弃去"。到了写此信的时候，则已经"弃去"，只是他太学生的这段生涯已经是"前失难追"，故而"何负我祖宗及今上哉！"他在此信中还说：

> 刘夫子为天子所注意，上封事者皆导君毋苟且之治术，群小谤之为迂远而不宜于时。时者权也，圣贤不得已而用之。治术者经也，不得以运之升降、道之污隆而变之者也。使遇中主趋时焉，尚不为臣之正路；矧逢今上神圣而劳悴之主，宁忍以末运之治辅之耶？若夫子者，真责难于君之纯臣也。甚矣，群小之当杀也。

也就在陈洪绶入京的这一年，也即崇祯十五年（1642）闰十一月，刘宗周因为上书"申救姜埰、熊开元"而被革职为民，所以信上说其"导君毋行苟且之治术"，然而刘宗周的多次召对或上书，在崇祯看来都是"迂阔"之辞，不能快速有用于时政。所以陈洪绶说崇祯帝是"神圣而劳悴之主"，不愿以"末运之治辅之"，称刘宗周为"责难于君之纯臣"，然而对于时政只得感叹而无可奈何。由此书信来看，陈洪绶之所以北上，则还是希望能在仕途上有一番作为，然而因为性格的原因，加之根本没有上进之可能，故而即便有其老师的感召，也没有任何作为了。陈洪绶又写了七律《夫子受谴去国小诗赋别》，为刘宗周的被迫"去国"而感到惋惜：

> 圣君求治思朝夕，夫子孤忠在责难。

---

① 陈洪绶：《上总宪刘先生书》，载陈洪绶：《陈洪绶集》卷三，吴敢点校，第32—33页。黄涌泉：《陈洪绶年谱》，第69页。

　　　　大运违吾坚所好,横流非我孰安澜。

　　　　青鞋布袜嗟行矣,苹鸟麋庭良可叹。

　　　　诵道稽山瞻北阙,浮云不许老臣观。①

此诗中的意思,其实与其书信中的意思相近,他承认崇祯帝还算是一名"圣君",也曾朝夕求治,刘宗周也是耿耿的"孤忠",然责难于君父之心太过急切,再加之小人当道,于是"迂阔"之儒不得不"青鞋布袜"嗟叹着回到会稽山了。刘宗周和诗说道:

　　　　举世不谋朝与夕,何人死易立孤难。

　　　　读书怀古心如醉,对客伤时舌转澜。

　　　　坐破春风无地老,歌残白雪几回叹。

　　　　孟轲不作吾安放,好辨云云仔细观。②

在刘宗周看来,举世之人都不愿出来谋国,其实死是容易的,想要谋求有所树立则是极难的。没有机会报效国家,只得读书怀古、对客伤时而已,"阳春白雪"少人应和也是必然,何况世上已然没了孟子这样的"好辨"之人呢！此诗既是对陈洪绶的回答,又是对自己心迹的抒怀。

　　崇祯十六年(1643)二月,刘宗周南归,陈洪绶有书信问候,还带着美酒前去送行,刘宗周还有两首答复陈洪绶的诗写于此时,第一首道:

　　　　姜桂固吾性,苦亦不可贞。

　　　　甘苦无常好,所贵圣中清。

　　　　一觞见孔思,再觞征周情。

　　　　便当百千举,泠焉成独醒。

　　　　独醒不成醉,还以荐嘤鸣。

　　　　愿子欣然来,无托高阳行。

---

① 陈洪绶:《夫子受谴去国小诗赋别》,载陈洪绶:《陈洪绶集》卷八,吴敢点校,第246页。
② 刘宗周:《和陈章侯》,载吴光主编:《刘宗周全集》第4册,第570页。

刘伶与李白，千载何其名！①

刘宗周自然要坚守其姜桂之性，孟子说："伯夷，圣之清者也；伊尹，圣之任者也。"在晚明时代，像刘宗周这样品格的人，只得做一个圣之清者，无法成为圣之任者，这也当是他自己的一种反省。无可奈何之际，在一觞、再觞的微醉之中，似乎见到了孔子、周公之情思。此时恰逢陈洪绶欣然而来，也就不必托于高阳酒徒了，刘伶、李白这样子的以酒得名，其实也是刘宗周这样的儒者所学不来的。另一首诗说道：

抱病忽累日，双眉蹙暂开。
书空怯左臂，顾影罢荒杯。
去国吾何往，还山梦或来。
清歌分一醉，意气横金台。②

陈洪绶赠予的美酒，使得抱病多日的刘宗周颇感欣慰，于是便遥想去国之后，逍遥于山林的快乐，既然庙堂之上无法一展才学，何不以美酒、清歌抒发意气呢？更何况还可以讲学与著述，乱世中的儒者也只得如此了。

虽然说陈洪绶曾师从于刘宗周，但是一则不能入门于性命之学，一则不能有功于社稷，不敢作为太学生而上书。然而，刘宗周的影响则还是很强烈的。这可以从当时人的记载中看出。比如邵廷采说：

诸暨陈洪绶，字章侯。工于画，画独有奇气。……午余，饮酒放豪，醉辄骂当事人。第闻刘蕺山先生语言，则缩颈咋舌却步。

先生既没，朝夕仰礼遗像，题壁云："浪得虚名，山鬼窃笑。国亡不死，不忠不孝。"晚岁在田雄坐尝使酒大骂，雄错愕而已。喜着僧服，称老莲，天下因称陈老莲云。③

---

① 刘宗周:《答陈章侯尺牍》，载吴光主编:《刘宗周全集》第 4 册，第 574—575 页。
② 刘宗周:《和章侯惠涞酒用韵》，载吴光主编:《刘宗周全集》第 4 册，第 575 页。
③ 邵廷采:《思复堂文集》卷三《明遗民所知传》，载邵廷采:《邵廷采全集》，陈雪军、张如安点校整理，第 235 页。

因为曾师从过刘宗周,所以即便是醉酒骂人之时,一旦听人说起刘宗周的话,也会"缩颈、咋舌、却步",可见他对于刘宗周之学之人,当是虽不能至而心向往之。陈洪绶后以遗民自居,且不愿为清廷官员作画等,与刘宗周的感召应当不无关系,至于是否"朝夕仰礼遗像"则不必多纠结。陈洪绶是否无愧于刘门弟子,他的好友张岱则也有不同的看法:"初从刘念台学……名在蕺山弟子籍。……独不见其受业刘门,同与于证人之教。"①在张岱这位陈洪绶的重要友人看来,陈洪绶名在蕺山弟子之籍但并不见其真知受"证人之教"。当然在众多的蕺山弟子之中,也不见得都领受了证人之教,或者说也不见得毕生都去从事心性之学。

所以说,刘宗周真正影响绍兴以及一代之士人者,乃是其道德之感召力,比如祁彪佳等人的殉节,以及陈洪绶的隐于画僧。

二、与刘门高第之交游

刘宗周被革职为民的时候,其实也有一位"涂从吉"式的人物,这就是正好在京会试的祝渊,他因为上书为刘宗周鸣冤而被停试。此事陈洪绶听说了,于是曾给祝渊一诗:

> 吾道无闻四十年,况兼君父愿成虚。
> 未央钟动千官至,不审何人能上书。②

诗中流露出来的情怀,也就是其书信中所说的,"吾道"中人寂寂无闻,希望君父如何但一切心愿皆成虚,能上书之人凤毛麟角。大约第二年的元旦,陈洪绶还有诗寄给祝渊:

> 吾有梅花花下田,良朋不受买山钱。

---

① 张岱:《越人三不朽图赞》(陈本),第 224 页。
② 陈洪绶:《元旦》,载陈洪绶:《陈洪绶集》辑佚,吴敢点校,第 647 页。据《陈洪绶年谱》,此诗原题《元旦其一洪绶书似开翁盟兄教之》(黄涌泉:《陈洪绶年谱》,第 71 页)。

> 香炉峰上阳明洞,少个题名题祝渊。①

就在崇祯十六年(1643)二月至四月,祝渊与刘宗周同舟从北京回到浙江,该年秋天,祝渊带着同乡的陈确到山阴寻访师友,大约此时又与陈洪绶有所交往,并订下第二年再聚之约,故而才有寄诗约访之事。正月里,果然祝渊再次来到山阴,同行的还是陈确。陈洪绶的诗即是约祝渊前来山阴,同访香炉峰的阳明洞。

祁彪佳也是陈洪绶同门之同道好友,小陈洪绶四岁。除了祁彪佳本人,祁彪佳的从兄祁骏佳(季超)、祁豸佳(止祥,1595—1670),还有祁彪佳的儿子祁理孙(奕庆)、祁班孙(奕禧),侄儿祁鸿孙(奕远)等都是陈洪绶的友人,特别是祁鸿孙(奕远)与祁豸佳(止祥)则因为喜好书画而与陈洪绶关系更为密切。

在祁彪佳的日记里,多处记载鉴赏陈洪绶所作的画,还提及祁骏佳请人临摹其所画佛像,如崇祯十三年(1640)六月二十三日,"季超兄延严水子模陈章侯诸多佛像"②。当然,陈洪绶也常是祁家的座上客,如崇祯九年(1636)九月十一日,"邀朱仲含起同陈章侯来,举酌,演《拜月记》,席半,出游寓山,及暮乃别"③。祁彪佳精于戏曲之鉴赏,故而邀请陈洪绶等人一起观看《拜月记》,然后出游其精心打造的寓山园林。到了顺治二年(1645)五月,清军已经过江的消息,也是陈洪绶等人告知祁彪佳的,"入内宅晤赵伯章、陈章侯,乃知虏过江之信"④,由此可知,祁彪佳与陈洪绶关系也是颇为密切的。

陈洪绶晚年生活困顿,虽以卖画自给,然还是需要朋友接济,特别是祁骏佳与祁鸿孙叔侄。故而在其《宝纶堂集》之中,写给祁骏佳的诗有五首,与祁奕远的唱和诗则多达几十首,如《卜居薄坞,去祖茔三四里许。感祁季超、奕远叔侄赠资》《寄谢祁季超赠移家之资,复致书吴期生,为余卖画地,时余留山庄两月余》《奕远赠予移家之资,却赠,即书扇上》等诗作,都说明了祁氏叔侄与陈洪绶的深情厚谊。

祁豸佳,是天启七年(1627)举人,后以教谕仕吏部司务,故而在明亡之后,

---

① 陈洪绶:《元旦寄祝渊》,载陈洪绶:《陈洪绶集》辑佚,吴敢点校,第 647 页。
② 祁彪佳:《感慕录》,载祁彪佳:《祁彪佳日记》第 10 卷,张天杰点校,第 451 页。
③ 祁彪佳:《林居适笔》,载祁彪佳:《祁彪佳日记》第 6 卷,张天杰点校,第 231 页。
④ 祁彪佳:《乙酉日历》,载祁彪佳:《祁彪佳日记》第 15 卷,张天杰校点校,第 824 页。

清廷也曾礼聘于他，但辞不就，隐于山野以画为生，又与董玚、王毄以及陈洪绶等结社为"云门十子"。陈、祁二人都有戏曲、书画之好，而他们的早年则都屡困于场屋，故而极为投缘。在《宝纶堂集》中也有多首写给祁豸佳的诗。

最后要说的是另一刘门弟子王毄，他可谓陈洪绶后半辈子最为重要的友人。王毄，字予安，山阴人，也曾听讲于刘宗周的证人书院，故一般也被认为是蕺山弟子。著有《谪杂外纪》20 卷、《匪石堂诗》32 卷、《妙远堂诗》三集一卷、《闽游草》一卷等。陈洪绶与王毄友情极其深，在《宝纶堂集》中，寄与王毄之诗有近十首，如：

> 予安亦尔耳，如我竟何如？
> 新得资生策，重看学佛书。
> 虚名宁可受，大业觉难居。
> 曲水中秋社，烦君一起予。①

王毄也是云门十子之一，明亡之后，陈洪绶约其终老于云门寺，有《约王予同入云门为终老所计》一诗。

陈洪绶和王毄曾一起在杭州读书，作诗作画。陈洪绶在进京的途中，曾有《寄予安长时舟次淮上》诗一首。后来陈洪绶与张岱、王毄等一起刊印了著名的《水浒叶子》，在此书的初刻本前，就有王毄所作的《颂》，说明了以水浒英雄正告天下之旨，也即此套画作的历史意义："陈子从幻中点出一段不幻光明，毫端生气，以此四十人不烧不淑者，正告天下。"②后来，陈洪绶还将其子陈儒桢（字鹿头，后改字无名）所编次的诗稿，"删录呈政，知予老见之，必有教正，呵呵"③，这也就是《宝纶堂集》的初稿，特意寄给王毄，请其教正，也可见二人之关系非同一般。

此外，陈洪绶对于儒学的向往，还有必要补充其曾问学于黄道周门下之事，关于此事，则有诗为证：

---

① 陈洪绶：《寄王予安》，载陈洪绶：《陈洪绶集》卷五，吴敢点校，第 132 页。
② 王毄：《颂》，载《水浒叶子人物题赞》附录，见陈洪绶：《陈洪绶集》，吴敢点校，第 444—445 页。
③ 陈洪绶：《致王予安书》，载陈洪绶：《陈洪绶集》辑佚，吴敢点校，第 629 页。

> 问道提心性地昏,惭将笔墨叩师门。
> 譬如野象闻弹指,牙拗昙华供世尊。①

这里说到了"问道",若是心性之学,则是昏沉沉,若是以笔墨而叩师门则又自觉惭愧。因为黄道周不仅是晚明的大儒,还是著名的书法家,故而陈洪绶有如此表现。在陈洪绶的诗集中,后来还有多首提及读黄道周书法之类的,可见其对黄氏也多有向往之情,虽然这种情感关系尚不及对于刘宗周的更为深切。

从陈洪绶的一生来说,他受教于刘宗周的影响是极其深远的,无论是他求学的青年时期,还是为诸生、国子监生乃至为官的彷徨时期,以及最终成了画师之后。虽然他并未坚持一直接受证人之教,然而在其关键的年龄段,有这么一段亲近于儒门正学的经历,无疑对其思想的成长来说极为重要。

刘宗周的殉节,还有与陈洪绶交好的诸如王毓蓍、祁彪佳等刘门弟子的殉节,以及其他刘门友人如王翚等人的隐居,可以说形成了一股巨大的力量,以至于影响陈洪绶人生的后半辈子。换言之,在刘门精神的感召之下,陈洪绶必然是做一个明之遗民,最后则成为不念佛的画僧。

所以说,陈洪绶虽有盛名,且与蕺山之学关系并不太大,但全祖望有取于配享,一方面出于他自己的独特赏识,一方面则是因为蕺山学的人格精神,在其身上还是有所体现的。

---

① 陈洪绶:《题画赠石斋先生》,载陈洪绶:《陈洪绶集》卷九,吴敢点校,第278页。

第十五章　余姚三黄

全祖望《配享碑》说:"若余姚三黄先生宗羲、宗炎、宗会,同受业子刘子之门,其所造各殊。"①事实上,刘宗周所开创的蕺山学,若没有黄宗羲的护持与开新,则很难说有后世这么高的评价。或者说,正因为有了黄宗羲,蕺山学派方才得以"独盛"于明清之际。黄宗羲也自许为师门之薪传,他光大师门的努力也得到了同门及其他同时代人的认可,将其与孔门之曾子、朱门之黄幹相提并论,也是恰当的。至于黄宗炎与黄宗会,则分别在易学、史传等方面对蕺山学派多有贡献,故而"三黄子"确实也"所造各殊",不愧为蕺山学脉之总结性的人物。

第一节　黄宗羲:"一本而万殊"的刘门魁儒

黄宗羲(1610—1695),字太冲,一字德冰,号南雷,别号梨洲老人,浙江余姚人。黄宗羲是明末清初的大家,也是蕺山学派的重要成员之一,然而论其学者却极少提及其老师刘宗周。事实上黄宗羲受蕺山学的影响很大,他对刘宗周也极为推崇,并以传承蕺山学为己任,为承继先师未竟之事业、护持师门之宗旨不遗余力。黄宗羲在使蕺山之学"如日中天"的同时,"一本而万殊"的理论超越于师门之"藩篱",开创清代浙东经史学派,从而"自是魁儒"。继承与超越双丰收之取得,与他对"师门"采取"护持"而不"卫道"的态度有关。

一、黄氏家学

黄氏兄弟的父亲黄尊素(1584—1626),"少即博览经史,不专为科举之

---

① 全祖望:《鲒埼亭集》卷二四《子刘子祠堂配享碑》,载全祖望:《全祖望集汇校集注》,朱铸禹汇校集注,第448页。

学"。① 黄宗羲总结其父之学术说：

> 先生以开物成务为学，视天下之安危为安危，苟其人志不在弘济艰
> 难，沾沾自顾，拣择题目以卖声名，则直鄙为硁硁之小人耳。其时朝士空
> 疏，以通记为粉本，不复留心于经学。章奏中有引绕朝之策者，一名公指
> 以为问，先生曰："此晋归随会事也。"凡《五经》中随举一言，先生即口诵传
> 疏，澜倒水决，类如此。②

一方面，黄尊素重视经世致用之学，"志在宏济"；另一方面黄尊素又熟读经史，
特别是对史学尤为精通。他特别留意于晚明史，撰有《隆万两朝列卿纪》《时略》
与《大事记》等书。③ 天启六年(1626)，黄尊素被阉党所逮，临别时还嘱咐黄宗
羲读《献征录》：

> 忆余十九、二十岁时，读二十一史，每日丹铅一本，迟明而起，鸡鸣方
> 已，盖两年而毕。……先忠端公就逮时，途中谓某曰："汝近日心粗，不必看
> 时文，且将架上《献征录》涉略可也。"自后三年，始读二十一史，因先公之
> 言也。④

《献征录》即《国朝献征录》，为焦竑(1540—1620)所撰有明一代的传记文献。黄
宗羲的弟子万斯同说："惟焦氏《献征录》一书，搜采最广……可备国史之采择
者，惟此而已。"⑤黄宗羲青少年时期秉承家学，在经史之学上早就奠定了深厚
的基础。

　　黄尊素是著名的东林党人，东林讲学及政治活动，对于黄宗羲的影响也非

---

① 黄宗羲：《黄氏家录·忠端公黄尊素》，载沈善洪主编：《黄宗羲全集》第 1 册，第 413 页。
② 黄宗羲：《东林学案四》，载黄宗羲：《明儒学案》卷六一，沈芝盈点校，第 1492 页。
③ 钱茂伟：《明代史学编年考》，中国文联出版社 2000 年版，第 350 页。
④ 黄宗羲：《补历代史表序》，载沈善洪主编：《黄宗羲全集》第 10 册，第 81 页。关于此事，全祖望
　说："学不可不知史事，将架上《献征录》涉略可也。"全祖望：《鲒埼亭集》卷一一《梨洲先生神道
　碑文》，载全祖望：《全祖望集汇校集注》，朱铸禹汇校集注，第 214 页。
⑤ 万斯同：《石园文集》卷七《寄范笔山书》，《续修四库全书》第 1415 册，上海古籍出版社 1995 年
　版，第 510 页。

常之深。黄尊素与杨涟、左光斗等人曾夜论时政,之后惨死,也对黄宗羲有着深刻的影响。后来黄宗羲亲自去北京为父申冤,锥刺阉党,已经深深卷入东林运动之中。对于东林人物,黄宗羲的评价非常之高:

> 熹宗之时,龟鼎将移,其以血肉撑拒,没虞渊而取坠日者,东林也。毅宗之变,攀龙髯而蒇蝼蚁者,属之东林乎? 属之攻东林者乎? 数十年来,勇者燔妻子,弱者埋土室,忠义之盛,度越前代,犹是东林之流风余韵也。一堂师友,冷风热血,洗涤乾坤,无智之徒,窃窃然从而议之,可悲也夫![①]

包括其父黄尊素在内的东林党人既讲学又议政,那种家国天下的济世情怀对于黄宗羲的学术影响深远。崇祯三年(1630)黄宗羲 21 岁,应试南京,韩上桂(字孟郁)与曾听刘宗周讲学的周镳(字仲驭,? —1645)介绍其参加了被时人称为小东林的复社。揭榜后,张溥(字天如,1602—1641)等人在南京召开复社第三次大会,史称金陵大会,黄宗羲也应邀参加,他晚年说自己"初锢之为党人",也就是从这一年开始,复社的活动以及订交的友人影响其一生。比如张溥"兴复古学"的主张,应该对黄宗羲兴复经史之学有一定的启发。

二、黄宗羲与浙东抗清

甲申之变后,黄宗羲毁家纾难,参加了南明的鲁王政权,被授予职方主事、监察御史等职。黄宗羲的抗清斗争,可以分为三个阶段,一是"画江战役"时期;一是漂泊海外时期;三是乞师日本与挟书婺州时期。

顺治二年(1645)六月,浙东一带各郡纷纷起兵抗清。孙嘉绩、熊汝霖率先起兵于余姚,接着章正宸、郑遵谦(? —1646)、于颍起兵于绍兴,钱肃乐(1606—1648)起兵宁波,沈宸荃(1615—1652)起兵慈溪,陈函辉(1590—1646)起兵台州,朱大典(1581—1646)起兵金华,等等,奉鲁王监国,驻兵绍兴。在钱塘江与清军夹江对峙,史称"画江之役"。

---

① 　黄宗羲:《东林学案》序,载黄宗羲:《明儒学案》卷五八,沈芝盈点校,第 1375 页。

黄宗羲与其弟黄宗炎、黄宗会也参加了这一战役。闰六月，"纠合黄竹浦子弟数百人，步迎监国鲁王于蒿坝，驻军江上"①。这支军队，因为是由黄尊素的几位儿子所率领，故人称"世忠营"，后隶属于孙嘉绩部。当时黄宗羲率大部督军于江上，而黄宗炎则留在黾山守护辎重。

黄宗羲参加"画江战役"之初，就向总兵王之仁(？—1646)提出了他的抗清战略：

> 遗书王之仁："诸公何不沉舟决战，由赭山直趋浙西。而日于江上放船鸣锣，攻其有备，盖意在自守也。蕞尔三府，以供十万之众，敌兵即不发一矢，一年之后，恐不能支，何守之为？"又曰："崇明江海门户，曷以兵扰之，亦足以分江上之势。"之仁不能用。②

黄宗羲的战略，已经考虑到了两方面的问题。一方面，就当时战况而言，清军在浙江立脚未稳，浙西一带义兵蜂起，其中有不少都是黄宗羲的故友，如一同列名于《南都防乱公揭》之中的陈子龙(1608—1647)、夏允彝(1596—1645)、徐孚远(1599—1665)、文乘(1609—1669)、吴易(？—1646)等。另一方面，王之仁等"意在自守"的策略，仅仅以三个府的十万民众，恐怕坚持一年都非常困难，最后的结局只能是坐以待毙。因此，黄宗羲提出了两条建议。其一，尽量牵制清军在钱塘江沿线的军事力量，同时奋力出兵，打通与浙西义军的通道，形成呼应之势；其二，从长江口出兵，以偏军佯攻崇明，以分散清军的兵力。可惜他的建议没有被王之仁采纳。

第二年，先后进行三次战役。第一次，由熊汝霖督师五百渡海至浙西的侨司直捣海宁，与浙西的查继坤、查继佐(1601—1676)部会合，浙西一带义军纷纷响应，虽有小捷，但终因清军的增兵而退回。第二次，四月，孙嘉绩令王正中渡海，进攻浙西海盐西南的澉浦，终因寡不敌众而败退，孙嘉绩的裨将韩万象战死。第三次，五月，王正中败退之后，黄宗羲向孙嘉绩请缨，准备联合浙西义军，出兵海宁一带：

---

① 黄炳垕：《黄梨洲先生年谱》，载沈善洪主编：《黄宗羲全集》第 12 册，第 31 页。
② 李聿求：《鲁之春秋》卷一〇《黄宗羲》，凌毅标点，浙江古籍出版社 1984 年版，第 100 页。

黄宗羲请于嘉绩曰："愿得此军再出，必得当以报公。"嘉绩喜，命钦臣汰其不中步伐者，熊汝霖亦简军中精锐，合之得三千，以正中副之。定议由海道西渡取海宁、海盐一带，而扬声由盛岭出军，请给监军等官敕印。……宗羲西征，太仆卿陈潜夫、职方主事查继佐皆同行，浙西震动，嘉绩蒿目望之，俟捷音至，欲令义兴伯郑遵谦等夹攻杭城。而国安七条沙之军已溃，劫监国以行。①

当时，孙嘉绩与熊汝霖双双败兵，于是黄宗羲主动请缨，孙嘉绩便将其残部共3000人都交付黄宗羲率领。同时又联合浙西陈潜夫、查继佐渡江扎营于谭山。另外，还通过浙西崇德义士孙爽与太湖义军联络，"议由海宁取海盐，以入太湖，至容甚整。宗羲约崇德义士孙爽等为内应"②。这是黄宗羲唯一的一次统率军队，并且成功的希望也很大，孙嘉绩对这次战役也很重视，"俟捷音至"。可惜的是，正当他们积极备战，打算进一步行动之时，情况突变，清军突破了方国安所守的七条沙江防，方国安所部溃退，带着鲁王监国败走海上。为了避免全军覆没，黄宗羲只好退兵，遣散溃军之后，带着500人退守四明山：

丙戌六月，浙东师溃，某时率师渡海规取海盐、海宁二城，报至而还。十日，遣散余众，愿从者归安茅瀚、梅溪汪涵二帅，以五百人入四明，屯于杖锡。某意结寨固守，徐为航海之计，因戒二帅联络山民，方可从事。二帅违某节制，取粮近地。二十日，某令二帅守寨，出行旁舍。山民相约数千，乘二帅不备，夜半焚杖锡寺。士卒睡中逃出，尽为击死，二帅被焚。③

黄宗羲结寨四明山之后，自己下山寻求鲁王监国的消息，以便扈从。临走前一再告诫茅瀚（字飞卿）、汪涵（字叔度）两将，山民很穷，不能在山中取粮，甚至还应与他们联络，以便固守。可惜黄宗羲离开山寨之后，两将还是就近取粮，结果惹怒了山民，被山民火攻而全军覆没。不过黄宗羲还是不甘心，隐入山中，

① 李聿求：《鲁之春秋》卷四《孙嘉绩》，凌毅标点，40 页。
② 李聿求：《鲁之春秋》卷一〇《黄宗羲》，凌毅标点，第 101 页。
③ 黄宗羲：《行朝录》卷九《四明山寨》，载沈善洪主编：《黄宗羲全集》第 2 册，第 185 页。

继续寻访鲁王监国的消息。

再看黄宗羲抗清的第二阶段。顺治五年(1648),他到福建朝见鲁王,被任命为左佥都御史,后任左副都御史。当时"闽地尽陷",鲁王在张名振(? —1654)护送下北上,驻于闽浙之间的沙埕。六月,张名振收复宁海三门的健跳所。七月,鲁王至健跳所。黄宗羲也跟随到了健跳:

> 时方发使拜山寨诸营官爵。宗羲言:"诸营之强,莫如王翊,其乃心王室,亦莫加翊。诸营文臣辄自称都御史、侍郎,武臣自称都督,其不自张大,亦莫如翊。宜优其爵,使之总临诸营,以捍海上。"朝臣皆以为然,惟定西侯张名振不可。七月闽地尽失,监国次健跳,大兵围之,城中危甚,宗羲置靴刀以待命。荡湖伯阮进救之,大兵解围去,得免。时凡胜国遗臣不顺命者,录其家口。宗羲有母在越,闻而叹曰:"主上以忠臣之后仗我,我所以栖栖不忍去也。今方寸乱矣,吾不能为姜伯约矣。"乃陈情监国,得请,间道而归。①

当时鲁王政权被张名振所操控,黄宗羲提出对王翊"优其爵"的建议,朝臣都认可,但张名振却不同意。不过黄宗羲对鲁王政权仍非常尽力,在清军围攻健跳之时,曾"置靴刀以待命",也有一旦城破则殉节的决心。但是,就忠孝二者的选择上,他最终还是选择了孝,这里有两个原因,一是当时他可以尽量做到忠孝两全,在照顾老母之时也继续关注抗清义军的动态;另一是因为即便一直留在鲁王身边,也难有什么作为。对于跟随鲁王在海上的这段经历,黄宗羲曾有一个总的评价:

> 上自浙河失守以后,虽复郡邑,而以海水为金汤,舟楫为宫殿,陆处者惟舟山二年耳。海泊中最苦于水,侵晨洗沐,不过一盏。舱大周身,穴而下,两人侧卧,仍盖所下之穴,无异处于棺中也。御舟稍大,名河船,其顶即为朝房,诸臣议事在焉。落日狂涛,君臣相对,乱礁穷岛,衣冠聚谈。是故金鳌橘火,零丁飘絮,未罄其形容也。有天下者,以兹亡国之惨,图之殿壁,

---

① 李聿求:《鲁之春秋》卷一〇《黄宗羲》,凌毅标点,第101页。

可以得师矣！①

当时的从亡者仅大学士沈宸荃(1615—1652)、刘沂春(崇祯七年进士)、礼部尚书吴钟峦(1577—1651)、兵部尚书李向中(崇祯十三年进士)等八九个人。君臣们的生活极艰苦,更为重要的是,因为一切实权都掌握在张名振之手,所以鲁王政权下的大臣们大多无所事事。于是相互诗歌唱和,抒发愁苦之情:"诸臣默默无所用力,俯首而听武人之恣睢排架,单字只句,刻琢风骚,若物外幽人之所为者,其愁苦不更甚乎!"②面临国破家亡,却"无所用力",所以他最后还是决定离开鲁王,当然这也是为了照顾家中的老母稚子。当时清军主力回到浙江,下令凡是不归顺清廷的明臣,都要录其家中人口。因此他才不得不向鲁王陈情,返乡之后带着家人过了一段流离播迁的日子。离开健跳时,也曾听过刘宗周讲学的吴钟峦亲自相送,"某别先生,行三十里,先生复棹三板相送,其语绝痛"③,二人在为恢复无望而感叹。

　　黄宗羲抗清的第三阶段,主要是秘密参与抗清斗争,不时与鲁王政权互通信息,并且参与了乞师日本与挟书婺州等活动:

　　　　是年监国由健跳至舟山,复召宗羲与兵部侍郎冯京第乞师日本。抵长崎,不得请。宗羲为式微之章,以感将士,乃还。名列捕檄,迁徙无定。又有上变于大吏者,以宗羲为首。而宗羲犹挟帛书,招婺中镇将南援,以应监国。辛卯秋,遣使入海告警,令为之备。甲午,张名振间使至,被执,而连捕宗羲下狱。丙申,慈溪沈尔绪祸作,又以宗羲为首,下狱,皆得释。其后海上兵靖,宗羲无复望,力事辜著述。④

顺治六年(1649)十月,鲁王派阮进的从子澄波将军阮美为使,再以冯京第为副,后来又增加了黄宗羲等人,间道至舟山,是年冬至日本长崎,可惜乞师未成。关于此事,黄宗羲在《行朝录》卷八《日本乞师记》中没有提及自己去日本,但是

① 黄宗羲:《行朝录》卷四《鲁王监国下》,载沈善洪主编:《黄宗羲全集》第 2 册,第 141 页。
② 黄宗羲:《海外恸哭记》,载沈善洪主编:《黄宗羲全集》第 2 册,第 209 页。
③ 黄宗羲:《东林学案四》,载黄宗羲:《明儒学案》卷六一,沈芝盈点校,第 1496 页。
④ 李聿求:《鲁之春秋》卷一〇《黄宗羲》,凌毅标点,第 101—102 页。

在《避地赋》中曾回忆出使之事。① 全祖望在《梨洲先生神道碑文》中说:"是年监国由健跳至翁洲,复召公副冯公京第乞师日本,抵长崎,不得请,公为赋《式微》之章,以感将士。"②冯京第(跻仲,? —1650)也是刘门高第,与黄氏兄弟关系亲密,全祖望说他"内承二父之教,出则师事蕺山、漳浦两先生,退而与复社诸名士上下其议论"③,所谓二父也即他的两位叔叔冯元飚、冯元飙,晚明名臣,与刘宗周多有交往。

顺治七年(1650)初春,黄宗羲从日本乞师回,年初救黄宗炎于宁波死狱,三月突然至常熟拂水山庄会晤钱谦益(牧斋,1582—1664)。关于这次会晤,黄宗羲《思旧录》在论及钱谦益时说:"一夜,余将睡,公提灯至榻前,袖七金赠余曰:'此内意也。'盖恐余之不来耳。"④此处黄宗羲自注"即柳夫人",钱、柳二人之中,柳如是(1618—1664)对于抗清更加积极,所以赠金一事,很有可能是柳如是主动出资并邀黄宗羲去婺州游说。全祖望则说"又有上变于大帅者,以公为首,而公犹挟帛书,欲招婺中镇将以南援"⑤。这件事,金鹤冲的《钱牧斋先生年谱》中说:"黄太冲欲招婺中镇将南援。前年十月,太冲副冯京第乞师日本未得。是年三月来见先生,欲因先生以招婺中镇将,有事则遣使入海告警,令为之备。"⑥钱、黄二人的这次会晤,主要内容应该就是讨论恢复大计,其核心则是策反镇守婺州,下辖金华、衢州、严州、处州四府的清军总兵马进宝。柳如是所赠的七金,应该是给黄宗羲作活动经费用的。三月,黄宗羲离开常熟,五月,到婺州。七月,钱谦益又亲至婺州拜访马进宝。钱谦益"揪秤三局"之中就有招降马蛟麟与马进宝等计划。黄宗羲说:"牧斋意欲有所为,故往访伏波,及观其所为,而废然返櫂。"⑦黄宗羲与钱谦益策反马进宝的活动,最后还是没有成功。后来,钱谦益还曾与黄宗羲、黄宗炎在杭州会晤,共同营救张苍水的妻董氏和子

---

① 黄宗羲:《避地赋》,载沈善洪主编:《黄宗羲全集》第 10 册,第 629 页。
② 全祖望:《鲒埼亭集》卷一一《梨洲先生神道碑文》,载全祖望:《全祖望集汇校集注》,朱铸禹汇校集注,第 218 页。
③ 全祖望:《续甬上耆旧诗》卷一二《冯侍郎京第》,第 284 页。
④ 黄宗羲:《思旧录·钱谦益》,载沈善洪主编:《黄宗羲全集》第 1 册,第 378 页。
⑤ 全祖望:《鲒埼亭集》卷一一《梨洲先生神道碑文》,载全祖望:《全祖望集汇校集注》,朱铸禹汇校集注,第 219 页。
⑥ 金鹤冲:《钱牧斋先生年谱》顺治七年(1650)条,民国三十年(1941)铅印本。
⑦ 范楷:《华笑颐杂笔一》,"黄梨洲先生批钱诗残本"条"东归漫兴"批注,转引自陈寅恪:《柳如是别传》第五章,上海古籍出版社 1980 年版,第 1048 页。

张祺。这次会晤也极可能涉及是年七月郑成功与张苍水联军试图再入长江一事。

不过，总的来说，乞师日本之后，黄宗羲大部分时间都是隐居于山中，"东迁西徙，靡有定居"①，或在黄竹浦故居，或在化安山的龙虎草堂，直到顺治十六年(1659)，舟山、四明山等处的抗清活动结束，他的秘密抗清活动也随着结束。之后的 30 多年，黄宗羲"厕身于儒林"，以遗民学者终老。②

三、黄宗羲与刘宗周

自从受父命而从游刘宗周之后，黄宗羲就跟随刘宗周，听讲于绍兴的证人书院。刘宗周去世之后，黄宗羲成为《刘子全书》编刊最为重要的推动者，又编撰了《子刘子行状》与《子刘子学言》；还致力于承续先师未竟之事业，完成了《孟子师说》与《明儒学案》的编撰。黄宗羲自己的著述与讲学，都可以说是在刘宗周的方向上继续开拓，他的《明夷待访录》也有着刘宗周学术的影子，他讲学于甬上证人书院之初曾大力弘扬蕺山学。为了维护刘宗周"意为心之所主"等宗旨，保存老师学术的本来面貌，黄宗羲对其他蕺山学派的同门篡改先师遗著等行为多有批评，其中体现了大学者的严谨与学术史的高度。

天启六年(1626)，黄宗羲 17 岁时，其父黄尊素(白安)被阉党所逮，黄宗羲送至府城绍兴，当时被革职在家讲学的刘宗周特地到城外的佛寺，为黄尊素饯行，于是黄尊素命黄宗羲师事于刘宗周。③ 随后黄尊素被害，刘宗周作有《黄白安侍御像赞》④。

崇祯四年(1631)，刘宗周与陶奭龄举证人社讲学于绍兴，黄宗羲兄弟及一批余姚士人也前去听讲。后来因为讲学宗旨之争证人社出现分化，据黄宗羲

---

① 全祖望：《鲒埼亭集》卷一一《梨洲先生神道碑文》，载全祖望：《全祖望集汇校集注》，朱铸禹汇校集注，第 218—219 页。

② 关于黄宗羲的遗民气节，因为学界相关讨论较多，故不多展开。参见陈永明《论黄宗羲的"君臣之义"观念：兼评所谓黄氏"晚节可讥"说》、谭世保《略论黄宗羲与"臣节"问题》，二文载吴光等主编：《黄梨洲三百年祭》，当代中国出版社 1997 年版，第 135—150、151—161 页。

③ 黄炳垕：《黄宗羲年谱》，载沈善洪主编：《黄宗羲全集》第 12 册，第 20 页。

④ 刘宗周：《黄白安侍御像赞》，载吴光主编：《刘宗周全集》第 4 册，第 297 页。

之记载,他参与了崇祯十一年(1638)末的"别会","于是邀一时知名之士数十余人执贽先生门下,而此数十余人者,又皆文章之士,阔远于学,故能知先生之学者鲜矣"①。黄宗羲自然支持刘宗周,但在他看来当时的刘门弟子大多不能懂蕺山之学,甚至连他自己也是如此。因为与其他士子一样,黄宗羲也在致力于举业文章。他曾回忆说:

> 余学于子刘子,其时志在举业,不能有得,聊备蕺山门人之一数耳。②

黄宗羲这样说,有自谦的因素,但也当是实情。从别处相关的记载来看,当年的黄宗羲与其师也多有不合之处。他说:

> 先生题魏忠节公主,羲侍先生于舟中。陈几亭以《与绍守书》呈先生。先生览毕付羲。其大意谓:"天下之治乱在六部,六部之胥吏尽绍兴。胥吏在京师,其父兄子弟尽在绍兴,为太守者,苟能化其父兄子弟,则胥吏亦从之而化矣。故绍兴者,天下治乱之根本也。"羲一笑而置之,曰:"迂腐。"先生久之曰:"天下谁肯为迂腐者?"羲惕然,无以自容。③

崇祯七年(1634),刘宗周的弟子魏学濂(1608—1644)为其父、刘宗周的友人魏大中举行葬礼,特请刘宗周题写神位,因为黄宗羲之父也是魏大中的友人,故刘、黄二人同去同回。从舟中的讨论可以看作当时作为党人或名士的黄宗羲,与已经是粹儒的刘宗周的差异,也可以由此知道当时的黄宗羲对于蕺山之学确实并未能真正窥探其门墙。他自己还说:"甲戌岁,随先师至嘉禾,陈几亭以

---

① 黄宗羲:《思旧录》,载沈善洪主编:《黄宗羲全集》第 1 册,第 341—342 页。事实上,当时黄宗羲参与证人社极少,也并非第二次"别会"的主导者,详见本书第八章第三节的讨论。

② 黄宗羲:《恽仲升升文集序》,载沈善洪主编:《黄宗羲全集》第 10 册,第 4—5 页。全祖望《梨洲先生神道碑文》对此的说法略有不同:"公尝自谓受业蕺山时,颇喜为气节斩斩一流,又不免牵缠科举之习,所得尚浅,患难之余,始多深造,于是胸中窒碍为之尽释,而追恨为过时之学,盖公不以少年之功自足也。"载全祖望:《全祖望集汇校集注》,朱铸禹汇校集注,第 219 页。

③ 黄宗羲:《蕺山学案》,载黄宗羲:《明儒学案》卷六二,沈芝盈点校,第 1546 页。此事《思旧录》也有提及而略有不同,见黄宗羲:《思旧录·陈龙正》,载沈善洪主编:《黄宗羲全集》第 1 册,第 372 页。

《遗书》为馈,先师在舟中阅之,每至禅门路径,指以示弟,弟是时茫然。"①当时对于儒释之别,黄宗羲也较为茫然,直到后来读了刘宗周的《论学书》等著述才渐渐明了起来。

顺治二年(1645)六月,绍兴知府降清之后,黄宗羲与刘宗周曾有一次会面。黄宗羲从绍兴郊外,赶至刘宗周绝食避难地杨塕。他后来说:

> 乙酉六月□日,先生勺水不进者已二十日。道上行人断绝,余徒步二百余里,至先生之家,而先生以降城避至村中杨塕,余遂翻峣门山支径入杨塕。先生卧匡床,手挥羽扇。余不敢哭,泪痕承睫,自序其来。先生不应,但颔之而已。时大兵将渡,人心惶惑,余亦不能久侍,复徒步而返,至今思之痛绝也。②

这最后的会面没有谈及学术,不过刘宗周那种殉道而死的精神,应该会对黄宗羲触动很大。他回家之后,就奉母避地于余姚一带的山野乡村之中。

虽然当年的黄宗羲并未真正于蕺山之学有所得,但他还是以得闻蕺山之讲学而自豪。他在与友人的书信中说:"曾侍蕺山夫子,往往得闻绪论,今亦荒落久矣。"③黄宗羲真正从事于蕺山之学的研习并有所得,然后继承刘宗周事业,已在老师去世之后。他说:"某幼遭家难,先师蕺山先生视某如子,扶危定倾,日闻绪言。小子蹐蹐,梦奠之后,始从遗书得其宗旨。而同门之友,多归忠节。"④"天移地转,僵饿深山,尽发藏书而读之,近二十年胸中空碍解剥,始知曩日之孤负为不可赎也。"⑤一是因为"同门之友,多归忠节",蕺山高第大多殉节而亡;另一是因为黄宗羲本人研读蕺山遗书而"得其宗旨",一改当年之"孤负"

---

① 黄宗羲:《与顾梁汾书》,载沈善洪主编:《黄宗羲全集》第 10 册,第 212 页。此事在《明儒学案》中记为:"然当《高子遗书》初出之时,义侍先师于舟中,自禾水至省下,尽日翻阅。先师时摘其阑入释氏者以示义。"黄宗羲:《蕺山学案》,载黄宗羲:《明儒学案》卷六二,沈芝盈点校,第 1509页。黄、刘谈论陈龙正书信及其所赠《高子遗书》,黄炳垕《黄宗羲年谱》25 岁条也有记载,载沈善洪主编:《黄宗羲全集》第 12 册,第 25 页。

② 黄宗羲:《思旧录·刘宗周》,载沈善洪主编:《黄宗羲全集》第 1 册,第 342 页。

③ 黄宗羲:《与顾梁汾书》,载沈善洪主编:《黄宗羲全集》第 10 册,第 211—212 页。

④ 黄宗羲:《明儒学案序》(原本),载沈善洪主编:《黄宗羲全集》第 10 册,第 78 页。

⑤ 黄宗羲:《恽仲升文集序》,载沈善洪主编:《黄宗羲全集》第 10 册,第 5 页。

而成"自得之学","空碍解剥",他方才有了振兴师门责无旁贷之感叹。

四、刘、黄之学术传承

黄宗羲入清之后的大半生,致力于学术。其中特别关键的几项都与先师刘宗周有关,可以说也是承继了先师未竟的事业而后有所开拓。黄宗羲一生都对刘宗周极为推崇。他说:

> 有明学术,白沙开其端,至姚江而始大明……逮及先师蕺山,学术流弊,救正殆尽。向无姚江,则学脉中绝;向无蕺山,则流弊充塞。凡海内之知学者,要皆东浙之所衣被也。①
>
> 制科盛而人才绌,于是当世之君子,立讲会以通其变,其兴起人才,学校反有所不逮……逮阳明之徒,讲会且遍天下,其衰也,犹吴有东林,越有证人,古今人才,大略多出于是。②

黄宗羲指出,无论是从明代学术史发展的脉络来看,还是从明代讲会之发展来看,刘宗周都是极为重要的一个人物。对黄宗羲来说,刘宗周是其一生最为重要的老师,黄氏后来所做的事业,无论是相关著述还是甬上证人书院的讲学活动,都是以承继蕺山学为己任的结果。因此,与黄宗羲亦师亦友关系的李邺嗣(杲堂,1622—1680),称其为"刘门之曾子":

> 昔者夫子之门,惟曾子为最少,而于圣人之传独得其宗……孟子既殁,千余年而有宋诸大儒起,后三百年而有阳明子,复百余年而有子刘子。先生少侍教于刘门,得传其学。及子刘子从容尽义,先生日侍其侧,年只三十有五耳。自后晦盲风雨,先生抱蕺山之遗书,伏而不出,更二十余年,而乃与吾党二三子重论其学,而子刘子之遗书亦以次渐出,使吾道复显于

---

① 黄宗羲:《移史馆论不宜立理学传书》,载沈善洪主编:《黄宗羲全集》第 10 册,第 221 页。
② 黄宗羲:《陈夔献墓志铭》,载沈善洪主编:《黄宗羲全集》第 10 册,第 452 页。

世,有以待夫后之学者,是则先生之功,固亦刘门之曾子也。①

后人认为曾子传《大学》《论语》等孔门之教,黄宗羲在传承先师学术上所做的努力则远远超越了曾子,这个比方还是比较恰当的。黄宗羲自己在《孟子师说》的《题辞》中说:

> 先师子刘子于《大学》有《统义》,于《中庸》有《慎独义》,于《论语》有《学案》,皆其微言所寄,独《孟子》无成书。义读《刘子遗书》,潜心有年,粗识先师宗旨所在,窃取其意,因成《孟子师说》七卷,以补所未备,或不能无所出入,以俟知先生之学者纠其谬云。②

其中不无将自己看作是蕺山学派之大弟子,真正承续于蕺山之学的意味。无论《孟子师说》与刘宗周的学说有无出入,承继先师未竟之事业的志向还是在的。全祖望也说:"梨洲所解《孟子》一卷,名曰师说,以蕺山已有《大学统义》《中庸慎独义》《论语学案》,惟《孟子》无成著,故补之也。"③

黄宗羲承继先师所做的事业之中,最为重要的自然还是编撰《明儒学案》。陈祖武先生早就指出,对于黄宗羲影响最大的是其师刘宗周的《皇明道统录》。④《明儒学案》卷首的《师说》就是刘宗周原本为《皇明道统录》所撰的"断论"。黄宗羲自己也说《明儒学案》的编撰是在继承先师的事业,并且姜希辙与董玚等刘门弟子也有参与。他说:"余于是分其宗旨,别其源流,与同门姜定庵、

---

① 李邺嗣:《黄先生六十序》,载李邺嗣:《杲堂诗文集》之《杲堂文钞》卷三,张道勤校点,浙江古籍出版社 1988 年版,第 434—435 页。

② 黄宗羲:《孟子师说》题辞,载沈善洪主编:《黄宗羲全集》第 1 册,第 48 页。关于《孟子师说》,钟彩钧先生将刘宗周关于孟子的论述与《孟子师说》进行了仔细的比勘,认为刘、黄二人对孟子的理解有相当大的差异,他说:"其实《孟子师说》已经采取了与蕺山不同的研究方向⋯⋯对孟子年代的考证、对故籍的考证、对历史的考证与博物之学等等,都不是蕺山学说所能范围的,而可嗅到新时代的气息。"钟彩钧:《刘蕺山与黄梨洲的孟子学》,载钟彩钧主编:《刘蕺山学术思想论集》,第 408 页。

③ 全祖望:《鲒埼亭集外编》卷二七《跋黄梨洲孟子解》,载全祖望:《全祖望集汇校集注》,朱铸禹汇校集注,第 1280 页。

④ 陈祖武:《明儒学案杂识》,载陈祖武:《清儒学术拾零》,第 30 页。

董无休操其大要，以著于篇，听学者从而自择。"①《明儒学案》编成之后，黄宗羲在序中说："某为《明儒学案》……间有发明，一本之先师，非敢有所增损其间。"②由此可见，黄宗羲兢兢业业编撰《明儒学案》，旨在对老师的学术有所发明，故而才将《师说》置于全书卷首。《明儒学案》最先编撰的是《蕺山学案》，完成于康熙十五年（1676）前后，董玚曾为之写序，认为黄宗羲"有功于师门"，如朱门之有黄幹（勉斋，1152—1221）：

> 黄子既尝取其世系、爵里、出处、言论，与夫学问、道德、行业、道统之著者述之，而又撮其《遗编》，会于一旨。以此守先，以此待后，黄子之有功于师门也，盖不在勉斋下矣。世有愿学先师者，其于此考衷焉。③

黄宗羲在与董玚、姜希辙等人一起完成《刘子全书》的编辑、刊刻以及撰写《子刘子行状》之后，就开始编撰《明儒学案》，全书又以《蕺山学案》殿后。黄宗羲在此学案的序中说："五星聚奎，濂、洛、关、闽出焉；五星聚室，阳明子之说昌；五星聚张，子刘子之道通。岂非天哉！岂非天哉！"④在他看来，刘宗周的学术达到了周敦颐、朱熹、王阳明以来的学术最高峰，将《蕺山学案》放最后也是以此为有明一代之理学，乃至整个宋明之理学做一总结的意思。由此也可知，黄宗羲之所以如此编撰《明儒学案》，与先师刘宗周关系甚大。

黄宗羲的《明夷待访录》里，也可以找到刘宗周的影子。刘宗周的外王理想常常碰壁，这恰好是因为他对于君主专制有所思考，甚至也有一些较为激烈的批判。这些思考应该对黄宗羲全面地批判君主专制以及形成更为系统的外王之学，有一定的影响。此处特别选择被黄宗羲选入《子刘子行状》之中的刘宗周奏疏之中的言论，简要说明这种影响：

> 夫天下可以一人理乎？恃一人之聪明，而使臣不得尽其忠，陛下之耳目有时而壅矣；凭一人之英断，而使诸大夫国人不得衷其是，则陛下之意

---

①　黄宗羲：《明儒学案序》，载黄宗羲：《明儒学案》卷首，沈芝盈点校，第8页。
②　黄宗羲：《明儒学案序》（原本），载沈善洪主编：《黄宗羲全集》第10册，第78页。
③　董玚：《刘子全书抄述》，载刘宗周：《刘宗周全集》第6册，第692页。
④　黄宗羲：《蕺山学案》，载黄宗羲：《明儒学案》卷六二，沈芝盈点校，第1514—1515页。

见有时而移矣。

臣闻天下大矣,而以一人理,非徒以一人理天下也,故曰"君职要,臣职详"。陛下留心治道,事事躬亲。群臣奔走受成之不暇,益相与观望,为自全之计。致一人孤立于上而莫之与,岂非知人之道,未之或讲与? 仰惟陛下躬亲圣学,法尧舜之明目达聪,而推本于舍己,亟舍其聪明而归之暗。非独舍聪明,并舍喜怒、舍好恶、舍是非,至于是非可舍,而后以天下之是非为真是非,斯以天下之聪明为大聪明。

今日第一义,在皇上开诚布公。先豁疑关,公天下为好恶,合国人为用舍,慨然引为皇极主。于是进贤才以资治理,开言路以决壅闭,次第与天下更始,宗社幸甚。①

刘宗周外王思想的本质还是传统儒家的"得君行道",核心问题在于"格君心之非",希望皇帝从事圣学、收拾人心。他也注意到君主专制的弊病,提出天下不可一人理,应该还天下于天下;舍己,舍去自己的聪明、喜怒、好恶、是非而归之于天下;"公天下"必须先"格君心"。黄宗羲《明夷待访录》则几乎彻底放弃了"得君行道",指出"为天下之大害者"正是君主专制本身。他说:

古者以天下为主,君为客,凡君之所毕世而经营者,为天下也。今也以君为主,天下为客,凡天下之无地而得安宁者,为君也。是以其未得之也,屠毒天下之肝脑,离散天下之子女,以博我一人之产业,曾不惨然! 曰"我固为子孙创业也"。其既得之也,敲剥天下之骨髓,离散天下之子女,以奉我一人之淫乐,视为当然,曰"此我产业之花息也"。然则为天下之大害者,君而已矣。②

这些思想恐怕是刘宗周想都不敢想的,但是就"天下不能一人治""以天下之是非为真是非"等观念而言,黄宗羲与刘宗周非常相似。他说:

① 黄宗羲:《子刘子行状》卷上,载沈善洪主编:《黄宗羲全集》第1册,第216、230、236页。
② 黄宗羲:《明夷待访录·原君》,载沈善洪主编:《黄宗羲全集》第1册,第2页。

> 缘夫天下之大,非一人之所能治,而分治之以群工。故我之出而仕
> 也,为天下,非为君也;为万民,非为一姓也……夫治天下犹曳大木然,前
> 者喝"邪",后者唱"许",君与臣,共曳木之人也。①

关于君臣共治天下的主张,黄宗羲与刘宗周比较接近,不过他提出为臣当是
"为天下"而不是"为君",对君臣关系的认识又深了一层。在刘宗周思想的影响
之下,进一步发展了的还有论学校的作用,黄宗羲说:

> 学校,所引养士也……天子之所是未必是,天子之所非未必非,天子
> 亦遂不敢自为是非,而公其是非于学校。②

刘宗周提出应该以天下之是非为是非,其前提是君主的"开诚布公""进贤才",
黄宗羲则提出更广阔的思路,还要明是非于学校,因为学校是培养士大夫的地
方,治理天下的方略皆源于学校。关于黄宗羲政治思想与刘宗周的关系,张灏
先生指出:黄宗羲继承了刘宗周的那种内化超越意识并进一步发展,不但要落
实于个人道德的实践,而且要植根于群体的政治社会生活,最终形成黄宗羲式
的经世精神;黄宗羲思想中特有的高度批判意识,其结果不但是以师道与君道
对抗,甚至完全突破纲常名教中所蕴含的宇宙神话,而提出有君不如无君的
观念。③

　　刘宗周对黄宗羲的影响,还有对于人格、节操的特别坚守。从黄宗羲一直
到之后的全祖望,将史书中的人物列传转型而成为彰显人格、节操的仁人志士
的列传,④最后形成了"讲性命之理必归究于史"的浙东史学传统,其中当有刘
宗周的影响所在。⑤

---

① 黄宗羲:《明夷待访录·原臣》,载沈善洪主编:《黄宗羲全集》第1册,第4—5页。
② 黄宗羲:《明夷待访录·学校》,载沈善洪主编:《黄宗羲全集》第1册,第10页。
③ 张灏:《幽暗意识与民主传统》,新星出版社2006年版,第56页。
④ 参见蒋年丰:《从朱子与刘蕺山的心性论分析其史学精神》,载钟彩钧主编:《国际朱子学会议论
　文集》下册,台湾"中研院"中国文哲研究所1993年版,第1137页。
⑤ 杜维明、东方朔:《杜维明学术专题访谈录:宗周哲学之精神与儒家文化之未来》,第122页。

五、对蕺山学的护持

　　刘宗周去世之后，刘汋、黄宗羲、董玚、姜希辙等刘门弟子参与了《刘子全书》的整理、选辑、刊刻工作；刘汋编撰了年谱；黄宗羲与恽日初编撰了行状；选编刘宗周讲学语录的比较多，主要有张履祥《刘子粹言》、陈确《山阴语抄》（又名《蕺山先生语录》）、恽日初《刘子节要》以及黄宗羲《蕺山学案》与《子刘子学言》。如何来编全书、选语录，是一个关系刘宗周学术解释权之争的重要问题，其中也体现出蕺山学派内部在学术上的分歧。黄宗羲是刘门弟子之中参与相关工作最多、影响最大的一位，可以说是起到了师门护持之功。关于黄宗羲对恽日初《刘子节要》的批评，本书第十一章曾有专门的讨论，故此处重点谈谈《刘子全书》的编辑以及对刘汋的批评。

　　《刘子全书》最后得以保存原貌，正式刊刻为《刘子全书》40 卷，黄宗羲的作用尤为关键，他在《先师蕺山先生文集序》中说：

　　　　王颛庵先生视学两浙，以天下不得睹先师之大全为恨，捐俸刻之。东浙门人之在者，羲与董玚、姜希辙三人耳。于是依伯绳原本，取其家藏底草，逐一校勘，有数本不同者，必以手迹为据，不敢不慎也。[1]

王颛庵，即王掞（1644—1728），当时为浙江学政。黄宗羲原有家藏刘宗周遗书的抄本，又因为其女婿刘茂林即刘汋之子、刘宗周之孙，故得到刘宗周的原稿与刘汋的整理稿，因而《刘子全书》才得以精心校勘。此处黄宗羲之所以特别指出"以手迹为据"，是因为刘汋在整理过程中曾对原文有所删改。刘汋虽然也是《刘子全书》前期整理最为重要的参与者，但是黄宗羲却对他多有不满，他说：

　　　　当伯绳辑遗书之时，其言与洛、闽龃龉者，相与移书，请删削之，若唯

---

[1]　黄宗羲：《先师蕺山先生文集序》，载沈善洪主编：《黄宗羲全集》第 10 册，第 55 页。

恐先师失言,为后来所指摘。嗟乎! 多见其不知量也。①

　　夫先师宗旨,在于慎独,其慎独之功,全在"意为心之主宰"一语,此先师一生辛苦体验而得之者。即濂溪之所谓"人极",即伊川所言"主宰谓之帝",其与先儒印合者在此。自"意者心之所发"之注,烂熟于经生之口耳,其与先儒抵牾者亦在此,因起学者之疑亦在此。先师《存疑杂著》,大概为此而发。其后伯绳编书,另立《学言》一门,总括先师之语,而先师《存疑》之目隐矣。②

黄宗羲对刘汋整理《刘子全书》的批评有二:其一,刘汋对刘宗周著述之中与程朱之学有抵触的地方,曾与张履祥、吴蕃昌等同门协商,认为应该删去,以免先师失言而被后人指责;其二,刘汋擅自将刘宗周辑为《存疑杂著》的一部分语录,与其他的语录一起共同编为《学言》,这样就把刘宗周存疑而另立一册的原意给掩盖了。这两个问题的关键在于刘汋似乎并不认同刘宗周"意为心之主宰"的观点,认为这一观点与程朱之学有冲突,因为程朱一系都认为"意者心之所发"。无独有偶,另一刘门高第陈确对刘汋也有同样的不满。他说:

　　年谱出绳兄手笔,自另成一书,不妨参以己见,然关系先生学术处亦自宜过慎。至于《遗集》言理之书,或去或留,正未易言。无论弟之浅学不敢任臆,即如绳兄之家学渊源,表里洞彻,恐亦遽难裁定……然则先生之学亦岂易言乎? 与我见合者留之,不合者去之,然则岂复为先生之学乎? 以绳兄之明睿,万万无此虑,而弟犹不敢惽惽过虑者,只见其不知量耳,而不能自已。③

陈确认为刘汋编撰《蕺山刘子年谱》代表了自己对于刘宗周学术思想的理解,所以即使掺杂自己的理解也无大防,但编辑《刘子全书》则不能任由自己的主张而决定去留,因为刘宗周的学术不易理解,为先人整理遗书,还是应该以存

---

① 黄宗羲:《先师蕺山先生文集序》,载沈善洪主编:《黄宗羲全集》第 10 册,第 55 页。
② 黄宗羲:《答恽仲升论子刘子节要书》,载沈善洪主编:《黄宗羲全集》第 10 册,第 224 页。
③ 陈确:《寄张奠夫刘伯绳两兄书》,载陈确:《陈确集》文集卷一,第 77 页。

真为原则。这些看法与黄宗羲相同,也就是说,在编辑刘宗周的遗书这件事情上,真正与黄宗羲观点一致的,大概只有陈确一人,其他偏向程朱之学的如张履祥、恽日初等刘门弟子与刘汋的观点一致,都认为对"意为心之主宰"等与程朱有冲突的地方应该谨慎处理。

从黄宗羲对刘汋以及恽日初等人的种种批评来看,他为了护持师门之宗旨,可谓用心良苦。这种护持也是非常有道理的,主要体现在两个方面:一是关于全书或语录的选编,黄宗羲认为必须要以"存真"为原则,保持老师著作的原貌;一是对于先师学术宗旨的认识,黄宗羲认为不能掺入己意,即便与先儒不合也不应轻易怀疑。黄宗羲师门护持的言论,有着大学者的严谨态度,达到了学术史的高度。黄宗羲后来自许为在世的刘门弟子之中唯一能够继承先师学术的学者,这种"自许"也确实合乎事实。

作为蕺山学派最为重要的传承者,黄宗羲也得到了刘门及其他许多学者的认可。时人认可他作为刘门的重要弟子,比如曾问学刘宗周的施邦曜(1585—1644)就说:"余友黄太冲,蕺山之高第子也。"[1]这种看法不只是在刘门内部,在当时浙东一带的士人阶层中都有这样的看法:

> 时阮大铖以定策功骤起,思修报复,遂广揭中人姓名,造《蝗蝻录》,欲一网杀之。里中有阉党某,首纠念台先生及其三大弟子,则祁都御史世培、章给事羽侯与公也。[2]

崇祯十一年(1638),阮大铖(1587—1646)在南京为阉党翻案,黄宗羲与东林子弟、太学生等140人愤起贴出《南都防乱公揭》揭露其丑行。福王政权建立之后,阮大铖就以《南都防乱公揭》中的署名图谋报复。黄宗羲家乡的阉党党徒就叫嚣要先纠出黄宗羲等刘宗周三大弟子,后因南京战事起而得幸免。此事《鲁之春秋》也有记载:"大铖嗾使私人朱统镇首纠左都御史刘宗周及金都御史祁彪佳、给事中章正宸与宗羲,时称宗周三大弟子。"[3]

---

[1] 黄宗羲:《思旧录·施邦曜》,载沈善洪主编:《黄宗羲全集》第1册,第347页。
[2] 黄炳垕:《黄宗羲年谱》,35岁条,载沈善洪主编:《黄宗羲全集》第12册,第30页。
[3] 李聿求:《鲁之春秋》卷一〇《黄宗羲》,凌毅标点,第100页。

黄宗羲光大师门的努力主要还是在清初,当时的同门陈之问(1616—1684)说:"黄子于蕺山门为晚出,独能疏通其微言,证明其大义,推离还源,以合于先圣不传之旨,然后蕺山之学如日中天。"①这一评价可以代表入清之后的刘门弟子对黄宗羲的看法。黄宗羲撰写《子刘子行状》等阐发先师学术的文章,确实做到了"疏通其微言,证明其大义"等,对于蕺山学的发扬光大有着极大的推动。更为详尽地评价黄宗羲对蕺山学的推动的是全祖望,他说:

> 南雷自是魁儒,其受业念台时,尚未见深造,国难后所得日进,念台之学得以发明者,皆其功也。兼通九流百家,则又轶出念台之藩,而窥漳海之室。然皆能不诡于纯儒,所谓杂而不越者是也。故以其学言之,有明三百年无此人,非夸诞也。②

从发明蕺山学的角度来说,黄宗羲确实功莫大焉,不只超越于刘宗周(念台),还超越于黄道周(漳海),故"自是魁儒"。所以全祖望更为肯定的还是黄宗羲"兼通九流百家",而其治学规模已超出了蕺山学派。

六、甬上证人书院之讲会

康熙七年(1668)三月,黄宗羲因甬上士人之请,从越中至甬上讲学,于是甬上证人书院正式创立:"余至甬上,诸子大会于僧寺,亦遂以证人名之。"③关于证人书院的地址,有必要做一个较为详细的说明。起初的地点"广济桥",其实是指桥边的高氏祠,即高斗魁(字旦中,1623—1670)兄弟的家祠。④ 这是第一次讲会的地址所在,可能因为与会的学子众多,故而次日就迁到了延庆寺。后

---

① 陈之问为黄宗羲所撰写的寿文,见黄宗羲引述,黄宗羲:《陈令升先生传》,载沈善洪主编:《黄宗羲全集》第 10 册,第 600 页。

② 全祖望:《鲒埼亭集外编》卷四四《答诸生问南雷学术帖子》,载全祖望:《全祖望集汇校集注》,朱铸禹汇校集注,第 1695 页。

③ 黄宗羲:《董吴仲墓志铭》,载沈善洪主编:《黄宗羲全集》第 10 册,第 466 页。

④ 万言:《怀旧诗八首为陈怡庭寿》之三有注:"先生至宁,尝会讲高氏祠,宿,戒童子,歌《伐木》。"《管村诗稿》卷四,转引自陈训慈、方祖猷:《万斯同年谱》,香港中文大学出版社 1991 年版,第 86 页。

来较为固定的讲会地址是白云庄,也就是通常所指的"甬上证人书院"。全祖望《甬上证人书院记》中就说:

> 证人书院一席,蕺山先生越中所开讲也。吾乡何以亦有之,盖梨洲先生以蕺山之徒,申其师说,其在吾乡,从游者日就讲,因亦以"证人"名之。书院在城西之管村,万氏之别业也。[①]

白云庄原为万氏的墓庄,万氏兄弟子侄也是甬上证人书院的重要弟子。

其实从康熙四年至七年(1665—1668)初,黄宗羲也曾多次亲往甬上,却是指导弟子诵读刘宗周的著述,体会如何为学、如何学做圣贤。黄宗羲将甬上的讲会、书院命之为"证人",也是传承蕺山之学的意思,所以必然在讲学之中涉及蕺山之学。这也与前此一段时间黄宗羲正在研读与编辑"刘子遗书"有关。范光阳说:

> 蕺山刘忠正公之学,自吾师姚江黄梨洲先生始传于甬上。其时郡中同志之士十余人,皆起而宗之,以为学不讲则不明,于是有证人之会,月必再集。初讲《圣学宗要》,即蕺山所辑先儒粹言也。[②]

甬上每月二次的"证人之会",首先讲的就是《圣学宗要》以及《子刘子学言》,这是黄宗羲摘编的刘宗周语录。与黄宗羲亦师亦友关系的李邺嗣(原名李文胤,号杲堂)有较为详细的记述:

> 迩者子刘子之书既已大出,而黄梨洲先生更以《原旨》一编相授,得伏而读之,始若涣然释然,悦于中心,至忘寝食,因为刻之塾中,以公于吾党,使后来学人惟反求于吾心……然后天下之学,始得尽归于一矣。
>
> 后之学者,读子刘子之书,学子刘子慎独之学,先严其内省,以为观人

---

① 全祖望:《鲒埼亭集外编》卷一六《甬上证人书院记》,载全祖望:《全祖望集汇校集注》,朱铸禹汇校集注,第1059页。

② 范光阳:《双云堂文稿》卷三《张有斯五十寿序》,《四库存目丛书》集部第256册,齐鲁书社1997年版,第649页。

之鉴，然后可伏而论十七史之成败，出而行进君子退小人之事矣，岂不重哉！①

从李邺嗣《证学杂解书后》来看，当时黄宗羲虽然传授"刘子遗书"，但是并没有局限于刘宗周之书、慎独之学，还进而"论十七史之成败"，而且要求"反求于吾心"，"天下之学，始得尽归于一矣"。因此，黄宗羲在甬上传授蕺山之学的时期，已将蕺山之学导向更为经世致用的经史之学了。

甬上的证人书院虽然也以传承蕺山之学为己任，但从"证人之会"转向了"讲经会"，从义理转向考据，这一转向性的开新，造就了著名的清代浙东经史学派。关于黄宗羲在甬上证人书院讲学的宗旨，全祖望有很好的分析：

> 先生当日讲学颇多疑议之者，虽平湖陆清献公尚不免。不知自明中叶以后，讲学之风已为极敝，高谈性命，直入禅障，束书不观，其稍平者则为学究，皆无根之徒耳。先生始谓：学必原本于经术，而后不为蹈虚；必证明于史籍，而后足以应务。元元本本，可据可依，前此讲堂痼疾，为之一变。其论王、刘两家，谓皆因时风众势以立教。阳明当建安格物之学大坏，无以救章句训诂之支离，故以良知之说倡率一时，乃曾未百年，阳明之学亦复大坏，无以绝葱岭异端之夹杂，故蕺山证人之教出焉。阳明圣门之狂，蕺山圣门之狷。其评至允，百世不可易也。②

黄宗羲讲学于甬上，陆陇其等推崇朱学的学者有"疑议"，致力于举业的士人也有"疑议"，当然"疑议"的原因并不只是因为其学术宗旨。不过当时浙东一带的讲学活动，诸如越中证人书院、姚江书院等还是以心性之学为主，其他是为科举服务的场屋之学。所以当时对于甬上证人书院所倡导的经史之学，真正认同的人并不多。黄宗羲之所以讲授六经以及史学，是希望从中推究三代之典章制度，以求经世致用。他说：

---

① 李邺嗣：《原旨书后》《证学杂解书后》，载李邺嗣：《杲堂诗文集》，张道勤校点，第 499—500 页。
② 全祖望：《鲒埼亭集外编》卷一六《甬上证人书院记》，载全祖望：《全祖望集汇校集注》，朱铸禹汇校集注，第 1059 页。

其时唐说斋创为经制之学，茧丝牛毛，举三代已委之刍狗，以求文、武、周公、成、康之心，而欲推行之于当世。薛士隆（龙）、陈君举和齐斟酌之，为说不皆与唐氏合，其源流则同也。①

黄宗羲对唐仲友（字与政，学者称说斋先生）、薛季宣（字士龙，号艮斋）、陈傅良（字君举，号止斋）等重视经史之学的浙东学者评价很高，黄宗羲之学也有承继南宋浙东学派的因素。关于史学的重要性，万斯同曾在与万言的书信中说：

夫吾之所为经世者，非因时补救如今所谓经济云尔也。将尽取古今经国之大猷，而一一详究其始末、斟酌其确当，定为一代之规模，使今日坐而言者，他日可以作而行耳。……使古今之典章法制，烂然于胸中而经纬条贯，实可建万世之长策。他日用则为帝王师，不用则著书名山为后世法，始为儒者之实学，而吾亦俯仰于天地间而无愧矣。②

万斯同认为经世之学，并非平常说的经济之学，而是要"详究"于"古今经国之大猷"，从史书之中学习"典章法制"才是儒者的"实学"，或"为帝王师"或"为后世法"，这才是真正的经世之学。对于黄宗羲倡导"经世"的理念与讲授经史之学，甬上证人书院其他的弟子也有此共识，因此才有后来的"讲经会"。对此黄宗羲曾有过总结：

始陈子夔献与同里十余人，然约为友，俱务佐王之学。以为文章不本之经术，学王、李者为剿，学欧、曾者为鄙；理学不本之经术，非矜《集注》为秘录，则援作用为轲传。高张簧舌，大抵为原伯鲁地也。于是为讲经会，穷搜宋、元来之传注，得百数十家，分头诵习。每月二会，各取其长，以相会通，数年之间，毕《易》、《诗》、三《礼》。③

① 黄宗羲：《学礼质疑序》，载沈善洪主编：《黄宗羲全集》第 10 册，第 25 页。
② 万斯同：《石园文集》卷七《与从子贞一书》，张氏约园民国二十四年（1935）刊本，第 8—10 页。
③ 黄宗羲：《陈夔献五十寿序》，载沈善洪主编：《黄宗羲全集》第 10 册，第 680—681 页。

黄宗羲及其弟子致力于以经世为目的"佐王之学",认为著文章、学理学都应该本于经术,所以举为"讲经会",他们在明亡之后,对于包括讲学在内的诸多方面都进行了深刻的反思,共同探寻"佐王志学",即经世致用之学。

除去讲会的宗旨与众不同,甬上证人书院讲会的组织形式也有其特殊之处。甬上证人书院没有"会约",李邺嗣对于当时"讲经会"的开展,曾有较为详细的记述:

> 于是里中诸贤倡为讲五经之会,一月再集。先期于某家,是日晨而往;抠衣登堂,各执经以次造席。先取所讲复诵毕,司讲者抗首而论,坐上各取诸家同异相辩折,务择所安。日午进食羹二器,不设酒,饭毕续讲所乙处,尽日乃罢。诸家子弟十岁以上,俱得侍听,揖让雍容,观者太息。①

讲会每月两次,会前就先集中于某家,会日清晨则同往讲会地点,各自携带经书入席。将当日所讲再朗诵一过,然后由主讲者进行发言,坐上听讲者各自取诸家之注说相与论辩,务必使得每一条义理安稳才会罢休。午饭也很简单,一菜一饭,不设酒水,饭后则继续讲会。参与甬上证人书院的各家子弟,十岁以上都可以前去旁听。由此可知,甬上的讲会场面比越中更为自由、活泼。至于讲会的基本形式,其实与越中相差不多,只是将会期增加到了每月两次,可能就是将刘宗周《证人会约》中的"三日"的"会期"与"望"后的"会课"统一为"会期",这就更有利于集中讨论经书之中的问题。真正属于"讲经会"自身的特点,李邺嗣在另一文章中有所说明:

> 先从黄先生所授说经诸书,各研其义,然后集讲。黄先生时至甬上,则从执经而问焉。《大易》已毕业,方及《礼经》,诸贤所讲,大略合之以三《礼》,广之以注疏,参之以黄东发、吴草庐、郝京山诸先生书,而裁以己意,必使义通。……诸贤各相诘难俱在言论,而充宗独尽载之笔疏,凡诸家之说,各有所长,则分记之;吾党所说,有足补诸家所不足,则附记之。②

---

① 李邺嗣:《送范国雯北行序》,载李邺嗣:《杲堂诗文集》,张道勤校点,第445页。
② 李邺嗣:《送万充宗授经西陵序》,载李邺嗣:《杲堂诗文集》,张道勤校点,第448页。

黄宗羲本人也对"讲经会"的特点有所记述：

> 丁未、戊申间，甬上陈夔献创为讲经会，搜故家经学之书，与同志讨论得失。一义未安，迭互锋起，贾、马、卢、郑，非无纯疵，必使倍害自和而后已。思至心破，往往有荒途为先儒之所未廓者。①
>
> 每讲一经，必尽搜郡中藏书之家，先儒注说数十种，参伍而观，以自然的当不可移易者为主，而又积思自悟，发先儒之所未发者，尝十之二三焉。②

甬上证人书院的"讲经会"与越中证人书院相比，有三个方面的不同：其一，讲会之前，弟子们分别去搜集甬上藏书之家相传的经书中的先儒注说数十甚至上百种，相互传看，分别诵习、探究。其二，讲会之中，弟子之间相互讨论各种注说的得失，无论是同志之间的看法，还是贾逵、马融、卢植、郑玄之类经学大家的注说，如果不能使得义理贯通，都不轻易相信。其三，讲会之后，弟子之中有专治某经如万斯大治《礼经》者，详细记录讨论的结果，精选诸家之说的长处或讲会之中提出的可以补充诸家不足之处，整理出新的经书注说本子。合而论之，"讲经会"讨论的对象是六经，因此，既重视搜罗汉儒注疏、宋元注说，又肯定"自悟"；既重视对于前人的继承，又肯定"发先儒所未发"的创见；唯一的标准就是"自然的当不可移易"。这样的讲会，就在继承刘宗周所开创的"证人会"的基础之上，又大大前进了一步。

正是通过讲会的训练，仅仅数年，甬上证人书院就培养出了一大批卓越弟子：

> 诸子亦散而之四方，然皆有以自见。如万季野之史学；万充宗、陈同亮之穷经；躬行则张旦复、蒋弘宪；名理则万公择、王文三；文章则郑禹梅清工，李杲堂纬泽，董巽子、董在中函雅，而万贞一、仇沧柱、陈匡园、陈介

---

① 黄宗羲：《陈夔献墓志铭》，载沈善洪主编：《黄宗羲全集》第 10 册，第 453 页。
② 黄宗羲：《陈夔献偶刻诗文序》，载沈善洪主编：《黄宗羲全集》第 10 册，第 30 页。

眉、范国雯,准的当时,笔削旧章,余子亦复质有其文。呜呼盛矣!①

其中让黄宗羲引以为豪的有:万斯同(季野)的史学;万斯大(充宗)、陈自舜(同亮)的经学;万斯选(公择)、王之坪(文三)的理学;郑梁(禹梅)、李邺嗣(杲堂)等人的文学。黄宗羲及其得意弟子,最终形成了著名的清代浙东经史学派。② 当然甬上证人书院讲学宗旨从"证人"转向"讲经"之后,对于刘宗周所传承的宋明理学依旧有所关注,黄门高第也多有传承蕺山之学或上溯阳明之学。除去上面提及的万斯选与王之坪,还有被黄宗羲称"其会心在《传习录》"的董允瑶(在中)③,以及自称"蕺山学者",曾作《刘子质疑》寄与黄宗羲的董允璘(吴仲)④等。康熙三十三年(1694),万斯选去世,黄宗羲为其撰写墓志铭恸哭,其中说:

> 其在语水,得余所评罗念庵、王塘南二先生集读之,不以口耳从事,默坐澄心,恍然如中流之一壶,证以蕺山意为心之主宰而愈信。从此卓荦读书,不为旧说所锢,三十年如一日也。淮上之门人,如唯一、西洮皆能兴起于学,使蕺山之流风余韵北渐而不坠者,信公择之立身不苟耳。⑤

对于万斯选将蕺山之学北传至语水、淮上特别推崇。

七、"一本而万殊"

再来回头看一下黄宗羲对于陈确、恽日初等刘门高第的学术评定,会发现这些都与其本人的学术思想之发展有关。因为黄宗羲继承先师刘宗周未竟的事业——在编或撰《刘子全书》《明儒学案》等一系列著作的过程之中,也在与同门切磋论辩的过程之中,渐渐形成"一本万殊"的学术史观。黄宗羲《明儒学

---

① 黄宗羲:《陈夔献墓志铭》,载沈善洪主编:《黄宗羲全集》第10册,第453页。
② 关于甬上证人书院的弟子,参见李国钧:《中国书院史》第19章第3节《甬上证人书院学生考》,湖南教育出版社1994年版,第844—852页。
③ 黄宗羲:《董在中墓志铭》,载沈善洪主编:《黄宗羲全集》第10册,第464页。
④ 黄宗羲:《董吴仲墓志铭》,载沈善洪主编:《黄宗羲全集》第10册,第466页。
⑤ 黄宗羲:《万公择墓志铭》,载沈善洪主编:《黄宗羲全集》第10册,第518页。

案发凡》中说：

> 学问之道，以各人自用得着者为真。凡倚门傍户、依样葫芦者，非流俗之士，则经生之业也。此编所列，有一偏之见，有相反之论。学者于其不同处，正宜着眼理会，所谓一本而万殊也。以水济水，岂是学问。①

这一段话，与《陈乾初先生墓志铭》四稿中对陈确《大学辨》的评价极为相似。为学的目的本来就在于是否真正受用于自己的身心修养，适合于个人的内心体证与外在践履，所以学术本来就应该具有一定的开放性。黄宗羲重视学术之独立，"一偏之见"与"相反之论"，万殊而一本，最后都还是圣人之道。这种"一本万殊"学术史观的建立，应该是黄宗羲在长期阅读宋明先儒著述，特别是编撰《明儒学案》的过程之中对明代理学各家各派深入研究后渐渐形成的。在《明儒学案》的两篇序中，黄宗羲也表达了这一意思：

> 盈天地皆心也，变化不测，不能不万殊。心无本体，功力所至，即其本体，故穷理者，穷此心之万殊，非穷万物之万殊也。穷心则物莫能遁，穷物则心滞一隅。是以古之君子，宁凿五丁之间道，不假邯郸之野马，故其途亦不得不殊！奈何今之君子，必欲出于一途，使美厥灵根者，化为焦芽绝港。夫先儒之语录，人人不同，只是印我心体之变动不居，若执定成局，终是受用不得。此无他，修德而后可讲学。②
>
> 盈天地间皆心也，人与天地万物为一体，故穷天地万物之理，即在吾心之中。后之学者，错会前贤之意，以为此理悬空于天地万物之间，吾从而穷之，不几于义外乎？此处一差，则万殊不能归一。夫苟工夫着到，不离此心，则万殊总为一致。学术之不同，正以见道体之无尽。③

从这两篇序的引言来看，黄宗羲继承了"心无本体，功力所至，即其本体""盈天

①　黄宗羲：《明儒学案发凡》，载黄宗羲：《明儒学案》卷首，沈芝盈点校，第15页。
②　黄宗羲：《明儒学案序》（原本），载沈善洪主编：《黄宗羲全集》第10册，第77页。"功力所至"，一作"工夫所至"，参见《明儒学案》所收录《黄梨洲先生原序》，第9页。
③　黄宗羲：《明儒学案序》（改本），载沈善洪主编：《黄宗羲全集》第10册，第79页。

地间皆心也""人与天地万物为一体"等蕺山学的观念,这些观念本书前面论及刘宗周统合性的思想之时已有论述。黄宗羲将刘宗周这种统合性的思想用在了学术史上,于是提出"一本万殊"的学术史论,认为万物之万殊归于一心,穷理就是穷此一心。因此工夫即便有差异,其根本却是一样的,也就是"印我只心体"以求"受用"于"修德"。一本于修德,也即一本于圣人之道,工夫之"万殊"如若"着实"便能不离此心之"一本"。

黄宗羲从"一本万殊"的学术史观出发,对于明儒既有批评,又有肯定。他说:

> 今讲学而不修德,又何怪其举一而废百乎? 时风愈下,兔园称儒,实老生之变相;坊人诡计,借名母以行书。谁立庭庭之中正? 九品参差,大类释氏之源流;五宗水火,遂使杏坛块土为一哄之市,可哀也夫!①
>
> 奈何今之君子,必欲出于一途,剿其成说,以衡量古今,稍有异同,即诋之为离经叛道,时风众势,不免为黄芽白苇之归耳。②

他的批评有二,一为讲学而不修德,二为一味尊崇先儒成说而排斥他说过于严苛。黄宗羲还说:"自明中叶以后,讲学之风已为极敝,高谈性命,直入禅障,束书不观,其稍平者则为学究,皆无根之徒耳。"③"有明学术,从前习熟先儒之成说,未尝反身理会,推见至隐,所谓'此亦一述朱,彼亦一述朱'耳。"④黄宗羲对于明代理学,总体而言,还是特别肯定的,他说:

> 有明事功文章,未必能越前代。至于讲学,余妄谓过之。诸先生学不一途,师门宗旨,或析之为数家,终身学术,每久之而一变。二氏之学,朱、程辟之,未必廓如,而明儒身入其中,轩豁呈露,医家倒仓之法也。诸先生

---

① 黄宗羲:《明儒学案序》(原本),载沈善洪主编:《黄宗羲全集》第10册,第77页。
② 黄宗羲:《明儒学案序》(改本),载沈善洪主编:《黄宗羲全集》第10册,第79页。
③ 全祖望:《鲒埼亭集》卷一一《梨洲先生神道碑文》,载全祖望:《全祖望集汇校集注》,朱铸禹汇校集注,第219页。
④ 黄宗羲:《姚江学案》,载黄宗羲:《明儒学案》卷一〇,沈芝盈点校,第178页。

不肯以朦懂精袖冒人糟粕，虽浅深详略之不同，要不可谓无见于道者也。①

这也是从其"一本万殊"的学术史观出发来看明儒，明儒在工夫论上确实提出了许多不同的主张，特别是阳明心学一系更是可谓"学不一途"，对于佛、道二氏的吸收也非常大胆，以至于晚明三教融会达到顶峰。这些在黄宗羲看来，只要在学术上有所创见，又能够体会于本心，对于修德有所助益，也就没有什么大毛病了。所以，黄宗羲反对依傍先儒而几无发展的学者，对于陈确这样勇猛精进的学者则是越来越欣赏。陈确的思想在当时本传播不广，通过黄宗羲的几篇文章，从而影响清初学术的发展。

关于黄宗羲与陈确的关系，钱穆先生认为："其于乾初论学宗旨，倾倒之情，亦与年俱进。"②"梨洲晚年《学案》一序，所谓'盈天地皆心，心无本体，工夫所至即是本体'云云，不得不谓是一极大转变，又不得不谓其受同时乾初之影响甚深。"③若对比黄宗羲《陈乾初先生墓志铭》的前后四稿，确实是黄宗羲对陈确学术思想的认识越来越深刻，对于陈确具有创见的学术有所肯定，特别是肯定其《大学辨》《性解》之怀疑精神。但是，从上述分析来看钱先生的论断有两个问题：其一，黄宗羲关于本体与工夫的关系等说法，是否受到陈确的影响，本书讨论蕺山学的统合性之中也谈到本体与工夫的问题，与其说黄宗羲受陈确的影响，不如说黄宗羲与陈确共同受刘宗周的影响。因此，钱穆先生对于黄、陈学术关系的论点，不无偏颇之处。其二，黄宗羲对陈确的肯定并非意味着对陈确学术本身的认同，至于"倾倒之情，亦与年俱进"则更是无从说起。

总之，黄宗羲不仅对陈确的学术有所肯定，而且对恽日初也有一定的肯定。而他的最终评价的得出，正是将其在《明儒学案》编撰过程中总结出来的"一本万殊"的学术史论，运用于评价同时代学者之上的结果。黄宗羲的学术史观，是他能够在蕺山学派众多弟子之中唯一一位实现继往而又开来的一个根本保障。他的继往主要体现在与同门的论辩之中守护"师说"，以及证人书院的讲学、《刘子全书》的编辑以及《明儒学案》与《孟子师说》的撰写等方面；他

① 黄宗羲：《明儒学案序》（改本），载沈善洪主编：《黄宗羲全集》第 10 册，第 79—80 页。
② 钱穆：《中国近三百年学术史》，第 56 页。
③ 钱穆：《中国近三百年学术史》，第 50 页。

的开来则在于讲学而转向规模更为宏大的经史之学,开清初浙东经史学派的考据之风,以及撰写《明夷待访录》等著述,更为深刻的反思明亡等方面。

此外,关于以黄宗羲为代表的刘门弟子相互之间的不肯苟同,赵园先生也有研究:

> 由后世看去,无论"同门友"间的辨难,还是陈氏的坚守,气象无不阔大光明,因而不便将刘门弟子的上述纷争视为以"师门"为中心的学术共同体的衰落。同门间不苟合,不苟同,亦不苟合、苟同于其师,倒是可以为刘门非即"门户"作证吧。……陈确辨《大学》尽管未出宋学矩矱,却无疑为明清之际疑经的空气所鼓励。黄宗羲肯定陈确的学术态度,也应与其时转移中的学术风气有关。当此学术转型、风尚转移之会,刘门弟子各自选择了自己的位置与姿态。①

确实刘门弟子之间的论辩纷纷,并非固守师门,特别是黄宗羲对"师说"的护持虽然认真,其中亦不乏强化"刘黄学脉"的因素,但对同门最终还是努力站在学术史的立场上进行客观、公正地评价。这与当时他们对于学术转型的认识有关,无论张履祥、恽日初,还是黄宗羲、陈确都有自己的学术史观,面对学术转型各自选择了自己独特的学术路程,而且都做出了卓越的成绩。

黄宗羲自许为师门薪传,以倡明"师说"为己任,但是其治学规模远远超过其师,无论治学的范围还是方法都与刘宗周有了很大的不同。那么如何来理解他们之间的学术承继关系呢? 赵园还说:

> 黄氏本人虽以师门薪传为己任,但其学之规整、气象,非所谓"师门"所能涵盖。黄宗羲虽以倡明师说为己任,未见得即以"蕺山"为门派。他的辨明师说,也不取卫道姿态,见识明达,境界迥出俗流。令后人称羡的明清之际学术气象,也应由此种人物造成。②

---

① 赵园:《刘门师弟子:关于明清之际的一组人物》,载汕头大学新国学研究中心编:《新国学研究》第 1 辑,第 195 页。
② 赵园:《刘门师弟子:关于明清之际的一组人物》,载汕头大学新国学研究中心编:《新国学研究》第 1 辑,第 200—201 页。

黄宗羲护持师门之宗旨、承继师门之学术,但是他并没有狭隘的"卫道姿态",不为门户所局限,而是持有"一本而万殊"的学术史观。从义理转向考据,从"内圣"之学转向"外王"之学,甬上证人书院以传承蕺山之学开始,但也有不少弟子从事心学,就其学术发展而言,已经远远超越了蕺山学派的矩矱。

钱穆先生还说:"梨洲讲学,初不脱理学家传统之见。自负为蕺山正传,以排异端、阐正学为己任。至其晚年而论学宗旨大变……其实梨洲平日讲学精神,早已创辟新局面,非复明人讲心性理气、讲诚意慎独之旧规。苟略其场面,求其底里,则梨洲固不失为新时代学风一先驱也。"[1]吴光先生指出,黄宗羲在从阳明良知之学向清代力行实学转型中具有重要的地位与作用,从而确立了以其为领袖的"清代浙东经史学派"的学术定位。[2]

所以说,黄宗羲对于刘宗周的承继意义重大,或者说蕺山学经过了黄宗羲的阐扬而最终极大地影响了清代学术,然而实际上已经形成了以黄宗羲为代表的浙东经史学派。

第二节　黄宗炎:蕺山易学的拓展者

黄宗炎(1616—1686),字晦木,一字立溪,学者称鹧鸪先生。著有《忧患学易》一书,包括了《周易象辞》21 卷,附《寻门余论》2 卷、《图书辨惑》1 卷,《四库全书》著录;另著有《六书令通》以及《二晦》《山栖》诸集皆不传。就蕺山学而言,黄宗炎兼容师承与家学,对易学多有拓展。

一、黄宗炎与蕺山学

全祖望说余姚三黄子"同受业子刘子之门,其所造各殊"[3],应黄宗羲之孙

---

①　钱穆:《中国近三百年学术史》,第 31 页。

②　吴光:《黄宗羲与清代浙东学派》,中国人民大学出版社 2009 年版。

③　全祖望:《鲒埼亭集》卷二四《子刘子祠堂配享碑》,载全祖望:《全祖望集汇校集注》,朱铸禹汇校集注,第 448 页。

黄千人（证孙，1694—1771）之邀，全祖望为黄宗羲撰写了《梨洲先生神道碑文》之后，又撰写了《鹧鸪先生神道表》，其中说：

> 姚江黄忠端公有子五，其受业蕺山刘忠正公之门者三：伯子即梨洲先生，其仲则所谓鹧鸪先生者也，叔子曰石田先生。梨洲学最巨，先生稍好奇，而石田尤狷，天下以"三黄子"称之。①

全祖望特别表彰"三黄子"的学术，也特别看重他们受业于刘门一事。他编辑的《续甬上耆旧诗》，除选录黄宗羲诗 318 首之外，还有黄宗炎诗 81 首、黄宗会诗 36 首。② 黄宗炎一生所作的诗，所谓"生平作诗几万首，沉冤凄结，令人不能终卷。晚更颓唐，大似诚斋"③，因其《二晦》《山栖》诸集亡佚，大约仅存全祖望所辑的 81 首了。

明亡之际，黄宗炎跟随黄宗羲共举义军"世忠营"，他主要承担治理辎重等职，后又加入也曾师事于刘宗周的冯京第的军营。冯军被清军围剿而四散，黄宗炎被捕，被友人以死囚换出；冯军旧部再度复合，黄宗炎也再去共事，又一次被捕，又被友人救出。然而黄宗炎已经尽丧其资，于是提着药笼游于浙西的海昌（今海宁）、石门（今桐乡）之间，还以镂花乳印石、作画、制砚为生，所谓"卖艺"为生。④

再看黄宗炎的为学，也与黄宗羲有着密切的关联，他曾跟随黄宗羲前往山阴参加证人社的讲会，然当时尚未真正致力于学术，未见与刘宗周论学的书信或语录。黄宗炎以明经而成为太学贡生，未中举，便闭关读书著述。全祖望说：

> 其学术大略与伯子等，而臬岸几有过之。己卯秋试不售，与叔子约，以闭关尽读天下之书，而后出而问世。

① 全祖望：《鲒埼亭集内编》卷一三《鹧鸪先生神道表》，载全祖望：《全祖望集汇校集注》，朱铸禹汇校集注，第 246 页。
② 全祖望：《续甬上耆旧诗》，杭州出版社 2003 年版。
③ 全祖望：《鲒埼亭集内编》卷一三《鹧鸪先生神道表》，载全祖望：《全祖望集汇校集注》，朱铸禹汇校集注，第 251 页。
④ 全祖望：《鲒埼亭集内编》卷一三《鹧鸪先生神道表》，载全祖望：《全祖望集汇校集注》，朱铸禹汇校集注，第 247—248 页。

　　　　先生兄弟于象纬、律吕、轨革、壬遁之学，皆有密授。既自放，乃著《忧患学易》以存遗经，著《六书会通》以正小学。①

所谓大略等同，一是指为学之历程；另一是指为学之内容，如象纬、律吕、轨革、壬遁之学等。黄宗炎《周易象辞》与《图书辨惑》，即可与黄宗羲《易学象数论》相互参看，其中除了黄氏家学外，当有受到刘宗周《读易图说》等易学著作的影响。或者说，黄氏兄弟的易学著作就是刘宗周蕺山学之易学的补充与发展，从中亦可以梳理出蕺山学派的易学之史。关于黄宗炎的易学三种，四库馆臣指出：

　　　　其说易，力辟陈抟之学，故其解释爻象，一以义理为主……皆可备易家之一解……又于《易》之字义多引篆文以释之，亦不免王氏《新义》务用《字说》之弊。当分别观之可也。
　　　　后附录《寻门余论》二卷，《图书辨惑》一卷，宗旨大略相同。《寻门余论》兼排释氏之说，未免曼衍于《易》外。其诋斥宋儒，词气亦伤太激。然其论四圣相传，不应文王、周公、孔子之外，别有伏羲之《易》为不传之密；《周易》未经秦火，不应独禁其图，至为道家藏匿二千年，至陈抟而始出，则笃论也。《图书辨惑》谓陈抟之图书乃道家养生之术，与元陈应润之说合；谓周子《太极图说》，图杂以仙真，说冒以易道，亦与朱彝尊、毛奇龄所考略同；至谓朱子从而字析之，更流于释，则不免有意深文，存姚江、朱、陆之门户矣。②

《周易象辞》一书虽以义理为主，然而诠释方法却与宋儒不同，如引篆文来分析

---

① 全祖望：《鲒埼亭集内编》卷一三《鹧鸪先生神道表》，载全祖望：《全祖望集汇校集注》，朱铸禹汇校集注。全祖望文中还说："性极僻，虽伯子时有不满其意者。"严元照此处有注："晦木与梨洲志行不同，梨洲晚年颇涉世事，晦木赤贫自守，梨洲绝不过问。昆弟之间，有难言者，此文谓不满于伯子者是也。要之，晦木虽耿，不愧明治遗民。"载全祖望：《全祖望集汇校集注》，朱铸禹汇校集注，第251—252页。按，黄宗羲与黄宗炎之隔阂，也与黄宗羲与吕留良之龃龉有关，黄宗炎之子黄廉远是吕留良的连襟，而黄宗炎本人又常住吕家，故因为性情、交游以及对清廷态度之差异，使得兄弟二人渐行渐远，以至于黄宗炎去世之后，黄宗羲亦无纪念文字。
② 《四库全书总目》卷六《经部易类六》，《景印文渊阁四库全书》第1册，第134页。

字义,令人想起王安石的《三经新义》,全祖望也说:"先生虽好奇字,然其论小学,谓杨雄但知识奇字,不知识常字,不知常字乃奇字所自出。三致意于《六书会通》,乃叹其奇而不诡于法也。"①可见黄宗炎解《易》,从字源、字义入手,有其文字学之基础,与王安石其实大不相同。黄宗炎的方法,虽然起初也是为了解决义理的问题,但已经是考据学的方法为主,这一点也与黄宗羲较为接近。

二、《图书辨惑》与《宋元学案》

此处仅以《宋元学案》中涉及《太极图》的问题为例,来看黄宗炎的易学及其与刘宗周、黄宗羲的思想关联。

黄宗炎《图书辨惑》之中关于《太极图》的辨析,后被黄百家收录于《宋元学案》。《宋元学案》中的《濂溪学案》,属于"黄宗羲原本、黄百家纂辑、全祖望次定"一类,也就是说该学案为黄宗羲初编,黄百家补编并基本完成,全祖望则有适当的调整与少量的补充。值得补充的是,虽说《濂溪学案》应当体现黄宗羲的学术史观,但其传承自刘宗周的一面特别明确。其中不但收录大量刘宗周《圣学宗要》等书的案语,还在《太极图说》《通书》等周敦颐的文本之后,都先附上标明"刘蕺山曰"的刘宗周案语,然后方才是黄宗羲的笺注或案语,接着是黄百家的案语,若有摘引顾宪成、高攀龙语录则也排在刘的案语之后,这样的排序很有可能就是黄宗羲本人的意思。所以说,整个《濂溪学案》呈现的就是包括黄宗炎在内的蕺山学派师弟子对濂溪学的重新诠释与学术定位。

虽说当时无论官方或民间都有朱子学的转向,但贯穿《宋元学案》的学术主旨却是程朱、陆王的调和,甚至可以说略偏于陆王一系。就《濂溪学案》来看,有两点反朱子学的因素特别值得注意。其一,《太极图说》置于《通书》之后。其二,《濂溪学案》没有附录朱子《太极图说》与《通书》的"解",这两种"解"却是宋以来大多版本的周敦颐集以及《性理大全》都附录的。代替朱子"解"的则是刘宗周、黄宗羲、黄百家的讲义、笺注或案语,如刘宗周在《圣学宗要》里关于《太极图说》的长段案语,以及《五子连珠》等书中论及周敦颐等的相关语录;黄宗羲

---

① 全祖望:《鲒埼亭集内编》卷一三《鹧鸪先生神道表》,载全祖望:《全祖望集汇校集注》,朱铸禹汇校集注,第252页。

的《太极图说讲义》与《通书笺注》及其编辑时所加的案语；黄百家则在编辑时新加案语近 30 条，对刘宗周、黄宗羲的诠释作了补充。[1]

为什么要将《太极图说》移后，黄百家在《通书》之首有案语说："《性理》首《太极图说》，兹首《通书》者，以《太极图说》后儒有尊之者，亦有议之者，不若《通书》之纯粹无疵。"[2]此处说得较为委婉，只是强调《太极图说》后世有推尊者，也有议论者，所以不如《通书》纯粹无疵。所谓推尊，自然是指朱子一系。朱子所定的周敦颐集，以及官方认同朱子学而编撰的《性理大全》，都是首列《太极图》与《太极图说》，朱熹说："抑尝闻之，程子昆弟之学于周子也，周子手是图授之。"[3]此类说法虽不确凿，却已从理路上推定《太极图说》的重要性。朱子还说："《通书》者……本号《易通》，与《太极图说》并出程氏，以传于世，而其为《说》，实相表里。"[4]在朱熹的诠释之下，二书的理路完全可通。然而《濂溪学案下》在引述了多家评述之后，黄百家还有案语说：

> 至于其图之授受来由，虽见于朱汉上震之《经筵表》，而未得其详。今节略先叔父晦木《忧患学易》中《太极图辩》于此，以俟后之君子或否或是焉！[5]

《太极图》的"授受来由"，也即所谓传之陈抟及道家之说，朱震等人曾论及，但是黄百家认为应当持存疑的态度。其缘故当是因为黄宗羲并不认为《太极图》传自陈抟，然而黄宗炎却说《太极图》"创自河上公，乃方士修炼之术也"，二人意见不一。黄百家将其仲父黄宗炎的《太极图辩》加以节略，附录于诸家论《太极图说》之后。黄宗炎说：

> 周子《太极图》，创自河上公，乃方士修炼之术也，实与老、庄之长生久

① 牟宗三先生也曾注意此问题，认为这是"以刘蕺山之解说为领导，兼及其他，抹过朱子，以争学统"，然而并未对具体的学术史问题做进一步的探析。牟宗三：《心体与性体》，上海古籍出版社 2001 年版，第 334 页。

② 黄宗羲原著，全祖望补修：《宋元学案》卷一一《濂溪学案上》，陈金生、梁运华点校，第 482 页。

③ 朱熹：《太极图说解》，载周敦颐：《周敦颐集》，第 8 页。

④ 朱熹：《通书后记》，载周敦颐：《周敦颐集》，第 49 页。

⑤ 黄宗羲原著，全祖望补修：《宋元学案》卷一一《濂溪学案上》，陈金生、梁运华点校，第 514 页。

视，又属旁门。老、庄以虚无为宗，无事为用。方士以逆成丹，多所造作，去致虚静笃远矣。周子更为《太极图说》，穷其本而反于老、庄，可谓拾瓦砾而得精蕴。但缀《说》于图，而又冒为《易》之太极，则不侔矣。盖夫子之言太极，不过赞《易》有至极之理，专以明《易》也，非别有所谓太极而欲上乎羲、文也。周子之"无极而太极"，则空中之造化，而欲合老、庄于儒也。①

《太极图》原本就是道家的修炼之术，故属于旁门；周敦颐改作《太极图说》，则得其"精蕴"，其"无极而太极"等说法则是将来自老子、庄子的道家思想资源合于儒家。黄宗炎则要强调，这些思想资源终究不是来自伏羲、文王或孔子的，这一点必须辨明。黄百家还在案语中说：

> 人能去其所存先入之见，平心一一案之，实可知此无极之太极，绝无与夫子所云之"《易》有太极"，宜乎为二陆所疑，谓非周子所作。盖周子之《通书》，固粹白无瑕，不若《图说》之儒非儒、老非老、释非释也。况《通书》与二程俱未尝言及无极，此实足征矣。百家所以不敢仍依《性理大全》之例，列此《图说》于首，而止附于《通书》之后，并载仲父之辩焉。②

黄百家强调，正是因为怀疑《太极图说》也有可能如同陆九渊兄弟所说，并非周敦颐本人所作，且是否为纯正的儒学也有争议，《通书》则"固粹白无瑕"，所以方才一改《性理大全》之例顺序。至于将黄宗炎之《辩》收录其中，则也是为了更有力地说明《太极图说》有疑点。黄宗炎在其著作之中反复阐明的疑点主要有二，一为"无极"之说；一为儒与佛、老之辨。这两点其实也就是当年朱、陆《太极图说》论辩的核心问题，故而黄宗炎其实还是沿着蕺山学的脉络在作易学研究。另外此处还有全祖望的按语，谈了他对黄宗炎此《辩》的看法：

> 晦木先生宗炎，梨洲先生之仲弟也。先生雅不喜先天、太极之说，因作《图学辩惑》一卷。自《先天》《太极》之图出，儒林疑之者亦多，然终以其

---

① 黄宗羲原著，全祖望补修：《宋元学案》卷一一《濂溪学案上》，陈金生、梁运华点校，第515页。
② 黄宗羲原著，全祖望补修：《宋元学案》卷一二《濂溪学案下》，陈金生、梁运华点校，第518页。

出于大贤，不敢立异。即言之嗛嗛莫能尽也。至先生而悉排之，世虽未能深信，而亦莫能夺也。①

《图学辩惑》当作《图书辨惑》，黄宗炎不喜谈论先天、太极之说，主要就是认为其所依据的图，并非来源于儒学。但在全祖望看来，黄宗炎的这些辨析，"虽未能深信，而亦莫能夺"，特别是经过大贤周敦颐诠释之后，即使有了黄宗炎等人的排斥，也无法改变世人将《太极图》作为儒家重要著作的现状。也就是说，《太极图》之类其原始出处其实不必多加辨析，需要重视的只是周敦颐以及刘宗周等儒学大师的重新诠释。若就这点来看，黄宗炎之学术确实与刘宗周大不相同，因为由《太极图》而推演出《人极图》，而刘宗周蕺山学之易学是周敦颐濂溪学之易学的最为重要的发展。②

第三节　黄宗会：刘门高第的表彰者

黄宗会（1618—1663），字泽望，号缩斋，学者称石田先生，黄宗羲、黄宗炎的胞弟。黄宗会著有《缩斋文集》《缩斋日记》以及《学御录》《瑜伽师地论注》《成唯释论注》《四明游录》等，大多不传；今人整理的《缩斋诗文集》，为《缩斋文集》与《余姚竹桥黄氏宗谱》中的《诗文集》等合辑而成。③

一、黄氏兄弟之学术异同

据黄宗羲《前乡进士泽望黄君圹志》记载，黄宗会天资聪慧，16 岁补博士弟子员；20 岁参加岁试而得第一，成为廪生；21 岁考举人，一时誉望所归，但因其傲然而填为二等。崇祯十七年（1644）以拔贡入京，未及廷试而国变。此时，黄

---

①　黄宗羲原著，全祖望补修：《宋元学案》卷一二《濂溪学案下》，陈金生、梁运华点校，第 518 页。

②　参见张天杰：《〈宋元学案〉的编撰与濂溪学的新诠：从刘宗周到黄宗羲、黄百家父子》，《中国哲学史》2019 年第 3 期。

③　黄宗会：《缩斋诗文集》，印晓峰点校，华东师范大学出版社 2009 年版。

宗会年 27 岁,场屋坊社已历 10 余年之久,行辈视为老师名宿。[①] 在具体的学问方面,黄宗羲将自己与其做了对比:

> 泽望少无师,以余为师。余初读十三经,字比句栉,三《礼》之升降跪拜、官室器服之微细,三《传》之同异、义例、氏族、时日之杂乱,钩稽考索,亦谓不遗余力,然终不及泽望之精。冥搜博览,天官、地志、金石、算数、卦影、革轨、艺术、杂学,盖无勿与予同者。
>
> 其诗初喜僻奥,余一变而之冷淡,泽望亦变其文,华藻错落……日就刊落,蹊径顿尽。
>
> 自濂洛至今日,儒者百十家,余与泽望皆能知其宗旨离合是非之故,而泽望忽折而入于佛。其初,遇学佛者,概而信之,凡吃菜合眼躲闪篱落之徒,便降心而与之交。及穿剥三藏,穷岁累月,稍稍出而观今之所谓宗师者,发露其败阙,牛毛茧丝,为其教之书数十万言。余于释氏之教,疑而信,信而疑,久之,知其于儒者愈深而愈知不相似,乃为泽望反复之,盖十年而不契,终于不可而止。[②]

由此可知,黄宗会确实聪慧异常,虽然以其长兄黄宗羲为师,然而无论是十三经的研究,还是诗文创作,以及儒佛之辨析,都不是的亦步亦趋,这一点与黄宗炎也很不相同。也就是说,黄宗会跟随黄宗羲读书入门之后,就选择了适合自己性情的为学之路,特别是在儒佛之间的选择上。黄宗会也能辨析濂洛诸家的学术宗旨之离合是非,但没有太大的兴趣在儒学,而是转向了佛学;黄宗羲则对于佛学依旧在疑与信之间,二人反复讨论而终究不能契合。再者,黄宗会学佛渐渐入门之后,将其中的"牛毛茧丝"细细辨析,撰写了数十万字的书,也即《瑜伽师地论注》《成唯释论注》之类。

所以说,就学术而言,则黄宗会与蕺山学是渐行渐远,所谓师从刘宗周,也当是早年曾跟随黄宗羲、黄宗炎一同听讲,然毕竟年纪尚小,影响也小。至于现存《缩斋文集》之中多有史传类的文章,则在文献之学上,黄宗会又与黄宗羲

---

① 黄宗羲:《前乡进士泽望黄君圹志》,载沈善洪主编:《黄宗羲全集》第 10 册,第 301 页。
② 黄宗羲:《前乡进士泽望黄君圹志》,载沈善洪主编:《黄宗羲全集》第 10 册,第 302—303 页。

较为接近,可以说是亦得家传之学。

二、对刘门三大高第的表彰

因为跟随黄宗羲经常参与证人社的讲会,故而黄宗会也与刘门高第多有交游。其中交往较多的刘门高第则有刘应期、王家勤与王毓蓍。黄宗会还为他们的精神所鼓舞,并为其立传。这三位的生平详见第九、十两章,此处则以分析黄宗会对刘门高第的旁观所见为主,借此亦可以看到蕺山学派众弟子形象的另一面。

(一) 刘应期之魁梧特立

首先,看其如何表彰刘应期。因为黄宗会继娶之妻为刘应期长女,故而交往较多,还曾为刘应期作有多篇文章,如《祭外舅刘瑞当文》《刘瑞当先生存稿序》《记刘瑞当所藏平津侯印》等。关于刘应期之生平,详见本书第十章。相对于黄宗会而言,则其岳父刘应期又有着诸多的过人之处,故不失为刘门高第。他在祭文中说,与刘应期当属于患难之交:

> 丙戌岁,会家方首尾荆棘,托身命于兔躔鹿场中,尽室如囚,凡谂交昵戚,未尝过而问焉。惟岳父伟衣冠,往来山间,唁慰凭吊,与会兄弟追往,悲啸震空谷,山氓有窃叹者。朋友患难,嗷嗷相寄之音,岂寻常交道哉![1]

顺治三年(1646)丙戌,因为抗清失败。正好是黄家最为困难的时期,所谓"尽室如囚",以往的亲戚、朋友"未尝过而问",也属人之常情;只有刘应期前来"唁慰凭吊",与黄氏兄弟追忆往昔,"悲啸震空谷",当是为时局之变而感叹。祭文中还说:

> 会返蔽庐,欲弭志农圃,痼疾为虐,目阒然不欲视,舌卷然不欲言,噤不能饮饘浆。适岳父趣至,会勉起酬对。岳父慨然曰:"譬之鼎也,石则郁

---

[1]　黄宗会:《祭外舅刘瑞当文》,载黄宗会:《缩斋诗文集》,印晓峰点校,第 143—144 页。

炀之不易入,然艰于骤出矣;播则衍煦之易入,有□间则释然矣。子石者
徒也,余以近播,故寒暖饥饱时节,是于摄生宜。"会唯唯,征之信。其眉宇
风度,脩然如平昔,盖处困而不失其亨者。

刘应期经常前去看望病重的黄宗会,还以其"处困而不失其亨"的洒落态度,为
困境之中的黄宗会解忧释怀,认为应当放下心中的负担,无论"寒暖饥饱"都可
助以"摄生"。

故而在黄宗会看来,刘应期并不是一般的人才,而是当时士人之领袖:"魁
梧特立者,足以扫颓俗,而尚友千古,力行而为之倡,以扬挖一时之人才。"①故
他在为刘应期著作所写的序文中指出:

> 甬之慈溪,其地处东南僻壤也。四方之士,非宦辙所至,未尝过而问。
> 慈溪山川无幽遐迥谲之奇,以兴好事者博搜吊诡之观。列署于朝者,虽后
> 先相望,一时伟勋异迹,又不足以奔走辐辏天下之俊杰。于是士之生其他
> 者,亦自安其俭陋,无侧身四望、感慨睥睨而不能自已之情,以故天下风气
> 骤变,而慈邑之士独专门守残,益陷于俭陋而不自知。
>
> 当熹庙以来,先生患慈邑之风气之俭陋也,乃帅二三同志之贤者,与
> 其里党慕义之彦,缘经术以饰时文,每群居高会,乃都人士以不与之集而
> 为耻。于是相与择宽闲之野,濯笔以定殿最,号为新体。或从容置酒,雅谈
> 高歌,以极一邑之选。至于有司之好尚,往往以为清议。而山巅水澨,多凭
> 高拂席,以摅其博搜吊诡之胸。远方好事者,担簦摄笈者相踵也,亦云一
> 时之盛矣。

当年的慈溪,因为地理位置偏僻,又没有什么山川"幽遐迥谲之奇",故少有外
来的所谓天下之俊杰,当地士人也"自安其俭陋",少有兴起者。而刘应期这位
"魁梧特立"之人便出来主持大局,改变风气,"缘经术以饰时文,每群居高会",
即带头举办文章之聚会,逐渐形成"新体"。他们还"从容置酒,雅谈高歌",还主
持一地之清议,于是吸引了远方的好事者,"担簦摄笈者相踵",可谓一时之盛。

---

① 黄宗会:《刘瑞当先生存稿序》,载黄宗会:《缩斋诗文集》,印晓峰点校,第80—83 页。下同。

然而刘应期本人虽为士人领袖,却并未通过科举而进入仕途,以至于让人笑话"圆柄而方凿":

> 已而诸从游者无不先后成进士,至为天子元老,典枢机及分符秉钺,其下者为二千石郡县长吏。慈为甬僻壤,当是时,仕而显于朝者,几与大郡埒,其风气为甬越冠。而先生独蹭蹬老诸生,布衣揖让于博士前。
>
> 善作者不必善成,以是而论造物,又何疑寥寥乎先生也。自古具魁梧卓特之才,一施而不得当,则结轖郁轧跼戾,而不自排荡以趋于平,而先生又何悁悁自废也! 先生既羞其为,已弃去不复道,而里中儿一时怒苗之气,拾其余渖以售于时,乃笑先生之圆柄而方凿也,又恶知其自信于遇否开塞之外者耶? 曾几时而社稷虚厉,神州倏沦于左衽,诸同游先后死亡略尽,而先生肖然穷饿。

其实这几段话,已经说明了刘应期之不遇,所谓"蹭蹬老诸生",就是因为他有着与先后成为进士的那些士人所不同的独特品格,也即对于当时士人汲汲进取的一些所作所为是羞为的,故而宁愿寥寥落落,"肖然穷饿"。特别是在"神州倏沦于左衽",也即明亡清兴之后,当年同游者先后死亡,则更不会考虑仕途了。所以黄宗会还说:"士于遇否开塞之际,固不能无情,然所以自恃而不欲随世以自就者,亦有千百世之见以自慰也。"实际上,对于其岳父之"圆柄而方凿",他也是赞赏的,认为其一生之怀才不遇,其实大可不必太过在意。即便为"里中儿"耻笑,亦不失其"魁梧特立"之风采。所以说,刘应期作为刘门之高第,能够成为慈溪一地之开风气者,还是当之无愧的。

(二) 王家勤之砥立不变

黄宗会交往较多的另一位刘门高第,是抗清而死的王家勤。黄宗会当时并未从事心性之学,故而他们的交往主要还是因为举业文章。黄宗会在为王家勤所作小传中说:

> 予初一见之武林,出其制艺一帙,饰之甚美而且多。归读之,不尽数篇,已忽忽弃去,盖得其思与句之艰也。读者且然,作者之勤劳,为可悯矣。

后五六年,再见之慈谿,馆于冯,以诲其子弟。至则又出其新艺,顾数倍于前,而犹谓不及箧中什四也。①

与上文所说的王毓蓍不同,王家勤对于自己的举业文章颇为看重,自编文集"饰之甚美而且多"。然而黄宗会带回去读不了几篇,就放下了,因为其文章思想与文辞都颇有深度,于是感叹王家勤之勤劳可悯。等到过了五六年,再次见到,则又有新的文集,且是"数倍于前",还说编订成集者"不及箧中什四"。于是黄宗会又有所感叹:

> 夫今之所谓时文者,不过求进身、干利禄之具耳,岂得比于古之辞赋?然且识者羞称之,以伦于俳优,况乎剽剥泛窃,一妄男子安坐而为之乎?而悯悯焉勤且劳,尽心力而为之,求其不工以为奇,而使举一世之不我好,岂亦庶几万一以出是途哉。

> 夫亦知其北辕适粤,以为不如是,不足以自见也。推君之心,宁终其身埋厄轧塞,而必不忍滑稽炙輠,以无所短长于时。虽以时文之微且末者,犹自信若此之果,则其足以伸乎千百世者,宜乎杀身而不悔也。君之道,其使我悲也。

当时的多数士人,对于时文并不真正看重。只是将之作为"求进身、干利禄之具",比不得古来之辞赋,甚至将之比作俳优。还有一些士人写作举业文章,多半都是"剽剥泛窃"。故而黄宗会对于王家勤的勤劳,尽心尽力孜孜以求,表示怜悯;还认为王家勤这一做法其实是"北辕适粤",这样讲求文章做法,并不会被世人看重,当是无法高中的。然而王家勤依旧我行我素,坚持自己将文章做好的信念如初,这当然让黄宗会佩服,同时又有些悲凉。

当然,还有更为悲凉的事情发生,即王家勤卷入了"五君子翻城之役",其抗清的具体事迹详见第十章,此处重点说明黄宗会的感叹:

> 呜呼,事之不成,天也。君以区区布衣,斲精瘁力于时文,而卒不得一

---

① 黄宗会:《王卣一传》,载黄宗会:《缩斋诗文集》,印晓峰点校,第126—129页。

遇于有司，乃与一二同塾之友，不知兵革为何事者，攘臂而为之。……予以为勇怯禀也，犹猝风暴雨之中，人感之而有病不病者，其脏腑有厚薄坚脆之殊也。夫不以私怯废公义，陈不占之勇，过孟贲远矣。

　　吾侪平居谈王道，说诗书，高以古人自许，至于髡钳为异类，往往自多摧刚为柔，己不能为，而复恶人之为，摘其一二短长以非议之，不乐成人之美如是乎？君为人呴呴柔声色，未尝疾言，无愚知皆亲之，至于有所可否，则屹立不变云。盖君之足以自见者，至是而始服其自信之果矣。

抗清之事的成与不成，自有天意，然而令人敬佩的是，王家勤"以区区布衣"之身，放下毕生致力的时文，与"不知兵革为何事"的同门之友，为了国家危难而"攘臂而为之"。故黄宗会表彰其"不以私怯废公义"，作时文之手，面临兵革之事，必当有所怯，然而王家勤却表现英勇，正是因为"公义"，才能有所勇。黄宗会想到同样的读书人，"谈王道，说诗书，高以古人自许"，然而一旦身有危难，则往往不能有所作为了。甚至还有"己不能为，而复恶人之为"，他人有所作为，则"摘其一二短长而非议之"，极少有愿意去成人之美，愿意舍身助人成事者。

　　所以说，王家勤为了大义，跟从友人华夏去临危犯险，最终因此而死，是非常了不起的。在黄宗会看来，这正是其"有所可否，则屹立不变"，"自信之果"精神的体现，文章之道上的坚持如此，人生之道上的坚持亦如此。

（三）王毓蓍之从容死生

　　最后重点讲讲蕺山后学之中最为奇特的王毓蓍，他作为刘门的高第，最大的特点有二，一是作为著名的"殉难义士"，另一是极有个性的"畸士"，全祖望在《配享碑》中也有讲到，然而尚不够具体，黄宗会则进行了细致地记述。他说：

　　王玄趾者，虽为刘门高弟，初无以表异。及其从容死生之际，而后信其为入室唶藏者也。①

这就是说，王毓蓍后来被认为是"刘门高第"，关键就在于"从容死生之际"，也就

---

① 　黄宗会：《王玄趾先生传》，载黄宗会：《缩斋诗文集》，印晓峰点校，第 137—140 页。

是殉节一事,"节义"二字,生死之勘验,确实就是评价刘门弟子最高的"标帜",这一点也可以从黄宗羲或全祖望的那些评价之中看出来,黄宗羲的《先师蕺山先生文集序》与全祖望的《子刘子祠堂配享碑》,都因此而将王毓蓍放在重要的位置。

不过,黄宗会的这篇传记,却又特别指出了王毓蓍在殉节之前"初无以表异",也就是说,起先看来没有太过突出之处。为了凸显其"从容死生之际"的与众不同,黄宗会将王毓蓍与他人做了详细的对比:

> 念台刘先生讲道东南,四方有志之士,造其堂而闻诗书仁义之说,一时学者相与立为标帜。而纷纷慕名高者儳其中,以踊跃作气势,瞞瞞然拱手危坐,能诵王氏《传习录》者,大都自谓刘门高第弟子云。求其入室而唶蒇者,我未之闻也。
>
> 乙酉夏,□陷杭州。檄至,诸守臣惴惴崩角,惟张目以视念台刘先生,而居民日沸然,翘首以瞻胡马。昔之瞞瞞然拱手危坐诵王氏书者,已风雨散去,而玄趾独日夜涕泗,以为化中国而为夷狄,则此身必无有可生之理,揭"成仁取义"四字于座右。
>
> 遂致书刘先生,谓:"平昔所为,若与师门异,而于大义所关,则断乎有同焉者矣。盖师之所处与文信国同,而某亦不敢自后于王炎午。"书绝命辞于后,正衣冠,自投柳桥下。端坐拱手而逝,寅六月二十一日癸酉也。后十五日戊子,而刘先生以不食卒。

在黄宗会看来,当年进入刘门的"四方有志之士",纷纷"慕名高"而来,又以"诗书仁义之说"最为相与标榜的"标帜",特别是以"瞞瞞然拱手危坐",然后背诵王阳明的《传习录》为高明,这类"无事袖手谈心性"的士人,确实为晚明所常见。但是等到甲乙之变的时候,这些人早已经"风雨散去"了。当时绍兴士大夫,也即明朝的那些"守臣",都等着看刘宗周的表现,若祁彪佳则效仿刘宗周绝食、自沉,终究成为刘门节义之另一楷模;而普通居民则"翘首以瞻胡马",等着清军了。诵读王阳明之书者散去,多半也会流入普通居民群体之中。

于是,王毓蓍算是刘门之中真正有节义的一位高第了,他想到即将"化中国为夷狄"而"日夜涕泗",认为自身"必无有可生之理",于是写下"成仁取义"四字作为座右铭。不仅自己有此节义之"标帜"，王毓蓍还特别写信给老师刘宗周，他希望老师能在此关键时刻，成为明朝的"文天祥"，而自己则是明朝的"王炎午"，故而效仿王炎午而作此"生祭文"。当然，王毓蓍也知道自己在刘门之中"平昔所为"，与其他弟子有所不同，或许也并未被老师看重，然而该说还是要说，此亦可见其勇气可嘉。当然，更难能可贵的是王毓蓍的"尸谏"，比老师早半个月殉节，实践了为刘门之"王炎午"的誓言。

那么王毓蓍"平昔所为"，又有哪些独特之处呢？黄宗会接着说：

> 崇祯己卯春，予至越应有司试，始识王玄趾于古小学中。古小学者，先生讲席也。玄趾顾豪迈落落，以气质自负，雅不乐为龌龊小儒，矜然诺以赴人急，若古任侠者流。时时放达，博塞击鞠，与优人促席，操秦筝，鸣呜而讴。诸及门咸侧目，谓非其徒，玄趾夷然不屑也。
>
> 玄趾为人，面黑多瘢痕，高颡结喉，口吃而喜剧谈。皂衣布履，风度翛然，行步折颊，若有所思，多陵前人，已则兀立待之。初会愕然，不知应对。

崇祯己卯（1639）之春，黄宗会因为应试而至绍兴城，在古小学中听刘宗周的讲会，此时见到了王毓蓍。在黄宗会看来，王毓蓍"豪迈落落，以气质自负"，不愿成为"龌龊小儒"，有慨然应诺赴人之急的古之任侠之风。这一气质则与黄氏兄弟极为相契：

> 自己卯后，余兄弟于玄趾无岁不数合，合必移时，久然后去。议论举动，终始若一，不见其迁者。惟甲申闱在湖州某氏家，音阂没没。

让黄氏兄弟欣赏的，除了王毓蓍的任侠，还有"议论举动，终始若一"，也即其风度是一贯的。当然与黄氏兄弟也不尽相同，比如王毓蓍太过放达，"博塞击鞠，与优人促席，操秦筝，鸣呜而讴"，令其他刘门弟子"夷然不屑"；再如行走之际，因为有所思而突然"兀立待人"；还有"口吃而喜剧谈"，都会让人初次会面之时，不知道应当如何应对。所以说，黄氏兄弟之所以欣赏王毓蓍，也是因为任侠之气质相投，渐渐对他的其他方面也欣赏起来了。

还有，全祖望说："蕺山弟子，元趾与章侯最为畸士，不肯帖帖就绳墨。"①也就是说，王毓蓍作为"畸士"，对于科举八股文章，不肯认同一般的规矩，而有自己独到的见解。黄宗会也注意到了这一点：

> 当时南北风气，皆镂私所作制举业，以诩诩自矜，而扬越吴楚籍甚。……而玄趾越之捆管以操选者，其自许甚勇。
>
> 一日抵其居，夹道桐椅郁然，寂若秋涧，不见埃壒气。插架所陈，皆皇明历代科举场屋之文，与一时南荒北鞬、中州巴徼闽粤邮致所作制举业者，皆手为精批、核抹、雠校而是正之。呜呼，勤矣。
>
> 闲则置古今慢曲新声，靡靡哀曼之辞，为之扼击高谈，屈所愉绎，诚有味乎其言之也。

与通读《传习录》者不同，也与刊刻自己的举业文章"诩诩自矜"者不同，王毓蓍并不自以为是，反而是认真研究历代的科举考场之文，搜集了南北各地的许多举业文章，且"精批、核抹、雠校"，可见他还是一个优秀的八股选家，对于文章有自己的看法。

王毓蓍的艺术修养，黄宗会也多有关注，不只是常与优伶"促席"，他自己空闲也"置古今慢曲新声，靡靡哀曼之辞，为之扼击高谈"。这种独立风度，后来在南明弘光朝之初，黄道周（石斋）前来绍兴祭祀宋六陵时，王毓蓍又表现了一通：

> 帝使闽人黄石斋之祀宋六陵也，越人奔走辐辏于门者，踵相压也。顾以不见玄趾恨甚，而玄趾故在家托疾不欲见。毕祀，诸同游设祖张会稽山，献酬旅语，极一时之选。
>
> 酒半，有小舟泊浅渚，弦声铿铮，出乱苇间。使人求之，见玄趾方与小优度曲扣柱。歌阕，竟刺舟去。诸同游诋为狂惑失志，而黄公独怅然识其意矣。

---

① 全祖望：《鲒埼亭集》卷二四《子刘子祠堂配享碑》，载全祖望：《全祖望集汇校集注》，朱铸禹汇校集注，第448页。

作为与刘宗周齐名的大儒,黄道周一到绍兴就吸引了士人们的目光,他们都"奔走辐辏于门",黄宗会当也在其中,然却没有在人群之中见到王毓蓍,深以为恨。等到祭祀完毕,黄道周与诸士人同游于会稽山,此时有小船停泊在乱苇之间,"弦声铿铮",其实则是王毓蓍与优伶"度曲打柱",故意在黄道周面前献歌一阕,然后悄然而去。同游的士人诋毁王毓蓍,认为他"狂惑失志",然而黄道周则已经明白王毓蓍曲中之讽喻,故而"怅然"了。

有必要指出的是,王毓蓍的这番举动,恰好与刘宗周极为相似。当时黄道周到了绍兴之后,自然要拜访刘宗周,"请见再三,不遇",其实刘宗周认为黄道周"借使职以优游,非大臣事君之道",故意出城躲避;黄道周在绍兴一月有余,于是刘宗周"走诗箑讽之行",也即写诗于纸扇进行讽喻。① 当然,黄道周是否属于在朝廷危难之际故意"优游"是另一问题,他想见刘宗周也不只是为了叙旧,还应是商讨朝廷大事,故刘宗周有所后悔说:"未免当日拒绝太深耳。"如此说来,则王毓蓍这样讽喻一番,也略有可商榷之处,当然黄宗会所要表彰的,还是其特立独行背后的大义。

总之,黄宗会表彰的刘应期、王家勤、王毓蓍三人,共同之处在于他们所作所为的独特,而这种独特性的背后则是蕺山学派所共有的一种节义之道。黄氏兄弟与他们能够有所共鸣,并经常有所交游,也正是因为这种节义之道,黄宗会的这三篇小传,则正好可与前面介绍这三人的章节共参看,从而更好地体会蕺山学派之共同人格气象。

---

① 刘汋:《蕺山刘子年谱》附卷《刘子年谱录遗》,载吴光主编:《刘宗周全集》第 6 册,第 190—191 页。

结语　刘门师徒的人格气象

　　蕺山学派刘宗周师徒忠义气节立德、经世实学立功、创新自得立言,凸显了儒士群体的"人格气象"。所谓"人格",是人的德性品质和能力素养的统称,在中国古代谓之人品①,既指人的道德品格,又指具有如此品格的人表现出来的精神状态和境界。所谓"气象",《黄帝内经素问》之《平人气象论》最早使用,指人的生命活力和状貌。随后,气象逐渐进入人的精神生活领域,指称人的精神境界,诚如冯友兰所言:气象是"人的精神境界所表现于外的、是别人所感觉的"一种气氛。② 尤其在宋明理学家那里,更重视和强调人的气象。由此可说,人格的外在流露就是气象,有什么样的人格追求,就必然显现为相应的气象。合而言之,"人格气象"就是个体主体或集体主体经长期的生活磨砺和生命体悟,所流露出来的特定的精神形象和德行境界。当然,人格气象有圣贤君子气象,亦有奸佞小人气象。刘宗周及其弟子们,因明清易代,能殉节尽义,忠孝气节精神与日月齐辉,尽显了忠义人格气象;刘门师弟子出而任官谋政则尽心治国,处而隐居读书则重经世实学,言性命之理不舍匡济实策,治学路向和事功实践皆强调学以致用、经世开物,反对谈虚说玄、空论矫作,展露出经世人格气象;刘门师徒视"自得"为治学根本,更以学以自得为价值追求,强调为学不求苟同先儒,但求言出有理,其著述立说的自得精神彰显了创新人格气象。

一、立德:忠义人格气象

　　作为中华文化重要理想品格的"气节"是士人的安身立命之道,代表着一个人在政治上、道德上的坚定性③,内涵了正气、勇气、高节、名节、风骨、气概等

---

① 张岱年:《心灵与境界》,陕西师范大学出版社 2008 年版,第 236 页。
② 冯友兰:《中国哲学史新编》(第 5 册),人民出版社 1985 年版,第 122 页。
③ 罗国杰主编:《中国传统道德》(名言卷),中国人民大学出版社 1995 年版,第 319 页。

意蕴,往往通过死义、清苦、庄厚、扶纲常、立名教、历廉耻等具体内容得以现实证验,且每逢国家民族危亡或世风衰颓之际,"气节"更被提出弘扬,以维持天地之正气、国族之生存。① 明清易代之际,因明亡而节义殉道的刘门师弟子几近 20 人,尽显气节立德的忠义人格气象。

刘宗周忠义操守、光风霁月。他进退取与,必力辨义否,如抵制"一岁三迁"而被革职为民之事:刘宗周有感于天启二年(1622)六月、天启三年(1623)五月两次升擢,遂上疏辩解:"度德而授任者,国家诏爵之典……凡以贤豪杰任事之心,塞宵小速化之路,所裨世道人心,非苟而已者。"②他为杜绝群臣所怀徼倖之心而上疏请辞,维护臣德,不料又于天启三年九月被提拔为通政使司右通政,遂再次上疏,直陈"臣节":"进必以礼,故进而足与有为;退必以义,故退而足与有守。两者相反而实相成,乃称臣节焉。"③刘宗周不想以"一年三迁"败坏世道臣节,故上书辩解,但换来的是皇帝的猜忌和独断:"刘宗周蔑视朝廷,矫情厌世,好生恣放。著革了职为民当差,仍追夺诰命。"④刘宗周忠义之气综愚智而皆知、统中外而俱重、历古今而如一、及百世而愈彰,然身处思宗衰季之朝,"力能挽回厄运,而奸宦弄权,旋起旋黜,南都云坠,徒以身殉"。⑤ 尤为可泣者,他最终选择绝食殉道,"前后绝食者两旬,勺水不入口者十有三日",且"胸中有万斛泪,半洒之二亲,半洒之君上",以"孤忠耿耿"提撕绝食精义。⑥ 他光风霁月的道德人生和诚意正心的证人之学圆融通贯,从而塑造了"皭皭完人"⑦的品格。他一生没有丝毫造作之心,没有丝毫求名之欲,只是实心为政、真心为人、正心为学,其弟子陈龙正赞其"行谊无愧真儒!"⑧刘宗周的殉节也并非意气用事、临时冲动,而是学行至此的必然选择,诚如蕺山之孙刘士林所言:"夫一死不足以尽道,而尽道者断不能逃此一死也。然则先生之死也,变也,而先生之

① 詹海云:《气节观的词源、流变及其在中国文化中的价值》,《南京师大学报(社会科学版)》2011 年第 3 期。
② 刘宗周:《奉差事峻疏》,载吴光主编:《刘宗周全集》第 3 册,第 40—41 页。
③ 刘宗周:《天恩愈重疏》,载吴光主编:《刘宗周全集》第 3 册,第 45—46 页。
④ 刘宗周:《天恩愈重疏》,载吴光主编:《刘宗周全集》第 3 册,第 56 页。
⑤ 章倬汉:《蕺山文粹序》,载吴光主编:《刘宗周全集》第 6 册,第 727 页。
⑥ 姚名达:《刘宗周年谱》,载吴光主编:《刘宗周全集》第 6 册,第 484—485 页。
⑦ 《崇奖明臣刘宗周等饬部议谥上谕》(乾隆四十年),载吴光主编:《刘宗周全集》第 6 册,第 636 页。
⑧ 沈佳:《明儒言行录》,载吴光主编:《刘宗周全集》第 6 册,第 641 页。

所以死,则皆出于生平学问之助,诚之至,慎之极,全而归之,不亏体,不辱亲,忠
孝两全,仁义兼尽,以夷齐之首阳、曾子之易箦、孔明之出师、文山之正气,兼而
有之,非天下之至诚,其孰能与于斯!”①此论诚谓客观、公允。

不仅为师者忠孝节义,其弟子亦不乏殉义之人。据《明末忠烈纪实》记载,
在蕺山殉义前后,其弟子先后尽节者有 16 人之多,其中“殉君”(崇祯帝朱由检)
者 8 人:倪元璐、李邦华、施邦曜、孟兆祥、刘理顺、吴麟征、成德和金铉;“殉唐”
(唐王朱聿键)者 1 人:彭期生;“殉鲁”(鲁王朱以海)者 2 人:熊汝霖和吴钟峦;
“效死”者 1 人:陈子龙;“殉国”者 4 人:祁彪佳、王毓蓍、潘集和周卜年。另,《明
史》还记载:“皇清顺治九年,世祖章皇帝表章前代忠臣,所司以范景文、倪元璐、
李邦华、王家彦、孟兆祥、子章明、施邦曜、凌义渠、吴麟征、周凤翔、马世奇、刘理
顺、汪伟、吴甘来、王章、陈良谟、申佳允、许直、成德、金铉二十人名上。命所在
有司各给地七十亩,建祠致祭,且予美谥焉。”②其中,属于刘门弟子者就有倪元
璐、李邦华、孟兆祥、施邦曜、吴麟征、刘理顺、成德和金铉 8 人。由此可见蕺山
后学道德楷模之社会影响和政治影响。其他殉义者尚有:举义兵复明而身殉
者祁鸿孙;辅佐桂王事败而跳崖殉义者徐复仪;因国变而殉难者傅日炯、魏学
濂;因国变而殉义者祝渊;举义兵但为叛徒揭发而死狱者华夏、王家勤;等等。

刘门弟子的殉义,不仅是一己生命的终结和德性体悟的升华,还内含了其
家庭妻女的忠烈情怀。如金铉,李自成义军攻陷皇城时,身为兵部车驾清吏司
主事的金铉以绵薄之力不能力挽狂澜,遂投紫禁城西北角大河以殉国难,金母
知城已陷,“亟往赴井”以死,“时妇女长幼辈举从母暨王赴井,井几满”。③ 又如
成德,城破后,崇祯帝自缢,成德“持鸡酒奔东华门,奠梓宫于茶棚之下”,及祭奠
完毕归家,视待闺未嫁胞妹自缢,“别其母,哭尽哀,出而自缢”,其母“亦投缳
死”④,“成氏一门死顺德及京师者,为忠臣二,为烈妇七”⑤。还如孟兆祥,京城
陷落之时,孟先生自到于正阳门下,长子孟章明投缳于亡父身侧,其妻吕氏、孟

---

① 刘士林:《蕺山先生历任始末·世谱·行实》,载吴光主编:《刘宗周全集》第 6 册,第 612 页。
② 《明史》卷二六五《列传》第一五三,第 6833 页。
③ 金镜编:《金忠洁年谱》,载《金忠洁集》附录,《畿辅丛书》集部第 120 册。
④ 《明史》卷二六六《列传》第一五四,第 6869 页。
⑤ 徐秉义:《明末忠烈纪实》,张金正校点,浙江古籍出版社 1987 年版,第 172 页。

章明之妻王氏皆自缢殉节。① 不唯金铉、成德、孟兆祥本人殉节尽义,其母、其妻、其妹、其子皆殉义,体现的是忠君爱国、节义明道的忠义人格。

在殉节的刘门弟子中,未有任何功名的王毓蓍、潘集和周卜年是学儒士子忠义人格的真情流露。王毓蓍先业师自决,以所著《愤时致命篇》粘于祠堂墙壁,趋文庙跪而祷:"君殉国,士殉泮,正也",先跳泮水河,后赴柳潭自溺死,年仅39,蕺山先生慨而赞之:"吾讲学十五年,仅得此人。"②潘集与王毓蓍为挚友,闻毓蓍死,狂走大叫,几近疯癫:"集故人也,必死从王子。"意欲投河,有以其为布衣勿庸循臣子节义而劝者,潘集厉声詈之:"天下人自生,集自死,集不以愧天下,天下亦不以集愧。"遂自溺东郭渡东桥而死。③ 周卜年闻国变,赋五悲歌,狂书"自古皆有死,民无信不立"于案,跳海殉义。④ 绍兴人谓此三人为"义士"⑤。

有的蕺山弟子虽未因国破家亡、易代更迭而以身殉国,但其忠义气节精神依然气贯长虹。如吴蕃昌,"十六补诸生,弱冠遭国变,慨然有殉君父之志。伯父责以为人后之义,乃不果。于是杜门谢客,弃举子业,锐志于圣贤之事,发为古文诗歌,皆至性所流,不效儿女软媚态……临殁之日,犹与诸弟讲学不辍,曰:'吾志在先公《年谱》后叙,行在《阃职三仪》,以不终丧为不孝。戒殓以丧服。……'无一语及私事。呜呼,兄可为得正而毙者矣,可谓节孝两全者矣。"⑥ "得正而毙"之"正"即见吴蕃昌以已残存之身锐志于圣贤事业,洁身自好,由董理典籍而著述立说,以补"殉君父之志"。以死明志固然悲壮,以苟活之心宏学术之伟业,亦不失为真忠义! 又如黄宗羲、黄宗炎和黄宗会三兄弟。崇祯朝覆亡后,兄弟三人视自决为无益之举,乃募义兵反清复明,虽事败几毙命,尤其黄宗炎两次差点被"斩立决",⑦但能著书治义,承绪圣学;后来又皆因学识渊博、纵论广泛,为当权者多次征举,尤其黄宗羲,虽清廷欲诏征其为博学鸿儒,皆果

---

① 《明史》卷二六五《列传》第一五三,第 6850 页。
② 姚名达:《刘宗周年谱》,载吴光主编:《刘宗周全集》第 6 册,第 483 页。
③ 《嘉庆山阴县志》卷一四《乡贤二》,第 513 页。
④ 徐秉义:《明末忠烈纪实》,张金正校点,第 376—377 页。
⑤ 徐开任:《明名臣言行录》,载吴光主编:《刘宗周全集》第 6 册,第 642 页。
⑥ 吴复本:《祗欠庵集·原叙》,载吴蕃昌:《祗欠庵集》卷首。
⑦ 全祖望:《鲒埼亭集内编》卷一三《鹧鸪先生神道表》,载全祖望:《全祖望集汇校集注》,朱铸禹汇校集注,第 246—253 页。

决辞免。① 三兄弟明夷夏大防,不与新贵合作的精神可与自决殉义相媲美。还如周之璵,刘宗周殉节后,其子刘汋奔走逃避山中,周氏弃己家,背负蕺山先生遗集与伯绳同行,风餐露宿,绝无怨言,全祖望盛赞曰:"山阴周先生之璿……不知其苦节过人也。"②倘无周之璵拼死保护刘宗周遗著,今人或许不知刘宗周何许人也! 其虽未死,然忠义精神值得大书特书!

其实,无论是否选择自裁殉义,拟或苦节续命,刘门弟子心灵深处铁骨铮铮之气节,自然为后人敬重。节义精神才是学行圆融的真境界,黄宗羲《思旧录》在论范景文殉道时即有论:"节义一途,非拘谨小儒所能尽也。"③儒家君子讲"义"德,尤其易代之际、革命关节,能"舍生取义"之人最可堪称真君子。刘门十数人选择"殉义",其"真精神"难能可贵,"刘子之节义,斯真节义;真节义,斯真学也。……刘子际末流、守死善道,其弟子之出而仕者多以生死明学术。……盖以言明道,不若以身明道之为能真知而实践也"④。蕺山先生学行圆融,为学的醇儒性与为人的纯粹性和合通贯,其弟子门人亦充分践行此种人格精神,对浙江士子即产生深远影响:"自先生以贞介之操,倡明圣学,士大夫后起者翕然宗之,争以救时匡主为务。……呜呼! 盛矣! 夫同一越人也,昔何以与粪土同弃? 今何以与日月争光? 推其所自,不得不归先生风厉之功矣。或谓死忠死孝,得于秉彝。岂必人人有所训诫而然与? 然良心在人,熏烁之则措亡,提撕之则涣发,向非先生诚笃之教,渐磨以数十年之久,乌能使有位无位,咸知幸生为耻,殉国为正,视一死如饴蜜哉?"⑤

或许有人会批评易代之际选择"节义"之人的"无能",实际上,节义之人之所以如此选择,乃真大生死的境界,倘若一个人的内心世界里面没有属于自己的一点价值追求、精神信仰、爱国情怀和人道正气,那这样的人生又有什么意义呢? 再者,选择一条寻死的不归路,岂是一般毅力和心志之人所能做到的? 刘门弟子潘集殉义前所言"集不以愧天下,天下亦不以集愧"正代表着纯粹、正

①　《清史稿》卷四八〇《列传》第二六七,第 13104 页。
②　全祖望:《鲒埼亭集》卷二四《子刘子祠堂配享碑》,载全祖望:《全祖望集汇校集注》,朱铸禹汇校集注,第 447 页。
③　黄宗羲:《思旧录》,载沈善洪主编:《黄宗羲全集》第 1 册,第 342 页。
④　邵廷采:《思复堂文集》卷一《刘门弟子传序》,载邵廷采:《邵廷采全集》,陈雪军、张如安点校整理,第 69 页。
⑤　刘汋:《蕺山刘子年谱》,载吴光主编:《刘宗周全集》第 6 册,第 195—196 页。

气之人的心声和旨趣。蕺山先生及其门弟子以气节明道觉人,堪与日月争光,昭彰了晚明时代一个具有浓墨气节色彩和戆性品格的学术流派,也正是这样的忠义人格,中华文化才得以屹立不倒、万年永驻!

二、立功:经世人格气象

黄宗羲有言:"有明文章事功,皆不及前代,独于理学,前代之所不及也。"[①]其意表明,明代儒学家重"心性"而轻"事功",乃至将"心性学"领域内的各种境界开拓到了尽头。[②] 明清之际的士人在反思明亡的教训时也表达出对明儒重义理而轻事功之行为取向的不满。如蕺山弟子施帮曜殉国之际吟诵绝命诗曰:"惭无半策匡时艰,惟有一死报君恩。"[③]这是对儒家知识分子"两耳不闻窗外事,一心只读圣贤书"的真切反思。不可否认,明儒只谈心性、不重事功,"有用之学"较少,[④]但蕺山学派的刘门师弟子治学重工夫践履,仕官重经世事功,体现了实学实行的经世人格气象,则是不争的事实,诚如梁任公所言:"刘蕺山晚出,提倡慎独以救放纵之弊,算是第二次修正。明清嬗代之际,王门下惟蕺山一派独盛,学风已渐趋健实。"[⑤]

刘宗周讲学不废事功,实现"学术"与"经济"的圆融统合。如论"德性之知"与"闻见之知":"至于德性、闻见本无二知,心一而已,聪明、睿智出焉,岂可以睿智者为心,而委聪明于耳目乎? 今欲废闻见而言德性,非德性也;转欲合闻见而全德性,尤未足以语德性之真也。""德性之知"与"闻见之知"是"一",若以之为"二",自然将"心"分而为二,圆融"德性之知"与"闻见之知",既不偏于"德性"、只重本体,又不偏于"闻见"、只重工夫,从而本体与工夫合一、心性与事功合一。再如论簿书、钱谷:"簿书、钱谷皆放心之地,亦即是求心之地,此居官者

---

① 黄宗羲:《明儒学案发凡》,载黄宗羲:《明儒学案》卷首,沈芝盈点校,第15页。
② 余英时:《论戴震与章学诚》,生活・读书・新知三联书店2000年版,第299页。
③ 黄宗羲:《弘光实录钞》,载沈善洪主编《黄宗羲全集》第2册,第39页。
④ 赵园:《明清之际的所谓"有用之学":关于这一时期士人经世取向的一种分析》,载汕头大学新国学研究中心编:《新国学研究》第5辑,人民文学出版社2006年版,第1—38页。
⑤ 梁启超:《中国近三百年学术史》第5章,载梁启超《梁启超全集》第12集,汤志钧、汤仁泽编,第347页。

当以学问为第一义,而不可不日加之意者也。……薄书、钱谷之皆心者,为其有以寄吾之生心也。君子生其心以生人、生百姓,一薄书焉而生生,一钱谷焉而生生,则学问之道又孰有大于此者乎?"①薄书、钱谷就是法制治理、经济管理,是"求心之地",是"生生之心"的必然表现,实心实意、真心诚意地完成社会事功是"心"的当然要求,是经世人格的必然展示。故四库馆臣评刘宗周曰:"立朝之日虽少,所陈奏……皆切中当时利弊。……在有明末叶,可称皦皦完人。"②蕺山虽立朝仅 4 年,且被革职为民 3 次,然所陈奏疏达 98 通,官在顺途,不攀附权贵;革职在野,不漫谈失节;进则建言,退则讲学。当值明末,儒士大夫们谈心论性、说玄务虚之时,蕺山践履笃行、真知实行,为后人所敬仰。清初状元彭启丰(号芝庭)即以"真名节,真经济"③赞誉蕺山,想必这并非溢美之词,而是客观评价。

于殉道之蕺山弟子群体中,有事功之大、卫国之忠、杀敌之勇数功绩者则以吴麟征为首。吴麟征仲子吴蕃昌《上南都议郎蒋公书》申明吴麟征在四个方面比其他殉难诸臣节义精神更为突出:其一,"无如先大夫忠",吴麟征曾为外吏 10 年,后任侍从 10 年,功绩昭彰,如癸未年(1643)疏请授南司马史可法节制应援京师、疏请召边军大将吴三桂捍御寇难、疏请徙宁远城等等,其说虽不见用,但事后皆证其建言合理备至;④其二,"无如先大夫勇",李自成攻克京城之日,举国悲愕无计,唯吴麟征请皇上下罪己诏,蠲租布诚以款动壮士人心,并请养军士于城外,请百官擐甲带兵练禁卒,率众决一死战;其三,"无如先大夫劳",吴麟征奉命守西直门,蓐食城头,手执炮矢击敌无数,募死士缒城,杀敌数百,风雨半夜,徒步叩阙,欲为天子筹划计而为奸辅魏藻德阻挠;其四,"无如先大夫有成绩",德胜门陷落,吴麟征受命城下,填石西直门以阻起义军入城,因坚固厚实,后历数月始挖掘重启。⑤ 城破之日,吴麟征虽未立即赴死殉国难,但终不苟且偷生,矢志一死报君王,于崇祯十七年(1644)三月二十日酉刻作《绝笔》言:"祖宗二百七十余年,宗社移旦失,虽上有龙亢之悔,下有鱼烂之殃,而身居

① 刘宗周:《答嘉善令》,载吴光主编:《刘宗周全集》第 3 册,第 368—369 页。
② 《四库全书总目》卷一七二《集部别集类二十五》,《景印文渊阁四库全书》第 4 册,第 568 页。
③ 彭启丰:《刘蕺山先生文集序》,载吴光主编:《刘宗周全集》第 6 册,第 725 页。
④ 祝渊:《太常吴公殉节纪实》,载吴蕃昌:《吴麟征年谱》,第 174—176 页。
⑤ 吴蕃昌:《祇欠庵集》卷一《上南都议郎蒋公书》。

谏垣,徘徊不去,无所匡救,法应褫服。……茫茫泉路,炯炯寸心,所以瞑予目者又不在此也。"①由此可见吴麟征拳拳忠义情怀,也凸显了吴麟征经世事功、不虚仕职的人格面向!

刘门弟子治学传承业师精神,重经世实学,强调事功实行。如黄宗羲重经史之学,反对空谈:南都败亡时,他曾组建"世忠营",鲁王授其为职方郎、御史,高举反清复明大旗;作《监国鲁元年大统历》并颁之于浙东,之后注《授时历》《泰西历》《回回历》三历;著《春秋日食历》辨卫朴所言之谬,著《律吕新义》明竹管十二律与四清声,著《授时历故》《大统历推法》《授时历假如》《气运算法》《测圆要议》诸经世书,又著《明夷待访录》《留书》等。尤其《明夷待访录》,其内含的民主启蒙思想、政治思想、经济思想、军事思想等,深为时人学者器重,如昆山顾炎武赞曰:"三代之治可复也!"②近现代学者亦对《明夷待访录》的政治远见和经世功能给予肯定,梁启超、谭嗣同等辈倡民权之说,还将《明夷待访录》节抄本印数万册,加以按语,秘密分布。③《明夷待访录》融先师之已发、创先师之未发,立足于晚明俗风弊政,又会通中国古代政治哲学思想,同时放眼中国乃至世界之未来,构设治国理政新理念、新制度、新方法,从现实救世中走向大同理想。

刘门弟子张履祥重民生实业,著农书实学,教导弟子务经济之学。杨园先生尝言:"愚谓治生以稼穑为先。能稼穑则可以无求于人,无求于人,则能立廉耻;知稼穑之艰难,则不妄求于人,不妄求于人,则能兴礼让。廉耻立,礼让兴,而人心可正,世道可隆。"④故"择术不可不慎,除耕读二事,无一可为者"⑤。杨园先生"治生以稼穑为先"和"务本而节用"的治生之道,深刻影响了后世儒家学者的治生观念。⑥除此之外,他还编《沈氏农书》一卷,专门阐发其耕读治生实学,四库馆臣即论曰:"履祥以其有益于农事,因重为校定。具列艺谷、栽桑、育蚕、畜牧诸法,而首以月令以辨趋事赴功之宜。"⑦这充分肯定了杨园先生的

① 吴麟征:《吴忠节公遗集》卷三《殉难书》,第 413 页。
② 徐鼒、徐承礼:《小腆纪传》卷五三《列传》第 46《儒林一》,中华书局 1958 年版,第 573 页。
③ 梁启超:《清代学术概论》,载梁启超:《梁启超全集》第 10 集,汤志钧、汤仁泽编,第 278 页。
④ 《清史稿》卷四八〇《列传》第二六七,第 13119 页。
⑤ 张履祥:《训子语》,载张履祥:《杨园先生全集》卷四七,陈祖武点校,第 1352 页。
⑥ 徐永斌:《张履祥的治生之路及治生观》,《中国文化研究》2014 年夏之卷。
⑦ 《四库全书总目》卷一〇二《子部农家类存目》,《景印文渊阁四库全书》第 3 册,第 195 页。

经世实学精神。同时,张履祥辑录采撷陈良谟《见闻记训》、耿定向《先进遗风》、李乐《见闻杂记》和钱薮《厚语》所记明代儒士世子的嘉言懿行,衷辑《近古录》四卷,分立身、居家、居乡、居官四门,宣扬修己立身、敦睦居家、仁里居乡、忠恕居官的君子人格,有裨于世道人心。正因杨园先生健实之学风,方东树(号副墨子)以其为"近代真儒"①。

刘门弟子陈子龙亦重经世实学,并编纂经世文编传世。他与好友徐孚远(复斋,1599—1665)、宋征璧(尚木,1602—1672)合编《皇明经世文编》504 卷、补遗 4 卷,以人为纲,按年代先后为序,选录了 420 人的文章,包括兵饷、马政、边防、边情、火器、贡市、番舶、灾荒、农事、治沙、水利、海运、漕运、财政、盐法、刑法、钱法、税法、役没、科举等方面,是有关治国理政方针政策的实用之学。陈子龙所作《序》云:"俗儒是古而非今,文士撷华而舍实。夫抱残守缺,则训诂之文充栋不厌,寻声设色,则雕绘之作永日以思。至于时王所尚,世务所急,是非得失之际,未之用心,苟能访求其书者盖寡,宜天下才智日以绌,故曰士无实学。"②由此可见,陈子龙之学的经世特色,也展现出他悉心为国治家齐而不懈集思广益的心智和毅力。陈子龙尚编有《别本农政全书》46 卷。须知,徐光启(子先,1562—1633)作《农政全书》60 卷,其殁后,子龙得《农政全书》原本于徐光启之孙徐尔爵,乃与张国维、方岳贡共同刊刻该著,所作凡例有曰:"文定所集,杂采众家,兼出独见,有得即书,非有条贯。……大约删者十之三,增者十之二。其评点俱仍旧观,恐有深意,不敢臆易云云。"③陈子龙之举既传承了实学致用知识,又彰显了蕺山学派师门的经世实功精神。

刘门其他弟子亦有经世理念和实践。如魏学濂尝与薄子珏务佐王之学,凡兵书、战策、农政、天官、治河、城守、律吕、盐铁之类,无不讲求,将以见之行事;又知天下大乱,遍访剑客奇才而与之习射角艺,不尽其能则不止。是故,魏学濂多才多艺、游侠任性,为学重经世,被黄宗羲视为蕺山刘门弟子中最有才分三人之一。④ 另,徐芳声于甲申之变后,尝与同学蔡仲光集学中子弟,哭孔庙

---

① 方东树:《重编张杨园先生年谱序》,载张履祥:《杨园先生全集》附录,陈祖武点校,第 1487 页。
② 陈子龙:《陈子龙文集》(上),华东师范大学出版社 1988 年版,第 437—438 页。
③ 《四库全书总目》卷一〇二《子部农家类存目》,《景印文渊阁四库全书》第 3 册,第 195 页。
④ 黄宗羲:《翰林院庶吉士子一魏先生墓志铭》,载沈善洪主编《黄宗羲全集》第 10 册,第 414—416 页。

三日,既入潘山隐居,称"潘山野人",秉"读书贵有用"理念,著兵、农、礼、乐诸书,别辑兵书数十卷,凡运筹指顾、制械器、设屯灶,无不简核以辟从前之虚言兵者,不仅有经世实学,尚有节义精神。[1] 还有,冯京第学问以事功为主,忠节侠义,高宇泰论曰:"博学闳览,居平好谈经济。"[2]冯京第 25 岁时侍从从父冯元飏备兵南都,时值边警,遂"授略行间,而并大捷",从父为之请功,被赐进士,但两次面陈,终不受赐;崇祯自缢后,他南走三山间,历十余载,终赍志以惨死,柴梦楫即赞之:"使当时不允所请,得假之兵事,正未可量,岂仅以诗见哉?"[3]即此可想见冯京第的经世才能。

刘门师徒入仕为官者,则在位谋政、兢兢业业,尽心尽力为治国理政谋划方略、贡献政治智慧,虽在较大程度上不为当权者所认可实施,但史实已然证明其理念和方法于世教不无成效;出为读书学子者,则遍观博览,犹重经世实学,谈经论道不离工夫实行,言性命之理不舍匡济实策,著书立说,泽被后世。故而,蕺山学派刘门师徒学以致用、经世开物,反对谈虚说玄、空论矫作,体现了实学实行的经世人格。

三、立言:创新人格气象

邵廷采论刘宗周为学特色云:"先生之学出许敬庵,已入东林、首善书院,博取精研,归于自得,专用慎独,从严毅清厉中发为光霁,粹然集宋、明理学诸儒之大成。"[4]"自得"不仅是蕺山学之基本特性,还是蕺山后学弟子普遍信仰的治学理念。蕺山学派刘门师徒学有所得,彰显了学以自得的创新人格气象。

蕺山以"自得"为为学"精要",且学有所得。《学言》云:"学问之道,只有紧关一下难认得清楚,如所谓寸铁杀人者是。圣贤之训,多随地指点,大约使人

---

[1]　徐鼒、徐承礼:《小腆纪传》卷五四《列传》第四七《儒林二》,第 587 页。

[2]　高宇泰:《雪交亭正气录传》,载冯贞群:《冯侍郎遗书》附录卷一《传记》,四明丛书(约园刊本),广陵书社 2006 年版。

[3]　柴梦楫:《三山吟后序》,载《冯侍郎遗书·叙录》。

[4]　邵廷采:《思复堂文集》卷一《明儒刘子蕺山先生传》,载邵廷采:《邵廷采全集》,陈雪军、张如安点校整理,第 56 页。

思而自得之。"①"寸铁杀人"喻贵精不贵多,蕺山以此来说"自得",显见他对"自得"的重视和关注。早在1631年的证人讲会,他第一次明确阐释"自得"意蕴,"自得全然是个敬体,无时不戒慎,无时不恐惧,则此心已游于天空地阔之境","实无所得,故名自得"。②"无所得,故名自得",前一个"得"为从别人那里得到的东西,是建立于从别处学习之后获得的某些"知识",不属于自己心思体悟的效果;后一个"得"为自己在学习了别人的"知识"后反思、体悟形成的属于自己心得体验的东西。"得"别人的东西,"所得"是死的;经自我反思和体悟"自得"的东西是活的,真正有灵魂的东西正是通过"自得"而展现。蕺山先生坚守"自得"理念,实现哲学创新,"发先儒之未发"有四:"静存之外无动察","意为心之所存非所发","已发未发以表里对待言,不已前后际言","太极为万物之总名"。③ 综括而言,蕺山哲学思想在本体论上倡"生生"道体、在方法论上主张"圆融"思维、在知识论上坚持"德性闻见本无二知",此对宋明理学进行了深层解构。④ 正如此,刘门弟子董玚评论业师曰:"先师为特悉是即周子'主静立人极'、程子'体用一原,显微无间'之旨,标尼山秘旨于二千一百余年之后,自先儒以来,未有盛于刘子也。"⑤黄梨洲论师说:"识者谓五星聚奎,濂洛关闽出焉;五星聚室,阳明子之说昌;五星聚张,子刘子之道通。岂非天哉!岂非天哉!"⑥作为明末大儒,蕺山学推本濂溪和二程,又得源阳明心学,但与朱子理学、阳明心学皆异,"承朱熹之道德伦理,舍空谈而趋道德之实践","具有综合各派学术思想的性质"⑦。蕺山先生曾撰座右铭:"读书有要,在涵养本源,以得作者之意,使字字皆从己出;做人有方,在谨禀幽独,以防未然之欲,庶时时远于兽门。"⑧此已然成为蕺山学派治学做人的共同呼声,创新人格展露无遗。

刘门弟子凡有著述文献传世者,皆循"自得"理念。如黄宗羲,他学出蕺山,缜密平实,著书颇丰,问学以穷经为先,以经术经世,并兼读史书,以证理之变

---

① 刘宗周:《学言上》,载吴光主编:《刘宗周全集》第2册,第371页。
② 姚名达:《刘宗周年谱》,载吴光主编:《刘宗周全集》第6册,第351页。
③ 黄宗羲:《子刘子行状》,载吴光主编:《刘宗周全集》第6册,第39—40页。
④ 张瑞涛:《心体与工夫:刘宗周〈人谱〉哲学思想研究》,第364—403页。
⑤ 董玚:《刘子全书钞述》,载吴光主编:《刘宗周全集》第6册,第691页。
⑥ 黄宗羲:《蕺山学案》,载黄宗羲:《明儒学案》卷六二,沈芝盈点校,第1514—1515页。
⑦ 张立文:《宋明理学研究》,人民出版社2002年版,第633—634页。
⑧ 姚名达:《刘宗周年谱》,载吴光主编:《刘宗周全集》第6册,第494页。

化,上下古今,穿穴群言,自天官、地志、九流百家之教,无不精研。① 同门友陈之问评曰:"黄子于蕺山门为晚出,独能疏通其微言,证明其大义,推离远源,以合于先圣不传之旨,然后蕺山之学如日中天,至其包举艺文,渊综律历,百家稗乘之言,靡不究。"② 蕺山学派刘门弟子中,唯黄宗羲传延、创新蕺山学最为昭彰深远,"刘宗周之学……传其道者,惟黄宗羲最正,邵廷采则其再传嫡派也,而恽日初、张履祥之流不与焉③。不过,梨洲先生虽承续蕺山学,但终究"自得"而成。比如,昭示黄宗羲作为政治哲学家、最能体现中国传统民本思想的重要著作《明夷待访录》,虽渊源于业师刘宗周,但终究是基于自己的心得体悟而创构;作为梨洲最大学术成就的经史学,虽传承业师所开显的"人格列传"史学模式,但终究由梨洲先生发扬光大,"梨洲黄氏出蕺山刘氏之门,而开万氏弟兄经史之学,以至全氏祖望尚存其意,宗陆而不悖于朱也"④。黄梨洲秉持宋明理学"自得"精神,尤其将业师"自得"精义发挥殆尽,"先生诲余虽勤,余顽钝终无所得,今之稍有所知,则自遗书摸索中也"⑤,后成为蕺山学派中著述最多、影响最广的后学弟子,其大者就有《易学象数论》《授书随笔》《孟子师说》《明儒学案》《明史案》《行朝录》《授时历故》《大统历推法》《授时历假如》《公历、回历假如》《气运算法》《勾股图说》《开方命算》《测圆要议》《明夷待访录》《留书》等等。唯有自我体悟之学方为真所得,治学传世者定当培育创新人格。

黄宗羲胞弟黄宗会赋有才望,亦自得立学。他于十三经微言奥义、名物象数、年月异同,细若铢黍,咸加辨析;廿一史成败得失、制度沿革,以至于河渠历算,莫不洞然;治儒之暇,旁及释氏藏典,手注数十万言而不辍。⑥ 黄宗会著有《缩斋文集》若干卷、《缩斋日记》若干卷、《学御录》一卷、《瑜伽师地论注》若干卷、《成唯释论注》若干卷以及《四明游录》等,博通古今,贯览儒释,梨洲先生为《缩斋文集》所作序有论:"泽望之为诗文,高远遐清。其在于山,则铁壁鬼谷也;其在于水,则瀑布乱礁也;其在于声,则猿吟而鹳鹤咳且笑也;其在平原旷野,

---

① 《清史稿》卷四八〇《列传》第二六七,第 13105 页。
② 黄宗羲:《陈令升先生传》,载沈善洪主编:《黄宗羲全集》第 10 册,第 600 页。
③ 姚名达:《刘宗周年谱》,载吴光主编:《刘宗周全集》第 6 册,第 212 页。
④ 章学诚:《文史通义校注》,叶瑛校注,中华书局 1985 年版,第 523 页。
⑤ 黄宗羲:《思旧录》,载沈善洪主编:《黄宗羲全集》第 1 册,第 342 页。
⑥ 李亨特、平恕:《绍兴府志》卷五三《儒林传》,第 1288 页。

则蓬断草枯之战场，狐鸣鸥啸之芜城荒殿也；其在于乐，则变微而绝绒也。"①由此可见，石田先生极富有创新意识，学有自得。

刘门弟子张履祥著述颇丰，为学重自得。杨园先生除编有《沈氏农书》外，尚著有《杨园全书》34 卷、《张考夫遗书》5 卷，皆自得之言，其挚友凌克贞即言："余友张念芝先生，于学绝道晦之日，独明心性之故，而修身力行以践其实。其于是非真伪之际，辨之明而守之笃。""先生学有本原，功崇实践，守集义、养气之功，以致力于庸言、庸行之际，道器不离，动静无间。验其素履，则历险难而不渝，极困穷而自得。凡发为语言文字，决不矜情作意，而蔼然自见于充积之余。言愈近而旨愈远，见愈亲而理愈实，有德之言，非能言者比。余交三十年，察其语默动静，莫非斯道之流露，非深造自得者不能也。"②"非深造自得者不能"之论已然将杨园先生治学尚自得且学有所得的创新人格昭彰无遗。

陈确为蕺山学派刘门弟子之"畸士"③，自得立学，创新迭显。其论学有《大学辨》《禅障》《性解》《才气情辨》《原教》《学谱》，不折中孔、孟、衡断群儒；坊俗则有《丧俗》《家约》等论葬书，言近指远，黜伪存诚；其余杂著数十万言，俱有关世教；其诗歌清真大雅，自写安贫乐道之怀、悲天悯人之志。乾初先生为学，"即偶然落笔，出其心得，具有发明，理归一贯，绝非支离驳杂，依傍装排"④。因此，当乾初先生所撰《大学辨》公布于世、散播学肆之后，即受同门学友批评，其有被视为"洪水猛兽"之势，同门张履祥即讽喻陈确曰："近世学者，于道粗知向方，遂自矜许，上无古人，甚至信一人之臆见，薄尊闻为流俗，足己自贤，而无复求益之意，非圣人日进无疆、绥其福履之道。"⑤乾初答杨园为己辩护："至《大学辨》，实出万不得已……盖以弟《大学辨》为愚昧无知则可，谓当置之不足议论之列则不可。"⑥由二人辩诘可知，陈确治学虽不能为同门友认同，但为学自得创新宗旨明确。是故，乾初先生将质疑儒圣先贤的言论辑集衷纂为《瞽言》，以"素位

① 黄宗羲：《缩斋文集序》，载沈善洪主编：《黄宗羲全集》第 10 册，第 12 页。
② 苏惇元：《张杨园先生年谱》，载张履祥：《杨园先生全集》附录，陈祖武点校，第 1525 页。
③ 全祖望：《鲒埼亭集》卷二四《子刘子祠堂配享碑》，载全祖望：《全祖望集汇校集注》，朱铸禹汇校集注，第 448 页。
④ 陈翼：《乾初府君行略》，载陈确：《陈确集》首卷，第 14 页。
⑤ 张履祥：《陈母叶太君九袠寿序》，载张履祥：《杨园先生全集》卷一六，陈祖武点校，第 492—493 页。
⑥ 陈确：《答张考夫书》，载陈确：《陈确集》别集卷一六《大学辨三》，第 590 页。

之学"为主旨,实是对《中庸》"素位"章"自得"之义的回归和高扬,是创新人格的集中体现。

刘门弟子张岐然(秀初)读书牛毛茧丝,虽厕身释氏,却不因佛而厌儒,著述论说,颇有创见。他读《十三经注疏》刻意于名物象数,与梨洲学问志同道合;于《易》《诗》《春秋》皆有论,但不与人雷同,凡先旧诸家盘滞之处能显发开张;即游方外亦能穷六经,所著《大学古本辨绎义》之论"格物",于72家之说最为谛当,黄宗羲即评价说:"此是平生功力,不为佛学埋没。"①他著有《春秋五传平文》40余卷,广泛采辑《左传》《谷梁传》《公羊传》及《国语》之异同,既考知其异,又疏通折中,以救正胡安国《春秋传》之失,"指陈流弊,可谓深切著明……于《春秋》不为无功"②,在晚明经学史上占有重要地位。

其他凡有一定学术影响之刘门弟子皆自得立言、歧路开新。如:姜希辙既整理刊刻刘宗周著作行世,"使海内知子刘子之学,与阳明同而异,异而同";又著述立说,"以事悟道,久之以道合事,从人情物理之恰好处,体当受用","皆其真诚之流露"。③定庵之学既不与世抵牾,亦不为世披靡,其所独著的《左传通笺》以及与黄宗羲合著的《历学假如》皆其学以自得的悟道成果。又如:王嗣奭博通文史,喜辨析先儒异同,于圣学深有所得,尤嗜杜诗,年80成《杜臆》,采用知人论世、以意逆志的方法,对杜诗产生的时代背景、杜甫思想的发展线索,甚至对某些和杜甫有关的人的政治态度,都做了极有说服力的推论与揣度。④再如:王家勤通经术,于三《礼》俱有论说,不苟同他人,"颇过于好奇"。⑤还如:先受学蕺山心性义理之学、后潜心画作的陈洪绶书画人物,衣纹清劲,力量气局,在仇、唐之上;尝于杭州摹府学石刻李公麟72贤像,又摹周昉美人图,人咸谓其胜原本;为诸生时游京师,摹历代帝王像,纵观御府图画,技艺精进,与崔子忠号称书画界"南陈北崔";⑥全祖望即赞陈洪绶曰:"蕺山弟子元趾与章侯最为畸

---

① 黄宗羲:《张仁庵先生墓志铭》,载沈善洪主编:《黄宗羲全集》第10册,第457页。
② 《四库全书总目》卷三〇《经部春秋类存目一》,《景印文渊阁四库全书》第1册,第619页。
③ 黄宗羲:《姜定庵先生小传》,载沈善洪主编:《黄宗羲全集》第10册,第610页。
④ 刘开扬:《前言》,载王嗣奭:《杜臆》,上海古籍出版社1983年版,第3页。
⑤ 全祖望:《鲒埼亭集外编》卷一〇《王评事状》,载全祖望:《全祖望集汇校集注》,朱铸禹汇校集注,第940页。
⑥ 《清史稿》卷五〇四《列传》第290,第13902页。

士，不肯帖帖就绳墨。"①章侯先生"不肯帖帖就绳墨"，故能画技超群、艺有大成，著《宝纶堂集》《避乱草》及《筮仪象解》，以气节之概、自得之学，成就真儒之身！

蕺山学派刘门师徒不仅视"自得"为治学方法，更以"学以自得"为治学价值追求，为学不求苟同先贤，但求言之有理，为学精粹独立，方可屹立学术之林。蕺山学派中无论是学术影响较为广泛深远的刘宗周、黄宗羲、陈确、张履祥、陈洪绶等人，抑或学有小成的张岐然、黄宗会、姜希辙、吴蕃昌、祝渊等人，其著述立说是创构者的生命体悟和真情实感的切实流露，凸显了蕺山学派"自得立学"的创新人格气象。

整体而言，蕺山学派刘门师徒以气节明道觉人，忠于国家、严辨华夷，置生死于礼法道义，铮铮铁骨，堪与日月争光，昭彰了以气节立德的忠义人格气象；刘门师徒入仕为官则尽心治国理政，言性命之理则不舍匡济实策，学以致用、经世开物，反对谈虚说玄、空论矫作，体现了以实学立功的经世人格气象；为学以自得为治学价值追求，不求苟同先贤，但求言之有理，在适应新的人文语境的基础上，多元致思，凸显了自得立言的创新人格气象。

---

① 全祖望：《鲒埼亭集》卷二四《子刘子祠堂配享碑》，载全祖望：《全祖望集汇校集注》，朱铸禹汇校集注，第 448 页。

附录一　蕺山弟子考

刘宗周通籍 40 多年，在仕版者仅四年半，其余时间多在家讲学修道，授徒传业，从游学者百人以上。刘宗周殉节之后，即有学者考索蕺山弟子。如：

董玚《蕺山弟子籍》著录蕺山弟子 80 人、学人 66 人。这 80 人分别为：叶廷秀、刘理顺、成德、金铉、祁彪佳、章正宸、孟兆祥、熊汝霖、孙嘉绩、吴钟峦、吴执御、陈子龙、彭期生、陈龙正、徐复仪、王毓蓍、潘集、傅日炯、周镳、祝渊、张玮、何弘仁、史孝贤、史孝复、王朝式、傅衡、王伟、沈绹、王绍美、王绍兰、张峄、谢毂、陶履卓、赵甸、陈诚忭、陈尧年、王兆修、王毓芝、沈兆锦、沈梦锦、赵广生、祁熊佳、王业洵、秦弘祐、刘世纯、陈洪绶、张梯、黄宗羲、董玚、姜希辙、吴调元、周瑔、张应鳌、恽日初、魏学濂、许元溥、邓履中、叶敦艮、徐耀、董标、路迈、王开、曹宗璠、韩位、陈确、吴蕃昌、陈之问、王嗣奭、冯惊、江浩、张岐然、钱棻、周茂兰、黄宗炎、刘应期、张履祥、黄宗会、陆曾晔、沈中柱。[①]

全祖望《子刘子祠堂配享碑》著录蕺山弟子 36 人，与董氏相较，新增蕺山弟子 12 人，即吴麟征、章明德、朱昌祚、戴易、华夏、王家勤、张应烨、张成义、徐芳声、沈昀、万泰、刘汋。[②] 刘宗周之子刘汋因入祭刘子祠，故著录其为蕺山弟子。

杜春生《刘子全书遗编钞述》又增加董氏和全氏未载的 31 名蕺山弟子：检府、县志得未在董氏、全氏所著录者 6 人：徐奇、傅商霖、傅雨、沈静、叶良玉、毛先舒；又采蕺斋藏书稿，得未载者 2 人：沈应位、孟□□（养浩）；又于《刘子全书》之《证人社语录》得未载者 4 人：祁凤佳、祁骏佳、周懋宗、周尚夫；又《文编》得未载者 13 人：胡岳、李朝晖（明初）、邓弘、王毓芳、王毓兰、赵重庆、胡鸣鏓、金铉、鲍斌、卢演、张元迪、吕孚、徐□□（体乾）；又《年谱》中得未载者 3 人：钱永锡、王谷、陈道永；又《年谱录遗》中有陈树勋；又全氏《祁六公子墓碣铭》有祁鸿孙；又

①　董玚：《蕺山弟子籍》，载吴光主编：《刘宗周全集》第 6 册，第 614—615 页。
②　全祖望：《鲒埼亭集》卷二四《子刘子祠堂配享碑》，载全祖望：《全祖望集汇校集注》，朱铸禹汇校集注，第 443—448 页。

陈立《陶庵集》所载刘宗周之婿陈刚。① 陈确初名"道永",此处"陈道永"即陈确。这样,在董氏、全氏基础上,杜氏又增加蕺山弟子 30 人。

统合而看,董、全、杜共著录蕺山弟子 122 人。但刘宗周另一弟子黄宗羲在《蕺山同志考序》则说蕺山弟子有 376 人。② 刘宗周究竟有多少弟子,每一弟子入刘门的史料事实、思想特征、撰著论述、学思历程等等,是值得学者深入探讨的问题。

现代学者多据董玚、全祖望和杜春生的记载来考证蕺山弟子情况。如衷尔钜先生《蕺山学派哲学思想》一书的《蕺山学派其他传人》一章(下简称"衷文"),"综合各史籍材料所载,选出部分有事迹和著述的传人。有的限于材料,只录存其名"③,罗列蕺山弟子、传人 116 人,并就部分人物的生卒年月、学行著述做了一定程度的考证。绍兴县史志办学者黄锡云和傅振照二先生合著有《蕺山弟子考》(下简称"考文"),"按照董玚的《蕺山弟子籍》、杜春生的《蕺山弟子增补》,另辟《新补蕺山弟子》和董玚的《学人》名录,或简,或繁,或详,或略,或粗,或细,一并记录"④,著录蕺山弟子、再传弟子、学人共 240 人,其中补蕺山弟子 31 人。

无论是"衷文",还是"考文",他们只参考了董玚、全祖望、杜春生对蕺山弟子的记载,并未参考刘士林《蕺山先生行实》所涉及的蕺山弟子。刘士林明确说"后先以学业请益者",从中可进一步著录蕺山弟子。此外,《年谱》曾记载有一批参与赈灾的弟子,"考文"只著录部分,可进一步参考董玚《刘子全书钞述》而著录更多蕺山弟子。而且,在考索某人为蕺山弟子的证明史料,并考索其撰著资料的同时,可能会牵扯出另外弟子。这些人物亦应纳入蕺山弟子群体。

若据黄宗羲《蕺山同志考序》所提出的"讲会之地,问答之书"作为考证蕺山弟子的基本标准,则可增补蕺山弟子 52 人。梨洲是《序》提出了考证蕺山弟子的原则:"昔钱绪山作阳明先生年谱,立四证以书门弟子:一证于及门之日,一证于奔丧之日,一证于随地讲会之所,其人没则证之弟门人。有见其名而不知其人,知其人而未究其学者,皆所不录。吾先生既不籍从游,则及门之日无

---

① 杜春生:《刘子全书遗编钞述》,载吴光主编:《刘宗周全集》第 6 册,第 700—701 页。
② 黄宗羲:《蕺山同志考序》,载沈善洪主编:《黄宗羲全集》第 11 册,第 57—58 页。
③ 衷尔钜:《蕺山学派哲学思想》附录,第 380 页。
④ 黄锡云、傅振照:《蕺山弟子考》,载《刘宗周研究》,第 368 页。

所取证。先生之丧,方当乱离,道路梗塞,亦难以奔丧为证。其可证者,唯讲会之地,问答之书而已,故不得以绪山为例。"①很可惜,梨洲有《序》无《考》。依循梨洲先生"讲会之地,问答之书"的考证标准,则凡于讲会之地听从刘宗周论学、凡与刘宗周有问学书信往来之人,皆应纳入蕺山弟子行列。此外,若有其他史料以某人为蕺山弟子,亦将之增补进蕺山弟子行列。

当然,此处所指"蕺山弟子"是指刘宗周的"一传弟子",不包括再传弟子、私淑弟子等。

(一) 据《刘宗周年谱》,增补蕺山弟子 21 人。

1. 秦祖轼,字嗣瞻,山阴人。刘宗周小女婿。

刘宗周首阳一饿,秦祖轼一直陪伴左右。据《刘宗周年谱》"六十八岁"条载,是年六月二十二日,门人王毓蓍痛士绅迎降,自沉柳桥死,婿秦祖轼知刘宗周不食,作书解之,谓"江万里身为宰相,义难苟免,先生非万里比"。因援文文山、谢迭山、袁闳事,言"死尚有待"。刘宗周览书,为进糜一盂,并答书谢祖轼。② 六月二十九日,秦祖轼入侍,先生口吟绝命辞曰:"留此旬日死,少存匡济意。决此一朝死,了我平生事。慷慨与从容,何难亦何易。"祖轼欲笔之,先生曰:"无庸,偶然耳。"既而曰:"吾感熊汝霖而赋此。"因谓祖轼曰:"为学之要,一诚尽之矣。而主敬其功也。敬则诚,诚则天。若良知之说,鲜有不流于禅者。"③闰六月初五日,刘宗周蚤觉,抚胸谓秦祖轼曰:"此中甚凉快。"祖轼因问先生:"不以他端立决,必欲绝食而死,非但从容就义,或欲为全归之孝乎?"先生微笑肯之。④

2. 管睿生,字德隅,山阴人。

管睿生与刘宗周有问学书信。据《刘宗周年谱》"五十五岁"条载,有《答管生睿生(德隅)书》;⑤1634 年,又有《答管睿生书》二通。⑥《答管生睿生书》曰:"陶先生教人,大抵为作客人觅还家计,所以口口只作一路鞭入,更不立第二

---

① 黄宗羲:《蕺山同志考序》,载沈善洪主编:《黄宗羲全集》第 11 册,第 58 页。
② 姚名达:《刘宗周年谱》,载吴光主编:《刘宗周全集》第 6 册,第 481—482 页。
③ 姚名达:《刘宗周年谱》,载吴光主编:《刘宗周全集》第 6 册,第 483—484 页。
④ 姚名达:《刘宗周年谱》,载吴光主编:《刘宗周全集》第 6 册,第 485 页。
⑤ 姚名达:《刘宗周年谱》,载吴光主编:《刘宗周全集》第 6 册,第 366 页。
⑥ 姚名达:《刘宗周年谱》,载吴光主编:《刘宗周全集》第 6 册,第 375 页。

义,真使人有省发处。"①《答管生睿生二》曰:"应举不遇,未免动心。苟非学力做到头,则此等病痛亦是不免。但脚地亦须立得定,断不能舍吾道之正,而从事于径窦,足下便当从今日下地步也。"②

3. 管而抑,余姚人。其父为管宗圣。

管而抑与刘宗周有问学书信。据《刘宗周年谱》"五十七岁"条载,有《答管生而抑》书信,指出:"学问人贵真发心,如将钱取物,决不徒手,又必取其紧要之货,以济家当之不足,归于实有受用而已。"③刘宗周此论是针对管而抑《迁改格》而发的议论。

4. 管征君(1578—1641),名宗圣,字允中,别号霞标,余姚人,诸生。

管征君与刘宗周有问学书信,且参与证人讲会。据《刘宗周年谱》"六十二岁"条载,是年六月,有《与管霞标(宗圣)》书信,略云:"儒释之辨,各各取证于心,不害其为大同小异。况足下之教,则全以儒宗诠佛乘,并求所为小异处不可得矣。"④

据《姚江书院志略》载,管宗圣以躬行实践为准则,一言一动,皆周旋合礼,且目中不设雌黄,远近同志,翕然从风。崇祯辛未集证人社,管宗圣与刘宗周同岁,携沈国模、史孝咸兄弟与会听讲。丁丑,祁彪佳推荐与朝,奉旨征辟,管宗圣不赴。己卯六月,管宗圣与刘宗周通信,问心学。刘宗周说:"学问说到事心处,亦已至矣。但善言心者,一语可了;不善言心者,累千万言亦不了。《大易》神无方而易无体,便是圣人分上。"⑤管宗圣著有《勉学篇》《募册引》及诗文稿。

崇祯十一年(1638),白马山房一派奉陶奭龄为师,倡明禅说,不受刘宗周裁成。刘宗周于是年十一月《答王金如(朝式)书》中说:"陶先生(奭龄)学有渊源,养深自得,不难尊为坛坫,与二三子共绎所闻。每一与讲席,辄开吾积痼,退而惘然失所据也。一时闻者兴起,新建微传庶几有托。其它若求如之斩截,霞标之笃实,子虚明快,仆皆自视然,以为不可及。因而往还论道,十余年如一日,不

---

① 刘宗周:《答管生睿生书》,载吴光主编:《刘宗周全集》第3册,第316页。
② 刘宗周:《答管生睿生二》,载吴光主编:《刘宗周全集》第3册,第321页。
③ 刘宗周:《答管生而抑》,载吴光主编:《刘宗周全集》第3册,第322页。
④ 姚名达:《刘宗周年谱》,载吴光主编:《刘宗周全集》第6册,第375页。
⑤ 钱茂伟:《姚江书院派研究》,第287—290页。

问其为儒与禅也。"①刘宗周对管宗圣笃实践行的思想观点给以充分肯定。

5. 吴懋九，事迹不详。

吴懋九与刘宗周有问学书信。据《刘宗周年谱》"六十六岁"条载，是年三月八日，有《答吴生懋九》书，言"求道之要，莫先于求心，心求之而即在，亦毕世求之而未必在"之义。② 吴懋九给刘宗周的问学书信中有"尽其在己，听其自然"之论。③

6. 李士淳(1585—1665)，字二何，又号玉溪，广东程乡人(今梅县人)，崇祯六年(1633)进士。

李士淳与刘宗周有问学书信。据《刘宗周年谱》"六十六岁"条载，是年二月十二日，《复李二河翰编(士淳)书》，言格物之义。④

李士淳著述颇丰，主要有《古今文苑》《三柏轩文集》《燕台近言素言逸言》《质疑十则》《诗艺》《阴那山志》等。

7. 吕滋，余姚人。

据《刘宗周年谱》记载，南明弘光元年(顺治二年，1645)六月十三日，杭州失守，诸大帅尽散，潞王具款降清。十五日午刻，刘宗周闻变，时方进膳，推案恸哭曰："此予正命时也。"遂不食，僵卧榻间。子汋流涕奉糜以请，先生挥之曰："食人之食者，死人之事，分义然也。"有顷，余姚张生应烨，吕生滋请见言事，先生延入卧室，凭几而见之。⑤ 据此著录其为蕺山弟子。

8. 许器之，事迹不详。

据《刘宗周年谱》"五十四岁"条载，是年四月三日第二会，"祁凤佳举《素位》一章，质自得之义从主敬得来，抑心体自然如此，先生曰：'自得全然是个敬体，无时不戒慎，无时不恐惧，则此心已游于天空地阔之境矣。若只认作快活景象，便已落无忌惮一流。是不可不辨。'祁彪佳曰：'反求时尽不安妥，如何说个自得？'先生曰：'唯其反求，所以自得。'许器之曰：'说个自得，毕竟当有所得，得

---

① 姚名达：《刘宗周年谱》，载吴光主编：《刘宗周全集》第6册，第375页。
② 姚名达：《刘宗周年谱》，载吴光主编：《刘宗周全集》第6册，第460页。
③ 刘宗周：《答吴生懋九》，载吴光主编：《刘宗周全集》第3册，第377页。
④ 姚名达：《刘宗周年谱》，载吴光主编：《刘宗周全集》第6册，第460页。
⑤ 姚名达：《刘宗周年谱》，载吴光主编：《刘宗周全集》第6册，第479页。

是得个甚么?'先生曰:'实无所得,故名自得。'"①据此可知,许器之亦参加蕺山讲会。

据《刘宗周年谱》"六十岁条"载,是年嵊县大旱,谷石千钱,小民率掘土当食,或啖草根木皮,多死亡离散状。刘宗周书《赈嵊缘起》,募资设厂施粥,得银600两,米170余石,命王朝式、秦弘祐、钱永锡、邢锡祯、杨鳌、邢锡祥、王兆修、徐廷玠、王受之等人入嵊综赈事,嵊人王儆弦佐之,又募嵊米890石。诸生分设粥厂137所,给粥月余,日饲四五万人。② 根据"诸生分设粥厂一百三十七所,给粥月余,日饲四五万人"推论,王朝式、秦弘祐、钱永锡、邢锡祯、杨鳌、邢锡祥、王兆修、徐廷玠、王受之及王儆弦当为蕺山弟子。王朝式、秦弘祐、钱永锡、王兆修等人或为《蕺山弟子籍》,或为《子刘子祠堂配享碑》,或为《刘子全书遗编钞述》著录,本文则著录邢锡祯、杨鳌、邢锡祥、王受之、王儆弦及徐廷玠为蕺山弟子。

9. 邢锡祯,山阴人。

10. 杨鳌,事迹不详。

11. 邢锡祥,山阴人。

12. 王受之,事迹不详。

13. 王儆弦,嵊县人。

14. 徐廷玠,字元度,绍兴会稽人。

据《康熙会稽县志》载,徐廷玠克守先人之志,忠诚孝友,素闻于乡;侍刘宗周、陶奭龄讲学于证人会,甚得推许;后宗周殉节,老成凋谢,继往开来,均廷玠之功;崇祯间,嵊县大饥,鬻产往赈。嵊邑屡饥,复竭赀给赈,全活甚众。③ 徐廷玠亦曾参与蕺山讲会。

另据董玚《刘子全书钞述》载,"《年谱录遗》于崇祯丁丑三月嵊县赈饥记载独详,而庚辰年赈饥,只言'建社仓于所居之里'下注曰:'是年春,越郡遭水灾,米价骤涌。先生与祁侍御彪佳请于官,招商通贩,发仓廪,而绅士出私囷以平粜,设粥佐之。'至辛巳'已不一及'"。董玚参阅会稽所镂救荒册子,有《荒册漫

---

① 姚名达:《刘宗周年谱》,载吴光主编:《刘宗周全集》第6册,第351页。

② 姚名达:《刘宗周年谱》,载吴光主编:《刘宗周全集》第6册,第405页。

③ 《康熙会稽县志》卷二五《人物志·忠节》,第550页。

书》序,其中讲到:"庚辛间,连遭大祲,里人之为殍而转徙者日相告。今年春,饥民汹动,赖当事者预为议储、议通、议平粜,有踵庚辰法委乡之士大夫纲纪之。……司区者为王毓芝、张名翰、祁鸿孙、谢龙震等,监粜者为赵甸、王毓蓍、秦弘祐、陈诚忭、王兆修等。……明年辛巳元正,奸人乘甚雪集众闯民家剽米,当事请子议惩乱后行赈,祁侍御造诸生门请司事。……会邑司坊为王毓芝、董瑞生、张峄、陈诚忭、倪元瓒、陈树勋、王兆修、商章祖、王自超、张名翰、倪会覃……总理为徐廷玠、董瑞生、谢龙震、王鲲、祁鸿孙、陈刚等,推区中陶履卓、谢毂辈分任之……"①其中所涉人物,王毓芝、祁鸿孙、赵甸、王毓蓍、秦弘祐、陈诚忭、王兆修、董瑞生、张峄、陈树勋、陈刚、陶履卓、谢毂等为蕺山弟子,已为董玚、全祖望、杜春生著录为蕺山弟子。那么,根据刘宗周与祁彪佳等人赈饥故事史实,可推知张名翰、谢龙震、倪元瓒、商章祖、王自超、倪会覃、王鲲等人亦为蕺山弟子。故一一著录。

15. 张名翰,事迹不详。

16. 谢龙震,字云生,山阴人,诸生。

据查继佐《监国纪》载,谢龙震曾于义兴起兵,唐王时授中书舍人。唐诏下,尝手批其使者刘中藻于殿。鲁败,复收其故部,出没绍兴诸山。久之,力竭被执,语极不逊;大呼左右,为记忠臣绝命之句。诗有"万里孤臣祇赤心,满腔热血化灰烬"云云。②

17. 倪元瓒,字献汝,上虞人,倪元璐之弟。

据陈祖武先生论述,"最终完成蕺山学北传历史使命的,则无疑应是蕺山诸后学。其中功绩最为卓著者,当首推倪元瓒"③。

18. 倪会覃,上虞人,倪元璐之子。

19. 商章祖,事迹不详。

20. 王自超,会稽人。事迹不详。

21. 王鲲,事迹不详。

---

① 姚名达:《刘宗周年谱》,载吴光主编:《刘宗周全集》第 6 册,第 675—677 页。
② 查继佐:《鲁春秋·监国纪》,《台湾文献史料丛刊》第 6 辑,台湾大通书局,第 49—50 页。
③ 陈祖武:《蕺山南学与夏峰北学》,载陈祖武:《清儒学术拾零》,第 1—16 页。

（二）据刘宗周诗词，增补蕺山弟子 1 人。

22. 嘟弟，事迹不详。

刘宗周《答门人嘟弟书》："春去凭栏十二千，一春鱼雁报平安。人逢四十残生半，病得林皋晚节难。自昔孔门方鼓瑟，不闻曾点更弹冠。东周出处西周梦，都付浮云过杏坛。克己存诚与静观，更无明目许多般。亡羊一路支离去，买璞千金朽腐弃。好待帝心开夜半，只从跬步上长安。凭君久立杨时雪，定性全书也是谩。"①故著录其为蕺山弟子。

（三）据刘宗周书信，增补蕺山弟子 6 人。

23. 刘麟长，字孟龙，号乾所，福建晋江人，万历四十七年(1619)进士。

刘麟长与刘宗周有问学书信。《答刘乾所学宪》指出："盈天地间，凡道理皆从形器而立，绝不是理生气也，于人身何独不然？大易'形上'、'形下'之说，截得理气最分明，而解者往往失之。后儒专喜言'形而上'者，作推高一层之见，而于其所谓'形而下'者，忽即忽离，两无依据，转为释氏所借口，真所谓开门揖盗也。至玄门则又徒得其'形而下'者，而竟遗其'形而上'者，所以蔽于长生之说，此道之所以尝不明也。"②故著录其为蕺山弟子。

刘麟长著有《浙学宗传》。《四库全书总目》曰："是编乃其为浙江提学副使时所编。以周汝登所辑《圣学宗传》颇详古哲，略于今儒，遂采自宋讫明两浙诸儒，录其言行，排纂成帙。大旨以姚江为主，而援新安以入之。故首列杨时，次以朱子、陆九渊并列。陈亮则附载于末，题曰《推豪别录》。又以蔡懋德《论学》诸条及鳞长所自撰《扫背图》诸篇缀于卷后。懋德、鳞长非浙人，入之浙学已不类。而自撰是书自称刘乾所先生，与古人一例，尤于理未安。"③

24. 曹广，字远思，事迹不详。

曹广与刘宗周有问学书信。《复曹远思进士》曰："'知耻近勇'一语，殆是吾辈顶门针，不佞请姑就来教所及者而请事焉，可乎？夫耻者人之本心也，而体蕴有辨。……不能知耻，虽有耻与无耻同，亦何怪日即于忽忽而不振乎！……

---

① 刘宗周：《答门人嘟弟书》，载吴光主编：《刘宗周全集》第 4 册，第 502 页。

② 刘宗周：《答刘乾所学宪》，载吴光主编：《刘宗周全集》第 3 册，第 367 页。

③ 《四库全书总目》卷六二《史部传记类存目四》，《景印文渊阁四库全书》第 2 册，第 375 页。

来教曰:'宽者意思,严立功程。'近之矣。苟于此弗失,则名世事业亦何所不辨乎? 要其本在知所用耻始,正无事于旁求也。"①故著录其为蕺山弟子。

25. 文德翼,字用昭,江西德化人,崇祯七年(1634)进士。

文德翼与刘宗周有问答书信。据《刘宗周年谱》"六十三岁"条(崇祯十三年庚辰,1640)载,四月十九日,《答文灯岩司理(德翼)》,谓"心之官,思也。……无起而无不起也,随用而见,非待用而起也。有用有不用,有起有不起者,非思也,念也,以念为思,是认贼作子也。又以无念为思,是认子作贼也。盖念之有起有灭者,动静所乘之几;而心官之无起无不起者,太极本然之妙也"②。故著录其为蕺山弟子。

文德翼著有《雅似堂文集》《宋史存》等。《四库全书总目》论《宋史存》曰:"是编采掇《宋史列传》,而删润其文。始于宗泽,终于文天祥。盖福王时所作,故独寓意于绍兴以后云。"③论《雅似堂文集》曰:"德翼人品清逸,而学问未能精邃,所作《佣吹录》之类,大抵以饾饤为工,故诗文亦未能超诣。"④论《读庄小言》曰:"此书就《庄子》诸篇随笔记其所得,然未能拔奇于旧注之外。"⑤

26. 李盛世,事迹不详。

李盛世与刘宗周有问答书信《答李孝廉(盛世)》,故著录其为蕺山弟子。

27. 刘明孝,字永侯,山阴人。刘宗周族侄。

刘明孝与刘宗周有问学书信。据《刘宗周年谱》"六十二岁"条,是年八月,《答族侄书》曰:"所云立志,志即吾之志也。吾志之,亦吾仆之,待他人乎? 且待他人启告乎? 必不得已,请进之以立诚之说。"⑥《刘宗周年谱》"六十四岁"条载,正月三日,《与永侯族侄(明孝)》:"人情政以为艳称,而不知本心之地日移而月化者,亦已多矣。今但得每事便将平日穷秀才气味置在目前,一味与之冷落,与之消灭,便讨了无限便宜。而终身远大之业,亦便不外此。"⑦

---

① 刘宗周:《复曹远思进士》,载吴光主编:《刘宗周全集》第 3 册,第 361—362 页。
② 刘宗周:《答文灯岩司理》,载吴光主编:《刘宗周全集》第 3 册,第 361 页。
③ 《四库全书总目》卷六五《史部史钞类存目》,《景印文渊阁四库全书》第 2 册,第 420 页。
④ 《四库全书总目》卷一八〇《集部别集类存目七》,《景印文渊阁四库全书》第 4 册,第 831 页。
⑤ 《四库全书总目》卷一四七《子部道家类存目》,《景印文渊阁四库全书》第 3 册,第 1108 页。
⑥ 刘宗周:《答族侄书》,载吴光主编:《刘宗周全集》第 3 册,第 355 页。
⑦ 刘宗周:《与永侯族侄》,载吴光主编:《刘宗周全集》第 3 册,第 463 页。

28. 陆典,字以建。

《刘宗周全集》收录有五通刘宗周与陆以建书信,如在《与陆以建年友一》书信中,针对其"论学先提主脑,不喜言工夫边事。一涉省察克治,必扫除之"的治学路径,有关于为学当主"慎独"工夫的论点:"圣学要旨摄入在克己,即《大》《中》之旨摄入在慎独,更不说知、说行。周子'圣学有要'段,亦最简截,与克己慎独之说相印证,此千古相传心法也。"①《与以建四》则分析了"敬"的内涵:"君子之学,言行交修而已。孔门屡屡言之曰:'不敢不勉,有余不敢尽。''不敢'二字,何等慎着! 真是战兢惕厉心法。此一点心法,是千圣相传灵犀,即宋明主敬之说,穷此之谓穷理,尽此之谓尽性,至此之谓至命,不必另说天说性,作蛇足也。"②他在《与陆以建》书信中还揭示了禅学流弊:"然则学禅者未有不伪,作伪者未有不禅,此今日学术之弊也。"③

疑陆以建即陆汝文。祝渊《上先生书》中有云:"近又得汝文陆丈同寓见所答季超书并《一元正学录》,深服其见地之卓,似亦得《读易图说》之一班也。且汝老年高亲,负斗米来聚,此其志。"④季超即祁骏佳(号季超),祁骏佳为蕺山弟子,既然陆汝文与祁骏佳有书信往来,大致可推知此陆汝文亦当为蕺山弟子。《读易图说》为刘宗周所作。透过祝渊之言可知,陆汝文尚著有《一元正学录》,而且祝渊关于此著的序言指出,是著"于儒释邪正之辨判若黑白"⑤,联系到刘宗周给陆以建的书信,其中就有对禅学的评判和对为学只提本体主脑、不重工夫践履的弊病,则作为弟子的陆以建是能够因循师说而撰写明辨"儒释之别"的《一元正学录》的。因此,作为蕺山弟子的"陆典"与祝渊所言及的"陆汝文"可能为同一个人,即陆典,字以建,号汝文。

(四) 据《清史稿》,增补蕺山弟子3人。

29. 郑景元,海盐人,郑宏之弟。

据《清史稿》载:"郑宏,海盐人。与弟景元俱从刘宗周受业,笃于友爱。景

---

① 刘宗周:《与陆以建年友一》,载吴光主编:《刘宗周全集》第3册,第298页。
② 刘宗周:《与陆以建四》,载吴光主编:《刘宗周全集》第3册,第301—302页。
③ 刘宗周:《与陆以建》,载吴光主编:《刘宗周全集》第3册,第530页。
④ 祝渊:《问学录》,载祝渊:《祝月隐先生遗集》卷一。
⑤ 祝渊:《诗》,载祝渊:《祝月隐先生遗集》卷三。

元短世。乙酉后绝意进取,躬灌园蔬养母,屡空,晏如也。敝衣草履,不以屑意。尝徒跣行雨中,人不能识也。卒,年五十六。"①郑宏已为杜春生著录,故增补郑景元为蕺山弟子。

30. 屠安世,秀水人。

据《清史稿》载,屠安世闻宗周讲学,喜曰:"苟不闻道,虚生何为!"遂执贽纳拜焉。宗周既殁,从父兄偕隐于海盐之乡。病作,不粒食者十有七年。得宗周书,力疾钞录。反躬责己,无时或怠。尝曰:"朝闻夕死,何敢不勉!"②故著录其为蕺山弟子。

31. 钱寅,字字虎,浙江桐乡人。

据《清史稿》载,钱寅与张履祥为砚席之交。崇祯癸未(1643)冬,海宁祝渊以抗疏论救刘宗周,被逮,张履祥与钱寅送之吴门。崇祯甲申(1644)春,张履祥和钱寅遂偕诣宗周门受业焉。自是钱寅造履益谨,寇盗充斥不废学。③张履祥为董场著录,故著录钱寅为蕺山弟子。

(五) 据《康熙会稽县志》,增补蕺山弟子4人。

32. 徐师仁,会稽人。徐奇之子。

据《康熙会稽县志》载:"(徐奇)子,师仁,亦刘子门人,著有《镋湄集》。"④徐奇已为杜春生著录,故增补徐师仁为蕺山弟子。

33. 章重,字爱发,会稽人,崇祯十年(1637)进士。

章重听讲于证人讲会,且受刘宗周器重。《康熙会稽县志》载,章重敦睦孝友,以文章名世。素为陶望龄、刘宗周器重。章重曾为福安知县。刘宗周有《答章爱发邑令(重)书》,说:"福安虽陋且褊小,而处前人玩愒之余,政自不废更绞。至施为先后缓急之间,亦复恰中机宜,动无扞格,故不及一载而令行若流水,士率其方,民安其业,稍有成效之可纪。"⑤

章重创龟湖书院以励学者。后调福清县,病卒于官。⑥

---

① 《清史稿》卷四八〇《列传》卷二六七《儒林一》,第13121页。
② 《清史稿》卷四八〇《列传》第二六七《儒林一》,第13121页。
③ 《清史稿》卷四八〇《列传》第二六七《儒林一》,第13120页。
④ 《康熙会稽县志》卷二四《人物志·儒林》,第525页。
⑤ 刘宗周:《答章爱发邑令》,载吴光主编:《刘宗周全集》第3册,第453—454页。
⑥ 《康熙会稽县志》卷二四《人物志·儒林》,第523页。

34. 吴拱宸,字襄宗,会稽人。

吴拱宸从刘宗周问学。据《康熙会稽县志》载,吴拱宸居越城泮宫,即其先世吴孜所舍地。吴拱宸赋性孝友,终身孺慕,且好施济,多行善事。后隐居抱璞乡,党称其为长者,当时有梓里乡评硕望之誉。"吴拱宸曾从刘宗周讲学,以礼义方正训子,诗书启后。"①

35. 张焜芳(?—1643),会稽人,崇祯元年(1628)进士。

张焜芳从刘宗周讲学。据《康熙会稽县志》载,"张焜芳罢职归乡,从蕺山讲学于证人会";焜芳应诏北上遇警,仆从请退舟南下,焜芳不许,慨然曰:"吾奉命而来,闻警而返,临难苟免,义所不安。"遂舍舟入城。城陷,更请易服齐民,焜芳亦不许。骑警骤至,拥焜芳见其帅,使跪,焜芳厉声曰:"吾为天子侍从臣,宁屈于汝?"遂遇害。后赠大理寺卿,世袭锦衣卫正千户。②

(六) 考索《绍兴县志资料》,增补蕺山弟子 4 人。

36. 张自简,字敬可,山阴人,诸生。张应鳌之子。张应鳌已为董炀、全祖望著录。

据《绍兴县志资料》载:"自简,字敬可,亦从学于念台。尝曰:'简弱冠,幸获耳! 承绪论六十年来,梦寐饮泣民生于三,其敢或忘?'"③故著录其为蕺山弟子。

37. 陶才(1611—1648),字君实,会稽县人。

据《绍兴县志资料》载,陶才四岁丧父,贫无以敛,伏尸哀恸,乡人宗族怜而葬其父。陶才奉母十余年,以孝称。"母卒,子处草庐,哀毁骨立,见人读书,辄惭慕,曰:'吾力不能为亲,竭力不能为君,致有志就传而乏攸脯,奈何?'父老感其言,为言于蕺山刘先生,因得列门下。"④故著录其为蕺山弟子。

入刘门后,陶才始读经史书,明大义。陶才状貌伟岸,性壮烈,优艺勇,善手搏。但他两应童子试不第,遂北上谋生。后三考而授东安县尉。遇事敢为,有

---

① 《康熙会稽县志》卷二五《人物志·忠节》,第 522 页。
② 《康熙会稽县志》卷二五《人物志·忠节》,第 533 页。
③ 民国绍兴县修志委员会辑:《绍兴县志资料》第 1 辑《三江所志》,台湾成文出版社 1983 年版,第917—918 页。
④ 民国绍兴县修志委员会辑:《绍兴县志资料》第 1 辑《人物列传》,第 2653 页。

胆魄,县令较器重。顺治五年(1648)秋,东安县大饥,有农民起义军攻东安。时县令卧病,陶才遂聚集众人,号召大家:"才虽下吏,亦天子所命,义当死。有能杀敌者,从吾杀敌。"众皆泣,齐云:"此乃公生吾等,死随公死,今日唯公命!"陶才遂集 300 余人突西门而出,奋勇杀敌,斩首级数十,并生擒 4 人归城。后农民起义军领袖刘东坡佯装攻城诈败。陶才中计,率众追赶,被擒,自到而死。卒年 38 岁。家贫未娶。①

38. 赵时和,字观复,山阴人。

据《绍兴县志资料》载,赵时和 30 岁进学,屡试不中,遂退居修辑古今文艺,"与刘念台讲学小学,有《讲余私记》。鲁监国元年(1646),有屯田,足用疏。又有《一鸣编》《樗言集》。"②故著录其为蕺山弟子。

39. 王国宾,字元洲,会稽人。

据《绍兴县志资料》载,王国宾"九岁善属文,受学于刘宗周。读书务穷理力行,不徒治章句"③。故著录其为蕺山弟子。

元洲自弱冠游庠后,屡困棘围,乃东装北上,游名山大川,交贤士大夫。大司马李懋明奇其才,以之为客。后懋明荐为通判,未赴则国变。元洲遂绝意进取,清世祖诏求遗贤,巡抚以国宾上,国宾不从。国宾于家,与知己谈经赋诗,萧然物外。或出所蓄古墨旧砚,独坐摩挲,竟日不厌。某一日,"召集故旧,叹饮至夜分,起歌曰:'薄游天涯兮何所依,身一出兮不可归。'客去即盥栉,呼三子,命以旧衣敛,端坐而逝"④。

(七) 据《东南纪事》,增补蕺山弟子 1 人。

40. 秦承显,事迹不详。

据《东南纪事》载,"刘宗周讲学于古小学,菁毓及刘世纯、陆曾晔、秦弘祐、王朝式、秦承显、钱永锡等,皆执贽"⑤。故著录其为蕺山弟子。

---

① 民国绍兴县修志委员会辑:《绍兴县志资料》第 1 辑《人物列传》,第 2653—2654 页。
② 民国绍兴县修志委员会辑:《绍兴县志资料》第 1 辑《人物列传》,第 2608 页。
③ 民国绍兴县修志委员会辑:《绍兴县志资料》第 1 辑《人物列传》,第 2647 页。
④ 民国绍兴县修志委员会辑:《绍兴县志资料》第 1 辑《人物列传》,第 2647 页。
⑤ 邵廷采:《东南纪事》卷八,载邵廷采:《邵廷采全集》,陈雪军、张如安点校整理,第 637 页。

（八）据刘士林《戴山先生行实》，增补戴山弟子 6 人。

刘宗周之孙刘士林有《戴山先生行实》，指出："后先以学业请益者，则张公玮、倪公元璐、孙公慎行、吴公麟征、范公景文、李公邦华、施公邦耀、黄公道周、刘公理顺、成公德、金公铉、祁公彪佳、熊公汝霖、孟公兆祥、吴公执御、叶公廷秀、余公煌、陈公龙正、章公正宸、陈公子龙、王生毓蓍、潘生集、韩生位、祝生渊、恽生日初、陈生道永、吴生蕃昌、张生履祥、周生卜年、张生应鳌、周生璿、沈生兰先、徐生光球、叶生敦艮、来生蕃，皆以学行名节著称者也。"①刘士林称其中 20 人为"公"，15 人为"生"。所谓"公"，是对"长者"或平辈的敬称。刘士林明确区分"公"与"生"，想必二者"身份"并不相同。在刘士林称"公"的 20 人之中，有 13 人为《戴山弟子籍》《子刘子祠堂配享碑》所载，而称"生"的 15 人之中有 12 人为董玚、全祖望、杜春生所载。那么，称"生"者中的剩余人物为戴山弟子可无疑。只是，称"公"者其余诸人是否应划为戴山弟子？按照黄宗羲"讲会之地，问答之书"的标准，称"公"者有 4 人与刘宗周有书信往来，即倪元璐、范景文、李邦华、黄道周。但是，考刘宗周与范景文、黄道周书信，皆非问学书信，不能确定其为戴山弟子，且无直接证据表明二者与刘宗周有"师生之意"。故存疑不录。至于施邦耀，《刘宗周全集》虽未载他与刘宗周的书信往来，但有证据表明他受学刘宗周。这样，刘士林的《戴山先生行实》实增加戴山弟子 6 人，即倪元璐、李邦华、施邦曜、周卜年、沈兰先、徐光球。

41. 倪元璐（1593—1644），字玉汝，号鸿宝、园客，上虞人，后定居会稽，天启二年（1622）进士。

据陈祖武先生考察，倪元璐及其弟倪元瓒对戴山学的北传做出贡献。② 刘汋《刘子年谱录遗》记："先生当党祸杜门，倪鸿宝以翰编归里，三谒先生，不见，复致书曰：'先生至清绝尘，大刚制物，动以孔、孟之至贵而为贲诸荆卜之所难，璐心服之，诚于七十子之于夫子也。'每于士大夫推尊不甯口，言及，必曰：'刘先生云何？'先是越之衿士无不信先生为真儒，而缙绅未尝不讪笑之，独鸿宝号于众曰：'刘念台，今之朱元晦也。'于是始有信之而愿学者。自此祁公彪佳、施公

① 刘士林：《戴山先生行实》，载吴光主编：《刘宗周全集》第 6 册，第 607 页。
② 陈祖武：《戴山南学与夏峰北学》，载陈祖武：《清儒学术拾零》，第 7 页。

邦曜、章公正宸、熊公汝霖、何公弘仁，争以菁蔡奉先生。"①

刘宗周有《与倪鸿宝祭酒》书："蓬莱一别，聆此眷眷道爱以去，不觉魂梦之俱长，而奄已再越三秋矣。狼狈一身，领此剧司，重一时艰，百尔鞅掌，百尔困悴，真是哑子吃苦瓜，不能以告人，乃知当日不量力而轻于一出，为计之左。望年兄清光如在天上，日欲奋飞而无从也。……弟因病久，乞归不得，将来定以严谴行而邀台庇，免支旦夕。"②虽刘宗周称倪元璐为"年兄"，称自己为"弟"，但因倪元璐对蕺山学的传播之功，故著录其为蕺山弟子。

倪元璐主要著有：《兒易内仪以》与《兒易外仪》以及《秦汉文尤》，皆为《四库全书总目》著录。《四库全书总目》述《兒易内仪以》与《兒易外仪》曰："是书《内仪以》专以《大象》释经，每卦列卦爻辞至《大象》而止。以六十四卦《大象》俱有以字，以之为言用也，故以名书。《外仪》则有《原始》《正言》《能事》《尽利》《曲成》《申命》六目，而又别为小目以纪之。皆取《系辞》中字义名篇，篇各有图。……元璐是书，作于明运阽危之日，故其说大抵忧时感世，借《易》以抒其意，不必尽为经义之所有。……元璐是书，可作是观，盖与黄道周《三易洞玑》等书同为依《经》立训者也。其人足并传，其言亦足并传。必以章句训诂核其离合，则细矣。""《兒易外仪》……分为开成之类、摩荡之类、引触之类、弥纶之类、仕裁之类、平倾之类，复分原始、正言、能事、尽利、申曲成、申命六目，又分易冒、易生、易准、易至、易则、易衍、易行、易能、易居、易适、易列、易位、易数、易兼、易索、易倚、易推、易制、易求、易见、易类、易向、易治、易作、易会、易通、易小、易初、易相、易教等三十小目。其说大致忧时感世，借《易》以抒其胸臆，不尽言经义。与黄道周《三易洞玑》等书均为依经立训之作。"③《四库全书总目》述《秦汉文尤》曰："元璐气节文章，震耀一世。而是书庞杂特甚，殊不类其所编。其以屈原、宋玉列之秦人，既乖断限，且名实舛连。疑亦坊刻托名也。"④

清顺治九年(1652)表彰前代忠臣 20 人，倪元璐为其一。《明史》载："皇清顺治九年，世祖章皇帝表章前代忠臣，所司以范景文、倪元璐、李邦华、王家彦、

① 刘汋：《蕺山刘子年谱》，载吴光主编：《刘宗周全集》第 6 册，第 181—182 页。

② 刘宗周：《与倪鸿宝祭酒》，载吴光主编：《刘宗周全集》第 3 册，第 480—481 页。

③ 《四库全书总目》卷五《经部易类五》，《景印文渊阁四库全书》第 1 册，第 124—125 页。

④ 《四库全书总目》卷一九三《集部总集类存目三》，《景印文渊阁四库全书》第 5 册，第 179 页。

孟兆祥、子章明、施邦曜、凌义渠、吴麟征、周凤翔、马世奇、刘理顺、汪伟、吴甘来、王章、陈良谟、申佳允、许直、成德、金铉二十人名上。命所在有司各给地七十亩,建祠致祭,且予美谥焉。"①

42. 李邦华(? —1644),字孟暗,号懋明,江西吉水人,万历三十二年(1604)进士。

据《刘宗周年谱》"四十五岁"条载:"邹元标、冯从吾因兵逼关门,人心崩溃,率同志讲学于首善书院。先生与高攀龙实左右之。每有疑义,必问先生云何。元标宗解悟,从吾重躬行,两家迭难。先生以从吾之言为当,序其敦言,传之。暇日必过攀龙论道,欣然移日。"②黄宗羲在《蕺山同志考序》已指出:"先生讲学二十余年,历东林、首善、证人三书院,从游者不下数百人。"因此,于首善书院听讲于刘宗周者,当亦视为蕺山弟子。据《明史》载:"李邦华,字孟暗,吉水人。受业同里邹元标。"③邹元标、刘宗周等人讲学首善书院,李邦华当参与书院讲学。故著录其为蕺山弟子。

另,刘宗周有二通与李邦华的书信。《与懋明二》说:"公天下一人也,在留都,尤留都一人也,今日已坐司马堂受事矣,南北枢一体,握宗社大命,凡事当以权济。……若在懋明先生,则平日忠义既已足以服人心,此时调度又足以恰众志,何患徒捐七尺躯,轻于一掷乎!"④可见,刘宗周推崇李邦华之才能。

李邦华曾官至兵部尚书,功绩卓越。李自成陷北京,李邦华投缳而绝。赠太保、吏部尚书,谥忠文。清朝赐谥"忠肃",⑤为顺治表彰前代忠臣20人之一。

43. 施邦曜(? —1644),字尔韬,号四明,余姚人,万历四十一年(1613)进士。

据前引,刘宗周"党祸杜门"时,争以"菁莪奉先生"者便有施邦曜。故著录其为蕺山弟子。

据《明史》载,崇祯缢后,施邦曜自缢未遂,乃命家人市信石杂浇酒,途中服

---

① 《明史》卷二六五《列传》第一五三,第4513页。
② 姚名达:《刘宗周年谱》,载吴光主编:《刘宗周全集》第6册,第285—286页。
③ 《明史》卷二六五《列传》第一五三,第6841页。
④ 刘宗周:《与懋明二》,载吴光主编:《刘宗周全集》第3册,第458页。
⑤ 《明史》卷二六五《列传》第一五三,第6846页。

之，血迸裂而卒。赠太子少保、左都御史，谥忠介。清朝赐谥"忠愍"①，为顺治表彰前代忠臣 20 人之一。

施邦曜有《施忠愍公遗集》传世。

44．周卜年（？—1645），字定夫，山阴人。

45．沈兰先，事迹不详。

46．徐光球，事迹不详。

（九）检索《光绪慈溪县志》，增补蕺山弟子 1 人。

47．陆符（1597—1646），字文虎，鄞县人。

据《光绪慈溪县志》记载："（刘应期）尝与鄞陆符、万泰，姚江黄宗羲同游刘宗周之门，以名节自任，主持清议，海内望之若季汉之有顾厨俊及焉。"②由此可著录陆符为蕺山弟子。或正因此，《布衣史官：万斯同传》即有论：陆符与同乡万泰一起入庠读书，两人也从此成为生死与共的好朋友，"两人都曾师从晚明大儒刘宗周，始终以名节自任，领导一郡士风，时人并称'万陆'"。③

《复社姓氏传略》言陆符"貌甚伟，胸贮千卷，声咳如洪钟。崇祯中保举。令下，学使者许夺，以符应诏入国子监。壬午，举顺天乡试。癸未，下第归。鲁王监国绍兴，授符为行人，命清查卫所钱粮。千户冯如奎干没独多，符严覆之。如奎猝拔刀刺符，于应事不死，遂谢事。未几，卒，年五十。有《环堵汇》十卷"。④据黄宗羲《陆文虎先生墓志铭》可知，陆符于崇祯辛巳年（1641）被保举入国学，壬午年（1642）举顺天乡试，监国时赐进士出身，并授行人司行人，丙戌年（1646）十月初十卒。⑤

据黄宗羲记载，陆符年幼时赢疾多病，尝读《周易参同契》《悟真》，闭关斋祷，希图学神仙，但终究无效果，故泛滥于释氏。⑥ 后为举子业，诵习先民，时时取古文缘饰章句，终厌而弃去。又能旁涉语录释典，为深沉刻厉之文，文风恢博奥赜。又不忘读《易》，则取近代理明义精之学，加以汉儒博物考古之功，深思

① 《明史》卷二六五《列传》第一五三，第 6852 页。
② 《光绪慈溪县志》卷三〇《列传七》，上海书店出版社 2011 年版，第 77 页。
③ 朱端强：《布衣史官：万斯同传》，浙江古籍出版社 2006 年版，第 17 页。
④ 吴山嘉：《复社姓氏传略》卷五，台湾明文书局 1991 年版，第 339 页。
⑤ 黄宗羲：《陆文虎先生墓志铭》，载沈善洪主编：《黄宗羲全集》第 10 册，第 348 页。
⑥ 黄宗羲：《陆文虎先生墓志铭》，载沈善洪主编：《黄宗羲全集》第 10 册，第 348 页。

缜密之中,另为传注,不坠制举方域。陆符所撰古文具有鹏搴海怒之势,意之所极,穿天心月协而出之;陆符所写古诗则能志意所寄,媚势佞生,市郊游而作声色之徒,未尝以片语污其笔端。陆符正气凛然,慷慨激昂,胸怀洞达,热心世患。如丙寅年(1626),陆符知黄尊素等七君子之祸,因希风皋羽(谢翱)①,尝作《楚渔夫》二首,传之吴中,许孟宏(许元溥)见而灭其纸。温体仁为相,时常以告讦摧拉异己,陆符即上书王司马,批评温体仁:"九重禁御之地,九列大臣之重,一落魄妄男子得以只手障天、狂言作鳄。在朝在野,谁无日摄之仇,莫必挤阱之命。从此凡百有位,相效为负墙鞠躬以事,四方屋邑失业亡命作奸犯科之流,日亦不足矣。圣明在上,未有信臣钩索奸隐指陈极弊痛切入告者,阁下据听言事,转圜纳牖,直俄顷间事耳。"乙亥年(1635),因农民起义,祖陵震惊,崇祯下诏罪己②,且开释罪废,陆符以为此阴阳消长之机,语钱虞山(钱谦益)曰:"古人叹神农、虞、夏之不可作,某谓何必黄、虞,当今目中欲再见隆、万之际士庶风物已不可得。然则士大夫胸中,断不可仍作当时缙绅受用之想,服御仆从,减省敛救。凡怀贪射利,程间抵隙,及故为大言从听、巧售倾险者,预行杜绝;积诚刻意,尽瘁协恭,以结主知、折逆口,则明盛可致。不然,彼方以忮忮快心,此复以夬夬意得,正如痎虐,一寒一热,出反弥甚,元气随之。"后果然有乌程官与吴县官之间的排挤倾轧。③

另据墓志铭,陆符自幼时即泛滥释氏,及其长,"虽才堪济世,却攸然常有世外之致,辨书画,识金石古奇器,焚香扫地,与名僧联床对语。尝作《誓告紫柏文》,手书一册寄南康推官钱沃心,焚归宗寺古松下。古松为紫柏咒活者也"④。

---

① 据赵园先生研究,明清之际遗民的言论实际上涉及了一部遗民史,被反复称引、言说并作为型范的有夷、齐、陶渊明、范粲、袁闳、谢翱(皋羽)、郑思肖(所南)、龚开(圣予)、谢枋得(叠山)、汪元量(水云)等。(赵园:《明清之际士大夫研究》,北京大学出版社 1999 年版,第 269 页。)

② 是年十月,崇祯下罪己诏:"朕以凉德,缵承大统,不期倚用匪人,边乃三入,寇则七年,师徒暴露,黎庶颠连。国帑匮诎而征调未已。闾阎凋敝,而加派难停。中夜思惟,不胜愧愤。今调勍兵留新饷,立护元元,务在此举。惟是行间文武吏士,劳苦饥寒,深切朕念。念其风食露宿,朕不忍安卧深宫。念其饮水食粗,朕不忍独享甘旨。念其披坚冒险,朕不忍独衣文绣。择兹十月三日,避居武英殿,减膳撤乐,非典礼事,惟以青衣从事,与我行间文武吏士甘苦共之,以寇平之日为止。文武官,其各怨涤厉,用回天心,以救民命。"(计六奇:《贼陷凤阳》,载计六奇:《明季北略》,崇祯八年乙亥,中华书局 1981 年版,第 175 页。)

③ 黄宗羲:《陆文虎先生墓志铭》,载沈善洪主编:《黄宗羲全集》第 10 册,第 349—350 页。

④ 黄宗羲:《陆文虎先生墓志铭》,载沈善洪主编:《黄宗羲全集》第 10 册,第 350 页。

可知,陆符向心释氏,与刘宗周醇儒路向有异。

黄宗羲与陆符关系紧密。黄氏曾言:"余束发出游,吴来之谓子乡陆文虎志行士也,归而纳交于先生。从此左提右挈,发明大体,击去疵杂,念终身偲偲之力,使余稍有所知者,眉生与先生二人而已。"①沈眉生即沈寿民。沈寿民(1607—1675),字眉生,号耕严,宣城人,黄宗羲指出:"有明之辅臣以夺情见劾者三人,曰李贤、张居正、杨嗣昌。然劾贤之罗一峰,劾居正赵、吴、艾、沈、邹,皆有禄位于朝;唯劾嗣昌之沈耕严,则诸生也。贤与居正,当天下无事之日,所失不过一身;嗣昌当危急存亡之秋,所关乃在社稷。耕严之言,拯溺救焚,县记后来,不爽累黍,又非一峰诸公所言仅在一时也。"②据此可见,沈寿民亦戆直公正之士。

(十) 检索《思复堂文集》,增补蕺山弟子1人。

48. 徐泽蕴,事迹不详。

据邵廷采《思复堂文集》记载,徐泽蕴为蕺山弟子。他说:"自蕺山完节后,证人之会不举者二十年。先生(董玚)谓:'道不可一日不明。后生生今日,不幸失先民余教,出处轻而议论薄,由学会之废也。'善继述蕺山志事者,亟举学会。复请蕺山高第子张奠夫、徐泽蕴、赵禹公(功)诸前辈,集古小学,敷扬程、朱、王、刘家法。于是余姚黄梨洲、晦木,华亭蒋大鸿、萧山毛西河皆挈其弟子,自远而至。值督学使者按越下县,会者近千人,越中士习复蒸蒸起矣。"③邵廷采曾有书寄毛奇龄,说:"康熙七年六月初吉,望见光颜于古小学。此时蕺山高第如张奠夫、徐泽蕴、赵禹功诸先辈咸在讲座,而先生抗言高论,出入百子,融贯诸儒。采时虽无所识知,已私心仪而目注之。"④邵廷采指出张奠夫、徐泽蕴、赵禹功为蕺山弟子,由前文已知,张奠夫即张应鳌、赵禹功即赵甸,那么,徐泽蕴亦为蕺山弟子。

徐泽蕴事迹不详。

---

① 黄宗羲:《陆文虎先生墓志铭》,载沈善洪主编:《黄宗羲全集》第10册,第350页。
② 黄宗羲:《征君沈耕严先生墓志铭》,载沈善洪主编:《黄宗羲全集》第10册,第382页。
③ 邵廷采:《思复堂文集》卷三《东池董无休先生传》,载邵廷采:《邵廷采全集》,陈雪军、张如安点校整理,第193页。
④ 邵廷采:《思复堂文集》卷七《谒毛西河先生书》,载邵廷采:《邵廷采全集》,陈雪军、张如安点校整理,第325页。

(十一) 检索《海宁州志》, 增补蕺山弟子 1 人。

49. 查嗣琪, 字肇五, 号石丈, 明末诸生。

据《海宁州志》记载, 查嗣琪"博学教行, 中岁师事刘蕺山, 受微过、隐过、显过之格。退与同志为省过会, 事事期归实践; 甲申鼎革后, 查嗣琪葛巾草履, 绝迹城市, 擅诗文, 兼工行草书"①。据此可知, 查嗣琪师事刘宗周, 并笃志省过, 以实践著称。另, 编纂《陈确集》的陈敬璋编辑乾初先生《答查石丈书》时, 引用黄宗羲子黄百家为查嗣琪所作传曰: "石丈尝谓儒者正有过可惧, 无功可矜, 守身如处子, 一经有玷, 不可磨也。胞与民物, 抱歉无尽, 何自多焉! 又疾夫陪奉世情之害道, 著《虚体面说》, 以斥其伪。"同时, 陈敬璋有论曰: "乾初之与石丈, 其性情行谊, 盖大致相同。"②

(十二) 由蕺山弟子张履祥著述文献, 增补蕺山弟子 2 人。

50. □□□(字北生), 生卒事迹不详。

张履祥《与王紫眉(甲申)》书中指出: "夫子(刘宗周)道大莫容, 拂衣东归, 比来德体安否? 弟目察人事, 将来乡国必难苟安。拟欲挈妻子而行, 卜居于夫子所居之山, 十数里而近, 读书学道, 积一、二时年, 以待天下之清, 庶于兄中不为无据。贫薄殊等, 不能出户, 时与公简兄论此, 莫不以有志未逮为叹息也。兄翁学可匡时, 非弟迂疏之比, 敢问于今出处、进退当以何者为正? 夫子比者所论, 兄翁必稔闻之, 万惟广以相贶。临楮翘切。玄趾、北生、天若诸兄均此道意。"③公简即赵广生, 玄趾即王毓蓍, 天若即陈诚忭。但"北生"为何人之字尚不清楚, 但从张履祥言论可知此字"北生"之人当为蕺山弟子。

51. 俞庚之, 生卒事迹不详。

考察张履祥文集, 其书信集"师门问答"中有《与俞庚之(甲申冬)》一信。《杨园先生全集》第二卷为《书一(师门问答)》, 首为《上山阴刘念台先生书》, 其他有《与王紫眉》《与刘伯绳》《答陈乾初》《与陈乾初》《与沈甸华》《答叶静远》《与叶静远》等书信, 而王紫眉(王毓芝)、刘伯绳(刘汋)、陈乾初(陈确)、沈甸华(沈

---

① 战鲁村:《海宁州志》卷一二《隐逸》, 台湾成文出版社 1983 年版, 第 1619 页。

② 陈确:《答查石丈书》, 载陈确:《陈确集》文集卷一, 第 77—78 页。

③ 张履祥:《与王紫眉》, 载张履祥:《杨园先生全集》卷二, 陈祖武点校, 第 26—27 页。

昀）、叶静远（叶敦艮）皆蕺山弟子，且本卷冠之以"师门问答"，故可推知杨园先生《与俞庚之》书信所指称的"俞庚之"亦当为蕺山弟子。在此信中，张履祥指出："方今天下多变，人心胥溺，君父之大尚非所知，其不夷狄禽兽者几希矣。原其始，皆由学术之不正。生平所志，惟有富贵利达一途，自己身心性命反以为迂而置之不求，是以一经变故，万事瓦裂也。仁兄以忠信之资，兼以虚诚之怀，努力进取，于古之所称圣若贤者，驷马轻车，未足方其易易耳。况近在阙里，宓子师资正复不少，岂若弟之年长习深，寂寥里党，恒苦索居，难以振起哉？自古圣贤多生乱世，天地之心至于剥之上九，便有来复之几。豪杰生此，动心忍性，以为斯道之寄，殆此日也。"①由此可见，张履祥赞扬俞庚之"忠信虚诚"，有"称圣若贤"之相。但此人事迹不详。

（十三）由全祖望《续甬上耆旧诗》，增补蕺山弟子1人。

52. 冯京第（？—1650），字跻仲，号簟溪，浙江宁波慈溪人。

全祖望有言，冯京第"内承二父（元飏、元飚）之教，出则师事蕺山、漳浦两先生，退而与复社诸名士上下其议论"②。另外，刘宗周有《用韵寄怀冯跻仲兼呈留仙津抚》③。由上可言，冯京第师事刘宗周，为蕺山弟子。

冯京第生当乱世，学问以事功为主，忠节侠义。高宇泰（生卒不详，字元发，又字虞尊，号蘗庵）总结冯京第学术特色指出："博学闳览，居平好谈经济。"④另据柴梦楣所作文，称冯京第生有异材，于书无不读，并特慕古奇士非常之行；13岁时补邑博士弟子员，每试辄高等；25岁侍从其从父冯元飏（1586—1644，字尔庚，号留仙），崇祯戊辰科进士、备兵南都，时值边警，冯京第"授略行间，而并大捷者"，从父为之疏而请功，被赐以进士，以供台省参用，但终不受，两次面陈，直言"容臣就科甲试"，不以事功蔑台省之尊；崇祯自缢，皇明灭国，冯京第南走三山间，历十余载，终赍志以惨死，柴梦楣评论曰："使当时不允所请，得假之兵事，正未可量，岂仅以诗见哉？"⑤

---

①　张履祥：《与俞庚之》，载张履祥：《杨园先生全集》卷二，陈祖武点校，第26页。
②　参见全祖望：《续甬上耆旧诗》卷一二《冯侍郎京第》。
③　刘宗周：《用韵寄怀冯跻仲兼呈留仙津抚》，载吴光主编：《刘宗周全集》第3册，第578页。
④　高宇泰：《雪交亭正气录传》，载冯贞群：《冯侍郎遗书》附录卷一《传记》。
⑤　柴梦楣：《三山吟后序》，载冯贞群：《冯侍郎遗书》叙录。

据《光绪慈溪县志》可知冯京第跌宕困阨之生平事迹。① 冯京第从父冯元
飏巡抚天津时,他有却敌之功,但不受皇帝嘉奖恩赐;唐王称制福建闽中时,他
曾上《中兴十二论》,并授职方主事,后改监察御史,巡按浙东,但甫一至而浙东
陷,闽朝亦亡。故冯京第欲于慈溪老家起兵反清,却为清兵所捕,后逃脱入翁
洲,委身于黄斌卿处;清廷虽定江南,但吴中豪杰密谋反清复明,常出没太湖
间,并以翁洲为外援,故兵部尚书陈子龙说服松江提督吴胜兆反清复明,以帛
书乞翁洲黄斌卿接应,然黄氏志在自保,不予理会,而冯京第与富平将军张名
振(? —1654,字侯服,南直隶应天府江宁县人)交好,遂与张名振领兵接应陈子
龙,但兵仅行至崇明岛即为飓风覆舟,军士尽丧,冯京第等人被执,但能得以逃
脱归翁洲;时出身海盗但为南明将军的周崔芝与日本撒斯玛王(即日本萨摩藩
主)交好,且为黄斌卿水军都督,共守翁洲,冯京第劝斌卿乞师日本,故于丁亥
年(1647)与黄斌卿弟黄孝卿及朱舜水日本乞师,但因日本与西洋交恶,长崎岛
戒严一切外国船只,乞师受阻,冯京第于舟中朝服拜哭不已,后为撒斯玛王巡
方岛时所见,京第乃以血书呈致撒斯玛王,撒斯玛王有言:"中国丧乱,我不遑
恤,而使其使臣哭于我国,我之耻也。"遂与长崎王商议,发各岛罪人以应京第
之请。京第先还,并致洪武钱数十万至舟山,但黄孝卿日夜沉迷长崎官妓酒
肆,忘乞师之志,日本出师之意遂荒。② 是年十二月,冯京第与鄞县评事董志
宁、职方华夏、侍御李长祥、职方王翊合谋功宁波,但降绅谢三宾先一日而发
难,城中戒备甚严,华夏被俘死事,其余人逃遁。冯京第反清复明之志不息,入
湖州,起兵武康天目山,后归慈溪募兵,与王翊(笃庵,1616—1651)合军守杜隩,
然又为团练所破,王翊以 400 余人亡入天门山,冯京第则匿藏民舍。戊子
(1648)冬月,王翊与冯京第复合军杜隩。己丑(1649),监国鲁王至舟山,晋冯京
第为都察院右佥都御使。是年冬,冯京第与为日本所驱赶之中国僧人湛微、澄
波将军阮美负载慈圣李太后所赐普陀寺藏经为聘,再次乞师日本,但因湛微狡

① 《光绪慈溪县志·冯京第》,载冯贞群:《冯侍郎遗书》附录卷一《传记》。
② 黄宗羲有《日本乞师记》详细记载冯京第日本乞师始末。参见冯贞群:《冯侍郎遗书》附录卷一
《传记·日本乞师记》;黄宗羲:《行朝录》卷八《日本乞师》,载沈善洪主编:《黄宗羲全集》第 2
册,第 180—183 页。但记载此时间为戊子年,考高宇泰《雪交亭正气录传》及《光绪慈溪县志》,
时间皆为丁亥年,故以冯京第乞师年为丁亥年。关于南明士人对"日本乞师"之意义的争论,参
见刘晓东:《南明士人"日本乞师"叙事中的"倭寇"记忆》,《历史研究》2010 年第 5 期。

狯,口碑其差,失信于日本国,乞师遂败。归国后,冯京第与王翊合军于西山回风洞,而清兵拘捕其家属以招降,京第不至,其母徙燕放逐而死于道,其妻自缢殉义,其二妾没入官营为妓,其子冯颂年仅15而斩于市,"建义受祸之惨未有若京第者"。① 因此,冯京第性颇厉,御兵稍酷,本儒者不通将略,又颇以门第自重,视山寨洞主蔑如,故洞主有欲杀之而后快意者,唯京第忠胆侠义,诸洞主皆不计较理会,其部卒既惮其威,又怀其惠。翁洲以上寨相犄角,且王翊、王京、京第三人孤忠为国,得一时偷安,监国加冯京第兵部侍郎之职,以兹褒奖。庚寅(1650)十一月十一日,清兵围剿大兰山簞溪山寨,麾下王昇降清,引兵逮冯京第;十四日行刑,清将畏其辱骂而衔以枚,剚其心醢之,从者张元(河南人,生卒不详)以下50余人皆骂不绝以死;唯冯京第一肩一臂得以葬周公桥最后,是时,董志宁头、王翊头亦葬周公桥(现宁波江北区北郊乡马公桥),鄞县人称为"三忠墓"。《光绪慈溪县志》还指出,冯京第喜爱大兰山簞溪山水,常以"簞溪"自署,欲常隐于此。他屯兵于此,被逮于此,自命以此,天定如此。冯京第同门万泰有《哭簞溪》诗,言其悲苦忠义一生:"吁嗟乎,当年君卜簞溪居,今日君从簞溪死。一山突兀立乾坤,磨削英雄竟如此。廿载从君笔砚游,高文老学非凡俦。一目万古空章句,生平事业期封侯。自昔中原被兵燹,书生夏夏怀同仇。直北阴山曾立马,尘高十丈污兜鍪。恨不长驱绝大漠,归去狂号百六秋。封狐豻殰殪白日,麟凤离披化蚁虱。浙师不振闽帝殂,万里孤航陵险出,国书纸上血光殷。痛哭一声海水立,鸣呼此事已千古,成败偶然何足数。儿年十四早断头,烈妇之尸虫出户。八十老人空依闾,欣然毕命辞汉土。白日墨墨沉阳光,山鬼啾啾啼夜雨。枕戈饮血空谷中,大声呼天天梦梦。云雷晦昧星辰从,三战三北非人工。泪尽血枯病惙惙,一死遂成胡儿功。吁嗟,中原冠带纷如云,已将心膂托新君。扬眉结义豺狼群,书生斩杀何足云。正气犹存此名士,生不封侯死于市。鸡林贾客购文章,龙伯国人传姓氏。英雄生死史所书,焉能垢面蒙头狃。虫豸簞溪云荒荒。一草一木忠魂藏,申胥已死赵苞亡。其光为日气为霜,千秋万岁殊未央。"②冯京第殉义后,除被斩子冯颂外,其余诸子被没入勋贵之家,皆由万泰之子万斯同赎而归之。③ 冯京第

---

① 高宇泰:《雪交亭正气录传》,载冯贞群:《冯侍郎遗书》附录卷一《传记》。
② 万泰:《哭簞溪》,载冯贞群:《冯侍郎遗书》附录卷二《酬赠诗》。
③ 全祖望:《鲒埼亭集》卷二八《万贞文先生传》,载全祖望:《全祖望集汇校集注》,朱铸禹汇校集注,第519页。

事迹大略亦见《复社姓氏传略》。①

是时,与冯京第交友者陆符、万泰、刘瑞当、董德称、黄宗羲三兄弟等,"皆跻仲所许一辈人,知予有言不为阿好者"②。另据全祖望《鹧鸪先生神道表》载,冯京第之嫂,即黄宗会的岳母,二人有亲戚关系,是时黄宗会与冯京第皆被逮,临刑之际得以逃脱。③

冯京第传世遗作经由其九世族孙冯贞群编辑而成《冯侍郎遗书》,收录有《兰易》两卷、《兰易十二翼》一卷、《兰史》一卷、《簟溪自课》一卷、《簟溪集》(残)、《读书灯》一卷、《三山吟》一卷等。其中,《兰易》托言受之宋代鹿亭所作,言"兰草今生大江以南者皆非屈骚所树所纫,然如汉高奋迹徒步,系统三代天下所则即真矣,何伪之有,必将求所谓九畹十亩者而种之,皆反古之僇民也。其言之愤而怪如此"。而《兰史》"先之以九品之表,有本纪、有世家、有列传、有外纪、有外传,以为使非兰而拟于兰者,隶于兰焉。其言又与《兰易》相反"④。《簟溪自课》则是冯京第于国难前所定读书之章程,其中言"读书三要":"一曰日有成课","一曰读书不如抄书","一曰通一书毕始治一书";言"读书作文六字决":"熟读书,多作文";言"作文一字决":"改"。其《读书灯》有言,"读书至无灯可谓穷矣","因思古来代烛之物移矣,掇其事于灯幕上而以韵语记之"。据冯贞群《簟溪府君著作存佚考》考证,冯京第所著但佚失者尚有《系辞前传》《评骘史汉》《晋书补》《唐书草本》⑤;冯京第著但未见者有《浮海记》一卷、《中兴十二论》、《真至会约》一卷、《鞠小正》一卷。⑥　而于冯京第存世文献中,《三山吟》则最能反映冯京第忠义气节,此诗集为冯京第《流离道左,跋涉山川,说惶恐,叹零丁,为血染枫,为泪枯草之句》,柴梦楩于《三山吟后序》有言:"读其悲愤激烈之词,

① 吴山嘉:《复社姓氏传略》卷五,第 345 页。
② 刘城:《三山吟序》,载冯贞群:《冯侍郎遗书》叙录。
③ 全祖望:《鲒埼亭集》卷一三《鹧鸪先生神道表》,载全祖望:《全祖望集汇校集注》,朱铸禹汇校集注,第 247 页。
④ 全祖望:《冯侍郎遗书序》,载冯贞群:《冯侍郎遗书》叙录。
⑤ 冯贞群引冯元仲于崇祯丙子(1636)所刻孙月峰《批评〈史记〉序》云:"余族字跻仲年少,老于史学,于诸史都有论著,其修《晋书补》《唐草本》已可观,而《史注莹疑》则《史》《汉》先已成书,抉瑕指谬,悉通诸家之幽滞,此班、马不可一日无此知己也。以无资未得便附此本行,因复志于此。"(冯贞群:《簟溪府君著作存佚考》,《冯侍郎遗书》附录卷三《叙录》。)即此可以看出冯侍郎精通史学。
⑥ 冯贞群:《簟溪府君著作存佚考》,载冯贞群:《冯侍郎遗书》附录卷三叙录。

则见若踏足长鲸冲碧海而飞举天半也;读其轩昂俊爽之词,则更若携手玉箫蹑危峰而吹彻月下也。至其忧思感慨愁怨徘徊,则又如陇头水之鸣咽、秋夜雨之凄,其使人魂销肠断,不忍竟读,不胜涕泪之浪浪矣。"①池阳刘城(号宗伯)《三山吟序》述其刊刻是书之始末:"世不乏文人也,文人而敦行植节卓然拔萃者,十不得一二尔。有行节矣,内蕴王霸之略,外挺将相之姿,真堪救时济物出为世用者,百不得一二尔。逮吾友冯跻仲始兼之矣。跻仲所著作古文诗词制举业无不才奇学正,遥集千代,独步一时,陈同甫所云'云中龙虎'也。至其秉道嫉邪,渊汀岳立,盖与其乡之司空刘先生家之少参、太仆两先生同车合轨,兢兢乎廉耻礼让之闲焉。……《三山吟》为秋试被放徜徉京口时作,跻仲笥珍辄矜慎不肯示人。腊尽,余遇之南都,探囊见诗,音节气体,开元大历而下,无所受之。以此称文人,不遂当第一耶? 然其中欣慨交心,古今纷会有歌有泣可观可兴皆见之乎诗! 铁瓮城如斗大,三山片石尔,经其叹咏即似乍得一古人拥膝高啸其间,山川与为不朽者矣,因强其付梓以便遍授。"②

　　总之,本文在参考黄宗羲《蕺山同志考序》之考证蕺山弟子标准的基础上,参考蕺山著述论说和相关史料,增补蕺山弟子 52 人,使蕺山弟子总数达致 174人。考辨蕺山弟子可以彰显蕺山学的生命力和影响力,从而有目的地收集和整理蕺山弟子资料,为研究蕺山学派思想演变逻辑提供资料基础和理论依据。

---

① 柴梦楣:《三山吟后序》,载冯贞群:《冯侍郎遗书》叙录。
② 刘城:《三山吟序》,载冯贞群:《冯侍郎遗书》叙录。

附录二　蕺山学派学术年表

1578 年，万历六年，戊寅

正月二十六日卯时，刘宗周生。刘宗周，字启东、起东，号念台，学者称蕺山先生，浙江山阴人。母亲章氏怀孕 5 个月而父卒。父亲刘坡，字汝峻，号秦台，县学生员。因家贫随母亲到道墟外祖父南洲公章颖家。

1583 年，万历十一年，癸未

刘宗周 6 岁，仍随母亲在外祖父家。

王畿卒。王畿，字汝中，号龙溪，山阴人。

1584 年，万历十二年，甲申

刘宗周 7 岁，就读于塾师赵某。

孙奇逢生。孙奇逢，字启泰，号钟元，晚年号岁寒老人，河北容城人。

1585 年，万历十三年，乙酉

刘宗周 8 岁，从季叔刘攒读《论语》。

黄道周生。黄道周，字幼玄、幼平，又字螭若、螭平，号石斋，福建漳浦人。

1588 年，万历十六年，戊子

刘宗周 11 岁，在道墟外祖父的私塾读书。

季叔刘攒卒。

罗汝芳卒。罗汝芳，字惟德，号近溪，江西南城人。

焦竑《老子翼》刊行。焦竑，字弱侯，号澹园，江宁（今南京）人。

1590 年，万历十八年，庚寅

刘宗周 13 岁，仲舅章萃台就任寿昌县儒学教谕，外祖父随往司教，刘宗周也前往就读。

李贽《焚书》刊行，焦竑撰序。李贽，初姓林，名载贽，后改姓李，名贽，字宏甫，号卓吾，福建泉州人。

1591 年，万历十九年，辛卯

刘宗周 14 岁，在寿昌，跟随外祖父读《周易》。

1594 年，万历二十二年，甲午

刘宗周 17 岁，在道墟章又玄宅，师事鲁念彬，读科举之书。

顾宪成削籍回乡。顾宪成，字叔时，号泾阳，江苏无锡人。

1595 年，万历二十三年，乙未

刘宗周 18 岁，出应童子试，拔置第二名。从祖父兼峰公刘焞回水澄里。

1596 年，万历二十四年，丙申

刘宗周 19 岁，完婚于章家。

1597 年，万历二十五年，丁酉

刘宗周 20 岁，二月，补绍兴府生员；八月，赴杭州乡试，中 42 名。

1598 年，万历二十六年，戊戌

刘宗周 21 岁，赴京会试，下第。

顾宪成、高攀龙等大会同志于无锡二泉。高攀龙，字存之、云从，号景逸，江苏无锡人。

1599 年，万历二十七年，己亥

刘宗周 22 岁，病目，家居。

叶廷秀生。叶廷秀，一作庭秀，字谦斋，号润山、润苍，濮州（今河南范县）人。

李贽《藏书》刊行。

1600 年，万历二十八年，庚子

刘宗周 23 岁，再次赴京，入国子监肄业。

朱之瑜生。朱之瑜，字楚屿、鲁屿，号舜水，浙江余姚人。

李贽辑成《阳明先生道学钞》与《阳明先生年谱》。

1601 年，万历二十九年，辛丑

刘宗周 24 岁，会试，中 129 名。四月，闻母亲讣，南归。

1602 年，万历三十年，壬寅

刘宗周 25 岁，守孝，家居。

祁彪佳生。祁彪佳，字虎子、幼文，号世培，山阴人。

李贽受迫害而死，焦竑撰《荐李卓吾疏》抗议。

张溥生。张溥，初字乾度，后改天如，号西铭，江苏太仓人。

1603 年，万历三十一年，癸卯

刘宗周 26 岁，三月，赴德清，拜师许孚远。许孚远，字孟中，号敬庵，德清县人，早年受业于湛若水弟子唐枢。

1604 年，万历三十二年，甲辰

刘宗周 27 岁，三月，赴京，过德清，拜别许孚远；六月，至京，诣礼部谒选，除授行人司行人。

与刘永澄订交。刘永澄，字静之、练江，江苏宝应人，许孚远弟子。

七月，许孚远卒。

顾宪成重修东林书院。

陈确生。陈确，初名道永，字非玄；后改名确，字乾初，浙江海宁人。

1605 年，万历三十三年，乙巳

刘宗周 28 岁，三月，告假回乡。六月，外祖父南洲公章颖卒。八月，祖父兼峰公刘焯卒。

焦竑《澹园集》刊行。

周汝登《圣学宗传》刊行。周汝登，字继元，号海门，浙江嵊县（今嵊州）人。

1608 年，万历三十六年，戊申

刘宗周 31 岁，教授于大善寺僧舍。

1610 年，万历三十八年，庚戌

刘宗周 33 岁，居家养病。

黄宗羲生。黄宗羲，字太冲，号南雷，学者称梨洲先生，浙江余姚人。

顾宪成讲学于东林书院。

金铉生。金铉，字伯玉，顺天（今北京）人。

1611 年，万历三十九年，辛亥

六月，刘宗周 34 岁，至杭州与刘永澄会于西湖。

八月，诏刘宗周复原官。

十月，丁元荐与刘宗周订交。丁元荐，字长孺，浙江长兴人，许孚远弟子。

方以智生。方以智，字密之，号曼公，别号弘智、药地等，安徽桐城人。

张履祥生。张履祥，字考夫，号念芝，学者称杨园先生，浙江桐乡人。

李贽《续藏书》刊行。

焦竑《澹园续集》刊行。

陆世仪生。陆世仪,字道威,号刚斋、桴亭,江苏太仓人。

1612 年,万历四十年,壬子

刘宗周 35 岁,正月赴京,与高攀龙会于无锡,"相与讲正,有问学三书"。三月,至京,仍受行人之职。四月奉命充副使,与正使刑科给事中彭惟成册封益王。七月至江西建昌行册封礼。八月,归乡省墓。

张玮举应天府乡试第一。张玮,字席之,号二无,常州武进人。

张尔歧生。张尔歧,字稷若,号蒿庵,山东济阳人。

顾宪成卒,高攀龙主持东林书院。

1613 年,万历四十一年,癸丑

刘宗周 36 岁,正月,赴京,复任行人司行人,途经宝应吊刘永澄,撰《淮南赋》。

六月,刘汋生。刘汋,字伯绳,刘宗周之子。

顾炎武生。顾炎武,谱名绛,初名继坤,字钟清;改名炎武,字宁人,号亭林,江苏昆山人。

1614 年,万历四十二年,甲寅

刘宗周 37 岁,正月,上疏为东林辩护,告假。五月抵家,闭门读书。

祝渊生。祝渊,字开美,号月隐,浙江海宁人。

钱寅生。钱寅,字字虎,浙江桐乡人。

1615 年,万历四十三年,乙卯

刘宗周 38 岁,讲学于蕺山山麓朱昌祚解吟轩。朱昌祚,字绵之,山阴人。陈尧年率诸生 20 余人纳贽。陈尧年,字敬伯,山阴人。

董玚生。董玚,原名瑞生,字叔迪,号无休,学者称重山先生,山阴人。

应㧑谦生。应㧑谦,字嗣寅,号潜斋,浙江仁和人。

1616,万历四十四年,丙辰

黄宗炎生。黄宗炎,字晦木,学者称鹧鸪先生,黄宗羲弟,浙江余姚人。

1617 年,万历四十五年,丁巳

刘宗周 40 岁,讲学于蕺山陈尧年之石家池。《论语学案》完稿。冯从吾致书刘宗周。冯从吾,字仲好,号少墟,陕西长安人,许孚远弟子。

陈洪绶师事于刘宗周。陈洪绶,字章侯,号老莲、悔迟,浙江诸暨人。

沈昀生。沈昀,字朗思,本名兰先,字旬华,浙江仁和(今杭州)人。

叶敦艮生。叶敦艮,字静远,初名蒨,浙江西安(今衢州)人。

1618 年,万历四十六年,戊午

刘宗周 41 岁,因为党祸,杜门家居。

李贽《续焚书》刊行,焦竑撰序。

1619 年,万历四十七年,己未

刘宗周 42 岁,《曾子章句》完稿。

张玮考中进士。

王夫之生。王夫之,字而农,号姜斋,学者称船山先生,湖南衡阳人。

1620 年,万历四十八年,庚申

刘宗周 43 岁,秋,有吴兴之行。

焦竑卒。

1621 年,天启元年,辛酉

刘宗周 44 岁,六月,赴京。起用为礼部主事。

姜希辙生。姜希辙,字二滨,号定庵,会稽人。

张烈生。张烈,字武承,直隶大兴(今北京大兴区)人。

1622 年,天启二年,壬戌

刘宗周 45 岁,六月,升任光禄寺丞。七月,归里扫墓。

邹元标、冯从吾讲学于首善书院。邹元标,字尔瞻,号南皋,江西吉水人。

黄宗会生。黄宗会,字泽望,号缩斋,学者称石田先生,黄宗羲三弟。浙江余姚人。

1623 年,天启三年,癸亥

刘宗周 46 岁,三月赴京。五月,升尚宝司少卿。八月到任。九月,升太仆寺少卿。以一岁三迁,上疏请辞,十一月离京。

毛奇龄生。毛奇龄,字大可,号秋晴,学者称西河先生,浙江萧山人。

1624 年,天启四年,甲子

刘宗周 47 岁,九月,升通政司右通政。上疏参魏忠贤,被革职为民。

1625 年,天启五年,乙丑

刘宗周 48 岁,三月,赴长兴吊丁元荐,过嘉善访魏大中。魏大中,字孔时,号廓园,浙江嘉善人。

五月,刘宗周讲学于蕺山解吟轩。

七月,杨涟、左光斗、魏大中等为魏忠贤冤杀。九月,刘宗周撰《祭魏廓园给谏》。冬,撰《吊六君子赋》。

九月,刘宗周邀周应中、朱昌祚等同游禹穴,并与周论学。周应中,字宁宇,会稽人,曾师事于南洲公章颖。撰《游禹穴记事》。

李贽著作被禁毁。

令毁天下书院,东林书院首当其冲。

1626 年,天启六年,丙寅

刘宗周 49 岁,二月,出游云门,登秦望山。三月,归家。

三月,高攀龙被魏忠贤迫害,投水自杀。缇骑逮黄尊素,刘宗周饯之萧寺,后黄将儿子黄宗羲托付于刘宗周,黄宗羲始入蕺山门下。黄尊素,字真长,号白安,浙江余姚人。

秋,刘宗周携子刘汋读书于韩山草堂,辑《孔孟合璧》。

张履祥补县学生员。

1627 年,天启七年,丁卯

刘宗周 50 岁,仍读书于韩山草堂。辑《皇明道统录》。又撰《做人说》《读书说》示子。

冯从吾卒。

李颙生。李颙,字中孚,号二曲,陕西盩厔人。

1628 年,崇祯元年,戊辰

刘宗周 51 岁,九月,渡江吊黄尊素等七君子。升顺天府尹,未赴行。

黄宗羲至京,为父申冤,锥刺许显纯,拔崔应元须,归而祭于其父灵前。

1629 年,崇祯二年,己巳

刘宗周 52 岁,讲学于蕺山,撰《大学古记约义》,解释"慎独"说。

九月,至京,任职。十月,清军入塞。十一月,京师戒严,刘宗周设粥济民,恤军励士。

吕留良生。吕留良,字用晦,号晚村,浙江崇德(今桐乡)人。

朱彝尊生。朱彝尊,字锡鬯,号竹垞,浙江秀水(今嘉兴)人。

1630 年,崇祯三年,庚午

刘宗周 53 岁,七月、九月,三次上疏请辞。十一月回乡。

张溥、张采等联合诸文社为"复社",标宗"重气节,轻生死,严操守,辨是非",在金陵举行大会,黄宗羲曾参加"复社"。张采,字受先,号南郭,江苏太仓人。

唐甄生。唐甄,初名大陶,后改甄,字铸万,别号圃亭,四川达州人。

陆陇其生。陆陇其,初名龙其,字稼书,浙江平湖人。

1631 年,崇祯四年,辛未

刘宗周 54 岁,三月,成立证人社,与陶奭龄一同主事,大会于陶望龄祠。陶奭龄,字君奭,号石梁,又号小柴桑老,浙江会稽(今绍兴)人,与其兄陶望龄并称"二难"。此会乃应祁彪佳、王毓蓍等人所请而举。王毓蓍,字玄趾,会稽人。刘宗周撰《证人社约》,此后每月初三日各举一会。

第十会,韩位闻风远道来会。韩位,字参夫,河北藁城人。

陈确与祝渊定交。

1632 年,崇祯五年,壬申

刘宗周 55 岁,五月,古小学享堂落成,祀尹焞。八月,《证人社语录》刊行。撰《第一义说》等 9 篇。

复社于苏州虎丘举千人大会。

1633 年,崇祯六年,癸酉

刘宗周 56 岁,撰《答秦履思》,论《迁改格》。秦弘祐,字履思,山阴人。

陈确补博士弟子员。

恽日初乡试中副榜。恽日初,字仲升,号逊庵,常州武进人。

1634 年,崇祯七年,甲戌

刘宗周 57 岁,辑《圣学宗要》,撰《人谱》。

魏学濂为其父魏大中举行葬礼,请刘宗周前往并题神主,黄宗羲一同前往。魏学濂,字子一,号内斋,一作容斋,浙江嘉善人,魏大中次子。

陈龙正赠其所编的《高子遗书》。陈龙正,初名龙致,字惕龙,号几亭,浙江嘉善人。

1635 年,崇祯八年,乙亥

刘宗周 58 岁,重辑《合璧连珠》,该书系天启六年(1626)《孔孟合璧》及《吃紧三关》,再加新辑的《五子连珠》,撰小序。

七月,刘宗周被起用,八月赴京,十月抵达。祁彪佳等送其北上。

张履祥始读颁于学宫之《近思录》。

颜元生。颜元，字易直，又字浑然，号习斋，河北博野人。

熊赐履生。熊赐履，字敬修、青岳，号素九，别号愚斋，湖北孝感人。

1636 年，崇祯九年，丙子

刘宗周 59 岁，正月，升任工部左侍郎。七月，清军破昌平，刘宗周上疏痛斥奸邪。九月，降旨以"比私乱政"革职为民。

金铉问学，撰《送刘念台先生归里》。

1637 年，崇祯十年，丁丑

刘宗周 60 岁，三月，与祁彪佳、王朝式等，为嵊县赈灾，募银，设粥。王朝式，字金如，山阴人。

陆世仪始撰《思辨录》。

1638 年，崇祯十一年，戊寅

刘宗周 61 岁，十月，删定《阳明先生传信录》。

十二月，王业洵、王毓蓍以及朱昌祚、张应鳌等 17 人请求"及门"，固辞。王业洵，字士美，浙江余姚人。张应鳌，字奠夫，山阴人。

万斯同生。万斯同，字季野，学者称石园先生，浙江鄞县（今宁波鄞州区）人。

陈子龙、徐孚远等人选编《明经世文编》成书，张溥为之撰序。陈子龙，初名陈介，字人中，改字卧子，南直隶松江（今上海市松江区）人。徐孚远，字闇公，晚号复斋，松江人。

1639 年，崇祯十二年，己卯

刘宗周 62 岁，正月，王业洵等再请"及门"，依旧固辞。

九月，张玮，来山阴拜谒。

九月，沈国模、管宗圣在半霖建姚江书院。沈国模，字求如，浙江余姚人。管宗圣，字霞标，余姚人。

十一月，刘宗周撰《礼经考次序》。十二月，撰《经籍考》。

陈子龙从徐光启后人处得《农政全书》稿本，编次成书。徐光启，字子先，号玄扈，上海人。

张履祥撰《愿学记》。

1640 年，崇祯十三年，庚辰

刘宗周 63 岁，正月，重修古小学告成，为讲学之所，撰《古小学约》。

陶奭龄卒。刘宗周率弟子前往祭奠,撰有祭文。

二月,刘宗周撰《重修古小学记》。七月,辑《古小学集记》。十二月,撰《昌安社仓记》。

正月,张履祥撰《丧葬杂说》。

史孝咸主讲于姚江书院。史孝咸,字子虚,号隐君,别号拙修,浙江余姚人。

吴蕃昌有山阴之行,朱昌祚讲授《大学》"日新"之说。

王朝式卒。刘宗周撰《祭王生金如》。

陈子龙任绍兴府司理,后兼诸暨知县。

1641 年,崇祯十四年,辛巳

刘宗周 64 岁,正月,敦促知府赈济灾民,并请祁彪佳代表士绅料理救荒之事,陈子龙也有协助。

祁彪佳编《救荒全书》。

九月,撰《古小学通记》。

八月,撰《与章羽侯史掌垣》,与章正宸论人才进退。章正宸,字羽侯,号格庵,会稽人。

张溥《七录斋诗文合集》16 卷完成,不久卒。

方以智《通雅》约成书于此年。

1642 年,崇祯十五年,壬午

刘宗周 65 岁,正月,奉旨起用。五月赴京。

黄宗羲为其父黄尊素建祠,刘应期、陆符、万泰等一同哭祭。

五月,陈子龙督抚标兵千人到浙江遂昌,参加浙、赣、闽三省会剿。

六月,叶廷秀遇刘宗周于淮上,论诚意之学。

郑弘携弟郑景元至山阴,并师事于刘宗周。刘宗周撰《慰郑休仲并寿其母》。郑弘,字休仲;郑景元,字阮公,浙江海盐人。

六月,刘宗周撰《原旨》7 篇。

九月,刘宗周升任都察院左都御史。十月十二日至京。闰十一月,上疏申救姜垛、熊开元,顶撞崇祯帝,被革职为民。吴麟征此时师事于刘宗周。吴麟征,字圣生,号磊斋,浙江海盐人。此时祝渊上疏,后祝渊与刘宗周同舟南归,并师事于刘宗周。恽日初也要上疏,被刘宗周劝阻。

九月,祁彪佳起补河南道掌道御史,后与吴麟征共同主掌计典。

董标拜谒刘宗周,问《大学》之要,撰《心意十问》;刘宗周撰《答董生心意十问》。董标,字公望,陕西人,冯从吾弟子。

张玮师事于刘宗周。张玮时任副都御史,金光辰任左佥都御史,二人与刘宗周号称"三清"。金光辰,字居垣,安徽全椒人。

十一月,黄宗羲邀其弟黄宗炎、黄宗会一同游四明山,编《四明山志》,黄宗炎作赋,黄宗会作游录。

十二月,刘宗周离京,祁彪佳、金铉等前去送行。

陈洪绶捐资为国子监生,被招为"舍人",此时前往拜谒并撰《夫子受谴去国小诗赋别》,刘宗周有和诗。

陈确反对墨吏贪赃枉法,举幡号众加以驱逐。

张履祥、陈确赴杭州乡试,一同谒黄道周。

1643 年,崇祯十六年,癸未

刘宗周 66 岁,撰《读易图说》《大学诚意章章句》《证学杂解》《存疑杂著》等。

叶廷秀遇刘宗周于淮上,事以师礼,相与论诚意之学。

陈确与祝渊一起至山阴。陈确师事于刘宗周,并访张应鳌于天王寺。

祝渊被捕北上,张履祥、钱寅等前往相送。

方以智《物理小识》完稿。

顾炎武始撰《音学五书》。

1644 年,崇祯十七年,顺治元年,甲申

刘宗周 67 岁,居乡讲学。

正月,张履祥与钱寅一起到山阴,师事刘宗周。张履祥选择《愿学记》请教,得到刘宗周批点,后录成《问目》一书。张履祥与朱昌祚订交。

同月,陈确亦有山阴之行。

三月,陈子龙归乡。该年初招抚东阳诸生许都暴动有功,授兵科给事中。

三月,崇祯帝自缢煤山,明亡。

同月,吴麟征卒。十五日,吴麟征守西直门,十八日寅刻,德胜门破,李自成入城,吴麟征弃西直门,入三元祠,二十日自缢。三日后祝渊为之含殓盖棺,并护送南归。

同月,金铉卒。十九日,金铉投金水河,其母及侧室王氏亦投井。

五月,董玚告知刘宗周北都之变。

五月，福王监国南京。诏刘宗周起复原官，请辞不允，七月十七日至南京，上疏弹劾马士英、刘泽清，马、刘攻讦刘宗周。

九月，刘宗周辞归。

十月，吴蕃昌遇刘宗周于苏州隐山。

1645 年，弘光元年，顺治二年，乙酉

刘宗周 68 岁，正月，张应鳌起草《中兴金鉴录》，刘宗周增订。

正月，祝渊、陈确有山阴之行。

三月，刘宗周考订《大学参疑》，改订《人谱》。

张履祥撰《上刘念台先生书》。

四月，陈确、张履祥等到澉浦，为吴麟征送葬。

六月，清军攻陷南京，福王被俘遇害，太后命潞王监国；十三日杭州失守。十六日，刘宗周出城；十七日，辞家祠。闰六月初八日，绝食而死。黄宗羲曾赶至刘宗周绝食避难地杨堺会面。

黄宗羲与弟黄宗炎、黄宗会等在四明山举兵抗清，兵败，走宁波。

六月二十二日，王毓蓍自沉柳桥。次日，潘集投于五云门之渡东桥下。

闰六月初六日，祁彪佳自沉于寓山园池。同日，祝渊自缢而死。

陈龙正卒。

张履祥撰《告先师文》。陈确撰《祭山阴刘先生文》。吴蕃昌撰《哭山阴先生文》。

周之瑺与刘汋携《刘子遗书》走避山中。周之瑺，一作周璿，字敬可，山阴人。

恽日初读书于天台山。

1646 年，顺治三年，丙戌

张履祥撰《读易笔记》。

张应鳌讲学山中。

章正宸卒。

黄道周卒。

五月，傅日炯卒。傅日炯，字中黄，号紫眉，浙江诸暨人。

1647 年，顺治四年，丁亥

孙奇逢辑《理学宗传》。

陈确,更名确,字乾初。求削儒籍。

张履祥辑《沈氏农书》。

钱寅卒。

陈子龙被捕,投水殉国。

孙奇逢撰《理学宗传》。

1648 年,顺治五年,戊子

华夏、王家勤卒。华夏、王家勤参加宁波的"五君子翻城之役",因造告密而失败被杀。华夏(?—1648),字吉甫,号默农,过宜居士,浙江定海人,后迁居鄞县。王家勤(?—1648),字卤一,号石雁,浙江鄞县人。全祖望撰有《华氏忠烈合状》。

邵廷采生。邵廷采,字允斯、念鲁,浙江余姚人。

张采卒。

刘应期卒。刘应期,字瑞当,浙江慈溪人。

1649 年,顺治六年,己丑

陈确与其侄陈爰等成立"省过会"。

恽日初前往山阴,哭祭于古小学。

黄宗羲与冯京第赴日本长崎求援抗清,无果而返,撰《日本乞师记》《海外恸哭记》。冯京第,字跻仲,号簟溪,浙江慈溪人。

方以智《东西均》成书。

1650 年,顺治七年,庚寅

陈确撰《葬论》。

1651 年,顺治八年,辛卯

张履祥撰《初学备忘》。

冬,陈确与张履祥聚同志之友于海盐南湖之宝纶阁,陈确撰《南湖宝纶阁社约》,并讲《人谱》。

叶廷秀卒。

1652 年,顺治九年,壬辰

三月,陈确与吴蕃昌前往山阴,祭奠刘宗周。

秋,冬,陈确两次会同志于南湖宝纶阁,

冬,张履祥至山阴,祭刘宗周遗像。撰《经正录序》。

黄宗羲撰《律吕新义》。

周之璵卒。

1653 年，顺治十年，癸巳

正月，陈确与吴蕃昌至山阴，协助刘汋编校《刘子遗书》。二月三日同门举办春祭。陈确撰《别刘伯绳序》。

秋，陈确再度会同志于南湖宝纶阁，作《南湖义社约》，提到谆谆于《证人社约》。

九月，张履祥举葬亲会，陈确携子陈翼参加，并撰《葬论》。

陆世仪《思辨录》撰成，归庄撰序。归庄，一名祚明，字尔礼、玄恭，号恒轩，江苏昆山人。

1654 年，顺治十一年，甲午

陈确撰《大学辨》，并与张履祥、沈昀、刘汋、吴蕃昌等论辩。

十一月，陈确、张履祥会葬祝渊。

1655 年，顺治十二年，乙未

四月，陈确与张履祥、沈昀等会于翠薄山房。

陈确撰《瞀言》，辑《山阴先生语录》。

张履祥再举葬亲会于甀山，陈确参加。

王夫之始撰《周易外传》，《老子衍》完稿。

1656 年，顺治十三年，丙申

五月，陈确、张履祥、沈昀会于龙山。沈昀先访处馆澉浦的张履祥，再一起到海宁龙山与陈确相会。

陈确撰《性解》《禅障》。

王夫之《黄书》完稿。

沈国模卒。

1657 年，顺治十四年，丁酉

正月，陈确往山阴看望刘汋，参与编校《刘子遗书》，与张应鳌到古小学祭奠先师。

孙奇逢《中州人物考》完稿。

顾炎武弃家北游，以见闻所得，增补《肇域志》。

1658 年，顺治十五年，戊戌

陈确为祝渊辑《祝子遗书》。

张履祥应徐忠可所请，撰《补农书》。

陆陇其始撰《四书讲义困勉录》。

陆世仪与弟子完稿《儒宗理要》。

1659 年，顺治十六年，己亥

万斯同谒黄宗羲，并与黄百家论学。

张履祥编《近鉴》，缘起于女儿被丈夫与娼合谋毒死。

孙奇逢《四书近指》完稿。

李塨生。李塨，字刚主，号恕谷，河北蠡县人。

1660 年，顺治十七年，庚子

张履祥始撰《备忘录》，撰《跋山阴先生别帙》。

黄宗炎介绍吕留良与黄宗羲、高斗魁认识，黄宗羲赠吕留良八角砚。黄宗炎，字晦木，浙江余姚人。高斗魁，字旦中，浙江鄞县人。

1661 年，顺治十八年，辛丑

刘汋《蕺山刘子年谱》完稿。

张履祥撰《与曹射侯论水利书》。

孙奇逢辑《圣学录》。

黄宗羲撰《思旧录》，《易学象数论》完稿。

陆世仪《思辨录辑要》刊行。

1662 年，康熙元年，壬寅

四月，陈确、张履祥大会同志于南湖之万苍山楼，参加者还有刘宗周弟子郑弘、沈元。沈元，字德孚，浙江嘉善人。另有何汝霖、张玙、蔡遵、邱上仪、徐介、徐善等浙西学人。

黄宗羲撰《明夷待访录》。

孙奇逢《书经近指》完稿。

1663 年，康熙二年，癸卯

正月，陈确设王阳明、刘宗周两先生像，祭拜，并呈《性解》二篇。八月，再设两先生像，祭拜。

黄宗羲到吕留良家处馆，与吕留良、吴之振有诗唱和，共选《宋诗钞》。吴之振,字孟举,号橙斋,浙江石门(今桐乡)人。

黄宗会卒。

1664 年,康熙三年,甲辰

正月,叶敦艮过访陆世仪,又与陈确一同拜访了在何汝霖家处馆的张履祥。何汝霖,字商隐,浙江海盐人。

四月,黄宗羲与吕留良等人到常熟访钱谦益。钱谦益,字受之,号牧斋,江苏常熟人。五月,钱谦益卒,黄宗羲协助料理后事。

刘汋卒。

1665 年,康熙四年,乙巳

张履祥撰《训子语》。

万斯大等 20 余人请业于黄宗羲。

高世泰过访陈确。高世泰,字汇旃,无锡人,高攀龙侄。

王夫之重订《读四书大全说》,并始撰《四书训义》。

1666 年,康熙五年,丙午

黄宗羲讲学海昌(今海宁),与陆冰修过访陈确,论及刘汋之丧事。

张履祥编《近古录》。

吕留良归隐南阳。

朱彝尊于太原访顾炎武,并共访傅山,后屈大均与顾炎武也在此相会。

孙奇逢讲学苏州,汤斌受业门下。汤斌,字孔伯,号荆岘,晚号潜庵,河南睢州人。孙奇逢《理学宗传》刊刻。

王夫之《四书训义》约此年完稿。

1667 年,康熙六年,丁未

叶敦艮再访陆世仪。

五月,黄宗羲将《子刘子学言》《圣学宗要》授予郑梁。

九月,黄宗羲与姜希辙、张应鳌、董玚等复举证人书院讲会。毛奇龄、邵廷采以及黄百家等与会听讲。

彭期生归葬海盐,陈确作《归骨记》。

顾炎武与陆世仪的弟子在京城相遇,得读《思辨录辑要》,在回信中称"知当吾世而有真儒如先生者",并请陆世仪指正其《日知录》。

张履祥辑《近古录》,编为立身、居家、居乡、居官四卷。

1668 年，康熙七年，戊申

恽日初往山阴吊刘汋，还与黄宗羲"剧谈昼夜"，恽日初编撰《刘子节要》，后请黄宗羲作序，未允。

黄宗羲主讲于甬上证人书院。黄宗羲始辑《明文案》，撰《孟子师说》。

王夫之撰《春秋家说》《春秋世论》。

1669 年，康熙八年，己酉

正月，颜元撰《存性编》；十一月，撰《存学编》。

张履祥到吕留良家处馆，撰《东庄约语》。与吕留良一起选刊《二程遗书》《朱子遗书》等先儒著述数十种。

王夫之《续春秋左氏传博议》完稿。

1670 年，康熙九年，庚戌

顾炎武将所刻《日知录》八卷寄陆世仪。

1671 年，康熙十年，辛亥

陆陇其辑《四书讲义续编》，其中多取吕留良之说。

方以智卒。

1672 年，康熙十一年，壬子

正月，孙奇逢命魏一鳌辑《北学编》。魏一鳌，字莲陆，直隶新安（今河北保定）人。十一月，命汤斌辑《洛学编》。

五月，吕留良初会陆陇其于嘉兴，论及张履祥与刘宗周等。

张履祥批《传习录》，选编《朱子近思录》《四子近思录》，将朱子与明代曹端、薛瑄、吴与弼、胡居仁所著选其切要精粹者，按《近思录》体例编次。

十月，顾炎武与阎若璩在太原相遇，顾以《日知录》相质，阎为其改订 41 则。阎若璩，字百诗，号潜丘，山西太原人。

陆世仪卒。

1673 年，康熙十二年，癸丑

吕留良为集书、售书，久留南京。张履祥撰书劝其早归："交游必日广，声闻必日昭，恐兄虽欲自晦亦不可得。"

岁末，黄宗羲母寿辰，孙奇逢寄《理学宗传》，并赠贺黄母寿诗一首。

王夫之《礼记章句》完稿。

李绂生。李绂，字巨来，号穆堂，江西临川人。

1674 年，康熙十三年，甲寅

七月，张履祥卒。

邵廷采在绍兴拜谒董场，得闻蕺山学。

1675 年，康熙十四年，乙卯

黄宗羲辑《明文案》完稿。

孙奇逢卒。

1676 年，康熙十五年，丙辰

黄宗羲到浙江海昌（今海宁），许三礼请其讲学两月。许三礼，字典三，号酉山，河南安阳人，曾受业于孙奇逢。

黄宗羲撰《与陈乾初论学书》，陈确作答。

顾炎武赠《日知录》于黄宗羲，并在信中称拜读《明夷待访录》，其《日知录》与之相同者十之六七。

王夫之《周易大象解》完稿。

黄宗羲《明儒学案》完稿，《宋元学案》于该年草创。

熊赐履《学统》完稿。

1677 年，康熙十六年，丁巳

黄宗羲仍讲学于海昌。

吕留良会晤叶敦艮。

陈确卒。后黄宗羲撰《陈乾初墓志铭》，四易其稿。

1679 年，康熙十八年，己未

再开明史馆，修《明史》，监修总裁官徐元文聘黄宗羲修史，婉拒。徐元文，字公肃，号立斋，江苏昆山人。征万斯同、万言修史。万言，字贞一，号管村，浙江鄞县人。

邵廷采辑《西南纪事》。

王夫之《庄子通》完稿。

李塨师事颜元。

曾静生。

1680 年，康熙十九年，庚申

清廷举山林隐逸，吕留良削发僧服，名耐可，字不昧，号何求老人，并筑风雨庵于吴兴妙山。

沈昀卒。应㧑谦为其料理丧事。

徐元文延请黄百家入明史馆。

黄宗羲自订《南雷文案》。

1681 年，康熙二十年，辛酉

八月，汤斌主持浙江乡试，黄宗羲命黄百家参加省试并呈书汤斌。汤斌在回信称黄宗羲为"儒林之巨海，吾党之斗勺"。

1682 年，康熙二十一年，壬戌

王夫之撰《说文广义》《噩梦》。

顾炎武卒。

朱之瑜卒。

1683 年，康熙二十二年，癸亥

七月，汤斌会陆陇其，二人论及吕留良辟王学等，后陆陇其录其《学术辨》寄汤斌。

八月，张烈会陆陇其，张烈以《王学质疑》《史学质疑》请正陆陇其，后陆陇其为《王学质疑》撰序、刊行。

吕留良卒。陆陇其撰《祭吕晚村先生文》。

应㧑谦卒。

1684 年，康熙二十三年，甲子

王夫之撰《俟解》。

1685 年，康熙二十四年，乙丑

王夫之撰《周易内传》《张子正蒙注》。

张烈卒。

1686 年，康熙二十五年，丙寅

陈鏦、吕葆中等选编《吕晚村先生四书讲义》。

王夫之《思问录》完稿。

李颙《四书反身录》刊行。

黄宗炎卒。

1687 年，康熙二十六年，丁卯

黄宗羲主持校刊《刘子全书》，董玚、姜希辙等人参与。

黄宗羲《子刘子行状》刊行。

叶敦艮以为黄宗羲去世而书信询问,故黄宗羲有诗《衢州叶静远书来有传予死者》。

陆陇其编成《卫滨日钞》,后改名《松阳钞存》,记与吕留良论学语录,多有论及张履祥。

汤斌卒。

1688 年,康熙二十七年,戊辰

黄宗羲自订《南雷文案》等,删除不必存者三分之一,取名《南雷文定》。

1689 年,康熙二十八年,己巳

黄宗羲讲学姚江书院。

叶敦艮卒。

1690 年,康熙二十九年,庚午

李颙《二曲集》成书。

王夫之重订《张子正蒙注》。

朱彝尊过访陆陇其。

1692 年,康熙三十一年,壬申

黄宗羲撰《明儒学案序》,《明儒学案》刊行;《今水经》《破邪论》完稿。

董场卒。

王夫之卒。

1693 年,康熙三十二年,癸酉

黄宗羲辑成《明文海》482 卷,并选录部分编为《明文授读》62 卷刊行。

陆陇其卒。

1695 年,康熙三十四年,乙亥

七月,黄宗羲卒。阎若璩撰《南雷黄氏哀词》。

1697 年,康熙三十六年,丁丑

邵廷采撰《刘子蕺山先生传》,辑《东南纪事》。

1698 年,康熙三十七年,戊寅

姜希辙卒。

1699 年,康熙三十八年,己卯

朱彝尊《经义考》初稿完成。

李塨将所撰《大学辨业》质于颜元。

邵廷采在杭州拜谒毛奇龄。

1701 年，康熙四十年，辛巳

李塨以《大学辨业》求正于万斯同，万为之撰序。自此万斯同常常与李塨、胡渭等共论颜李之学。胡渭，初名渭生，字朏明，号东樵，浙江德清人。

吕葆中等校刻《四书朱子语类摘钞》，此书为张履祥与吕留良编选续朱子《近思录》之部分。

1702 年，康熙四十一年，壬午

唐甄改订《衡书》为《潜书》四卷刊行。

万斯同卒。

1704 年，康熙四十三年，甲申

正月，颜元自钞《存人编》，九月卒。

唐甄卒。

1705 年，康熙四十四年，乙酉

李颙卒。

邵廷采《思复堂文稿》前集、后集刊行。

全祖望生。全祖望，字绍衣，号谢山，自署鲒埼亭长，浙江鄞县人。

1709 年，康熙四十八年，己丑

朱彝尊卒，其《曝书亭集》刊行。

陆陇其《问学录》刊行。

1711 年，康熙五十年，辛卯

邵廷采卒。

1715 年，康熙五十四年，乙未

方苞删定《孙奇逢年谱》，并撰《孙奇逢传》。

朱舜水《舜水先生文集》刊于日本京都。

1716 年，康熙五十五年，丙申

车鼎丰刊行其编次的《晚村吕子评语正编》《余编》。车鼎丰，字遇上，号双亭。湖南邵阳县人。

毛奇龄卒。

1725 年，雍正三年，乙巳

张伯行卒。

吕为景刊行《吕晚村先生文集》。

1727 年，雍正五年，丁未

曾静弟子张熙到吕留良家，其子吕毅中接待，并出示吕留良诗稿、日记。又到湖州见吕氏门人严鸿逵等。

1728 年，雍正六年，戊申

曾静案起，到雍正十年吕留良案结，历时四年多。吕氏著作被禁毁，吕氏后裔被杀或流放宁古塔。

1734 年，雍正十二年，甲寅

李塨卒。

1736 年，乾隆元年，丙辰

全祖望撰《梨洲先生神道碑文》。

1748 年，乾隆十三年，戊辰

绍兴知府杜甲请全祖望主讲蕺山书院。秋冬间撰《子刘子祠堂配享碑》，记述"学行之不愧师门者三十五人，再传弟子一人"。

1755 年，乾隆二十年，乙亥

全祖望卒。

参考文献

一、典籍

陈洪绶:《陈洪绶集》,吴敢点校,浙江古籍出版社 2012 年版。

陈龙正:《几亭全书》,《四库禁毁书丛刊》集部第 11—12 册,北京出版社 1997 年版。

陈确:《陈确集》,中华书局 1979 年版。

陈子龙:《陈子龙文集》,华东师范大学出版社 1988 年版。

程颢、程颐:《二程集》,王孝鱼点校,中华书局 2004 年版。

董钦德:《康熙会稽县志》,台湾成文出版社 1983 年版。

范光阳:《双云堂文稿》,《四库全书存目丛书》集部第 256 册,齐鲁书社 1997 年版。

冯贞群:《冯侍郎遗书》,《四明丛书》本,广陵书社 2006 年版。

傅山:《傅山全书》,山西人民出版社 2016 年版。

高攀龙:《高子遗书 高子遗书未刻稿》,《无锡文库》第四辑,凤凰出版社 2011 年版。

高攀龙等撰:《高忠宪公诗集等》,《无锡文库》第四辑,凤凰出版社 2012 年版。

华夏:《过宜言》,《四明丛书》本,广陵书社 2006 年版。

黄涌泉:《陈洪绶年谱》,人民美术出版社 1960 年版。

黄宗会:《缩斋诗文集》,印晓峰点校,华东师范大学出版社 2009 年版。

黄宗羲原著,全祖望补修:《宋元学案》,陈金生、梁运华点校,中华书局 1986 年版。

黄宗羲:《黄宗羲全集》,沈善洪主编,吴光执行主编,浙江古籍出版社 2005 年版。

黄宗羲:《明儒学案》,沈芝盈点校,中华书局 2008 年版。

黄宗炎:《周易寻门余论·易学辨惑》,《丛书集成续编》第 28 册,台湾新文丰出版公司 1988 年版。

计六奇:《明季北略》,中华书局 1981 年版。

黎靖德编:《朱子语类》,中华书局 1986 年版。

李亨特、平恕:《绍兴府志》,台湾成文出版社 1975 年版。

李邺嗣:《杲堂诗文集》,张道勤校点,浙江古籍出版社 1988 年版。

李聿求：《鲁之春秋》，凌毅标点，浙江古籍出版社 1984 年版。

李元度：《国朝先正事略》，易孟醇校点，岳麓书社 2008 年版。

凌锡祺：《尊道先生年谱》，《北京图书馆藏珍本年谱丛刊》第 69 册，影印清光绪刊本，
　　北京图书馆出版社 1999 年版。

刘宗周：《刘宗周全集》，吴光主编，浙江古籍出版社 2007 年版。

陆九渊：《陆九渊集》，钟哲点校，中华书局 1980 年版。

陆陇其：《陆陇其全集》，张天杰主编，中华书局 2020 年版。

陆世仪：《陆桴亭思辨录辑要》，张氏正谊堂清康熙四十八年刻本。

陆世仪：《陆桴亭先生遗书》，清光绪二十五年太仓唐受祺京师刻本。

吕留良：《吕留良全集》，俞国林编校，中华书局 2015 年版。

民国绍兴县修志委员会辑：《绍兴县志资料》第 1 辑，台湾成文出版社 1983 年版。

潘衍桐编纂：《两浙輶轩续录》，夏勇、熊湘整理，浙江古籍出版社 2014 年版。

濮阳市地方史志编纂委员会编：《濮阳市志》，中州古籍出版社 2005 年版。

祁彪佳：《祁彪佳集》，中华书局 1960 年版。

祁彪佳：《祁彪佳文稿》，书目文献出版社 1991 年版。

祁彪佳：《祁彪佳日记》，张天杰点校，浙江古籍出版社 2017 年版。

钱仪吉：《碑传集》，中华书局 1993 年版。

全祖望：《续甬上耆旧诗》，杭州出版社 2003 年版。

全祖望：《全祖望集汇校集注》，朱铸禹汇校集注，上海古籍出版社 2000 年版。

上海图书馆编：《中国丛书综录》第 1 册，上海古籍出版社 1986 年版。

邵廷采：《邵廷采全集》，陈雪军、张如安点校整理，浙江大学出版社 2018 年版。

沈椿龄、楼卜瀍：《乾隆诸暨县志》，台湾成文出版社 1983 年版。

唐鉴：《清学案小识》，商务印书馆 1935 年版。

万斯同：《石园文集》，《续修四库全书》第 1415 册，上海古籍出版社 1995 年版。

王彬、徐用仪：《光绪海盐县志》，台湾成文出版社 1983 年版。

王夫之：《船山全书》第 12 册，岳麓书社 1996 年版。

王守仁：《王阳明全集》，吴光、钱明、董平、姚延福编校，上海古籍出版社 1992 年版。

王嗣奭：《杜臆》，上海古籍出版社 1983 年版。

王钟翰点校：《清史列传》，中华书局 1987 年版。

翁洲老民：《海东逸史》，台湾明文书局 1980 年版。

吴蕃昌：《吴麟征年谱》，《北京图书馆藏珍本年谱丛刊》第 61 册，北京图书馆出版社

1999 年版。

吴蕃昌：《祇欠庵集》,《适园丛书》,民国二至六年乌程张氏刻本。

吴光酉、郭麟、周梁等：《陆陇其年谱》,诸家伟、张文玲点校,中华书局 1993 年版。

吴麟征：《吴忠节公遗集》,《四库禁毁书丛书》集部第 81 册,北京出版社 2007 年版。

吴山嘉：《复社姓氏传略》,台湾明文书局 1991 年版。

徐秉义：《明末忠烈纪实》,张金正校点,浙江古籍出版社 1987 年版。

徐芳烈：《浙东纪略》,《台湾文献史料丛刊》第 6 辑,台湾大通书局 1987 年版。

徐鼒、徐承礼：《小腆纪传》,中华书局 1958 年版。

徐世昌：《清儒学案》,中华书局 2008 年版。

阎尔梅：《白耷山人诗集编年注》,王汝涛、蔡生印编注,中国文联出版社 2002 年版。

杨泰亨、冯可镛：《光绪慈溪县志》,上海书店出版社 2011 年版。

姚宝煃、范崇楷：《西安县志》,《中国方志丛书》华中地方第 66 号,影印民国六年重刊
　　本,台湾成文出版社 1970 年版。

恽日初：《刘子节要附恽日初集》,林胜彩点校、钟彩钧校订,台湾"中研院"中国文哲
　　研究所 2015 年版。

查继佐：《鲁春秋》,《台湾文献史料丛刊》第 6 辑,台湾大通书局 1987 年版。

查继佐：《罪惟录》,浙江古籍出版社 1986 年版。

战鲁村：《海宁州志》,台湾成文出版社 1983 年版。

张岱：《琅嬛文集》,路伟、马涛点校,浙江古籍出版社 2016 年版。

张岱：《三不朽图赞》,公户夏点校,浙江古籍出版社 2017 年版。

张尔岐：《蒿庵集　蒿庵集捃逸　蒿庵闲话》,张翰勋等点校,齐鲁书社 1991 年版。

张履祥：《杨园先生全集》,陈祖武点校,中华书局 2002 年版。

张廷玉等：《明史》,中华书局 1974 年版。

张载：《张载集》,章锡琛点校,中华书局 2012 年版。

赵尔巽等：《清史稿》,中华书局 1977 年版。

周敦颐：《周敦颐集》,陈克明点校,中华书局 2008 年版。

周汝登：《周汝登集》,张梦新、张卫中点校,浙江古籍出版社 2012 年版。

朱熹：《朱子全书》,朱杰人、严佐之、刘永翔主编,上海古籍出版社、安徽教育出版社
　　2002 年版。

祝渊：《祝月隐先生遗集》,《适园丛书》,民国二至六年乌程张氏刻本。

左宗棠：《左宗棠全集》第 13 册,林鸣凤等整理,岳麓书社 1987 年版。

《嘉庆山阴县志》,徐元梅等修、朱文瀚等辑,台湾成文出版社 1983 年版。

《四库全书总目》,《景印文渊阁四库全书》第 1—5 册,台湾商务印书馆 1983—1986
　　年版。

二、论著

曹淑娟:《流变中的书写:祁彪佳与寓山园林论述》,台湾里仁书局 2006 年版。

陈畅:《自然与政教:刘宗周慎独哲学研究》,中国社会科学出版社 2014 年版。

陈海红:《乱世君子:理学大家张履祥评传》,中国民主法制出版社 2012 年版。

陈永革:《儒学名臣:刘宗周传》,浙江人民出版社 2005 年版。

陈祖武:《清儒学术拾零》,湖南人民出版社 2002 年版。

程宝华:《理学真儒:张履祥学术思想研究》,中国市场出版社 2013 年版。

邓立光:《陈乾初研究》,台湾文津出版社 1992 年版。

东方朔:《刘宗周评传》,南京大学出版社 1998 年版。

董平:《浙江思想学术史:从王充到王国维》,中国社会科学出版社 2005 年版。

杜维明、东方朔:《杜维明学术专题访谈录:宗周哲学之精神与儒家文化之未来》,复
　　旦大学出版社 2001 年版。

方祖猷:《黄宗羲长传》,浙江大学出版社 2011 年版。

高海波:《慎独与诚意:刘蕺山哲学思想研究》,生活·读书·新知三联书店 2016
　　年版。

古清美:《顾泾阳、高景逸思想之比较研究》,台湾大安出版社 2004 年版。

韩思艺:《从罪过之辩到克罪改过之道:以〈七克〉与〈人谱〉为中心》,中国社会科学出
　　版社 2012 年版。

何俊、尹晓宁:《刘宗周与蕺山学派》,中国人民大学出版社 2009 年版。

何明颖:《晚明张杨园先生学术思想研究》,台湾花木兰文化出版社 2009 年版。

黄敏浩:《刘宗周及其慎独哲学》,台湾学生书局 2001 年版。

黄锡云、傅振照:《刘宗周研究》,中华书局 2012 年版。

劳思光:《新编中国哲学史》(第 3 册),广西师范大学出版社 2005 年版。

李国钧:《中国书院史》,湖南教育出版社 1994 年版。

李明友:《一本万殊:黄宗羲的哲学与哲学史观》,人民出版社 1994 年版。

梁启超:《梁启超全集》,汤志钧、汤仁泽编,中国人民大学出版社 2018 年版。

廖俊裕:《道德实践与历史性:关于蕺山学的讨论》,台湾花木兰文化出版社 2008 年版。

刘述先:《黄宗羲心学的定位》,浙江古籍出版社 2006 年版。

牟宗三:《从陆象山到刘蕺山》,上海古籍出版社 2001 年版。

牟宗三:《心体与性体》,上海古籍出版社 2001 年版。

钱茂伟:《姚江书院派研究》,中国社会科学出版社、文化艺术出版社 2005 年版。

钱穆:《中国近三百年学术史》,九州出版社 2011 年版。

申淑华:《素位之学:陈乾初哲学思想研究》,中国社会科学出版社 2012 年版。

汤建荣:《陈乾初哲学研究:以工夫实践为视阈》,云南大学出版社 2010 年版。

唐君毅:《中国哲学原论:原教篇》,中国社会科学出版社 2006 年版。

王汎森:《权力的毛细管作用:清代的思想、学术与心态》,北京大学出版社 2015 年版。

王汎森:《晚明清初思想十论》,复旦大学出版社 2004 年版。

王瑞昌:《陈确评传》,南京大学出版社 2011 年版。

吴光:《黄宗羲与清代浙东学派》,中国人民大学出版社 2009 年版。

吴光等主编:《黄梨洲三百年祭》,当代中国出版社 1997 年版。

吴光主编:《黄宗羲论:国际黄宗羲学术讨论会论文集》,浙江古籍出版社 1987 年版。

吴震:《明末清初劝善运动思想研究》,台湾大学出版中心 2009 年版。

吴震:《颜茂猷思想研究》,东方出版社 2015 年版。

萧一山:《清代通史》,中华书局 1962 年版。

杨国荣:《王学通论:从王阳明到熊十力》,华东师范大学出版社 2003 年版。

姚才刚:《儒家道德理性精神的重建》,中国社会科学出版社 2009 年版。

余英时:《论戴震与章学诚》,生活·读书·新知三联书店 2000 年版。

詹海云:《陈乾初〈大学辨〉研究》,台湾明文书局 1986 年版。

张岱年:《心灵与境界》,陕西师范大学出版社 2008 年版。

张灏:《幽暗意识与民主传统》,新星出版社 2006 年版。

张立文:《宋明理学研究》,人民出版社 2002 年版。

张慕良:《虚位之体:刘宗周"慎独"哲学研究》,中国社会科学出版社 2019 年版。

张瑞涛:《蕺山后学研究》,人民出版社 2019 年版。

张瑞涛:《心体与工夫:刘宗周〈人谱〉哲学思想研究》,人民出版社 2014 年版。

张天杰：《蕺山学派与明清学术转型》，中国社会科学出版社 2014 年版。

张天杰：《张履祥与清初学术》，浙江古籍出版社 2011 年版。

张学智：《明代哲学史》，中国人民大学出版社 2012 年版。

章太炎、刘师培：《中国近三百年学术史论》，上海古籍出版社 2006 年版。

赵素文：《祁彪佳研究》，中国社会科学出版社 2011 年版。

赵园：《明清之际士大夫研究》，北京大学出版社 1999 年版。

赵园：《制度·言论·心态》，北京大学出版社 2006 年版。

郑宗义：《明清儒学转型探析：从刘蕺山到戴东原》，香港中文大学出版社 2000 年版。

钟彩钧主编：《刘蕺山学术思想论集》，台湾"中研院"中国文哲研究所筹备处 1998 年版。

衷尔钜：《蕺山学派哲学思想》，山东教育出版社 1993 年版。

〔日〕冈田武彦：《王阳明与明末儒学》，吴光、钱明、屠承先译，钱明校译，重庆出版社 2016 年版。

〔日〕小野和子：《明季党社考》，张荣湄译，上海古籍出版社 2006 年版。

三、期刊论文

蔡仁厚：《宋明理学的殿军：刘蕺山》，《中国文化月刊》1995 年第 192 期。

黄敏浩：《刘宗周"四句"的诠释》，《中国文哲研究通讯》1998 年第 8 卷第 3 期。

黄友灏：《高攀龙理学形象的塑造及其转变：以明末清初高氏著作的编刻为中心》，《汉学研究》2014 第 4 期。

蒋年丰：《从朱子与刘蕺山的心性论分析其史学精神》，载钟彩钧主编：《国际朱子学会议论文集》，台湾"中研院"中国文哲研究所 1993 年版。

李纪祥：《清初浙东刘门的分化及刘学的解释权之争》，载《第三届华学研究会论文集》，台湾中国文化大学，1992 年。

李振纲：《论蕺山之学的定性与定位》，《河北大学学报（哲学社会科学版）》1999 年第 1 期。

李卓：《折衷朱王 去短合长：高攀龙格物思想平议》，《江海学刊》2014 年第 5 期。

林芷莹：《重论祁彪佳作为"蕺山弟子"》，《台大中文学报》2014 年第 46 期。

刘晓东：《南明士人"日本乞师"叙事中的"倭寇"记忆》，《历史研究》2010 年第 5 期。

钱明:《王学的跨江传播与两浙的地位互换》,《浙江学刊》2013 年第 6 期。

徐永斌:《张履祥的治生之路及治生观》,《中国文化研究》2014 年夏之卷。

杨国荣:《刘宗周思想的历史地位》,《中国哲学史》1996 年第 4 期。

詹海云:《气节观的词源、流变及其在中国文化中的价值》,《南京师大学报(社会科学版)》2011 年第 3 期。

张瑞涛:《"工夫用到无可着力处,方是真工夫":明儒刘宗周"学凡三变"阐微》,《国学学刊》2013 年第 4 期。

张天杰:《〈宋元学案〉的编撰与濂溪学的新诠:从刘宗周到黄宗羲、黄百家父子》,《中国哲学史》2019 年第 3 期。

赵园:《刘门师弟子:关于明清之际的一组人物》,载汕头大学新国学研究中心编:《新国学研究》第 1 辑,人民文学出版社 2005 年版。

钟彩钧:《恽日初思想及其背景》,载《刘宗周与明清儒学:纪念刘宗周诞辰 440 周年学术研讨会论文集》,天津人民出版社 2020 年版。

后 记

戢山，实因多产戢草而得名。戢草又称岑草、蕺菜，俗称鱼腥草。据《吴越春秋》之记载："越王从尝粪恶之后，遂病口臭，范蠡乃令左右皆食岑草，以乱其气。"[①]戢山又名王家山，相传王羲之（逸少，303—361）宅在此山麓。山上还有《董昌生祠题记》刻在天王寺后山坡摩崖上，另有文笔塔、戒珠寺、泠然池，以及在刘宗周当年讲学之处重修的戢山书院等遗迹。

关于戢山，刘宗周曾有长诗《采戢歌》：

> 上山采戢山之阿，衩戢下山日午蹉。回首白云漫漫多，云中仙吏脱佩珂。停骖独上舞婆娑，九秋鹤唳摇林柯。碧落无尘新亭磨，俯临万井如星罗。足踯山戢跨山坡，蓬蒿是处少经过。叩门不应谁与何？水流潺潺池浴鹅。旌干欲去道不呵，北郭先生寐也歌。戢山窈兮种山峨，种山鸣琴声相和，为谁洗耳稳高卧？[②]

该诗还有《序》，讲述刘宗周少年之时，风流儒雅的绍兴知府张鲁唯（泰符，1583—?）如何于戢山之间游历并寻访先贤遗踪：

> 余家戢山，为北郭胜处，即王逸少故里也。……而郡大夫泰符公以风流儒雅治郡事，不减元微之。暇时风日晴好，或花明雪霁，辄命驾登戢，上其巅，倚亭而啸，夷犹自得者久之。既而访逸少之遗踪，杳不可得见，则怅然回车。

二者参看，则可知当年的刘宗周，或者张鲁唯，时常过往于戢山，"风日晴好，或

---

①　赵晔：《吴越春秋·句践入臣外传》，江苏古籍出版社1986年版，第100页。
②　刘宗周：《采戢歌》，载吴光主编：《刘宗周全集》第4册，第509页。

花明雪霁"，"倚亭而啸，夷犹自得"，"既而访逸少之遗踪，杳不可得见，则怅然回车"。前人寻访王羲之之遗踪，不得见之怅然，又何尝不是今人寻访刘宗周之遗踪之怅然？"叩门不应谁与何？水流潺潺池浴鹅"，只有那些白鹅依旧有如许之白，还有蕺山与种山（府山），依旧窈兮峨兮。

刘宗周讲学于蕺山，开创蕺山学派，成为"浙东学术"之典范，章学诚（1738—1801）对此亦有一番总结：

> 蕺山刘氏本良知而发明慎独，与朱子不合，亦不相抵也。梨洲黄氏出蕺山刘氏之门，而开万氏弟兄经史之学，以至全氏祖望辈尚存其意，宗陆而不悖于朱者也。……
>
> 浙东之学，虽源流不异，而所遇不同。故其见于世者，阳明得之为事功，蕺山得之为节义，梨洲得之为隐逸，万氏兄弟得之为经术史裁，授受虽出于一，而面目迥殊，以其各有事事故也。[①]

蕺山学发端于浙东，然浙东之学原本就有事功、节义、经史多种面目，更何况心性义理之学与事功、经史本不矛盾，故在刘宗周那里内圣、外王之学也是圆融一体的。关于刘宗周哲学的诸多面目及其重要性，杜维明先生曾说：

> 从学术发展的脉络上看，我们谈宋明的心性之学，假如只是谈朱熹、阳明或其他一些学者，而独独不谈宗周，这在学术理路上就说不通。……同样的，在讲清代的学术发展的问题时，我们也不能只看到训诂考据或经史的一面，清代学术中讲经世致用的一面，讲情与欲的一面，都与宗周哲学有内在的关联。[②]

心性之学，刘宗周当与朱子、阳明具有同等重要的地位，研究刘宗周以及蕺山学派则是梳理宋明儒学之学术理路的关键。而且，训诂考据、经史、经世以及诸如清代的戴震所讲的情与欲的关系等问题，也都与刘宗周、陈确有着密切的

---

① 章学诚：《文史通义》卷五《浙东学术》，中华书局 1985 年版，第 523—524 页。
② 杜维明、东方朔：《杜维明学术专题访谈录：宗周哲学之精神与儒家文化之未来》，第 105—106 页。

关联。故蕺山学派，上承宋明，下启清代，其学术史意义尤为关键。

再看本书所论及的刘门高第，也可分为两大类：其一，如吴麟征、祁彪佳、祝渊、王毓蓍等，以其节义而著称；其二，黄宗羲、张履祥、陈确、恽日初等，以其学术而著称。再论节义，则又有先死、后死之区分，甲申、乙酉之际有守土之责，或觉恢复无望而殉节者有之，抗清失败而就义者有之，隐僧逃禅者亦有之。还有更多的则是为塾师、为隐士而勉励讲学、著述，传承蕺山之学脉。其中能够有所自得而开新者，如张履祥与黄宗羲，则一尊朱一崇王，学术趋向极为不同；还有恽日初之东林色彩，陈确之批评理学。他们之中大多数人的著述其实除了心性之学，还有经世、经史以及训诂考据等方面，确实是"面目迥殊"。那么为什么将之视为一个学派？关键在于弟子们都得到了老师刘宗周在学行上的感召，受其人格气象的影响，然后从不同的角度进行思想之传承。也就是说，蕺山后学的分化，正是因为他们大多不满足于简单地"述刘"，然而在各自的学术之中仍有许多因素与蕺山学密切相关，看似毫无关联的学术，其实却有共同的出发点，故整个蕺山学脉之走向是一贯而多元的。

此外，再论刘宗周对于绍兴一地的影响，其实他已经成为绍兴最为重要的精神偶像。周作人就在其回忆录中提到北京的绍兴会馆，祭祀绍兴先贤的正厅，就被称为"仰蕺堂"：

> 从前的山会邑馆里也有一间房间，供奉着先贤牌位，这是馆里边的正厅，名字叫做"仰蕺堂"，一望而知是标榜刘蕺山的了。①

在北京的绍兴人，每年春秋两次，都要公祭以刘宗周为代表的乡贤。确实刘宗周的节义、人格精神的影响，当比其学术思想波及得更广更远。

回想我们研究刘宗周及其蕺山学派，又何尝不是先被其精神所感召呢？我们都是在硕士、博士生涯之中，先后接触到蕺山学派的文献，然后不能自拔。张天杰完成了《蕺山学派与明清学术转型》与《张履祥与清初学术》，张瑞涛完成了《心体与工夫：刘宗周〈人谱〉哲学思想研究》与《蕺山后学研究》。感谢周群老师，让我们有机会以学派为线索，一同写作此书。

---

① 周作人：《知堂回想录·绍兴县馆一》，河北教育出版社 2002 年版，第 351 页。

　　本书上编论蕺山之外王学与《人谱》，下编论蕺山后学之吴麟征、吴蕃昌、祝渊，以及结语之论刘门师徒的人格气象，附录一的蕺山弟子考，由张瑞涛撰写；其余各个章节都由张天杰撰写。蕺山学博大精深，诸如慎独、诚意学理建构之细节；蕺山后学之中诸如黄宗羲、张履祥也各自开宗立派，他们学术思想之影响等相关问题，无法在本书当中分别展开，则请读者参考时贤之大作。虽说我们研究蕺山学派有年，然亦仅能略窥其中堂奥，书中肯定存在不少讹误之处，恳请方家不吝赐教！

　　若有机缘，我们将来还会继续对蕺山学的探索，诸如《人谱》之疏证，《年谱》之新编，以及撰写一部新的大传，等等。高山仰止，景行行止。行笔至此，眼前仿佛蕺山浮现，姑且化用《采蕺歌》以述之：

　　　　碧落无尘，白云漫漫。泠池浴鹅，绿水潺潺。
　　　　九秋鹤唳，蓬蒿满山。斯人不见，何不怅然。

张天杰

2020 年 3 月 18 日于浙西之日出东门楼

图书在版编目 (CIP) 数据

蕺山学派研究 / 张天杰，张瑞涛著 . —北京 : 商
务印书馆，2021
（中国学术流派研究丛书）
ISBN 978-7-100-19887-5

Ⅰ . ①蕺… Ⅱ . ①张… ②张… Ⅲ . ①哲学学派—研
究—中国—明清时代 Ⅳ . ① B248.99

中国版本图书馆 CIP 数据核字（2021）第 075198 号

本书由南京大学中央基本科研业务费、
南京大学人文基金资助出版

中国学术流派研究丛书

蕺山学派研究

张天杰 张瑞涛 著

商 务 印 书 馆 出 版
（北京王府井大街 36 号 邮政编码 100710）
商 务 印 书 馆 发 行
南 京 新 洲 印 刷 有 限 公 司 印 刷
ISBN 978-7-100-19887-5

2021 年 8 月第 1 版   开本 700×1000 1/16
2021 年 8 月第 1 次印刷   印张 34¼

定价：168.00 元